国家出版基金项目
NATIONAL PUBLICATION FOUNDATION

中国宗教文学史

第十二卷 上册

中国道教文学、中国基督教文学研究索引

吴光正 编著

吴光正 主编

北方文艺出版社

哈尔滨

图书在版编目（CIP）数据

中国道教文学、中国基督教文学研究索引／吴光正
编著．-- 哈尔滨：北方文艺出版社，2023．12
（中国宗教文学史／吴光正主编）．-- ISBN 978-7-5317-
5820-4

Ⅰ．Z89：I207.99

中国国家版本馆 CIP 数据核字第 2024ZR3592 号

中国道教文学、中国基督教文学研究索引
ZHONGGUO DAOJIAO WENXUE ZHONGGUO JIDUJIAO WENXUE YANJIU SUOYIN

编　　著／吴光正　　　　　　　　丛书主编／吴光正
责任编辑／王学刚　林宏海　　　　封面设计／琥珀视觉
出版发行／北方文艺出版社　　　　邮　编／150080
发行电话／（0451）86825533　　　经　销／新华书店
地　址／哈尔滨市南岗区宣庆小区 1 号楼　网　址／www.bfwy.com
印　刷／哈尔滨久利印刷有限公司　开　本／787mm×1092mm　1/16
字　数／655 千字　　　　　　　　印　张／62.25
版　次／2023 年 12 月第 1 版　　　印　次／2023 年 12 月第 1 次印刷
书　号／ISBN 978-7-5317-5820-4　定　价／228.00 元

项目来源：国家社科基金重大项目《中国宗教文学史》（15ZDB069）

学术顾问：宇文所安　　孙昌武　　李丰楙

　　　　　　陈允吉　　　郑阿财　　项　楚

　　　　　　高田时雄

丛书主编：吴光正

《中国宗教文学史》导论

吴光正

《中国宗教文学史》包括"中国道教文学史"、"中国佛教文学史"、"中国基督教文学史"、"中国伊斯兰教文学史"四大板块，是一部涵盖汉语、藏语、蒙古语等语种的大中华宗教文学史。经过多次会议①，无数次探讨②，我们以为，编撰这样一部大中华宗教文学史，编撰者需要探索如下理论问题。

---

① 《中国宗教文学史》编撰学术研讨会（2012 年 8 月 28—30 日，黄梅）、宗教实践与文学创作暨《中国宗教文学史》编撰国际学术研讨会（2014 年 1 月 10—14 日，高雄）、宗教实践与星云法师文学创作学术研讨会（2014 年 9 月 12—16 日，宜兴）、第三届佛教文献与佛教文学国际学术研讨会（2014 年 10 月 17—21 日，武汉、黄梅）、宗教生命关怀国际学术研讨会（2015 年 12 月 18—19 日，高雄）、第三届宗教实践与文学创作暨《中国宗教文学史》编撰国际学术研讨会（2016 年 12 月 16—18 日，武汉）、从文学到理论——星云法师文学创作学术研讨会（2017 年 11 月 18—19 日，武汉）、《中国宗教文学史》审稿会（2018 年 1 月 10—11 日，武汉）、"古代中国的族群、文化、文学与图像国际学术研讨会"（2019 年 6 月 22—23 日，武汉）、中国文学史编撰研讨暨国家社会科学基金重大项目"中国宗教文学史"结项鉴定会（2021 年 12 月 4 日，武汉）。参见李松：《〈中国宗教文学史〉编撰研讨会召开》，《长江学术》2013 年第 2 期；张海翔：《宗教和文学联袂携手，弘法与创作结伴同行——宗教实践与文学创作暨〈中国宗教文学史〉编撰国际学术研讨会综述》，《哈尔滨工业大学学报》2014 年第 3 期；张海翔：《第三届宗教实践与文学创作暨〈中国宗教文学史〉编撰国际学术研讨会成功举办》，《长江学术》2017 年第 2 期；张海翔：《〈中国宗教文学史〉审稿会成功举行》，《长江学术》2018 年第 2 期；孙文歌：《"古代中国的族群、文化、文学与图像国际学术研讨会"召开》，《文学遗产》2019 年第 5 期；孙文歌：《中国文学史编撰研讨会在武汉大学召开，"中国宗教文学史"结项鉴定会同期举办》，《长江学术》2022 年第 2 期。

② 吴光正、何坤翁：《坚守民族本位 走向宗教诗学》，《武汉大学学报》2009 年

一、宗教文学的定义

宗教文学即宗教实践（修持、弘传、济世）中产生的文学。它包含三个层面的内涵。

第 3 期；吴光正：《"宗教文学与宗教文献"开栏辞》，《江西师范大学学报》2010 年 2 期；吴光正：《中国宗教文学史研究（专题讨论）》，《哈尔滨工业大学学报》2012 年第 3 期；吴光正：《宗教文学史：宗教徒创作的文学的历史》，《武汉大学学报》2012 年第 2 期；吴光正：《扩大中国文学地图，建构中国佛教诗学——〈中国佛教文学史〉刍议》，《哈尔滨工业大学学报》2012 年第 3 期；吴光正：《"宗教实践与文学创作"开栏弁言》，《贵州社会科学》2013 年第 6 期；吴光正：《佛教实践、佛教语言与佛教文学创作》，《学术交流》2013 年第 2 期；吴光正：《宗教文学研究主持人语》，《学术交流》2014 年第 8 期；吴光正：《民族本位、宗教本位、文体本位与历史本位——〈中国道教文学史〉导论》，《贵州社会科学》2014 年第 5 期；吴光正：《宗教实践与近现代中国宗教文学研究（笔谈）》，《哈尔滨工业大学学报》2015 年第 5 期；吴光正：《〈中国宗教文学史〉导论》，《学术交流》2015 年第 9 期；刘湘兰：《先秦两汉宗教文学论略》，《哈尔滨工业大学学报》2012 年第 3 期；李小荣：《论中国佛教文学史编撰的原则》，《学术交流》2014 年第 8 期；李小荣：《汉译佛典文学研究的回顾与展望》，《武汉大学学报》2012 年第 2 期；李小荣：《疑伪经与中国古代文学关系之检讨》，《哈尔滨工业大学学报》2012 年第 6 期；赵益：《宗教文学·中国宗教文学史·魏晋南北朝道教文学史》，《哈尔滨工业大学学报》2012 年第 3 期；高文强：《魏晋南北朝佛教文学之差异性》，《武汉大学学报》2012 年第 2 期；王一帆：《21 世纪中国宗教文学研究动向之一——新世纪中国宗教文学史研究综述》，《文艺评论》2015 年第 10 期；罗争鸣：《宋代道教文学概况及若干思考》，《哈尔滨工业大学学报》2012 年第 3 期；张培锋：《宋代佛教文学的基本情况和若干思考》，《武汉大学学报》2012 年第 2 期；张培锋：《论宋代文艺思想与佛教》，《哈尔滨工业大学学报》2014 年第 3 期；李舜臣：《中国佛教文学：研究对象·内在理路·评价标准》，《学术交流》2014 年第 8 期；李舜臣：《〈明代佛教文学史〉编撰刍议》，《学术交流》2012 年第 5 期；李舜臣：《〈辽金元佛教文学史〉研究刍论》，《武汉大学学报》2012 年第 2 期；余来明：《明代道教文学研究的几个问题》，《云南大学学报》2013 年第 4 期；鲁小俊：《清代佛教文学的文献情况与文学史编写的体例问题——〈清代佛教文学史〉编撰笔谈》，《哈尔滨工业大学学报》2015 年第 5 期；贾国宝：《中国现代佛教文学研究的回顾与展望》，《贵州社会科学》2016 年第 8 期；索南才让、张安礼：《藏传佛教文学论略》，《江西师范大学学报》2013 年第 5 期；树林：《蒙古族佛教文学研究回顾与前瞻》，《蒙古学研究年鉴（2017 年卷）》，2019 年 5 月；宋莉华：《基督教汉文文学的发展轨迹》，《武汉大学学报》2012 年第 2 期；荣光启：《现当代汉语基督教文学史漫谈》，《武汉大学学报》2012 年第 2 期；马梅萍：《中国汉语伊斯兰教文学史的时空脉络与精神流变》，《武汉大学学报》2013 年 6 期；马梅萍：《中国汉语伊斯兰教文学述略》，《中国宗教文学史编撰研讨会论文集》，北方文艺出版社，2015。我们的讨论也获得了学术界的支持和呼应：张子开、李慧：《隋唐五代佛教文学研究之回顾与思考》，《哈尔滨工业大学学报》2012 年第 3 期；吴真：《唐代道教文学史刍议》，《哈尔滨工业大学学报》2012 年第 3 期；李松：《中国现当代道教文学史研究的回顾与省思》，《学术交流》2013 年第 2 期；郑阿财：《论敦煌文献对中国佛教文学研究的拓展与面向》，《长江学术》2014 年第 4 期。

一是宗教徒创作的文学。宗教徒身份的确定，应依据春秋名从主人之义（自我认定）、时间之长短等原则来处理。据此，还俗的贾岛、临死前出家的刘勰、遁迹禅林却批判佛教之遗民屈大均等不得列为宗教作家；政权鼎革之际投身方外者，其与世俗之关系，当以宗教身份来要求，不当以政治身份来要求；早期宗教史上的一些作家可以适当放宽界限。

宗教徒文学具有神圣品格与世俗品格。前者关注的是人与神、此岸与彼岸的超越关系，彰显的是宗教家的神秘体验和内在超越；后者关注的是宗教家与民众及现实的内在关联，无论其内容如何世俗乃至绮语连篇，当从宗教作家的宗教身份意识来加以考察，无常观想也罢，在欲行禅也罢，弘法济世也罢，要做出符合宗教维度的界说。那些违背宗教精神的作品，不列入《中国宗教文学史》的研究范围。

二是虽非宗教徒创作，但出于宗教目的、用于宗教场合的文学。这类作品包括如下两个层面：

宗教神话、宗教圣传、宗教灵验记等神圣叙事类作品。其著作权性质可以分为编辑、记录、整理和创作。编辑、记录、整理的作品，其特征是口头叙事、神圣叙事的案头化；创作的作品，则融进了创作者个人的宗教理念和信仰诉求。

用于仪式场合，展示人神互动、表达宗教信仰、激发宗教情感的仪式性作品。这类作品有不少是文人创作的，具有演艺性、程式性、音乐性等特征。许多作品在宗教实践中传承演变，至今依然是宗教仪式中的经典，有的作品甚至保留了几百年、上千年前的原貌，称得上是名符其实的活化石。

三是文人参与宗教实践、因有所感触而创作的表达宗教信仰、宗教体验的作品。在这个层面上，"宗教实践"可作为弹性概念，"宗教信仰"和"宗教体验"应该作为刚性概念。文人创作与宗教有关的作品，有的当作一种信仰，有的当作一种生活方式，有的当作一种文化资源，有的当作一种文化批判，其宗教性差异非常大，要做仔细辨别。只有与宗教信仰和宗教体验有关的作品才可以纳入宗教文学的范畴。因此，充斥于历代文学总集、选集、别集中的，与宗教信仰和宗教体验关系不大的唱和诗、游寺诗这类作品不纳入宗教文学的范畴。

本部分仅仅包括文人创作的"文"类作品，不包括文人创作的碑记、序跋等"笔"类作品。文人创作的"笔"类作品可以作为宗教徒创作的背景材料和阐述材料。

尽管教内的认可度宽延尺度不一，文人创作的宗教性仍要参考教内的认可度。有的文人被纳入宗教派别的法嗣，有的文人被写入教内创作的宗教传记如《居士传》等，这是很好的参考标准。

梳理这部分作品时，应从现象入手，将有关文人的作品纳入相关章节，并进行理论概括。理由如下：几乎所有古代文人都会写有关宗教的作品，其宗教性程度不等，甚至有大量反宗教的作品，所以需要从上述层面进行严格限定；几乎所有古代文人所写的与宗教相关的作品都只是其创作中的一个小景观，《中国宗教文学史》不宜设过多章节来介绍某一世俗作家及其作品，否则，中国宗教文学史就成了一般文学史。

这三部分之间的关系，应该遵循如下原则：宗教徒创作的文学是中国宗教文学史的"主体"，用于宗教场合的非宗教徒创作的作品是中国宗教文学史的"补充"，文人参与宗教实践而创作的表达宗教信仰、宗教体验的作品是中国宗教文学史的"延伸"。编撰

《中国宗教文学史》时，要用清理"主体"和"补充"部分所确立起来的理论视野对"延伸"部分进行界定和阐释，"延伸"部分所占比例要比其他部分小。这样，就可避免宗教文学内涵与外延的无限扩大。

我们对宗教文学的界说，是在总结百年中国宗教文学研究、中国宗教研究经验和教训的基础上展开的。

百年中国宗教文学研究关注的主要是"宗教与文学"这个领域，[①] 事实层面、文献层面的清理成就斐然，但阐释层面存在不少隔靴搔痒的现象，其关键在于对宗教实践和宗教徒文学的研究相对匮乏。我们甚至可以认为，不了解宗教实践与宗教徒的文学创作，我们就无法对"宗教与文学"做出比较到位的阐释。纵观百年中国宗教文学研究史，在"宗教与文学"层面做出卓越贡献的学者对宗教实践、宗教思维的体会往往很深刻，因此对宗教文学文献的释读也很到位。从宗教徒的角度来说，宗教实践是触发其文学创作的唯一途径。宗教徒创作的文学作品，有的是出于宣教的功利目的，有的是出于感悟与体验的审美目的，有的是出于个人的宗教情怀，有的是出于教派的宗教使命，但无一不与其宗教实践的方式和特性密切相关，无一不与其所属宗教或教派的宗教理念和思维方式密切相关。从"宗教实践"的角度来界说宗教文学，目的在于切除关系论、影响论下的文学作品，纯化论述对象，把握宗教文学的本质。任何界说，作为一种设定，都具有其合理

---

① 吴光正：《二十世纪大陆地区"道教与古代文学"研究述评》，《文与哲》（台湾）2006年第9期；吴光正：《二十世纪"道教与文学"研究的历史进程》，《文学评论丛刊》2007年第9卷第2辑；何坤翁、吴光正：《二十世纪"佛教与古代文学"研究述评》，《世界宗教研究》2013年第3期；吴光正：《域外中国道教文学研究述评》，《中国文哲研究通讯》（台湾）2021年第31卷第2期。

性和局限性。本设定作为《中国宗教文学史》论述对象的理论界定，需要贯彻到具体的章节设计之中。

百年中国宗教研究，从业人员以哲学界人士占主导地位，哲学模式的宗教研究成果无比丰硕，从业人员不多的史学界在这个领域也留下了经典论著。国内近几十年的宗教研究一直是哲学模式一统天下，有力地推进了中国宗教研究的历史进程。但是，宗教是一个复杂的精神现象和社会现象，需要多维度、多学科加以观照。在目前的研究态势下，更需要强化史学、社会学、政治学、民族学、人类学、文学、心理学等学科的观照，辨析复杂、多元的宗教史实，还原宗教实践场景。有学者指出，目前出版的所有《中国道教史》居然没有一本介绍过道教实践中最为关键的一环——受箓，因此，倡导多元的研究维度还是必要的。在阅读中国宗教研究著作时，学者们常常会反思：唐代以后，大规模的宗教经典创作和翻译工作已经结束，不再产生新宗教教派或新宗教教派不以理论建构见长，哲学模式主导的宗教研究遂视唐以后的宗教彻底走向衰败，结果导致宋元明清宗教史一直被学术界忽视，连基本事实的清理都未能完成，宗教实践的具体情形更是无从谈起。近些年来，宗教学界已经注意到这个问题，并陆续出版了不少精彩的论著。笔者在这里想强调的是，如果能从宗教实践的立场来研究这段历史，结论一定会很精彩。近一百年来，中国宗教史研究所使用的材料主要是经典、经论、史籍和碑刻，对反映宗教实践的宗教徒文学创作关注不够，导致许多研究无法深入。比如，王重阳用两年六个月的时间在山东半岛收了七大弟子后即羽化，他创建的全真教因何能够发展壮大，最后占了道教的半壁江山？史籍和碑刻资料很难回答这个问题，王重阳和全真七子的文学创作却能够回答这个问题。① 明末清初的佛教其实非常繁荣，但是通过史籍和经论很难说清楚，不过，中国台湾学者廖肇亨的研究却很好地解决了这个问题，② 原因就在于他能够读僧诗、解僧诗。从宗教实践的角度来看，就是被哲学模式研究得非常深入的唐宋禅学，也有重新审视的必要。哲学擅长的是思辨，强调概念和推理，而禅学偏偏否定概念和推理，甚至否定经典和文字，讲究的是"悟"，参禅、教禅强调的是不立文字、不离文字，即绕路说禅，具有很强的诗学意味。因此，从宗教实践的角度来看，唐宋禅学研究应该是语言学界和文学研究界擅长的领域。③

可见，无论是从宗教史还是从文学史的立场，宗教实践都是一个最为关键的切入点。

二、宗教文学经典与宗教文学文献

从宗教实践的角度将宗教徒的文学创作确立为宗教文学的主体，需要解决的问题是如何认定宗教文学经典、如何收集宗教文学文献。在课题组组织的会议上，我们都面临着这样的问题：宗教徒的文学创作有经典吗？对此，我们的回答是：宗教文学从来不缺经典，缺的是经典的发现和经典的阐释。

关于宗教文学经典的认定，我们觉得应该从如下层面加以展开。一是要从宗教实践的立场审视宗教文学作品的功能，对宗教

---

① 吴光正：《金代全真教掌教马丹阳的诗词创作及其文学史意义》，《世界宗教研究》2019 年第 1 期；吴光正：《试论马丹阳的诗词创作及其宗教史意义》，《宗教学研究》2021 年第 1 期。

② 廖肇亨：《中边·诗禅·梦戏：明末清初佛教文化论述的呈现与开展》，允晨文化实业股份有限公司，2008。

③ 周裕锴：《禅宗语言》，复旦大学出版社，2017；周裕锴：《法眼与诗心：宋代佛禅语境下的诗学话语建构》，中国社会科学出版社，2014。

文学的"文"类、"笔"类作品之优劣加以评估，确立其经典性。二是要强调宗教性和审美性的统一。具备召唤能力和点化能力的作品才是好作品，能激发宗教情感的作品才是好作品，美感和了悟兼具的作品才是好作品。三是要凸显杰出宗教徒在文学创作中的核心地位。俗话说："诗僧未必皆高，凡高僧必有诗。""诗僧"产出区域与"高僧"产出区域往往并不重叠。因此，各宗教创始人、各教派创始人、各教派发展史上的杰出人物的创作比一般的宗教徒创作更具经典性。因此，《真诰》《祖堂集》中的诗歌比一般的宗教徒如齐己的别集更具有经典性。四是要从宗教传播中确立经典。很多作品在教内广泛流传，甚至被奉为学习、参悟之典范，甚至被固定到相关的仪式中而千年流转。流行丛林之《牧牛图颂》《拨棹歌》《十二时歌》《渔父词》一类作品应该作为丛林之经典；在宗教仪式中永恒之赞美诗、仙歌道曲应该是教内之经典；被丛林奉为典范之《寒山诗》《石门文字禅》应该是教内之经典。最后需要指出的是，在终极关怀和生命意识的呈现上，一个优秀的宗教作家完全等同于具有诗人情怀的世俗作家。高僧与诗人，高道与诗人，曹雪芹和空空道人，贾宝玉和文妙真人，本质上是同一的，具备这种同一性的作家和作品，可谓达到了宗教文学的极致！总之，宗教文学经典的确立应从教内出发而不应从世俗出发，而最为经典的宗教文学作品和最为经典的世俗文学作品，其精神世界是相通的。

有了这样的认识，我们才能从浩瀚无边的文献中清理宗教文学作品并筛选宗教文学经典。清理宗教文学文献时，我们拟采取如下步骤和措施。

各大宗教内部编撰的大型经书和丛书应该是《中国宗教文学

史》首先关注的文献。《道藏》、《藏外道书》、《道藏辑要》、《大藏经》（包括藏文、蒙古文大藏经《甘珠尔》《丹珠尔》）、汉译《圣经》、汉译《古兰经》中的文献，需要全面排查。经典应该首先从这些文献中确立。《大藏经》中的佛经文学以及《圣经》《古兰经》的历次汉译本要视为各大宗教文学的首要经典和翻译文学的典范加以论述，《道藏》中的道经文学要奉为道教文学的首要经典加以阐释。《道藏》文献很杂，一些不符合宗教文学定义的文献需要剔除，一些文学作品夹杂在有关集子中，需要析出。《大藏经》不收外学著作，其内学著作尤其是本土著述，有的全本是宗教文学著作，有的只有一部分，有的只存在于具体篇章中，需要通读全书加以清理。

各大宗教家文学别集的编撰、著录、存佚、典藏情况需要进行全面清理，要在目录学著作、志书、丛书、传记、序跋、碑刻和评论文章中进行爬梳。

宗教文学选集与总集的编著、著录、传播、典藏情况要从文献学和选本学的角度加以清理，归入相关选本、总集出现的时代。因此，元明清各段的文学史要设置相关的章节。这是从宗教实践、宗教传播视野确立经典的一个维度。

《中国佛寺志丛刊》《中国道观志丛刊》和地方志等文献中存在大量著述信息，需要加以考量。

方内文人编撰的断代、通代选集和总集中的"方外"部分也需要从选本学、文献学的立场进行清理，归入相关选本、总集出现的时代。这类文献提供了方外创作的面貌，保留了大量文献，但其选择依据是方内的，和方外选本有差距。这类选集和总集数量非常庞大，如果不能穷尽，则需要选择典范选本加以介绍。需要特别指出的是，近百年来编撰的各类文学总集往往以"全集"命名，但由于文学观念和资料的限制，"全集"并不全。比如，《全元诗》秉持纯文学观念，对大量宗教说理诗视而不见，甚至整本诗集如《西斋净土诗》也完全弃之不顾。在佛教界内部，《西斋净土诗》被奉为净土文学的典范。中国台湾的星云法师是当代非常擅长文学弘法的高僧，他在宜兰念佛会上举办各种活动时就不断从《西斋净土诗》中抽取相关诗句来吸引信徒。因此，收集宗教文学文献时，我们一定要秉持宗教文学观，不要轻易相信世俗总集之"全"，而要上穷碧落下黄泉式地搜寻资料。

藏族佛教文学、蒙古族佛教文学、南传佛教文学、中国基督教文学和中国伊斯兰教文学的基本文献均未得到有效整理，基本上尘封于全国乃至全世界的图书馆、宗教场所中，尘封于报刊中，需要研究者花时间和精力去探寻。近些年来，一些大型史料性丛书得以出版。如钟鸣旦、杜鼎克、黄一农、祝平一主编《徐家汇藏书楼明清天主教文献》，钟鸣旦等主编《耶稣会罗马档案馆明清天主教文献》，王秀美、任延黎主编《东传福音》，曾庆豹主编《汉语基督教经典文库集成》，周振鹤主编《明清之际西方传教士汉籍丛刊》《徐家汇藏书楼明清天主教文献续编》，张美兰所著《美国哈佛大学哈佛燕京图书馆藏晚清民国间新教传教士中文译著目录提要》，周燮藩主编《清真大典》，王建平主编《中国伊斯兰教典籍选》，吴海鹰主编《回族典藏全书》等。从这些文献中爬梳宗教文学作品，也是一份艰辛的工作。

总之，《中国宗教文学史》各段要设专章对本段宗教文学文献进行全面清理，为后来的研究提供文献指南。不少专著和专文已经做了初步的研究，可以全面参考。这是最见功力、最耗时间的一章，也是最好写的一章，更是造福士林、造福教界的一章。

三、宗教文学文体与宗教诗学

近百年来，西方的纯文学观念彰显的是符合西方观念的作品，一定程度上遮蔽了中国自身的文学传统，并且制造了不少伪命题。作为一种学术反思，学术界的本土化理论建构已经在探究"传统文学"的"民族传统"。在这种学术潮流中，诸多学者的研究已经产生重大反响，比如，罗宗强的文学思想研究，刘敬圻的还原批评，张锦池的文献文本文化研究，陈洪、蒋述卓、孙逊、尚永亮的文学与文化研究，吴承学倡导的文体研究，陈文新秉持的辨体研究，等等，均深获学界赞许。这一研究路径应该引起宗教文学研究者的重视，《中国宗教文学史》应该继承和发扬这一研究范式，因为，宗教文学是最具民族特色的文学，而文体作为一种把握世界的方式，是最具民族特性的。

对中国宗教文学展开辨体研究，就意味着要抛弃西方纯文学观念，不再纠缠"文学"之纯与杂，而是从宗教实践的立场对历史上的各大"文"类、"笔"类作品进行清理，对其经典作品进行理论阐述。因此，我们特别注重如下三个方面的论述：第一，我们强调，研究最具民族性的传统文学——宗教文学时，要奉行宗教本位、民族本位、历史本位、文体本位，清理各个时期宗教实践中产生的各类文体，对文体进行界说，对文体的功能、题材、程式、风格、使用场合进行辨析，也即对各大文体、文类下定义，简洁、明晰、到位之定义，足以垂范后学之定义。如，魏晋南北朝时期的经表之文、仙真之传、神仙之说、仙灵之诗，其文体在道教文学史上具有典范意义，我们在撰述过程中应该对其文体进行准确界说。第二，我们强调，各文体中出现的各大类别也要进行界说，并揭示其宗教本质和文学特质。如佛教山居诗，要对山居诗下定义，并揭示山居诗的关注中心并非山水，而是山水中的僧人——俯视众生、超越世俗、自由自在、法喜无边的僧人。第三，我们强调，宗教文学文体是应宗教实践而产生的，有教内自身的特定文体，也有借自世俗之文体，其使用频率彰显了宗教实践的特色和宗教发展之轨迹。

在分析各体文学的具体作品时，我们不仅要尊重"文各有体，得体为佳"的创作规律，而且要建立起一套阐释宗教文学的话语体系和诗学理论。

用抒情言志这类传统的文人诗学话语和西方纯文学的诗学话语解读中国宗教文学作品时，往往无法准确揭示中国宗教文学的本质，甚至过分否定其价值。比如，关于僧诗，唐代还能以"清丽"加以正面评价，从宋人开始就完全以"蔬笋气"、"酸馅味"加以一概否定了。中国古代宗教文学作品，无论是道教文学还是佛教文学，能得到肯定的只是那部分"情景交融"的作品，这类作品在研究者眼里已经"文人化"，因而备受关注和肯定。这是一种完全不考虑宗教实践的外在切入视野。如学术界一直否定王重阳和丘处机的实用主义文学创作，却认定丘处机的山居诗情景交融，是"文人化"的体现，是难得一见的好作品。殊不知，丘处机的山居诗是其苦修——斗闲思维的产物。为了斗闲，丘处机在磻溪和龙门山居十三年，长期的苦修导致他一生文学创作的焦点均是山居风物，呈现的是一种放旷、悠闲、自由的境界。西方纯文学观念引进中国后，宗教徒文学在相当长的一段时间内基本上淡出学者的学术视野，在百年中国文学史书写中销声匿迹。大陆晚近三十来年的宗教文学研究主要在文献和事实清理层面上成绩突出，理论层面虽有所建树，但需要探索、解决的问题依然很多。因此，需要从宗教实践的立场探索一套解读、阐释宗教文学的话语系统和诗学理论。

因此，我们强调，宗教观念决定了宗教的传播方式和语言观，也就决定了宗教文学的创作特性。不同的宗教有不同的传播策略、不同的语言观，从而影响了佛教、道教、基督教和伊斯兰教的经典撰述和翻译，也影响了宗教家对待文学创作的态度，更影响了宗教家的作品风貌。佛典汉译遵循了通俗易懂原则、随机应变原则，这是受佛经语言观影响形成的翻译原则，导致汉译经典介于文白和雅俗之间，对佛教文学创作产生了重要影响。① 葛兆光甚至认为，佛教"不立文字"和道教"神授天书"的语言观和传播方式决定了佛教文学和道教文学的风格特征。② 基督教和伊斯兰教的语言观和传播方式不仅决定了经典的翻译特色，而且决定了基督教文学和伊斯兰教文学的创作风貌。伊斯兰教强调《古兰经》是圣典，不可翻译，因此，中国伊斯兰教徒一直用波斯语和阿拉伯语诵读《古兰经》，大量伊斯兰教徒的汉语文学创作难觅伊斯兰教踪影，直到明王朝强迫伊斯兰教徒汉化才形成回族，才有汉语教育，才有《古兰经》的汉语译本，才有伊斯兰教汉语文学。巴别塔神话实际上就是基督教的语言观和传播方式的一个象征，这一象征决定了中国基督教文学的特色。为了宣传教义，传教士翻译了大量西方世俗文学作品和基督教文学作品，李奭学的《译述：明末耶稣会翻译文学论》《中国晚明与欧洲文学——明末耶稣会古

---

① 李小荣：《汉译佛典文学研究的回顾与展望》，《武汉大学学报》2012 年第 2 期。

② 葛兆光：《"神授天书"与"不立文字"——佛教与道教语言传统及其对中国古典诗歌的影响》，《文学遗产》1998 年第 1 期。

典型证道故事考诠》①已经成功地论证了晚明传教士在这方面的努力。与此同时，传教士不仅不断翻译、改写《圣经》来传播福音，而且利用方言和白话创作了大量文学作品，并借助现代传媒——报纸、杂志、电台进行传播，其目的就是为了适应中国国情而进行宗教宣传，其通俗化、艺文化和现代化策略极为高超，客观上对中国现代文学产生了重要影响。

因此，我们强调，中国宗教文学自身具有一些和传统士大夫文学、传统民间文学截然不同的表达传统。中国史传文学发达，神话和史诗不发达，这是一般文学史的看法。如果考察宗教文学就会发现，这样的表述是不准确的。民族史诗、佛教和道教的神话、传记在这方面有很显著的表现，形成了一种独特的叙事诗学，并对中国小说、戏剧产生了重要的影响。②中国抒情诗发达，叙事诗和说理诗不发达，这是一般文学史的定论。但是，宗教文学的目的在于劝信说理，宗教文学最为注重的就是说理和叙事，并追求说理、叙事、抒情兼善的表达风格，其叙事目的在于说理劝信，其抒情除了在人与人、人与自然之间展开外，更多在人与神、宗师与信众之间展开。这是一种迥异于世俗文学的表达传统，传统诗学和西方诗学或视而不见，或做出不公的评价，因此，需要确立新的阐释话语。

《中国宗教文学史》的目的在于通过宗教文学史史实、宗教文学经典、宗教文学批评史实的清理，建构中国宗教诗学。本领域

---

① 李奭学：《译述：明末耶稣会翻译文学论》，香港中文大学出版社，2012；李奭学：《中国晚明与欧洲文学——明末耶稣会古典型证道故事考诠》，"中央"研究院及联经出版公司，2005。

② 吴光正：《神道设教——明清章回小说叙事的民族传统》，武汉大学出版社，2012。

需要发凡起例，垂范后学。即使论述暂时无法深入，但一定要说到，写到，要周全，要周延。这是一种挑战，更是一种诱惑。编撰者学术个性应该在这个层面凸显。宗教诗学的建构任重而道远，虽不能一蹴而就，而心向往焉。

四、中国宗教文学史与民族认同、文化认同

《中国宗教文学史》将拓展中国文学史的疆域和诗学范畴，一个长期被忽视的疆域，一个崇尚说理、叙事的疆域，一个面对神灵抒情的疆域，一个迥异文人创作、民间创作的表达传统和美学风貌。《中国宗教文学史》魅力无限，宗教徒文学魅力无限，只有在宗教徒文学的历史进程、表达方式、内在思想、生命意识得到清理之后，我们才能更好地把握纯文学视野无法放下的苏轼和白居易们。

《中国宗教文学史》需要跨学科的视野，其影响力不仅仅在文学领域，更可能在宗教和文化领域，也即《中国宗教文学史》不仅仅是文学史，而且还应该是宗教史和文化史。

宗教文学史是宗教实践演变史的一个层面，教派的创建与分合、教派经典的创立与诵读、教派信仰体系和关怀体系的差异、教派修持方式和宗教仪式上的特点、教派神灵谱系和教徒师承风貌、宗教之间的冲突与融汇均对宗教文学创作产生了重要的影响，有时甚至就是这些特性的文学呈现。在这个层面上，我们特别强调教派史和文学史的内在关联。并不是所有的作品均呈现出教派归宿，不少宗教徒作家出入各大教派之间，有的甚至教派不明，但教派史乃至宗门史视野一定能够发现太多的宗教文学现象，并加深研究者对作品的阅读和阐释，深化研究者对宗教史的认识。

《中国宗教文学史》的编撰一定能催生一种新的宗教史研究模

式，并对学术史上的一些观点进行补说。宗教信仰是一种神圣性、神秘性、体验性、个人性的心灵活动，其宗教实践和概念、体系关系不大。可是，以往的中国宗教史研究对这一点重视不够。宋前的概念史是否真的就反映了历史的真实？宋后没有新教派、新体系、新概念就真的衰弱了吗？《中国宗教文学史》需要反思这一研究模式，对宗教文学史、宗教史做出新的描述和阐释。宗教文学最能反映宗教信仰的神圣性、神秘性、体验性、个人性，清理这些特性一定能别开生面。《中国宗教文学史》的断代和分期应该与宗教发展史相关，和朝代更替关系不大，和世俗文学史的分期更不相关。目前采取朝代分期，是权宜之计。如何分期，需要各段完成写作之后才能知道。因为，目前的研究还不足以展开分期讨论。我们坚信，对中国宗教文学史的深入研究足以引发学界对宗教发展史分期和特点的探讨。其实，先秦宗教重在实践，理论表述不多；汉唐宗教实践也没有西方、日本式的发展形态和理论形态；道教符箓派本质上是一个实践性的宗教，理论表述并不是其关注焦点；中国宗教在唐代以后高度社会化，其宗教实践渗透到民众生活的各个层面。目前关于明末清初佛教文学的研究已经表明，明清佛教并不像学术界所说的那样"彻底衰败"。通过对清代三百余种僧人别集的解读，我们相信，这种"彻底衰败说"需要修正。我们梳理清代道教文学创作后发现，清代道教徒的文化素养、艺文素养其实并不低，清代道教其实在向社会化和现代化转变。

宗教实践的演变和一定时代的文化氛围密切相关，冲突也罢，借鉴也罢，融合也罢，总会呈现出各个时代的风貌。玄佛合流、三教争衡、三教合一、以儒释耶、以儒释经（伊斯兰教经典）、政教互动、圣俗互动、族群互动、对外文化交流、宗教本土化等文化现象，僧官制度、道官制度、系账制度、试经制度、度牒制度、道举制度等文化制度均对宗教文学的创作产生了重要影响。例如，金元道教出现了迥异于以往的发展面貌，从而形成了一些颇具特色的文学创作现象：苦行、试炼与全真教的文学创作；弘法、济世与玄教领袖的文学创作；远游、代祀与道教文学家的创作视野；遗民情怀与江南道教文学创作；雅集、宴游、艺术品鉴与江南道教文学创作；宗教认同与金元道教传记创作；道人居室题咏；文人游仙诗创作；道教实践、道教风物之同题集咏；道士游方与送序、行卷；北方全真教的"头陀"印记与南方符箓派的"玄儒""儒仙"印记，国家祭祀与族群文化认同。这些文学现象，是金元道教发展史上的独特现象，也是金元王朝二元政治环境下的产物，更是元王朝辽阔疆域在道教文学中的折射。这些文学现象，不仅是文学史、宗教史上的经典个案，更是文化史上的经典个案，值得我们深入探究。

文学史和宗教史向文化史靠拢，就意味着文化交流，就意味着族群互动与文化认同。中国历史上的两次南北朝时期，就是通过文化认同和民族认同熔铸了中华民族的精神谱系。其中，道教，尤其是佛教所起的作用颇为重要，可惜这一贡献在百年来的文化建设和学术研究中得不到足够的重视。其实，只要我们认真清理这两个时期留下的宗教文学作品，我们就能体会到宗教认同与文化认同、民族认同之间的密切联系。近现代以来，西方文明在列强的枪炮声中席卷全中国，包括宗教在内的传统文化被强烈批判乃至抛弃，给今天的文化建设带来了巨大的困扰。但太虚法师倡导的人间佛教在台湾取得丰硕成果，不仅成为台湾精神生活的奇迹，而且以中华文明的形式在全球开花结果。以佛光山、法鼓山、中台禅寺、慈济功德会为代表的台湾人间佛教，如今借助慈善、禅修、文化、教育和文学，不仅在中国台湾，而且在全球弘扬中国传统文化，提升中国文化软实力。星云法师、圣严法师的文学创作，不仅建构了自身的人间佛教理念，而且强化了自身的教派认同，不仅在台湾岛内培育了强大的僧团和信众组织，而且在全球吸纳徒众和信众，其文学创作所取得的宗教认同、文化认同和民族认同，非同凡响，值得我们深思。这也提醒我们，编撰《中国宗教文学史》不仅是在编撰文学史、宗教史、文化史，而且是在进行一种国家文化战略的思考。

目　　录

中国道教文学研究专著索引

1816 年

Le livre des récompenses et des peines（太上感应篇）, Abel - Rémusat, Jean - Pierre（雷慕沙）, Paris: Antoine - Augustin Renouard, 1816.

1823 年

Mémoire sur la vie et les opinions de Lao - tseu, philosophe chinois du VIe. siècle avant notre ère, qui a professé les opinions communément attribuées à Pythagore, à Platon et à leurs disciples（论老子的生平和理念——一位公元前六世纪的中国哲学家传授了一般认为是毕达哥拉斯、柏拉图及其弟子们的观点）, Abel - Rémusat, Jean - Pierre（雷慕沙）, Paris: Imprimerie royale, 1823.

1835 年

Le livre des récompenses et des peines, en chinois et en français, accompagné de quatre cents légendes, anecdotes et histoires qui font connaître les doctrines, les croyances et les mœurs de la secte des Tao&ssé（汉法太上感应录；附载体现老子派教义、信仰和习俗的四百篇传

说、轶事和历史故事），Julien，Stanislas（儒莲），Paris：Imprimerie de Crapelet，1835.

1842 年

Tao te king：*Le Livre de la voie et de la vertu*，*composé dans le VIe siècle avant l'ère chrétienne*（公元前六世纪编撰的道德经），Julien，Stanislas（儒莲），Paris：Imprimerie royale，1842.

1886 年

The Dragon，*Image*，*and Demon*，*or the Three Religions of China*. DuBose，Hampden C. London：Partridge，1886.

1911 年

Taoïsme，*tome* Ⅰ、Ⅱ，Léon Wieger，Hien－hien：Imprimerie de la Mission catholique，1911—1913.

1915 年

长春真人《西游记》地理考证，丁谦，浙江图书馆，1915 年。
Myths and legends of China，Werner Edward T. C.，New York：Dover Publications，1915.

1925 年

吕洞宾故事，林兰编，上海北新书局，民国十四年（1925 年）。

1926 年

长春真人《西游记》注，王国维注，北平清华研究院，1926 年。

Danses et légendes de la Chine ancienne 2 vols. Granet Marcel，Paris：Félix Alcan，1926.（Reprinted，Paris：Presses Universitaires de France，1959.）

1927 年

李义山恋爱事迹考，苏雪林，北新书局，1927 年。

神话研究，黄石，上海开明书店，民国十六年（1927 年）。

1928 年

妙峰山，顾颉刚编，广州中山大学，民国十七年（1928 年）；台北东方文化供应社影印，1970 年。

1929 年

中国神话研究 ABC（上）（下），玄珠，上海世界书局，民国十八年（1929 年）。

神话杂论，茅盾，上海世界书局，民国十八年（1929 年）。

福建三神考，魏应麒，广州中山大学，民国十八年（1929 年）；台北东方文化供应社影印，1970 年。

1930 年

楚辞中的神话和传说，钟敬文，广州中山大学，民国十九年
（1930 年）；台北东方文化供应社影印，1970 年。

1932 年

Festivals and Songs of Ancient China，Marcel Granet，New York：
E. P. Dutton，1932.（古代中国的节庆与歌谣，葛兰言著，赵丙祥、
张宏明译，广西师范大学出版社，2005 年）

1933 年

民间神话全集，朱雨尊编，普益书局，民国二十二年（1933
年）。

1934 年

中国的水神，黄芝岗，生活书局，民国二十三年（1934 年）；
台北东方文化供应社影印，1973 年。

1935 年

吕祖诗解，常遵先，邑庙翼化堂书局，1935 年。

1939 年

道教徒的诗人李白及其痛苦，李长之，文集书店，1939 年；

长沙商务印书馆，1940 年；辽宁教育出版社，1998 年；商务印书馆，2011 年。

1941 年

南宋初河北新道教考，陈垣，北平辅仁大学，1941 年；中华书局，1962 年。

1942 年

Monkey：*Folk Novel of China*，Arthur Waley，London：Allen and Unwin，1942.

Monkey，Waley Arthur trans，London：John Day，1942（Reprinted，New York：Grove Press，1958）.

1943 年

老庄の思想と道教，小柳司氣太，森北书店，1943 年。

1945 年

陶渊明思想与清谈之关系，陈寅恪，燕京大学哈佛燕京社，1945 年。

1946 年

魏晋风流及其文潮，郭麟阁，重庆红蓝出版社北平分社，1946 年。

1948 年

道教と神話伝説——中国の民間信仰，橘樸著，中野江漢编注，改造社，1948 年。

1949 年

道藏源流考（上下册），陈国符，中华书局，1949 年；中华书局，1963 年。

1950 年

Ho – shang – kung's Commentary on Lao – tse，Erkes Eduard，Ascona：Artibus Asiae，1950.

Le taoïsme，Henri Maspero，Paris：Civilisation du Sud，1950.

1951 年

中古文学思想，王瑶，棠棣出版社，1951 年。

中古文人生活，王瑶，棠棣出版社，1951 年。

中古文学风貌，王瑶，棠棣出版社，1951 年。

巫系文学论，藤野岩友，东京大学书房排印本，1951 年；东京集英社排印本，1967 年；东京大学书房，1969 年；韩基国编译，重庆出版社，2005 年。

1952 年

The Real Tripitaka and other Pieces，Arthur Waley，London：

George Allen and Unwin Ltd, 1952.

1953 年

陕北道情音乐，梁文达，西北人民出版社，1953 年。

陇东道情，邸作人、高士杰编，甘肃省文化局音乐工作组编印，1953 年。

Le Lie – sien tchouan—biographies légendaires des immortels taoïstes de l'antiquité（列仙传——上古道教仙人的传奇传记），Kaltenmark Macime，Pékin：Centre d'études sinologiques de Peékin，1953.

1954 年

Tao te ching：*The Book of the Way and its Virtue*，Duyvendak J. J. L，London，1954.

1955 年

The Nine Songs：*A Study of Shamanism in Ancient China*，Arthur Waley，London：Allen &Unwin，1955.

1956 年

神话与诗，闻一多，中华书局，1956 年。

中古文学史论集，王瑶，古典文学出版社，1956 年；上海古籍出版社，1982 年。

Kōshin shinkō，Kubo Noritada，Tokyo：Yamagawa，1956.

1957 年

谈《西游记》中的神魔问题，胡念饴，古典文学出版社，1957 年。

La vie et la pensee de Hi K'ang（223—262 *Ap. J. C.*），*Donald Holzman*，Leiden：Brill，1957.

1958 年

中国识宝传说研究，钟敬文，人民文学出版社，1958 年。

1959 年

Chinese Mythology，Ou－I－Tai，New York：Promentheus Press and London：Batchwork Publishing House，1959.

Danses et légendes de la Chine ancienne，Marcel Granet，Paris：Presses Universitaires de France，1959.

道教と仏教（第一），吉岡義豊，日本学術振興会，昭和三十四年（1959 年）。

1960 年

宗教音乐·湖南音乐普查报告附录，杨荫浏，音乐出版社，1960 年。

太平经合校（上下册），王明编，中华书局，1960 年。

八仙的故事，赵济安，香港亚洲出版社，1960 年。

封神榜故事探源，卫聚贤，香港说文社，1960 年。

中国善書の研究，酒井忠夫，国书刊行会，1960 年。

1961 年

中国古代宗教与神话考，丁山，龙门联合书局，1961 年。

1962 年

Buddhist and Taoist Influences of Chinese Novels Vol. I, Liu Ts'un-yan, Wiesbaden: Otto Harrassowitz, 1962.

1963 年

Creativity and Taoism: A Study of Chinese Philosophy, Art Poetry, Chang Chung – yüan, New York: The Julian Press, 1963. (Reprinted, New York: Harper and Row, 1970.)

The Travels of an Alchemist: The Journey of the Taoist Ch'ang—ch'un from China to the Hindukush at the Summons of Chingiz Khan, Arthur Waley, Recorded by His Disciple Li Chih – ch'ang, 1963.

1965 年

L'empereur Wou des Han dans la légende taoïste, Schipper Kristofer M, Paris : A. Maisonneuve, 1965.

Lao—tseu et le taoïsme, Kaltenmark Maxime, Paris: Seuil, 1965.

1966 年

Alchemy, Medicine, Religion in the China of A. D. 320: The Nei

P'ien of Ko Hung （*Pao—p'u tzu*），James Ware，Cambridge：MIT Press，1966.

1968 年

Chinese Alchemy：*Preliminary Studies. Cambridge*，Sivin Nathan，Mass：Harvard University Press，1968.

道教と佛教，吉岡義豊，丸善株式会社，1968 年。

1969 年

La divinisation de Lao tseu dans le taoïsme des Han，Anne Seidel，Paris：école française d'Extrême – Orient，1969.

l'œuvre complète de Tchouang—tseu （庄子全集），Liou，Kia – hway & Demiéville，Paul，Paris：Gallimard，1969.

1970 年

The His – yu Chi：*A study of Antecedents to the Sixteenth Century Chinese Novel*，Dudbidge Glen，Cambridge：Cambridge University Press，1970.

Concordance du Pao – p'ou – tseu wai – p'ien，Kristofer Schipper，Paris：A. Maisonneuve，1970.

道教と仏教（第二），吉岡義豊，豊島書房，1970 年。

永生への願い，吉岡義豊，淡交社，1970 年。

1972 年

Taoism and the Rite of Cosmic Renewal, Saso Michael, Washington State University Press, 1972.

1973 年

The Divine Woman: *Dragon Ladies and Rain Maidens*, Schafer Edward H, Berkeley: University of California Press, 1973.

1974 年

道家与神仙, 周绍贤, 台湾中华书局, 1974 年。

Wen Tzu——Ein Beitrag zur Problematik und zum Verständnis eines taoistischen Textes, Kandel (= Hendrischke) Barbara, Frankfurt: Peter Lang, 1974.

The Bell and the Drum: *Shih ching as Formulaic Poetry in an Oral Tradition*, C. H. Wang, Berkeley: University of California Press, 1974.

1975 年

Chuang—Lin Hsü Tao—tsang: *An Encyclopedia of Taoist Ritual 25 vols*, Saso Michael, Taipei: Ch'eng—wen Press, 1975.

Tao: *A New Way of Thinking*, Chang Chung—yüan, New Yoric: Harper and Row, 1975.

Tao Magic: *The Secret Language of Diagrams and Calligraphy*, Legeza Laszlo, London: Thames and Hudson, 1975.

Concordance du Tao—tsang：*Titres des ouvrage*，Kristofer Schipper，Paris：A. Maisonneuve，1975.

Concordance du Houang—t'ing king：*Nei—king et Wai—king*，Kristofer Schipper，Paris：A. Maisonneuve，1975.

1976 年

说小说鬼——魏晋南北朝的小说鬼，叶庆炳，台北皇冠杂志社，1976 年。

Shih—shuo Hsin—yü：*A New Account of Tales of the World*，Mather Richard，Minneapolis：University of Minnesota Press，1976.

1977 年

山海经神话系统，杜而未，学生书局，1977 年。

寒原道论，孙克宽，联经出版事业公司，1977 年。

Pacing the Void：*T'ang Approaches to the Stars*，Schafer Edward H，Berkeley：University of California Press，1977.

Les commentaires du Tao—töking jusqu'au VIle siècle，Robinet Isabelle，*Mémoires de l'Institut des Hautes Etudes Chinoises*，*Collège de France IV*，Paris：Presses Universitaires de France，1977.

中國小説研究，内田道夫，評論社，1977 年。

1978 年

魏晋南北朝文士与道教之关系，李丰楙，政治大学中国文学研究所博士论文，1978 年。

搜神后记研究，王国良，文史哲出版社，1978 年。

The Master who Embraces Simplicity：*A Study of the Philosopher Ko Hung*（A. D. 283—343），Saiey Jay，San Francisco：Chinese Materials Center，San Francisco，1978.

Edward H. Schafer，*The Divin Women*：*Dragon Ladies and Rain Maidens in T'ang Literture*，San Francisco ：North Point Press，1978.

The Teachings of Taoist Master Chuang. Saso，M. Yale University Press：New Haven and loden，1978.

中国近世における短篇白話小说の研究，小野四平，评论社，1978 年。

1979 年

陇东道情音乐，高占邦，环县文化馆，1979 年。

Méditation taoïste，Robinet Isabelle，Paris：Dervy—Livies，1979.

Ways to Paradise：*Chinese quest for immortality*，Michael Loewe，London：George Allen and Unwin，1979.

Traité d'alchimie et de physiologie taoïste de Zhao Bichen，Catherine Despeux，Paris：Les Deux Océans，1979.

Biographie d'un taoïste légendaire——*Tcheou Tseu—yang*，Petersen Jens Astergaard，Mémoires de 1，Institut des Hautes Etudes Chinoises Collège de France X，Paris：Presses Universitaires de France，1979.（Reviewed，corrected and completed by Robinet，*T'oung Pao* 67，1981.）

Le Mu Tianzi zhuan： *traduction annotée*，*étude critique*，Rémi Mathieu，Paris：Collège de France，1978.

1980 年

葛洪之文论及其生平，陈飞龙，文史哲出版社，1980 年。

钟馗神话与小说之研究，胡万川，文史哲出版社，1980 年。

抱朴子内外篇思想析论，林丽雪，学生书局，1980 年。

The Method of Holding the Three Ones： *A Taoist Manual of the Fourth Century A. D.* ，Andersen Poul，London：Curzon Press，1980.

Mao Shan in T'ang Times，Edward H. Schafer，Boulder：the Society for the Study of Chinese Religions，1980.

The Divine Woman： *Dragon Ladies and Rain Maidens in T'ang Literature*，Edward H. Schafer，Gary Snyder，San Francisco：North Point Press，1980.

1981 年

薛涛诗笺，薛涛著，张篷舟笺，四川人民出版社，1981 年。

汉镜所反映的神话传说与神仙思想，张金仪，台北故宫博物院，1981 年。

杜光庭传记资料，朱传誉主编，台湾天一出版社，1981 年。

吕洞宾故事，娄子匡编，东方文化书局，1981 年。

Index du Yun—ji qi—qian，Kristofer Schipper，Paris：A. Maisonneuve，1981.

The Heir and the Sage： *Dynastic Legend in Early China*，Sarah

Allan, San Francisco: Chinese Materials Center, 1981. （世袭与禅让：古代中国的王朝更替传说，艾兰著，孙心菲、周言译，范毓周、邢文审订，北京大学出版社，2002 年。）

Chuang—tzu: The Seven Inner Chapters and Other Writings, Graham A. C, London: Allen Unwin, 1981.

The Great Age of Chinese Poetry: The High T'ang, Stephen Owen, New Haven: Yale University Press, 1981.

Wu—shang pi—yao—somme taoïste du VIe siècle, Lagerwey John, Paris: Ecole Frangaise d'Extrêne— Orient, 1981.

Leben und Legende des Ch'en T'uan, Würzburer Sino—Ja—ponica No. 9, Knaul Livia, Bern、Frankfurt: Peter Lang, 1981. （For important corrections, cf. the review by Franke, Monumenta Serca 35, 1981—1983. ）

Meng Hao—jan, Paul W. Kroll, Boston: Twayne Publishers, 1981.

Art, Myth, and Ritual: The Path to The Political Authority in Ancient China, K. C. Chang, Cambridge: Harvard University Press, 1983.

The Pacing of the Void Stanzas of the Ling—pao Scriptures, *Bokencamp, R. S.* University of California, Berkeley, 1981.

Wu—shang pi—yao: somme taoïste du VIe siècle （《无上秘要》——六世纪的道教大全），Lagerwey, John （劳格文） Paris: école française d'Extrême—Orient, 1981.

Le taoïsme du Mao Chan: Chronique d'une révélation （茅山道教——降经编年史），Strickmann, Michel （司马虚），Paris: Institut des hautes études chinoises, 1981.

中国祭祀演劇研究，田仲一成，東京大学出版会，1981 年。

1982 年

道教思想与六朝志怪，朱传誉，台北天一出版社，1982 年。

吕洞宾的故事——永乐宫壁画，地球出版社编辑部，台北地球出版社，1982 年。

不死的探求——抱朴子，李丰楙，中时出版社，1982 年。

Le Corps taoïste—corps physique—corps social，Schipper Kristofer M，Paris：Fayard，1982.（To be read with the critical review by I. Robinet，*T'oung Pao* 72，1986.）

A concordance to the poems of Meng Hao—jan，Paul W. Kroll，San Francisco：Chinese Materials Center，1982.

The Image of the Goddess Hsi Wang Mu in Medieval Chinese Literature，Cahill Suzanne Elizabeth. University of California，Berkeley，1982.

From Ritual to Theatre：*The Human Seriousness of Play*. Turner Victor，New York：PAJ，1982.

宋明清小説叢考，澤田瑞穂，東京研文出版社，1982 年。

1983 年

八仙的故事，浙江文艺出版社编，浙江文艺出版社，1983 年。

中国青铜时代·商代的巫与巫术，张光直，台北联经出版社，1983 年。

中国古代宗教研究，杜而未，学生书局，1983 年。

台湾的道教仪式与音乐，吕锤宽，台北文艺出版社，1983 年。

Art，Myth，and Ritual：*The Path to The Political Authority in Ancient*

China, K. C. Chang, Cambridge：Harvard University Press，1983.

Lao—tze Te—too ching：*A New Translation based on the Recently Discovered Ma—wang—tui Texts*, Henricks Robert G, New York：Ballantine Books，1983.

Myth and Meaning in Early Taoism：*The Theme of Chaos（huntun）*, Girardot Norman J, Berkeley：University of California Press，1983.

Philosophy and Argumentation in Third—Century China：*The Essays of Hsi K'ang*, Henricks Robert G, Princeton：Princeton University Press，1983.

The Journey to the west, 4Vols, Yu Anthony C. ed. and trans, Chicago：University of Chicago Press，1977—1983.

The Tale of Li Wa：*Study and Critical Edition of a Chinese Story from the Ninth Century*, Glen Dudbridge, Oxford Oriental Institute Monograph（London：Ithaca Press），1983.

敦煌と中国道教，尾崎正治，大東出版社，1983 年。

求道と悦楽，入矢義高，岩波書店，1983 年。

1984 年

老子的月神宗教，杜而未，学生书局，1984 年。

《西游记》研究——首届《西游记》学术讨论会论文选，江苏省社科院文学所编，江苏古籍出版社，1984 年。

唐前志怪小说史，李剑国，南开大学出版社，1984 年；天津教育出版社，2005 年。

由隐逸到宫体，洪顺隆，文史哲出版社，1984 年。

魏晋南北朝志怪小说研究，王国良，文史哲出版社，1984 年。

《西游记》人物研究，张静二，学生书局，1984 年。

Taoist Books in the Libraries of the Sung Period：*A Critical Study and Index*，van der Loon Piet，Oxford Oriental Institute Monographs No. 7，London：Ithaca Press，1984.

Procédés secrets du joyau magique：*Traité d'alchimie taoïste du xie siècle*，Anne Seidel，Paris：les Deux océans，1984.

中国の神話と物語リ：古小説史の展開，小南一郎，岩波書店，1984 年。

《西遊記》の秘密——ダオと煉丹術ツンボソコム，中野美代子，福武書店，1984 年。

中國の咒法，澤田瑞穗，平河出版社，1984 年。

西遊記の研究，太田辰夫，研文出版社，1984 年。

1985 年

昆仑文化与不死观念，杜而未，学生书局，1985 年。

庄子宗教与神话，杜而未，学生书局，1985 年。

八仙的传说，吕洪年编，湖南文艺出版社，1985 年。

The song of the south：*A Anthology of Ancient Chinese Poems by Qu yuan And Other Poems*，David Hawkes，Harmonsworth：Penguin，1985.

Mirages on the Sea of Time：*The Taosit Poetry of Ts'ao T'ang*，Schafer Edward H，Berkeley：University of California Pbess，1985.

Würzburger Sino—Japonica 14，Malek Roman，Das Chai—chie lu，Bern，Frankfurt：Peter Lang，1985.

Huai—nan Tzu：*Philosophical Synthesis in Early Han Thought* (*The Idea of Resonance with a Translation and Analysis of Chapter Six*)，Le Blanc Charles，Hong Kong：Hong Kong University Press，1985.

The World of Thought in Ancient China. Cambridge，Schwartz Benjamin I，Mass.：The Belknap Press of Harvard University Press，1985.

The Dramatic Oeuvre of Chu You—tun (1369—1439)，Wilt L. Idema，Leiden：E. J. Brill，1985. （朱有燉的杂剧，伊维德著，张惠英译，北京大学出版社，2009 年）

Die sieben Meister des vollkommenen Verwirklichung：*der taoistichen Lehrroman Ch'i—chen chuan in übersetzung und im Spiegel seiner Quellen*，Günther Endres，Würzburger Sinojaponica 13，Frankfurt：Perter Lang，1985.

The Wine of Endless Life：*Taoist Drinking Songs from the Yuan Dynasty*，Jerome P. Seaton，Buffalo：White Pine Press，1985.

The song of the south：*A Anthology of Ancient Chinese Poems by Qu yuan And Other Poems*，David Hawkes，Harmonsworth：Penguin，191，1985.

Classical Chinese tales of the supernatural and the fantastic：*selections from the third to the tenth century. Kao*，K. S. Y. Hong Kong：Joint Publishing，1985.

The great enterprise：*The Manchu reconstruction of imperial order in seventeenth—century China* (*Vol.* 2)，Wakeman，F. E. University of California Press，1985.

中国古代人の夢と死，吉川忠夫，株式會社平凡社，1985 年。

中国の宗族と演劇：華南宗族社會における祭祀組織・儀禮

および演劇の相関構造，田仲一成，東京大學東洋文化研究所，1985年。

書と道教の周辺，吉川忠夫，平凡社，1985年。

神仙と萬葉集，松見正憲，近代文藝社，1985年。

1986 年

道家和道教思想研究，王明，中国社会科学出版社，1986年。

神话·仙话·佛话，河北人民出版社编，河北人民出版社，1986年。

唐前志怪小说辑释，李剑国，上海古籍出版社，1986年。

道家思想与中国文化，赵明，吉林大学出版社，1986年。

说唱西游记，罗扬、沈彭年整理，新华出版社，1986年。

中古文学史论，王瑶，北大出版社，1986年；北大出版社，1998年。

香港碑铭汇编，科大卫、陆鸿基、吴伦霓裳合编，香港市政局，1986年。

六朝隋唐仙道类小说研究，李丰楙，学生书局，1986年。

古巫医与《六诗》考——中国浪漫文学探源，周策纵，台北联经出版公司，1986年。

六朝志怪小说研究，周次吉，文津出版社，1986年。

Taoist Literature. Part I：*Through the T'ang Dynasty.* Bokenkamp S. The Indiana University press，1986.

The "Ledger on the Rhapsody"：*Studies in the Art of theT'ang 'Fu'（China）. Bokenkamp，S. R.* University of California，Berkeley，

1986.

道藏内仏教思想资料集成，鐮田茂雄，大藏出版株式會社，1986 年。

道教の神，窪德忠，平河出版社，1986 年。

自己と超越，入矢義高，岩波書店，1986 年。

1987 年

道教与中国文化，葛兆光，上海人民出版社，1987 年。

中国武当山道教音乐，中国民族民间器乐曲集成·湖北卷编辑部，中国文联出版公司，1987 年。

道教全真祖庭北京白云观，中国道教协会编印，1987 年。

八仙传奇，刘飞白，台北星光出版社，1987 年。

全真教与大蒙古国帝室，郑素春，学生书局，1987 年。

续齐谐记研究，王国良，文史哲出版社，1987 年。

神话与小说，王孝廉，时报文化出版事业有限公司，1987 年。

A Guide to Tao—tsang chi—yao，Chen William Y，Stony Brook：The Institute for Advanced Studies of World Religions，1987.

Seven Steps to the Tao：Sima Chengzhen's Zuowang lun，Köhn（＝Knaul）Livia，Monumenta Serica Monographs 20，Nettetal：Steyler Verlag，1987.（Review by Kleeman，*Asian Folklore Studies* 49，1990.）

A Survey of Taoist Literature—Tenth to Seventeenth Centuries，Judith M. Boltz，Berkeley：University of California，1987.

The journey to the North：An Ethnohistorical Analysis and Annotated

Translation of the Chinese Folk Novel Pei—yu—chi, Seaman Gary, Berkeley and Los Angeles：University of California Press，1987.

Taoist Ritual in Chinese Society and History，John Lagerwey，New York：MacMillan，1987.

Understanding reality a Taoist alchemical classic，Zhang，B.，Honolulu：University of Hawaii Press，1987.

1988 年

殷墟卜辞综述，陈梦家，中华书局，1988 年。

世俗的祭礼——中国戏曲的宗教精神，郭英德，国际文化出版公司，1988 年。

道家思想与中国古代文学理论，漆绪邦，北京师范学院出版社，1988 年。

六朝志怪小说考论，王国良，文史哲出版社，1988 年。

扮仙与作戏，王嵩山，稻香出版社，1988 年。

道藏，上海书店、天津古籍出版社、文物出版社，1988 年。

中国古代宗教与神话考，丁山，上海文艺出版社，1988 年；上海书店出版社，2011 年。

道家金石略，陈垣编，文物出版社，1988 年。

成吉思汗封赏长春真人之谜，纪流注译，中国旅游出版社，1988 年。

全真秘要，徐兆仁主编，中国人民大学出版社，1988 年。

生死·享乐·自由——道家和道教的关系及人生理想，赵有声、刘明华、张立伟，国际文化出版公司，1988 年。

明代道士张三丰考，黄兆汉，学生书局，1988 年。

道教研究论文集，黄兆汉，香港中文大学出版社，1988 年。

La dame—du—Bord—de—l'Eau，Brigitte Baptandier，Nanterre：Société d'Ethnologie，1988.

The Ghost Festival In Medieval China，Stephen F. Teiser，Princeton University Press，1988.

Realm of the Immortals：Daoism in the Arts of China. The Cleveland Museum of Art，Little Stephen，Indiana Univereity Press，1988.

Das Shen—hsien chuan und das Erscheinungsbild eines Hsien，Güotsch Gertrud，Würzburger Sino—Japonica 16，Bern、Frankfurt：Peter Lang，1988.

From Ritual to Allegory：Seven Essays in Early Chinese Poetry，C. H. Wang，Hong Kong：The Chinese University Press，1988.

La moelle du phénix rouge. Santé et longue vie dans la Chine du XVIe siècle，Catherine Despeux，Paris：Guy Trédaniel，1988.

1989 年

魏晋神仙道教——《抱朴子内篇》研究，胡孚琛，人民出版社，1989 年。

道教与美学，高楠，辽宁人民出版社，1989 年。

中国民间传说，程蔷，浙江教育出版社，1989 年。

道教仙话，闵智亭编著，华夏出版社，1989 年。

仙话文学，詹石窗，香港学林书店，1989 年。

历代游仙诗文赏析，詹石窗，香港学林书店，1989 年。

汉武洞冥记研究，王国良，文史哲出版社，1989 年。

《西游记》论集，余国藩，联经事业文化有限公司，1989 年。

道藏丹药异名索引，黄兆汉，学生书局，1989 年。

Ritual Opera, *Operatic Ritual*："*Mu—lien Rescues His Mother*" *in Chinese Popular Culture*, ed. David Johnson, Berkeley：University of California, 1989.

Les quatre livres de l'empereur jaune：*La canon taoïque retrouvé*, Decaux Jacques, Taipei：European Languages Publications Ltd, 1989.

Taiji Quan：*Art martial — Technique de longue vie*, Catherine Despeux, Paris：Guy Trédaniel, 1989.

Du Guangting (850—933)：*taoïste de cour à la fin de la Chine médiévale*, Franciscus Verellen, Paris：Collège de France, Institut des hautes études chinoises, 1989.

Immortal sisters：*Secrets of Taoist Women*, Cleary, Thomas F., Boston：Shambhala：Boston, 1989.

The Ledger on the Rhapsody：*Studies in the Art of the T'ang Fu*, Bokencamp, R. S., University of California, Berkeley, 1989.

The Tao Te Ching：*A New Translation with Commentary*, Translated and edited by Ellen M. Chen., New York：Paragon House, 1989.

Classical, *Modern and Humane*：*Essays in Chinese Literature*. David Hawkes, Hong Kong：Chinese University Press, 1989.

中国の祭祀と文藝，中鉢雅量，創文社，1989 年。

中国郷村祭祀研究，田仲一成，東京大学出版会，1989 年。

1990 年

想象力的世界：道教与唐代文学，葛兆光，现代出版社，1990 年。

马致远及其剧作论考，刘荫柏，文化艺术出版社，1990 年。

唐宋词百科大辞典（宗教卷），吴受琚，学苑出版社，1990 年。

传统文化与古典戏曲，郑传寅，湖北教育出版社，1990 年。

中国仙话，郑土有、陈晓勤，上海文艺出版社，1990 年。

绘图三教源流搜神大全（外二种），上海古籍出版社，1990 年。

中国戏曲与中国宗教，周育德，中国戏剧出版社，1990 年。

道教神话，陈雄群编，新华出版社，1990 年。

道教全真五祖七真金元高道传，闵智亭编，中国道教学院，1990 年。

先秦两汉冥界及神仙思想探原，萧登福，文津出版社，1990 年。

苏轼与道家道教，钟来因，学生书局，1990 年。

《西游记》别论，王国光，学林出版社，1990 年。

历代仙逸诗选，陈香编注，"国家"出版社，1990 年。

武当山金石录，张华鹏等编，丹江口市文化局，1990 年。

Der Perlenheutel aus den Drei Höhlen（San—tung chu —nang）: Arbeitsma—terialien zum Taoismus der frühen T'ang—Zeit，Reiter Florian C，Wiesbaden：Otto Harrassowitz，1990.

Leben und Wirkert Lao—tzu's in Schrift und Bild（*Lao— chün pa— shih—i hua t'u—shuo*），Reiter Florian C，Würzburg：Königshausen Neumann，1990.

The Textual History of the Huai—nan—tza，Roth Harold D，Phoenix、Arizona：Association of Asian Studies Monograph，1990.

Une Apocalypse taoïste du Ve siècle——Etude du Dongyüanshenzhou ching，Mollier Christine，Mémoires de l'Institut des Hautes Etudes Chinoises，Paris：Collège de France，1990.

Leben und Wirken Lao—Tzu's in Schrift und Bild. Lao—chun pa— shih—i—hua t ' u—shuo，Reiter Florian C. Ed.，Würzburg：Königshausen and Neumann，1990.

Immortelles de la Chine ancienne：Taoisme et alchimie féminine. Despeux，C.，Paris：Pardes，1990.

The Goddess Hua—yüeh San—niang and the Cantonese Ballad Ch'en—hsiang T'ai—tzu，（Han hsüeh yen chiu chung hsin）Dudbridge，Glen.，Taibei Shi，1990.

Tao Te Ching：The Classic Book of Integrity and the Way，Laozi，Victor H. Mair，tr. New York：Bantam Books，1990.

Ritual Opera，Operatic Ritual：Mu—lien Rescues His Mother in Chinese Popular Culture（Publications of the Chinese Popular Culture Project，1），David Johnson，Chinese Popular Culture Project（November 1990）.

隋唐道教思想史研究，砂山稔，平河出版社，1990 年。

1991 年

古诗百科大辞典（宗教卷），吴受琚，光明日报出版社，1991 年。

中西宗教与文学，马焯荣，岳麓书社，1991 年。

《金瓶梅》中的佛踪道影，王景琳、徐匋，文化艺术出版社，1991 年。

第二届道教科仪音乐研讨会论文集，曹本治、毛继增、魏煌主编，人民音乐出版社，1991 年。

道经总论，朱越利，辽宁教育出版社，1991 年。

山海经全译，袁珂译注，贵州人民出版社，1991 年。

儒道释与中国文豪，王煜，学生书局，1991 年。

晓望洞天福地——中国的神仙与神仙信仰，郑土有，人民教育出版社，1991 年。

隋唐仙真，马清福主编，辽宁大学出版社，1991 年。

全真正韵谱辑，玉溪道人闵智亭传谱，武汉音乐学院道教音乐研究室编，中国文联出版公司，1991 年。

和风堂文集，柳存仁，上海古籍出版社，1991 年。

古谶纬研讨及其书录解题，陈槃，"国立"编译馆，1991 年。

The Shape of the Turtle：*Myth*、*Art and Cosmos in Early China*，Sarah Allan，Albany：State University of New York Press，1991.（艾兰文集·龟之谜——商代神话、祭祀、艺术和宇宙观研究，艾兰，商务印书馆，2010 年）

西王母与七夕传承，小南一郎，平凡社，1991 年。

1992 年

山水美与宗教，蒋述卓，台北稻禾出版社，1992 年。

《穆天子传》通解，郑杰文，山东文艺出版社，1992 年。

道家养生术，陈耀庭、李子微、刘仲宇，复旦大学出版社，1992 年。

道·仙·人，陈耀庭、刘仲合，上海社会科学院出版社，1992 年。

宋代的隐士与文学，刘文刚，四川大学出版社，1992 年。

宋词与佛道思想，史双元，今日中国出版社，1992 年。

道家与道家文学，李炳海，东北师范大学出版社，1992 年。

道教文学史，詹石窗，上海文艺出版社，1992 年。

二王庙道观诗歌楹联文录，都江堰市青城山道教协会，1992 年。

道教与传统文化，文史知识编辑部编，中华书局，1992 年。

中国的宗族与戏剧，田仲一成著，钱杭、任余白译，上海古籍出版社，1992 年。

七真祖师列仙传，高雄道德院，1992 年。

中国文学与宗教，郑志明，学生书局，1992 年；艺文图书公司，1992 年。

水与水神，王孝廉，三民书局股份有限公司，1992 年。

金代道教の研究：王重陽と馬丹陽，蜂屋邦夫，東京大學東洋文化研究所，1992 年。

空花集，入矢義高，思文閣，1992 年。

1993 年

道教与诸子百家，李养正，北京燕山出版社，1993 年。

纬书与汉代文化，李中华，新华出版社，1993 年。

中国重玄学，卢国龙，人民中国出版社，1993 年。

谶纬文化新探，王步贵，中国社会科学出版社，1993 年。

中国佛道诗歌总集，马大品、程方平、沈望舒主编，中国书店，1993 年。

道教与民俗文学，刘守华，北京燕山出版社，1993 年。

中国的神话传说与古小说，小南一郎著，孙昌武译，中华书局，1993 年；中华书局，2006 年。

道教文学三十谈，伍伟民、蒋见元，上海社会科学院出版社，1993 年。

宗教、艺术与文化传统，范岳，辽宁人民出版社，1993 年。

儒道佛美学的融合：苏轼文艺美学思想研究，王世德，重庆出版社，1993 年。

魏晋玄学与六朝文学，陈顺智，武汉大学出版社，1993 年。

中国仙话研究，罗永麟，上海文艺出版社，1993 年。

唐五代志怪传奇叙录，李剑国，南开大学出版社，1993 年。

中国道教音乐，王纯五、甘绍成，西南交通大学出版社，1993 年。

道教的传说，陈雄群，北京燕山出版社，1993 年。

全真北宗思想史，邝国强，中山大学出版社，1993 年。

宋代民间的幽冥世界观，沈宗宪，商鼎文化出版社，1993 年。

道教与中国传统音乐，蒲亨强，文津出版社，1993 年。

生命灵光——道教传说与智慧，詹石窗，香港中华书局有限公司，1993 年。

六朝服食风气与诗歌，颜进雄，文津出版社，1993 年。

中国神话史，袁珂，联经文化，1993 年；重庆出版社，2007 年。

周代祭祀研究，张鹤泉，文津出版社，1993 年。

武当山道教音乐研究，曹本治、蒲亨强，台湾商务印书馆，1993 年。

海内十洲记研究，王国良，文史哲出版社，1993 年。

Transcendence and Divine Passion：*The Queen Mother of the West in Medieval China*，Suzzane Cahill，Stanford：Stanford University Press，1993.

Religion and Society in T'ang and Sung China，ed. Patricia Buckley Ebrey and Peter Gregory，Honolulu：University of Hawaii Press，1993.

Les grands traités du Huainan zi，Larre，C.，Robinet，I.，& de la Vallée，E. R. Cerf，1993.

Heaven and earth in early Han thought：*Chapters three*，*four*，*and five of the Huainanzi*，Major，J. S. Suny Press，1993.

Taoist Meditation：*The Mao—Shan Tradition of Great Purity*（Suny Series，Toward a Comparative Philosophy of Religions），Isabelle Robinet. State University of New York Press，1993.

中国巫系演劇研究，田仲一成，東京大学出版会，1993 年。

1994 年

青词碧箫：道教文学艺术，杨光文、甘绍成，四川人民出版社，1994 年；台湾大展出版社，2000 年。

中古仙道诗精华，钟来因，江苏文艺出版社，1994 年。

天人合一和王充文学思想，钟美，社会科学文献出版社，1994 年。

道教与周易，刘国梁，燕山出版社，1994 年。

天上人间：道教神仙谱系，黄海德，四川人民出版社，1994 年。

八仙信仰，山曼，学苑出版社，1994 年。

美国学者论唐代文学，倪豪士编选，上海古籍出版社，1994 年。

道教音乐，周振锡、史新民等，北京燕山出版社，1994 年。

藏外道书，巴蜀书社，1994 年。

道教全真必读，黄信阳，河北省道教协会，1994 年。

道教与文学，黄兆汉，学生书局，1994 年。

楚国神话原型研究，张军，文津出版社，1994 年。

六朝志怪小说异类姻缘故事研究，颜慧琪，文津出版社，1994 年。

A God's Own Tale：*The Book of Transformations of Wenchang*，*the Divine Lord of Zitong*（SUNY Series in Chinese Philosophy and Culture），Terry Kleeman，State University of New York Press（August 4，1994）.

taoïsme et corps humain：*Le Xiuzhen tu*，Catherine Despeux，Paris：Guy Trédaniel，1994.

不死的神话与思想——从《山海经》到《神仙传》，郑在书，民音社，1994 年。

1995 年

儒道玄佛与中国文学，叶金，汕头大学出版社，1995 年。

仙话——神人之间的魔幻世界，梅新林，上海三联书店，1995 年。

汉魏两晋南北朝道教伦理论稿，姜生，四川大学出版社，1995 年。

苦海与极乐，李安纲，东方出版社，1995 年。

红楼梦哲学精神，梅新林，学林出版社，1995 年。

魏晋六朝文学与玄学思想，袁峰，三秦出版社，1995 年。

吕洞宾全集，石沅朋校点，花城出版社，1995 年。

仙佛奇踪，洪应明，江苏广陵古籍刻印社，1995 年。

道藏提要，任继愈主编，中国社会科学出版社，1995 年。

金元全真教内丹心性学，张广保，三联书店，1995 年。

楼观台道教碑石，王忠信编，三秦出版社，1995 年。

中国大陆宗教文章索引，王雷泉，东初出版社，1995 年。

唐伎研究，廖美云，学生书局，1995 年。

颜之推《冤魂志》研究，王国良，文史哲出版社，1995 年。

楚国神话原型研究，张军，文津出版社，1995 年。

Religious experience and lay society in T'ang China：*A reading of*

Tai Fu's Kuang—i chi, Glen Dudbrige, Cambridge：Cambridge University Press，1995.

Introduction à l'alchimie intérieure taoïste：*De Vanité et de la multiplicité*, Isabelle Robinet, Paris：Cerf, 1995.

日用類書による明清小説の研究，小川陽一，研文出版社，1995 年。

《西遊記》受容史の研究，磯部彰，多賀出版社，1995 年。

穆天子传·神异经（韩语），金芝鲜、宋贞和，生活出版社，1995 年。

1996 年

超越神话——纬书政治神话研究，冷德熙，东方出版社，1996 年。

古典文学与中医学，陈庆元、陈贻庭编著，福建科技出版社，1996 年。

中国游仙诗概论，熊晓燕，山西人民出版社，1996 年。

儒道释诗汇赏——道诗卷，潘人和主编，海峡文艺出版社，1996 年。

中国神仙画像集，成寅编，上海古籍出版社，1996 年。

唐诗与道教，黄世中，漓江出版社，1996 年。

玄境——道学与中国文化，张立文、张绪通、刘大椿，人民出版社，1996 年。

汉魏六朝道教与文学，张松辉，湖南师范大学出版社，1996 年。

晋北道情音乐研究，武兆鹏，人民音乐出版社，1996 年。

道藏分类解题，朱越利，华夏出版社，1996 年。

易传与道家思想，陈鼓应，三联书店，1996 年。

李白游仙诗探析，颜进雄，文津出版社，1996 年。

山海经校注，袁珂校注，巴蜀书社，1996 年。

中国道教诸神，马书田，团结出版社，1996 年。

海峡两岸道教文化学术研讨会论文（上、下），龚鹏程主编，学生书局，1996 年。

误入与谪降：六朝隋唐道教文学论集，李丰楙，学生书局，1996 年。

忧与游：六朝隋唐游仙诗论集，李丰楙，学生书局，1996 年；中华书局，2010 年。

中国道教音乐史略，曹本治、王忠人、甘绍成、刘红、周耘，新文丰出版公司，1996 年。

龙虎山天师道音乐研究，曹本治、刘红，新文丰出版公司，1996 年。

Strange Writing：Anomaly Accounts in Early Medieval China，Robert Ford Campany，Albany：State University of New York Press，1996.

From Deluge to Discourse：Myth，History，and the Generation of Chinese Fiction，Deborah Lynn Porter，Albany：State University of New York Press，1996.

Mantras et mandarins：Le bouddhisme tantrique en Chine，Michel Strickmann，Paris：Gallimard，1996.

Unruly Gods：Divinity and Society in China，Meir Shahar，Honolulu：University of Hawaii Press，1996.

In Search of the Supernatural：*The Written Record*，DeWoskin，
K. Stanford University Press，1996.

列仙传——中国道教的 70 仙人故事（韩语），刘向著，金长焕译，艺文书院，1996 年。

1997 年

大美不言——道教美学思想范畴论，潘显一，四川人民出版社，1997 年。

道骨仙风，张宏，华文出版社，1997 年。

和风堂新文集，柳存仁，新文丰出版公司，1997 年。

李商隐爱情诗解，钟来因，学林出版社，1997 年。

中国道情艺术概论，武艺民，山西古籍出版社，1997 年。

《西游记》全书气功破译，陈士斌、刘一明破译，孙国中辑校，团结出版社，1997 年。

台湾民间信仰研究书目，林美容编，"中央"研究院民族学研究所，1997 年。

许逊与萨守坚：邓志谟道教小说研究，李丰楙，学生书局，1997 年。

道教与戏剧，詹石窗，文津出版社，1997 年。

道教与艺术，王宜娥，文津出版社，1997 年。

道教与民俗，韩秉方，文津出版社，1997 年。

黄粱梦，陈飞，云龙出版社，1997 年。

楚辞与原始宗教，过常宝，东方出版社，1997 年。

台湾青年宗教学者"宗教与心灵改革研讨会"论文集，高雄

道德院辑印，高雄道德院出版，1997年。

中国宗教音乐，田青主编，宗教文化出版社，1997年。

中国近代白话短篇小说研究，小野四平著，施小炜、邵毅平、吴天锡、张兵译，上海古籍出版社，1997年。

巴蜀道教碑文集成，龙显昭、黄海德主编，四川大学出版社，1997年。

永乐宫壁画全集，金维诺主编，天津人民美术出版社，1997年。

中国神怪小说通史，欧阳健，江苏教育出版社，1997年。

中国精怪文化，刘仲宇，商务印书馆，1997年。

殷周政治与宗教，张荣明，五南图书出版公司，1997年。

西王母信仰，郑志明，南华管理学院，1997年。

贵州土家族宗教文化：傩坛仪式音乐研究，邓光华，新文丰出版公司，1997年。

海上白云观施食科仪音乐研究，曹本治、朱建明，新文丰出版公司，1997年。

Early Taoist Scriptures, Stphen Bokenhanmp, Berkeley: University of California Press, 1997.

Before Confucius: *Studies in the Creation of the Chinese Classics*, Edward Shaughnessy, Albany: State University of New York Press, 1997.（孔子之前：中国经典诞生的研究，夏含夷著，黄圣松、杨济襄、周博群等译，万卷楼图书股份有限公司，2013年）

Zhuang Zi: *de Innerlijke Geschriften*, Kristofer Schipper, Amsterdam: Meulenhoff, 1997.

Women and Goddess Traditions: *in Antiquity and Today*, King,

Karen L. Fortress Press：Minneapolis，1997.

道教とその經典：道教史の研究，大淵忍爾，創文社，
1997 年。

1998 年

河北巨鹿道教法事音乐，袁静芳，新文丰出版公司，1998 年。

楚辞与上古历史文化研究，江林昌，齐鲁书社，1998 年。

中国现代作家的宗教文化情结，刘勇，北京师范大学出版社，
1998 年。

唐宋道家道教与文学，张松辉，湖南师范大学出版社，
1998 年。

《金瓶梅》与佛道，余岢、解庆兰，北京燕山出版社，
1998 年。

宗教艺术论，蒋述卓，暨南大学出版社，1998 年。

中国宗教与文学论集，葛兆光，清华大学出版社，1998 年。

神怪小说史，林辰，浙江古籍出版社，1998 年。

道家及其对文学的影响，李生龙，岳麓书社，1998 年。

中国早期艺术与宗教，王昆吾，东方出版中心，1998 年。

中国小说与宗教，黄子平主编，香港中华书局，1998 年。

海日楼札丛，沈曾植，辽宁教育出版社，1998 年。

八仙得道，无垢道人，中国文联出版公司，1998 年。

重阳宫道教碑石，刘兆鹤、王西平编著，三秦出版社，
1998 年。

道教术数与文艺，詹石窗，文津出版社，1998 年。

道教神仙故事，袁志鸿编著，大众文艺出版社，1998 年。

汉朝的本土宗教与神话，王青，洪叶文化事业有限公司，1998 年。

陶弘景与道教文学，文英玲，香港聚贤馆文化有限公司，1998 年。

周秦两汉早期道教，萧登福，文津出版社，1998 年。

崂山韵及胶东全真道器乐曲研究，詹仁中，新文丰出版公司，1998 年。

Discourse on Foxes and Ghosts：*Ji Yun and Eighteenth—Century Literati Storytelling*，Leo Tak—hung Chan，Honolulu：University of Hawaii Press，1998.

Crazy Ji：*Chinese Religion and Popular Literature*，Meir Shahar，Harvard University Press，1998.

God of the Dao：*Lord Lao in History and Myth*，Livia Kohn，Ann Arbor：Center for Chinese Studies，University of Michigan，1998.

The Aspirations and Standards of Taoist Priests in the Early T'ang Period，Florian C Reiter，Wiesbaden：Harrassowitz，1998.

Ter Haar，Barend. *Ritual and Mythology of the Chinese Triads*：*Creating an Identity*. Leiden：Brill，1998.

Immortals，Festivals，and Poetry in Medieval China，Donald Holzman. Variorum Collected Studies Series CS623，Aldershot，Eng.：Ashgate/Variorum，1998.

金元時代の道教：七真研究，蜂屋邦夫，東京大學東洋文化研究所，1998 年。

本邦公蔵明代日用類書目録初稿，坂出祥伸，文部省科学补助金成果，1998 年。

封神演義の世界：中國の戰神，二階堂善弘，大修館，1998 年。

中國演劇史，田仲一成，東京大學出版會，1998 年。

1999 年

《山海经》与古代社会，张岩，文化艺术出版社，1999 年。

中国古代巫术——宗教的起源和发展，梁钊韬，中山大学出版社，1999 年。

神圣的寓意，张立新，云南大学出版社，1999 年。

道教文言小说选，徐翠先，中国文联出版社，1999 年。

道教与神魔小说，苟波，巴蜀书社，1999 年。

傩戏艺术源流，康保成，广东高等教育出版社，1999 年。

看破《西游记》：《西游记》与中医易道学，周文志，云南人民出版社，1999 年。

全真七子传记，林世田等编校，宗教文化出版社，1999 年。

七真传，黄永亮编定，川蓬子校勘，团结出版社，1999 年。

洞天福地岳渎名山记全译，王纯五译注，贵州人民出版社，1999 年。

法国汉学，第 4 辑，中华书局，1999 年。

列仙传全译·续列仙传全译，李剑雄译注，贵州人民出版社，1999 年。

丘处机，赵益，江苏人民出版社，1999 年。

民间信仰影响下的古典小说创作，朱迪光，中国文联出版社，

1999 年。

道教文言小说选，徐翠先编著，中国文联出版社，1999 年。

早期中国历史、思想与文化·太阳之子：古代中国的神话和图腾主义，艾兰著，杨民等译，辽宁教育出版社，1999 年；商务印书馆，2011 年。

重阳宫与全真道，王西平、陈法永，陕西人民出版社，1999 年。

中国诗歌与宗教，邝健行主编，中华书局，1999 年。

丘处机与龙门洞，张文主编，陕西人民出版社，1999 年。

道韵（第四辑）——玄武与道教科技文化，詹石窗主编，中华大道出版社，1999 年。

道韵（第六辑）——金丹派南宗，詹石窗主编，中华大道出版社，1999 年。

和风堂文集续编：道家与道术，柳存仁，上海古籍出版社，1999 年。

明清民间宗教经典文献，王见川、林万傅主编，新文丰出版公司，1999 年。

杭州抱林道院道教音乐，曹本治、徐宏图，新文丰出版公司，1999 年。

武当韵——中国武当山道教科仪音乐，王光德、王忠人、刘红、周耘、袁冬艳，新文丰出版公司，1999 年。

无锡道教科仪音乐研究，钱铁民、马珍媛，新文丰出版公司，1999 年。

陕西省佳县白云观道教音乐，袁静芳、李世斌、申飞雪，新文丰出版公司，1999 年。

苏州道教科仪音乐研究：以天功科仪为例展开的讨论，刘红，新文丰出版公司，1999 年。

The Changing Gods in Medieval China（1127—1276），Hansen Valerie，Princeton：Princeton University Press，1999.

Inconstancy of the eternity：*Lao—zi*、*myth*、*man and his book*，Maslov A. A，Lewiston NY：Edwin Mellen Press，1999.

Chine Mythes et dieux de la religion populaire，Pimpaneau Jacques，Philippe Picquier，1999.

Writing and authority in early China，Lewis，M. E. Suny Press，1999.

Daniel Overmyer，*Precious Volumes*：*An Introduction to Chinese Sectarian Scriptures from the Sixteenth and Seventeenth Centuries*，Cambridge：Harvard University Asia Center，1999.

道教典籍目録・索引：六朝唐宋の古文獻索引，大淵忍爾、石井昌子、尾崎正治，国書刊行会，1999 年。

唐初道教思想史研究：《太玄眞一本際經》の成立と思想，山田俊，平樂寺書店，1999 年。

六朝道教思想の研究，神塚淑子，創文社，1999 年。

中国日用類書集成（六種十四冊），坂出祥伸、小川阳一编，酒井忠夫监修，汲古书院，1999—2004 年。

中国善書の研究（上下卷），酒井忠夫，国書刊行会，1999—2000 年。

2000 年

西方道教研究史，安娜・塞德尔著，蒋见元、刘凌译，上海古籍出版社，2000年。

王嚞丘处机评传，唐代剑，南京大学出版社，2000年。

唐传奇与道教文化，徐翠先，中国妇女出版社，2000年。

祭坛古歌与中国文化，顾希佳，人民出版社，2000年。

魏晋南北朝志怪小说通论，张庆民，首都师范大学出版社，2000年。

命相·占卜·谶应与中国古代小说研究，万晴川，中国文联出版社，2000年。

权力的谎言——中国传统的政治宗教，张荣明，浙江人民出版社，2000年。

道家思想与汉魏文学，尚学锋，北京师范大学出版社，2000年。

儒释道与晚明文学思潮，周群，上海古籍出版社，2000年。

中国古代小说与宗教，孙逊，复旦大学出版社，2000年。

论汉代艺术中的西王母图像，李凇，湖南教育出版社，2000年。

八仙与中国文化，王汉民，中国社会科学出版社，2000年。

李安纲博士论文专辑——《西游记》的心路历程（春夏秋冬卷），李安纲，陕西师范大学文学研究所，2000年。

道教学，朱越利、陈敏，当代世界出版社，2000年。

道教在海外，陈耀庭，福建人民出版社，2000年。

当代道教，李养正主编，东方出版社，2000年。

中国宝卷总目，车锡伦，北京燕山出版社，2000年。

神圣礼乐——正统道教科仪音乐研究，蒲亨强，巴蜀书社，2000年。

遗迹崇拜与圣者崇拜，傅飞岚、林富士主编，允晨文化出版公司，2000 年。

东方画像石与早期道教发展之关系，俞美霞，南天书局，2000 年。

明清全真教论稿，王志忠，巴蜀书社，2000 年。

中国道教音乐简史，胡军，华龄出版社，2000 年。

茅山道院历代碑铭录，杨世华主编，上海科技文献出版社，2000 年。

中国道观志丛刊，高小健等主编，广陵书社，2000 年。

谶纬与道教，萧登福，文津出版社，2000 年。

道教的历史与文学（第二届海峡两岸道教学术研讨会论文集），郑志明主编，南华大学宗教文化研究中心，2000 年。

三李神话诗歌之研究，卢明瑜，"国立"台湾大学出版委员会，2000 年。

苏州道乐概述，曹本治、张凤麟，新文丰出版公司，2000 年。

温州平阳东岳观道教音乐研究，曹本治、徐宏图，新文丰出版公司，2000 年。

云南瑶族道教科仪音乐，杨民乐、杨晓勋，新文丰出版公司，2000 年。

青城山道教音乐研究，甘绍成主编，新文丰出版公司，2000 年。

The World of a Late Ming Mystic：*T'an Yang—Tzu and her Followers*，Ann Waltner，Berkeley：University of Califounia Press，2000.

The Stele Inscriptions of Ch'in Shih—huang：*Text and Ritual in Early Chinese Imperial Representation*，Martin Kern，New Haven：American Oriental Society，2000.（秦始皇石刻：早期中国的文本与仪式，柯马丁著，刘倩译，杨治宜、梅丽校，上海古籍出版社，2015 年）

Démons et merveilles dans la littérature chinoise des Six Dynasties——*Le fantastique et l'anecdotique dans le Soushen ji de Gan Bao*，Rémi Mathieu，Paris：You—Feng éd.，2000.

Taoism and the Arts of China. Little，Stephen. Chicago：Art Institute of Chicago，2000.

Patterns of disengagement：*The practice and portrayal of reclusion in early medieval China*，Berkowitz，A. J. Stanford University Press，2000.

The Stele Inscriptions of Ch'in Shih—huang：*Text and Ritual in Early Chinese Imperial Representation*，Kern，M. American Oriental Society，2000.

Peking：*temples and city life*，1400—1900，Naquin，S. University of California Press，2000.

六朝道教史研究，小林正美，創文社，2000 年。

講座道教 4：道教と中國思想，雄山閣，2000 年。

道教与文学、想象力（韩语），郑在书，青林，2000 年。

2001 年

唐宋内丹道教，张广保，上海文化出版社，2001 年。

浅俗之下的厚重——小说·宗教·文化，陈洪，南开大学出版社，2001 年。

崂山道教与《崂山志》研究，苑秀丽、刘怀荣，中国社会科学出版社，2001 年。

古代文学与宗教论集，张乘健，吉林人民出版社，2001 年。

陇东道情，环县文化馆编，甘肃人民出版社，2001 年。

道教与唐代文学，孙昌武，人民文学出版社，2001 年。

巫与中国古代小说，赵振祥，北方文艺出版社，2001 年。

神话与仪式：戏剧的原型阐释，胡志毅，学林出版社，2001 年。

宗教民俗文献与小说母题，王立，吉林人民出版社，2001 年。

道教文学史论稿，杨建波，武汉出版社，2001 年。

南宋金元道教文学研究，詹石窗，上海文化出版社，2001 年。

道教故事，王鸿，陕西旅游出版社，2001 年。

元明清道教与文学，张松辉，海南出版社，2001 年。

太平经正读，俞理明，巴蜀书社，2001 年。

中国作家与宗教，朱耀伟主编，中华书局，2001 年。

全真道主王重阳传，郭武，香港中华书局，2001 年。

中国神仙研究，黄兆汉，学生书局，2001 年。

北京白云观道教音乐研究，张鸿懿，新文丰出版公司，2001 年。

云南剑川白族道教科仪音乐研究，罗明辉，新文丰出版公司，2001 年。

上海郊区道教及其音乐研究，朱建明、谈敬德、陈正生，新文丰出版公司，2001 年。

The Demon Chained Under Turtle Mountain：The History and Mythology of the Chinese River Spirit Wuzhiqi，Andersen Paul，Berlin：

G. H. Verlag，2001.

Spirit and Self in Medieval China：*The Shih—shuo hsin—yü and Its Legacy*，Qian Nanxiu，Honolulu：Hawaii University Press，2001

Banished Immortal：*Searching for Shuangqing——China's Peasant Women Poet*，Ropp Paul，Ann Arbor：University of Michigan Press，2001.

"Quali Parole vi Aspettate che Aggiunga?"：*Il Commentario al Daodejing di Bai Yuchan*，*Maestro Taoista del* ⅩⅢ *Secolo*，Alfredo Cadonna，Florence：Leo S. Olschki，2001.

Society and the Supernatural in Song China，Edward L. Davis，University of Hawaii Press，2001.

『聊斎志異』を読む：妖怪と人の幻想劇，稲田孝，講談社，2001 年。

毒藥は口に苦し——中国の文人と不老不死（あじあブックス），川原秀城，大修館書店，2001 年。

中国の神話考古，陸思賢，岡田陽一訳，言叢社，2001 年。

《朝野僉載》の文本研究，福田俊昭，大東文化大學東洋研究所，2001 年。

中國古典演劇研究，小鬆謙，汲古書院，2001 年。

2002 年

西方道教研究编年史，索安著，吕鹏志、陈平等译，中华书局，2002 年。

《西游记》的秘密（外二种），中野美代子著，王秀文等译，中华书局，2002 年。

美术、神话与祭祀，张光直著，郭净译，辽宁教育出版社，2002 年。

《西游记》资料汇编，朱一玄，南开大学出版社，2002 年。

清涧道情，郝震川，西安地图出版社，2002 年。

二十世纪中国民俗学经典·神话卷，苑利，社会科学文献出版社，2002 年。

志怪小说与人文宗教，王连儒，山东大学出版社，2002 年。

中国古代小说的原型与母题，吴光正，社会科学文献出版社，2002 年；2004 年。

八仙故事源流考，赵杏根，宗教文化出版社，2002 年。

郭璞研究，连镇标，上海三联书店，2002 年。

三维人生——儒道释与文人，张松辉，海南出版社，2002 年。

中国宗教文学史，马焯荣，香港银河出版社，2002 年。

曹操与道教及其仙游诗研究，陈华昌，陕西人民出版社，2002 年。

观世音的圆照，李安纲，中国社会科学出版社，2002 年。

李世民的解脱，李安纲，中国社会科学出版社，2002 年。

美猴王的家世，李安纲，中国社会科学出版社，2002 年。

孙悟空的斗战，李安纲，中国社会科学出版社，2002 年。

唐三藏的魔难，李安纲，中国社会科学出版社，2002 年。

中国文化基因库，施舟人，北京大学出版社，2002 年。

中国戏剧史，田仲一成著，云贵彬、于允译，黄美华校译，北京广播学院出版社，2002 年。

禅趣人生，吴平编，上海社会科学院出版社，2002 年。

王重阳诗歌中的义理世界，梁淑芳，文津出版社，2002 年。

古代思想文化的世界：春秋时代的宗教、伦理与社会思想，陈来，三联书店，2002 年。

敦煌古灵宝经与晋唐道教，王承文，中华书局，2002 年。

21 世纪的新道学文化战略，胡孚琛，中国社会科学出版社，2002 年。

唐代女冠诗人研究，邱瑰华，中国文史出版社，2002 年。

道教与民俗，萧登福，文津出版社，2002 年。

To Live as Long as Heaven and Earth：Ge Hong's Traditons of the Divine Transcendents，Robert Ford Campany，Berkeley：University of California，2002

A Chinese Bestiary：Strange Creatures from the Guideways through Mountains and Seas，Richard E. Strassberg，Berkeley：University of California Press，2002.

Chinese Magical Medicine：Therapeutic Rituals，Michel Strick-mann，Stanford：Stanford University Press，2002.

Leçons sur Tchouang—tseu，François Billeter，Paris：Allia，2002.

The Water God's temple of the Guangsheng monastery：cosmic function of art，ritual，and theater. Jing，A. Leiden：Leiden：Brill，2002.

Peking temples as the congregational center and their fate. Wang，R. G. University of Chicago Press，2002.

Banished Immortal：Searching for Shuangqing，China's Peasant Woman Poet，Ropp，Paul S. University of Michigan Press，2002.

To Live as Long as Heaven and Earth：A Translation and Study of Ge Hong's Traditions of Divine Transcendents，Robert F. Campany，

Berkeley University of California Press，2002.

Religious Experience and Lay Society in T'ang China：*A Reading of Tai Fu's 'Kuang—i Chi*，Glen Dudbridge. Cambridge University Press，2002.

Leçons sur Tchouang—tseu（庄子讲课），Billeter，François（毕来德）. Paris：Allia，2002.

曾慥の書誌的研究，宫沢正順，汲古書院，2002 年。

神仙幻想，土屋昌明，春秋社，2002 年。

2003 年

西游记探源，郑明娳，里仁书局，2003 年。

道教史发微，潘雨廷，上海社会科学出版社，2003 年。

隋唐道家与道教，李大华、李刚、何建明，广东人民出版社，2003 年。

道乐论——道教仪式的"信仰、行为、音声"三元理论结构研究，曹本治、刘红，宗教文化出版社，2003 年。

斋醮科仪，天师神韵——龙虎山天师道科仪音乐研究，傅利民，巴蜀书社，2003 年。

道教文化十五讲，詹石窗，北京大学出版社，2003 年。

儒释道背景下的唐代诗歌，陈炎、李红春，昆仑出版社，2003 年。

《西游记》文化学刊第 2 辑，《西游记》文化学刊编委会，中国社会出版社，2003 年。

八仙——传说与信仰，山曼，学苑出版社，2003 年。

明清的戏曲——江南宗族社会的表象，田仲一成著，云贵彬、王文勋译，北京广播学院出版社，2003 年。

巫文化视野中的中国古代小说，万晴川，中国社会科学出版社，2003 年。

乐舞与仪式——中国上古祭歌形态研究，张树国，天津古籍出版社，2003 年。

陶弘景丛考，王家葵，齐鲁书社，2003 年。

历代真仙高道传，周永慎，中国社会科学出版社，2003 年。

屈服史及其他：六朝隋唐道教的思想史研究，葛兆光，三联书店，2003 年。

明代彩绘全真宗祖图研究，王育成，中国社会科学出版社，2003 年。

道教的故事，张松辉、周晓露，广州出版社，2003 年。

新编北京白云观志，李养正编著，宗教文化出版社，2003 年。

余国藩《西游记》论集，余国藩，联经出版公司，2003 年。

Alien Kind：Foxes and Late Imperial Chinese Narrative，Rania Huntington，Cambridge Mass：Harvard Univerity Asia Center，2003.

Propos intempestifs sur le Tchouang—tseu，Jean Lévi，Paris：Allia，2003.

Philosophes taoïstes t. II——Huainan zi（Liu An），Rémi Mathieu、Charles Le Blanc，Paris：Gallimard，2003.

中国妖怪伝：怪しきものたちの系譜，二階堂善弘，平凡社，2003 年。

中国古代の宗教と文化：殷王朝の祭祀，赤塚忠，研文社，2003 年。

唐宋の小説と社会，岡本不二明，汲古書院，2003年。

隱逸と文學：陶淵明と沈約を中心として，今場正美，朋友書店，2003年。

2004 年

先秦两汉道家与文学，张松辉，东方出版社，2004年。

唐代非写实小说之类型研究，李鹏飞，北京大学出版社，2004年。

朱熹与《参同契》文本，钦伟刚，巴蜀书社，2004年。

上清派修道思想研究，张崇富，巴蜀书社，2004年。

敦煌道教文献研究，王卡，中国社会科学出版社，2004年。

明清神魔小说研究，胡胜，中国社会科学出版社，2004年。

杜光庭思想与唐宋道教的转型，孙亦平，南京大学出版社，2004年。

邯郸梦记校注，李晓、金文京校注，上海古籍出版社，2004年。

汤显祖邯郸梦记校注，吴秀华，河北教育出版社，2004年。

道乐通论，蒲亨强，中央音乐学院出版社，2004年。

《西游记》文化学刊，第3辑，《西游记》文化学刊编委会编，中国社会出版社，2004年。

商周祭祖礼研究，刘源，商务印书馆，2004年。

八仙，卢寿荣，山东画报出版社，2004年。

镜与中国传统文化，刘艺，巴蜀书社，2004年。

北京东岳庙与北京泰山信仰碑刻辑录，东岳庙北京民俗博物馆编，中国书店，2004 年。

道教与戏剧，詹石窗，厦门大学出版社，2004 年。

八仙文化与八仙文学的现代阐释：二十世纪国际八仙论丛，吴光正主编，黑龙江人民出版社，2004 年。

丘处机与全真道，赵卫东，山东文艺出版社，2004 年。

道衍全真——纪念丘处机创建龙门山场 820 周年学术报告会文集，任法融、樊光春主编，陕西旅游出版社，2004 年。

中国道观志丛刊续编，张智等主编，广陵书社，2004 年。

《太平广记》的梦研究，李汉滨，学海出版社，2004 年。

唐代文学与宗教，刘楚华主编，香港中华书局，2004 年。

唐代服食养生研究，廖芮茵，学生书局，2004 年。

钟馗研究，郑尊仁，秀威资讯科技，2004 年。

The Teachings and Practices of the Early Quanzhen Taoist Masters, Eskildsen Stephen, Albany：State University of New York Press, 2004.

The Travels of an Alchemist：The Journey of the Taoist Ch'ang—Ch'un from China to the Hindukush at the Summons of Chingis Khan, Li Chin—Ch'ang（transl. Arthur Waley）, London：Routledge Curzon Press, 2004.

The Taoist Canon：A historical companion to the Daozang 3 vols, Schipper Kristofer Verellen Francciscus, The University of Chicago Press, 2004.

études sur Tchouang—tseu, françois Billeter, Paris：Allia, 2004.

The Sinister Way：The Divine and the Demonic in Chinese Religious Culture, Glahn R V., University of California Press, 2004.

Gender and Chinese archaeology, Linduff, Katheryn M., and Yan

Sun. AltaMira Press：Walnut Creek，CA，2004.

études sur Tchouang—tseu（庄子研究），Billeter，françois（毕来德）. Paris：Allia，2004.

聊齋志異の怪，蒲松齡，志村有弘訳，角川書店，2004 年。

道教儀禮文書の歴史的研究，丸山宏，汲古書院，2004 年。

中国神話の構造，百田弥栄子，三弥井書店，2004 年。

東アジアの女神信仰と女性生活，田仲一成，慶應義塾大学出版会，2004 年。

初期道教經典の形成，前田繁樹，汲古書院，2004 年。

雲笈七籤の基礎的研究，中嶋隆蔵，研文出版社，2004 年。

中唐詩壇の研究，赤井益久，創文社，2004 年。

武俠（韩语），文炫善，生活出版社，2004 年。

2005 年

钟吕内丹道德观研究，袁康就，宗教文化出版社，2005 年。

汉晋文学中的《庄子》接受，杨柳，巴蜀书社，2005 年。

谭处端 刘处玄 王处一 郝大通 孙不二集，白如祥辑校，齐鲁书社，2005 年。

丘处机集，赵卫东辑校，齐鲁书社，2005 年。

马钰集，赵卫东辑校，齐鲁书社，2005 年。

王重阳集，白如祥辑校，齐鲁书社，2005 年。

全真教与元曲，吴国富，江西人民出版社，2005 年。

神仙传快读：造化的钥匙，高大鹏，三环出版社，2005 年。

环县道情音乐集成，张玉卿，环县道情皮影保护委员会编印，

2005 年。

道教音乐，史新民，人民音乐出版社，2005 年。

中国神话研究初探，茅盾，上海古籍出版社，2005 年。

道教仪式与戏剧表演形态研究，倪彩霞，广东高等教育出版社，2005 年。

诗苑仙踪——诗歌与神仙信仰，孙昌武，南开大学出版社，2005 年。

20 世纪中国音乐史论研究文献综录：道教音乐，史新民，人民音乐出版社，2005 年。

《净明忠孝道全书》研究——以宋元社会为背景的考察，郭武，中国社会科学出版社，2005 年。

古代小说与神话宗教，萧兵、周俐，山西人民出版社，2005 年。

古典术数文献述论稿，赵益，中华书局，2005 年。

从祭赛到戏曲，卜键，文化艺术出版社，2005 年。

青城藏宝（金石篇），彭继富，四川美术出版社，2005 年。

隋唐五代道教美学思想研究，李裴，巴蜀书社，2005 年。

陶弘景评传，钟国发，南京大学出版社，2005 年。

杜光庭评传，孙亦平，南京大学出版社，2005 年。

晚明士风与关公崇拜，胡小伟，香港科图出版有限公司，2005 年。

燮理阴阳——《关帝灵籤》祖本考源及其研究，胡小伟，香港科图出版有限公司，2005 年。

金元全真教石刻新编，王宗昱编，北京大学出版社，2005 年。

全真七子与齐鲁文化，牟钟鉴，齐鲁书社，2005 年。

丘处机大传，张晓松，青岛出版社，2005 年。

中国游仙文化，汪涌豪、俞灏敏，复旦大学出版社，2005 年。

道心人情：中国小说中的神仙道士，黄景春、李纪，上海辞书出版社，2005 年。

汉魏六朝文学与宗教，葛晓音主编，上海古籍出版社，2005 年。

《周易》与中国上古文学，于雪棠，北京师范大学出版社，2005 年。

伏羲神话与信仰研究，刘惠萍，文津出版社有限公司，2005 年。

中国神话与类神话研究，傅锡壬，文津出版社有限公司，2005 年。

巫系文学论，藤野岩友著，韩国基译，重庆出版社，2005 年。

古代中国的节庆与歌谣，葛兰言著，赵丙祥、张宏明译，赵丙祥校，广西师范大学出版社，2005 年。

The Cult of the Fox：Power、Gender and Popular Religion in Late Imperial and Modern China，Xiaofei Kang，New York：Columbia University Press，2005.

Chinese Poetry and Prophecy：The Written Oracle in East Asia，Michel Strickmann，Stanford：Stanford University Press，2005.

Women in Daoism，Catherine Despeux、Livia Kohn，Honolulu：University of Hawaii Press，2005.

Text and Ritual in Early China，Martin Kern，ed.，Seattle and London：University of Washington Press，2005.

The Taoist Canon：A Historical Companion to the Daozang，

Schipper, Kristofer, Verellen, Franciscus, ed. Chicago：University of Chicago Press，2005.

The cult of the fox：Power，gender，and popular religion in late imperial and modern China，Kang, X. Columbia University Press，2005.

Classical Chinese Supernatural Fiction：a Morphological History. Zhao, X. Lewiston, NY：The Edwin Mellen Press，2005.

Chinese Poetry and Prophecy：The Written Oracle in East Asia，Strickmann, M., & Faure, B. Stanford University Press，2005.

李商隐研究，詹满江，汲古書院，2005 年。

2006 年

想象力的世界：二十世纪"道教与古代文学"论丛，吴光正、郑红翠、胡元翎主编，黑龙江人民出版社，2006 年。

汉魏六朝道教文学思想研究，蒋振华，中南大学出版社，2006 年。

《左传》、《国语》方术研究，刘瑛，人民文学出版社，2006 年。

中国古代小说仙道人物研究，黄景春，广西师范大学出版社，2006 年。

环县道情皮影，甘肃省环县《环县道情皮影》编委会编，中国社会出版社，2006 年。

环县道情皮影志，环县道情皮影志编辑委员会编，甘肃文化出版社，2006 年。

明代志怪传奇小说研究，陈国军，天津古籍出版社，2006 年。

道教修炼与古代文艺创作思想论，蒋艳萍，岳麓书社，2006年。

六朝南方神仙道教与文学，赵益，上海古籍出版社，2006年。

八仙信仰与文学研究——文化传播的视角，党芳莉，黑龙江人民出版社，2006年。

八仙故事系统考论：内丹道宗教神话的建构及其流变，吴光正，中华书局，2006年。

谈梦——以中国古代梦观念评析唐代小说，姜宗妊，南开大学出版社，2006年。

真诰校注，吉川忠夫、麦谷邦夫等编，中国社会科学出版社，2006年。

武当道教音乐，史新民主编，中国地图出版社，2006年。

明代小说四大奇书，浦安迪著，沈享寿译，三联书店，2006年。

《红楼梦》、《西游记》与其他，余国藩著，李奭学编译，三联书店，2006年。

江南全真道教，吴亚魁，香港中华书局，2006年；上海古籍出版社，2012年。

道教生死学，郑志明，文津出版社，2006年。

中国神话的基础研究，钟宗宪，洪叶文化事业有限公司，2006年。

中国神话世界上编：东北、西南族群创世神话及其文化，王孝廉，洪叶文化事业有限公司，2006年。

中国神话世界下编：中原民族的神话与信仰，王孝廉，洪叶文化事业有限公司，2006年。

The Story of Han Xiangzi: *The Alchemical Adventures of a Daoist Immortal*, Yang Erzeng, trans. by Philip Clart, Seattle: University of Washington Press, 2006.

The Construction of Space in Early China, Mark Edward Lewis, Albany: State University of New York Press, 2006.

The Flood Myth of Early China, Mark Edward Lewis, Albany: State University of New York Press, 2006.

Tchouang Tseu: *Maître du Tao*, Jean Lévi, Paris: Pygmalion, 2006.

Les Œuvres de Maître Tchouang, Jean Lévi, Paris: Editions de l'Encyclopédie des Nuisances, 2006.

Fictions philosophiques du Tchouang – tseu, Romain Graziani, Paris: Gallimard, 2006.

Divine Traces of the Daoist Sisterhood, Cahill Suzanne E, Three Pines, 2006.

Death in Ancient China: *The Tale of One Man's Journey*, Constance A. Cook, Leiden: Brill Press, 2006.

the Monkey and the Monk: *A revised Abridgment of the Journey to the west*, Yu Anthony C. ed. and trans, Chicago and London: University of Chicago Press, 2006.

Hong Mai's record of the listener and its song dynasty context, Inglis, A. D. Suny Press, 2006.

Divine Traces of the Daoist Sisterhood: *Records of the Assembled Transcendents of the Fortified Walled City*, Du, Guangting. , Three Pines Press: Magdalna, NM, 2006.

The beauty and the book: *women and fiction in nineteenth—century*

China，Widmer，Ellen. Cambridge，Mass.：Harvard University Asia Center，Harvard University Press，2006.．

The Monkey and the Monk：*An Abridgment of The Journey to the West*，Anthony C. Yu，University Of Chicago Press；1 edition，2006.

道教・民間信仰における元帥神の変容，二階堂善弘，関西大學出版部，2006 年。

中国古代の祭祀と文学，牧角悦子，創文社，2006 年。

传奇：超越与幻想——31 篇奇异故事（韩语），崔眞娥，青林，2006 年。

2007 年

杜光庭道教小说研究，罗争鸣，巴蜀书社，2007 年。

道教笔记小说研究，黄勇，四川大学出版社，2007 年。

天道与人心——道教文化与中国小说传统，刘敏，中国社会科学出版社，2007 年。

唐人的神仙世界：《太平广记》唐五代神仙小说的文化研究，霍明琨，黑龙江大学出版社，2007 年。

宗教伦理与中国上古祭歌形态研究，张树国，人民出版社，2007 年。

《太平经》研究：以生命为中心的综合考察，姜守诚，社会科学文献出版社，2007 年。

南宋金元时期的道教文艺美学思想，申喜萍，中华书局，2007 年。

追寻一己之福：中国古代的信仰世界，蒲慕州，上海古籍出版社，2007 年。

先唐神话、宗教与文学论考，王青，中华书局，2007 年。

恍兮惚兮：中国道教文化象征，钟国发、龙飞俊，四川人民出版社，2007 年。

道教神仙戏曲研究，王汉民，人民文学出版社，2007 年。

列仙传校笺，王叔岷，中华书局，2007 年。

金代道教研究——王重阳与马丹阳，蜂屋邦夫著，钦伟刚译，中国社会科学出版社，2007 年。

江南道教碑记资料集，吴亚魁编，上海辞书出版社，2007 年。

神仙的时空——《太平广记》神仙故事研究，郑宣景，中央民族大学出版社，2007 年。

金元全真道士词研究，陈宏铭，古典诗歌研究汇刊（第二辑），龚鹏程主编，花木兰文化出版社，2007 年。

唐诗中的乐园意识，欧丽娟，古典诗歌研究汇刊（第二辑），龚鹏程主编，花木兰文化出版社，2007 年。

唐五代记异小说的文化阐释，黄东阳，秀威资讯科技股份有限公司，2007 年。

列仙、神仙、洞仙三仙传之叙述形式与主题分析，张美樱，古典文献研究辑刊 4 编 29 册，花木兰文化出版社，2007 年。

宝卷论集，李世瑜，兰台出版社，2007 年。

蓬莱神话：神山、海洋与洲岛的神圣叙事，高莉芬，里仁书局，2007 年。

The Shaping of the Book of Songs：From ritualization to Secularization，Zhi Chen，Sankt Augustin，Germany：Institut Monumenta Serica，2007.

The Phantom Heroine: *Ghosts and Gender in Seventeenth—Century Chinese Literature.* Honolulu: University of Hawaii Press, 2007.

Ancestors and anxiety: *Daoism and the birth of rebirth in China*, Stephen R. Bokenkamp, Berkeley: University of California Press, 2007.

The Scripture on Great Peace: *The Taiping jing and the Beginnings of Daoism*, Barbara Hendrischke, University of California Press, 2007.

The Taoists of Peking, 1800—1949. *A Social History of Urban Clerics*, Vincent Goossaert, Cambridge (Mass.), Harvard University Asia Center, 2007.

Emperor and ancestor: *State and lineage in South China*, David Faure, Stanford University Press, 2007.

『西遊記』資料の研究，磯部彰，東北大學出版會，2007 年。

謝霊運論集，森野繁夫，白帝社，2007 年。

元刊雑劇の研究，赤松紀彦等編，汲古書院，2007 年。

为与消失的神互通信息——东亚形象的系谱学（韩语），郑在书，文学村，2007 年。

中國女神研究（韩语），宋貞和，民音社，2007 年。

2008 年

道教与中国民间文学，刘守华，中国友谊出版公司，2008 年；文津出版社，1991 年。

道家思潮与晚周秦汉文学形态，徐华，华中师范大学出版社，2008 年。

仙境・仙人・仙梦——中国古代小说中的道教理想主义，苟波，巴蜀书社，2008 年。

禅宗与全真道美学思想比较研究，余虹，中华书局，2008 年。

陆氏《异林》之钟繇与女鬼相合事考论，张庆民，人民文学出版社，2008 年。

何以"中国根柢全在道教"，李刚，巴蜀书社，2008 年。

溯源・论道——走进道教圣典《道德经》，周高德，宗教文化出版社，2008 年。

唐前道教仪式史纲，吕鹏志，中华书局，2008 年。

从巫术到数术——上古信仰的历史嬗变，陶磊，山东人民出版社，2008 年。

形神俱妙：道教造像艺术探索，胡知凡，上海辞书出版社，2008 年。

两岸学者论玉皇文化，金文亨主编，海风出版社，2008 年。

诸天隐韵——道曲概述与鉴赏，张兰花、张振国，上海辞书出版社，2008 年。

20 世纪《西游记》研究，梅新林、崔小敬主编，文化艺术出版社，2008 年。

金元时期道教文学研究——以全真教王重阳和全真七子诗词为中心，左洪涛，人民出版社，2008 年。

隋唐五代道教诗歌的审美管窥，田晓膺，巴蜀书社，2008 年。

中国祭祀戏剧研究，田仲一成著，布和译，北京大学出版社，2008 年。

神话视阈下的文学解读——以汉唐文学类型化演变为中心，李立，中国社会科学出版社，2008 年。

凡俗与神圣：佛道文化视野下的汉唐之间的文学，高华平，岳麓书社，2008 年。

明清小说宝物崇拜研究，刘卫英，中国社会科学出版社，2008 年。

取经之道与务本之道——《西游记》内丹学发微，郭健，巴蜀书社，2008 年。

甲骨卜辞神话资料整理与研究，刘青，云南人民出版社，2008 年。

当代正一与全真道乐研究，胡军，华中师范大学出版社，2008 年。

觳音漫录，陆西星撰，龚敏、任德魁点校，香港大学饶宗颐学术馆，2008 年。

六朝游仙诗研究，张钧莉，古典诗歌研究汇刊（第三辑），龚鹏程主编，花木兰文化出版社，2008 年。

谶纬中的宇宙秩序，殷善培，中国学术思想研究辑刊初编第22 册，花木兰文化出版社，2008 年。

李道纯道教思想研究，王婉甄，中国学术思想研究辑刊 2 编第28 册，花木兰文化出版社，2008 年。

陆西星的道教思想，郭启传，中国学术思想研究辑刊 2 编第28 册，花木兰文化出版社，2008 年。

The Lady of Linshui. A Chinese female cult, Brigitte Baptandier, Stanford：Stanford University Press，2008.

Buddhism and Taoism Face to Face：*Scripture*，*Ritual*，*and Iconographic Exchange in Medieval China*，Christine Mollier，Honolulu：University of Hawai'i Press，2008.

Le Daode jing, *Classique de la voie et de son efficience—Nouvelles traductions basées sur les plus récentes découvertes archéologiques（trois versions complètes：Wang Bi, Mawangdui, Guodian）*, Rémi Mathieu, Paris：Entrelacs, 2008.

Myth and Meaning in Early Daoism. The Theme of Chaos（Hundun）. Norman J. Girardot, Magdalena NM：Three Pines Press, 2008.

中国神仙詩の研究，金秀雄，汲古書院，2008年。

2009 年

南宋金元时期的道教美学思想，申喜萍，巴蜀书社，2009年。

《红楼梦》与宗教，李根亮，岳麓书社，2009年。

汉代的信仰、神话和理性，鲁惟一著，王浩译，北京大学出版社，2009年。

秦汉魏晋游仙诗的渊源流变论略，张宏，宗教文化出版社，2009年。

巫傩文化与仪式戏剧研究：中国傩戏文化，庹修明，贵州民族出版社，2009年。

天府天籁：成都道教音乐研究，刘红，人民出版社，2009年。

道教十讲，晓敏、屈小强等，上海人民出版社，2009年。

水穷云起集：道教文献研究的旧学新知，郑开，社会科学文献出版社，2009年。

敦煌道经词语考释，叶贵良，巴蜀书社，2009年。

中国道教与戏曲，童翊汉，宗教文化出版社，2009年。

中国古代鬼戏研究，杨秋红，中国传媒大学出版社，2009年。

龙晦文集，龙晦，巴蜀书社，2009 年。

永康省感戏——道教戏剧的活化石，李杰，线装书局，2009 年。

敦煌道教文学研究，李小荣，巴蜀书社，2009 年。

丹道天成解红楼，崔耀华，人民出版社，2009 年。

先唐文学人神遇合主题研究，阳清，人民出版社，2009 年。

唐宋道教文学思想史，蒋振华，岳麓书社，2009 年。

西王母文化研究集成，迟文杰、陆志红主编，广西师范大学出版社，2009 年。

丹道法诀十二讲（上、中、下卷），胡孚琛，社会科学文献出版社，2009 年。

陶弘景集校注，陶弘景著，王京州校注，上海古籍出版社，2009 年。

从礼仪化到世俗化：《诗经》的形成，陈致著，吴仰湘、黄梓勇、许景昭译，上海古籍出版社，2009 年。

朱有燉的杂剧，伊维德著，张惠英译，北京大学出版社，2009 年。

道教灵验记考探：经法验证与宣扬，周西波，文津出版社，2009 年。

康豹自选集：从地狱到仙境——汉人民间信仰的多元面貌，康豹，博扬文化事业有限公司，2009 年。

游观——作为身体技艺的中古文学与宗教（文学与宗教研究丛刊1），刘宛如主编，"中央"研究院中国文哲研究所，2009 年。

宗教与戏曲研究丛稿，叶明生，"国家"出版社，2009 年。

扶桑大帝东王公信仰研究，萧登福，新文丰出版公司，

2009 年。

《绿野仙踪》研究，陈昭利，古典文献研究辑刊（第 8 编），潘美月、杜洁祥主编，花木兰文化出版社，2009 年。

王嘉《拾遗记》研究，吴俐雯，古典文献研究辑刊九编第 10 册，花木兰文化出版社，2009 年。

巫及其与先秦文化之关系，李添瑞，古代历史文化研究辑刊初编第 1 册，花木兰文化出版社，2009 年。

西王母文化研究集成·外文论文卷，迟文杰、陆志红主编，广西师范大学出版社，2009 年。

古巫医与"六诗"考——中国浪漫文学探源，周策纵，上海古籍出版社，2009 年。

Making Transcendents：*Ascetics and Social Memory in Early Medieval China*，Robert Ford Campany，Honolulu：University of Hawai'i Press，2009.

Studies in Medieval Taoism and the Poetry of Li Po，Paul W. Kroll，Aldeshot、Eenland：Ashgate，2009.

Essays in Medieval Chinese Literature and Cultural History，Paul W. Kroll，Routledge：Bilingual edition，Ashgate，2009.

Le Lao Tseu suivi des Quatre Canons de l'Empereur Jaune，Jean Lévi，Paris：Albin Michel，2009.

Early Chinese Religion，ed. John Lagerwey and Marc Kalinowski and Marc Kalinowski，Leiden：Brill，2009—2010.

To Die and Not Decay：*Autobiography and the Pursuit of Immortality in Early China*，Matthew Wells，Ann Arbor：Association for Asian Studies，2009.

The Art of Doing Good：*Charity in Late Ming China*，Joanna Handlin Smith，Berkeley and Los Angeles：University of California Press，2009.

明清期における武神と神仙の発展，二階堂善弘，関西大学出版部，2009 年。

『老子』：「道」への回帰，神塚淑子，岩波書店，2009 年。

東シナ海祭祀芸能史論序説，野村伸一，風響社，2009 年。

2010 年

周易与中国文学，陈良运，百花洲文艺出版社，2010 年。

多面相的神仙——永乐宫的吕洞宾信仰，康豹著，吴光正、刘玮译，齐鲁书社，2010 年。

道家、道教与中国文学，张成权，安徽大学出版社，2010 年。

道教与明清文学，苟波，巴蜀书社，2010 年。

马丹阳学案，卢国龙，齐鲁书社，2010 年。

郝大通学案，章伟文，齐鲁书社，2010 年。

尹志平学案，张广保，齐鲁书社，2010 年。

李道纯学案，李大华，齐鲁书社，2010 年。

刘一明学案，刘仲宇、张广保，齐鲁书社，2010 年。

自然与文化——中国的诗、画与炼丹，吴彤编，清华大学出版社，2010 年。

向往心灵转化的庄子：内篇分析，爱莲心著，周炽成译，江苏人民出版社，2010 年。

道家与汉代士人思想心态及文学，陈斯怀，齐鲁书社，

2010 年。

六朝上清经用韵研究，夏仙忠，西南交通大学出版社，2010 年。

苏州道教科仪音乐研究——以"天功"科仪为例展开的讨论，刘红，文化艺术出版社，2010 年。

即神即心：真人之诰与陶弘景的信仰世界，程乐松，中国人民大学出版社，2010 年。

神化与变异：一个"常与非常"的文化思维，李丰楙，中华书局，2010 年。

中国古代小说与民间宗教及帮会之关系研究，万晴川，人民文学出版社，2010 年。

中国神话研究，王青，中华书局，2010 年。

仙境与游历：神仙世界的想象，李丰楙，中华书局，2010 年。

道教美学思想史研究，潘显一、李裴、申喜萍，商务印书馆，2010 年。

《周氏冥通记》研究（译注篇），麦谷邦夫、吉川忠夫编，刘雄峰译，齐鲁书社，2010 年。

神仙传校释，葛洪撰，胡守为校释，中华书局，2010 年。

元代道教史籍研究，刘永海，人民出版社，2010 年。

从想象到趋实：中国域外题材小说研究，王昊，人民出版社，2010 年。

起源与传承：中国古代文学与文化论集，王小盾，凤凰出版社，2010 年。

《太平广记》仙类小说类目及其编纂研究，盛莉，中国社会科学出版社，2010 年。

山东道教碑刻集·青州 昌乐卷，赵卫东、庄明军，齐鲁书社，2010 年。

"天界之文"——魏晋南北朝灵宝经典研究，谢世维，台湾商务印书馆，2010 年。

尚实与务虚：六朝志怪书写范式与意蕴，林淑贞，里仁书局，2010 年。

朝向生活世界的文学诠释——六朝宗教叙述的身体实践与空间书写，刘苑如，新文丰出版公司，2010 年。

魏晋象数易学研究（上、下），谢绣治，中国学术思想研究辑刊 7 编第 2、3 册，花木兰文化出版社，2010 年。

道教文献中的孝道文学研究，周西波，古典文学研究辑刊（第 2 编），曾永义主编，花木兰文化出版社，2010 年。

敦煌《老子化胡经》研究，姜佩君，古典文献研究辑刊（第 11 编），潘美月、杜洁祥主编，花木兰文化出版社，2010 年。

《遵生八笺》研究，姜萌慧，古典文献研究辑刊 11 编 3 册，花木兰文化出版社，2010 年。

《山海经》山经祭仪初探，龙亚珍，古典文献研究辑刊 10 编 15 册，花木兰文化出版社，2010 年。

洪迈生平及其《夷坚志》之研究，王年双，古典文献研究辑刊 10 编 11、12、13 册，花木兰文化出版社，2010 年。

《淮南鸿烈》文学思想研究，唐瑞霞，古典文学研究辑刊（初编），曾永义主编，花木兰文化出版社，2010 年。

八仙人物故事考述，张俐雯，古典文学研究辑刊（初编），曾永义主编，花木兰文化出版社，2010 年。

二郎神传说研究，江亚玉，古典文学研究辑刊（初编），曾永义主编，花木兰文化出版社，2010 年。

庄子寓言故事研究，罗贤淑，古典文学研究辑刊（初编），曾永义主编，花木兰文化出版社，2010 年。

兴象风神，天机自张——论兴之自然观与道家思想，郑幸雅，古典文学研究辑刊（初编），曾永义主编，花木兰文化出版社，2010 年。

《西游记》中韵文的运用，许丽芳，古典文学研究辑刊（初编），曾永义主编，花木兰文化出版社，2010 年。

鬼节超度与劝善目连，王馗，"国家"出版社，2010 年。

出土与今本《周易》六十四卦经文考释（一、二、三、四），郑玉姗，中国学术思想研究辑刊 9 编第 2、3、4、5 册，花木兰文化出版社，2010 年。

Lao—tseu：*Le guide de l'insondable*，Catherine Despeux，Paris：Entrelacs，2010.

Wang Chongyang et la fondation du Quanzhen：*ascètes taoïstes et alchimie intérieure*，Pierre Marsone，Paris：Institut des hautes études chinoises，Collège de France，2010.

Notes sur Tchouang—tseu et la philosophie，françois Billeter，Paris：Allia，2010.

Le petit monde de Tchouang—Tseu，Jean Lévi，Arles：Philippe Picquier，2010.

Notes sur Tchouang—tseu et la philosophie（庄子与哲学笔记），Billeter，françois（毕来德）. Paris：Allia，2010.

中国近世通俗文學研究，林雅清，汲古書院，2010 年。

俄狄浦斯的神话学——为确立新的中国神话学（*The Mythology*

of Anti—Oedipus：To Eastablish a New Chinese Mythology），郑在书，创批，2010 年。

2011 年

图像与神话——日、月神话之研究，刘惠萍，文津出版社，2011 年。

中国古代神仙道化剧研究，刘群，北方文艺出版社，2011 年。

死亡是一面镜子——中国古代叙事文学中的死亡现象研究，李根亮，黑龙江人民出版社，2011 年。

北朝的祠祀信仰，蔡宗宪，古代历史文化研究辑刊（六编），王明荪主编，花木兰文化出版社，2011 年。

殷商甲骨卜辞所见之巫术，赵容俊，中华书局，2011 年。

林兆恩与《三教开迷归正演义》研究，赵伟，中国社会科学出版社，2011 年。

瑰奇清雅：道教对中国绘画的影响，胡知凡，上海辞书出版社，2011 年。

宋前文学中的超现实婚恋遇合研究，洪树华，齐鲁书社，2011 年。

玉音仙范——泰山岱庙藏谱解译，须旅，宗教文化出版社，2011 年。

道教唱道情与中国民间文化研究，张泽洪，人民出版社，2011 年。

王常月学案，尹志华，齐鲁书社，2011 年。

神格与地域：汉唐间道教信仰世界研究，刘屹，上海人民出版社，2011 年。

《水浒传》里的神话世界，王北固，华胥出版社，2011 年。

陈致虚学案，何建明，齐鲁书社，2011 年。

中国戏剧史，田仲一成著，布和译，吴真校译，北京大学出版社，2011 年。

丘处机学案，郭武，齐鲁书社，2011 年。

道教文化研究论集——寻道、修道、行道，张美樱，兰台出版社，2011 年。

道教仪式音乐——香港道观之"盂兰盆会"个案研究，曹本治著，吴艳、秦思译，文化艺术出版社，2011 年。

广成集，杜光庭撰，董恩林点校，中华书局，2011 年。

晚唐——九世纪中叶的中国诗歌（827—860），宇文所安著，贾晋华、钱彦译，三联书店，2011 年。

真诰，陶弘景撰，赵益点校，中华书局，2011 年。

元杂剧宗教人物形象研究，唐昱，武汉出版社，2011 年。

中古叙事文学研究，刘湘兰，北京大学出版社，2011 年。

北京道教石刻，孙勐、罗飞编著，宗教文化出版社，2011 年。

山东道教碑刻集·临朐卷，赵卫东、宫德杰编，齐鲁书社，2011 年。

世俗的神圣——古典小说中的宗教及文化论述，黄东阳，学生书局，2011 年。

六朝志怪小说研究述论：回顾与论释，谢明勋，里仁书局，2011 年。

《西游记》叙事研究，吕素端，古典文学研究辑刊（二编），曾永义主编，花木兰文化出版社，2011 年。

从神话到小说：魏晋志怪小说与古代神话关系之研究，吕清泉，古典文学研究辑刊（二编），曾永义主编，花木兰文化出版社，2011 年。

明传奇宗教角色研究，赖慧玲，花木兰文化出版社，2011 年。

《西游记》及其三本续书研究，翁小芬，古典文学研究辑刊（三编），曾永义主编，花木兰文化出版社，2011 年。

唐代文人神仙书写研究，林雪铃，古典文学研究辑刊（三编），曾永义主编，花木兰文化出版社，2011 年。

明人的山居生活，朱倩如，古代历史文化研究辑刊第 4 编第 17 册，花木兰文化出版社，2011 年。

汉人的鬼魂观研究，许朝荣，古代历史文化研究辑刊第 5 编第 6 册，花木兰文化出版社，2011 年。

刘一明栖云笔记，（清）刘一明著，孙永乐评注，社会科学文献出版社，2011 年。

中国地方宗教仪式论集，谭伟伦主编，香港中文大学崇基学院宗教与中国社会研究中心，2011 年。

Les corps dans le taoïsme ancien，Romain Graziani，Paris：Belles – Lettres，2011.

Ancestral Memory in Early China，K. E. Brashier，Cambridge：Harvard University Press，2011.

Ming erotic novellas：genre，consumption and religiosity in cultural practice，Wang Richard G，Chinese University Press，2011.

Der Orden des Sima Chengzhen und des Wang Ziqiao，Thomas Jülch，Utz Verlag Gmbh，2011.

Gods，Ghosts，and Gangsters：Ritual Violence，Martial Arts，and

Masculinity on the Margins of Society. Boretz，Avron. Honolulu：University of Hawai'i Press，2011.

Poetry and prophecy，Chadwick，N. K. Cambridge University Press，2011.

中国民間祭祀芸能の研究，廣田律子，風響社，2011 年。

唐宋伝奇戯劇考，岡本不二明，汲古書院，2011 年。

関羽：神になった「三国志」の英雄，渡邊義浩，築摩書房，2011 年。

中国日用類書史の研究，酒井忠夫，国書刊行会，2011 年。

中国民间信仰民间文化资料汇编第一辑（33 册），王见川、侯冲、杨净麟，博扬文化事业有限公司，2011 年。

2012 年

西王母信仰研究，萧登福，新文丰出版公司，2012 年。

尘俗回响：古代仙道小说之演变，刘岳梅，河南人民出版社，2012 年。

薛涛诗笺（修订版），张篷舟等校注，人民文学出版社，2012 年。

秦汉的方士与儒生，顾颉刚，北京出版社，2012 年。

玄风道韵：道教与文学，申喜萍、王涛，四川人民出版社，2012 年。

中国道教音乐之现状研究，蒲亨强，南京师范大学出版社，2012 年。

隋唐五代道教审美文化研究，李裴，巴蜀书社，2012 年。

《修真图》：道教与人体，戴思博著，李国强译，齐鲁书社，2012 年。

神道设教：明清章回小说叙事的民族传统，吴光正，武汉大学出版社，2012 年。

六朝隋唐道教文献研究，赵益，凤凰出版社，2012 年。

说巫史传统，李泽厚，上海译文出版社，2012 年。

三生石上旧精魂——中国古代小说与宗教，白化文，北京出版社，2012 年。

文学的独立与文学的真相，吴光正，中国社会科学出版社，2012 年。

天地神祇——道教诸神传说，李殿元，四川人民出版社，2012 年。

为神性加注——唐宋叶法善崇拜的造成史，吴真，中国社会科学出版社，2012 年。

社与中国上古神话，尹荣方，上海古籍出版社，2012 年。

道教全真派宫观、造像与祖师，景安宁，中华书局，2012 年。

《西游记》版本源流考，曹炳建，人民出版社，2012 年。

白玉蟾生平与文学创作研究，刘亮，凤凰出版社，2012 年。

清代西游戏考论，张净秋，知识产权出版社，2012 年。

刘处玄学案，强昱，齐鲁书社，2012 年。

神话、仙话、鬼话——古典小说论集，刘燕萍，上海古籍出版社，2012 年。

唐代道教——中国历史上黄金时期的宗教与帝国，巴瑞特著，曾维加译，齐鲁书社，2012 年。

古典南戏研究：乡村、宗族、市场之中的剧本变异，田仲一成，中国社会科学出版社，2012 年。

六朝精神史研究，吉川忠夫著，王启发译，江苏人民出版社，2012 年。

宋代道教审美文化研究——两宋道教文学与艺术，查庆、雷晓鹏，四川大学出版社，2012 年。

中日学者中国神话研究论著目录总汇，贺学君、蔡大成、樱井龙彦，中国社会科学出版社，2012 年。

西游故事与内丹功法的转换——以《西游原旨》为例，王婉甄，古典文学研究辑刊（四编），曾永义主编，花木兰文化出版社，2012 年。

詹石窗正说西游:《西游记》解密，詹石窗，巴蜀书社，2012 年。

中国早期古典诗歌的生成，宇文所安著，胡秋蕾、王宇根、田晓菲译，田晓菲校，三联书店，2012 年。

巴蜀神话研究，许秀美，古典文学研究辑刊（三编），曾永义主编，花木兰文化出版社，2012 年。

巫及其与先秦文化之关系，李添瑞，古代历史文化研究辑刊（初编），王明荪主编，花木兰文化出版社，2012 年。

仰观俯察天人际:中国中古时期天文星占之历史研究，郑志敏，古代历史文化研究辑刊（二编），王明荪主编，花木兰文化出版社，2012 年。

唐代道教重玄派研究，张宪生，古代历史文化研究辑刊（二编），王明荪主编，花木兰文化出版社，2012 年。

宋代的祠庙与祠祀——一个社会史的考察，刘志鸿，古代历史文化研究辑刊（七编），王明荪主编，花木兰文化出版社，

2012 年。

崇祖敬天思想理论与实践，王祥龄，中国学术思想研究辑刊（十三编），林庆彰主编，花木兰文化出版社，2012 年。

统一帝国之宗教（B. C221 – 8A. D），林庆文，古代历史文化研究辑刊（四编），王明荪主编，花木兰文化出版社，2012 年。

《庄子》的神秘主义向度，汪淑丽，中国学术思想研究辑刊 14 编第 7 册，花木兰文化出版社，2012 年。

道教生死学（第二卷），郑志明，文津出版社，2012 年。

华人学术处境中的宗教研究：本土方法的探索，黎志添，三联书店，2012 年。

老子八十一化图研究，胡春涛，巴蜀书社，2012 年。

《西游记》主题接受史研究，陈俊宏，万卷楼图书有限公司，2012 年。

中国民间宗教、民间信仰研究之中欧视角，柯若朴，博扬文化事业有限公司，2012 年。

Lie tseu. l'Authentique Classique de la Parfaite Vacuité，Rémi Mathieu，Paris：Entrelacs，2012.

écrits de Maître Wen：livre de la pénétration du mystère （《文子》——通玄之书），Jean Lévi，Paris：Les Belles Lettres，2012.

The Shaman and the Heresiarch：A New Interpretation of the Li sao，Gopal Sukhu，Albany：State University of New York Press，2012.

The Ming prince and Daoism：institutional patronage of an elite，Wang Richard G，Oxford University Press，2012.

Livres de morale révélés par les dieux，Vincent Goossaert，Paris：Belles—Lettres，2012.

Empowered Writing：*Exorcistic and Apotropaic Rituals in Medieval China*，Stephan Peter Bumbacher，Three Pines Press，2012.

Picturing the True Form：*Daoist Visual Culture in Traditional China*，Shih—shan Susan Huang，Cambridge（Massachusetts）and London：Harvard University Asia Center，2012.

The Journey to the west，Yu Anthony C. revised. ed，Chicago：University of Chicago Press，2012.

The Ming prince and Daoism：*institutional patronage of an elite*，Wang Richard G，Oxford University Press，2012.

2013 年

中国古代小说与民间信仰，黄景春、程蔷，上海文艺出版社，2013 年。

江苏道情考论，王定勇，社会科学文献出版社，2013 年。

千秋道韵——历代诗人颂老子，黄永锋编注，宗教文化出版社，2013 年。

东汉佛道文献词汇新质研究，俞理明、顾满林，商务印书馆，2013 年。

中国神话母题索引，杨利慧、张成福编，陕西师范大学出版社，2013 年。

葛洪论稿——以文学文献学考察为中心，丁宏武，中国社会科学出版社，2013 年。

广州府道教庙宇碑刻集释，黎志添、李静编，中华书局，2013 年。

元代道教戏剧研究，廖敏，巴蜀书社，2013 年。

蓬莱神话——神山、海洋与洲岛的神圣叙事，高莉芬，陕西师范大学出版社，2013 年。

第二届全真道与老庄学国际学术研讨会论文集，熊铁基、梁发编，华中师范大学出版社，2013 年。

中国地方志佛道文献汇纂，何建明主编，国家图书馆出版社，2013 年。

吕祖仙迹与诗集，蔡聪哲点校，宗教文化出版社，2013 年。

伍柳仙宗全集，蔡聪哲点校，宗教文化出版社，2013 年。

三丰全集，蔡聪哲点校，宗教文化出版社，2013 年。

李涵虚先生全集，蔡聪哲点校，宗教文化出版社，2013 年。

敦煌道经与中古道教，刘屹，甘肃教育出版社，2013 年。

中古上清经行为词新质研究，周作明，中国社会科学出版社，2013 年。

闻老子之声 听《道德经》解，崔珍皙，齐鲁书社，2013 年。

古典小说中仙女意象的层累建构及文化蕴涵，吴昌林、陆海银，江西人民出版社，2013 年。

玄武神话、传说与信仰，陈器文，陕西师范大学出版社，2013 年。

道教金丹派南宗考论——道派、历史、文献与思想综合研究，盖建民，社会科学文献出版社，2013 年。

白玉蟾全集，白玉蟾著，周全彬、盛克琦编校，宗教文化出版社，2013 年。

苏轼"和陶诗"考论——兼及韩国"和陶诗"，金甫暻，复旦大学出版社，2013 年。

中国神话学百年文论选，马昌仪选编，陕西师范大学出版社，2013 年。

美术、神话与祭祀，张光直著，郭净、陈星译，三联书店，2013 年。

汉—唐国家祭祀形态与郊庙歌辞研究，张树国，人民出版社，2013 年。

宗教文化视阈下的《太平广记》研究，曾礼军，中国社会科学出版社，2013 年。

中国道教音乐史略，刘红主编，文化艺术出版社，2013 年。

唐代的道教与天师道，小林正美著，王皓月、李之美译，齐鲁书社，2013 年。

幻想·性别·文化：韩国学者眼中的中国古典小说，崔真娥，中国社会科学文献出版社，2013 年。

冥法、荴柩、鬼祟、斋醮：《夷坚志》之幽鬼世界，卢秀满，万卷楼图书股份有限公司，2013 年。

汉魏六朝佛道两教之天堂地狱说，萧登福，青松出版社，2013 年。

新天帝之命——玉皇、梓潼与飞鸾，谢聪辉，台湾商务印书馆，2013 年。

大梵弥罗：中古时期道教经典当中的佛教，谢世维，台湾商务印书馆，2013 年。

近代张天师史料汇编，王见川、高万桑，博扬文化事业有限公司，2013 年。

白玉蟾诗集新编，白玉蟾著，盖建民辑校，社会科学文献出版社，2013 年。

白玉蟾文集新编，白玉蟾著，盖建民辑校，社会科学文献出版社，2013 年。

云南道教碑刻辑录，萧霁虹主编，中国社会科学出版社，2013 年。

宗教信仰与中国古代小说叙事，万晴川，浙江大学出版社，2013 年。

杜光庭记传十种辑校，杜光庭撰，罗争鸣辑校，中华书局，2013 年。

山东道教碑刻集·博山卷，赵卫东、王予幻、秦国帅编，齐鲁书社，2013 年。

广州府道教庙宇碑刻集释，黎志添、李静编著，中华书局，2013 年。

江苏道情考论，王定勇，社会科学文献出版社，2013 年。

司马承祯集，吴受琚辑释，俞震、曾敏校补，社会科学文献出版社，2013 年。

全真道的文学研究，陈耀庭，青松出版社，2013 年。

明代宗教戏曲研究，林智莉，"国家"出版社，2013 年。

巫傩文化与仪式戏剧研究，庹修明著，"国家"出版社，2013 年。

从祭赛到戏曲，卜键著，"国家"出版社，2013 年。

皇甫谧《高士传》注释全译，雷恩海，古典文献研究辑刊17编第 2 册，花木兰文化出版社，2013 年。

全真七子证道词之意涵析论，张美樱，中国学术思想研究辑刊16编第 24 册，花木兰文化出版社，2013 年。

虚幻与现实之间——元杂剧"神佛道化戏"论稿，毛小雨，花木兰文化出版社，2013 年。

剧场与道场，观众与信众：台湾戏剧与仪式论集，邱坤良，"国立"台北艺术大学，远流出版事业股份有限公司，2013 年。

台湾当代庙宇剧场戏台体制研究，纪家琳，Chi Chia Lin，2013 年。

Ritual Words：*Daoist Liturgy and the Confucian Liumen Tradit ion in Sichuan Province*，Volker Olles，Edición：Bilingual，2013.

2014 年

道教文学十讲，孙昌武，中华书局，2014 年。

西游记校注，吴承恩著，吕薇芬注，中央编译出版社，2014 年。

朱有燉集，朱有燉著，赵晓红整理，齐鲁书社，2014 年。

古代小说中异类姻缘故事的文化阐释，唐瑛，中国社会科学出版社，2014 年。

全真道诗欣赏——全真道士的思想、生活和艺术，陈耀庭，宗教文化出版社，2014 年。

上海道教碑刻资料集，潘明权、柴志光，复旦大学出版社，2014 年。

易经古歌考释（修订本），黄玉顺，上海古籍出版社，2014 年。

道教美学探索——内丹与中国器乐艺术研究，蔡钊，四川大学出版社，2014 年。

道教考信集，朱越利，齐鲁书社，2014 年。

宗教文化与唐五代笔记小说，刘正平，中国社会科学出版社，2014 年。

诗海捞月——唐代宗教文学论集，深泽一幸著，王兰、蒋寅译，中华书局，2014 年。

金元时代的道教——七真，蜂屋邦夫著，金铁成等译，齐鲁书社，2014 年。

元帅神研究，二阶堂善弘著，刘雄峰译，齐鲁书社，2014 年。

六朝隋唐道教文献研究，郑灿山，新文丰出版公司，2014 年。

玄天上帝典籍录编，萧登福主编，楼观台文化事业，2014 年。

戏曲与宗教文化论稿，王汉民，"国家"出版社，2014 年。

神女：唐代文学中的龙女与雨女，薛爱华著，程章灿译、叶蕾蕾校，三联书店，2014 年。

《周易》美学的生命精神，孙喜艳，中国学术思想研究辑刊 18 编第 1 册，花木兰文化出版社，2014 年。

宋诗与道教研究，卢晓辉，古典诗歌研究汇刊第 15 辑第 8 册，花木兰文化出版社，2014 年。

The Resurrected Skeleton：*From Zhuangzi to Lu Xun*，Wilt L. Idema，New York：Columbia University Press，2014.

Aux Portes du ciel. La statuaire taoïste du Hunan，Patrice Fava，Paris：Les Belles lettres，2014.

The flying phoenix，Jordan，D. K.，& Overmyer，D. L. Princeton University Press，2014.

Reading Medieval Chinese Poetry：*Text*，*Context*，*and Culture*，Kroll，P. W. Brill，2014.

Shifting Stories：*History*，*Gossip*，*and Lore in Narratives from Tang*

Dynasty China，Sarah Allen. Harvard University Asia Center，2014.

『捜神記』研究，大橋由治，明德出版社，2014 年。

出土简帛宗教神话文献研究，刘信芳，安徽大学出版社，2014 年。

2015 年

三界津梁：道教科仪文献的文学研究，成娟阳，中南大学出版社，2015 年。

长春真人西游记校注，李志常著，尚衍斌、黄太勇校注，中央民族大学出版社，2015 年。

郭璞诗赋研究，赵沛霖，中国社会科学出版社，2015 年。

明代大众信仰与《三遂平妖传》研究，刘彦彦，中国社会科学出版社，2015 年。

劳山集校注，刘怀荣、苑秀丽校注，人民出版社，2015 年。

周至元诗集校注，潘文竹校注，人民出版社，2015 年。

崂山志校注，苑秀丽、刘怀荣注，人民出版社，2015 年。

崂山诗词精选评注，宫泉久、曹贤香评注，人民出版社，2015 年。

崂山游记精选评注，周远斌评注，人民出版社，2015 年。

中国道观志丛刊正续编，高小健、张智主编，广陵书社，2015 年。

王志谨学案，赵卫东、王光福，齐鲁书社，2015 年。

钟吕传道集·西山群仙会真记，高丽杨校，中华书局，2015 年。

中国宗教文学史编撰研讨会论文集，吴光正、高文强编，北方文艺出版社，2015 年。

宋元文学与宗教，张宏生编，上海古籍出版社，2015 年。

《搜神记》研究，邓裕华，中国社会科学出版社，2015 年。

谶纬与汉代文学，吴丛祥，中国社会科学出版社，2015 年。

悟元汇宗——道教龙门派刘一明修道文集之一，董沛文主编，宗教文化出版社，2015 年。

西游原旨——道教龙门派刘一明修道文集之一，董沛文主编，宗教文化出版社，2015 年。

蓬莱仙道文化与中国古代文学。王志民、刘焕阳主编，人民出版社，2015 年。

《山海经》神话研究，李川，当代中国出版社，2015 年。

文学传统与中古道家佛教，陈引驰，复旦大学出版社，2015 年。

道教研究论集，柏夷著，孙齐等译，秦国帅等校，中西书局，2015 年。

神秘文化与中国古代小说，朱占青，郑州大学出版社，2015 年。

悟真篇集释，张伯端著，翁葆光注，中央编译出版社，2015 年。

道教文化与宋代诗歌，张振谦，人民文学出版社，2015 年。

李白诗歌龙意象析论，陈宣谕，万卷楼图书出版社，2015 年。

民俗与文学——古典小说戏曲中的鬼神，刘燕萍，上海古籍出版社，2015 年。

宗教生命关怀国际学术研讨会论文集，正修科技大学宗教生命关怀学术研讨会编辑委员会主编，正修科技大学通识教育中心出版，2015 年。

神游：早期中古时代与十九世纪中国的行旅写作，田晓菲，三联书店，2015 年。

咒语·图像·法术，黄阳兴，海天出版社，2015 年。

制礼作乐与西周文献的生成，过常宝，中国社会科学出版社，2015 年。

道冠儒履释袈裟——中国古代文人的精神世界，张松辉，岳麓书社，2015 年。

秦始皇石刻：早期中国的文本与仪式，柯马丁著，刘倩译，杨治宜、梅丽校，上海古籍出版社，2015 年。

中外文学关系论稿，李奭学，联经出版事业股份有限公司，2015 年。

汉唐道教的历史与文献研究：刘屹自选集，刘屹，博扬文化事业有限公司，2015 年。

《西游记》考论：从域外文献到文本诠释，谢明勋，里仁书局，2015 年。

老庄自然观念新探，萧平，中国学术思想研究辑刊22 编第 13 册，花木兰文化出版社，2015 年。

明清以来江南迎神赛会的变迁——基于功能主义的考察，魏文静，花木兰文化出版社，2015 年。

殷墟卜辞所见之自然神信仰研究，陈儒茵，古代历史文化研究辑刊第 13 编第 1 册，花木兰文化出版社，2015 年。

张天师之研究——以龙虎山一系为考察中心，王见川，博扬文化事业有限公司，2015 年。

Demonic Warfare：*Daoism*、*Territorial Networks And The History of a Ming Novel*，Mark Meulenbeld，Honolulu：University of Hawai'i Press，2015.

Literati Storytelling in Late Medieval China，Seattle and London：Manling Luo，University of Washington Press，2015.

A garden of marvels：*tales of wonder from early medieval China*，Campany，R. University of Hawai'i Press，2015.

Politics，*poetics*，*and gender in late Qing China*：*Xue Shaohui and the era of reform.* Qian，N. Stanford，California：Stanford，California：Stanford University Press，2015.

Religious Publishing and Print Culture in Modern China：1800—2012，Philip Clart，Gregory Adam Scott，Walter de Gruyter GmbH & Co KG，2015.

The Immortal Maiden Equal to Heaven and other Precious scrolls from Western Gansu，translated and introduced by Wilt L. Idema，Amherst：New York：Cambria Press，2015.

Picturing the true form：*Daoist Visual Culture in Traditional China*，Shih—shan Susan Huang，Harvard University Asia Center，2015.

唐代社会と道教，遊佐昇，東方書店，2015 年。

先唐志怪叙事研究，阳清，人民出版社，2015 年。

西游取《易经》，殷昂，清华大学出版社，2015 年。

永远的西游记：《西游记》的接受和演绎，左芝兰、丁济，四川大学出版社，2015 年。

蓬莱仙道文化与中国古代文学，王志民、刘焕阳，人民出版社，2015 年。

2016 年

《太平广记》与《夷坚志》比较研究，秦川、王子成，光明日报出版社，2016 年。

苏轼的方外交游及其诗文研究，司聘，中国人民大学出版社，2016 年。

唐代诗人接受道家道教思想史论，段永升，中国社会科学出版社，2016 年。

《焦氏易林》文学研究，刘银昌，中国社会科学出版社，2016 年。

芙蓉空老蜀江花——品读薛涛诗歌背后的人生故事，武庆新，北京工业大学出版社，2016 年。

中国游仙文化，汪涌豪、俞瀚敏，上海人民出版社，2016 年。

不虚辞：南岳衡山紫竹林道院的道与诗，蔡程，五洲传播出版社，2016 年。

《封神演义》道教文化与文学阐释，刘彦彦，西安交通大学出版社，2016 年。

无为与逍遥：庄子六章，陈引驰，中华书局，2016 年。

长春真人西游记校注，文学，中央民族大学出版社，2016 年。

太清：中国中古早期的道教和炼丹术，玄英著，韩吉绍译，齐鲁书社，2016 年。

神话与古史：中国现代学术的建构与认同，谭佳，社会科学文献出版社，2016 年。

南岳佛道诗词经典笺注，全华凌、陈志斌笺注，中南大学出版社，2016 年。

陕北道情音乐探究，曹伯植，陕西人民出版社，2016 年。

王重阳学案，郭武，齐鲁书社，2016 年。

出土文献与早期道教，姜守诚，中国社会科学出版社，2016 年。

吕洞宾学案，吴亚魁，齐鲁书社，2016 年。

禳灾与记忆：宝卷的社会功能研究，李永平，中国社会科学出版社，2016 年。

彭定求诗文集，黄阿明点校，上海古籍出版社，2016 年。

古代中国的动物与灵异，胡司德著，蓝旭译，江苏人民出版社，2016 年。

晋北民间道教科仪音乐研究，陈瑜，社会科学文献出版社，2016 年。

敦煌道经目录篇，大渊忍尔著，隽雪艳、赵蓉译，齐鲁书社，2016 年。

金莲仙史，潘昶，黑龙江美术出版社，2016 年。

唐代道教地理分布专题研究，周能俊，古代历史文化研究辑刊第 15 编第 12 册，花木兰文化出版社，2016 年。

唐代诗人接受道家道教思想史论，段永升，中国社会科学出版社，2016 年。

黄公望集，黄公望著，毛小庆点校，浙江人民美术出版社，2016 年。

山西道教碑刻集·阳泉卷：平定县，樊光春、陈文龙、王晋秀编，青松出版社，2016 年。

山西道教碑刻集·阳泉卷：城区、郊区，樊光春、陈文龙编，青松出版社，2016 年。

山西道教碑刻集·太原、晋中卷，樊光春、张方编，青松出版社，2016 年。

明代志怪传奇小说叙录，陈国军，商务印书馆，2016 年。

《三国演义》的神话学阐释，李铁，中国社会科学出版社，2016 年。

阅读陶渊明，Wendy Swartz 著，张月译，中华书局，2016 年。

神异经研究，王国良，文史哲出版社，2016 年。

元明之际江南的隐逸诗人，汪柏年，古代历史文化研究辑刊第 15 编第 17 册，花木兰文化出版社，2016 年。

道教图像、考古与仪式：宋代道教的演变与特色，黎志添编，香港中文大学出版社，2016 年。

赤壁と碧城：唐宋の文人と道教，砂山稔，汲古書院，2016 年。

中国怪異譚の研究：文言小説の世界，中野清，研文出版社，2016 年。

中国鎮魂演劇研究，田仲一成，東京大学出版会，2016 年。

Facets of Qing Daoism，Monica Esposito. University Media，2014/2016.

2017 年

唐宋丹道文学简论，何江涛，中国广播影视出版社，2017 年。

汉晋道教仪式与古灵宝经研究，王承文，中国社会科学出版社，2017 年。

多维视野下的中国古代小说戏曲与佛道教关系研究，陈国学，中国社会科学出版社，2017 年。

楚骚·谶纬·易占与仪式乐歌：西汉诗歌创作形态与《诗》学研究，张树国，清华大学出版社，2017 年。

汪端诗歌研究，胡扬帆，浙江大学出版社，2017 年。

西游记研究，太田辰夫著，王言译，复旦大学出版社，2017 年。

洪迈《夷坚志》综论，邱昌员，中国社会科学出版社，2017 年。

朱有燉杂剧集校注，廖立、廖奔校注，黄山书社，2017 年。

身体、不死与神秘主义——道教信仰的观念史视角，程乐松，北京大学出版社，2017 年。

谶纬与汉魏六朝小说，王守亮，齐鲁书社，2017 年。

析经求真：陆修静与灵宝经关系新探，王皓月，中华书局，2017 年。

李白与中古宗教文学研究，柯睿著，白照杰译，徐盈盈校，齐鲁书社，2017 年。

北京白云观道教科仪音乐研究，张鸿懿，文化艺术出版社，2017 年。

民间信仰与明末清初话本小说之神异叙事，杨宗红，人民出版社，2017 年。

两汉祭祀文化与两汉文学，张影，中国社会科学出版社，2017 年。

南岳佛道诗词经典笺注，全华凌、陈志斌校注，中南大学出版社，2017 年。

不老不死的欲求：三浦国雄道教论集，三浦国雄，四川人民出版社，2017 年。

好老庄，法自然——道家与道教文化纵横谈，王春，中华书局，2017 年。

非常道：道教的演变及其对中国文艺的影响，吴益文，群言出版社，2017 年。

中国社会和历史中的道教仪式，劳格文著，蔡林波、白照杰译，齐鲁书社，2017 年。

三界津梁：道教科仪文献的文学研究，成娟阳，中南大学出版社，2017 年。

中古道教类书与道教思想，程乐桦，宗教文化出版社，2017 年。

抱朴归真：道教的修炼，赵益、王楚，江苏人民出版社，2017 年。

《黄庭经》古注今译，萧登福，青松出版社，2017 年。

神仙传，谢青云译注，中华书局，2017 年。

讲故事：中国历史上的巫术与替罪，田海著，赵凌云、周努鲁、黄菲、李瞳译，黄宇宁、徐力恒校，中西书局，2017 年。

重读经典：上、中古文学与文化论集，赵霈霖，中国社会科学出版社，2017 年。

山西道教碑刻集·长治卷：沁源县、沁县、武乡县，樊光春、刘康乐编，青松出版社，2017 年。

妈祖故事与妈祖文化研究，杨淑雅，古典文学研究辑刊 15 编 16 册，花木兰文化出版社，2017 年。

传统戏曲与道教文化，王汉民，万卷楼图书股份有限公司，

2017 年。

东汉画像石与早期道教暨敦煌壁画之研究，俞美霞，古代历史文化研究辑刊 17 编第 27 册，花木兰文化出版社，2017 年。

魏晋诗人之游仙主题研究，陈子梅，古典诗歌研究汇刊第 21 辑第 1、2 册，花木兰文化出版社，2017 年。

Ancestors、*Kings and the Dao*，Constance A. Cook，Harvard University Asian Center，2017.

Journey of a Goddess：*Chen Jinggu Subdues the Snake Demon*，Chen，F. P. L. Suny Press，2017.

道教経典の形成と仏教，神塚淑子，名古屋大学出版会，2017 年。

2018 年

西游戏曲集，胡胜、赵毓龙校注，人民文学出版社，2018 年。

金元全真诗词研究，郭中华，中国社会科学出版社，2018 年。

元明清道教文学思想研究，蒋振华，凤凰出版社，2018 年。

墉城集仙，姜守诚、张海澜，中州古籍出版社，2018 年。

经典、仪式与民间信仰，侯冲编，上海古籍出版社，2018 年。

道教师道思想研究，孙瑞雪，巴蜀书社，2018 年。

朱有燉《诚斋乐府》校释，朱有燉著，朱仰东校释，黄山书社，2018 年。

唐宋道教的转型，孙亦平，中华书局，2018 年。

《西游记》成书的田野考察报告，蔡铁鹰、王毅，中州古籍出版社，2018 年。

人天之道：《周易参同契》注释阐微，吕纪立，华中科技大学出版社，2018 年。

古代小说与神仙，何亮，暨南大学出版社，2018 年。

古代小说文化学，万晴川，吉林文史出版社，2018 年。

魏晋南北朝道教文献词汇研究，刘祖国，山东大学出版社，2018 年。

宗教文化视域下的明清戏剧研究，李艳，四川大学出版社，2018 年。

儒释道审美文化研究，郎江涛，四川大学出版社，2018 年。

陈抟集，陈抟撰，蜀太极生辑，华夏出版社，2018 年。

颜子山混元道教文化洞稿，费杰成，中国社会科学出版社，2018 年。

道教文献学，丁培仁，四川大学出版社，2018 年。

《封神演义》考论，李亦辉，人民文学出版社，2018 年。

钟离权学案，章伟文，齐鲁学社，2018 年。

道经字词考释，牛尚鹏，中国社会科学出版社，2018 年。

早期道教的混沌神话及其象征意义，吉瑞德著，蔡觉敏译，齐鲁书社，2018 年。

道教修炼与科仪的文学体验，陈伟强编，凤凰出版社，2018 年。

整合及制度化：唐前期道教研究，白照杰，格致出版社，2018 年。

从圣教到道教：马华社会的节俗、信仰与文化，李丰楙，台湾大学出版中心，2018 年。

全真正韵集，张高澄主编，社会科学文献出版社，2018 年。

净明忠孝全书，黄元吉撰，许蔚校注，中华书局，2018 年。

第二届宗教实践与文学创作暨《中国宗教文学史》编撰国际学术研讨会论文集，吴光正、妙凡法师主编，佛光文化事业有限公司，2018 年。

西游记戏曲集，胡胜、赵毓龙校注，人民文学出版社，2018 年。

谶纬与文学研究，孙蓉蓉，中华书局，2018 年。

《抱朴子内篇》道教医学之研究（上、中、下），胡玉珍，中国学术思想研究辑刊 27 编第 23、24、25 册，花木兰文化事业有限公司，2018 年。

东汉谶纬学研究（上、下），陈明恩，中国学术思想研究辑刊 27 编第 13、14 册，花木兰文化事业有限公司，2018 年。

何处是蓬莱——仙山图特展，许文美主编，台北故宫博物院，2018 年。

洞霄图志，邓牧，中国书店，2018 年。

《百年道学精华集成》第九辑"文艺审美"，詹石窗总主编，上海科技文献出版社，2018 年。

信仰与教化：刘一明的信仰之道与教化之论，白娴棠，中国社会科学文献出版社，2018 年。

中国宗教性随葬文书研究——以买地券、镇墓文、衣物疏为主，黄景春，上海人民出版社，2018 年。

金元全真道，张方，中州古籍出版社，2018。

魏晋南北朝道教文献词汇研究，刘祖国，山东大学出版社，2018 年。

左道：中国宗教文化中的神与魔，万英志著，廖涵缤译，社会科学文献出版社，2018 年。

Gender Power and Talent：*The Journey of Daoist Priestesses in Tang China*，Jinhua Jia，Columbia University Press，2018.

Record of the Listener：*Selected Stories from Hong Mai's Yijian Zhi*，Mai，H. Indianapolis：Hackett Publishing Company，2018.

2019 年

明代神魔小说研究，邹壮云，四川大学出版社，2019 年。

六朝南方神仙道教与文学，赵益，江苏人民出版社，2019 年。

邵雍《击壤集》辑佚与研究，丁治民、张茜茜，苏州大学出版社，2019 年。

宗教实践与中国宗教文学论文集，吴光正、何坤翁编，北方文艺出版社，2019 年。

明代藩王与道教：王朝精英的制度化护教，王岗著，秦国帅译，上海古籍出版社，2019 年。

中国四大古典名著考论，张锦池，人民出版社，2019 年。

道教女仙考，姜守诚、张海澜，中州古籍出版社，2019 年。

玄怪录续玄怪录，林宪亮译，中华书局，2019 年。

大岳流韵：武当山诗歌辑录，宋晶编，中国社会科学出版社，2019 年。

取经故事的演化与《西游记》成书研究，王进驹、杜治伟，凤凰出版社，2019 年。

明清刊本《西游记》语—图互文性研究，杨森，西南交通大学出版社，2019 年。

道境与诗艺：中国早期神话意象演变研究，王怀义，商务印书馆，2019 年。

想象与理性——中国道教文学及其思想史研究，蒋振华，中华书局，2019 年。

白云观志：附东岳庙志，小柳司气太，刘莹整理，北京联合出版公司，2019 年。

《全唐诗》宗教名物意象考释，孙振涛，宗教文化出版社，2019 年。

道教神仙传记的文化学研究，苟波，宗教文化出版社，2019 年。

道家思想与魏晋文学——以隐逸、游仙、玄言文学为中心的研究，于春媚，国家图书馆出版社，2019 年。

朱熹文学与佛禅关系研究，邱蔚华，中国社会科学出版社，2019 年。

搜神记辑校搜神后记辑校，干宝、陶潜撰，李剑国辑校，中华书局，2019 年。

诗杂仙心：古典涉道诗词论稿，罗争鸣主编，宗教文化出版社，2019 年。

西王母信仰研究，黄勇，古代历史文化研究辑刊 22 编第 25 册，花木兰文化出版社，2019 年。

六朝仙道身体观与修行理论探讨（上、下），张亿平，中国学术思想研究辑刊 29 编第 5、6 册，花木兰文化出版社，2019 年。

中国的宗族与演剧——华南宗族社会中祭祀组织、仪礼及其演剧的相关构造（上、下），田仲一成著，钱杭、任余白翻译，三联书店（香港）有限公司，2019 年。

修仙：古代中国的修行与社会记忆，康儒博著，顾漩译，江苏人民出版社，2019 年。

蒙元时期山西地区全真教艺术研究，吴端涛，文物出版社，2019 年。

中国道教版画全集，翁连溪、李洪波主编，中国书店出版社，2019 年。

异类：狐狸与中华帝国晚期的叙事，韩瑞亚著，籍萌萌译，中西书局，2019 年。

宝卷研究，濮文起、李永平主编，商务印书馆，2019 年。

多元宗教背景下的中国宗教文学，陈引驰主编，中西书局，2019 年。

2020 年

西游说唱集，胡胜、赵毓龙辑校，上海古籍出版社，2020 年。

全真史传五种集校，高丽杨集校，中华书局，2020 年。

孤本说唱词话《云门传》研究，吴真，中华书局，2020 年。

作与不作：早期中国对创新与技艺问题的论辩，普鸣著，杨起予译，唐鹤语校，三联书店，2020 年。

成神：早期中国的宇宙论、祭祀与自我神化，普鸣著，张常煊、李健芸译，李震校，三联书店，2020 年。

诸神的复活：中国神话的文学移位，宁稼雨等著，中华书局，2020 年。

神仙传校释，葛洪撰，胡守为校释，中华书局，2020 年。

周氏冥通记校释，陶弘景著，王家葵点校，中华书局，

2020 年。

金盖心灯，闵一得著，王卡、汪桂平点校，中华书局，2020 年。

新见魏晋至元买地券整理与研究，李明晓，人民出版社，2020 年。

孙昌武文集，孙昌武，中华书局，2020 年。

新镌仙媛纪事，杨尔曾辑，文物出版社，2020 年。

新时代中国古代道教文学与文化研究成果荟萃，蒋振华主编，胡海义副主编，知识产权出版社，2020 年。

刘阮遇仙文化集成，天台山文化研究会，西泠印社出版社，2020 年。

道教与唐前志怪小说专题研究，徐胜男，巴蜀书社，2020 年。

宋前茅山宗文学研究，段祖青，古典文学研究辑刊22 编第 9 册，花木兰文化出版社，2020 年。

李白游仙诗研究，熊智锐，古典诗歌研究汇刊27 辑第 3 册，花木兰文化出版社，2020 年。

《抱朴子内篇》成仙药物之研究，胡玉珍，古代历史文化研究辑刊23 编第 2 册，花木兰文化出版社，2020 年。

道士开辟海上丝绸之路（上、下），周运中，古代历史文化研究辑刊23 编第 20 册，花木兰文化出版社，2020 年

论明代雅集图、高士图和园林图的文化情怀，张高元，古代历史文化研究辑刊23 编第 15 册，花木兰文化出版社，2020 年。

明代宗教杂剧研究，柯香君，翰芦图书出版有限公司，2020 年。

道与艺合——道教与民间文学艺术展，李丰楙、陈国宁主编，

新文丰出版有限公司，世界宗教博物馆，2020 年。

金元全真道碑刻集萃，赵卫东、陈法永，山东大学出版社，2020 年。

中古中国的文学与文化史，柯睿著，童岭、杨杜菲、梁爽译，中西书局，2020 年。

中国宗教研究新视野——新语文学的启示，贾晋华、白照杰主编，宗教文化出版社，2020 年。

画外之意——汉代孔子见老子画像研究，邢义田，三联书店，2020 年。

The Literati Path to Immortality：*the Alchemical Teaching of Lu xixing*，Ilia Mozias，2020.

中国道教文学研究论文索引

1826 年

Sur la vie et les opinions de Lao – Tseu，philosophe Chinois du VIe siècle avant notre ère（关于老子的生平和观点——一位公元前六世纪的中国哲学家），Abel – Rémusat，Jean – Pierre（雷慕沙）. in *Mélanges asiatiques*，*ou Choix de morceaux critiques et de mémoires relatifs aux religions*，*aux sciences*，*aux coutumes*，*à l'histoire et à la géographie des nations orientales*，Paris：Dondey—Dupré，tome 1，1825—1826，pp. 88—99.

1904 年

西王母一の古伝說につきて，山下寅次，史學界，1904 年，第 6 卷第 1 期。

1910 年

白乐天三教论衡之梗概，惺轩子，艺文，1910 年，第 1 卷第 6 期。

1911 年

读《道藏》记，刘师培，国粹学报，1911 年，第 75、76、77、79 期；道藏要籍选刊，胡道静、陈莲笙、陈耀庭选辑，上海古籍出版社，1989 年；刘师培全集（第四册），中共中央党校出版社，1997 年。

1913 年

古帝感生之神话，皕诲，进步杂志，1913 年，第 3 卷第 6 期。

Un traité manichéen retrouvé en Chine, édouard Chavannes, Paul Pelliot, *Journal Asiatique*, 1911—1913.

1916 年

昆侖と西王母，小川琢治，藝文，1916 年，第 7 卷第 1、2 期。

The Eight Immortals. Yetts, W. P. *The Journal of the Royal Asiatic Society of Great Britain and Ireland*, 773—807, 1916.

1920 年

支那小説の溯源と神仙説，青木正兒，支那文藝論藪，春秋社，1920 年。

1922 年

三皇五帝考，萧澄，史地丛刊，1922 年，第 1 卷第 2 期。

More notes on the Eight Immortals. Yetts, W. P. *The Journal of the Royal Asiatic Society of Great Britain and Ireland* （3）, 397—426, 1922.

1923 年

西王母の話，森蘿月，風俗，1923 年，第 39 期。

1924 年

从神话到神仙传，鲁迅，中国小说的历史的变迁第一讲，1924 年。

Les versions chinoises du Milindapañha, Paul Demiéville, *Bulletin de l'Ecole française d'Extrême — Orient* 24, 1924.

Légendes mythologiques dans le Chou King, Henri Maspero, *Journal Asiatique* 204, 1924.

泰山府君の研究，森德太郎，风俗，1924 年，第 46 期。

1925 年

中国神话研究，沈雁冰，小说月报，1925 年，第 16 卷第 1 期。

陶渊明与郭璞，蒋家骧，金陵光，1925 年，第 14 期。

Remarques snr le taoïsme ancient, Marcel Granet, *Asia Major* 1925. （Reprinted in *Etudes sociologiques de la Chine*. Paris: Presses Universitaires de France, 1953.）

1926 年

灶神的故事，何伟，东方杂志，1926 年。

1927 年

魏晋风度及文章与药及酒之关系，鲁迅，北新半月刊，1927年，第 2 卷第 2 期。

中世人的苦闷与游仙的文学，腾固，中国文学研究（小说月报号外），商务印书馆，1927 年。

中日神话之比较，查士元，小说世界，1927 年，第 16 卷第14 期。

关于相同神话解释的学说，杨成志译，民间文艺，1927 年，第 3 期。

许真君故事的起源和概略，大任，北大国学月刊，1927 年，第 1 卷第 5 期。

我所闻的灶神故事，金粟，民间文艺，1927 年，第 2 期。

1928 年

中国神话的保存，玄珠，文学周报，1928 年，第 6 卷第 15、16 期。

文学与玄学，景昌极，学衡，1928 年，第 63 期。

太阳神话研究，赵景深，文学周报，1928 年，第 5 期。

关于"桑"的神话与传说的点点滴滴，张寿林，晨报副刊，1928 年 2 月 16 日。

黄帝事迹演变考，陈槃，中山大学语言历史学研究所周刊，1928 年，第 3 卷第 28 期。

尧舜禅让问题，蒋应荣，中山大学语言历史学研究所周刊，1928 年，第 4 卷第 37 期。

1929 年

《游仙窟》解题，山田孝雄著，谢六逸译，文学周报，1929 年，第 8 卷第 2 期。

《穆天子传》研究，卫聚贤，语历所周刊百期纪念号，1929 年。

关于"游仙窟"，郑振铎，文学周报，1929 年，第 8 卷第 2 期。

评"《西游记》"与"封神"，汾，新晨报，1929 年 1 月 1 日。

关于三宝太监下西洋的几种材料，觉明，小说月报，1929 年，第 20 卷第 1 期。

灶神的故事，愚民，民俗，第 53—55 期，民国十八年（1929 年）。

灶君，雪白，民俗，第 86—89 期，民国十八年（1929 年）。

三界神考，容肇祖，民俗，民国十八年（1929 年），第 41、42 合期。

中国古代神话之研究，冯承钧，国闻周报，第 6 卷第 9—17 期，1929 年。

姜姓的民族和姜太公的故事，杨筠如，中山大学语言历史学研究所周刊，第 7 辑第 81 期，民国十八年（1929 年）。

二郎神考，容肇祖，民俗，第 61—62 期，民国十八年（1929
年）。

关于董仙的传说，王成竹，民俗，第 78 期，民国十八年
（1929 年）。

牛郎织女的故事，王萧桥，民俗，第 80 期，民国十八年
（1929 年）。

1930 年

三皇五帝说探源，蒙文通、缪凤林，史学杂志，1930 年，第 1
卷第 5 期。

1931 年

《绿野仙踪》的作者，辰伯，清华周刊，1931 年，第 36 卷第
11 期。

夏二铭与"野叟曝言"，孙楷第，大公报文艺副刊，1931 年 3
月 9 日，第 165 期。

两汉时代道教概说，刘国钧，金陵学报，1931 年，第 1 卷第
1 期。

西王母与西戎（西王母与昆仑山之一），辰伯，清华周刊，民
国二十年（1931 年），第 36 卷第 4、5 期。

女冠诗人鱼玄机，卢楚娉，集美周刊，1931 年，第 11 卷第
10 期。

1932 年

西王母与牛郎织女的故事，辰伯，文学月刊，1932 年，第 3 卷第 1 期。

西王母的传说，吴晗，清华周刊，1932 年，第 37 卷第 1 期。

读"游仙窟"（末有马鑑附识），起明，燕京大学图书馆报，1931—1932 年，第 21 期。

中国古代水神的传说，张长弓，民间月刊，1932 年，第 2 卷第 3 期。

灯花婆婆（见《平妖传》），孙楷第，学文杂志，1932 年，第 1 卷第 5 期。

An Ancient Chinese Treatise on Alchemy Entitled Ts'an T'ung Ch'i, Wu Lu—ch'iang and Tenney L. Davis, *Isis* 18, 1932.

1933 年

穆天子月日考，邵次公，河南图书馆馆刊，1933 年，第 3 期。

海属"镜花缘"传说辨证，孙佳迅，青年界，1933 年，第 4 卷第 4 期。

中国神话之文化史的价值，钟敬文，青年界，1933 年，第 4 卷第 1 期。

关于中国的植物起源神话，钟敬文，民众教育季刊，1933 年，第 3 卷第 1 期。

蓝采和非仙女辨，典，申报·自由谈，1933 年 6 月 15 日。

1934 年

紫阳真人词校补，杨易霖，词学季刊，1934 年，第 2 卷第 1 期。

关于八仙传说，叶德均等，青年界，1934 年，第 5 卷第 3 期。

明周宪王之杂剧，那廉君，剧学月刊，1934 年，第 3 卷第 11 期。

"陈巡检梅岭失妻"戏文，赵景深，人言，1934 年，第 1 卷第 26 期。

"拉马耶那"与"陈巡检梅岭失妻记"，林培志，文学（上海），1934 年，第 2 卷第 6 期。

"东游记"之一斑，虞廷，文史，1934 年，第 1 卷第 1 期。

论"封神榜"，耳耶，太白，1934 年，第 1 卷第 3 期。

"游仙窟"引，高庆丰，文艺战线，1934 年，第 3 卷第 3 期。

老子神化考略，刘国钧，金陵学报，1934 年，第 4 卷第 2 期。

昆仑与西王母，小川琢治，古史研究（二集），上海商务印书馆，民国二十三年（1934 年）。

读黄芝岗著《中国的水神》，味茗，文学，1934 年，第 3 卷第 1 期。

Le taoïsme au VIe siècle de notre ère d'après un pamphlet anti—taoïste *le Siao tao louen*，Henri Maspero，*Annuaire du Collège de France*，1934.

後漢書の襄楷伝の太平経領書と太平経との関係，小柳氏，東洋思想の研究，関書院，1934 年。

元曲桃花女雜劇の"神解終穰"い就し，上村幸次，支那學，1934 年，第 7 期。

1935 年

烂柯山传说的起源和转变，黄华节，太白，1935 年，第 2 卷第 2、3 期。

读《太平经书》所见，汤用彤，国学季刊，1935 年，第 5 卷第 1 号。

陶弘景的《真诰》考，胡适，胡适论学近著，商务印书馆，1935 年。

老庄思想与六朝唐宋文学之影响，杨树芳，协大艺文，1935 年，第 1 期。

"穆天子传西征讲疏"（顾实著），张公量，大公报图书副刊，1935 年 3 月 14 日，第 70 期。

顾实著《穆天子传西征讲疏》评论，张公量，禹贡，1935 年 4 月，第 3 卷第 4 期。

评《穆天子传西征讲疏》，木真，人文，1935 年，第 6 卷第 4 期。

谈《野叟曝言》，悍膂，太白，1935 年，第 1 卷第 12 期。

《封神演义》考，顾肇仓，文化与教育，1935 年，第 75 期。

略论马致远杂剧的胚胎，效非，北平华北日报"每日文艺"，1935 年 8 月 27 日，第 262 期。

关于"略论马致远杂剧的胚胎"两点错误，匡人，北平华北日报"每日文艺"，1935 年 9 月 6 日，第 272 期。

元杂剧里的八仙故事与元杂剧体例，石兆原，燕京学报，1935年，第 18 期。

再论马致远杂剧，效非，北平华北日报"每日文艺"，1935 年 9 月 13 日，第 279 期。

灌口水神传，陈志良，新垒月刊，1935 年，第 5 卷第 1 期。

中国诗歌中嫦娥神话的由来及演变，郭云奇，行健月刊，1935 年，第 6 卷第 3 期。

Le taoïsme dans les pamphlets bouddhiques du VIe siècle，suite de la traduction du *Siao tao louen*，Henri Maspero，*Annuaire du Collège de France*，1935.

1936 年

八仙考，浦江清，清华学报，1936 年，第 11 卷第 1 期。

《野叟曝言》评议，焦木，北平晨报·艺圃，1936 年 2 月 19、21 日。

《封神演义》的作者，张政烺、胡适，独立评论，1936 年，第 209 期。

《封神演义》的时代及作者问题，幼梧，天津益世报·史学，1936 年 9 月 27 日，第 38 期。

三宝太监下西洋记，赵景深，青年界，1936 年，第 9 卷第 1 期。

神仙故事（中国诗里用神仙故事），废名，北平世界日报，明珠，1936 年 11 月 18 日，第 49 期；1936 年 11 月 29 日，第 60 期。

商代的神话与巫术，陈梦家，燕京学报，1936 年，第 20 期。

读《道藏》中之《自然集》，卢前，暨南学报，1936 年，第 1 卷第 2 期。

高唐神女传说之分析补记，闻一多，清华学报，1936 年，第 11 卷第 1 期。

徐福入海求仙考，王辑五，禹贡，民国二十五年（1936 年），第 5 卷第 6 期。

李太白与宗教，幽谷，逸经半月刊，1936 年，第 1 期。

The Origin of Yü Huang, H. Y. Fêng, *Harvard Journal of Asiatic Studies* 1. 3/4, 1936.

Le taoïsme dans les pamphlets bouddhiques du VIe et du VIIe siècle, Henri Maspero, *Annuaire du Collège de France*, 1936.

1937 年

论山魈的传说与祭典，黄芝岗，中流，1937 年，第 1 卷第 11 期。

陆西星作《封神》考，柳存仁，中央日报·文史副刊，1937 年 4 月 18 日，第 20 期；1937 年 4 月 25 日，第 21 期；1937 年 5 月 2 日，第 22 期；1937 年 5 月 9 日，第 23 期。

A Criticism of Some Recent Methods Used in Dating *Lao Tzu*, Hu Shih, *Harvard Journal of Asiatic Studies* 2. 3/4, 1937.

Histoire du bouddhisme dans ses rapports avec le taoïsme avant les T'ang, Henri Maspero, *Annuaire du Collège de France*, 1937.

Explication de textes relatifs à l'histoire du bouddhisme et du taoïsme, Henri Maspero, *Annuaire du Collège de France*, 1937.

1938 年

巫觋与戏剧，张寿林，东方文化（北京），1938 年，第 1 卷第 5 期。

西王母伝説の一考察，濱上隆一，歴史と地理，1938 年，第 48 号。

道情に就いて，澤田瑞穂，中国文學月報，1938 年，第 44 号。

1939 年

Querelles entre taoïstes et bouddhistes en Chine avant les T'ang, Henri Maspero, *Annuaire du Collège de France*, 1939.

Chang Po—Tuan of T'Ien—T'Ai, His wu Chên P'Ien, Essay on the Understanding of the Truth：A Contribution to the Study of Chinese Alchemy. Davis, T. L., & Yün—ts'ung, C. *Proceedings of the American Academy of Arts and Sciences*, 73（5），97—117，1939.

1940 年

徐福入海求仙考，楚人冠，长城，1940 年，第 5 卷第 1 期。

三皇传说之起源及其演变，杨宽，学术，1940 年，第 3 期。

《枕中记》杂考，师黄，中国青年（北京），1940 年，第 1 卷第 1 期。

西王母考，吕思勉，说文月刊，1940 年，第 1 卷第 9 期。

魏晋南北朝志怪小说书录附考证，严懋垣，文学年报，1940

年，第 6 期。

《封神演义》作者陆西星，柳存仁，宇宙风（乙刊），1940
年，第 24 期。

1941 年

"博物志"，左海，齐鲁学报，1941 年，第 2 期。

《封神演义》考证，李光璧，中和，1941 年，第 2 卷第 12 期。

徐福东渡的故事，学文，侨声，1941 年，第 3 卷第 7 期。

西王母，泽村幸夫，满蒙，1941 年，第 22 卷第 9 期。

唐女冠诗人玄机评传，何一鸿，新东方，1941 年，第 2 卷第
5 期。

Some Chinese Tales of The Supernatural：Kan Pao and His *Sou—
shen chi*，Derk Bodde，*Harvard Journal of Asiatic Studies* 6. 3/
4，1941.

taoïsme et bouddhisme avant les T'ang，Henri Maspero，*Annuaire
du Collège de France*，1941.

葛洪の著書に關する──の一節として，大谷湖峰，駒澤大
學學報，1941 年，第 1 号。

道教の俗講に就いて，道端良秀，支那佛教史學，1941 年，
第 5 期。

1942 年

元曲作家马致远之生平及其著作，仲玉，真知学报，1942 年，
第 2 卷第 1 期。

评李长之著《道教徒的诗人李白及其痛苦》，徐仲平，文化先锋，1942 年，第 1 卷第 1 期。

The Rise of Neo—Confucianism and Its Borrowings From Buddhism and Taoism, Fung Yu—Lan and Derk Bodde, *Harvard Journal of Asiatic Studies* 7. 2, 1942.

Shang—Yang Tzu: Taoist Writer and Commentator on Alchemy, Tenney L. Davis and Ch'En Kuo—Fu, *Harvard Journal of Asiatic Studies* 7. 2, 1942.

Explication de textes bouddhiques relatifs au taoïsme: le P'o sie louen de Fa—lin, Henri Maspero, *Annuaire du Collège de France*, 1942.

Continuation de la traduction et du commentaire du P'o sie louen de Fa—lin, pamphlet anti—taoïque du VIIe siècle, Henri Maspero, *Annuaire du Collège de France*, 1942.

Some Chinese Tales of the Supernatural. Pao, K., Chi, S. —S., & Bodde, D. *Harvard Journal of Asiatic Studies*, 6 (3/4), 338—357, 1942.

1943 年

元剧中二郎斩蛟的故事，冯沅君，说文月刊，1943 年，第 3 卷第 9 期。

二郎神故事的演变，谭正璧，大众，1943 年，第 2 期。

徐福东渡考，江向荣，政治月刊，1943 年，第 5 卷第 2 期。

老子故事的演进与辨证，罗根泽，文化先锋，1943 年，第 3

卷第 1、2 期。

耶律楚材对于儒、释、道三教之态度，黎正甫，新中华（复刊），1943 年，第 1 卷第 9 期。

李志常之卒年，陈垣，辅仁学志，1943 年，第 12 卷第 1、2 期。

西王母传说に就いて，斯波六郎，东洋文化，1943 年，第 223 期。

关于元曲《桃花女》杂剧之神煞禳，上村幸次著，黎民、白曙译，中国公论，1943 年，第 8 卷第 6 期。

1944 年

司空图《诗品》与道家思想，李戏鱼，文学集刊 1 辑，艺文社，1944 年；中国古代文论研究论文集·上古，人大古代文论资料编选组编，1989 年。

道家仙境之演变及其所受地理之影响（一）（二），张星烺，中国学报，1944 年，第 1 卷第 3、4 期。

王羲之父子与天师道之关系，许世瑛，读书青年，1944 年，第 1 卷第 3 期。

Explication de textes bouddhiques relatifs au taoïsme, Henri Maspero, *Annuaire du Collège de France*, 1944.

1945 年

Buddhist—Taoist Mixtures in *The Pa—shih—i—hua T'u*, Kenneth K. S. Ch'en, *Harvard Journal of Asiatic Studies* 9.1, 1945.

Histoire Anécdotique et fabuleuse de l'Empereur Wou des Han. *Lectures Chinoises*1, 1945.

1946 年

葛洪年历，钱穆，中央日报，民国三十五年十二月三日（1946 年），第 12 版。

道情词的演变，任骕，中央日报，民国三十五年十二月二十二日（1946 年），第 11 版。

元曲作家马致远，隋树森，东方杂志，1946 年，第 42 卷第 4 期。

西王母传说考（汉人求仙之思想与西王母），方诗铭，东方杂志，1946 年，第 42 卷第 14 期。

Langue et littérature chinoises—Résumé des cours de 1945—1946（I. Tchouang—tseu et ses interprétations dans l'exégèse chinoise；II. Explication du premier chapitre de Tchouang—tseu），Paul Demiéville, *Annuaire du Collège de France*, 1946.

Legends and Cults in Ancient China, Bernhard Karlgren, *Bulletin of the Museum of Far Eastern Antiquities* 18, 1946.

1947 年

《道藏》及《大藏经》中散曲之结集，卢前，复旦学报，1947 年，第 3 期。

西王母考（上）（下），江行，中央日报，民国三十六年一月七日至八日（1947 年），第 7 版。

西晋清谈与游仙招隐诗，王新民，海疆校刊，1947 年，第 1 卷第 2 期。

清虚观张道士——《红楼梦》发微第二十二，湛卢，北平时报副刊，民国三十六年十月八日（1947 年），第 69 期。

神仙考，闻一多，文艺复兴，1947 年，第 3 卷第 5 期。

说羽人——羽人图羽人神话飞仙思想之图腾主义的考察，孙作云，沈阳博物院筹备委员会汇刊，民国三十六年十月（1947 年）。

Langue et littérature chinoises—Résumé des cours de 1946—1947〔I. études sur la formation du vocabulaire philosophique chinois；II. Explication du premier chapitre de Tchouang—tseu（suite）〕，Paul Demiéville, *Annuaire du Collège de France*, 1947.

1948 年

战国秦汉间方士考论，陈槃，"中央"研究院历史语言研究所集刊，1948 年，第 17 本。

高唐神女传说之分析，闻一多，闻一多全集，开明书店，1948 年。

形影神诗与东晋之佛道思想（陶诗笺证之二），逯钦立，史语所集刊第 16 册，1948 年。

魏晋小说与方术（中古文学史论之一），王瑶，学原，1948 年，第 2 卷第 3 期。

三保太监下西洋考，许云樵，南洋学报，1948 年，第 5 卷第 1 辑。

游仙诗，朱光潜，文学杂志，1948 年，第 3 卷第 4 期。

Langue et littérature chinoises—Résumé des cours de 1947—1948（I. études sur la formation du vocabulaire philosophique chinois；II. Explication du deuxième chapitre de Tchouang—tseu），Paul Demiéville, *Annuaire du Collège de France*, 1948.

Le commentaire du "Tchouang—tseu" par Kouo Siang, Paul Demiéville, *Actes du XXIème Congrès International des Orientalistes*, 1948.

The Authorship of the Yu—Hsien—K'u, Chung—han Wang, *Harvard Journal of Asiatic Studies* 11. 1/2，1948.

葛洪，石島快隆，青木正兒博士還曆紀念論文集，1948 年。

1949 年

白乐天之思想行为与佛道之关系，陈寅恪，岭南学报，1949 年，第 10 卷第 1 期；元白诗笺证稿附论，岭南大学中国文化研究室（岭南学报丛书），1950 年；元白诗笺证稿，上海古籍出版社，1978 年。

魏晋文人的隐逸思想（中古文学史论之一），王瑶，文艺复兴·中国文学研究号（下），1949 年。

郭景纯、曹尧宾《游仙》诗辨异，程千帆，国文月刊，1949 年，第 80 期；古典诗歌论丛，上海文艺联合出版社，1954 年；程千帆诗论选集，山西人民出版社，1990 年。

楚辞和游仙诗，朱光潜，文学杂志，1949 年，第 3 卷第 4 期；艺文杂谈，安徽人民出版社，1981 年。

封神榜故事探源，卫聚贤，中国古典小说研究资料汇编，香港九龙，1949 年。

Langue et littérature chinoises—Résumé des cours de 1948—1949 〔Ⅰ. Le touen et le tsien（le "subit" et le "graduel"）；Ⅱ. Explication du deuxième chapitre de Tchouang—tseu〕, Paul Demiéville, *Annuaire du Collège de France*, 1949.

1950 年

Langue et littérature chinoises—Résumé des cours de 1949—1950 （Ⅰ. Quelques penseurs de l'époque mandchoue；Ⅱ. Publications récentes sur Tchouang—tseu, et suite et fin de l'explication du deuxième chapitre）, Paul Demiéville, *Annuaire du Collège de France*, 1950.

a taist inscription of the yuan dynasty, Ten Broeck, R. J., & Yiu, T. Brill Archive, 1950.

葛洪の思想について，大淵忍爾，史學雜誌，1950 年，第 59 卷第 12 号。

1951 年

文人与药，王瑶，中古文人生活，上海棠棣出版社，1951 年。

Langue et littérature chinoises—Résumé des cours de 1950—1951 （Ⅰ. Tchang Hiue—tch'eng et ses théories historiographiques；Ⅱ. Le XVIIe chapitre de Tchouang—tseu）, Paul Demiéville, *Annuaire du Collège de France*, 1951.

神仙伝考，福井康順，東方宗教，1951 年，創刊號。

1952 年

The Hagiography of the Chinese God Chen—Wu: The Transmission of Rural Tradition in Chahar, Grootaers Willem A, *Folklore Studies*, 1952.

1953 年

李白的神仙思想, 秋朝, 联合报, 1953 年 2 月 25 日。

劉晨、阮肇故事之演變, 足立原八束, 學苑, 1953 年, 第 151 期。

Kaltenmark Macime, Le *Lie—sien tchouan*, *traduit et annoté*. Peking: Université de Paris, Centre d 'Etudes sinologiques de Pékin, 1953.

西王母說話の變遷, 下斗米晟, 富山大學文理學部文學紀要, 1953 年, 第 3 号。

魂魄考—その起源と発展—, 池田未利, 東方宗教, 1953 年, 第 3 号。

抱樸子における統一性の問題, 大淵忍爾, 東方宗教, 1953 年, 第 3 号。

1954 年

谈孟浩然的"隐逸", 陈贻焮, 光明日报, 文学遗产, 1954 年 8 月 22 日, 第 17 期。

马致远的杂剧, 徐朔方, 新建设, 1954 年, 第 2 期; 元明清戏曲研究论文集, 作家出版社, 1957 年。

《西游记》里的道教与道士, 高熙曾, 文学书刊介绍, 1954

年，第 8 期；《西游记》研究论文集，1957 年。

《西游记》札记，张天冀，人民文学，1954 年 2 月号。

神仙伝説と歸墟伝説，杉本直治郎、御手洗勝，東方學論集，1954 年，第 2 号。

清談と文學，水上早苗，福井大學學藝學部紀要，1954 年，第 3 号。

招隱詩に就いて，小尾郊一，東方學，1954 年，第 9 号。

志怪小說成立について，内田道夫，日本中國學會報，1954 年，第 6 号。

1955 年

漫谈《游仙窟》，方诗铭，文学月刊，1955 年，第 5 期。

读《马致远的杂剧》，孟周，光明日报，文学遗产，1955 年 8 月 14 日，第 67 期；元明清戏曲研究论文集，作家出版社，1957 年。

《封神演义》是一本怎样的书，黄秋云，文艺学习，1955 年，第 10 期。

读《西游记》札记，沈玉成、李厚基，光明日报，文学遗产，1955 年 10 月 23 日，第 76 期。

《西游记》的现实性，刘樱村，文艺学习，1955 年 5 月号。

洄溪道情（读曲纪要之十一），罗锦堂，大陆杂志，1955 年，第 11 卷第 6 期。

道藏に見える詩餘，中田勇次郎，東方宗教，1955 年，第 7 号。

緯書にあらはれた道教的思想，平秀道，東方宗教，1955年，第7号。

李賀の詩：特にその色彩について，荒井健，中国文学報，1955年，第3册。

王注老子の復原について，波多野太郎，東方宗教，1955年，第7号。

遊仙窟新攷（一），波多野太郎，東方宗教，1955年，第8、9合并号。

1956 年

试论《西游记》的主题思想，童思高，西南文艺，1956年，第1期。

略谈《西游记》，霍松林，语文学习，1956年，第2期。

《西游记》试论，沈仁康，新建设，1956年，第2期。

略谈《封神演义》，黄秋云，新建设，1956年，第4期；古今集，作家出版社，1962年。

评《略谈〈封神演义〉》，李骞，新建设，1956年，第7期；明清小说研究论文集，人民文学出版社，1959年。

《封神演义》的精华和糟粕何在？可永雪，光明日报，文学遗产，1956年7月1日，第111期；文学遗产选集（2辑），文学遗产编辑部编，作家出版社，1957年；中国古典小说评论集，北京出版社，1957年。

《封神演义》没有糟粕吗？黄秋云，新建设，1956年，第8期。

《封神演义》的思想内容和艺术描写，刘世德，光明日报，文学遗产，1956 年 12 月 9 日，134 期；明清小说研究论文集，人民文学出版社，1959 年；文学遗产选集（3 辑），文学遗产编辑部编，中华书局，1960 年。

博闻强记的郭璞，周因梦，中国语文，1956 年，第 7 期。

神仙思想的产生与泛滥，葛贤宁，中国小说史，台北中华文化出版事业委员会，1956 年。

道佛两教的盛行对魏晋南北朝的述异志怪之影响，葛贤宁，中国小说史，台北中华文化出版事业委员会，1956 年。

葛洪の世界観，村上嘉實，文化史學，1956 年，第 11 号。

阮籍と嵇康との道家思想，木全德雄訳，東方宗教，1956 年，第 10 号。

遊仙窟新攷（下），波多野太郎，東方宗教，1956 年，第 10 号。

中国古代における農祭詩の成立，松本雅明，東方宗教，1956 年，第 11 号。

邊韶の老子銘について，楠山春樹，東方宗教，1956 年，第 11 号。

媽祖伝說の原初形態，李獻璋，東方宗教，1956 年，第 11 号。

中国の仙人—抱朴子の思想—，三樹三郎、村上嘉実氏著，東方宗教，1956 年，第 11 号。

1957 年

关于《白猿传》的故事，杨宪益，人民日报，1957 年 4 月

2 日。

《封神演义》是怎样的一本书？辛夷，大公报，1957 年 1 月 30 日。

略谈朱有燉杂剧的思想性，朱君毅、孔家，光明日报，文学遗产，1957 年 12 月 1 日，第 185 期。

西王母考，朱芳圃，开封师范学院学报，1957 年，第 2 期。

唐代传奇与神怪故事，祝秀侠，唐代传奇研究，中华文化出版事业委员会，1957 年。

葛长庚之异行及其诗词，嘉怀，边政公论，1957 年，第 5 卷第 1 期。

Yin—Yang Wu—Hsing and Han Art, Cheng Te—k'un, *Harvard Journal of Asiatic Studies* 20. 1/2，1957.

游仙文學源流考，中遠競，東京學藝大學研究報告，1957 年，第 8 号。

魏晉士大夫の思想性—いわゆる老莊思想の性格について—，木全德雄，東方宗教，1957 年，第 12 号。

1958 年

论晋代的隐逸思想和隐逸诗人，傅懋勉，文史哲，1958 年，第 4 期。

略谈《封神演义》，曹道衡，文学知识，1958 年，第 12 期。

略谈汤显祖和他的《邯郸记》，谭行，中山大学学报，1958 年，第 2 期。

白居易的政治经济及宗教生活，费海玑，大陆杂志，1958 年，

第 17 卷第 11 期。

A Study of the Origin of the Legend of the Eight Immortals，Yang Richard L. S，*Oriens Extremus* 5. 1，1958.（八仙传说探源，杨富森著，董晓玲译，吴光正校，八仙文化与八仙文学的现代阐释，吴光正主编，黑龙江人民出版社，2006 年）

謝靈運の思想，福永光司，東方宗教，1958 年，第 13、14 合并号。

清代の媽祖伝説に対する批判的研究「上」——天妃顕聖録とその流伝を透して，李獻璋，東方宗教，1958 年，第 13、14 合并号。

莊子の厄言，木村英一，東方宗教，1958 年，第 13、14 合并号。

太上感應篇の日本初伝，窪，東方宗教，1958 年，第 13、14 合并号。

葛洪伝考：晉朝治下吳人の在り方の一例，大淵忍爾，岡山大學法文學部學術紀要，1958 年，第 10 号。

明代の日用類書と庶民教育，酒井忠夫，近世中国教育史研究：その文教政策と庶民教育，林友春編，国土社，1958 年。

1959 年

陶潜与孙恩，夏承涛，光明日报，1959 年 9 月 13 日。

关于马致远的散曲和杂剧的评价问题，王万庄，吉林大学文学论文集（第 2 集），吉林人民出版社，1959 年。

殷卜辞中所见先公先王考，王国维，观堂集林（卷九），中华书局，1959 年。

鬼方昆夷玁狁考，王国维，观堂集林（卷九），中华书局，1959 年。

中国神话，吴益泰，拉鲁斯神学百科全书，1959 年。

元至治本《全相武王伐纣平话》明刊本《列国志传》卷一与《封神演义》之关系，柳存仁，香港新亚学报，1959 年，第 4 卷第 1 期。

《四游记》的明刻本，柳存仁，香港新亚学报，1959 年，第 5 卷第 2 期。

葛洪の儒家及び道家思想の系列とその系譜的意義について，駒澤大學研究紀要，1959 年，第 17 号。

清代の媽祖伝説に対する批判的研究「下」－天妃顕聖録とその流伝を透して－，李獻璋，東方宗教，1959 年，第 15 号。

金穀治著『老荘的世界－淮南子の思想』，仁戸田六三郎，東方宗教，1959 年，第 15 号。

1960 年

郭璞的游仙诗，黄君宝，华国，1960 年，第 3 期。

葛洪的文学主张，杨明照，光明日报，文学遗产，1960 年 6 月 19 日，第 318 期。

马致远杂剧作品的思想性和艺术性，徐扶明，光明日报，文学遗产，1960 年 11 月 6 日，第 337 期。

葛长庚，真公，"中央"日报，1960 年 7 月 23 日。

中国远古时代仪式生活的若干资料，张光直，"中央"研究院民族学研究所集刊第 9 辑，1960 年。

Ling—pao—note sur un terme du taoïsme religieux，Maxime Kalt-enmark，in *Mélanges publiés par l'Institut des Hautes études Chinoises II*，Paris：Presses Universitaires de France，1960.

「葉淨能詩」の成立について，小川陽一，東方宗教，1960 年，第 16 号。

1961 年

汪廷讷——应该编入《安徽历代文学家小传》，子锋，安徽日报，1961 年 11 月 26 日。

侯外庐论汤显祖的"四梦"（学术动态），佚名，文汇报，1961 年 8 月 26 日。

论葛洪，杨向奎，文史哲，1961 年，第 1 期。

唐代某些知识分子隐逸求仙的政治目的——兼论李白的政治理想和从政途径，陈贻焮，北京大学学报，1961 年，第 3 期；李白研究论文集，中华书局，1964 年。

马致远杂剧试论，吴国钦，中山大学学报，1961 年，第 1 期。

汤显祖《邯郸记》的思想与风格，侯外庐，人民日报，1961 年 8 月 14 日；论汤显祖剧作四种，中国戏剧出版社，1962 年。

The Date and Composition of Liehtzyy，Graham A. C，*Asia Major* n. s. 8，1961.

The Mystical Ascent of the T'ient'Ai Mountains：Sun Ch'o's Yu—T'ien—T'Ai—Shan Fu 游天台山赋．Mather，R. B. *Monumenta Serica*，20（1），226—245，1961.

高僧伝の神異について，村上嘉實，東方宗教，1961 年，第
17 号。

祝系文學の展開，西岡弘，日本文學論究，1961 年，第
20 号。

郭璞における詩人の運命—遊仙詩の思想構造，林田慎之助，
九州中国學會報，1961 年，第 7 期。

抱朴子における神仙思想の性格，大淵忍爾，岡山史學，1961
年，第 10 期。

1962 年

《西游记》与道家，拙哉，"中央"日报，1962 年 6 月 18 日。

李白求仙学道与政治运动的错踪变化，麦朝枢，光明日报，
文学遗产，1962 年 11 月 18 日，第 440 期；1962 年 12 月 15 日，第
441 期。

《太平经》的作者和思想及其与黄巾和天师道的关系，熊德
基，历史研究，1962 年，第 4 期。

《古镜记》的作者及其他，段熙仲，文学遗产增刊（第 10
辑），中华书局，1962 年。

关于《南柯太守传》的撰写时间，卞孝萱，江汉学报，1962
年，第 11 期。

从"莲花化身"说起《封神演义》，杨步飞，广西日报，1962
年 12 月 25 日。

浪漫主义诗人与语言学者郭璞，段熙仲，南京师范学院学报，
1962 年，第 3 期。

商周神话之分类，张光直，"中央"研究院民族学研究所集刊，1962年，第14期。

The Changing Concept of the Recluse in Chinese Literature. Chi, L. *Harvard Journal of Asiatic Studies*，234—247，1962.

The Hsi—Yu Lu 西遊錄 by Yeh—Lü Ch'u—Ts'ai 耶律楚材. De Rachewiltz, I. *Monumenta Serica*，21（1），1—128，1962.

悟真篇の成書と思想，今井宇三郎，東方宗教，1962年，第19号。

西遊記伝奇序説一張衛經氏の論文に寄せて一，波多野太郎，東方宗教，1962年，第20号。

葛洪の文學について，石島快隆，觀見女子短期大學紀要，1962年，第2期。

1963 年

葛洪的文学观，陆侃如、牟世金，山东大学学报，1963年，第1期。

如何评价葛洪的文学发展观，凌南申，山东大学学报，1963年，第3期。

谈谈李白的求仙学道，李继堂，文学遗产增刊（第13辑），中华书局，1963年。

商周神话与美术中所见人与动物关系之演变，张光直，"中央"研究院民族学研究所集刊，1963年，第16期。

以《三教搜神大全》与《天妃娘妈传》为中心来考察妈祖传说，李献璋，台湾风物，1963年，第13期。

Mineral Imagery in the Paradise Poems of Kuan—hsiu, Edward H. Schafer, *Asia Major* 10 vol, 1963.

Alchemy and the Orient in Strindberg's "Dream Play". Lewis, L. J. *Scandinavian Studies*, 35 (3), 208—222, 1963.

入唐求法巡禮行記に見える道教関係の記事について，小野勝年，東方宗教，1963 年，第 21 号。

明の太祖と天師道について—特に張正常を中心として—，滋賀高義，東方宗教，1963 年，第 22 号。

泰山から酆都へ—中国近世の短篇白話小說における冥界，小野四平，文化（東北大），1963 年。

道教教理の形成におよぼした佛教思想の影響：道教義樞を中心として，鎌田茂雄，東洋文化研究所紀要，1963 年，第 31 冊。

詩人としての郭璞，興膳宏，中国文學報（京大），1963 年，第 19 号。

1964 年

《西游记》、《聊斋志异》中宗教迷信、神仙鬼怪思想的批判，刘大、张碧波，哈尔滨师范学院学报，1964 年，第 2 期。

神话的起源及其与宗教的关系，袁珂，学术研究，1964 年，第 5 期；神话论文集，袁珂，上海古籍出版社，1982 年。

神话戏与鬼戏的区别，庄华，大公报，1964 年 3 月 10 日。

《西游记》祖本的再商榷 新亚学报，杜德桥，1964 年，第 6 卷第 2 期。

孙悟空的原型《四游记》，柳存仁，通报，1964 年，第 51 卷第 1 期。

中国文学中的宗教情愫，龚书森，神学与教会，1964 年，第 4 卷第 1 期。

The Hundred—chapter His—yu Chi and Its Early Versions, Glen Dudbrige, *Asia Major* n. s. XIV, 1964.

Religions comparées de l'Extrême—Orient et de la Haute—Asie [Ⅰ. Chine：Tchen—kao de T'ao Hong—king（vers 500 A. D.）；Ⅱ. Tibet：L'autobiographie de Brug—pa Kun—legs], Rolf A. Stein, *Annuaire de l'école Pratique des Hautes études—Section des sciences religieuses—LXXII*, 1964—1965.

讀陶弘景「真誥」雜感，福永光司，東方宗教，1964 年，第 23 号。

"道情" について，小野四平，集刊東洋學（東北大），1964 年，第 12 号。

漢代樂府詩と神仙思想，小西昇，目加田誠博士還曆紀念中国學論集，大安社，1964 年。

郭璞の遊仙詩の特質につにて，船津富彦，東京支那學報，1964 年，第 10 号。

平安時代の秘められた文學——白行簡の天地陰陽交歡大樂賦，瀧川政次郎，國文學解釋と鑒賞，1964 年，第 29 卷第 12 期；周氏冥通記について，福井康順，内野博士還曆紀念東洋學論叢，1964 年。

1965 年

从仙公庙说到吕洞宾，汪水，自立晚报，1965 年 7 月 23 日，第 5 版。

透视《封神演义》创作的时代背景（一）（二）（三）（完），周燕谋，"中央"日报，1965 年 10 月 29 日、10 月 30 日、10 月 31 日、11 月 1 日。

元剧中的八仙（上、下），陈万鼐，"中央"日报副刊，1965 年 11 月 5 日、6 日。

郭璞的游仙诗"未若托蓬莱"说，锺祺，中古诗歌论丛，香港上海书局，1967 年。

李翔及其涉道詩，WU，Chi—yu（吳其昱），道教研究，第 1 期，1965 年。

论唐代士风与文学，台静农，台大文史哲学报，1965 年，第 14 期。

Paul Demiéville，La montagne dans Tart littéraire chino，*France—Asie* 183，p. 7—32，1965. 保尔·戴密微：《中国文学艺术中的山岳》，《法国汉学家论中国文学——古典诗词》，钱林森编，外语教学与研究出版社，2007 年。

La mystique taoïste，Kaltenmark Maxime，in A. Ravier，ed，*La Mystique et les mystiques*，Paris：Desclée De Brouwer，1965.

Schafer，E. H.（1965）. The Idea of Created Nature in T'ang Literature. *Philosophy East and West*，15（2），153—160.

Kristofer Schipper，L'empereur Wou Des Han dans la légende

taoïste，han wou—ti nei—tchouan，*Ecole française d'Extrême—Orient*（1965）．

杜光庭《太上老君說常清浄経註》について——唐代宗教思想史研究の一資料，鎌田茂雄，宗教研究，1965 年，第 38 卷第 2 号。

曹植の遊仙詩論一特に說話の展開を中心いして，船津富彦，東洋文學研究（早大），1965 年，第 13 号。

《搜神記》の篇目，森野繁夫，廣島大學文學部紀要，1965 年，第 24 卷第 3 期。

1966 年

《枕中记》及其作者，王梦鸥，幼狮学志，1966 年，第 5 卷第 2 期。

台湾之道教文献，施舟人，台湾文献，1966 年，第 17 期。

昆仑丘与西王母，凌纯声，"中央"研究院民族学研究所集刊，1966 年，第 22 期。

《续玄怪录》及其作者考，王梦鸥，幼狮学志，1966 年，第 6 卷第 4 期。

L'Empereur Wou des Han dans La Légende Taoiste，K. M. Schiper，*Bulletin de l' école française d'Extrême—Orient*，Paris，1965.

漢の樂府における神仙道家の思想，澤口剛雄，東方宗教，1966 年，第 27 号。

内閣文庫本《許仙鐵樹記》について—"三言"成立の背景

ノート，小野四平，集刊東洋學（東北大），1966 年，第 15 号。

1967 年

七仙女神话——董永行孝，姜子匡，文坛，1967 年，第 79 期。

仙真文学略论，郭惠卿，大陆杂志，1967 年，第 35 卷第 12 期。

从郭璞的游仙诗谈起，林文月，现代文学，1967 年，第 33 期。

古剧中的二郎神，陈万鼐，"中央"日报副刊，1967 年 8 月 10 日。

研究明代道教思想中日文书目举要，柳存仁，崇基学报，1967 年，第 6 卷第 2 期。

The Quest of the Goddess，David Hawkes，*Asia Major* n. s. 13，1967.（In *Studies in Chinese Literary Genres*，Cyril Birch，ed，Berkeley：University of California Press，1974.）

Wu Ch'êng—ên：His Life and Career. TS'UN—YAN，L. *T'oung Pao*，53（1），1—146，1967.

Lin Chao—ên "lín zhào en"（Chinese）（1517—1598），The Master of the Three Teachings. Ts'un—yan，L. I. U. *T'oung Pao*，53，253，1967.

西王母伝說私考，山下實，鈴峰女子短大人文社會科學研究集報，1967 年，第 14 号。

墓券文に見られる冥界の神とその祭祀，原田正己，東方宗教，1967 年，第 29 号。

「抱樸子」に於ける逸民と仙人，下見隆雄，東方宗教，1967
年，第 29 号。

謝靈運の「辨宗論」，木全德雄，東方宗教，1967 年，第
30 号。

明清小說に於ける宗教性の意義，倉光卯平，西南學院大學
文理論集，1967 年，第 7 卷第 1、2 号。

道家思想と文學，前野直彬，講座東洋思想，第 3 冊，東京大
學出版會，1967 年。

1968 年

所见元人诗文别集中之道教资料（上下），孙克宽，"国立中
央"图书馆馆刊，1968 年，第 1 卷第 4 期、第 2 卷第 1 期。

汉代的神仙故事及其他，李辉英，东方（中国小说戏曲研究
专号），香港大学中文学会，1968 年。

道教茅山宗神话，孙克宽，广文月刊，1968 年，第 1 卷第
1 期。

试论《任风子》、《黄粱梦》与《岳阳楼》三剧及其戏剧手
法，陈真玲，现代文学，1968 年，第 5 期。

评唐代女冠代表作家鱼玄机，陈恒昇，畅流，1968 年，第 37
卷第 11 期。

Lu Hsi—hsing and his Commentaries on the Ts'an T'ung ch'i，Liu
Ts'un—yan，*Tsing Hua Journal of Chinese Studies*，n. s，7，1968.

Dates of Some of the Tunhuang Lyrics. Chen，S. —c. *Journal of the*

American Oriental Society, 88（2），261—270，1968.

Hunting parks and animal enclosures in ancient China. Schafer, E. H. *Journal of the Economic and Social History of the Orient*, 11（1），318—343，1968.

嵇康文學に投影せる神仙，船津富彥，東方宗教，1968 年，第 31 号。

王安石と老莊思想，安藤智信，東方宗教，1968 年，第 31 号。

呂洞賓伝說について，小野四平，東方宗教，1968 年，第 32 号。

中国の宗教の神話學的—研究—迷路と洞窟のテーマ，カルタンマルク，マックス，三康文化研究所年報，1968 年，第 2 号。

東王公伝說私考，山下實，鈴峰女子短大人文社會科學研究集報，1968 年，第 15 号。

官吏登用における道挙とその意義，藤善眞澄，史林，1968 年，第 51 卷第 6 号。

神話から小説へ – 中国の楽園表象，小川环树，中国小説史の研究，岩波書店，1968 年。

1969 年

八仙（元人散曲集粹），陈万鼐，"中央"日报副刊，1969 年 10 月 31 日。

葛洪年谱——读书随札，钱穆，大陆杂志，1969 年，第 38 卷第 5 期。

Nothingness and the Mother Principle in Early Chinese Taoism, Chen, Ellen Marie. *International Philosophical Quarterly*, 9：391—405, 1969.

La Divisation de Lao Tseu Dans Ie taoïsme des Han, Anne Seidel, Publications de L 'EFEO, *Paris* 71, 1969.

韓湘子伝説と俗文學，澤田瑞穂，中国學志，1969年，第5号。

西王母研究，下斗米晟，大東文化大學漢學會志，1969年，第9号。

謫仙考，宮川尚志，東方宗教，1969年，第33、34号。

錬師に関する詩について，平野顕照，東方宗教，1969年，第33、34号。

『紅樓夢』における「死」の問題，塚本照和，東方宗教，1969年，第33、34号。

唐代文人の宗教觀，藤善真澄，歷史教育，1969年，第183号。

抱朴子・列仙伝・神仙伝・山海経，中国古典文学大系，平凡社，1969年。

鬼陋仙翁說話の伝說小說への展開――續玄怪錄の"張老"の成立について，川上義三，漢文學（福井大），1969年，第13号。

1970 年

Chang San—feng：A Taoist Immortal of the Ming Dynasty，Anna

Seidel, in *Self and Society in Ming Thought*, ed. Wm. T. de Bary, New York: Columbia University Press, 1970.

Les cultes populaires dans le taoïsme organisé, Rolf A. Stein, *Annuaire du Collège de France*, 1970.

Les fêtes de cuisine du taoïsme religieux; Problèmes de littérature tibétaine dans les manuscrits de Touen—houang, Rolf A. Stein, *Annuaire de Collège de France*, 1970—1971.

The Image of the Perfect Ruler in Early Taoist Messianism: Lao—tzu and Li Hung, Anne Seidel, *History of Religions* 3, 1970.

FU—Xi Ladies of the Shang Dynasty, Chou, Hung—Hsiang. *Monumenta Serica*, 29: 346—90, 1970.

道情·彈詞·木魚書（上），波多野太郎，橫濱市立大學論叢（人文科學系列），1970 年，第 21 卷第 2 号。

道情·彈詞·木魚書（中），波多野太郎，橫濱市立大學論叢（人文科學系列），1970 年，第 21 卷第 3 号。

神仙說話の研究，澤田瑞穗，天理大學學報，1970 年，第 66 号。

『西遊證道書』考，太田辰夫，神戶外大論叢，1970 年，第 5 号。

劉禹錫の「遊桃源」詩，河內昭圓，東方宗教，1970 年，第 36 号。

道情考補遺，澤田瑞穗，天理大學學報，1970 年，第 68 号。

《大人賦》の思想的系譜———辭賦の文學と老莊の哲學，福永光司，東方學報，1970 年，第 41 期。

1971 年

李白的道教迷信及其觉醒，郭沫若，李白与杜甫，人民文学出版社，1971 年。

杜甫的宗教信仰，郭沫若，李白与杜甫，人民文学出版社，1971 年。

西王母考，虞怡，中国地政，1971 年，第 36 期。

《天地阴阳交欢大乐赋》注释，钟复梨，香港明报月刊，1971 年，第 6 卷第 7 期。

略论《秋涧先生大全集》对元代道教研究之价值，袁国藩，中国边政，1971 年，第 33 期。

元代散曲中所表现的隐逸思想，王忠林，新社季刊，1971 年，第 3 期。

Spéculations mystiques et thèmes relatifs aux " cuisines " du taoïsme, Rolf A. Stein, *Annuaire de Collège de France*, 1971—1972.

The Penetration of Taoism into the Ming Neo—Confucianist Elite. 柳存仁，L. T. u. —y. *T'oung Pao*, 31—102, 1971.

Myth and Ritual Patterns in King Wu's Campaign against King Chou. Wivell, C. J. *Asian Folklore Studies* 30, 31—37, 1971.

道情·彈詞·木魚書（下），波多野太郎，橫濱市立大學論叢（人文科學系列），1971 年，第 22 卷第 3 期。

1972 年

郭璞年谱初稿，游信利，中华学苑，1972 年，第 10 期。

甄士隐求仙——闲话《红楼梦》，于春，台湾新生报，1972 年 7 月 14 日，第 10 版。

The Identities of Taigong Wang in Zhou and Han Literature, Sarah Allan, *Monumenta Serica* 30, 1972.

Part of the Way: Four Studies on Taoism, Girardot Norman J, *History of Religions* 11, 1972.

Hsi—yu Chi and the tradition, Yu Anthony C, *History of Religions* 12, 1972.

Conceptions relatives à la nourriture, Rolf A. Stein, *Annuaire de Collège de France*, 1972—1973.

Heroic Verse and Heroic Mission: Dimensions of the Epic in the Hsi—yu chi. Yu, A. C. *The Journal of Asian Studies*, 879—897, 1972.

"Some Parallels between the Feng—Shen—Yen—I and the Shahnameh and the Possible Influence of the Former Upon the Persian Epic." Brewster, P. G. *Asian Folklore Studies* 31, 115—122, 1972.

葛洪の文學觀，河正玉，中国學報，1972 年，第 13 号。

1973 年

陈瀚《异闻集》考论，王梦鸥，唐人小说研究二集（第一编），艺文印书馆，1973 年。

重要篇章及其作者生平新探：《枕中记》及其作者、李公佐著述及其生平经历与交游、霍小玉传之作者及故事背景，王梦鸥，唐人小说研究二集（第二编），艺文印书馆，1973 年。

从游仙诗到山水诗，林文月，中外文学，1973 年，第 9 期。

元代的一个文学道士，孙克宽，大陆杂志，1973 年，第 46 卷第 4 期；寒原道论，联经出版社，1972 年。

夸父考——中国古代幽冥神话研究之一，王孝廉，大陆杂志，1973 年，第 46 卷第 2 期。

唐以前老子的神话，孙克宽，大陆杂志，1973 年，第 8 卷第 1 期。

The Yün—men Chuan：from Chantefable to Short Story，Patric Hanan，*Bulletin of the School of Oriental and African Studies*，36，1973.（苏正隆译，中外文学，1975 年，第 5 期）

Chang Chung and his Prophecy：The Transmission of the Legend of an Early Ming Taoist. Chan，H. —l. *Oriens Extremus*，20（1），65—102，1973.

The Identities of Taigong Wang in Zhou and Han Literature，Allan，Sarah. . *Monumenta Serica* 30，57—99，1972—1973.

道教における鏡と劍，福永光司，東方學報，1973 年，第 45 号。

鄒衍の世界観と淮南子墜形訓，田中柚美子，東方宗教，1973 年，第 41 号。

古代中国人の地理的世界観，海野一隆，東方宗教，1973 年，第 41 号。

漢魏樂府における老莊道家の思想（上），澤口剛雄，東方宗教，1973 年，第 42 号。

1974 年

论魏晋游仙诗的兴衰与类别，康萍，中外文学，1974 年，第 5 期。

空空道人论，张欣伯，中华日报，1974 年 7 月 3 日，第 9 版。

杜甫的道教信仰，曾志罡，中国天主教文化，1974 年，第 4 期。

元代玄教道侣交游唱和考，袁国藩，中华文化复兴月刊，1974 年，第 6 卷第 11 期。

中国魏晋以后（三世纪以降）的仙乡故事，小川环树著，张桐生译，幼狮月刊，1974 年，第 40 卷第 5 期；哲学文学艺术——日本汉学研究论集，王孝廉编译，台北时报，1986 年。

Physical Immortality in the Early Nineteenth—Century Novel Ching—hua—yüan. Peng—Yoke，H. ，& Wang—luen，Y. *Oriens Extremus*，21（1），33—51，1974.

Po Chü—i's Poems on Immortality. Yoke，H. P. ，Chye，G. T. ，& Parker，D. *Harvard Journal of Asiatic Studies*，163—186，1974.

The Quest of the Goddess，David Hawkes，*Asia Major* n. s. 13，71—94，1967. Cyril Birch，ed. ，In *Studies in Chinese Literary Genres*，Berkeley：University of California Press，1974.

抱樸子の自敍伝，牧野巽，中国文學，1974 年，第 100 号。

西王母と七夕伝承，小南一郎，東方學報（京大），1974 年，第 46 号。

郭璞の遊仙詩における郭璞の位置，由元由美子，中国文學

論集（九大），1974 年，第 4 号。

太平廣記神仙類卷第配列の一考察，山田利明，東方宗教，1974 年，第 43 号。

老子化胡經の原初形態について，吉岡義豊，東方宗教，1974 年，第 43 号。

漢魏樂府における老莊道家の思想（下），澤口剛雄，東方宗教，1974 年，第 44 号。

七夕說話と中国文學，八木澤元，宇野哲人先生白壽祝賀記念東洋學論叢，1974 年。

東晉士大夫の処世の一側面——道教に関聯して一，竹内肇，東方宗教，1974 年，第 44 号。

1975 年

郭璞游仙诗的研究，游信利，政大学报，1975 年，第 32 期。

阴阳怪气说郭璞，闻乐，中外文学，1975 年，第 9 期。

陶渊明对儒道之实践，苏文擢，大陆杂志，1975 年，第 51 卷第 3 期。

魏晋南北朝的鬼小说与小说鬼，叶庆炳，中外文学，1975 年，第 12 期。

叶庆炳教授谈小说里的"鬼"，桂文亚，联合报，1975 年 9 月 23 日。

The Stove God and the Alchemist, Schafer Edward H, in *Studia Asiatica*, L. Thompson ed, Cmrasc Occasional Series 29. Chinese Materials Center, San Francisco, 1975.

Narrative Structure and the Problem of Chapter Nine in the Hsi—yu Chi, Anthony C. Yu, *Journal of Asian Studies* 34, pp. 295—311, 1975.

道教思想と山水畫，村上嘉實，東方宗教，1975 年，第 45 号。

崑崙伝説についての一試論—エリアーデ氏の「中心のシンボリズム」に立腳して—，鐵井慶紀，東方宗教，1975 年，第 45 号。

南齊書高逸伝について，若槻俊秀，東方宗教，1975 年，第 45 号。

六朝志怪い見える再生譚，竹田晃，人文科學紀要（東大），1975 年，第 60 号。

華胥および華胥氏之國について，熊谷治，アジァ文化，1975 年，第 10 号。

關於道情，澤田瑞穗，中國文學月報，第 44 號；佛教と中國文學，澤田瑞穗，株式會社圖書刊行會，1975 年。

1976 年

论曹雪芹的反神学思想，张锦池，哈尔滨师范学院学报，1976 年，第 1 期。

明初天师张宇初及其《岘泉集》，孙克宽，书目季刊，1976 年，第 4 期。

神仙思想与游仙诗研究，唐亦璋，淡江学报，1976 年，第 14 期。

道家情调的渔父与江海，罗兰，"中央"日报，1976 年 11 月 13 日，第 10 版。

郭璞正传，游信利，政大学报，1976 年，第 33 期。

神仙思想与游仙诗研究，唐亦璋，淡江学报文学门，第 4 期，1976 年。

元虞集与南方道士——张雨，孙克宽，大陆杂志，1976 年，第 53 卷第 6 期；寒原道论，联经出版社，1977 年。

元杂剧中之宗教剧与中古世纪宗教剧之比较（上）（中）（下），张晓风，哲学与文化，1976 年，第 3 卷第 6—8 期。

杂剧中鬼神世界的意识形态，曾永义，中华文化复兴月刊，1976 年，第 9 卷第 9 期；大学杂志，1986 年，第 193 期。

李白求仙学道的生活之轮廓，长植，诗人李白及其痛苦，大汉出版社，1976 年 12 月 10 日。

道教思想之体系与李白，长植，诗人李白及其痛苦，大汉出版社，1976 年。

《封神》中的神仙妖怪，卫聚贤，春秋，1976 年，第 24 卷第 3 期。

《桃花女》中的生死门，方光珞，中外文学，1976 年，第 9 期。

On The Origin of The Yu hsien k'u Commentary, Ronald Egan, *Harvard Journal of Asiatic Studies* 36, 1976.

The Problem of Creation Mythology in the Study of Chinese Religion, Girardot Norman J., *History of Religions* 15, 1976.

Chinese Alchemy and the Manipulation of Time, Sivin Nathan, *Isis* 67, 1976.

Randonnées extatiques des taoïstes dans les astres, Robinet Isabelle, *Monumenta Serica* 32, 1976.

Une descente aux enfers sous les T'ang——la biographie de Houang Che—k'ian, Paul Demiéville, *Etudes d'histoire et de littérature chinoises offertes à J. Prušek*, Bibliothèque de l'Institut des Hautes Etudes Chinoises, Collège de France, 1976.

Poetry and Politics: The Life and Works of Juan Chi, Holzman Donald, *Journal of Asian Studies* 39, 1976. （论阮籍二题，侯思孟著，钱林森译，法国汉学家论中国文学——古典诗词，外语教学与研究出版社，2007年）

The problem of creation mythology in the study of Chinese religion. Girardot, N. J. *History of Religions*, 15（4），289—318，1976.

Supposed "Inversions" in T'ang Poetry. Schafer, E. H. *Journal of the American Oriental Society*, 119—121, 1976.

A Trip to the Moon. Schafer, E. H. *Journal of the American Oriental Society*, 27—37, 1976.

疑經研究，牧田諦亮，人文科學研究所，1976年。

老君伝とその年代，楠山春樹，東方宗教，1976年，第47号。

陶弘景年譜考略（上），麥谷邦夫，東方宗教，1976年，第47号。

陶弘景年譜考略（下），麥谷邦夫，東方宗教，1976年，第48号。

『真誥』編纂に関する若干の考察，麥谷邦夫，東方宗教，

1976 年，第 47 号。

養生論をめぐる嵇康と向秀の論難，平木康平，東方宗教，1976 年，第 47 号。

神仙道化劇の成立，中鉢雅量，日本中国學會報，1976 年，第 28 号。

六朝小說にあらわれた靈異觀念，秋田成明，甲南大學紀要（文學編），1976 年，第 25 号。

李賀における道教的側面，森瀨壽三，日本中国學會報，1976 年，第 28 号。

1977 年

漫谈游仙诗，易笑侬，畅流，1977 年，第 55 卷第 8 期。

《抱朴子》的文学批评，尤信雄，师范大学国文学报，1977 年，第 6 期。

葛洪事迹与著述考，林丽雪，"国立"编译馆馆刊，1977 年，第 6 卷第 2 期。

诗的宗教境界，Jeno Platthy，新文艺，1977 年，第 254 期。

元代南儒与南道，孙克宽，寒原道论，联经出版社，1977 年。

元杂剧梦里的非现实角色，陈秀芳，中华文化复兴月刊，1977 年，第 10 卷第 1 期。

百回本西游记及其早期版本（上），G. Dubridge 著、苏正隆译，中外文学，1977 年，第 9 期。

百回本西游记及其早期版本（下），G. Dubridge 著、苏正隆译，中外文学，1977 年，第 10 期。

The Six Dynasties Chih—Kwai and the Birth of Fiction, Dewoskin, in *Chinese Narrative: Critical and Theoretical Essays*, ed. Andrew H. Plaks, New Jersey: Princeton University Press, 1977.

Bemerkungen zum volkstümlichen Taoismus der Ming—Zeit, Franke Herbert, *Oriens Extremus* 24, 1977.

The Mao Shan Revelation: Taoism and the Aristoeracy, Michel Strickmann, *T'oung Pao* Vol. 63, 1977.

Piet von der Loon, Les origines rituelles du theatre chinois, *Journal Asiatique* 215, p. 141—168, 1977.

Marney, J. "Yen—Ming Nang Fu" (Rhymeprose on the Eye—Brightening Sachet) of Emperor Chien—Wen of Liang: A Study in Medieval Folklore. *Journal of the American Oriental Society*, 131—140, 1977.

Yao, T. —C. The Historical Value of the Ch'üan—chen Sources in the Tao—tsang. *Sung Studies Newsletter* (13), 67—76, 1977.

Schafer, Edward H. 'The Restoration of the Shrine of Wei Hua—ts' un at Lin—ch'uan in the Eighth Century', *Journal of Oriental Studies*, 15: 37, 1977.

Andrew H. Plaks, Allegory in Hsi—Yu Chi and Hung—Lou Meng, in *Chinese Narrative: Critical and Theoretical Essays*. Princeton: Princeton UP. 163—202, 1977.

方技伝（方術伝）の成立とその性格，阪出祥伸，東方宗教，1977 年，第 49 号。

賈誼「鵬鳥賦」について―『荘子』との関連を中心にして―，田中麻紗巳，東方宗教，1977 年，第 50 号。

葛洪の文藝思想，林田慎之助，文學研究（九大），1977 年，第 74 号。

神仙説話について——短篇白話小説に關する考察，小野四平，吉岡博士還曆記念道教研究論集，1977 年。

杜光庭小考，今枝二郎，道教研究論集，昭和五十二年（1977 年）；吉岡博士紀念論集，1977 年。

1978 年

白乐天之思想行为与佛道关系，陈寅恪，元白诗笺证稿，上海古籍出版社，1978 年。

元杂剧中的度脱剧（上）（下），赵幼民，文学评论，1978 年，第 5、6 集。

宗教不利于悲剧的发展，郭博信，中外文学，1978 年，第 7 期。

八仙对中国文化的影响，陈玲玲，中华文化复兴月刊，1978 年，第 11 卷第 12 期。

魏晋玄学对诗的影响，黄永武，幼狮月刊，1978 年，第 48 卷第 3 期。

葛洪，尤信雄，中国历代思想家，台湾商务印书馆，1978 年。

唐诗中的葵花与道，李丰楙，“中央”日报，1978 年 5 月 2 日，第 11 版。

魏晋老子神话与神仙道教之关系，李丰楙，中华学苑，1978 年，第 21 期。

元人度脱杂剧中主要角色初探，萧宪忠，屏女学报，1978 年，第 4 期。

读余国藩英译《西游记》，何沛雄，书目季刊，1978 年，第 3 期。

On the Word "Taoist" as a Source of Perplexity: With Special Reference to the Relations of Science and Religion in Traditional China, Sivin Nathan, *History of Religions* 17, 1978.

The Taoist Body, Schipper Kristofer M, *History of Religions* 17, 1978.

Li Po's Star Power, Schafer Edward H, *Bulletin of the Society for the Study of Chinese Religions* 6, 1978.

The Capeline Cantos Verses on the Divine Loves of Daoist Priestesses, Schafer Edward H, *Asiatische Studien* 32/1, 1978.

The Jade Woman of Great Mystery, Schafer Edward H, *History of Religions* 17, 1978.

The Transcendent Vitamin: Efflorescence of Lang—kan, Schafer Edward H, *Chinese Science* 3, 1978.

A T'ang Taoist Mirror, Schafer Edward H, *Early China* 4, 1978—1979.

Ssu—ma Cheng—chen in T'ang Verse, Kroll Paul, *Society for the Study of Chinese Religions Bulletin* 6, 1978.

Returning to the Beginning and the Arts of Mr. Hun—tun in the *Chuang Tzu*, Norman J. Girardot, *Journal of Chinese Philsophy* 5, 1978.

The Longest Taoist Scripture, Michel Strickmann, *History of Religions* 17, Paris: Collège de France, 1978.

The Jade Woman of Greatest Mystery. Schafer, E. H. *History of Re-

ligions, 17 (3/4), 387—398, 1978.

Li Po's Star Power. Edward H. Schafer, *Bulletin of the Society for the Study of Chinese Religions* 6, pp. 5—15, 1978.

The Jade Woman of Greatest Mystery, Edward H. Schafer, *History of Religions* 17 3—4, pp. 387—398, 1978.

The Capeline Cantos Verses on the Divine Loves of Daoist Priestesses, Edward H. Schafer, *Asiatische Studien* 32/1, pp. 5—65, 1978.

Ssu—ma Cheng—chen in T'ang Verse, Kroll, Paul, *Society for the Study of Chinese Religions Bulletin* 6, pp. 16—30, 1978.

元代道教劇瞥見，宇野直人，中国文學研究，1978 年，第 4 号。

青羊肆伝説考——老君伝の一齣，楠山春樹，東方宗教，1978 年，第 52 号。

藤野岩友著『中国の文學と禮俗』，澤田瑞穂，東方宗教，1978 年，第 52 号。

野上俊静著『元史釋老伝の研究』，大藪正哉，東方宗教，1978 年，第 52 号。

張生煮海説話の淵源再考——伝奇から話本へ，大塚秀高，東方學，1978 年，第 56 号。

西湖二集と善書，小川阳一，东方宗教，1978 年，第 51 期。

1979 年

中国戏剧源于宗教仪典考，龙彼得著，王秋桂、苏友贞译，中外文学，1979 年，第 7 卷第 12 期。

李白的积极用世与求仙访道、隐居、任侠、饮酒之间的关系，范令俊，海南高等师范专科学校学报，1979 年，第 2 期。

魏晋玄学的言意之辨与中国古代文学理论，袁行霈，古代文学理论研究丛刊第一辑，上海古籍出版社，1979 年。

女诗人薛涛，石湍，成都日报，1979 年 1 月 18 日。

中国古代历史传记文学中普通的鬼怪与道德神判：《史记》中的三个例子，柯因，中国的传奇、口头传说与宗教，中国资料中心，1979 年。

"三言"的思想内容：瑰丽谲丽的想像——关于神仙怪异题材的作品，缪咏禾，冯梦龙和"三言"，上海古籍出版社，1979 年。

《封神演义》闲话，刘伯涵，书林，1979 年，第 1 期。

《镜花缘》和作者李汝珍，李悔吾，长江日报，1979 年 7 月 15 日。

略论汤显祖和他的《邯郸记》，王禶叔，宝鸡师范学院学报，1979 年，第 2、3 期。

略论《山海经》的神话，袁珂，中华文史论丛第十辑，上海古籍出版社，1979 年。

《穆天子传》中的一些部落的方位考实，赵俪生，中华文史论丛第十辑，上海古籍出版社，1979 年。

中国古代金丹术的医药化学特征及其方术的西传，李约瑟，中华文史论丛第十一辑，上海古籍出版社，1979 年。

《山海经》初探，袁行，中华文史论丛第十一辑，上海古籍出版社，1979 年。

《庄子》与《楚辞》中昆仑与蓬莱两个神话系统的融合，顾颉刚，中华文史论丛第十辑，上海古籍出版社，1979 年。

历代山西文学家介绍——郭璞，晋言，语文教学通讯，1979年，第6期。

李白的风格、思想特点及其社会根源，乔象锺，文学评论，1979年，第4期。

《水浒传》的宗教思想，易持恒，建设，1979年，第27卷第10期。

西王母故事的衍变，施芳雅，中国古典小说研究专集（第1集），联经出版社，1979年。

八仙考述，叶程义，历史博物馆馆刊，1979年，第10期。

抱朴之士葛洪，尤信雄，中华文化复兴月刊，1979年，第12卷第11期。

元明杂剧中的八仙，陈玲玲，中华文化复兴月刊，1979年，第12卷第10期。

六朝乐府与仙道传说，李丰楙，古典文学，1979年，第1期。

八仙在元明杂剧和台湾扮仙戏中的状况，陈玲玲，明史研究专刊，1979年，第2期。

李义山诗多用仙典试解，简翠贞，新竹高等师范专科学校学报，1979年，第5期。

《洞仙传》之著成及其内容，李丰楙，中国古典小说研究专集（第1集），联经出版社，1979年。

仙乡何处（上）（下），王孝廉，联合报，1979年1月20、21日。

论六朝隐逸诗，洪顺隆，文艺复兴，1979年，第108期。

透视李贺诗中的鬼神世界，黄永武，书评书目，1979年，第70期。

元儒句曲外史张雨生平考述，张光宾，元朝书画史研究论集，故宫博物院，1979 年。

黄粱梦的思想与文学，黄丽贞，"国立"编译馆馆刊，1979 年，第 19 卷，第 1 期。

《金瓶梅》里所保存数术（上）、（下），郭立诚，爱书人，1979 年 4 月 11、21 日。

《西游记》、《红楼梦》的寓意探讨，蒲安迪（Andrew H. Plaks）著，孙康宜译，中外文学，1979 年，第 2 期。

余国藩英译《西游记》，何沛雄，香港中文大学中国文化研究所学报，1979 年。

Le Calendrier de Jade——note sur le Laozi zhongjing, Schipper Kristofer M, *Nachrichten der Gesellaschaft für Natur—und Völkerkunde Ostasiens* 125, 1979.

A Taoist Collection of the Fourteenth Century, van der Loon Piet, in W. Bauer, ed, *Studia Sino — Mongolica: Festschrift jür Herbert Franhe.* Wiesbaden: Franz Steiner, 1979.

The Origin and Transmission of the Scripture on General Welfare: The History of an Unofficial Text, Kandel Barbara, *Mitteilungen der Gesellschaft für Natur—und Völkerkunde Ostasiens* 75, 1979.

Notes sur le Pen—tsi king (Personnages figurant Hans le sutra), Kaltenmark Maxime, in M. Soymié, ed, *Contributions aux études sur Touen—houang.* Genève—Paris: Droz, 1979.

Examining the Ma—wang—tui Silk Texts of the Lao—tzu: With Special Note of their Differences from the Wang Pi Text, Henricks Robert G, *T'oung Pao* 65, 1979.

Introduction au Kieou—tchen tchong—king, Isabelle Robinet, *Society for the Study of Chinese Religions Bulletin* 7, 1979.

The formation of the Taoist Canon, Ninji Öfuchi（大淵忍爾）, in Welch and A. Seidel, ed, *Factes of Taoism*, Yale University Press, 1979.

The Ideology of the T'ai—p'ing ching, Maxime Kaltenmark, in *Facets of Taoism*, ed. H. Welch A. Seidel, New Haven: Yale U. P, 1979.

The Relationship of Hsi—yu chi and Feng—shen yen—i. Koss, N. *T'oung Pao*, 65（4）, 143—165, 1979.

The Egret in Medieval Chinese Literature. Kroll, P. W. *Chinese Literature: Essays, Articles, Reviews（CLEAR）*, 1（2）, 181—196, 1979.

Three Divine Women of South China. Schafer, E. H. *Chinese Literature: Essays, Articles, Reviews（CLEAR）*, 1, 31—42, 1979.

Self—examination and confession of sins in traditional China. Wu, P. —y. *Harvard Journal of Asiatic Studies*, 39（1）, 5—38, 1979.

Edward H. Schafer, Three Divine Women of South China, *Chinese Literature: Essays, Articles, Reviews*, Vol. 1, p. 31—42, 1979.

Notes sur le Pen—tsi king（Personnages figurant dans le sutra）（《本际经》（经中人物）注解）, Kaltenmark, Maxime（康德谟）. in Michel Soymié, ed. , *Contributions aux études sur Touen—houang*, Genève, Paris: Droz, pp. 91—98, 1979.

金末の全真道士孫伯英，桂華淳祥，東方宗教，1979 年，第 53 号。

金末元初の思想界の動向——全真道士を中心として，桂華

淳祥，東方宗教，1979 年，第 53 号。

古代神話における楽園と老荘，中鉢雅量，東方宗教，1979
年，第 53 号。

吳筠の生涯と思想，神塚淑子，東方宗教，1979 年，第
54 号。

寇謙之の神仙思想——神瑞二年（415）までを中心として，
尾崎正治，東方宗教，1979 年，第 54 号。

魏晉遊仙詩小考，柳晟俊，童山申泰植博士古稀論文集，
1979 年。

"元本《西遊記》" をめぐる問題——"《西遊記》證道書"
所載虞集撰 "原序" と丘處機の伝說，磯部彰，文化，1979 年，
第 42 卷第 3、4 号。

1980 年

马致远的 "神仙道化剧" 和它产生的历史根源，吕薇芬，文
学评论丛刊第 7 辑，中国社会科学出版社，1980 年。

朱有燉及其著作《诚斋乐府》，万钧，戏曲艺术，1980 年，第
2 期。

元杂剧中的 "神仙道化" 戏，么书仪，文学遗产，1980 年，
第 3 期。

李贺诗中的 "仙" 与 "鬼"，陈允吉，光明日报，1980 年 8 月
6 日。

李白游仙醉问题初涉，薛天纬，西北大学学报，1980 年，第
2 期。

谈李白的游仙诗，裴斐，江汉论坛，1980 年，第 5 期。

道藏本《道德真经指归》提要，王利器，中国哲学（第四辑），三联书店，1980 年。

曹操的游仙诗，陈飞之、何若熊，学术月刊，1980 年，第 5 期。

《抱朴子》的文学思想简论，张宝坤，社会科学集刊，1980 年，第 1 期。

西王母的变迁及其启示，林洋徵，山东师范学院学报，1980 年，第 1 期。

论佛老思想对苏轼文学的影响，刘乃昌，四川大学学报丛刊，1980 年，第 6 辑。

元代神话剧的双璧，吴国钦，中国戏曲史漫话，上海文艺出版社，1980 年。

马致远的神仙道化剧，吴国钦，中国戏曲史漫话，上海文艺出版社，1980 年。

游仙诗与《长恨歌》，张竟笑，西安日报，1980 年 2 月 7 日。

六朝志怪与小说的诞生，De Woskin Kenneth J. 著，赖瑞和译，中外文学，1980 年，第 3 期。

"六朝志怪与小说的诞生"读后，叶庆炳，中外文学，1980 年，第 3 期。

李唐皇室与道教，傅乐成，食货月刊，1980 年，第 10 期。

《幽明录》研究，王国良，中国古典小说研究专集（第 2 集），联经出版社，1980 年。

《十洲记》扶桑条试探，金荣华，华学月刊，1980 年，第 49 期。

我国民间传述的八仙传奇，向大鲲，艺文志，1980 年，第 182 期。

六朝仙境传说与道教之关系，李丰楙，中外文学，1980 年，第 8 期。

六朝镜剑传说与道教法术思想，李丰楙，中国古典小说研究专集（第 2 集），联经出版社，1980 年。

葛洪年谱，陈飞龙，政大学报，1980 年，第 41 期。

Ch'üan—chen Taoism and Yüan Drama, Yao Tao—chung, *Journal of the Chinese Language Teachers Association* 15, 1980.

The Date of the Taiping jing, Mansvelt—Beck B. J, *T'oung Pao* 66, 1980.

How Much of Chuang—tzu did Chuang—tzu Write, Graham A. C, *Journal of the American Academy of Religions* 47, 1980.

Review：Taoist Ritual and the Development of Chinese Magic：The Teachings of Taoist Master Chuang. Barrett, T. H. *Modern Asian Studies*, Vol. 14, No. 1, pp. 164—169, 1980.

La poesie de Ji Kang, Donald Holzman, *Journal Asiatique* 268, pp. 107—177, 1980.

庾信の"遊仙詩"に表われた藤について—葛蘽から紫藤へ，矢嶋美都子，亞細亞大學教養部紀要，1980 年，第 21 号。

嵇康詩における神仙，峰吉正則，漢文學會會報（國學院大學），1980 年，第 26 号。

抱樸子における隠逸思想，神樂岡昌俊，東方宗教，1980 年，第 55 号。

道家思想と楽園説話，鐵井慶紀，東方宗教，1980 年，第

55 号。

楠山春樹著『老子伝説の研究』，酒井忠夫，東方宗教，1980年，第 55 号。

葛洪の老子五千文批判をめぐって，宮澤正順，東方宗教，1980 年，第 55 号。

宋代の神呪信仰——『夷堅志』の説話を中心として，澤田瑞穂，東方宗教，1980 年，第 56 号。

葛洪の老子批判について，宮澤正順，東方宗教，1980 年，第 56 号。

中国の古典大學と宗教，前野直彬，中哲文學會報，1980 年，第 5 期。

（書評）"漢魏南北朝文士與道教之關係"，山田利明、Kelleman Terry，東方宗教，1980 年，第 56 期。

三言二拍と善書，小川阳一，日本中国学会報，1980 年，第 32 期。

1981 年

长春真人西游诗，薛宗正，昌吉报，1981 年 10 月 24 日。

魏晋以来山水诗"巧言切状"的玄学根源，韦凤娟，光明日报，1981 年 10 月 19 日。

《西游记》里的神魔问题，高明阁，文学遗产，1981 年，第 2 期。

《全唐文》宗教类篇目分类索引，世界宗教研究所图书资料室，世界宗教研究，1981 年，第 4 期。

"鬼才"自有"神仙格"——谈李贺诗歌艺术中的强烈主观色彩，王樵、史双元，南京师范学院学报，1981年，第3期。

龚自珍《小游仙词十五首》辨释，刘逸生，古典文学论丛（第2辑），《社会科学战线》编辑部，齐鲁书社，1981年。

明清道教音乐考稿，陈国符，中华文史论丛第十八辑，上海古籍出版社，1981年。

陆西星、吴承恩事迹补考，柳存仁，中华文史论丛（第十八辑），上海古籍出版社，1981年。

吴筠荐李白说辨疑，郁贤皓，南京师范大学学报，1981年，第1期。

周易筮辞考，李镜池，古史辨（第三册），上海古籍出版社，1981年。

《周易卦爻辞》中的故事，顾颉刚，古史辨（第三册），上海古籍出版社，1981年。

楚神话中的九歌性质作用和楚辞《九歌》，孙常叙，东北师范大学学报，1981年，第4期。

神话与民间宗教源于一个统一体，潜明兹，北京师范大学学报，1981年。

《游仙窟》释词，郭在饴，杭州大学学报，1981年，第4期。

试谈曹雪芹对宗教的态度，张之，红楼梦学刊，1981年，第3辑。

《红楼梦》中对待神权的两种不同态度，李凌，社会科学辑刊，1981年，第3期。

汉代经学、神学对辞赋文学的影响，姜文清，文学遗产，1981年，第3期。

论《西游记》中神佛与妖魔的对立，陈澈，文史哲，1981 年，第 5 期。

略论"顽石"、"神瑛侍者"、"通灵玉"和贾宝玉的关系，周林生，华南师院学报，1981 年，第 3 期。

论杜甫与道教，钟来茵，文学论丛（第 6 辑），黄河文艺出版社，1981 年。

葛洪文艺思想的一个矛盾——读《抱朴子》札记，施昌东，学林漫录，1981 年，第 4 期。

南宋文学中之吕洞宾传记，王年双，中华学苑，1981 年，第 24、25 期。

吴敬梓和释道"异端"，陈美林，文史哲，1981 年，第 5 期。

台湾扮仙戏中的八仙，陈玲玲，中华文化复兴月刊，1981 年，第 14 卷第 6 期。

六朝精怪传说与道教法术思想，李丰楙，中国古典小说研究专集（第 3 集），联经出版社，1981 年。

商周青铜器上的动物纹样，张光直，考古与文物，1981 年，第 2 期。

Sons of Suns: Myth and Totemism in Early China, Sarah Allan, *Bulletin of the School of Oriental and African Stud ies* 44, 1981.

Kung Kung and the Flood: Reverse Euhemerism in the Yao tien, William G. Boltz, *T'oung Pao* 67, 1981.

Two Taoist Bagatelles, Schafer Edward H, *Journal of Chinese Religions* 9, 1981.

Notes on Three Taoist Figures of the T'ang Dynasty, Kroll Paul W, *SSCRB Bulletin* 9, 1981.

Grottes et labyrinthes en Chine ancienne, Kaltenmark Maxime, in *Dictionnaire des mythologies*, Paris: Flammarion, 1981.

Wu Yun's Cantos on Pacing the Void, Schafer Edward H, *Harvard Journal of Asiatic Studies* 41, 1981.

Quanzhen Plays and Quanzhen Masters, Havid Hawkes, *Bulletin de l'école française d'Extrême—Orient* 69, 1981. （全真戏与全真宗师, 霍克思, 多重视野下的西方全真教研究, 张广保编, 宋学立译, 齐鲁书社, 2013 年）

Le taoïsme du Mao Chan: Chronique d'une révélation, Michel Strickmann, in *Mémoires de l'Institut des Hautes Etudes Chinoises* 17, Paris: Collège de France, 1981.

Le Yunji qiqian: structure et sources, John Lagerwey, in *Index du Yunji qiqian*, éd. Kristofer Schipper, Paris: école française d'Extrême—Orient, 1981.

The Soothsayer Hao Ta—t'ung (1140—1212) and his Encounter with Ch'üan—chen Taoism. Reiter, F. C. *Oriens Extremus*, 198—205, 1981.

Wu Yün's 吳筠 Stanzas on "Saunters in Sylphdom" 遊仙詩. Schafer, E. H. *Monumenta Serica*, 35 (1), 309—345, 1981.

Yü Chi and Southern Taoism during the Yüan Period. Sun, K., & 孙克宽. In *China Under Mongol Rule*. Princeton, NJ: Princeton University Press, 1981.

The creation myth and its symbolism in classical Taoism. Yu, D. C. *Philosophy East and West*, 31 (4), 479—500, 1981.

Metaphor and Chinese poetry. Yu, P. *Chinese Literature: Essays,*

Articles，*Reviews*（*CLEAR*），3（2），205—224，1981.

The Chinese View of Immortality：Its Expression by Chu Hsi and Its Relationship to Buddhist Thought. Bodde，D.. *Essays on Chinese Civilization*，Princeton University Press，1981.

Le Yunji qiqian：structure et sources"（《云笈七笺》——结构与资料来源），Lagerwey，John（劳格文），in Kristofer Schipper，ed.，*Index du Yunji qiqian*，Paris：école française d'Extrême—Orient，1981.

漢より魏晉にわたる楽府に流れる思想についての私見的考察，澤口剛雄，東方宗教，1981 年，第 57 号。

六朝志怪に見える鬼について，富永一登，宇部工業高等專門學校研究報，1981 年，第 27 号。

北宋の国家と玉皇，山内弘一，東方學，1981 年，第 62 辑。

昆侖山への神仙：古代中国人の描いた死後の世界，曽布川寛，中央公論社，1981 年。

1982 年

全真教三论，龙晦，世界宗教研究，1982 年，第 1 期。

浅论马致远的神仙剧，翟钧，古典文学论丛（3），陕西人民出版社，1982 年。

如何理解李贺的《金铜仙人辞汉歌》，谢志礼、张玉凤，山西师院学报，1982 年，第 1 期。

李商隐咏女冠诗初探，杨柳，齐鲁学刊，1982 年，第 1 期。

马祖禅师石函题记与张宗演天师圹记，陈柏泉，文史，第 14

辑，中华书局，1982年。

《山海经》中的昆仑区，顾颉刚，中国社会科学，1982年，第1期。

史前葬俗的特征与灵魂信仰的演变，雷中庆，世界宗教研究，1982年，第3期。

试论《红楼梦》的形式美，孙逊，红楼梦学刊，1982年，第2辑。

浅谈《临川四梦》的非佛道思想，万斌生，江西大学学报，1982年，第2期。

《西游记》赏析——《西游记》中的三教圆融，郑明娳，新文艺，1982年，第321期。

也谈《西游记》中的神佛与妖魔的关系——兼答陈澉同志，赵明政，文史哲，1982年，第5期。

论《西游记》的宗教批判，朱彤，北方论丛，1982年，第5期。

《全上古三代秦汉六朝文》宗教类目分类索引，世界宗教研究所图书资料室，世界宗教研究，1982年，第2期。

东方杂志（1904—1948）宗教问题资料索引（待续），世界宗教研究所图书资料室，世界宗教研究，1982年，第2期。

道教艺术的真品——明辽宁刊本《太上老君八十化图说》，路工，世界宗教研究，1982年，第2期。

浅论马致远的神仙剧，瞿钧，古典文学论丛（3），陕西人民出版社，1982年。

论曹操的游仙诗，阎璞，艺谭，1982年，第3期。

鲁迅与建安文学——读《魏晋风度及文章与药及酒之关系》，

张亚新，广西大学学报，1982 年，第 1 期。

葛洪的文学主张，李伯勋，关陇文学论丛第一集，甘肃省社会科学院文学研究室编，甘肃人民出版社，1982 年。

唐代女诗人考略，陈文华，华东师范大学学报，1982 年，第 1 期。

明月珠难识，甘泉赋可称——唐代女诗人诗作概说，郭超，人文杂志，1982 年，第 2 期。

从《庐山谣》看李白游仙出世思想之实质，安旗，人文杂志，1982 年，第 4 期。

略论韩愈的反佛道斗争问题，史苏苑，中州学刊，1982 年，第 1 期。

谈谈李白的"好神仙"与从政的关系，夏晓虹，文学遗产增刊（第 14 辑），中华书局，1982 年。

李贺愁吟诗和游仙诗新意探微，林维民，温州高等师范专科学校学报，1982 年，第 2 期。

李商隐"无题"诗，黄世中，温州高等师范专科学校学报，1982 年，第 2 期。

驱神役鬼 鞭挞人间——也谈李贺诗中的"仙"与"鬼"，张燕瑾，唐代文学论丛（第 2 辑），1982 年。

敦煌道教话本《叶净能诗》考辨，张鸿勋，关陇文学（第一辑），甘肃人民出版社，1982 年。

六朝志怪中的洞窟传说，李剑国，天津师范大学学报，1982 年，第 6 期。

《游仙窟》的回归和出版，倪墨炎，文史知识，1982 年，第 6 期。

《西王母》新考，库尔班·外力，新疆社会科学，1982 年，第 3 期。

张鷟与《游仙窟》，秦瘦鸥，艺丛，1982 年，第 2 期。

《金陵十二钗册子》与《推背图》，崔万农，红楼梦学刊，1982 年，第 2 期。

《封神演义》漫谈，张政烺，世界宗教研究，1982 年，第 4 期。

曹操和曹植的游仙诗，黄盛陆，广西民族师范学院学报，1982 年，第 2 期。

试论郭璞及其《游仙诗》，凌迅，晋阳学刊，1982 年，第 3 期。

论葛洪的审美观，施昌东，文学评论丛刊，1982 年，第 13 期。

韩柳与佛老，王春庭，重庆师范学院学报，1982 年，第 1 期。

略论神话与原始宗教的关系，李子贤，民族学研究，1982 年，第 3 期。

度脱剧的原型分析，容世诚，香港大学冯平山图书馆金禧纪念论文集（1932—1982），黎树添，1982 年。

台湾仪式戏剧中的谐噱性：以道教法教为主的考察，李丰楙，民俗曲艺，1982 年，第 71 期。

从《白蛇传》看民间文学与宗教的关系，张文，民间文学论坛，1982 年，第 2 期。

六朝志怪小说简论，王国良，古典文学，1982 年，第 4 期。

唐代传奇——志怪类，刘瑛，唐代传奇研究，正中书局，1982 年。

白玉蟾有意学东坡——谈葛长庚的《念奴娇》，王季友，芝园词话，源流出版社，1982 年。

自足与自赎——谈孙悟空的学道与取经，傅述先，中国时报，1982 年 5 月 27 日。

《汉武内传》的著成及其流传，李丰楙，幼狮学志，1982 年，第 17 卷第 2 期。

中国神仙信仰的形成与谈仙文学，李威熊，汉学论文集，文史哲出版社，1982 年；中华文化复兴月刊，1983 年，第 16 卷第 3 期。

道家思想与中国文学，李丰楙，中国文学讲话，台北巨流图书公司，1982 年。

诗与神话，黄永武，中国学术年刊，1982 年，第 4 期。

啸的传说及其对文学的影响，李丰楙，中国古典小说研究专集（第 5 集），联经出版社，1982 年。

八仙过海 各显神通，李溁鋆，中华文艺，1982 年，第 134 期。

A Note on Po Chü—yi's "Tu Lao Tzu" （On Reading the Lao Tzu），James J. Y. Liu，*Chinese Literature*：*Essays*，*Articles*，*Reviews* 4. 2，1982.

Lost Chuang Tzu Passages，Knaul Livia，*Journal of Chinese Religions* 10，1982.

Quelques remarques sur le T'ai—chang ling—pao wou—fou siu，Kaltenmark Maxime，in *Zinbun*、*Memoirs of the Research Institute for Humanistic Studies*，Kyōto：Kyoto University，1982.

The "Loss of Paradise" Myth in "Dream of the Red Chamber". Brown，C. T. *CEA Critic*，44 （4），12—17，1982.

Tokens of Immortality in Han Graves (With an Appendix). Seidel, A., & Kalinowski, M. *Numen*, 29 (Fasc. 1), 79—122, 1982.

The Religious and Philosophical Significance of the "Hsiang Erh" Lao—tzu in the light of the Ma—wang—tui Silk Manuscripts, Boltz William, *Bulletin of the School of Oriental and African Studies* 45, 1982.

隠者としての王維，神楽岡昌俊，東方宗教，1982 年，第 59 号。

西王母考—ァジア研究所第一回シルクロノド學術調査の旅がら，石井昌子，創大ァジア研究，1982 年，第 3 期。

《黄庭内景経》試論，麥谷邦夫，東洋文化，1982 年，第 62 号。

司馬承禎「坐忘論」について——唐代道教における修養論，神塚淑子，東洋文化，1982 年，第 62 号。

1983 年

道教文学，古存云，宗教学研究，1983 年，第 4 期。

应当正确评价曹植的游仙诗，陈飞之，文学评论，1983 年，第 1 期。

《三国演义》中的神怪描写，蔡毅，社会科学研究，1983 年，第 1 期。

论明传奇中梦幻运用（下），陈贞吟，文学评论，1983 年，第 7 期。

临川梦与汤显祖，蒋星煜，光明日报，文学遗产，1983 年 11 月 12 日，第 613 期。

试论汤显祖戏剧中的"梦幻"，董如龙，资料与研究，1983年，第1期。

汤显祖的思想发展和他的"四梦"，徐朔方，抖擞，1983年，第52期。

《南柯记》《邯郸记》思想倾向辨，刘云，江西社会科学，1983年，第6期。

中国的《十日谈》——试论"三言二拍"对宗教的批判，胡邦炜，未定稿，1983年，第5期。

《镜花缘》成书与初刻时间考，孙佳讯，文学遗产增刊（第15辑），中华书局，1983年。

从梦幻意识看汤显祖的"二梦"，郭纪金，中华文史论丛第二十六辑，上海古籍出版社，1983年；汤显祖研究论文集，江西省文学艺术研究所编，中国戏剧出版社，1984年。

道教与中国民间故事传说，刘守华，思想战线，1983年，第2期。

游仙诗的"人间化"及其成因，韦凤娟，光明日报，1983年11月8日，第3版。

《梦天》的游仙思想与李贺的精神世界，陈允吉，文学评论，1983年，第1期。

《锦瑟》旧笺综述，黄世中，武汉师范学院学报，1983年，第3期。

李商隐事迹考索二题，黄世中，温州高等师范专科学校学报，1983年，第2期。

《上云乐》探析，陈庆元，南京师范学院学报，1983年，第4期。

韩愈与韩湘，璟石，江城，1983 年，第 3 期。

黄庭坚儒、佛、道合一的思想特色，黄宝华，复旦学报，1983 年，第 1 期。

读《听女道士卞玉京弹琴歌》，朱则杰，名作欣赏，1983 年，第 5 期。

谈谈北宋中期的"九天玄女"，许建中，盐城高等师范专科学校学报，1983 年，第 3 期。

警幻仙姑何许人也？苏鸿昌，艺谭，1983 年，第 4 期。

《红楼梦》中的佛道思想，陶秋英，文献（第 15 辑），书目文献出版社，1983 年。

如何分析警幻仙姑这个形象？——与张之同志商榷，李子虔，红楼梦学刊，1983 年，第 4 期。

《女仙外史》初探，赵世瑜，汉中师范学院学报，1983 年，第 2 期。

《邯郸记》新探，郁华、萍生，戏曲艺术，1983 年，增刊；汤显祖研究论文集，江西省文学艺术研究所编，中国戏剧出版社，1984 年。

仙道虚掩抗世情——试论马致远的"神仙道化"剧，刘荫柏，河北师范大学学报，1983 年，第 3 期。

孟郊《列仙文》究竟是什么"文"——唐代道家的一本戏文，任半塘，学术月刊，1983 年，第 3 期。

再论民族民间文学与宗教的关系，马学良、王尧，民间文学，1983 年，第 2 期。

宗教与民间文学，李景江，吉林大学学报，1983 年，第 6 期。

池州傩戏与宋代瓦舍伎艺，王兆乾，戏曲艺术，1983 年，第

4 期。

神话与原始宗教关系之演变，潜明兹，云南社会科学，1983年，第 1 期。

中国古代宗教与神话（续），龚鹏程，道教文化，1983 年，第 3 卷第 9 期。

中国最可爱的神仙——八仙，蔡玫芬，故宫文物月刊，1983年，第 1 卷第 7 期。

六朝道教与游仙诗的发展，李丰楙，中华学苑，1983 年，第 28 期。

郭璞和《游仙诗》，曹道衡，社会科学战线，1983 年，第 1 期；中古文学史论文集，中华书局，1986 年。

中国地狱罪报观念的形成，宋光宇，台湾省立博物馆年刊，1983 年，第 26 期。

韦应物"寄全椒山中道士"，刘逸生，唐诗广角镜，丹青图书公司，1983 年。

《金瓶梅》的术数与迷信，郭立诚，中国艺文与民俗，1983 年。

十洲传说的形成及其衍变，李丰楙，中国古典小说研究专集（第 6 集），联经出版社，1983 年。

神仙鬼怪皆是人——谈谈如何看待古典小说中的神仙鬼怪，凌筠，夜读，1983 年，第 1 期。

李义山"乐转"诗释，薛顺雄，中国古典文学论丛，学生书局，1983 年。

《西游记》若干情节的本源五探，曹仕邦，书目季刊，1983年，第 4 期。

《西游记》若干情节的本源六探，曹仕邦书目季刊，1983 年，第 2 期。

有关"西游记"的几个问题（下），张静二，中外文学，1983 年，第 6 期。

中国古代艺术与政治——续论商周青铜器上的动物纹样，张光直，新亚学术季刊，1983 年，第 4 期。

Three Teachings Syncretism and The Thought of Ming T'ai—tsu, John D. Langlois, Jr. and Sun K'o—K'uan, *Harvard Journal of Asiatic Studies* 43. 1, 1983.

The Cranes of Mao—shan, Schafer Edward H, *Tao — tsang S* Ⅱ, 1983.

Wu Yün's Stanzas on Saunters in Sylphdom, Schafer Edward H, *Monumenta Serica* 35, 1983.

Taoist Messianism, Anne Seidel, *Numen* 31, 1983.

Chuang—tzu et le taoïsme "religieux", Robinet Isabelle, *Journal of Chinese Religions* 11, 1983.

Kouo Siang ou le monde comme absolu, Robinet Isabelle, *T'oung Pao* 69, 1983.

Sources of the Ling—pao Scriptures, Stephen R. Bokenkamp, *Tao—tsang S II*, 1983.

Verses from on High: The Ascent of T'ai Shan, Kroll Paul W, *T'oung Pao* 69, 1983.

Two Literary Examples of Religious Pilgrimage: The "Commedia" and "The Journey to the West", Anthony C. Yu, *History of Religions* Vol. 22, 1983.

étude sur la mythologie et l'ethnologie de la Chine ancienne——*Le Shanhai jing*, Rémi Mathieu, in *Classique des Monts et des mers*, Paris: IHEC, 1983.

Le Ta—tung chen—ching: son authenticité et sa place dans les textes du Shang—ch'ing jing, Isabelle Robinet, in *Tantric and Taoist Studies in Honour of Rolf A. Stein*, ed. Michel Strickmann, Bruxelles: Institut belge des Hautes Etudes chinoises, 1983; *Tao—tsang S* Ⅱ, 1983.

Taoist Millenarian Prophecies and the Founding of the T'ang Dynasty, Stephen R. Bokenkamp, in *Paper for the Chinese Divination and Portent Workshop*, University of California, 1983.

The Narrative Revolution in Chinese Literature: Ontological Presuppositions. Mair, V. H. *Chinese Literature: Essays, Articles, Reviews* (*CLEAR*), 5 (1/2), 1—27, 1983.

Shen Yüeh's Poems of Reclusion: From Total Withdrawal to Living in the Suburbs. Mather, R. B. *Chinese literature, essays, articles, reviews*, 5 (1/2), 53—66, 1983.

The Earthly Paradise: Religious Elements in Chinese Landscape Art. Liu Ledderose, Lothar. In *Theories of the Arts in China*, edited by Susan Bush and Christian Murck, 165 – 83. Princeton: Princeton University Press, 1983.

étude sur la mythologie et l'ethnologie de la Chine ancienne. Rémi Mathieu, *Le Shanhai jing*, *Classique des Monts et des mers*, Paris: IHEC, 1983.

中国祭祀演劇研究，田仲一成著，尾上兼英，中哲文學會報，

1983 年，第 8 号。

東晉詩における郭璞の位置，長谷川滋成，小尾博士古稀紀念中国學論集，1983 年。

李白における長安體驗（上）——"謫仙"の呼稱を中心に，松浦友久，中国文學研究，1983 年，第 9 期。

敦煌文書に見道士の法位階梯について，施舟人，講座敦煌，大東出版社，1983 年。

道教と文學，游佐昇，講座道教 2：道教の展開，平河出版社，1983 年。

洞天福地小論，三浦国雄，东方宗教，1983 年，第 61 期。

1984 年

晚唐桂林诗人曹唐及其诗歌，梁超然，唐代文学论丛，陕西人民出版社，1984 年。

警幻仙姑是"儒家伦常观念"的"卫道士"吗——与朱炳荪同志商榷，李子虔，齐鲁学刊，1984 年，第 6 期。

李白的梦境、仙境和诗境，金性尧，唐代文学论丛（第 5 辑），中国唐代文学会、西北大学中文系编，陕西人民出版社，1984 年。

道家思想与苏轼，王开文，丽水高等师范专科学校学报，1984 年，第 4 期。

西王母传说的起源及其演变，孙恩阳，青海师范学院学报，1984 年，第 1 期。

《桃花扇》发微，张乘健，文学遗产，1984 年，第 4 期。

论道家思想对中国古典文学的影响，陈子木，盐城高等师范专科学校学报，1984 年，第 4 期。

道家思想与中国文学，赵明，社会科学战线，1984 年，第 2 期。

神话宗教异同论，徐召勋，阜阳师范学院学报，1984 年，第 1 卷第 2 期。

论神话与宗教的区别，王松，山茶，1984 年，第 4 期。

神话和宗教的区别，吕晴飞，电大文科园地，1984 年，第 2 期。

神话的幻想与幻想故事的幻想，杨知勇，山茶，1984 年，第 3 期。

道家思想与两汉文学，赵明，吉林大学社会科学学报，1984 年，第 1 期。

《封神演义》谈，封苇，读书，1984 年，第 7 期。

略论《水浒传》宗教描写的客观意义，陈阵，下关师专学报，1984 年，第 3 期。

忽闻海上有仙山，山在虚无缥缈间：试论《镜花缘》的思想认识意义，胡邦炜、沈伯俊，武汉师范学院学报，1984 年，第 6 期。

《洞渊神咒经》源流试考——兼论唐代政治与道教之关系，左景权，文史，1984 年，第 23 辑。

从《西游记》的神权系统与宗教之争看它的现实主义倾向，杨桂森，天津高等师范专科学校学报，1984 年，第 2 期。

今本《西游记》袭用《封神演义》说辨正，黄永年，陕西师范大学学报，1984 年，第 3 期。

《后〈西游记〉》的思想与艺术，张南泉，明清小说论丛（第1辑），春风文艺出版社，1984年，

试论《后〈西游记〉》，苏兴，明清小说论丛（第1辑），春风文艺出版社，1984年。

"临川四梦"和明代社会，周育德，汤显祖研究论文集，江西省文学艺术研究所编，中国戏剧出版社，1984年。

论《邯郸梦》，曾献平，汤显祖研究论文集，江西省文学艺术研究所编，中国戏剧出版社，1984年。

应当重新评价《南柯梦》与《邯郸梦》，何苏仲，汤显祖研究论文集，江西省文学艺术研究所编，中国戏剧出版社，1984年。

厌逢人世懒生天——汤显祖晚年思想及"二梦"创作刍议，杨忠、张贤蓉，汤显祖研究论文集，江西省文学艺术研究所编，中国戏剧出版社，1984年。

道家、玄学与《文心雕龙》，严寿澂，重庆高等师范专科学校学报，1984年，第3期。

《后〈西游记〉》的社会学意义，王民求，明清小说论丛（第1辑），春风文艺出版社，1984年。

白居易与道教，张立名，湘潭高等师范专科学校学报，1984年，第2期。

韩愈非死于硫黄辨，刘国盈，北京师范学院学报，1984年，第4期。

陶诗的写意传神与玄学的言意之辨，朱家驰，辽宁师范大学学报，1984年，第4期。

试论《西游记》神魔斗争的性质，韩文志，沈阳教育学院学刊，1984年，第3期。

孙悟空与神魔世界，王齐洲，学术月刊，1984 年，第 7 期。

论新发现的《金山宝卷》抄本在《白蛇传》研究中的价值，高国藩，民间文艺集刊，1984 年，第 5 期。

试论耶律楚材、元好问、丘处机——兼及金元之际儒生的出路与贡献，李桂枝，中央民族学院学报，1984 年，第 1 期。

八仙故事与戏曲小说，郭立诚，"国立"历史博物馆馆刊，1984 年，第 2 卷第 3 期。

郭璞游仙诗变创说之提出及其意义，李丰楙，古典文学，1984 年，第 6 期。

敦煌本李翔涉道诗考释，林聪明，敦煌学，1984 年，第 7 辑。

唐代道教徒式隐士的崛起：论李白隐逸求仙活动的政治社会背景，施逢雨，清华学报，1984 年，第 1、2 期。

从六朝志怪小说看当时传统的神鬼世界，金荣华，华学季刊，1984 年，第 5 卷第 3 期。

禅宗理趣与道家意境——陶渊明与王维田园诗境之比较，王邦雄，"中央"日报，1984 年 5 月 22 日，第 12 版；鹅湖，1984 年，第 10 卷第 1 期。

元杂剧中道教故事类型与神明研究，谌湛，"国立"台湾师范大学国文研究所集刊，1984 年，第 28 期。

La révélation du Shangqing dans l'histoire du taoïsme 2 vols，Robinet Isabelle，Paris：Ecole Frangaise d'Extrêne— Orient，1984.

Notes préliminaires sur quelques antinomies fondamentales entre le bouddhisme et le taoïsme，Isabelle Robinet，in *Incontro di religioni in Asia tra il III e il X secolo d. C.* ，ed. Lionello Lanciotti，Firenze：Leo S. Olschki，1984.

Polysémisme du texte canonique et syncrétisme des interprétations: Etude taxinomique des commentaires du Daode jing au sein de la tradition chinoise, Isabelle Robinet, *Extrême—Orient/Extrême—Occident* 5, 1984.

Li Po's Rhapsody on the Great P'eng—bird, Kroll Paul W, *Journal of Chinese Religions* 12, 1984.

The Satire of Religion in Hsi—yu Chi, Han Sherman, *Journal of Chinese Language Teachers Association* 1, 1984.

Symbolism of Evil in China: The K'ung—chia Myth Analyzed, Whalen Lai, *History of Religions* 23, 1984.

Li Po's Letters in Pursuit of Political Patronage. Mair, V. H. *Harvard Journal of Asiatic Studies*, 44 (1), 123—153, 1984.

Review: A Quest of Multiple Senses: Anthony C. Yu's "The Journey to the West". Levy, D. J. *The Hudson Review*, Vol. 37, No. 3, pp. 507—515, 1984.

Hallucinations and Epiphanies in T'ang Poetry. Schafer, E. H. *Journal of the American Oriental Society*, 104 (4), 757—760, 1984.

Some Taoist Elements in the Calligraphy of the Six Dynasties. Little, Stephen. *T'oung Pao* 70, 246 - 278, 1984.

Beside the Turquoise Pond: The Shrine of the Queen Mother of the West in Medieval Chinese Poetry and Religious Practice, Cahill, Suzanne. *Journal of Chinese Religions*, 12: 19—32, 1984.

The image of the halcyon kingfisher in medieval Chinese poetry. Kroll, P. W. *Journal of the American Oriental Society*, 237—251, 1984.

Li Po's Rhapsody on the Great P'eng—Bird, Paul W. Kroll, *Journal of Chinese Religions* 12, pp. 1—17, 1984. 李白与中古宗教文学研究, 柯睿著, 白照杰译, 齐鲁书社, 2017 年。

La Révélation du Shangqing dans l'histoire du taoïsme, Isabelle Robinet, *Ecole française d'extrême—Orient*, 1 janvier, 1984.

Le sutra merveilleux du Ling—pao Suprême, traitant de Lao— tseu qui convertit les barbares (le manuscrit TH S. 2081): contribution à l'étude du Bouddho—taoïsme des Six Dynasties [太上灵宝老子化胡妙经 (敦煌写本 S. 2081) ——六朝佛道研究一種], Seidel, Anne. in M. Soymié, ed., *Contribution aux études de Touen—houang*, vol. Ill, p. 305—52. Paris: Ecole Frangaise d'Extrêne— Orient, 1984.

李白における長安體驗 (下)"謫仙"の呼稱を中心に, 松浦友久, 中国文學研究, 1984 年, 第 10 期。

王子喬・赤松子伝說の研究 (1), 櫻井龍彦, 龍谷紀要, 1984 年, 第 6 卷第 1 号。

王子喬・赤松子伝說の研究 (2), 櫻井龍彦, 龍谷紀要, 1984 年, 第 6 卷第 2 号。

費長房說話『神仙伝』, 手塚好幸, 漢文學會會報, 1984 年, 第 30 号。

『古事记』神话と道教神學, 福永光司, 日本思想 (卷五), 1984 年。

張説の伝記と文学, 吉川幸次郎, 吉川幸次郎全集, 筑摩書房, 1984 年。

道教文學序說, 宮澤正順, 中国の宗教・思想と科學, 中国書刊行會, 1984 年。

1985 年

中国宗教与中国文学，哈龙文，知识分子，1985 年，第 1 卷第 4 期。

李白的时间意识与游仙诗，张伯伟，南京大学学报（研究生专刊），1985 年，第 1 期；中国诗学研究，辽海出版社，2000 年。

读峨眉山纯阳殿碑文札记，骆坤琪，宗教学研究，1985 年，增刊。

汤显祖的世界观和《临川四梦》，周续庚，北京师范学院学报，1985 年，第 1 期。

李白《梦游天姥吟留别》诗义探疑，张业敏，唐代文学论丛（第 6 辑），陕西人民出版社，1985 年。

浅谈郭璞和他的"游仙诗"，欧阳忠伟，上海师范大学学报，1985 年，第 4 期。

汉族上古"射月"神话浅探，龚维英，学术论坛，1985 年，第 12 期。

《山海经》盖"古之巫书"试探，袁珂，社会科学研究，1985 年，第 6 期。

道家思想与汉代抒情小赋，佘正松，南充师范学院学报，1985 年，第 3 期。

兰茂传，王重民，中华文史论丛第三十三辑，上海古籍出版社，1985 年。

道家思想与魏晋文学，赵明，吉林大学社会科学学报，1985 年，第 4 期。

道教与唐诗，葛兆光，文学遗产，1985 年，第 4 期。

论敦煌道教文学，龙晦，世界宗教研究，1985 年，第 3 期。

唐朝道教与李商隐的爱情诗，钟来因，文学遗产，1985 年，第 3 期。

曹操游仙诗主旨何在，王太阁，殷都学刊，1985 年，第 2 期。

《穆天子传》是一部什么样的书，缪文远，文史知识，1985 年，第 11 期。

漫说《水浒传》里的宗教描写，汪远平，西北大学学报，1985 年，第 4 期。

宗教迷信，还是托言寓意——《红楼梦》一僧一道新解，陈敬夫，吉首大学学报，1985 年，第 1 期。

《西游记》中佛道之争探原：兼评"三教合一"说，李谷鸣，安徽教育学院学报，1985 年，第 2 期。

"人化"的仙女形象：略谈《聊斋志异·翩翩》，雷群明，衡阳高等师范专科学校学报，1985 年，第 4 期。

吴敬梓交游方外人士考，孟醒仁，淮阴高等师范专科学校学报，1985 年，第 2 期。

宗教故事题材包孕了嘲谑宗教的内容，袁世硕，文科月刊，1985 年，第 4 期。

《西游记》《封神演义》"因袭"说证实，方胜，光明日报，1985 年 8 月 27 日，第 3 版。

再谈《西游记》中神魔的对立，陈澍，文史哲，1985 年，第 2 期。

论抄本《绿野仙踪》及其作者，侯忠义，北京大学学报，1985 年，第 1 期。

西王母为东夷族刑神考，翁银陶，民间文学论坛，1985 年，第 1 期。

论曹氏父子的游仙诗，龚斌，南京大学学报，1985 年，增刊。

郭璞简论，高国藩，齐鲁学刊，1985 年，第 3 期。

兰茂和他的诗，许福荣，云南师范学院学报，1985 年，第 2 期。

兰茂评传线索，群一，昆明高等师范专科学校学报，1985 年，第 2 期。

独标高格的游仙诗——析郭璞的《游仙诗·杂县寓鲁门》，苏者聪，汉魏六朝诗歌鉴赏集，人民文学出版社，1985 年。

巫术·神话·宗教，姚政，明清小说研究（第 1 辑），中国文联出版公司，1985 年。

从李益《过马嵬》诗考证杨妃之死及玄宗遣方士寻觅事，富寿荪，贵州文史丛刊，1985 年，第 1 期。

中国古代文学里游仙思想的形成——《楚辞·远游》溯源，彭毅，郑因百先生八十寿庆论文集，商务印书馆，1985 年。

慧能、庄子与老子对镜之隐喻的反应，丹悦家（Lusthaus, Dan），中国哲学杂志，1985 年。

全真教和小说《西游记》1—5，柳存仁，香港明报月刊，1985 年，第 233—237 期；和风堂文集，上海古籍出版社，1991 年。

许逊与兰公，柳存仁，世界宗教研究，1985 年，第 3 期。

《列仙传》的研究，古苔光，淡江学报，1985 年，第 22 期。

唐人创业小说与道教图谶传说，李丰楙，中华学苑，1984 年，第 29 期。

黄大仙考，黄兆汉，中国文化研究所学报，1985 年，第 16 卷。

因果、宿命、改字问题——《金瓶梅》原貌探索，魏子云，中外文学，1985 年，第 9 期。

丘处机的《磻溪词》，黄兆汉，香港大学中文系集刊，1985 年，第 1 卷第 1 期。

国外学者看《西游记》，张静二，中外文学，1985 年，第 5 期。

花灯与禅性——论西游记的一则主题寓言，吕健忠，中外文学，1985 年，第 5 期。

Engulfing the Bounds of Order: The Myth of the Great Flood in *Mencius*, S. F. Teiser, *Journal of Chinese Religions* 13—14, 1985—1986.

A Re—Examination of the Myth of Huang—ti, Charles Le Blanc, *Journal of Chinese Religions* 13—14, 1985—1986.

Vernacular and Classical Ritual in Taoism, Schipper Kristofer M, *Journal Asiatique OS* 45, 1985.

Taoist Ritual and Local Cults of the T'ang Dynasty, Schipper Kristofer M, *Tao — tsang S III*, 1985.

The Princess Realized in Jade, Schafer Edward H, *T'ang Studies* 3, 1985.

The Oral and the Written in Chinese and Western Religion, Lagerwey John, in *Religion und Philosophie in Ostasien* (*in honour of Hans Stein inger*), G. Naundoif, K · H · Pohl, H, H. Schmidt ed., Wüizburg: Kôniffîhausen Neumann, 1985.

The Habits of Perfection: A Summary of Fukunaga Mitsuji's Studies on the Chuang—tzu Tradition, Knaul Livia, *Cahiers d'Extrême — Asie* 1, 1985.

A Chinese Demonography of the Third Century B. C. , Happer Donald John, *Harvard Journal of Asiatic Studies* 45, 1985.

Wu—t'ung ——Zur bewegten Geschichte eines Kultes, Cedzich Ursula Angelika, in *Religion und Philosophie in Ostasien (in honour of Hans Stein inger)* , ed. G. Naundoif, K · H · Pohl, H, H. Schmidt, Wüizburg: Kôniffîhausen Neumann, 1985.

Yüeh—yang and Lü Tung—pin's Ch'in—yüan ch' un: A Sung Alchemical Poem, Baldrian—Hussein Farzeen, in *Religion und Philosophie in Ostasien (in honour of Hans Stein inger)* , ed. G. Naundoif, K · H · Pohl, H, H. Schmidt, Wüizburg: Kôniffîhausen Neumann, 1985.

The Snow of Mao Shan: A Cluster of Taoist Images, Schafer Edward H, *Journal of Chinese Religions* 13—14, 1985—1986.

The Taoist Immortal: Jesters of Light and Shadow, Robinet Isabelle, *Journal of Chinese Religions* 13—14, 1985—1986.

Demons, Gods, and Pilgrims: The Demonology of the His—yu Chi, Robert Ford Campany, *Chinese Literature: Essays, Articles, Reviews*, vol. 7 no. 1/2, 1985.

Taoist Ordination Ranks in the Tun—huang Manuscripts, Kristofer Schipper, in *Religion und Philosophie in Ostasien. Festschrift für Hans Steininger*, ed. Hans Steininger et al. , Würzburg: Königshausen— Neumann, 1985.

Sex and the Supernatural in Medieval China: Cantos on the Transcendent who Presides over the River. Cahill, S. *Journal of the American Oriental Society*, 105 (2), 197—220, 1985.

In the Halls of the Azure lad. Kroll, P. W. *Journal of the American Oriental Society*, 105, 75—94, 1985.

Buddhist pilgrim, immortal beast. Martinson, P. V. *The Journal of Religion*, 65 (3), 378—385, 1985.

Hsi—yang chi—An Interpretation and Some Comparisons with Hsi—yu chi. Ptak, R. *Chinese literature*, *essays*, *articles*, *reviews*, 7 (1—2), 117, 1985.

Hsi—Yang Chi 西洋记—An Interpretation and Some Comparisons with Hsi—Yu Chi. Ptak, R. *Chinese Literature: Essays, Articles, Reviews (CLEAR)*, 7 (1/2), 117—141, 1985.

Reflections of a Metal Mother: Tu Kuang—tíng's Biography of Hsi Wang Mu, Cahill, Suzanne. *Journal of Chinese Religions*, 13: 127—42, 1985.

Values in Chinese Sectarian Literature: Ming and Ch'ing Pao—chuan. Overmyer, Daniel L. in Andrew James Nathan David Johnson, Evelyn S. Rawski (ed.), *Popular Culture in Late Imperial China*, University of California Press, 1985.

Vernacular and Classical Ritual in Taoism. Schipper, Kristofer M. *Journal of Asian Studies* 45. 1, 21—57, 1985.

Les lectures alchimiques du Hsi—yu—chi. (《西游记》的炼丹解读）, Despeux Catherine, In *Religion und Philosophie in Ostasien: in honour of Hans Steininger*, G. Naundorf, K. H. Pohl, H. H. Schmidt, ed, Wiirzburg: Konigshausen & Neumann, pp. 61—72, 1985.

Standardizing the Gods: the promotion of T'ien Hou along the south China coast, James Watson, published in David Johnson (ed.) *popular culture in late imperial China*, University of California Press, 1985.

Les lectures alchimiques du Hsi—yu—chi. In *Religion und Philosophie in Ostasien: in honour of Hans Steininger*, Despeux Catherine, ed. G. Naundorf, K · H · Pohl, H. H. Schmidt, Wiirzburg: Konigshausen Neumann, 1985.

梦的记录——《周氏冥通记》, 吉川忠夫: 中国古代人的梦与死, 吉川忠夫著, 刘雄峰译, 平凡社, 1985 年;《周氏冥通记》研究 (译注篇), 麦谷邦夫、吉川忠夫编, 刘雄峰译, 齐鲁书社, 2010 年。

六朝時代に於ける干吉伝の變遷, 前田繁樹, 東方宗教, 1985 年, 第 65 号。

『管子』中の道家思想, 金谷治, 東方宗教, 1985 年, 第 65 号。

詩経における神婚儀禮, 中鉢雅量, 東方宗教, 1985 年, 第 66 号。

道教におけろ詩經, 宮澤正順, 詩經研究, 1985 年, 第 10 期。

『文選』所收郭璞「遊仙詩」七首の構成, 佐竹保子, 東北學院大論集, 1985 年, 第 82 号。

王子喬・赤松子伝説の研究 (3), 櫻井龍彦, 龍谷紀要, 1985 年, 第 7 卷第 1 号。

六朝志怪の文體——『異苑』な中心として, 富永一登, 中国文學語學論集, 1985 年。

蘇軾の老子解について，市來津由彦，東北大學教養部紀要，1985 年，第 43 号。

北遊記玄帝出身伝研究序說—四遊記研究の一環として—，磯部彰，集刊東洋學，1985 年，第 53 号。

1986 年

元代江南道教，陈兵，世界宗教研究，1986 年，第 2 期。

谈《桃花女阴阳斗传》的人物形象，张颖、陈速，明清小说研究，1986 年，第 1 期。

《枕中书》及其作者，石衍丰，宗教学研究，1986 年，第 2 期。

《愚鼓词》注释，吴明，船山学刊，1986 年，第 1 期。

《愚鼓词》注释（二），吴明，船山学刊，1986 年，第 2 期。

中国古典诗歌艺术史论之四：超自然世界的诗化，肖弛，中国诗歌美学，北京大学出版社，1986 年。

郭璞《游仙诗》与魏晋玄学，景蜀慧，四川大学学报丛刊，1986 年，第 28 辑。

也谈马致远的神仙道化剧，吴新雷，中华戏曲（第一辑），山西人民出版社，1986 年。

宗教与山水结合的历史文化考察，蒋述卓，文艺研究，1986 年，第 5 期。

论《太平经》的成书时代和作者，王明，道家和道教思想研究，中国社会科学出版社，1986 年。

试论明弋阳腔剧本中的原始道教思想印迹，汪义生，上饶高等师范专科学校学报，1986年，第3期。

《西洋记通俗演义》的金碧峰长老与张天师，苏兴，明清小说论丛（第4辑），春风文艺出版社，1986年。

五岳寻仙不辞远：漫谈李白的山水诗，倪其心，文史知识，1986年，第7期。

《楚辞·天问》中的殷商神话解析，傅锡壬，淡江学报，1986年，第27期。

梦的神话及其对文学的影响，谢谦，四川师范大学学报，1986年，第2期。

儒道释结合熔铸百家的开放型思想：李白思想新论，葛景春，中州学刊，1986年，第2期。

十二城中锁彩蟾：李商隐咏女冠诗探解，黄世中，温州高等师范专科学校学报，1986年，第2期。

简论唐代女中诗豪李冶诗，孟宪伟，呼兰高等师范专科学校学报，1986年，第3期。

试评唐代女诗人鱼玄机的诗，曾志援，女作家，1986年，第3期。

曹唐诗歌略论，陈继明，中南民族学院学报，1986年，第4期。

建安文学的浪漫主义特色，张亚新，贵州文史丛刊，1986年，第3期。

宋代文学与宗教，龙晦，成都大学学报，1986年，第1期。

《西游原旨》成书年代及版本源流考，王守泉，兰州大学学报，1986年，第1期。

难求轩冕，请惠金液：说李白的求仙诗《题随州紫阳先生壁》

及其求仙思想，郑紫德，孝感高等师范专科学校学报，1986 年，第 2 期。

论道教与民间传说的关系，裘志熙，中国民间传说论文集，中国民间文艺出版社，1986 年。

魏晋玄学、佛学和诗，孔繁，世界宗教研究，1986 年，第 3 期。

戏曲祖师二郎神考，王兆乾，中华戏曲（第二辑），山西人民出版社，1986 年。

谈元代神仙道化剧与全真教联系的问题，侯光复，中华戏曲（第一辑），山西人民出版社，1986 年。

神仙道化剧与元代社会，侯光复，中国古代戏曲论集，中国展望出版社，1986 年。

论道教与戏曲，李日星，湘潭大学学报，1986 年，增刊。

论仙话及其对中国文学的影响（上），罗永麟，民间文艺季刊，1986 年，第 3 期。

关于西王母传说起源地的探索——也说西王母传说起源于东方，吕继祥，民间文学论坛，1986 年，第 6 期。

八仙考述，方丽娜，国教之友，1986 年，第 38 卷第 2 期。

李白诗中的仙言道语，Paul W. Kroll 著，蔡振念译，大陆杂志，1986 年，第 73 卷第 2 期。

全真教祖王重阳的词，黄兆汉，道教文化，1986 年，第 4 卷第 2 期。

宗教与中国文学：论《西游记》的"玄道"，余国藩著，李奭学译，中外文学，1986 年，第 6 期；《红楼梦》《西游记》与其他，三联书店，2006 年。

《道藏》里的创世神话，D. C. 余（Yu, David C.），东方研究杂志，1986 年，第 24 期。

（书评）学术与非学术之间：评周策纵《古巫医与〈六诗〉考：中国浪漫文学探源》，林翎，联合文学，1986 年，第 2 卷第 12 期。

锺馗与傩礼及其戏剧，李丰楙，民俗曲艺，1986 年，第 39 期。

《汉武洞冥记》研究，陈兆祯，世界新闻专科学校学报，1986 年，第 2 期。

李义山王屋之学道，雪林，东方杂志，1986 年，第 19 期。

《西游记》溯源（9）——孙悟空跟车迟国三大仙比赛"隔板猜枚"，曹仕邦，中国时报，1986 年 1 月 20 日，第 8 版。

由重出诗探讨《西游记》、《封神演义》的关系，康士林著，吕健忠译，中外文学，1986 年，第 11 期。

敦煌本《搜神记》考辨，王国良，汉学研究，1986 年，第 4 卷第 2 期。

唐代女冠与娼妓诗歌，张修容，联合文学，1986 年，第 2 期。

布袋戏文学——论《封神演义》，王孝廉，神话与小说，时报出版事业公司，1986 年。

马致远杂剧的四种类型，曾永义，幼狮学志，1986 年，第 19 卷第 1 期。

不死的探求——从变化神话到神仙变化传说，李丰楙，中外文学，1986 年，第 5 期。

宗教与中国文学——论西游记的"玄道"，余国藩著，李奭学译，中外文学，1986 年，第 6 期。

Empyreal Powers and Chthonian Edens: Two Notes on T'ang Taoist Literature, Schafer Edward H, *Journal Asiatique OS* 106, 1986.

Transcendent Elder Mao, Schafer Edward H, *Cahiers d'Extrême — Asie* 2, 1986.

La transmission des textes sacrés; Les paradis terrestres et cosmiques; La marche sur les étoiles; La pratique du Tao, Robinet Isabelle, in *Mythes et croyances du monde entire.* Paris: Lidis, 1986.

The Last Taoist Grand Master at the T'ang Imperial Court: Li Han—kuang and T'ang Hsüan—tsung, Kirkland J. Russell, *T'ang Studies* 4, 1986.

Hie Word Made Bronze: Inscriptions on Medieval Chinese Bronze Mirrois, Cahill Suzanne E, *Archives of Asian Art* 39, 1986.

Taoist Literature, Part I, W. Nienhauser, Stephen R. Bokenkamp, in *The Indiana Companion to Traditional Chinese Literature*, Bloomington: Indiana University Press, 1986.

The Peach Flower Font and the Grotto Passage, Stephen R. Bokenkamp, *Journal of the American Oriental Society* 106, 1986.

Empyreal Powers and Chthonian Edens: Two Notes on T'ang Taoist Literature, Edward H, *Journal of American Oriental Society* 106, 667—677, 1986.

Li Po's Transcendent Diction, Paul W. Kroll, *Journal of the American Oriental Society* 106. 1, 99—117, 1986. (李白的道教词汇, 保罗·W. 克罗尔, 美国学者论唐代文学, 倪豪士编, 上海古籍出版社, 1994 年)

Lü Tung—pin in Northern Sung Literature, Farzeen Baldrian—

Hussein, *Cahiers d'Extrême—Asie* 2, 1986.（北宋文献中的吕洞宾，弗雷泽·巴列德安·侯赛因，八仙文化与八仙文学的现代阐释——二十世纪国际八仙论丛，李丽娟、吴光正译，赵琳校，黑龙江人民出版社，2006 年）

Cosmogony and Self—Cultivation: The Demonic and the Ethical in Two Chinese Novels, Robert Ford Campany, *Journal of Religious Ethics* 14. 1, 1986.

Divine Authorship of Pei—you chi Journey to the North, Gary Seaman, *Journal of Asian Studies* 45, 1986.

Ch'iu Ch'u—chi and Chinggis Khan, Tao—Chung Yao, *Harvard Journal of Asiatic Studies* 46. 2, 1986.

Spreading Open the Barrier of Heaven, Paul W. Kroll, *Asiatische Studien* 40／1, 1986.

The Country Ma—i— (tung) in the late Ming Novel Hsi—yang chi. Ptak, R. *Philippine Studies*, 200—208, 1986.

Performers and female Taoist adepts: Hsi Wang Mu as the patron deity of women in medieval China. Cahill, S. *Journal of the American Oriental Society*, 106 (1), 155—168, 1986.

A Textbook of Physiognomy: The Tradition of the "Shenxiang quanbian". Kohn, L. *Asian folklore studies*, 227—258, 1986.

On Through the Beyond: The Peach Blossom Spring as Paradise. Nelson, S. E. *Archives of Asian art*, 39, 23—47, 1986.

The Daoist's mirror: Reflections on the neo—Confucian reader and the rhetoric of Jin Ping Mei. Rushton, P. *Chinese Literature: Essays, Articles, Reviews (CLEAR)*, 8 (1／2), 63—81, 1986.

Cosmogony and Self—Cultivation: The Demonic and the Ethical in Two Chinese Novels, Robert Campany, *Journal of Religious Ethics* 14. 1, p. 81—112, 1986.

The Peach Flower Font and the Grotto Passage, Stephen Bokenkamp, *Journal of the American Oriental Society* 1061, p. 65—77, 1986.

西王母の原像——中国古代神話における地母神の研究，森雅子，史學，1986 年，第 56 卷第 3 期。

許遜の虚像と実像，秋月觀暎，東方宗教，1986 年，第 67 号。

張湛『養生要集』佚文とその思想，阪出祥伸，東方宗教，1986 年，第 68 号。

正一道教の上章儀禮について一「塚訟章」を中心として，丸山宏，東方宗教，1986 年，第 68 号。

夢にプタが現われて武帝が生まれたわけ一 " 漢武内伝 " の一仕掛け，成瀬哲生，伊藤漱平教授退官紀念，1986 年。

中國小説における道教，小川陽一，道教研究のすすめ，平河出版社，1986 年。

1987 年

大足石窟中的宋代道教造像，胡文和、刘长久，世界宗教研究，1987 年，第 3 期。

惜时与游仙：中国古代文学中人性价值的两极延展，王立，烟台师范学院学报，1987 年，第 2 期。

想象的世界：道教与中国古典文学，葛兆光，文学遗产，1987

年，第 4 期。

齐学和道教，胡孚琛，世界宗教研究，1987 年，第 2 期。

释道精神与古典诗歌思想，韩经太，文史知识，1987 年，第 2 期。

魏晋玄学和游仙诗、招隐诗、玄言诗，孔繁，魏晋玄学和文学，中国社会科学出版社，1987 年。

《愚鼓词》注释（三），吴明，船山学刊，1987 年，第 1 期。

《愚鼓词》注释（四），吴明，船山学刊，1987 年，第 2 期。

校理《老子成玄英疏》叙录，蒙文通，古学甄微，巴蜀书社，1987 年。

试论宗教、巫术对神话流传的不同作用，翁银陶，民间文学季刊，1987 年，第 3 期。

神话与原始宗教，王尧德，社会科学，1987 年，第 4 期。

神话的复活——也谈文学的神话原型，马小朝，文艺研究，1987 年，第 5 期。

李白与青城山，刘友竹，唐代文学论丛（第 9 辑），陕西人民出版社，1987 年。

东坡与道教，王国炎，南昌大学学报，1987 年，第 2 期。

道家道教与中国古代文学，黄保真，文史知识，1987 年，第 5 期；道教与传统文化，中华书局，1992 年。

嫦娥奔月的象征意义，沈谦，中外文学，1987 年，第 3 期。

巫术文化的南兴北衰与《山海经》的修订，沈谦，天津社会科学，1987 年，第 4 期。

论《老子》的艺术魅力，沈谦，沈阳师范学院学报，1987 年，第 4 期。

道家的悲剧意识与六朝美学，袁济喜，天津社会科学，1987年，第3期。

魏晋玄学与文学，沈谦，晋阳学刊，1987年，第1期。

关于游仙诗的渊源及其他：与陈飞之同志商榷，张士骢，文学评论，1987年，第6期。

有关曹植游仙诗的几个问题：与陈飞之同志商榷，张平，文学评论，1987年，第6期。

曹操游仙诗发微，成其圣，吉林师范学院学报，1987年，第1期。

超拔流俗，志在进取：试论曹操的游仙诗，周达斌，襄阳高等师范专科学校学报，1987年，第2期。

略论唐代女冠歌妓诗兴盛的社会原因，金文男，上海教育学院学报，1987年，第3期。

人生情趣·意象·想象力：道教与唐代文学，葛兆光，文史知识，1987年，第6期；道教与传统文化，中华书局，1992年。

论唐代的古文革新与儒道演变的关系，葛晓音，中国社会科学，1987年，第1期。

论道家思想对王维生活创作的影响，史双元，牡丹江师范学院学报，1987年，第1期。

论白居易与道教，钟来因，江海学刊，1987年，第4期。

李白与道教，罗宗强，文史知识，1987年，第5期；道教与传统文化，中华书局，1992年。

魏晋时期游仙诗初探，陈建华，韶关师专学报，1987年，第4期。

当前薛涛研究概述，陈坦，社会科学研究，1987年，第6期。

试论唐代女诗人鱼玄机的诗作，吴湛莹，绥化高等师范专科学校学报，1987 年，第 3 期。

《古镜记》是隋唐之际的王度所作新证，韩理洲，学术月刊，1987 年，第 6 期。

道教和《封神演义》，陈辽，吉林大学社会科学学报，1987 年，第 5 期。

八大山人与《女仙外史》，汪叔子、王河，赣图通讯，1987 年，第 1 期。

论《西游记》与宗教的关系，钟婴，世界宗教研究，1987 年，第 3 期。

《西游记》与元明清宝卷，刘荫柏，文献，1987 年，第 3 期。

从《三言》看冯梦龙的儒释道思想，陈辽，社会科学研究，1987 年，第 6 期。

论《西游记》的血统问题，张锦池，北方论丛，1987 年，第 5 期。

《西游记》主题思想新探，冯扬，思想战线，1987 年，第 3 期。

试论明初神仙道化杂剧的时代特征，方海洋，浙江师范大学学报，青年教师论文专辑，1987 年。

论仙话及其对中国文学的影响（下），罗永麟，民间文学论坛，1987 年，第 12 期。

西王母神话源流新证，姚远，民间文艺季刊，1987 年，第 1 期。

吕洞宾故事的原始风貌，王连双，民俗曲艺，1987 年，第 49 期。

张果传说最早见于《明皇杂录》吗？冯纪友，文史知识，1987 年，第 11 期。

人间有情托神仙——李义山的神仙诗，黄盛雄，国文天地，1987 年，第 3 卷第 7 期。

玉谿生与道教，萧丽华，中国文学研究创刊号，1987 年，第 1 期。

唐人葵花诗与道教女冠：从道教史的观点解说唐人咏葵花诗，李丰楙，中外文学，1987 年，第 6 期。

汉代民间信仰中"人"与"鬼"之关系，萧登福，东方杂志，1987 年，第 21 卷第 3 期。

西王母五女传说的形成及其演变：西王母研究之一，李丰楙，东方宗教研究，1987 年，第 1 期。

《西游记》若干情节的本源八探，曹仕邦，书目季刊，1987 年，第 4 期。

The Dance of the Purple Culmen, Schafer Edward H, *T'ang Studies* 5, 1987.

The Sexual Arts of Ancient China as Described in a Manuscript of the Second Century B. C., Harper Donald John, *Harvard Journal of Asiatic Studies* 47. 2, 1987.

Female Reigns: The Faerie Queene and *The Journey to the West*, Levy Dore J, *Comparative Literature* 39. 3, 1987.

Religion and Literature in China: The "Obscure Way" of *The Journey to the West*, Yu Anthony C, In *Tradition and Creativity: Essays on East Asian Civilization*, ed. Ching—I Tu, New Brunswick N. J.: University Publications, 1987.

"Rest, Rest, Perturbed Spirit!": Ghosts in Traditional Chinese Fiction, Yu Anthony C, *Harvard Journal of Asiatic Studies* 47, 1987.

Reading and Folly in Dream of the Red Chamber. Saussy, H. *Chinese Literature*: *Essays*, *Articles*, *Reviews* (*CLEAR*), 9 (1/2), 23—47, 1987.

Wang Yen—shou's Nightmare Poem. Harper, D. *Harvard Journal of Asiatic Studies*, 47 (1), 239—283, 1987.

The earliest pictorial representations of ape tales. Hung, W. *T'oung Pao*, 73 (1), 86—112, 1987.

Classical Chinese Tales of the Supernatural and the Fantastic, Idema, W. L. *Selections from the Third to the Tenth Century*. In (Vol. 73, pp. 120—122): E. J. Brill, 1987.

Rhetorical emphases of Taoism. Jensen, J. V. *Rhetorica*, 5 (3), 219—229, 1987.

The fictional discourse of pien—wen: the relation of Chinese fiction to historiography. Lu, H. —P. *Chinese Literature*: *Essays*, *Articles*, *Reviews* (*CLEAR*), 9 (1/2), 49—70, 1987.

Xi Wang Mu, the Queen Mother of the West, Wu, Hung. *Orientations* (*Hong Kong*), 18: 24—33, 1987.

Tan—yang—tzu and wang shih—chen: visionary and bureaucrat in the late Ming, Ann Waltner, *late imperial china*, Volume 8, Number 1, pp. 105—133, 1987.

（書評）田仲一成・中国の宗族と演劇，林和生，東洋史研究，1987 年，第 46 卷第 3 期。

瞿童登仙考—中唐士大夫と茅山道教—，砂山稔，東方宗教，

1987 年，第 69 号。

初期道教における "死者の救濟"，小南一郎，東方宗教，1987 年，第 69 号。

『悟真篇』の構成について，福井文雅，東方宗教，1987 年，第 70 号。

神靈降臨の演出 "中国の場合"，田仲一成，祭りは神のパフオマソス，力富書房，1987 年。

轉生の神話――「山海經」を中心とした中国神話の考察，松田稔，學苑，1987 年，第 565 期。

後漢時代に於ける『山海經』――現行本の成立の問題について竹内康浩，道教と宗教文化，秋月觀暎編，平河出版社，1987 年。

淮南中篇と淮南萬畢，楠山春樹，道教と宗教文化，秋月觀暎編，平河出版社，1987 年。

二つの神符：「五岳眞形圖」と「靈寶五符」，山田利明，東洋學論叢，1987 年，第 12 期。

『五符序』形成考――樂子長をめぐって，山田利明，道教と宗教文化，秋月觀暎編，平河出版社，1987 年。

天蓬神と天蓬呪について，刘枝万，道教と宗教文化，秋月觀暎編，平河出版社，1987 年。

劉宋期の天師道の「三天」の思想とその形成，小林正美，東方宗教，1987 年，第 70 号。

『老子想爾注』の成立について，小林正美，道教と宗教文化，秋月觀暎編，平河出版社，1987 年。

老子妙眞經小考――附『老子妙眞經』輯佚稿，早稲田大學大學院文學研究科紀要（哲學・史學編），1987年，第14期。

『眞誥』について（下），神塚淑子，名古屋大教養部紀養1987年，第31期。

『眞誥』に說く「靜室」について，石井昌子，道教と宗教文化，秋月觀暎編，平河出版社，1987年。

彭祖伝説と「彭祖經」，坂出祥伸，唐宋史研究，香港中文大学出版社，1987年。

『海空經』三則——七寶莊嚴・十轉の思想と益州至眞觀黎君碑を中心にして，砂山稔，道教と宗教文化，秋月觀暎編，平河出版社，1987年。

唐王朝の創業と圖識——『道僧格』の妖言惑衆の規定との關係において，諸戶立雄，道教と宗教文化，秋月觀暎編，平河出版社，1987年。

司馬承禎について，今枝二郎，道教と宗教文化，秋月觀暎編，平河出版社，1987年。

唐玄宗御製『道德眞經疏』について，今枝二郎，大正大學大學院研究論集，1987年，第11期。

唐・玄宗『道德眞經』注疏における「妙本」について，麥谷邦夫，道教と宗教文化，秋月觀暎編，平河出版社，1987年。

全眞教の『般若心經』の受容について——その理由と經路，福井文雅，道教と宗教文化，秋月觀暎編，平河出版社，1987年。

道教と文學，窪德忠，東方學論，東方學會編，1987年。

道士の呪術を破つた青城山寺植相，鎌田茂雄，大法輪，1987年，第54卷，第8号。

庾闡の文學とその遊仙詩——東晉の遊仙詩製作における逆

說の構造，東北學院大學論集（一般教育），1987 年，第 88 号。

"因情成梦，因梦成戏"——试论《临川四梦》的梦境构思与描写，王永健，戏曲研究，1987 年，第 24 辑。

1988 年

李白与道士之交往，李刚，宗教学研究，1988 年，增刊。

柳词与全真道士词，黄幼珍，社会科学，1988 年，第 4 期。

扶乩与道经，钟肇鹏，世界宗教研究，1988 年，第 4 期。

《红楼梦》与道家和道教，牟钟鉴，宗教学研究，1988 年，第 2、3 合期。

满族神话传说与道教仙话，程迅，民间文艺季刊，1988 年，第 4 期。

道教与文学艺术，伍伟民，道教通论——兼论道家学说，齐鲁书社，1988 年。

《愚鼓词》注释（五），吴明，船山学刊，1988 年，第 1 期。

《愚鼓词》注释（续完），吴明，船山学刊，1988 年，第 3 期。

原始祭祀与神话史诗，杨丽珍，世界宗教研究，1988 年，第 4 期。

道教对中国绘画影响述评，刘仲宇，宗教学研究，1988 年，增刊。

原始巫神（鬼）与神话之神的比较研究，章虹宇，世界宗教研究，1988 年，第 4 期。

商周古面具和方相氏驱鬼，周华斌，中华戏曲（第六辑），山西人民出版社，1988 年。

马致远非道士辩，冯爱文，中国文学研究，1988 年，第 2 期。

《钟馗降妖传》述略，程毅中，明清小说研究，1988 年，第 2 期。

道偈艺术管见，张振园，上海道教，1988 年，创刊号。

谓我有灵骨，法当游太清——道教对秦少游的影响（上），徐培均，上海道教，1988 年，创刊号。

论《金瓶梅词话》中的佛道教描写，朱越利，《金瓶梅》研究集，杜维沫、刘辉编，齐鲁书社，1988 年。

峨眉山仅存的两通道教碑，骆坤琪，四川文物，1988 年，第 2 期。

形象的导演，精神的传照——从曹雪芹对一僧一道的刻划看《红楼梦》主题的表现，贺逊武，萍乡教育学院学报，1988 年，第 4 期。

葛洪的文艺思想，张文勋，儒道佛美学思想探索，中国社会科学出版社，1988 年。

元人散曲的"道情"与"唱理"，李日星，湘潭大学学报，1988 年，第 4 期。

汪廷讷所作传奇考，蒋星煜，中国戏曲史索隐，齐鲁书社，1988 年。

汤显祖《邯郸记》的道化思想和明代中叶以后之社会，吕凯，汉学研究，1988 年，第 6 卷第 1 期。

道教对中国古代文学影响刍议，伍伟民，世界宗教研究，1988 年，第 4 期。

曹植与神仙，（法）侯思孟，亚洲专修（第三辑），1988 年；法国汉学（第四辑），中华书局，1999 年。

论中国古代文学中的游仙主题，王立，新疆师范大学学报，1988 年，第 1 期。

1987 年道教与文学研究述评，钟来因，江苏社联通讯，1988 年，第 4 期。

对陶渊明"五斗米"解释的质疑，揭克伦，四川师范大学学报，1988 年，第 6 期。

略论中国古代文学中的生死主题，王立，云南社会科学，1988 年，第 4 期。

关于《〈文选〉郭璞游仙诗李善注笺疏》的说明，郑宏华，青海民族学院学报，1988 年，第 4 期。

是求仙还是求贤：评曹操的游仙诗，张士骢，中国人民大学学报，1988 年，第 4 期。

玄言诗研究，王钟陵，中国社会科学，1988 年，第 5 期。

道教文学，古存云，中国大百科全书·宗教卷，中国大百科全书出版社，1988 年。

文坛千古两谪仙：李白与苏轼比较研究，葛景春，社会科学研究，1988 年，第 3 期。

瑶台梦与桃花洞：论道教与晚唐五代文人词，葛兆光，江海学刊，1988 年，第 4 期。

李商隐玉阳山恋爱诗解，钟来因，唐代文学研究（第 1 辑），山西人民出版社，1988 年。

赤壁赋·佛道儒·人生观，罗德荣，天津社会科学，1988 年，第 4 期。

吴伟业七言歌行的艺术特色：读《琵琶行》和《听女道士下玉京弹琴歌》，熊秉尧，内江高等师范专科学校学报，1988 年，第

1 期。

仙话——中国神话的一个分枝，袁珂，民间文艺季刊"仙话研究"专号，1988 年，第 3 期。

仙话与神话的关系及其异同，罗永麟，民间文艺季刊"仙话研究"专号，1988 年，第 3 期。

质的区别：仙话与神话，郑克宇，民间文艺季刊，1988 年，第 4 期。

论中国古代狐仙故事的历史发展，胡堃，民间文艺季刊"仙话研究"专号，1988 年，第 3 期。

六朝志怪小说的爱情模式与观念，周俐，淮阴高等师范专科学校学报，1988 年，第 2 期。

《红楼梦》与道教，牟钟鉴，文史知识，1988 年，第 11 期。

五佛四儒三分道，半官半隐一诗人：试论王维与三教之关系，刘珈珈，江西教育学院学报，1988 年，第 3 期。

《西洋记》的主旨及其与明代神魔小说中的扬佛贬道倾向，毛忠贤，宜春高等师范专科学校学报，1988 年，第 1 期。

谈谈明代短篇韵文小说《会仙女志》，陈飞，明清小说研究，1988 年，第 3 期。

《女仙外史》作者的名字及其他：与胡小炜同志商榷兼答周尚意同志，杨锺贤，天津师范大学学报，1988 年，第 5 期。

论曹雪芹的宗教观，高志忠、曾永辰，牡丹江师范学院学报，1988 年，第 4 期。

《西游记》的玉皇大帝、如来佛、太上老君探考，苏兴，东北师范大学学报，1988 年，第 1 期。

《西游记》系仙话小说述论，龚维英，明清小说研究，1988

年，第 2 期。

善取善创，别开生面 ——《西游记》续书略论，陈惠琴，明清小说研究，1988 年，第 3 期。

《西洋记》发微，冯汉镛，明清小说研究，1988 年，第 1 期。

论《西游记》的宗教思想，张乘健，社会科学战线，1988 年，第 1 期。

《西游记》与道教，刘荫柏，河北师范大学学报，1988 年，第 2 期。

大闹天宫是佛道斗争的产物，周亮，贵州大学学报，1988 年，第 2 期。

论《西游记》的整体意识及其对宗教神学的揶揄，宁宗一、罗德荣，天津师范大学学报，1988 年，第 3 期。

也谈《西游补》的作者，冯保善，明清小说研究，1988 年，第 2 期。

再论《封神演义》因袭《西游记》：与徐朔方同志商榷，方胜，徐州师范学院学报，1988 年，第 4 期。

《绿野仙踪》的作者版本及其他，陈新，明清小说研究，1988 年，第 1 期。

《镜花缘》与儒道文化，陈文新，明清小说研究，1988 年，第 1 期。

元前期曲坛与全真教，侯光复，文学遗产，1988 年，第 5 期。

民间故事与宗教文化，陈建宪，民间文艺季刊，1988 年，第 4 期。

吕洞宾传说的起源及与楚文化之渊源，黄海舟，巫风与神话，湖南文艺出版社，1988 年。

秦汉时代的神仙故事，澎湃，中华文艺，1988 年，第 94 期。

论葛洪的美学思想和文学思想，郁沅，中国文艺思想史论丛（第三辑），北京大学出版社，1988 年。

《茅山志》纂辑唐人诗文杂论商榷：兼考顾非熊生年，郭文镐，徐州师范学院学报，1988 年，第 4 期。

全真七子"马钰、谭处端、王处一、刘处玄、丘处机、郝大通、孙不二"词述评，香港中文大学中国文化研究所学报，1988 年，第 19 期。

邓志谟《萨真人咒枣记》研究，李丰楙，汉学研究，1988 年，第 6 卷第 1 期。

鬼月谈鬼戏，陈蓉蓉，中国时报，1988 年 9 月 11 日，第 18 版。

玄帝考，黄兆汉，道教研究论文集，香港中文大学出版社，1988 年。

张三丰与明帝，黄兆汉，道教研究论文集，香港中文大学出版社，1988 年。

许逊传说的形成与衍变，李丰楙，御手洗胜博士退官记念论文集，联经出版社，1988 年。

六朝道教洞天说与游历仙境小说，李丰楙，小说戏曲研究（第一集），联经出版社，1988 年。

关于《佛、道教影响中国小说考》，柳存仁，小说戏曲研究（第一集），联经出版社，1988 年；和风堂新文集（下），1997 年。

《西游记》的叙事结构与第九回的问题，余国藩著、李奭学译，中外文学，1988 年，第 10 期。

朝圣行——论《神曲》与《西游记》，余国藩著、李奭学译，中外文学，1988 年，第 2 期。

《西游记》的源流、版本、史诗与寓言（上），余国藩著、李奭学译，中外文学，1988 年，第 6 期。

《西游记》的源流、版本、史诗与寓言（下），余国藩著、李奭学译，中外文学，1988 年，第 7 期。

The Standard Taoist Mountain and Related Features of Religious Geography, Hahn Thomas, *Cahiers d'Extrême — Asie* 4, 1988.

Holy Mothers of Ancient China: A New Approach to the Hsi — wang— mu Problem, Fracasso Riccardo, *T'oung Pao* 74, 1988.

Ritualization of Texts and Textualization of Ritual in the Codification of Taoist Liturgy, Bell Catherine, *History of Religions* 27.4, 1988. （中国五世纪的通俗宗教诗歌，神弦歌，欧洲中国古典文学研究名家十年文选，侯思孟，乐黛云、陈珏、龚刚编选，江苏人民出版社，1998 年）

Taoist themes in Yuan drama (with emphasis on the plays of Ma Chih—yuan), Yu Shiao—ling, *Journal of Chinese Philosophy* 15.2, 1988.

Ritualization of texts and textualization of ritual in the codification of Taoist liturgy. Bell, C. *History of Religions*, 27 (4), 366—392, 1988.

Fan Tsu—yü's (1041—1098) lectures on T'ang emperors and their Taoist inclinations. Reiter, F. C. *Oriens*, 31 (1), 290—313, 1988.

A White Clouds Appointment with the Queen Mother of the West, Cahill, Suzanne. *Journal of Chinese Religions*, 16: 43—53, 1988.

History and the rhetoric of legitimacy: The Ma Tsu cult of Taiwan, Sangren, P Steven. *Comparative Studies in Society and History*, 30: 674—97, 1988.

Superscribing Symbols：The Myth of Guandi，Chinese God of war，Prasenjit Duara，*The Journal of Asian Studies*，Vol. 47，No. 4，pp. 778—795，1988.

『列仙伝』にみえる薬物について，大形徹，東方宗教，1988年，第 71 号。

『黃帝內經太素』と道家思想，村上嘉實，東方宗教，1988年，第 71 号。

南人寒門・寒人の宗教的想像力について——"眞誥"をめぐって，都築晶子，東洋史研究，1988 年，第 47 卷第 2 期。

『山海經』の「山經」にみえる藥物と治療，大杉徹，中国古代養生思想の總和的研究，坂出祥伸編，平河出版社，1988 年。

『列子』と神仙・養生思想，淺野裕一，中国古代養生思想の總和的研究，坂出祥伸編，平河出版社，1988 年。

『太平廣記』にあらわれた唐代の巫の職能，木曾庸介，大正大大學院研究論集，1988 年，第 12 号。

本際の思想——《太玄真一本際經》とその周邊，山田俊，集刊東洋學，1988 年，第 60 号。

「太平経」の承負と太平の理論について，神塚淑子，名古屋大学教養部紀要，1988 年，第 32 编。

1989 年

道教中的八仙，王进，中国道教，1989 年，第 4 期。

试论道教戏剧与道士戏，叶明生，民族艺术，1989 年，第 1 期。

昆仑神话与蓬莱仙话，孙元璋，民间文学论坛，1989 年，第 5 期。

《太平经》与七言诗的雏形，伍伟民，上海道教，1989 年，第 3、4 合期。

有关道教礼拜法典化过程中经文仪式化与仪式经文化之研究，白恺思，宗教史，1989 年，第 27 卷，第 4 期。

钟馗补说，程毅中，文史（第 19 辑），中国文史出版社，1989 年。

泉州道教与木偶戏、打城戏，林胜利，上海道教，1989 年，第 3、4 合期。

道曲情趣管见，詹仁中，音乐学习与研究，1989 年，第 1 期。

法曲考，丘琼荪，燕乐探微，上海古籍出版社，1989 年。

李卓吾评《西游记》艺术创造性，吴圣昔，明清小说研究增刊，1989 年。

汪象旭《西游证道书》评点的贡献，吴圣昔，明清小说研究增刊，1989 年。

汤显祖的儒道释三教，王煜，中国文化月刊，1989 年，第 12 期。

天水放马滩秦简综述，何双全，文物，1989 年，第 2 期。

论汤显祖的《邯郸记》，刘方政，戏曲研究，1989 年，第 5 期。

《钟馗全传》札记，刘世德，文学遗产，1989 年，第 3 期。

王维与道教，陈铁民，文学遗产，1989 年，第 5 期。

关于神话与文学的关系，苏晓星，南风，1989 年，第 1 期。

神话及其宗教功能的思维基础，邓启耀，山茶，1989 年，第

2 期。

中国文学中的三教合流与西方文学中的政教合一，马焯荣，湖南师范大学学报，1989 年，第 2 期。

试论宗教文学的内涵，赵建新，兰州大学学报，1989 年，第 4 期。

民间传说和宗教——以道教为例，陈耀庭，上海社会科学院学术季刊，1989 年，第 4 期。

论方士与汉代小说，张兴杰，兰州学刊，1989 年，第 4 期。

秦汉方士与秦汉文学，汪小洋，南京师范大学学报，1989 年，第 3 期。

晚唐桂林诗人曹唐考略，梁超然，广西师范大学学报，1989 年，第 4 期。

从《山海经》看道教神学的远源，朱越利，世界宗教研究，1989 年，第 1 期。

李白东海之行和他对道教态度的变化，康怀远，中国文学研究，1989 年，第 4 期。

黄尘草树徒纷披，几人探得神仙格：李贺神鬼诗探源，陈维国，重庆师范学院学报，1989 年，第 4 期。

感怀鱼玄机，张乘健，文学遗产，1989 年，第 4 期。

论唐代女诗人鱼玄机，苏者聪，武汉大学学报，1989 年，第 5 期。

论李白的仙道思想，曹方林，中国文学研究，1989 年，第 4 期。

奇思妙想新游仙：漫话近代游仙诗，夏晓虹，读书，1989 年，第 12 期。

方内游仙，坎壈咏怀：如何看待郭璞《游仙诗》，倪其心，文史知识，1989 年，第 10 期。

试论志怪小说演化的宗教背景，吴维中，兰州大学学报，1989 年，第 4 期。

由《游仙窟》说到唐传奇的衰亡，张虎昇，江汉论坛，1989 年，第 3 期。

《西游记》的三教合一和佛道轩轾，吴承学，汕头大学学报，1989 年，第 2 期。

四十年来《西游记》研究状况简评，郝浚，文史知识，1989 年，第 1 期。

《西游补》作者是谁之再辩——答冯保善同志，高洪钧，明清小说研究，1989 年，第 1 期。

名士贤相—道士神仙—忠臣贤相：诸葛亮人格的演变和诸葛亮形象的塑造，于朝贵、曹音，黑龙江财专学报，1989 年，第 3 期。

试论道教对明代神魔小说的影响，徐振贵，齐鲁学刊，1989 年，第 6 期。

佛、道影响与中国古典小说的民族特色，张稔穰、刘连庚，文学评论，1989 年，第 6 期。

整合的历程：论唐僧形象的演变——兼及中国小说演变里程的理论意义，蔡铁鹰，汉中师范学院学报，1989 年，第 3 期。

一部不该冷落而被冷落了的优秀作品——评《绿野仙踪》，徐君慧，明清小说研究，1989 年，第 4 期。

《封神演义》的拟史诗性及其生成，萧兵，明清小说研究，1989 年，第 2 期。

《封神演义》序，蒋和森，社会科学辑刊，1989年，第2期。

试论傩堂戏与宗教之关系，顾朴光，贵州民族学院学报，1989年，第3期。

西王母不是女人，林隆盛，"中央"日报，1989年2月27日，第17版。

昆仑神话与蓬莱仙话，孙元璋，民间文学论坛，1989年，第5期。

"五斗米"不是道教的"日俸"，慕陶，九江高等师范专科学校学报，1989年，第1期。

这个"五斗米"不是道教，汪梅，九江高等师范专科学校学报，1989年，第1期。

中国古典文艺的宗教精神，罗光，哲学与文化，1989年，第16卷第3期。

贵州傩戏：戏剧的活化石，李建国，民间文艺季刊，1989年，第3期。

傩戏与生殖信仰——傩戏与傩文化的原始功能及其演变，张铭远，民族文学研究，1989年，第4期。

壶中别有日月天——李白与道教，葛景春，李白学刊（第二辑），上海三联书店，1989年。

唐代公主入道与送宫人入道诗，李丰楙，第一届国际唐代学术会议论文集，唐代研究学者联谊会，1989年。

白居易与佛道关系重探，罗联添，第一届国际唐代学术会议论文集，台北唐代研究学者联谊会，1989年；唐代文学论集（下），学生书局，1989年。

道教谪仙传说与唐人小说，李丰楙，"中央"研究院第二届国际汉学会议论文集文学组上册，"中央"研究院，1989 年。

神仙与富贵之间的抉择——唐代小说中一个常见的主题，小说戏曲研究第二集，联经出版社，1989 年。

邓志谟《铁树记》研究，李丰楙，小说戏曲研究第二集，联经出版社，1989 年。

文学与神话——台湾"中国文学中的神话"研究情况综述，王维，世界经济与政治论坛，1989 年，第 2 期。

孙不二女丹内功次第诗注，陈撄宁，道教与养生，华文出版社，1989 年。

仙、妓与洞窟：唐五代曲子词与游仙文学，李丰楙，宋代文学与思想，学生书局，1989 年。

《女仙外史》的魔教观，颜美娟，小说戏曲研究第二集，联经出版社，1989 年。

英译《西游记》的问题——为亚洲协会国际中英文翻译研讨会而作，余国藩、李奭学，中外文学，1989 年，第 11 期。

The Popular Pantheon During the T'ang—Sung Transition, Hansen Valerie, in *Paper for the Symposium on Religion and Society in China 750 —1300*, Hsi Lai Temple, 1989.

Visualization and Ecstatic Flight in Shangqing Taoism, Robinet Isabelle, in *Taoist Meditation and Longevity Techniques*, ed. Livia Kohn, Ann Arbor：The University Of Michigan Press, 1989.

Body and Mind：The Chinese Perspective, Ishida Hidemi, in *Taoist Meditation and Longevity Techniques*, ed. Livia Kohn, Ann Arbor：The University Of Michigan Press, 1989.

Actions Speak Louder Than Words：The Cultural Significance of

Chinese Ritual Opera, Johnson David, in *Ritual Opera*, *Operatic Ritual*: "*Mu—lien Rescues His Mother*" *in Chinese Popular Culture*, ed. David Johnson, Berkeley: University of California, 1989.

Visualization and Ecstatic Flight, Robinet Isabelle, In *Taoist Meditation and Longevity Techniques*, ed. Livia Kohn, Ann Arbor: Center for Chinese Studies, University of Michigan, 1989.

A Study of Buxu: Taoist Liturgical Hymn and Dance, Schipper Kristofer, in *Studies of Taoist Rituals and Music of Today*, ed. Pen—yeh Tsao and Daniel O. L. Law, Hong Kong: The Chinese Music Archive, Music Department, Cuhk, and Society of Ethnomusiciological Research in Hong Kong, 1989.

Zhouyi Interpretation From Accounts in The *Zuozhuan*, Kidder Smith, Jr., *Harvard Journal of Asiatic Studies* 49.2, 1989.

Mu—lien Plays in Taoist Liturgical Context, Schipper Kristofer, in *Ritual Opera*, *Operatic Ritual*: "*Mu—lien Rescues His Mother*" *in Chinese Popular Culture*, ed. David Johnson, Berkeley: University of California, pp. 126—154, 1989.

Mu—lien plays in Taoist liturgical context. Köhn, L. in *Ritual Opera*, *Operatic Ritual*: "*Mu—lien Rescues His Mother*" *in Chinese Popular Culture*, ed. David Johnson, Berkeley: University of California, pp. 126—154, 1989.

Inner Alchemy: Notes on the Origin and Use of the Term neidan, Farzeen Baldrian—Hussein, *Cahiers d'Extrême—Asie* 5, 1989.

Disarming intruders: Alien women in Liaozhai zhiyi. Barr, A. *Harvard Journal of Asiatic Studies*, 49 (2), 501—517, 1989.

Review: History Writing and Spirit Writing in Seventeenth—Century China. Barrett, T. *Modern Asian Studies*, Vol. 23, No. 3, pp. 597—608, 1989.

Ch'iu Ch'u—chi, ein, Alchemist im China des frühen 13. Jahrhunderts. Neue Gesichtspunkte für eine historische Bewertung. Reiter, F. C. *Zeitschrift der Deutschen Morgenländischen Gesellschaft*, 139 (1), 184—207, 1989.

Chinese Metaphor again: Reading—and understanding—imagery in the Chinese poetic tradition. Bokenkamp, S. R. *Journal of the American Oriental Society*, 211—221, 1989.

Actions Speak Louder Than Words: The Cultural Significance of Chinese Ritual Opera. Johnson, David. In David Johnson, ed., *Ritual Opera, Operatic Ritual: "Mu—lien Rescues His Mother" in Chinese Popular Culture*, 1—45. Berkeley: University of California Press, Chinese Popular Culture Project, 1989.

Visualization and Ecstatic Flight. Robinet, Isabelle. In Livia Kohn, ed. *Taoist Meditation and Longevity Techniques*. Ann Arbor: Center for Chinese Studies, Michigan: University of Michigan, pp. 157—190, 1989.

A Study of Buxu: Taoist Liturgical Hymn and Dance, Schipper Kristofer, in *Studies of Taoist Rituals and Music of Today*, Pen—yeh Tsao and Daniel O. L. Law eds, Hong Kong: The Chinese Music Archive, Music Department, CUHK, and Society of Ethnomusiciological Research in Hong Kong, pp. 110—20, 1989.

The Early Traditions Relating to the Han Dynasty Transmission of the Taipingjing, Part One, Jens Østergård Petersen, *Acta Orientalia* 50, 133—171, 1989.

唐代に見られる救苦天尊信仰について，遊佐昇，東方宗教，1989 年，第 73 号。

『列仙伝』をめぐる二三の問題，平木康平，東方宗教，1989 年，第 73 号。

嵇康の"難宅無吉凶攝生論"によせて，邊土名朝邦，中国哲學論集第 15 集，1989 年。

嵇康における「神仙」思想と「大道」の理想について，馬場英雄，國學院雜誌，1989 年，第 90 期。

"眞誥"と"四十二章経"，石井昌子，創價大學人文論集第 2 集，創價大學人文學部，1989 年。

急急如律令を探る，前田良一，道教と東アジア，人文書院，1989 年。

1990 年

邱处机写过《西游记》吗？——虞集《西游记序》真伪辨之一，吴圣昔，复旦学报，1990 年，第 4 期。

《西游记》陈序称"旧有序"是指虞序吗？——虞集《西游记序》真伪辨之一，吴圣昔，南京社会科学，1990 年，第 4 期。

从苏颂诗文看北宋朝廷与道教的关系，詹石窗，福州高等师范专科学校学报，1990 年，第 3 期。

道教与文学艺术，詹石窗，道教与中国传统文化，卿希泰主编，福建人民出版社，1990 年。

浅论汉画中的升仙工具，钰金、王清建，南都学坛，1990 年，第 5 期。

契丹原始宗教在辽代艺术中的反映，吕明，艺术工作，1990 年，第 3 期。

上士登仙图与维摩诘经变——莫高窟第 249 窟窟顶壁画再探，宁强，敦煌研究，1990 年，第 1 期。

试析汉画中的《雷神出行图》，牛耕，南都学坛，1990 年，第 5 期。

北京白云观的道教音乐，张鸿懿，中国音乐，1990 年，第 4 期。

全真·应付·火居——武当道乐析略，史新民，黄钟，1990 年，第 1 期。

儒道两家的音乐美学传统，余树声，中国社会科学，1990 年，第 5 期。

儒道音乐美学思想在历史上的分镳与合流，周畅，音乐艺术（上海音乐学院学报），1990 年，第 2 期。

试论"武当韵"——兼谈道教音乐的哲学蕴含，刘红、黄钟，1990 年，第 1 期。

台湾天师派道教仪式音乐的功能，吕锤宽，中国音乐学，1990 年，第 3 期。

道教声乐研究漫谈，蒲亨强，民族艺术，1990 年，第 2 期。

"傩坛巫音"与音乐起源"巫觋说"，邓光华，贵州师范大学学报，1990 年，第 2 期。

《淮南子》音乐美学思想初探，赵为民，中国音乐学，1990 年，第 3 期。

马致远"神仙道化"剧的积极意义，贺旭志、赵仲颖，长沙水电师院学报，1990年，第1期。

人欲横流：戏曲与宗教的悖逆（上），郑传寅，戏剧文学，1990年，第3期。

人欲横流：戏曲与宗教的悖逆（下），郑传寅，戏剧文学，1990年，第4期。

方仙道的产生和发展——论方仙道之一，郑杰文，中国道教，1990年，第4期。

从方仙道到道教，郑杰文，天府新论，1990年，第4期。

从道家的观点看汉族和布农族的变形神话，郑恒雄，汉学研究，1990年，第8卷1期。

仙话——神仙信仰的文学，郑土有，中外文学，1990年，第7期。

贵溪的民间道教戏曲，贾保胜，中国道教，1990年，第4期。

中晚唐传奇小说与道教，詹石窗、黄景亮，宗教学研究，1990年，第1、2合期。

《太平经》中的音乐理论，李养正，黄钟，1990年，第1期。

青词琐谈，长虹，中国道教，1990年，第2期。

道教"隐语瘦词"的符号学意义，王强，社会科学报，1990年4月5日。

"无恋亦无厌，始是逍遥人"——道教对白居易诗歌创作的影响，罗伟国，上海道教，1990年，第1、2期。

许逊与吴猛，张泽洪，世界宗教研究，1990年，第1期。

张君房事迹考述，卢仁龙，世界宗教研究，1990年，第1期。

中国民间叙事文学的道教色彩，刘守华，中国道教，1990年，第 1 期。

论宗教文学在中国文化史上的作用和地位，赵建新，兰州大学学报，1990 年，第 2 期。

志怪与魏晋南北朝宗教，吴维中，兰州大学学报，1990 年，第 2 期。

神话与宗教的关系及其基本特征，马焯荣，湖南科技大学学报，1990 年，第 1 期。

论宗教与瑶族民间文学的关系，刘保元，中南民族学院学报，1990 年，第 5 期。

何必青灯古佛旁——文学与佛道，陈平原，文学自由谈，1990 年，第 2 期。

对民间文学与宗教关系的再认识，许英国，青海社会科学，1990 年，第 2 期。

中国民间叙事的道教色彩，刘守华，人民日报海外版，1990 年 3 月 6 日，第 2 版。

郭璞的文化成就及其悲剧结局，郭润伟，晋阳学刊，1990 年，第 2 期。

道教与李白诗歌的想象艺术，胡遂，中国文学研究，1990 年，第 2 期。

关于台湾版《苏轼与道家道教》，钟来因，社科信息，1990 年，第 9 期。

论李白的游仙诗，孟修祥，人文杂志，1990 年，第 5 期。

蛇神牛鬼，发其问天游仙之梦：《化人游》初探，石玲，山东师范大学学报，1990 年，第 3 期。

《长恨歌》与佛道关系论述的新进展，唐音街，社科信息（南京），1990 年，第 3 期。

宗教文化与古典戏曲，郑传寅，传统文化与古典戏曲，湖北教育出版社，1990 年。

鬼神是人创造的——魏晋南北朝志怪小说与鬼神世界初探，李希跃，广西师范大学学报，1990 年，第 2 期。

生命的渴望与超越：中国仙话研究刍议，梅新林，浙江师范大学学报，1990 年，第 3 期。

论道教对唐代传奇创作的影响，胥洪泉，四川师范大学学报，1990 年，第 4 期。

论《水浒传》崇道抑佛的倾向及产生的根源，黄毓文，吉林师范学院学报，1990 年，第 1 期。

《水浒传》的宗教文化意识，龚海平、吴晓平，内蒙古民族师范学院学报，1990 年，第 1 期。

人间何处有净土：略析《红楼梦》里的僧道世界，刘亮，新疆大学学报，1990 年，第 4 期。

道无道，释莫释：谈谈《红楼梦》中的道士僧人，文克平，红楼梦学刊，1990 年，第 4 期。

《封神演义》与神权，张颖、陈速，明清小说研究，1990 年，第 1 期。

试谈《西游记》的五行说思想，徐传武，山东大学学报，1990 年，第 1 期。

略论《西游记》续书三种，石麟，明清小说研究，1990 年，第 2 期。

论孙悟空的宗教意识，周寅宾，湖南师范大学社会科学学报，1990 年，第 6 期。

《韩湘子全传》探源，王若、韩锡铎，明清小说研究，1990年，第2期。

评道教小说《韩湘子全传》，方胜，明清小说研究，1990年，第2期。

邓志谟道教小说的谪仙结构——兼论中国传统小说的神话结构，李丰楙，明清小说研究，1990年，第3、4期。

中国戏剧文化的宗教基因，周育德，文艺研究，1990年，第5期。

关汉卿杂剧的宗教意识（提要），郑志明，河北师范学院学报，1990年，第2期。

马致远神仙道化剧试论，李德仁，中国文学研究，1990年，第2期。

元代释、道剧初探，庆振轩，兰州大学学报，1990年，第1期。

愤世·超世·审美超越：试论马致远散曲的隐逸主题，杨栋，河北师范学院学报，1990年，第2期。

蹉跎半世，悲剧一生——元曲家马致远生平思想臆说，郝浚，河北师范学院学报，1990年，第2期。

马致远版本的失败哲学，周月亮，河北师范学院学报，1990年，第2期。

忧患·抗争·超脱：马致远杂剧思想论，申士尧，河北师范学院学报，1990年，第2期。

陶弘景的仙道思想，余崇生，中国书目季刊，1990年，第1期。

几本道书里的五更联章俗曲，胡红波，道教学探索（第3

号），"国立"成功大学历史系道教研究室，1990年。

宋徽宗崇道神话的探讨，萧百芳，道教学探索（第3号），"国立"成功大学历史系道教研究室，1990年。

从《楚辞通释·远游》看内丹的发展，萧培，中国文化月刊，1990年，第130期。

《老子想尔注》的形成及其道教思想，李丰楙，东方宗教研究，1990年，新第1期。

论想尔注为牵引老子本经作道教义理之津梁：兼述想尔与《五千文》之渊源，苏莹辉，宗教与文化，郑志明编，学生书局，1990年。

宋代水神许逊传说之研究，李丰楙，汉学研究，1990年，第5卷第8期。

神仙与高僧——魏晋南北朝宗教心态试探，蒲慕洲，汉学研究，1990年，第8卷第2期。

《叶净能诗》探研，陈炳良，汉学研究，1990年，第8卷第1期。

安息罢，安息罢，受扰的灵！——中国传统小说里的鬼，余国藩著，范国生译，中外文学，1990年，第4期。

《西游记》的源流、版本、史诗与寓言（上）（下），余国藩著，李奭学译，中外文学，1990年，第6期、7期。

李白的隐逸求仙生活，施逢雨，清华学报，1990年，第19卷第2期。

孟郊《列仙文》与道教降真诗，李丰楙，唐代学术论文集，1990年；唐代文化研讨会论文集，文史哲出版社，1991年。

神的歌：5世纪中国的民间宗教诗歌，侯思孟，亚洲专修（第三辑），1990 年。

道教谪仙说与唐人小说，李丰楙，第二届国际汉学会议论文集，1990 年。

《红楼梦》里的自我与家庭——林黛玉悲剧形象新论，余国藩著，李奭学译，中外文学，1990 年，第 6 期。

《西游记》若干情节的本源十探，曹仕邦，书目季刊，1990 年，第 3 期。

《西游记》——一个"奇幻文类"的个案研究，曾丽玲，中外文学，1990 年，第 3 期。

Unravelling the Cult behind the Scripture, Cedzich Ursula Angelika, in *Paper for the Conference on the Rituals and Sciptures of Chinese Popular Culture*, Bodega Bay, 1990.

The All—Chinese Pantheon of the Shui—lu chai, Gyss—Vermande Caroline, in *Paper for the Conference on dthe Rituals and Scriptures of Chinese Popular Culture*, Bodega Bay, 1990.

Who compiled the Ghuang Tzu, Roth Harold D, in *Chinese Texts and Philosophical Contexts*, ed. H. Rosemont, American Academy of Religion, 1990.

Kou—mang and Ju—shou, Riegel Jeffrey, *Cahiers d'Extrême — Asie* 5, 1990.

The Anti—Messianism of the Taiping jing, Petersen Jens Astergaard, *Studies in Central East Asian Religions* 3, 1990.

La littérature divinatoire dans le Daozang, Kalinowski Marc, *Cahiers d'Extrême — Asie* 5, 1990.

Stages of Transcendence: The Bhūmi Concept in Taoist Scriptures,

Stephen R. Bokenkamp, in *Chinese Buddhist Apocrypha*, ed. Buswell, Honolulu: University of Hawaii Press, 1990.

Looking for Mr. Ho Po: Unmasking the River God of Ancient China, Whalen Lai, *History of Religions* 29, 1990.

The Study of the Daozang, Andersen Poul, *Studies in Central East Asian Religions* 3, 1990.

Comptes Des Dieux, Calculs Des Hommes: Essai Sur La Notion De Retribution Dans Les Contes En Langue Vulgaire Du 17E Siecle, françoise Lauwaert, *T'oung Pao* 76, 1990.

Songs for the Gods: the Poetry of Popular Religion in Fifth—Century China, Holzman Donald, *Asia Major* 3. 1, 1990.

A Mongolian legend of the building of Peking. Chan, H. —l. *Asia major*, 63—93, 1990.

Review : Sound and Sense in the Study of Chinese Popular Culture. Mair, V. H. *Chinese Literature: Essays, Articles, Reviews* (*CLEAR*), Vol. 12, pp. 119—127, 1990.

A Chinese Patriot's Concern with Taoism: The Case of Wang O (1190—1273) . Reiter, F. C. *Oriens Extremus*, 95—131, 1990.

Review: Understanding Reality: A Taoist Alchemical Classic by Chang Po—tuan, with a Concise Commentary by Liu I—ming. By Thomas Cleary. Yao, T. —c. *Journal of the American Oriental Society*, Vol. 110, No. 1, pp. 113—114, 1990.

Goddesses in Chinese Religions. Chan, Alan K. L. in Larry Hurtado (ed.), *Goddesses in Religions and Modern Debate*, Scholars Press: Atlanta, 1990.

Return—from—Death Narratives in Early Medieval China, Company, Robert. *Journal of Chinese Religions* 18：91—125，1990.

"Survival" as an Interpretive Strategy：A Sino—Western Comparative Case Study, Company, Robert. *Method and Theory in the Study of Religion* 2. 1：1—26，1990.

Looking for Mr. Ho Po：Unmasking the River God of Ancient China, Whalen Lai, *History of Religions*, 29. 4，335—350，1990.

The Early Traditions Relating to the Han Dynasty Transmission of the Taipingjing, part2, Jens Østergård Petersen, *Acta Orientalia* 51, 173—216，1990.

孫綽「遊天臺山賦」について，石川忠久，東方宗教，1990年，第75号。

海空経の思想とその著者について，砂山稔，隋唐道家思想史研究，平和出版社，1990年。

上清経と霊寶経の終末論，小林正美，東方宗教，1990年，第75号。

方諸青童君をめぐって——六朝上清派道教の一考察，神塚淑子，東方宗教，1990年，第76号。

杜甫における道教（上），深澤一幸，大阪大學，言語文化研究，第16期，1990年。

變身譚の變容：六朝誌怪から《聊齋志异》まで，戸倉英美，東洋文化，1990年，第71期。

1991 年

中西宗教文学漫议，马焯荣，文艺争鸣，1991年，第3期。

奔腾于内心世界的激流——宗教情感与文学情感的比较研究，蔡毅，天津社会科学，1991年，第6期。

陶弘景与佛教史实考辨，卢仕龙，史林，1991年，第4期。

《天妃娘娘传》故事源流考：兼论海神天妃兴衰的时代背景，高梁，明清小说研究，1991年，第8期。

《水浒传》的道教构架及其与《宣和遗事》、《荡寇志》的关系，马清江，江海学刊，1991年，第3期。

《梦游天姥吟留别》诗题诗旨辨，啸流，中国李白研究——中国首届李白研究国际学术讨论会论文集，江苏古籍出版社，1991年。

道教与诸葛亮的形象塑造，曹学伟，《三国演义》与中国文化，巴蜀书社，1991年。

《封神演义》的道说，盛巽昌，上海道教，1991年，第4期。

身处清凉界，别开一家风——全真道教词初探，庆振轩，兰州大学学报，1991年，第1期。

墨家与早期道教，郑杰文，墨子研究论丛第一辑，山东大学出版社，1991年。

方仙道的方术——论方仙道之二，郑杰文，中国道教，1991年，第1期。

方仙道的派系——论方仙道之三，郑杰文，中国道教，1991年，第2期。

《霓裳羽衣》传自月宫的神话新解，方诗铭，中华文史论丛第四十八辑，上海古籍出版社，1991年。

试论宗教与民间文学亲缘关系，王光荣，广西师范学院学报，1991年，第4期。

《高唐》、《神女》的宗教分析与楚史研究，王澧华，湘潭大学学报，1991 年，第 1 期。

论《周易》卦辞与巫歌的关系，廖有志、付京生，驻马店高等师范专科学校学报，1991 年，第 1 期。

考古遗迹中原始宗教述评，刘式今，世界宗教研究，1991 年，第 3 期。

试论《金瓶梅》的宗教背景及宗教流行，黄吉昌，昭通师专学报，1991 年，第 1 期。

论武当道乐之特征，史新民，黄钟，1991 年，第 4 期。

论文学与宗教的关系及其相互影响，蔡毅，海南师范学院学报，1991 年，第 4 期。

磻溪河畔之石经幢与丘祖内传碑，沈镇桂，中国道教，1991 年，第 2 期。

鲁迅的道教文化观，朱晓进，鲁迅研究月刊，1991 年，第 3 期。

唐代诗境说中的禅与道，胡晓明，华东师范大学学报，1991 年，第 3 期。

李白炼丹地点考，毛水清，中国李白研究（一九九一年集）——中国首届李白研究国际学术讨论会论文集，中国李白研究会、安徽马鞍山李白纪念馆，1991 年。

魏晋神女传说与道教神女降真传说，李丰楙，魏晋南北朝文学与思想研讨会论文集，文史哲出版社，1991 年。

元遗山与全真教，李丰楙，纪念元好问八百年诞辰学术研讨会论文集，1991 年。

唐代《洞渊神咒经》写卷与李弘，李丰楙，第二届敦煌学国际研讨会论文集，1991 年。

浅论云南民族民间传说故事中的道教色彩，王建，山茶，1991年，第 5 期。

死亡起源神话略考，郭于华，民间文学论坛，1991 年，第3 期。

玉皇大天帝与儒教和道教的融合，李申，世界宗教研究，1991年，第 2 期。

金代曹道士碑之调查与初步研究，丹化沙，求是学刊，1991年，第 3 期。

马致远与朱有燉神仙道化戏异同辨，吴振国，青岛高等师范专科学校学报，1991 年，第 4 期。

明清小说里的三教合流，马荣，明清小说研究，1991 年，第3 期。

论中国宗教文学的民族特征，赵建新，兰州大学学报，1991年，第 1 期。

从宗教描写看中国古代小说的人文主义传统，陈洪，天津社会科学，1991 年，第 3 期。

试论宗教与民间文学的亲缘关系，王光荣，广西师范学院学报，1991 年，第 4 期。

相思梦与游仙枕：梦与中国古典文学二题，王立，山西师范大学学报，1991 年，第 4 期。

论佛道教与中国美学，吴功正，世界宗教研究，1991 年，第1 期。

《文心雕龙》：综合儒道佛的美学建构，施惟达，云南社会科学，1991 年，第 2 期。

再论曹植的游仙诗，陈飞之，广西师范大学学报，1991 年，第 2 期。

道教经韵乐章与古代宫廷祭祀乐章，王忠人，黄钟（武汉音乐学院学报），1991 年，第 4 期。

魏晋南北朝文学与道教，李生龙，中国文学研究，1991 年，第 3 期。

论谢灵运《山居赋》的宗教意象与文学轨迹，王连儒，临沂高等师范专科学校学报，1991 年，第 3 期。

郭璞引书及其价值，王霁云，萍乡教育学院学报，1992 年，第 2 期。

《淮南子》与《文心雕龙》，马白，文史哲，1991 年，第 6 期。

郭璞行年考，沈海波，四川师范学院学报，1991 年，第 4 期。

东方诗仙与西方诗魔：李白与拜伦比较研究，葛景春，中州学刊，1991 年，第 6 期。

三论白居易与道教——关于《长恨歌》与道教的关系，钟来因，江苏社会科学，1991 年，第 6 期。

李白与道教，孔繁，世界宗教研究，1991 年，第 4 期。

"求仙"与"求官"：论李白的游泰山诗，袁爱国，山东社会科学，1991 年，第 3 期。

李杜苏诗中的时间观念及其思想渊源，蒋寅，学人（第 1 辑），江苏文艺出版社，1991 年。

酒神精神与诗仙李白，罗田，云梦学刊，1991 年，第 1 期。

何必若蜉蝣，然后为局促：略说李益《华山南庙》和《入华山访隐者经仙人石坛》，李炎，渭南高等师范专科学校学报，1991 年，第 3、4 期。

奇人吕洞宾生卒年代及身世再探：对李裕民先生《吕洞宾考辨》一文的专辨，吕作芳、吕作昕，温州师范学院学报，1991 年，第 2 期。

试论佛道对苏轼的影响，王俊华，求是学刊，1991 年，第 5 期。

论宋代词人与佛道思想的联系，史双元，南京师范大学学报，1991 年，第 2 期。

全真教的流行："避世——玩世"哲学蔓延的催化剂，李昌集，中国古代散曲史，华东师范大学出版社，1991 年。

中国道教与神话，刘守华，民间文学论坛，1991 年，第 5 期。

汉魏六朝志怪书的神秘主义幻想，杨义，齐鲁学刊，1991 年，第 5 期。

巨人——齐鲁神话与仙话的艺术概括，袁珂，思想战线，1991 年，第 4 期。

仙女尘夫模式：一个古老而幻美的主题原型，张清华，山东社会科学，1991 年，第 1 期。

蓬莱昆仑神话同源于东夷考，李炳海，东岳论丛，1991 年，第 1 期。

从志怪到传奇——《游仙窟》平议，王枝忠，福建论坛，1991 年，第 1 期。

《补江总白猿传》新探，卞孝萱，西北师范大学学报，1991 年，第 3 期。

唐代小说与道教，陈辽，上海道教，1991 年，第 3 期。

从《游仙窟》看小说由志怪到传奇的演进之迹，张世同，古典文学知识，1991 年，第 4 期。

道教影响下的"闾巷闾意"：略谈《东游记》，原田，宁夏教育学院学报，1991 年，第 2 期。

尝试与启示：论《绿野仙踪》，王全力，明清小说研究，1991 年，第 4 期。

蒲松龄的哲学思想和宗教鬼神观念，谭兴戎，南开学报，1991 年，第 4 期。

《金瓶梅》与道教，陈辽，南通高等师范专科学校学报，1991 年，第 2 期。

《西游证道书》"原序"是虞集所撰吗：虞集《西游记序》真伪探考，吴圣昔，明清小说研究，1991 年，第 3 期。

来往于人间绿野上的侠踪仙影，周维培，古典文学知识，1991 年，第 3 期。

《水浒传》抑佛也抑道还抑儒：与黄毓文先生共鸣和异议，周克良，大庆高等师范专科学校学报，1991 年，第 3 期。

论《女仙外史》艺术上的选择，张强，明清小说研究，1991 年，第 1 期。

《绿野仙踪》散论，卿三洋，明清小说研究，1991 年，第 2 期。

《封神演义》的成书及作者，陆三强，陕西师范大学学报，1991 年，第 2 期。

脉承与超越——论《镜花缘》，钟明奇，明清小说研究，1991 年，第 4 期。

马致远隐逸思想探析，傅希尧，渤海学刊，1991 年，第 3、4 期。

江西道士演出的目连戏，毛礼镁，剧海，1991 年，第 6 期。

马致远与朱有燉神仙道化戏异同辨，吴振国，青岛高等师范专科学校学报，1991 年，第 4 期。

道教戏曲简介，朱建明，上海道教，1991 年，第 1 期。

从游仙诗看曹氏父子的性格与风格，张钧莉，中外文学，1991 年。

曹唐大游仙诗与道教传说，李丰楙，中华学苑，1991 年，第 41 期；唐代文学研究（第 3 辑），广西师范大学出版社，1992 年。

元道士画家：黄公望，徐健勋，道教学探索（第 5 号），"国立"成功大学历史系道教研究室，1991 年。

从宋徽宗崇道嗜艺术的角度观《宣和画谱》的道释绘画，萧百芳，道教学探索（第 4 号），"国立"成功大学历史系道教研究室，1991 年。

明杂剧之道教主题研究，谌湛，光武学报，1991 年，第 16 期。

从元人文集看元代全真教之发展，龚鹏程，道教文化，1991 年，第 5 卷第 3 期。

成玄英《庄子疏》初探，龚鹏程，道教新论，学生书局，1991 年。

元代一文学道士张雨，吴季晏，道教学探索（第 4 号），"国立"成功大学历史系道教研究室，1991 年。

《洞渊神咒经》的神魔观及其克治说，李丰楙，东方宗教研究，1991 年，新第 2 期。

《枕中记》在唐传奇中地位的再认定，王梦鸥主讲，林宗毅记录，中国文哲研究通讯，1991 年，第 1 卷第 1 期。

第二届国际文学与宗教会议专辑前言，康士林著，李奭学译，中外文学，1991 年，第 4 期。

《西游记》——一个"奇幻文类"的个案研究，曾丽玲，中外文学，1991 年，第 3 期。

《天地阴阳交欢大乐赋》发微，江晓原，汉学研究，1991 年，第 9 卷第 1 期。

评介马西沙《清代八卦教》，王煜，汉学研究，1991 年，第 9 卷第 1 期。

郭璞游仙诗浅析，黄坤尧，孔孟月刊，1991 年，第 29 卷第 6 期。

庄子与神仙思想关系初探，刘慧珠，孔孟月刊，1991 年，第 29 卷第 12 期。

范仲淹及其门徒对佛道两教的态度，儒道释与中国文豪，王煜，台湾学生书局，1991 年。

王畿表弟徐渭的三教因缘，儒道释与中国文豪，王煜，台湾学生书局，1991 年。

汤显祖的儒释道三向，儒道释与中国文豪，王煜，台湾学生书局，1991 年。

不死之探求——道教的特质，儒道释与中国文豪，王煜，台湾学生书局，1991 年。

从游仙诗看曹氏父子的性格与风格，张钧莉，中外文学，1991 年，第 5 期。

情僧浮沉录——论《石头记》的佛教色彩，余国藩著，李奭学译，中外文学，1991 年，第 8 期。

虚构的石头与石头的虚构——论《红楼梦》的语言对应性及宗教象征系统，余国籓著，李奭学译，中外文学，1991 年，第

5 期。

Psychology and Self—Cultivation in Early Taoistic Thought, Harold D. Roth, *Harvard Journal of Asiatic Studies* 51. 2, 1991.

The Enchantment of Wealth: The God Wutong in the Social History of Jiangnan, Richard Von Glahn, *Harvard Journal of Asiatic Studies* 51. 2, pp. 651—714, 1991.

Taoism and Literature: the " Pi—lo " Question, Stephen R. Bokenkamp, *Taoist Resources* 3. 1, p. 57—72, 1991.

The Wang Ziqiao Stele, Holzman Donald, *Rocznik orientalistyczny* 47. 2, 1991.

A Pilgrimage in Seventeenth—century Fiction: T'ai—shan and the " Hsing—shih Yin—yuan chuan ", Glen Dudbrige, *T'oung Pao* 77. 4, 1991.

Sublimation in Medieval China: The Case of the Mysterious Woman of the Nine Heavens, Cahill Suzanne E, *Journal of Chinese Religions* 20, pp. 15—34, 1991.

Ghosts Matter: The Culture of Ghosts in Six Dynasties Zhiguai, Robert Ford Campany, *Chinese Literature: Essays, Articles, Reviews* 13, 1991.

Review: Immortelles de la Chine ancienne: Taoisme et alchimie féminine. Köhn, L. *Revue Bibliographique de Sinologie*, *NOUVELLE SéRIE*, Vol. 9, pp. 369—370, 1991.

The Making of an Immortal: The Exaltation of Ho Chih—chang. Kirkland, R. *Numen*, 38 (2), 214—230, 1991.

A Journey of the Mind: The Basic Allegory in Hou Xiyou ji. Liu,

X. Chinese Literature: *Essays*, *Articles*, *Reviews* (*CLEAR*), 13, 35—55, 1991.

Near—death folklore in medieval China and Japan: A comparative analysis. McClenon, J. *Asian folklore studies*, 319—342, 1991.

The petrified heart: Obsession in Chinese literature, art, and medicine. Zeitlin, J. T. *Late Imperial China*, 12 (1), 1—26, 1991.

The Persistence of Female Deities in Patriarchal China, Paper, Jordan. *Journal of Feminist Studies in Religion*, 6: 25—40, 1991.

Notes on the Devotional Uses and Symbolic Functions of Sutra Texts as Depicted in Early Chinese Buddhist Miracle Tales and Hagiographies, Company, Robert. *Journal of the International Association of Buddhist Studies* 14. 1: 28—72, 1991.

Useless and Useful Survivals: A Reply to Robert A. Segal, Company, Robert. *Method and Theory in the Study of Religion* 3. 1: 100—114, 1991.

『神農本草經』の神仙観，大形徹，東方宗教，1991 年，第 77 号。

『淮南子』本経訓について一因循思想の分岐點，有馬卓也，東方宗教，1991 年，第 77 号。

謝自然と道教，遊佐昇，儒、仏、道三教思想論考，山喜房佛書林，1991 年。

『真誥』における陰徳とその歴史的意義，都築晶子，東方宗教，1991 年，第 77 号。

杜甫における道教（下），深澤一幸，大阪大學，言語文化研究，1991 年，第 17 期。

崔府君をめぐて：元代の廟制と傳説と文學，高橋文治，田中謙二博士頌壽記念：中國古典戲曲論集，汲古書院，1991 年。

"桃花源記"の構造と洞天思想，内山知也，大东文化大学汉学会志，1991 年，第 30 期。

1992 年

道教与文学，游佐升，《道教》第 2 卷，上海古籍出版社，1992 年。

天仙与鬼仙：李白与李贺诗之比较，周薇，淮阴高等师范专科学校学报，1992 年，第 2 期。

鱼玄机诗歌创作简论，田干生，盐城高等师范专科学校学报，1992 年，第 1 期。

《太平经》与考古发现的东汉镇墓文，刘昭瑞，世界宗教研究，1992 年，第 4 期。

邓志谟乡里、字号、生年探考——《邓志谟考论》之一，吴圣昔，明清小说研究，1992 年，第 2 期。

女诗人鱼玄机考证三题，曲文军，唐都学刊，1992 年，第 2 期。

《真诰》与谶纬，王利器，文史，1992 年，第 35 期。

《西游记》的正道，盛巽昌，上海道教，1992 年，第 2 期。

《说唐》和道教文化现象，盛巽昌，上海道教，1992 年，第 1 期。

《易传》与楚学齐学，陈鼓应，道家文化研究（第一辑），上海古籍出版社，1992 年。

《黄帝四经》书名及成书年代考，余明光，道家文化研究（第一辑），上海古籍出版社，1992 年。

《庄子》与《坛经》，陆玉林，道家文化研究（第一辑），上海古籍出版社，1992 年。

《鹖冠子》与两种韩帛书，李学勤，道家文化研究（第一辑），上海古籍出版社，1992 年。

唐代的《老子》注疏，李申，道家文化研究（第二辑），上海古籍出版社，1992 年。

论《系辞传》是稷下道家之作——五论《易传》非儒家典籍，陈鼓应，道家文化研究（第二辑），上海古籍出版社，1992 年。

《阴符经》与《周易》，詹石窗，道家文化研究（第二辑），上海古籍出版社，1992 年。

道教仙师鬼谷先生及其《鬼谷子》考辨，郑杰文，中国道教，1992 年，第 4 期。

方士与天象占，郑杰文，中国道教，1992 年，增刊。

春秋战国时期的巫与巫术研究，吕静，史林，1992 年，第 1 期。

方相氏面具考，顾朴光，中华戏曲（第十二辑），山西人民出版社，1992 年。

《九歌》与沅湘的傩，林河，中华戏曲（第十二辑），山西人民出版社，1992 年。

楚国的原始宗教对楚辞文学浪漫主义倾向的影响，梅琼林，社会科学动态，1992 年，第 6 期。

谈《说唐三传》（薛丁山征西）的道家女性形象，盛巽昌，上海道教，1992 年，第 3 期。

道教与我国文学，潘延川，上海道教，1992年，第3期。

宗教·哲理·人生：略论汉魏六朝游仙诗，陈洪、王炎，文史知识，1992年，第12期。

道教文化略论，鲁茂松，安徽教育学院学报，1992年，第3期。

焕发艺文，理叩玄关——评詹石窗的《道教文学史》，李欣，民俗研究，1992年，第3期。

试论儒佛道思想对李清照的影响，朱千波，青海社会科学，1992年，第6期。

明代全真道，陈兵，世界宗教研究，1992年，第1期。

东坡谪居黄州时期与释道关系之研究，王淳美，南台工专学报，1992年，第15期。

一部具有开创意义的学术专著——《长生不死的探求——道经〈真诰〉之谜》读评，李益然，学海，1992年，第6期。

宗教的价值取向与文学的价值取向，蔡毅，云南民族学院学报，1992年，第1期。

创造者的角色和位置——宗教中的人与文学中的人，蔡毅，社会科学家，1992年，第4期。

《西游记》中反映的长生不老是永恒的社会意识，夏兴仁，明清小说研究，1992年，第3、4期。

《诗经》宗教现象原论，王志忠、周小兵，湘潭大学学报，1992年，第2期。

马致远心态与神仙道化戏，段庸生，重庆师范学院学报，1992年，第4期。

关于《聊斋》作品中的道教痕迹及反道教倾向，单立勋，佳木斯高等师范专科学校学报，1992 年，第 1 期。

葛洪美学思想初探，皮朝纲，四川师范学院学报，1992 年，第 2 期。

论《道藏》的文学价值，伍伟民，河北学刊，1992 年，第 1 期。

巫道骚与艺术，张正明，文艺研究，1992 年，第 2 期。

试论道教与梦幻诗歌的关系，詹石窗，世界宗教研究，1992 年，第 3 期。

释道精神与古典诗歌理想，韩经太，道教与传统文化，中华书局，1992 年。

道教与孟郊的诗歌，谢建忠，文学遗产，1992 年，第 2 期。

正始玄学与阮籍的游仙诗，蔡锦军，广西师范大学学报，1992 年，第 1 期。

薛涛考异三题，朱德慈，唐都学刊，1992 年，第 2 期。

李白"仙性"新论，徐英，华南师范大学学报，1992 年，第 4 期。

从"方外十友"看道教对初唐山水诗的影响，葛晓音，学术月刊，1992 年，第 4 期。

唐五代的仙境传说，王国良，唐代文学研究（第 3 辑），广西师范大学出版社，1992 年。

中国古代神话仙话化的演变轨迹，郑土有，民间文学论坛，1992 年，第 1 期。

仙境的通道：古代遇仙小说一个因子的分析，周俐，淮阴高等师范专科学校学报，1992 年，第 4 期。

仙妓合流的文化意蕴——唐代爱情传奇片论，詹丹，社会科学战线，1992 年，第 3 期。

《穆天子传》是古神话与仙话的界碑，龚维英，求索，1992年，第 3 期。

汉魏六朝小说的文化心理特征及影响，王华，文史哲，1992年，第 1 期。

魏晋南北朝小说中的仙鬼怪形象及其悲剧意蕴，陈文新，武汉大学学报，1992 年，第 3 期。

明清宗教文化与神魔小说的思想内容，潘贤强，福建学刊，1992 年，第 3 期。

董说交游续考，冯保善，明清小说研究，1992 年，第 3、4 期。

试谈《东游记》刊行年代，刘绍智，宁夏大学学报，1992 年，第 1 期。

邓志谟乡里、名号、生年探考，吴圣昔，明清小说研究，1992年，第 2 期。

汪象旭和《西游证道书》，顾青，古典文学知识，1992 年，第 2 期。

美猴王探源，李安纲，山西大学学报，1992 年，第 3 期。

深浅有别，雅俗公赏：《金瓶梅》与《红楼梦》中宗教描写之比较，冯子礼，明清小说研究，1992 年，第 3、4 期。

笑笑生与儒道佛：《金瓶梅》创作的主体意识蠡测，闰桐、韶玉，广西师范大学学报，1992 年，第 4 期。

"攻击社会"与"神道设教"：《阅微草堂笔记》中的社会思想，周积明，社会学研究，1992 年，第 3 期。

《金瓶梅》的宗教意识与深层结构，魏崇新，徐州师范学院学报，1992 年，第 1 期。

宋江梦玄女新解，王延荣，绍兴文理学院学报，1992 年，第
2 期。

《封神演义》作者补考，章培恒，复旦学报，1992 年，第
4 期。

我看《封神演义》，刘冬，明清小说研究，1992 年，第 2 期。

《红楼梦》与道教，牟钟鉴，道教与传统文化，中华书局，
1992 年。

漫谈《封神演义》，何满子，道教与传统文化，中华书局，
1992 年。

说"道情"，刘光民，道教与传统文化，中华书局，1992 年。

儒、道、释文化合流与元杂剧的道德观，王显春，社会科学
研究，1992 年，第 3 期。

马致远心态与神仙道化剧，段庸生，重庆师范学院学报，1992
年，第 4 期。

唐人服食风尚之探究，廖美云，台中商专学报，1992 年，第
24 期。

神仙思想与通俗文学，应裕康，高雄师范大学学报，1992 年，
第 3 期。

陶弘景与《真灵位业图》，余崇生，鹅湖，1992 年，第
201 期。

台湾中南部道教拔度仪中目连戏曲初探，李丰楙，民俗曲艺，
1992 年，第 77 期。

亦道亦儒话张雨，徐健勋，道教学探索（第 6 号），"国立"
成功大学历史系道教研究室，1992 年。

宋濂与道教，龚显宗，道教学探索（第6号），"国立"成功大学历史系道教研究室，1992年。

一部具有独到见解的学术专著——钟来因的《苏轼与道家道教》读后，蒋兆生，中国书目季刊，1992年，第26卷第1期。

当前道藏研究的成果及其展望，李丰楙，中国文哲研究的回顾与展望论文集，"中央"研究院中国文哲研究所筹备处编，1992年。

李贺诗里的宗教意识，陈炙彬，中国诗学会议论文集，彰化师范大学，1992年。

唐人游仙诗的传承与创新，李丰楙，中国诗学会议论文集，"国立"彰化师范大学国文系，1992年。

《西游记》若干情节的本源十一探，曹仕邦，中华佛学学报，1992年，第5期。

"Evidential Miracle in Support of Taoism"：the Inversion of a Buddhist Apologetic Tradition in late T'ang China，Franciscus Verellen，*T'oung Pao* 78，1992.

Marriages Made in Heaven，Cahill Suzanne E，*T'ang Studies* 10—11，pp. 111—22，1992—1993.

Mythe et philosophie à l'aube de la Chine impériale——*études sur le Huainan zi*，Rémi Mathieu，in *coédité avec C. Le Blanc*，éd. Montréal—Paris，Pum —De Boccard，1992.

Tales of Thaumaturgy：T'ang Accounts of the Wonder—Worker Yeh Fa—shan. Kirkland，R. *Monumenta Serica*，40（1），47—86，1992.

Deconstruction and Taoism：Comparisons Reconsidered. Fu，

H. Comparative Literature Studies, 296—321, 1992.

Incantations: Poetry, Prayer, and Possession in T'ang Verse. Hammond, C. E. *American Journal of Chinese Studies*, 1 (1), 123—144, 1992.

Setting the Tone: Aesthetic Implications of Linguistic Patterns in the Opening Section of Shui—hu chuan. Porter, D. *Chinese Literature: Essays, Articles, Reviews (CLEAR)*, 14, 51—75, 1992.

Immediacy and allusion in the poetry of Li Bo. Varsano, P. M. *Harvard Journal of Asiatic Studies*, 52 (1), 225—261, 1992.

Sublimation in Medieval China: The Case of the Mysterious Woman of the Nine Heavens, Cahill, Suzanne E. *Journal of Chinese Religions*, 20: 91—102, 1992.

Female Warriors, Magic and The Supernatural in Traditional Chinese novels, Chen, Fan Pen. *The Annual Review of Women in World Religions*, 2: 93—109, 1992.

Chapter One: Women Pilgrims to T'ai Shan: Some Pages from a Seventeenth—Century Novel. Dudbridge, Glen. in Susan Naquin; Chün—fang Yü (ed.), *Pilgrims and Sacred Sites in China*, University of California Press, 1992.

Queen Mother of the West's Ten Precepts on the True Path of Women's Practice. Wile, Douglas. in, *Art of the Bedchamber: The Chinese Sexual Yoga Classics including Women's Solo Meditation Texts*, State University of New York Press: Albany, 1992.

Reviewed Work: *The Shape of the Turtle: Myth, Art and Cosmos in Early China* by Sarah Allan, Review by: Mark Lewis, *Bulletin of the School of Oriental and African Studies* 55. 1，160—162，1992.

道教和文学，游佐升，道教（第二卷），福井康順、山崎宏、木村英一、酒井忠夫監修，上海古籍出版社，1992 年。

敦煌与道教，金冈照光，道教（第三卷），福井康順、山崎宏、木村英一、酒井忠夫監修，上海古籍出版社，1992 年。

步虚詞考，深澤一幸，中国古道教史研究，吉川忠夫編，同朋舍出版，1992 年。

『金瓶梅』と道教醫學，吉元昭治，東方宗教，1992 年，第 79 号。

インドシナの俗信と道教の混淆と對峙―『剪燈新話』の續撰書の内容を中心として，川本邦衛，東方宗教，1992 年，第 79 号。

古小説より見た道教の難行と易行，内山知也，東方宗教，1992 年，第 79 号。

道教文獻に見える頌の役割―特に『雲笈七籤』を中心にして，福井文雅，東方宗教，1992 年，第 79 号。

遊仙詩の成立と展開，釜谷武志，中国古道教史研究，吉川忠夫編，同朋舍出版，1992 年。

初唐の詩人と宗教：盧照鄰の場合，興膳宏，中国古道教史研究，吉川忠夫編，同朋舍出版，1992 年。

看話と内丹――宋元時代における仏教・道教交渉の一側面，横手裕，思想，1992 年，第 814 号。

《真誥》中の押韻字に見える言語的特性，赤松祐子，中国古道教史研究，吉川忠夫編，同朋舍出版，1992 年。

尋藥から存思へ――神仙思想と道教信仰との間，小南一

郎，中国古道教史研究，吉川忠夫编，同朋舍出版，1992 年。

道教文獻に見える頌の機能，福井文雅，日本中國學會報，1992 年，第 44 期。

松喬考：赤松子と王子喬の傳説について，大形徹，大阪府立大學紀要，1992 年，第 40 号。

1993 年

道教人物画及其文化透视，王荣国，厦门大学学报，1993 年，第 2 期。

论宗教和文学的起源，尹相如，海南师范学院学报，1993 年，第 3 期。

道教与文化艺术，道教手册，李养正主编，中州古籍出版社，1993 年。

从敦煌文献看唐代的三教合一，郑阿财，第二届国际唐代学术会议论文集（上），文津出版社，1993 年。

《系辞传》的道论及太极、大恒说，陈鼓应，道家文化研究（第三辑），上海古籍出版社，1993 年。

帛书《系辞》与战国秦汉道家《易》学，王葆玹，道家文化研究（第三辑），上海古籍出版社，1993 年。

敦煌话本《叶净能诗》再探，张鸿勋，第二届国际唐代学术会议论文集（上），文津出版社，1993 年。

试论元杂剧中的度脱剧，福满正博著，王森译，戏曲研究（第 46 辑），文化艺术出版社，1993 年。

论敦煌唐人九曜算命术，高国藩，第二届国际唐代学术会议论文集（上），文津出版社，1993 年。

奉儒行道与崇道信佛：卢照邻思想述评，任国绪，北方论丛，1993 年，第 6 期。

1976—1992：宗教与文学——从一个角度对近年文学的回顾，王利芬，当代作家评论，1993 年，第 4 期。

汉代老氏学的流传及其宗教化过程，郑杰文，世界宗教研究，1993 年，第 1 期。

齐地海外神山仙人仙药说的文化背景，郑杰文，齐文化纵论，华龄出版社，1993 年。

巫文化视角——开启"屈骚"艺术迷宫的钥匙，戴锡琦，民族论坛，1993 年，第 2 期。

探索先民认识鬼神性别的密码，龚维英，社会科学辑刊，1993 年，第 6 期。

包山楚简神名与《九歌》神祇，刘信芳，文学遗产，1993 年，第 5 期。

楚赋与道家文化，汤漳平，文学评论，1993 年，第 4 期。

仰韶文化的巫觋资料，张光直，史语所集刊，1993 年，第 3 期。

神的色彩，人的世界——元道教题材剧人物形象摭谈，丁淑梅，文史知识，1993 年，第 10 期。

叩问宗教——试论当代中国作家的宗教观，樊星，文艺评论，1993 年，第 1 期。

西王母形象的演变，胡宗英，上海道教，1993 年，第 1 期。

中国俗文学中的女神模式，刘晔原，民间文学论坛，1993 年，第 3 期。

神话中的生死观，王钟陵，汕头大学学报，1993 年，第 2 期。

不死药传说与女人的因缘，龚维英，贵州文史丛刊，1993 年，第 3 期。

帝王神话的诞生，史建群，郑州大学学报，1993 年，第 6 期。

宗教超升与价值悖谬：近年诗歌文化立场的变更与困境，华清，中国现代、当代文学研究，1993 年，第 7 期。

"宗教与文学"研究综述，王子华，世界宗教研究，1993 年，第 4 期。

死与生的探求——李贺"鬼"诗论，廖明君，广西师范大学学报，1993 年，第 2 期。

二十世纪道家文化的祭品：浅析方鸿渐性格的文化成因及其悲剧意义，李振海、吴秀英，名作欣赏，1993 年，第 4 期。

《道教文学史》出版，林柘，福建师范大学学报，1993 年，第 3 期。

民间文学和道教文化研究的新成果——读《道教与中国民间文学》，蒋名智，华中师范大学学报，1993 年，第 4 期。

中国古代作家主体意识粗探——儒道释对作家文化意识的影响，王学孟，中国民航学院学报，1993 年，第 5、6 合期。

魏晋道教流传变动的一个线索，刘九生，陕西师范大学学报，1993 年，第 1 期。

道教在唐代的兴盛及主要人物著述释略，彭清深，西北民族大学学报，1993 年，第 2 期。

深入探索宗教与文学间的隐秘关联——评《幻想的太阳》，杨剑龙，学术月刊，1993 年，第 10 期。

论宗教与文学的起源，尹相如，海南师范学院学报，1993 年，第 3 期。

理想的寄托，心灵的慰藉：浅谈道教思想在古典浪漫主义诗歌发展中的作用，莫山洪，柳州高等师范专科学校学报，1993 年，第 1 期。

道家思想与汉代文学，李生龙，中国文学研究，1993 年，第 4 期。

方士文化与汉赋兴盛，汪小洋，上饶高等师范专科学校学报，1993 年，第 2 期。

曹操游仙诗新论，顾农，山东师范大学学报，1993 年，第 3 期。

王羲之文学艺术创造力与道教文化之关系，钟来因，江苏社会科学，1993 年，第 2 期。

从九尾狐到狐媚女妖——中国古代的狐图腾与狐意象，李炳海，学术月刊，1993 年，第 12 期。

生死·享乐与自由·超越：先唐文人的游仙精神论，王友胜，益阳高等师范专科学校学报，1993 年，第 1 期。

精神世界的诗意漫游：游仙诗初探，李洲良，北方论丛，1993 年，第 3 期。

魏晋游仙诗论，陈顺智，魏晋玄学与六朝文学，武汉大学出版社，1993 年。

道教文化与盛唐诗人，石云涛、胡述范，南都学坛，1993 年，第 4 期。

生命的渴望与理想：李贺游仙诗论，廖明君，暨南学报，1993 年，第 4 期。

试论杜甫的遁世思想和道教、佛教思想，王抗敌，台州高等师范专科学校学报，1993 年，第 1 - 2 期。

佛道思想与苏轼仕途生涯，杨胜宽，西南民族学院学报，1993 年，第 4 期。

论儒道相冲对李白诗歌的影响，吕华明，祁连学刊，1993 年，第 2 期。

白居易佛教思想与道家思想的关系，范海波，殷都学刊，1993 年，第 3 期。

试论李白对道教接受的复杂心境和悲剧特征，张振龙，祁连学刊，1993 年，第 2 期。

李白诗美之于道家道教，卢燕平，祁连学刊，1993 年，第 2 期。

李贺鬼神诗的文化背景，陈友冰，辽宁大学学报，1993 年，第 3 期。

李白诗歌中的神仙世界，王友胜，武陵学刊，1993 年，第 2 期；中国李白研究，黄山出版社，2000 年。

重论杜甫与道教，石云涛，许昌高等师范专科学校学报，1993 年，第 4 期。

游仙访道对李白诗歌的影响，王友胜，祁连学刊，1993 年，第 3 期。

词牌·道教·文化意蕴，龙建国，吉安高等师范专科学校学报，1993 年，第 3 期。

苏轼与道家，孔繁，世界宗教研究，1993 年，第 1 期。

钱谦益与金圣叹 "仙坛唱和" 透视，陈洪，南开学报，1993 年，第 6 期。

龚自珍《小游仙词十五首》的艺术特色，刘瑜，山东社会科学，1993年，第2期。

赤松子神话与商周焚巫祈雨仪式，王青，民间文学论坛，1993年，第1期。

论中国神怪小说，陈桂声，苏州大学学报，1993年，第4期。

《穆天子传》的史诗价值，杨义，东方论坛，1993年，第4期。

仙境一日，世上千年：古代遇仙小说的分析，周俐，苏州大学学报，1993年，第4期。

古代遇仙小说仙境通道的特征，周俐，淮阴高等师范专科学校学报，1993年，第3期。

中国古典人情世态小说的宗教原型，杨洪承，贵州社会科学，1993年，第3期。

《枕中记》主角原型三说质疑，卜孝萱，西北师范大学学报，1993年，第6期。

《南柯太守传》之臆梦结构与宗教述意特征，王连儒，聊城师范学院学报，1993年，第3期。

神魔小说与道教，蒋见元，古籍整理研究学刊，1993年，第1期。

唐代对外交流与小说，孙永如，扬州师范学院学报，1993年，第2期。

道教与明清神魔小说，莫其逊，学术论坛，1993年，第3期。

邓志谟经历、家境、卒年探考，吴圣昔，明清小说研究，1993年，第3期。

试论《西游记》中神话与现实的矛盾，胡小林、刘宏伟，齐鲁学刊，1993年，第5期。

评《全真教和小说〈西游记〉》，徐朔方，文学遗产，1993年，第 6 期；《西游记》文化学刊第 1 辑，东方出版社，1998 年。

《东游记》天门阵故事抄袭《杨家府演义》考辨，周晓薇，陕西师范大学学报，1993 年，第 4 期。

《水浒传》的道教意识及其描写，黄德烈，牡丹江师范学院学报，1993 年，第 4 期。

论癫僧跛道的文化意蕴，陈洪，红楼梦学刊，1993 年，第 4 期。

《金瓶梅》佛道意识初探，余岢，济宁高等师范专科学校学报，1993 年，第 4 期。

董说《西游补》考述，徐江，中国社会科学院研究生院学报，1993 年，第 4 期。

《金瓶梅》对理学和宗教的选择，陈东有，争鸣，1993 年，第 4 期。

试析马致远的"神仙道化剧"，刘鸿达、陈利，哈尔滨高等师范专科学校学报，1993 年，第 4 期。

端公戏与道教，张学成，云南戏剧，1993 年，第 5 期。

庄子与禅，罗锦堂，"中央"研究院中国文哲研究集刊，1993 年，第 3 期。

周敦颐《太极图》来源考及其与道教之关系，陈明晖，问学集，1993 年，第 3 期。

孙绰《游天台山赋》与道教，陈万成，大陆杂志，1993 年，第 86 卷第 4 期。

评詹石窗《道教文学史》，王煜，汉学研究，1993 年，第 11 卷第 1 期。

《西游记》质疑，张静二，中外文学，1993 年，第 12 期。

《道藏》所收早期道书的瘟疫观——以《女青鬼律》及《洞渊神咒经》系为主，李丰楙，中国文哲研究集刊，1993 年，第 3 期。

沈佺期、宋之问作品中的宗教风貌——初唐佛道思想对沈宋作品的渗透，洪顺隆，第二届国际唐代学术会议论文集，文津出版社，1993 年。

曹唐《小游仙诗》的神仙世界初探，李丰楙，第二届国际唐代学术会议论文集，文津出版社，1993 年。

六朝异类恋爱小说刍议，洪顺隆，中国文化大学中文学报，1993 年，创刊号。

敦煌话本《叶净能诗》再探，张鸿勋，第二届国际唐代学术会议论文集，文津出版社，1993 年。

《西游记》质疑，张静二，中外文学，1993 年，第 12 期。

Myth and Cosmology in the Book of Poetry, Francisca Cho, In *Myth and Fictions*, ed. Shlomo Biderman and Ben—ami Scharfstein, Leiden：Brill，1993.

Buddhist Revelation and Taoist Translation in Early Medieval China, Robert Ford Campany, *Taoist Resources* 4.1, 1993.

The Thirty—six Immortal Women Poets. Pekarik, A. *Impressions*, 17, 1993.

Popular religion in pre—imperial China：observations on the almanacs of Shui—hu—ti. Poo, M.—c. *T'oung Pao*, 79（4），225—248, 1993.

Narrative as Argument：The Yuewei caotang biji and The Late Eighteenth—Century Elite Discouse on The Supernatural. Chan, L. T.—

H. Harvard Journal of Asiatic Studies, 53 (1), 25—62, 1993.

A World in Balance: Holistic Synthesis in the "T'ai—p'ing kuang—chi". Kirkland, R. *Journal of Song—Yuan studies* (23), 43—70, 1993.

The Legend of the Lady of Linshui, Lo, Vivienne. *Journal of Chinese Religions*, 21: 69—96, 1993.

The Real Presence, Company, Robert. *History of Religions* 32. 3: 233—272. Partially reprinted in Wm. Theodore de Bary and Irene Bloom, eds., *Sources of Chinese Tradition*, *v.* 1: *From Earliest Times to* 1600, 2nd ed. New York: Columbia University Press, 531—532, 1993.

Buddhist Revelation and Taoist Translation in Early Medieval China, Company, Robert. *Taoist Resources*, 1993.

Not by Seal of Office Alone: New Weapons in Battles with the Supernatural, Judith M. Boltz, in Patricia Buckley Ebrey and Peter Gregory, eds. *Religion and Society in T'ang and Sung China*, Honolulu: University of Hawaii Press, 241—306, 1993.

歐陽脩の青詞について——歐陽脩と道教思想，砂山稔，東方宗教，1993 年，第 81 号。

"登眞隱訣"佚文集成，石井昌子，創價大學一般教養部論集，1993 年，第 17 号。

漢代畫像石における昇仙圖の系譜，曾布川寛，東方學報，1993 年，第 65 冊。

白居易と老莊思想，蜂屋邦夫，載太田次男主編白居易研究講座第 1 冊：白居易の文學と人生，東京勉誠社，1993 年。

白居易の三教に對する態度，宮澤正順，白居易の文學と人生，東京勉誠社，1993 年。

白居易壯年期と道教，平野顯照，大谷學報，1993 年，第 4 期。

ある方術の行方：遠救火灾譚の流れの中で，中前正志，東方宗教，1993 年，第 82 期。

1994 年

八仙人物渊源考述，张俐雯，高雄工学院学报，1994 年，第 1 期。

论《封神演义》的成书，徐朔方，中华文史论丛第五十三辑，上海古籍出版社，1994 年。

道教的东渐与朝鲜古典文学之三种流向，许辉勋，延边大学学报，1994 年，第 3 期。

"桃花源"的原型是道教茅山洞天，张松辉，宗教学研究，1994 年，第 2、3 期。

道教音乐初探，李迈新、李晓玲，河北师范大学学报，1994 年，第 2 期。

试论苏轼的佛老思想，曾广开，周口高等师范专科学校学报，1994 年，第 3 期。

道教养生思想对魏晋六朝文论的影响，张松辉，宗教学研究，1994 年，第 1 期。

道教小说略论，詹石窗、汪波，道家文化研究（第四辑），上海古籍出版社，1994 年。

苏辙与道家，孔繁，道家文化研究（第四辑），上海古籍出版社，1994 年。

李白与道教，蒋见元，道家文化研究（第四辑），上海古籍出版社，1994 年。

道教义理与《管子》之关系，李养正，道家文化研究（第四辑），上海古籍出版社，1994 年。

也论《太平经钞》甲部及其与道教上清派之关系，李刚，道家文化研究（第四辑），上海古籍出版社，1994 年。

元后期江南全真道心性论研究，张广保，道家文化研究（第五辑），上海古籍出版社，1994 年。

周敦颐与道教，容肇祖，道家文化研究（第五辑），上海古籍出版社，1994 年。

一个旁观者和他的文学观——读《抱朴子外篇》随记，罗宗强，社会科学战线，1994 年，第 4 期。

古代戏曲与宗教，孙守让，文史杂志，1994 年，第 1 期。

道家的自然妙道与山水文学，徐应佩，南通大学学报，1994 年，第 1 期。

先秦民间歌谣与原始宗教，杨兴华，社科纵横，1994 年，第 2 期。

《周易》卦爻辞与《诗经》的比兴方法，刘鹤文，晋阳学刊，1994 年，第 3 期。

宗教礼仪·爱情图画·生命赞歌——对《国风》"东门"的文化人类学臆解，杨树森，社会科学战线，1994 年，第 3 期。

南楚古巫学与巫学家屈原，戴锡琦，民族论坛，1994 年，第 1 期。

楚族巫俗与"楚辞·招魂",张庆利,克山高等师范专科学校学报,1994年,第3期。

楚辞与东夷成仙术,李炳海,求索,1994年,第4期。

风月人同天,儒道佛异趣——王维、李白、杜甫咏月诗对读,卢攀登,名作欣赏,1994年,第2期。

黄大仙考,陈华文,上海道教,1994年,第3期。

神话与宗教源于一个统一体,潜明兹,中国神话学论文选粹(下册),中国广播电视出版社,1994年。

马致远神仙道化剧新论,冯爱文,北京第二外国语学院学报,1994年,第5期。

论马致远"神仙道化剧"的思想底蕴,申士尧,陕西教育学院学报,1994年,第2期。

论唐人醉酒诗的"道味",黄世中,唐代文学研究(第六辑)——中国唐代文学学会第七届年会暨唐代文学国际学术讨论会论文集,南京大学,1994年;唐代文学研究(第6辑),广西师范大学出版社,1996年。

《太平经》及其道教的文学观,郑在书,当代韩国,1994年,第4期。

太岁——土地神话前考,马旷源,运城高等专科学校学报,1994年,第2期。

神话就是巫话——三论神话,黄惠焜,云南民族学院学报,1994年,第2期。

文学艺术,道教文化辞典,张志哲主编,江苏古籍出版社,1994年。

吴筠师承考,詹石窗,中国道教,1994年,第8期。

死后世界：中国古代宗教与文学的一个共同主题，葛兆光，扬州师范学院学报，1994 年，第 3 期。

中国古代小说中的入世与出世，陈辽，南京理工大学学报，1994 年，第 5 期。

论《远游》对我国古代游仙诗的影响，姜淙伦，云南教育学院学报，1994 年，第 3 期。

山崇拜与道教文化及游仙诗，赵敏俐，东方丛刊，1994 年，第 1 辑。

曹操与曹植游仙诗的成因及异同，贺秀明，中州学刊，1994 年，第 3 期。

郭璞诗美成就略论，吴功正，天府新论，1994 年，第 3 期。

论李白的游仙诗，贺秀明，福建学刊，1994 年，第 4 期。

李白对游仙传统的拯救与革新，王友胜，武陵学刊，1994 年，第 2 期；中国李白研究（1998—1999 年集），黄山书社，1999 年。

论李白"谪仙"意识的形成及其表现，李乃龙，广东社会科学，1994 年，第 6 期。

李白与玉真公主过从新探，郁贤皓，文学遗产，1994 年，第 1 期。

再谈李白诗中"卫尉张卿"和"玉真公主别馆"：答李清渊同志质疑，郁贤皓，南京师范大学学报，1994 年，第 1 期。

李白的游仙思想与天台山道教，刘长春，东南文化，1994 年，第 2 期。

道教与诗教夹缝中的奇葩：论唐代女冠诗人，高利华，绍兴高等师范专科学校学报，1994 年，第 2 期；唐代文学研究（第 6 辑），广西师范大学出版社，1996 年。

佯狂玩世与独醒心态——《全唐诗》道士诗人醉歌透视，黄世中，江淮论坛，1994 年，第 5 期。

略论花间词的宗教文化倾向，陶亚舒，贵州社会科学，1994 年，第 1 期。

《磻溪集》创作时间考，朱越利，文献，1994 年，第 4 期。

朱有燉杂剧再评价，常丹琦，戏曲研究，第 50 辑，文化艺术出版社，1994 年。

西王母神话考辨，启良，湘潭大学学报，1994 年，第 3 期。

彭祖长寿的神话和仙话，袁珂，民间文学论坛，1994 年，第 2 期。

仙境之光：古代遇仙小说的再生隐喻，周俐，明清小说研究，1994 年，第 1 期。

为神仙立传纵横谈，周濯街，通俗文学评论，1994 年，第 2 期。

鹤：羽化升仙的中介：试论仙话小说中的鹤，周俐，淮阴高等师范专科学校学报，1994 年，第 3 期。

中国的精怪信仰和精怪故事：兼谈神、仙、鬼、怪故事系列，车锡伦、孙叔瀛，扬州师范学院学报，1994 年，第 3 期。

中国精怪故事与神、仙、鬼、怪故事系列，车锡伦、孙叔瀛，中国民间文化，1994 年，第 3 期。

论中国天鹅仙女故事的类型，陈建宪，中国民间文化，1994 年，第 3 期；民族文学研究，1994 年，第 2 期。

《瘗鹤铭》之谜，卞孝萱，古典文献研究，1993—1994 卷。

词与道教，秦惠民，中国首届唐宋诗词国际学术讨论会论文集，江苏教育出版社，1994 年。

艳情词、游仙词、炼丹词，史双元，中国首届唐宋诗词国际学术讨论会论文集，江苏教育出版社，1994 年。

侠仙人兽萃集的超人：猿公与中国古代侠文学主题，王立，古典文学知识，1994 年，第 1 期。

佛道文化与唐代武侠小说，陈廷榔，上饶高等师范专科学校学报，1994 年，第 2 期。

道教与唐代豪侠小说，路云亭，晋阳学刊，1994 年，第 4 期。

《三国演义》的儒与道，刘士林，明清小说研究，1994 年，第 3 期。

《金瓶梅》佛道人性论，田秉锷，徐州师范学院学报，1994 年，第 2 期。

《四游记》与民间信仰：兼论神魔小说的文化心理依据，王平，文史哲，1994 年，第 6 期。

佛表道里儒骨髓：《西游记》管窥再得，花三科，宁夏大学学报，1994 年，第 2 期。

论《水浒传》的宗教意识，王珏，渭南高等师范专科学校学报，1994 年，第 4 期。

《水浒传》中的佛与道，高曼霞，辽宁师范大学学报，1994 年，第 6 期。

宝卷与道教的炼养思想，马西沙，世界宗教研究，1994 年，第 3 期。

元代神仙道化剧盛因考，邹鹏志，山西师范大学学报，1994 年，第 3 期。

从神仙小说看唐代文人的精神世界，纪德君，海南大学学报，1994 年，第 4 期。

北宋中期的儒士与道教：以欧阳修为例，吴荣发，道教学探索（第 8 号），"国立"成功大学历史系道教研究室，1994 年。

试论谢灵运的神仙道教思想，杨清龙，中国书目季刊，1994年，第 27 卷第 4 期。

道教与书法艺术的关系，龚鹏程，中华书道研究，1994 年，第 2 期。

对王煜评《道教文学史》的几点意见，詹石窗，汉学研究，1994 年，第 12 卷第 1 期。

警幻与以情悟道，李惠仪，中外文学，1994 年，第 2 期。

先秦变化神话的结构性意义——一个"常与非常"观点的考察，李丰楙，中国文哲研究集刊，1994 年，第 4 期。

回应詹石窗对拙评的意见，王煜，汉学研究，1994 年，第 12卷第 2 期。

早期中国诗歌中对永生的追求，侯思孟，文化的力量——中国文化历史研究，W. J. 比特森编，香港中文大学出版社，1994 年。

仰韶文化的巫觋资料，张光直，"中央"研究院历史语言研究所集刊，64 辑，1994 年。

Recent PRC Scholarship on Chinese Myths, Whalen Lai, *Asian Folklore Studies* 53, 1994.

Time After Time: Taoist Apocalyptic History and the Founding of the T'ang Dynasty, Stephen R. Bokenkamp, *Asia Major* 7.1, pp. 59—88, 1994.

Cosmology, Myth, and Philosophy in Ancient China: New Studies on the "Huainan zi". Kohn, L. *Asian folklore studies*, 319—

336，1994.

Some Mysteries and Mootings about the Yuan Variety Play. Dolby，W. *Asian Theatre Journal*，11（1），81—89，1994.

How Wang C'ung—Yang（1112—1170）the Founder of Ch'üan—Chen Taoism Achieved Enlightenment. Reiter，F. C. *Oriens*，34（1），497—508，1994.

Saintly Fools and Chinese Masters（Holy Fools）. Strickmann，M. *Asia major*，35—57，1994.

Taoist Bioethics in the Final Age：Therapy and Salvation in the Book of Divine Incantations for Penetrating the Abyss，Company，Robert. in *Religious Methods and Resources in Bioethics*，ed. P. Camenisch，Dordrecht：Kluwer Academic Publishers，67—91，1994.

Recent PRC Scholarship on Chinese Myths，Whalen Lai，*Asian Folklore Studies* 53，151—163，1994.

張三豐と清代道教西派，秋岡英行，東方宗教，1994 年，第 83 号。

『楚辭』九歌の大司命篇と少司命篇の主題について―諸説紛起の原因と本義―，石川三佐男，東方宗教，1994 年，第 83 号。

中国前漢の魂魄観と「楚辭」について，石川三佐男，東方宗教，1994 年，第 83 号。

萬葉歌人と王羲之――大伴旅人における書と道教の受容をめぐって，増尾伸一郎，東方宗教，1994 年，第 84 号。

《三寶太監西洋記》への他小説の影響，二階堂善弘，道教文化への展望，平河出版社，1994 年。

1995 年

奇书文体中的寓意问题，浦安迪，中国叙事学·第五章，北京大学出版社，1995 年。

《证道书》白文是《西游记》祖本吗——与王辉斌《〈西游记〉祖本新探》商榷，吴圣昔，宁夏大学学报，1995 年，第 2 期。

古代庐山文人与道教，王宪掌，宗教学研究，1995 年，第 1、2 合期。

《西游记》非吴承恩所著及主题是修心证道，李安纲，编辑之友，1995 年，第 4 期。

论中华道教文化的"神仙情结"，梁归智，道教文化研究（第 1 辑），书目文献出版社，1995 年。

道教与玄言诗，张松辉，道家文化研究（第七辑），上海古籍出版社，1995 年。

《金瓶梅》与明代道教活动，王尧，道家文化研究（第七辑），上海古籍出版社，1995 年。

论元代道教戏剧的两个艺术特征，詹石窗，道家文化研究（第七辑），上海古籍出版社，1995 年。

道教神仙谱系的演变，石衍丰，道家文化研究（第七辑），上海古籍出版社，1995 年。

论道教神仙体系的结构及其意义，郭武，道家文化研究（第七辑），上海古籍出版社，1995 年。

试论道教咒语的起源和特点，刘仲宇，道家文化研究（第七辑），上海古籍出版社，1995 年。

《太平经注》序，龙晦，道家文化研究（第七辑），上海古籍出版社，1995年。

江西高安出土南未淳熙六年徐永墓《酆都罗山拔苦超生镇鬼真形》图石刻——兼论欧阳文受《太上元始天尊说北帝伏魔神咒妙经》的时代，张勋燎，道家文化研究（第七辑），上海古籍出版社，1995年。

道与文本，滕守尧，道家文化研究（第八辑），上海古籍出版社，1995年。

孙悟空与金丹大道，李安纲，道教文化研究（第1辑），书目文献出版社，1995年。

《太平经》的教育思想，陈德安，道教文化研究（第1辑），书目文献出版社，1995年。

民间记录中的僧道度劫思想，董晓萍，北京师范大学学报，1995年，第6期。

文人的道观旅游与创作，刘文刚，宗教学研究，1995年，第1、2合期。

二郎神信仰的嬗变，干树德，文史知识，1995年，第6期。

《东游记》的八仙故事和《列仙全传》，周晓薇，古代文献研究集林（第三集），陕西师范大学出版社，1995年。

中国戏曲与宗教，张生筠，绥化学院学报，1995年，第4期。

吴筠荐李白说征补，许嘉甫，临沂高等师范专科学校学报，1995年，第4期。

巫术与象征——谈屈赋中的鸟兽草木意象，范正声，泰安师专学报，1995年，第3期。

易占——古代的预测推理，陈宗明，湖北大学学报，1995年，第 5 期。

《太平经》中的七言诗，王建，贵州社会科学，1995 年，第 3 期。

生命悲剧的精神超越——论马致远杂剧散曲中的超我意识，邹小雄，社会科学，1995 年，第 10 期。

敦煌本《升玄内教化经》试探，万毅，唐研究（第一卷），北京大学出版社，1995 年。

中国神话的仙话化及其对文学艺术的影响，梅新林，浙江社会科学，1995 年，第 1 期。

宋代道教文学刍论，蒋安全，广西师范大学学报，1995 年，第 4 期。

神话·宗教·原始宗教：一种原始文化的世界性透视，高福进，云南社会科学，1995 年，第 4 期。

《女仙外史》的显与晦，杜贵晨，文学遗产，1995 年，第 2 期。

明代的神仙道化剧考论，詹石窗，道教学探索（第 9 号），"国立"成功大学历史系道教研究室，1995 年。

道教文学艺术，中华道教大辞典，胡孚琛主编，中国社会科学出版社，1995 年。

符号学在宗教研究中的应用初探，詹石窗，宗教学研究，1995 年，第 3 期。

中国古典人情世态小说的文体建构与宗教意象，杨洪承，贵州社会科学，1995 年，第 1 期。

论我国古代小说中的宗教，陈辽，吉林大学学报，1995 年，第 2 期。

儒、道、释思想与唐代山水田园诗，高人雄，甘肃社会科学，1995 年，第 4 期。

初唐四杰与儒道思想，杜晓勤，文学评论，1995 年，第 5 期。

文言梦小说与宗教文化心理，吴绍，延边大学学报，1995 年，第 1 期。

道教与文学，北辰，世界宗教研究，1995 年。

谈道教诗歌，吴家荣，古典文学知识，1995 年，第 5 期。

唐前巫术观的文学表现，程蔷，中国文学研究，1995 年，第 1 期。

"道教与文学"研究述评，刘达科、凤梧，道教文化研究（第 1 辑），书目文献出版社，1995 年。

仙传辑佚，李裕民，道教文化研究（第 1 辑），书目文献出版社，1995 年。

苏辙与道教有关的活动编年，李俊清，道教文化研究（第 1 辑），书目文献出版社，1995 年。

《长恨歌》杨贵妃化仙情节的道教文化意蕴，孔育华，道教文化研究（第 1 辑），书目文献出版社，1995 年。

唐代豪侠小说中的道教文化特色，路云亭，道教文化研究（第 1 辑），书目文献出版社，1995 年。

《金瓶梅》的尊道贬佛倾向，牛贵琥，道教文化研究（第 1 辑），书目文献出版社，1995 年。

论仙与游仙诗，李乃龙，西北大学学报，1995 年，第 2 期。

走向儒道互补：对曹植人格建构的动态考察，孙明君，清华大学学报，1995 年，第 4 期。

论汉郊庙诗的宗教情绪与人生意蕴，阮忠，华中师范大学学报，1995 年，第 2 期。

评汉人辞赋中的神仙思想，王宗昱，天津社会科学，1995 年，第 6 期。

关于庾信"游仙诗"中所表现的"藤"——从葛藟到紫藤，矢嶋美都子，北京大学学报，1995 年，第 5 期。

从游侠到游仙——曹植创作中的两大热点，顾农，东北师范大学学报，1995 年，第 3 期。

魏晋六朝道教与文论二题，张松辉，中国文学研究，1995 年，第 2 期。

近年来游仙诗问题研究综述，蔡雁彬，古典文学知识，1995 年，第 2 期。

虚求列仙，实婴世事：曹植与游仙诗，杜青山，南都学坛，1995 年，第 4 期。

魏晋玄学与游仙诗，张海明，文学评论，1995 年，第 6 期。

刘勰的天师道家世及其对刘勰思想和《文心雕龙》的影响，漆绪邦，北京社会科学，1995 年，第 2 期。

阴阳五行学说的衍变和西汉政论文的关系，林女超，长白论丛，1995 年，第 5 期。

道教与唐代诗歌语言，葛兆光，清华大学学报，1995 年，第 4 期。

李商隐与女道士相爱的几首无题诗考析，陶光，南京师范大学学报，1995 年，第 2 期。

唐代道隐诗人群体与外道内儒现象：从卢藏用说到吴筠，黄世中，中国韵文学刊，1995 年，第 2 期。

试论唐代文人的崇道之风与游仙之作，王友胜，湘潭师范学院学报，1995 年，第 1 期。

现实世界的奇特写照：谈谈李贺的神鬼诗，陈慧芳，上海师范大学学报，1995 年，第 1 期。

略论李商隐的仙道观，李乃龙，江汉论坛，1995 年，第 9 期。

再论杜甫与道教，钟来茵，首都师范大学学报，1995 年，第 3 期。

李白《上云乐》宗教思想探，刘阳，解放军外语学院学报，1995 年，第 3 期。

西王母神话探源：兼论二昊氏戎夷的关系，范三畏，西北师范大学学报，1995 年，第 6 期。

浅谈西王母神话演变的三个阶段，赵献春，张家口高等师范专科学校学报，1995 年，第 2 期。

少皞命官、出王母信使：青鸟意象纵横谈，李炳海，古典文学知识，1995 年，第 5 期。

动物伙伴的助力：论仙话小说中的动物飞升，周俐，民间文学论坛，1995 年，第 4 期。

隐化：仙话小说的重大母题，周俐，淮阴高等师范专科学校学报，1995 年，第 4 期。

试论仙话小说中的尸解与竹，周俐，明清小说研究，1995 年，第 2 期。

侠的归宿——仙隐：隐逸文化与古代侠文学主题，王立，古典文学知识，1995 年，第 1 期。

中国式的《金枝故事》：由民俗神话学训释"逢蒙杀羿"，龚维英，贵州社会科学，1995 年，第 2 期。

鸟：生命的转移——论古代小说中鸟的象征意义，周俐，淮阴高等师范专科学校学报，1995 年，第 2 期。

汉魏六朝志怪中的道教养生，王连儒，齐鲁学刊，1995 年，第 4 期。

论唐代佛道小说及其嬗变，程国赋，汉中师范学院学报，1995 年，第 4 期。

《三国演义》的天命观，刘孝严，社会科学战线，1995 年，第 3 期。

中日古代文学意识——儒道佛：以《红楼梦》和《源氏物语》比较为中心，叶渭渠，日本学刊，1995 年，第 1 期。

《搜神记》和《聊斋志异》中的神仙鬼怪，李剑峰，松辽学刊，1995 年，第 4 期。

怪、力、乱、神：《封神演义》的文化品位，潘承玉，晋阳学刊，1995 年，第 5 期。

《红楼梦》与佛道文化，王平，社会科学研究，1995 年，第 2 期。

长春真人《西游记》述评，钟婴，徐州师范学院学报，1995 年，第 1 期。

《西游证道书》杂考二题，吴圣昔，文教资料，1995 年，第 2 期。

《搜神记》与《聊斋志异》中的神仙鬼怪，李剑峰，松辽学刊，1995 年，第 4 期。

《西游记》主旨辨析，李安纲，烟台师范学院学报，1995 年，第 4 期。

"华阳洞天主人"与《西游记》，杨俊，明清小说研究，1995 年，第 3 期。

《封神演义》中"三妖"的社会意蕴，王志尧、仝海天，河南教育学院学报，1995 年，第 4 期。

《镜花缘》简论，欧阳光，中山大学学报，1995 年，第 4 期。

论道教对中国古代戏剧的影响，张玉芹，东岳论丛，1995 年，第 4 期。

《西游记》——一个完整的道教内丹修炼过程，王岗，清华学报，1995 年，第 25 卷第 1 期。

复合与变革：台湾道教拔度仪式中的目连戏，李丰楙，民俗曲艺，1995 年，第 94 期。

罪罚与解救：《镜花缘》的谪仙结构研究，李丰楙，中国文哲研究集刊，1995 年，第 7 期。

从道教观点重新解读《登江中孤屿》一诗，游志诚，台湾诗学季刊，1995 年，第 11 期。

道教女神、女仙观念之演变，杜慧卿，道教学探索（第 9 号），"国立"成功大学历史系道教研究室，1995 年。

"道教与民间文化"整合计划报导，李丰楙，中国文哲研究通讯，1995 年，第 6 卷第 4 期。

试论老庄的生死观——兼探道教的长生之术，吕宗麟，宗教哲学，1995 年，第 3 期。

郭璞游仙诗析论，杨瑟恩，辅大中研所学刊，1995 年，第 5 期。

谈道教诗歌，吴家荣，古典文学知识，1995 年，第 5 期。

L'expiration des six souffles d'après les sources du Canon taoïque——Un procédé classique du qigong, Catherine Despeux, in *Hommage à Kwong Hing Foon*, ed. Dieny Jean—Pierre, Paris：Institut des Hautes Etudes chinoises, Collège de France, 1995.

The Cult of the Wu—t'ung/Wu—hsien in History and Fiction, Ur-sula—Angelika Cedzich, In *Ritual and Scripture in Chinese Popular Religion*: *Five Studies*, ed. David Johnson, Berkeley: Publications of the Chinese Popular Culture Project, 1995.

Images of Transcendence and Divine Communion: The Queen Mother of the West in Chinese Pictorial Art, Cahill Suzanne E, in *How Fortunate the Eyes that See*: *Festschrift Dedicated to David Noel Freedman*, Ann Arbor, University of Michigan, 1995.

Conception of Terrestrial Organization in the Shan hai jing. Dorofeeva—Lichtmann, V. V. *Bulletin de l'Ecole française d'Extrême—Orient*, 82, 57—110, 1995.

Li Bo (701—762) and Mount Emei. Hargett, J. M. *Cahiers d'Extrême—Asie*, 67—85, 1995.

On the whereabouts and identity of the place called 'K'ung—sang' (Hollow Mulberry) in early Chinese mythology. Henricks, R. G. *Bulletin of the School of Oriental and African Studies*, University of London, 69—90, 1995.

Revealing the mind of the sage: The narrative rhetoric of the Chuang Tzu. Kirkwood, W. G. *Rhetoric Society Quarterly*, 25 (1—4), 134—148, 1995.

Religious Taoism and Dreams: an Analysis of the Dream—Data Collected in the "Yün—Chi Ch'i—Ch'ien". Lin, F. —s. *Cahiers d'Extrême—Asie*, 95—112, 1995.

The images of immortals and eminent monks: religious mentality in

early medieval China（4—6 c. AD）. Poo, M. —c. *Numen*, 172—
196, 1995.

Patterns of Female Religious Experience in Qing Dynasty Popular
Literature, Grant, Beata. *Journal of Chinese Religions*, 23: 29—
58, 1995.

An iconographic study of xiwangmu during the Han dynasty,
James, Jean M. *Artibus Asiae*, 55: 17—41, 1995.

To Hell and Back: Death, Near—Death, and other Worldly Jour-
neys in Early Medieval China, Company, Robert. in *Death, Ecstasy,
and Other Worldly Journeys*, ed. J. Collins and M. Fishbane, Chicago:
University of Chicago Press, 343—360, 1995.

The Cult of the Wu—t'ung/Wu—hsien in History and
Fiction. Ursula—Angelika Cedzich. In David Johnson ed. *Ritual and
Scripture in Chinese Popular Religion: Five Studies*, Berkeley: Publica-
tions of the Chinese Popular Culture Project, pp. 137—218, 1995.

『太平經』における「天」について, 武田秀夫, 東方宗教,
1995 年, 第 85 号。

《遊仙窟》舊注校讀記（一）（二）（三）（四）, 衣川賢次,
花園大學文學部研究紀要, 1995—1997 年, 第 27—29 号。

瘟神の物語: 宋江の字はなぜ公明なのか, 大塚秀高, 宋代
の規範と習俗, 汲古書院, 1995 年。

1996 年

《南宋初河北新道教考》的几点补正, 曾召南, 宗教学研究,

1996 年，第 3 期。

金元全真道后弘期掌教研究，程越，中国社会科学院研究生院学报，1996 年，第 4 期。

论道教对中国传统小说之贡献，张振军，道家文化研究（第九辑），上海古籍出版社，1996 年。

论道教对宋诗的影响，詹石窗，道家文化研究（第九辑），上海古籍出版社，1996 年。

六朝道教的终末论：末世、阳九百六与劫运说，李丰楙，道家文化研究（第九辑），上海古籍出版社，1996 年。

从《小山乐府》看张可久的道家道教思想，韦金满，道家文化研究（第九辑），上海古籍出版社，1996 年。

从《磻溪集》看丘处机的苦修，朱越利，道家文化研究（第九辑），上海古籍出版社，1996 年。

正一道音乐与全真道音乐的比较研究，甘绍成，道家文化研究（第九辑），上海古籍出版社，1996 年。

道教音乐特征简论，蒲亨强，道家文化研究（第九辑），上海古籍出版社，1996 年。

谢灵运山水诗与道家之关系，王玫，道家文化研究（第十辑），上海古籍出版社，1996 年。

《本际经》与敦煌道教，姜伯勤，敦煌艺术宗教与礼乐文明，中国社会科学出版社，1996 年。

昆仑、黄帝神话传说与《庄子》寓言，朱任飞，学术交流，1996 年，第 6 期。

书评：砂山稔《隋唐道教思想史研究》，葛兆光，唐研究（第二卷），北京大学出版社，1996 年。

敦煌十卷本《老子化胡经》残卷新探，刘屹，唐研究（第二卷），北京大学出版社，1996年。

古神话和仙话中地祇的变性探研，龚维英，池州学院学报，1996年，第1期。

女娲为阴神考，尹荣方，现代中文学刊，1996年，第6期。

松乔考——关于赤松子和王子乔的传说，大形徹，复旦学报，1996年，第4期。

楚辞巫风习俗考，江林昌，民族艺术，1996年，第4期。

商代的巫与巫术，晁福林，学术月刊，1996年，第10期。

物占神话：原始物占与神话的实用化——《山海经》研究之一，赵沛霖，社会科学战线，1996年，第3期。

《离骚》系巫术过程之纪事，陈桐生，东方丛刊（总第十六辑），广西师范大学出版社，1996年。

傩戏的起源、流向及其在浙江的遗踪，徐宏图，中华戏曲（第十八辑），山西古籍出版社，1996年。

现实的异化与艺术审美的回归——试论道教对古代戏曲作家的影响，延保全，中华戏曲，1996年，第2期。

汉"仙人唐公房碑"考，陈显远，文博，1996年，第2期。

汉代老子神话现象考，竭石，宗教学研究，1996年，第4期。

汉代《郊祀歌十九章》的游仙长生主题，张宏，北京大学学报，1996年，第4期。

儒释道与中国民俗关系述要，刘仲宇，世界宗教研究，1996年，第4期。

试论《西游记》中佛道题材的组合关系，李树民，自贡高等师范专科学校学报，1996年，第2期。

紫姑信仰的起源、衍生及特征，黄景春，民间文学论坛，1996年，第2期。

九天玄女授天书——水浒札记，新江，世界宗教文化，1996年，第4期。

《红楼梦》的神话哲学与叙述程式，魏崇新，徐州师范学院学报，1996年，第2期。

变形：神魔小说最基本的艺术特征，周甲禄，古典文学知识，1996年，第3期。

道教对云南文学之影响示略，郭武，民族艺术研究，1996年，第5期。

《搜神记》中的魏晋民间故事，刘守华，华中师范大学学报，1996年，第1期。

《山海经》：中国科技史的源头，胡远鹏，暨南学报，1996年，第1期。

《红楼梦》中的道教人物、道教活动与道家思想，朱亮嘉，中国道教，1996年，第2期。

道教与"神魔小说"的人物形象来源，苟波，宗教学研究，1996年，第4期。

漫话唐代著名道士张志和的渔父词，长虹，中国道教，1996年，第1期。

苏轼与道教，李豫川，中国道教，1996年，第2期。

评《汉魏六朝道教与文学》，徐新平，湖南师范大学学报，1996年，第4期。

唐代女冠述略，尹志华，中国道教，1996年，第4期。

神变故事对宗教文学与说唱艺术的影响，何学威，湖湘论坛，

1996 年，第 5 期。

试论三大宗教经典对文学的积极影响，蔡先保，江汉论坛，1996 年，第 2 期。

传统中国的小说观念与宗教关怀，周策纵，文学遗产，1996 年，第 5 期。

论道家文学的语言特征，康锦屏，宁夏教育学院学报，1996 年，第 2 期。

道教信仰与中国民间口头叙事文学，刘守华，中国文化研究，1996 年，第 2 期。

道教信仰与中国民间故事类型，刘守华，黄淮学刊，1996 年，第 2 期；商丘师范学院学报，1996 年，第 6 期。

道家与道教文化的现代意义，胡孚琛，东方论坛，1996 年，第 1 期。

论亦隐亦仙现象，井延京，四川师范大学学报，1996 年，第 3 期。

隐逸文化与古代文学审美视野的拓展，陈邵明，长沙水电师范学院学报，1996 年，第 4 期。

儒道释与唐诗宋词，赖丹，龙岩高等师范专科学校学报，1996 年，第 2 期。

道家道教与重视自然文风的形成，张松辉，中国文学研究，1996 年，第 4 期。

论道教美学的"至善至美"观点，潘显一，宗教学研究，1996 年，第 2 期。

山林是炼剑磨砺之所：仙隐文化与古代侠文学主题，王立，通俗文学评论，1996 年，第 1 期。

论谣谶与诗谶，吴承学，文学评论，1996 年，第 2 期。

道教对云南文学之影响示略，郭武，民族艺术研究，1996 年，第 5 期。

道教在六朝的流传与江南民歌隐语，刘跃进，社会科学战线，1996 年，第 3 期。

汉代道家思想的兴盛及其对文人的影响，于迎春，齐鲁学刊，1996 年，第 1 期。

道教与山水诗的兴起，张松辉，中国文化研究，1996 年，第 1 期。

含道独往，舒翼太清：论嵇康游仙诗，张宏，文史杂志，1996 年，第 5 期。

新探《桃花源记》原型，陈致远，求索（长沙），1996 年，第 4 期。

沈约的事道及其仙道诗，陈庆元，古典文学知识，1996 年，第 5 期。

葛洪思想对《桃花源记》的影响，陈立旭，齐鲁学刊，1996 年，第 6 期。

魏晋六朝游仙诗与道教，刘允芳、裴世俊，宁夏教育学院银川高等师范专科学校学报，1996 年，第 2 期。

曹操曹植游仙诗的艺术成就，张宏，殷都学刊，1996 年，第 1 期。

神奇幻想下美的象与境：论魏晋南北朝游仙诗歌的审美特质，马炳寿，广西师范大学学报，1996 年，第 1 期。

诗·梦·佛·道：论梁朝皇帝的两首梦诗，傅正谷，贵州社会科学，1996 年，第 2 期。

嵇康与文士道教，孙明君，哲学研究，1996 年，第 6 期。

曹操与曹植的游仙诗，杨建波，江汉大学学报，1996 年，第
5 期。

论《全唐诗》中所反映的女冠"半娼式"恋情，黄世中，许
昌高等师范专科学校学报，1996 年，第 2 期。

仙道活动与王维山水诗歌创作，吴晓龙，南昌大学学报，1996
年，第 3 期。

中唐游仙诗的社会学阐释，李乃龙，东方丛刊，1996 年，第
1 期。

李白游仙诗与悲剧意识，付明善、张维昭，宁波师范学院学
报，1996 年，第 5 期。

李季兰的三次恋情及失败原因：《唐代诗人婚姻研究》十六，
王辉斌，广西教育学院学报，1996 年，第 2 期。

王维诗与佛道两家的色彩崇尚，于雪棠，北方论丛，1996 年，
第 2 期。

曹邺曹唐诗歌用韵考，黄南津，广西教育学院学报，1996 年，
第 2 期。

论薛涛诗，夏春豪，河南大学学报，1996 年，第 6 期。

薛涛小诗系史实，郭祝崧，成都大学学报，1996 年，第 3 期。

生命 痛苦 超越：李贺与佛、道，阮堂明，文史知识，1996
年，第 12 期。

唐代女冠诗人简论，姜明，楚雄高等师范专科学校学报，1996
年，第 4 期。

郑观应道号及学道始年考，邓景滨，学术研究，1996 年，第
5 期。

家内遇仙——凡人遇仙的主干，周俐，淮阴高等师范专科学校学报，1996 年，第 2 期。

市井遇仙——仙话小说的另一种形式，周俐，淮阴高等师范专科学校学报，1996 年，第 4 期。

梦中受孕与水中受孕——古代小说里的奇异受孕简说，周俐，明清小说研究，1996 年，第 4 期。

古神话和仙话中地祇的变性探研，龚维英，池州高等师范专科学校学报，1996 年，第 1 期。

翩然起舞，羽化我仙：神话丛考之二，刘宗迪，攀枝花大学学报，1996 年，第 4 期。

唐代神仙鬼怪小说中的艺术形象，杨民苏，昆明高等师范专科学校学报，1996 年，第 1 期。

道教与唐代豪侠小说，李昶，龙岩高等师范专科学校学报，1996 年，第 2 期。

"道教仙传"和"神魔小说"中的"去欲就善"思想，苟波，宗教学研究，1996 年，第 3 期。

浓郁：《红楼梦》诗词的佛道色彩，姜志军，求是学刊，1996 年，第 2 期。

简析《三国演义》的神秘文化，李建国，贵州文史丛刊，1996 年，第 5 期。

论神秘色彩在《三国演义》中的艺术价值，刘志军，湖北大学学报，1996 年，第 2 期。

化腐朽为神奇：从《聊斋志异》看宗教故事的艺术变形，张振军，辽宁师范大学学报，1996 年，第 2 期。

《三宝太监西洋记通俗演义》主人公金碧峰本事考，廖可斌，文献，1996 年，第 1 期。

《说岳全传》中的"因果报应"辨析，胡胜，辽宁大学学报，1996 年，第 1 期。

论《西游记》诗词韵文的金丹学主旨，李安纲，晋阳学刊，1996 年，第 3 期；《西游记》文化学刊（第 1 辑），东方出版社，1998 年。

神魔小说与《封神演义》，何满子，博览群书，1996 年，第 9 期。

吴承恩不是《西游记》的作者，李安纲，文史知识，1996 年，第 11 期；《西游记》文化学刊（第 1 辑），东方出版社，1998 年。

《红楼梦》的神话哲学与叙事程式，魏崇新，徐州师范学院学报，1996 年，第 2 期。

《还源篇》是唐僧八十一难原型，李安纲，山西大学学报，1996 年，第 2 期；《西游记》文化学刊（第 1 辑），东方出版社，1998 年。

中国仙道小说新论，陈辽，中国古代小说国际研讨会论文集，开明出版社，1996 年。

黄周星与《西游证道书》的新资料，魏爱莲，中国古代小说国际研讨会论文集，开明出版社，1996 年。

冯梦龙《庄子休鼓盆成大道》故事试探，金荣华，黄淮学刊，1996 年，第 2 期。

《红楼梦》宗教精神新探，梅新林，学术研究，1996 年，第 1 期。

《红楼梦》中一僧一道的智慧与悖论，梅新林，北方论丛，1996 年，第 1 期。

石头的言说：《红楼梦》象征世界的原型批评，傅道彬，红楼梦学刊，1996年，第1期。

《性命圭旨》是《西游记》的文化原型，李安纲，山西大学学报，1996年，第4期。

《绿野仙踪》"印图本"价值浅论，郑其兴，福建论坛，1996年，第5期。

《歧路灯》展示的清代盛世士人对三教的态度，朱越利，世界宗教研究，1996年，第3期。

道情考论，詹石窗，宗教学研究，1996年，第4期、

论琼剧与道教的关系，赵康太，海南大学学报，1996年，第3期。

由教化的观点说王重阳和马丹阳的唱和词，周益忠，海峡两岸道教文化学术研讨会论文（上册），学生书局，1996年。

宋代崇道风气与诗歌创作初探，林佳蓉，宋代文学研究丛刊2，张高评主编，丽文文化事业股份有限公司，1996年。

道教想象力对文学的滋润——略论神魔小说和道法的关系，刘仲宇，中国道教，1996年，第1期。

李贺的《金铜仙人辞汉歌》寓意探析，张玉芳，中国文学研究，1996年，第10期。

《朝元图》之宗教意涵初探，谢世维，东方宗教研究，1996年，第5期。

道教的反支配论述：以《神仙传》为讨论中心，周庆华，海峡两岸道教文化学术研讨会论文（上册），龚鹏程主编，学生书局，1996年。

道教文学一词界定与范畴，林帅月，中国文哲研究通讯，1996

年，第 6 卷第 1 期。

六朝道教的度救观：真君、种民与度世，李丰楙，东方宗教研究，1996 年，新第 5 期。

道教房中养生术对唐代妓风之影响，廖美云，台中商专学报，1996 年，第 28 期。

传承与对应：六朝道经中的"末世"说的提出与衍变，李丰楙，中国文哲研究集刊，1996 年，第 9 期。

杂传体志怪与史传的关系——从文类观念所作的考察，刘苑如，中国文哲研究集刊，1996 年，第 8 期。

道教与民俗，韩秉方，宗教哲学，1996 年，第 33 期。

台湾宗教典籍之整理，龚鹏程，两岸古籍整理研讨会，1996 年。

忧与游：从巫到道及其世俗化的游仙主题，李丰楙，中国文学史暨文学批评学术研讨会论文集，台北政治大学中国文学系，1996 年。

神仙传再检讨，龟田胜见，中国思想史研究，1996 年。

On *Far—Roaming*, Paul W. Kroll, *Journal of the American Oriental Society* 4, pp. 653—669, 1996.

Ruanji's and Xikang's Visits to Two Immortals, Tim Chan, *Monumeta Cerica* 44, p. 141—65, 1996.

The Lady Linshui: How a Woman Became a Goddess, Brigitte Baptandier, In *Unruly gods: divinity and society in China*, ed. Meir Shahar and Robert P. Weller, Honolulu: University of Hawai'i Press, pp. 105—149, 1996.

Vernacular Fiction and the Transmission of God's Cults in Late Imperial China, Meir Shahar, In *Unruly gods: divinity and society in China*, *ed.* Meir Shahar and Robert P. Weller, Honolulu: University of Hawai'i Press, pp. 184—211, 1996.

Taoist Beliefs in Literary Circles of the Sung Dynasty — Su Shi (1037—1101) and his Techniques of Survival, Farzeen Baldrian—Hussein, *Cahiers d'Extrême—Asie* 9, pp. 15—53, 1996.

Body Gods and Inner Vision: The Scripture of the Yellow Court, Paul W. Kroll, in *Religions of China in Practice*, ed. Donald S. Lopez, Jr., Princeton: Princeton University Press, 1996.

The Yao Boduo Stele as Evidence for the "Dao—Buddhism" of the Early Lingbao Scriptures, Stephen R. Bokenkamp, *Cahiers d'Extreme—Asie* 9. 1, 1996.

Hanging by a Thread: Li He's Deviant Closures. Craw, D. M. *Chinese Literature: Essays, Articles, Reviews (CLEAR)*, 18, 23—44, 1996.

Engendering Order: Structure, Gender, and Meaning in the Qing Novel Jinghua yuan. Epstein, M. *Chinese Literature: Essays, Articles, Reviews (CLEAR)*, 18, 101—127, 1996.

Hsiu—Kou—Ku: The ritual refining of restless ghosts among the Chinese of Thailand. Formoso, B. *Journal of the Royal Anthropological Institute*, 217—234, 1996.

Sueños, fantasmas y espíritus en la época zhou. John, P. *Estudios de Asia y áfrica*, 31 (2 (100)), 229—254, 1996.

The looks of Laozi. Kohn, L. *Asian folklore studies*, 193—236, 1996.

Les grands traités du Huainan zi. Traduit du chinois par Claude Larre, Isabelle Robinet, Elisabeth Rochat de la Vallée. Paris, Cerf, 1993 (Patrimoines, taoïsme). Pfrimmer, T. *Revue d'Histoire et de Philosophie religieuses*, 76 (1), 118—118, 1996.

The Ch'üan—chen Patriarch T'an Ch'u—tuan (1123—1185) and the Chinese Talismanic Tradition. Reiter, F. C. *Zeitschrift der Deutschen Morgenländischen Gesellschaft*, 146 (1), 139—155, 1996.

The Secret Writing of Chinese Women: Religious Practices and Beliefs. Rainey, Lee. in Arvind Sharma and Katherine K. Young (ed.), *Annual Review of Women in World Religions*, State University of New York Press: Albany, 1996.

The Earliest Tales of the Bodhisattva Guanshiyin, Company, Robert. in *Religions of China in Practice*, ed. Donald S. Lopez, Jr., Princeton University Press, 82—96, 1996.

《神仙傳》的作者與版本考，裴凝（Benjamin Penny），*Journal of Oriental Studies*，Vol 34，2，1996. 卞东波译，古典文献研究，2007 年，第 10 辑。

青銅鼎與錯金壺——道教語詞在中唐詩歌中的使用，葛兆光，中国文學報，1996 年，第 52 冊；中国宗教与文学论集（新清华文丛之二），清华大学出版社，1998 年。

《歷世真仙体道通鑑》と《神仙伝》，土屋昌明，国学院雑誌，1996 年，第 97 卷第 11 号。

六朝道經の形成とその文體——上清經の場合，神塚淑子，東洋文化研究所紀要（第百二十九冊），1996 年。

甲申大水考—東晋末期の圓識的道經とその系譜，菊地章太，東方宗教，1996 年，第 87 号。

『老子中經』と内丹思想の源流，加藤千恵，東方宗教，1996 年，第 87 号。

四庫本『神仙伝』の性格および構成要素―特に「陰長生伝」をめいぐって―，土屋昌明，東方宗教，1996 年，第 87 号。

『太上大道玉清經』の成立について，山田俊，東方宗教，1996 年，第 88 号。

『金丹真伝』の内丹思想，秋岡英行，東方宗教，1996 年，第 88 号。

『歴世真仙體道通鑑』のテキストについて，尾崎正治，東方宗教，1996 年，第 88 号。

神仙伝記の變容，中国小説史研究，中鉢雅量，汲古書院，1996 年。

『鐘呂伝道集』と内丹思想，坂内榮夫，中国思想史研究，1996 年，第 7 号。

『西遊記』受容史の研究，堀誠、磯部彰，東方宗教，1996 年，第 88 号。

白玉蟾と南宋江南道教，横手裕，京都大学人文科学研究所大学紀要，1996 年，第 68 号。

蘇洵の水官詩について，砂山稔，東洋學論集：中村璋八博士古稀記念，汲古書院，1996 年。

《歴世真仙體道通鑒》のテキストについて，尾崎正治，東方宗教，1996 年，第 88 期。

四庫本《神仙傳》の性格および構成要素――特に《陰長生傳》をめぐって，土屋昌明，東方宗教，1996 年，第 87 期。

六朝唐代における幽婚譚の登場人物：神婚譚，黒田真美子，日本中國學會報，1996 年，第 48 期。

1997 年

仙妓合流现象探因：唐代爱情传奇片论之二，詹丹，西安教育学院学报，1997 年，第 3 期。

《西游释厄传》综考辨证录——兼谈王辉斌的"西游释厄传"论，吴圣昔，宁夏大学学报，1997 年，第 1 期。

顾况《游仙记》与《莽墟赋》考释，顾易生，中国学研究（第 1 辑），中国古籍出版社，1997 年。

唐道举考略，周启成，古典文献与文化论丛（第一辑），中华书局，1997 年。

超越的内在性：道教仪式与宇宙论中的洞天，傅飞岚著，程薇译，法国汉学（第二辑），中华书局，1997 年。

楚国巫坛上的月神祀歌，国光红，山东大学学报，1997 年，第 1 期。

《太平经》中的承负说，段制成，宗教哲学，1997 年，第 4 期。

漫议宗教对中国鬼魂戏曲的影响，许祥麟，廊坊高等师范专科学校学报，1997 年，第 4 期。

社祭神话与高禖神话的人类学诠解，周延良，中国文化研究，1997 年，第 4 期。

从《周易》卦爻辞中的文学因素看《周易》在我国文学史上的地位，朱德魁，贵州民族学院学报，1997 年，第 3 期。

论魏晋六朝志怪中的人鬼之恋小说，钟林斌，社会科学辑刊，1997年，第3期。

一出在汨罗江畔祖庙巫教神坛向先祖陈辞倾诉的大型巫剧——千古奇文《离骚》创作原型论，戴锡琦，吉安师专学报，1997年，第5期。

先秦两汉小说和古代的神仙方术，柳岳梅，上海师范大学学报，1997年，第4期。

论《周易》卦爻辞的文学价值，邹然，周易研究，1997年，第1期。

《易林》神仙思想考，连镇标，世界宗教研究，1997年，第3期。

天蓬元帅考辨，李远国、王家祐，四川文物，1997年，第3期。

佛老思想与苏轼词的创作，张玉璞，齐鲁学刊，1997年，第3期。

道教美术概说，王宜娥，中国宗教，1997年，第2期。

西王母的演变，邢莉，中国道教，1997年，第4期。

三皇五帝传说及其在中国史前史中的定位，李衡眉，中国社会科学，1997年，第2期。

道家思想与两晋文学，李生龙，求索，1997年，第6期。

道教艺术的符号象征，詹石窗，中国社会科学，1997年，第5期；道家文化研究（第十六辑），三联书店，1999年。

禹步·商羊舞·焚巫尪——兼论大禹治水神话的文化原型，刘宗迪，民族艺术，1997年，第4期。

玄女的起源、职能及演变，邢东田，世界宗教研究，1997年，第 3 期。

度脱剧与元代宗教，么书仪，元人杂剧与元代社会，北京大学出版社，1997 年。

诗成造化寂无声——武夷散人白玉蟾诗歌与艮背修行观略论，詹石窗，宗教学研究，1997 年，第 1 期。

关于净明道的研究，张广保，中国史研究动态，1997 年，第 9 期。

吴全节与看云诗，詹石窗，中国道教，1997 年，第 3 期。

道教与唐传奇，申载春，文史哲，1997 年，第 3 期；山西师范大学学报，1997 年，第 1 期。

论中国古代文人的"据于儒、依于道、逃于禅"，周云龙，文史知识，1997 年，第 12 期。

试论道教对宋代文学家的影响，蒋安全，广西民族学院学报，1997 年，第 3 期。

略论汉代徐州的宗教与文学，余明侠，江苏社会科学，1997 年，第 4 期。

道教求"真"反"邪"文艺观点探析，潘显一，江西社会科学，1997 年，第 6 期。

论曹植的游仙诗，陈海英，丽水高等师范专科学校学报，1997 年，第 4 期。

试论汉代游仙诗的产生及演变，徐明，张家口高等师范专科学校学报，1997 年，第 2 期。

曹植游仙诗意蕴简析，徐明，河北学刊，1997 年，第 2 期。

游仙诗死亡再生母题，李永平，陕西师范大学学报，1997 年，第 4 期。

论游仙诗的形成与发展，王青，学术论丛，1997 年，第 3 期。

论魏晋六朝赋的道家倾向，毕万忱，社会科学战线，1997 年，第 1 期。

在道教与文学的契合点上：评张松辉《汉魏六朝道教与文学》，张德礼，中国文学研究，1997 年，第 2 期。

世俗局限与想象超越：郭璞《游仙诗》其六的文化内蕴，李乃龙，文史知识，1997 年，第 3 期。

论郭璞游仙诗的艺术特点，魏晓虹，山西大学学报，1997 年，第 1 期。

论鱼玄机诗，夏春豪，徐州师范大学学报，1997 年，第 3 期。

试论唐代女诗人，薛涛、王玉梅，辽宁教育学院学报，1997 年，第 2 期。

道教文化与唐代诗歌，王定璋，文史哲，1997 年，第 3 期。

漫议李商隐诗歌中的"女冠诗"，耿则伦，文史知识，1997 年，第 3 期。

爱的困扰与半娼式恋情：《全唐诗》女冠恋歌透视，黄世中，东方丛刊，1997 年，第 4 期。

论唐代艳情游仙诗，李乃龙，广西师范大学学报，1997 年，第 3 期。

初盛唐诗人的另一种人生追求——兼探李白游仙诗、王维山水田园诗的内蕴，荆立民，汕头大学学报，1997 年，第 5 期。

鱼玄机考略，梁超然，西北大学学报，1997 年，第 3 期。

女道士鱼玄机的准确卒年，曲文军，江海学刊，1997 年，第 5 期。

从三个女诗人看道教对唐诗的贡献，张松辉、刘雪梅，宗教学研究，1997 年，第 3 期。

《行路难》的"神仙观念"与海洋意识，吕美生，东方丛刊，1997 年，第 3 期。

生·死·仙：浅谈李贺诗歌中的生命哲学，王慧，台州高等师范专科学校学报，1997 年，第 2 期。

李白诗中对自我的仙化倾向，阮堂明，天津师范大学学报，1997 年，第 3 期。

磨镜自鉴亦鉴人：王重阳诗词创作略析，詹石窗，宗教学研究，1997 年，第 2 期。

唐五代词与道教文化，刘尊明，社会科学战线，1997 年，第 3 期。

文化价值含量与汉代灶神话传说的演变，李立，孝感高等师范专科学校学报，1997 年，第 3 期。

"羽衣仙女"故事的中国原型及其世界影响，刘守华，湖北民族学院学报，1997 年，第 2 期。

仙话是中国神话后期的主干，王纯五，文史杂志，1997 年，第 1 期。

西王母原型探，沈天水，延边大学学报，1997 年，第 2 期。

魏晋时期的西王母传说以及产生背景，王青，南京师范大学学报，1997 年，第 3 期。

道教与唐传奇，张松辉，宗教学研究，1997 年，第 1 期。

《金瓶梅》求助鬼神观争议，朱越利，江西社会科学，1997 年，第 2 期。

《西游记》的宗教文字与版本问题，陈洪，运城高等专科学校学报，1997 年，第 1 期。

神变思维的哲学宗教原理 ——神魔小说论稿上篇《神变论》之一，毛忠贤，宜春高等师范专科学校学报，1997 年，第 3 期。

是奥义发明还是老调重弹：评李安纲教授的《西游记》研究，宋谋场，山西师范大学学报，1997 年，第 2 期；《西游记》文化学刊，第 1 辑，东方出版社，1998 年。

释道"转世""谪世"观念与中国古代小说结构，孙逊，文学遗产，1997 年，第 4 期。

对《红楼梦》中佛道现象的二重观照，苏元蓬，台州高等师范专科学校学报，1997 年，第 1 期。

刀圭与《西游记》人物的别名代称，郭明志，求是学刊，1997 年，第 2 期；第二届全国《西游记》文化学术研讨会论文集，1999 年。

《绿野仙踪》丛谈（待续、续完），苏兴，古籍整理研究学刊，1997 年，第 1、2 期。

道教与"神魔小说"的主题，苟波，四川大学学报，1997 年，第 2 期。

道教与"神魔小说"的结构，苟波，宗教学研究，1997 年，第 2 期。

道教房中文化与明清小说中的性描写，潘建国，明清小说研究，1997 年，第 3 期。

论女仙形象及其文化意义，申载春，淮阴高等师范专科学校学报，1997 年，第 3 期。

略论《西游记》与道教，张乘健，河南大学学报，1997 年，第 6 期。

四众五行合三藏：谈五行学说在《西游记》中的体现，王圣乙，辽宁教育学院学报，1997 年，第 4 期。

明清《西游记》文化思想研究概述，闫凤梧、李安纲，西安交大学报，1997 年，第 2 期；《西游记》文化学刊，第 1 辑，东方出版社，1998 年。

论《水浒传》和《西游记》的神学问题，张锦池，《西游记》考论，黑龙江教育出版社，1997 年。

道教的术数、符咒及其在小说中的运用：《神魔小说论稿》上篇《神变论》之三，毛忠贤，宜春高等师范专科学校学报，1997 年，第 6 期。

绛珠还泪的文化意蕴初探，曲文军，南都学坛，1997 年，第 5 期。

《聊斋志异》宗教现象解读，刘敬圻，文学评论，1997 年，第 5 期。

明清艳情小说结局模式的宗教分析，潘建国，中州学刊，1997 年，第 4 期。

儒释道杂糅的末世愚顽：贾宝玉新论，王童，南都学坛，1997 年，第 4 期。

试论《红楼梦》中一僧一道的哲理蕴含，俞润生，红楼梦学刊，1997 年，第 3 期。

《封神演义》成书年代考实——兼及《西游记》成书的一个侧面，刘振农，中国人民警官大学学报，1997 年，第 2 期。

论《绿野仙踪》在文学史上的价值，林虹，福建论坛，1997 年，第 3 期。

论《绿野仙踪》对《升仙传》的承继，胡胜，明清小说研究，1997 年，第 2 期。

文天祥与道教，张松辉，宗教学研究，1997 年，第 3 期。

修身、炼性、悟空、正心、澄心、无心，潘慎、王晓珑，运城高等专科学校学报，1997 年，第 2 期。

《西游证道书》撰者考辨，吴圣昔，明清小说研究，1997 年，第 2 期。

关于黄世仲的存世小说《黄粱梦》（残），吴锦润，明清小说研究，1997 年，第 2 期。

从文言到白话：古典叙事的演变——论"三言"对神道小说的改编，周绚隆，山东大学学报，1997 年，第 1 期。

试论马致远的"神仙道化剧"，刘方政，东岳论丛，1997 年，第 6 期。

简论道教对传统戏剧的影响，詹石窗，世界宗教研究，1997 年，第 4 期。

浅谈元杂剧"神仙道化剧"中"度脱剧"之梦幻，刘水云，南京师范大学学报，1997 年，第 2 期。

道教的形成与人文型态的变迁：以《真诰》为中心，陈赟，中国哲学史，1997 年，第 4 期。

从《真诰》看道教的形成及宗教的本质，陈赟，宗教，1997 年，第 3、4 期。

《混元圣纪》与《太上老君实录》，定阳子，宗教学研究，1997 年，第 1 期。

《梅仙观记》考辨，李俊清，世界宗教研究，1997 年，第 4 期。

杜道坚的生平及其思想，卿希泰，宗教学研究，1997 年，第 4 期。

《水浒传》与道教的关系，王明燦，道教学探索（第 10 号），"国立"成功大学历史系道教研究室，1997 年。

《荡寇志》与道教，王明燦，道教学探索（第 10 号），"国立"成功大学历史系道教研究室，1997 年。

东坡诗文中道家道教思想之玄蕴，李慕如，中国学术年刊，1997 年，第 18 期。

东坡与道家道教，李慕如，屏东师范学院学报，1997 年，第 10 期。

试探永乐宫三清殿《朝元图》壁画：兼谈道家艺术精神，张桂华，道教学探索（第 10 号），"国立"成功大学历史系道教研究室，1997 年。

试论王羲之与道教之关系，苏容立，道教学探索（第 10 号），"国立"成功大学历史系道教研究室，1997 年。

《真诰》诗文用韵考，郭雅玲，东吴中文研究集刊，1997 年，第 4 期。

从女仙传试探道教中的女性，李登详，道教学探索（第 10 号），"国立"成功大学历史系道教研究室，1997 年。

从《太平广记》"神仙类"、"女仙类"看唐人仙道传奇中的成仙理论与条件，段莉芬，古典文学，1997 年，第 14 期。

身体·性别·阶级——六朝志怪的异常论述与小说美学，刘苑如，道蕴，第一辑（上、下），"中央"研究院中国文哲研究所，1997 年。

李白"青莲"意象考，萧丽华，中国李白研究，1997 年。

张雨及其文学造诣研究，徐健勋，宗教与心灵改革研讨会论文集，高雄道德院，1997 年。

心神与修持：《庄子》与六朝上清经派之比较，张超然，宗教与心灵改革研讨会论文集，高雄道德院，1997 年。

金元全真道士词的价值，陈宏铭，宗教与心灵改革研讨会论文集，高雄道德院，1997 年。

《墉城集仙录》之著成初探：与《列仙传》、《神仙传》、《真诰》关系之考察，吴碧贞，宗教与心灵改革研讨会论文集，高雄道德院，1997 年。

长春真人诗词三首赏析，古朴，弘道，1997 年，第 3 期。

斋醮仪式中的青词，章宏，弘道，1997 年，第 4 期。

l'inscription de l'association pour célébrer les bureaux de 1769（Pékin, Dongyue miao, 1769），Vincent Goossaert、Fang Ling、Pierre Marsone，*Sanjiao wenxian* 1，1997.

Les fêtes au temple du pic de l'Est de Pékin sous les Mongols：une source ancienne inédite，Vincent Goossaert，*Sanjiao wenxian* 1，1997.

Immortelles de la Chine ancienne：taoïsme et alchimie féminine，Catherine Despeux，in *Collection*：*Destins de femmes*，Pardès，1997.

In Search of Immortality：A study of travels in early 20th century neidan poems，Xun Liu，*Taoist Resources* 1，1997.

Seduction Songs of One of the Perfected，Kroll Paul W，in *Religions of China in Practice*，ed. Donald S. Lopez，Princeton：Princeton University Press，pp. 180—187，1997.

Li Po's Purple Haze，Paul W. Kroll，*Taoist Resources* 7.2，p. 21—37，1997. 李白与中古宗教文学研究，柯睿著，白照杰译，齐鲁书社，2017 年。

Alchemy and Self—Cultivation in Literary Circles of the Northern

Song Dynasty: Su Shi (1037—1101) and his Techniques of Survival, Baldrian—Hussein Farceen, *Cahier d ' Extreême—Asie* 9, 1997.

Pilgrimage to Taishan in the Dramatic Literature of the Thirteenth and Fourteenth Centuries, Wilt Idema, *Chinese Literature: Essays Articles Reviews* 19, 1997.

Le culte de Lü Dongbin sous les Song du Sud, Isabelle Ang, *Journal Asiatique* 2, 1997. (南宋时期的吕洞宾研究, 洪怡莎, 法国汉学（第七辑）, 中华书局, 2002 年）

Une stèle taoïste des Han orientaux récemment découverte（肥致碑小考）, Kristofer Schipper, in *En suivant la Voie Royale: Mélanges en hommage à Léon Vandermeersch*, ed. J. Gernet, M. Kalinowski,, Paris: école française d'Extrême—Orient, 1997.

Stèle de l'association pour les divers objets utilisés dans le monde des ténèbres, Kristofer Schipper、Alain Arrault、Fang Ling、Vincent Goossaert, *Sanjiao wenxian* 1, 1997.

Review: In Search of the Supernatural: The Written Record. Campany, R. F. *China Review International*, Vol. 4, No. 1, pp. 118—121, 1997.

Journey into desire: Monkey's secular experience in the Xiyoubu. Chu, M. *Journal of the American Oriental Society*, 654—664, 1997.

Review: Strange Writing: Anomaly Accounts in Early Medieval China. Huntington, R. *The Journal of Asian Studies*, Vol. 56, No. 2, pp. 463—465, 1997.

Self—Reflexivity, Epistemology, and Rhetorical Figures. Kao,

K. S. *Chinese Literature*: *Essays*, *Articles*, *Reviews*, 59—83, 1997.

Love or lust? The sentimental self in Honglou meng. Lee, H. *Chinese Literature*: *Essays*, *Articles*, *Reviews* (*CLEAR*), 19, 85—111, 1997.

A God's Own Tale: The Book of Transformations of Wenchang, the Divine Lord of Zitong. Pas, J. F. *China Review International*, 4 (1), 189—192, 1997.

The Completion of an Ideal World: The Human Ghost in Early—Medieval China. Poo, M. —C. *Asia major*, 69—94, 1997.

The blending of religious convictions and scholarly notions in the life of the Taoist Patriarch Liu Ch'u—hsiian (1147—1203). Reiter, F. C. *Zeitschrift der Deutschen Morgenländischen Gesellschaft*, 147 (2), 425—460, 1997.

I Ching and Poetic Creation: An Interview with Octavio Paz. Tae, J. K., & Paz, O. *Salmagundi* (114/115), 153—165, 1997.

China's Fragmented Goddess Images. Knapp, Bettina L. in Bettina L. Knapp (ed.), *Women in Myth*, State University of New York Press: Albany, 1997.

The Illusion of Standardizing the Gods: The Cult of the Five Emperors in Late Imperial China, Micheal Szonyi, *Journal of Asian Studies*, 56.1, 113—135, 1997.

『神の自伝―文昌帝君化書―』, 山田利明, 東方宗教, 1997年, 第89号。

『初期道教における神話と意味―混沌の主題―』, リアナ・トルファシュ、N・J・ジラルド, 東方宗教, 1997年, 第90号。

出土資料から見た『楚辭』九歌の成立時期について, 石川

三佐男，中国出土資料研究，1997 年，第 1 号。

『楚辭』九歌における河伯篇の美人と山鬼篇の山鬼の関係について，石川三佐男，新しい漢文教育，1997 年。

『異苑』に於ける音声説話―銅器・墓地・山川と太常職，大橋由治，東方宗教，1997 年，第 90 号。

『剪灯新話』の怪異艶情譚考―「滕穆醉遊聚景園記」と唐代伝奇小說「李章武伝」の比較を中心に，尾崎保子，（昭和女子大學）學苑，1997 年，第 692 号。

『遊仙窟』舊注校讀記（中之二），衣川賢次，花園大學文學部研究紀要，1997 年，第 29 号。

『新刊出像官板大字西遊記』における人物形象―特に道教内丹術との関わりにおいて―，斉藤知廣，集刊東洋学，1997 年，第 77 号。

張華の文学に見られる『老子』の影，佐竹保子，日本中国学会報，1997 年，第 49 号。

『廣異記』に見える安史の乱前後の世相，鈴木正弘，立正大學東洋史論集，1997 年，第 10 号。

張留孫の登場前後―發給文書から見たモンゴル時代の道教，高橋文治，東洋史研究，1997 年，第 56 号。

唐代伝奇「杜子春伝」に関する一考察（5）小結，増子和男，（梅光女学院大学）日本文学研究，1997 年，第 32 号。

「藝術」に関わる諸問題 1 －『二十四史』の道士・方士伝，三田村圭子，櫻美林大學中国文學論叢，1997 年，第 22 号。

黄帝伝說異聞（三田史學會），森雅子，史學，1997 年，第 66 号。

『封神演義』作者による神仙像の改変について―長耳定光仙と燃燈道人を中心に，山下一夫，（慶応義塾大学）藝文研究，1997年，第72号

馬王堆帛書『十六経』の蚩尤像，湯浅邦弘，東方宗教，1997年，第90号

唐代小説に見られる別世界（神仙篇）―「海上仙境」を中心として，盧秀滿，（安田女子大学）中国学論集，1997年，第16号。

東嶽大帝―泰山の神・冥界の長官，石井昌子，月刊しにか，1997年，第8号。

「杜子春伝」を再考する，稲田孝，月刊しにか，1997年，第8号。

江南の民俗―六朝小説にもとづく民俗誌Ⅰ、Ⅱ、Ⅲ――狩人の文化、江南山地民の宗教、川邊と水田で働くもの訪れるもの，大林太良，月刊しにか，1997年，第8号。

華北の民俗―続・六朝小説にもとづく民俗誌Ⅰ、Ⅱ、Ⅲ――田の中の巨木、三東の聖と俗、鳥・犬・馬，大林太良，月刊しにか，1997年，第8号。

剣豪侠客の物語，岡崎由美，月刊しにか，1997年，第8号。

志怪小説の末裔たち，岡本不二明，月刊しにか，1997年，第8号。

六朝志怪小説の中の女性たち―その愛と死，黒田真美子，月刊しにか，1997年，第8号。

呪符の道教学―中国の民間習俗にみる呪具，坂出祥伸，別冊歴史読本，1997年，第44号。

胡人の寶の物語，佐々木睦，月刊しにか1997年，第8号。

六朝志怪小説案内―代表作品＆ブックガイド，笹倉一廣，月刊しにか，1997年，第8号。

唐代伝奇小説案内―代表小説＆ブックガイド，笹倉一廣，月刊しにか，1997年，第8号。

『仁孝皇后勧善書』感應記事總目次（附：人名索引），鈴木正弘，筆記小説研究，1997年，第1号。

地獄と閻羅王：冥界の裁判官，田中文雄，月刊しにか，1997年，第8号。

水の神々―中国における水神の系譜，鄭正浩，月刊しにか，1997年，第8号。

異界からの闖入者たち―異類譚の世界，富永一登，月刊しにか，1997年，第8号。

楊貴妃伝説の誕生―「長恨歌」と「長恨歌伝」，成瀬哲生，月刊しにか，1997年，第8号。

夢の中の時空―豫兆譚の世界，林良育，月刊しにか，1997年，第8号。

『説話新語』―志人小説の世界，林田慎之助，月刊しにか1997年，第8号。

変身譚の世界，林田慎之助，月刊しにか，1997年，第8号。

呂洞賓と八仙―聖なる世界へのいざない，森由利亜，月刊しにか，1997年，第8号。

仙界へのまなざし―男の楽園としての異界，柳瀬喜代志，月刊しにか，1997年，第8号。

李白「早發白帝城」と「峨眉山月歌」について，石川忠久，

東方學會創立五十周年紀念東方學論集，1997 年。

　　『唐僧取經圖册』に見る西遊記物語—大唐国出境までを中心に—，幾部彰，東方學會創立五十周年紀念東方學論集，1997 年。

　　『金瓶梅』の構想—『封神演義』『三國志演義』との関係を中心に—，大塚秀高，東方學會創立五十周年紀念東方學論集，1997 年。

　　蘇轍『老子解』と李贄『老子解』，佐藤錬太郎，東方學會創立五十周年記念東方學論集，1997 年。

　　『西遊記』西天取経故事の構成—シンメトリーの原理—，中野美代子，東方學會創立五十周年記念東方學論集，1997 年。

　　道教关系著书论文目录 1996 年，渡边义浩、野村英登，东方宗教，1997 年，第 90 期。

　　蘇過と道教《斜川集》を讀む，砂山稔，岩手大学，人间・文化・社会，1997 年。

　　新刻出像官板大字西遊記》における人物形象——特に道教内丹術との關わりにおいて，齋藤知廣，集刊東洋學，1997 年，第 77 号。

　　为什么说吴承恩不是《西游记》的作者，李安纲，世界日报，1997 年 3 月 15 日。

1998 年

论丘处机，朱亚非，文史哲，1998 年，第 3 期。

论元杂剧的隐逸思想，阙真，东方丛刊，1998 年，第 3 期。

《易传》与西汉道家，郑万耕，道家文化研究（第十二辑），三联书店，1998 年。

《韩诗外传》的黄老思想及其易说，周立升，道家文化研究（第十二辑），三联书店，1998 年。

谶纬文献与战国秦汉间的道家，徐兴无，道家文化研究（第十二辑），三联书店，1998 年。

《苏氏易传》与三苏的道家思想，曾枣庄，道家文化研究（第十二辑），三联书店，1998 年。

敦煌道教逸书略说，苏晋仁，道家文化研究（第十三辑），三联书店，1998 年。

敦煌道经题记综述，谭蝉雪，道家文化研究（第十三辑），三联书店，1998 年。

敦煌文书《南华真经》诸写本之年代及篇卷结构探讨，谭世宝，道家文化研究（第十三辑），三联书店，1998 年。

试论《化胡经》产生的时代，刘屹，道家文化研究（第十三辑，三联书店，1998 年。

敦煌道经校读三则，王卡，道家文化研究（第十三辑），三联书店，1998 年。

敦煌逸书《老子变化经》疏证，苏晋仁，道家文化研究（第十三辑），三联书店，1998 年。

敦煌本《太极左仙公请问经》考论，王承玉，道家文化研究（第十三辑），三联书店，1998 年。

敦煌文书《道家杂斋文范集》及有关问题述略，马德，道家文化研究（第十三辑），三联书店，1998 年。

《太上洞玄灵宝天尊名》初探，王惠民，道家文化研究（第十三辑），三联书店，1998 年。

敦煌本《升玄内教》经解说，万毅，道家文化研究（第十三辑），三联书店，1998 年。

敦煌本《太上灵宝洗浴身心经》研究，程存洁，道家文化研究（第十三辑），三联书店，1998 年。

敦煌本《大道通玄要》研究，向群，道家文化研究（第十三辑），三联书店，1998 年。

敦煌道教文献《本际经》录文及解说，万毅，道家文化研究（第十三辑），三联书店，1998 年。

论古灵宝经，大渊忍尔著，刘波译，王承文校，道家文化研究（第十三辑），三联书店，1998 年。

《庄子》的诗意，叶朗，道家文化研究（第十四辑），三联书店，1998 年。

试论阮籍五言咏怀诗之"仙心"，张宏，道家文化研究（第十四辑），三联书店，1998 年。

从道家思想探讨苏轼的诗论，安熙珍，道家文化研究（第十四辑），三联书店，1998 年。

南北朝宗教文化之地域分野，孔定芳，中州学刊，1998 年，第 1 期。

宗教神学与神话，张强，淮阴师范学院学报，1998 年，第 1 期。

《太平经》与考古发现的东汉镇墓文，刘昭瑞，世界宗教研究，1998 年，第 4 期。

王权交替与神话转换，王孝廉，民间文学论坛，1998 年，第 3 期。

道教神话由异端趋向正统，田兆元，神话与中国社会，上海人民出版社，1998 年。

《诗经》与商周宗教思想、审美观念的变化，孙克强、耿纪平，河南师范大学学报，1998 年，第 2 期。

钟馗传说和信仰的滥觞，刘锡诚，中国文化研究，1998 年，第 3 期。

祭歌中的神女——论怨妇原型的艺术形态置换，王林，艺海，1998 年，第 3 期。

道教的气法、金丹及其在小说中的运用——《神魔小说论稿》上篇《神变论》之四，毛忠贤，宜春学院学报，1998 年，第 1 期。

论《周易》卦爻辞歌谣的艺术特色，张剑，兰州大学学报，1998 年，第 2 期。

楚国巫坛上的蚩尤祭歌——《九歌·云中君》新解，国光红，河北师范大学学报，1998 年，第 2 期。

体验与幻想：宗教经验对中国文学的渗透，葛兆光，中国宗教与文学论集，清华大学出版社，1998 年。

从出世间到入世间：中国宗教与文学中理想世界主题的演变，葛兆光，中国宗教与文学论集，清华大学出版社，1998 年。

鲁迅与中国人的鬼神信仰，毛晓平，鲁迅研究月刊，1998 年，第 7 期。

港台新派武侠小说与道家文化精神，廖向东，浙江师范大学学报，1998 年，第 3 期。

死亡之恐惧及其消解：中国古代宗教与文学中死后世界主题的演变，葛兆光，中国宗教与文学论集，清华大学出版社，1998 年。

从《华阳陶隐居集》和《真诰》看陶弘景的宗教经验，黄兆汉、文英玲，世界宗教研究，1998 年，第 4 期。

士族宗教信仰的分野与南北朝文学的差异，高华平，华中师范大学学报，1998 年，第 4 期。

论封建社会魂灵文学的产生与发展，高梓梅，南都学坛，1998 年，第 2 期。

法国学者视野中的中国文化——法国学者傅飞岚访谈录，李大华，开放时代，1998 年，第 4 期。

想象的深度——从道教与中国古典文学的关系看当代文学想象的匮乏，李小光，宗教学研究，1998 年，第 2 期。

蜀中八仙考，王家祐，四川文物，1998 年，第 4 期。

相术学与明清小说，万晴川，上海师范大学学报，1998 年，第 4 期。

《红楼梦》中的谶应，宋莉华，上海师范大学学报，1998 年，第 4 期。

灌口二郎神的演变，焦杰，四川大学学报，1998 年，第 3 期。

试论明宁献王朱权的道教思想，曾召南，宗教学研究，1998 年，第 4 期。

中国戏神初考，康保成，文艺研究，1998 年，第 2 期。

二十世纪中国宗教与文学研究的回顾，葛兆光，北大中文研究（创刊号），费振刚、温儒敏主编，北京大学出版社，1998 年。

论陶弘景的文学史地位，刘雪梅，中国文学研究，1998 年，第 3 期。

佛教道教与中国诗歌之关系，马大品，中国文化研究，1998 年，第 2 期。

儒道思想对中国古代文学的影响，孙进，山东工业大学学报，

1998 年，第 3 期。

盛唐诸教杂糅的社会思潮与诗歌繁荣之关系，霍然，晋阳学刊，1998 年，第 4 期。

宋元讲史平话和宗教史观，詹丹，上海教育学院学报，1998 年，第 2 期。

古代小说与宗教文化，王平，古典文学知识，1998 年，第 1 期；佛教文化，2004 年，第 6 期。

"神授天书"与"不立文字"——佛教与道教的语言传统及其对中国古典诗歌的影响，葛兆光，文学遗产，1998 年，第 1 期；中国宗教与文学论集，清华大学出版社，1998 年。

云雨与合气的宗教（神话）原型及其诗歌嬗变，吕美生，学术月刊，1998 年，第 3 期。

美学研究的新收获：评《大言不美——道教美学思想范畴论》，王世德，天府新论，1998 年，第 1 期。

汉代游仙思想发展的文化心理契机，张振龙，信阳师范学院学报，1998 年，第 3 期。

是梦终非真，戚戚欲何念：析曹操的游仙诗，刘晓光，北京教育学院学报，1998 年，第 1 期。

游仙的动机与路径，朱立新，中州学刊，1998 年，第 3 期。

游仙诗的意象组合与结构模式，朱立新，上海师范大学学报，1998 年，第 3 期。

儒、道文化的冲突与交融：郭璞人格简论，王海青，淄博高等师范专科学校学报，1998 年，第 2 期。

追寻生命的乐园：曹植游仙诗思想解析，李辉，云南教育学院学报，1998 年，第 3 期。

道家思想与建安魏末文学，李生龙，中国文学研究，1998 年，第 1 期。

陶渊明与儒道思想，姜晓霞，西南民族学院学报，1998 年增刊。

中唐诗人的济世精神和宗教情绪，朱易安，江海学刊，1998 年，第 5 期。

唐代游仙诗的若干特质，李乃龙，陕西师范大学学报，1998 年，第 3 期。

李商隐玉阳之恋补证，钟来茵，中州学刊，1998 年，第 4 期。

"谪仙"考说，任晓勇，淮北师范大学学报，1998 年，第 4 期。

论曹唐小游仙诗的文学意义，李乃龙，广西社会科学，1998 年，第 6 期。

敦煌道教诗歌补论，汪泛舟，敦煌研究，1998 年，第 4 期。

试论寒山诗中的儒家与道家思想，钱学烈，中国文化研究，1998 年，第 2 期。

李贺诗中的女神，薛爱华著，刘石译，古典文学知识，1998 年，第 2 期。

浅论李白诗歌中的游仙思想与其悲剧心态，张振龙，山东师范大学学报，1998 年增刊。

李白仙侠文化人格的美学精神，康震，陕西师范大学学报，1998 年，第 3 期。

从《前赤壁赋》谈苏轼的宗教思想，龙晦，中华文化论坛，1998 年，第 1 期。

试论元诗"四大家"与道教的关系，郭顺玉，宗教学研究，

1998 年，第 3 期。

王湘绮《游仙诗》及其他，李寿冈，中国韵文学刊，1998 年，第 1 期。

著名仙话"仙乡奇遇"的构成与演变，刘守华，宗教学研究，1998 年，第 4 期。

神话故事与古典小说中的九天玄女，段春旭，福建论坛，1998 年，第 3 期。

方术与方士小说，周俐，淮阴师范学院学报，1998 年，第 2 期。

论巫师的活动与早期志怪小说，赵振祥，上海师范大学学报，1998 年，第 4 期。

二郎神考，李耀仙，四川师范学院学报，1998 年，第 1 期。

《汉武帝内传》研究，王青，文献，1998 年，第 1 期。

《神女传》《杜兰香传》《曹著传》考论，李剑国，明清小说研究，1998 年，第 4 期。

魏晋南北朝志怪和古代鬼神崇拜，柳岳梅，北方论丛，1998 年，第 4 期。

《金瓶梅》宗教文字再思辨，张士魁，徐州教育学院学报，1998 年，第 1 期。

《红楼梦》第一回与宗教文化考究，王光浒，大庆高等专科学校学报，1998 年，第 1 期。

《水浒传》神话解读，王振星，大庆高等专科学校学报，1998 年，第 3 期。

《西游记》宗教修行内景探微，陈金宽，郑州大学学报，1998 年，第 2 期。

《儒林外史》里的儒道互补，李汉秋，文学遗产，1998 年，第 1 期。

略说《西游记》与道教，张乘健，明清小说研究，1998 年，第 2 期。

百回本《西游记》是否吴承恩所作，章培恒，《西游记》文化学刊，第 1 辑，东方出版社，1998 年。

章回小说《西游记》疑非吴承恩作，杨秉祺，《西游记》文化学刊，第 1 辑，东方出版社，1998 年。

《性命旨归》是《西游记》的文化原型，李安纲，《西游记》文化学刊，第 1 辑，东方出版社，1998 年。

《西游记》是中国传统文化的自觉载体，李安纲，《西游记》文化学刊，第 1 辑，东方出版社，1998 年。

首届《西游记》文化学术研讨会会议纪要，张正义、冯巧英，《西游记》文化学刊，第 1 辑，东方出版社，1998 年。

《西游记》文化自觉载体透视——李安纲教授《西游记》研究述评，高华平、杨方岗，《西游记》文化学刊，第 1 辑，东方出版社，1998 年。

《西游补》中破情根与立道根剖析，苏兴、苏铁戈整理，北方论丛，1998 年，第 6 期。

《红楼梦》与"道"，杜景华，红楼梦学刊，1998 年，第 4 期。

《红楼梦》与中国古代谶言文化，魏家骏，淮阴师范学院学报，1998 年，第 1 期。

补恨与悟道：谈《长生殿》的宗教意味，刘继保，天中学刊，1998 年，第 6 期。

"神仙道化剧"中的仙踪道影，苟波，宗教学研究，1998 年，第 4 期。

徐灵胎与《洄溪道情》，陈泳超，苏州大学学报，1998 年，第 1 期。

说板桥《道情》，于天池、李书，文献，1998 年，第 2 期；文史知识，1998 年，第 4 期。

道教音乐，王宜娥，中国宗教，1998 年，第 1 期。

六朝道教人物杂传述要，张承宗，苏州大学学报，1998 年，第 1 期。

阴柔清韵：道教音乐审美风格论，蒲亨强，中央音乐学院学报，1998 年，第 1 期。

从黄公望《写山水诀》看道教悟性思维方式，丁培仁，宗教学研究，1998 年，第 2 期。

邪神的碑传：从民间信仰看《南游记》、《北游记》，黄艳梅，明清小说研究，1998 年，第 4 期。

孙悟空与金与火——对主人公们的炼丹术解释，中美野代子，《西游记》文化学刊，第 1 辑，东方出版社，1998 年。

官吏和神灵——六朝和唐代小说中神灵与官吏之争，乐维（Jean Lévi），法国汉学，第 3 辑，中华书局，1998 年。

吴承恩与丘处机，中美野代子，《西游记》文化学刊，第 1 辑，东方出版社，1998 年。

尉迟迥在安阳：一个 8 世纪的宗教仪式及其神话传说，杜德桥，欧洲中国古典文学研究名家十年文选，乐黛云、陈珏、龚刚主编，江苏人民出版社，1998 年。

《柳毅传》及其类同故事，杜德桥，欧洲中国古典文学研究名家十年文选，乐黛云、陈珏、龚刚主编，江苏人民出版社，

1998 年。

侯思孟：《神弦歌：中国五世纪的通俗宗教诗歌》，《欧洲中国古典文学研究名家十年文选》，乐黛云、陈珏、龚刚编选，江苏人民出版社，1998 年。

中国道教研究的历史与现状，王卡，国际汉学（第 2 辑），大象出版社出版，1998 年。

《文心雕龙》与《抱朴子》文论，吕武志，"国立"师范大学人文与社会科学学报，第 43 卷第 1 期，1998 年。

杜诗与道教之关系析论，谌湛，辅仁国文学报，1998 年，第 13 期。

论魏晋诗歌中的游仙意识，骆水玉，"国立"编译馆馆刊，1998 年，第 1 期。

陈侯学诗如学道：陈师道，龚鹏程，道教新论二集，南华管理学院，1998 年。

仙诗、仙歌与颂赞灵章：《道藏中的六朝诗歌史料及其研究》，李丰楙，第三届魏晋南北朝文学国际学术研讨会论文，文史哲出版社，1998 年。

试论《太平经》的主旨与性质，林富士，"中央"研究院历史语言研究所集刊，1998 年，第 69 本第 2 分。

佛、道教描写与《金瓶梅》的成书时代新探，潘承玉，中外文学，1998 年，第 10 期。

道教《黄庭经》论要（上），龚鹏程，宗教哲学，1998 年，第 13 期。

《韩湘子》中道情曲艺之研究，白以文，宗教与心灵改革研讨会论文集，高雄道德院，1998 年。

古上清经派与灵宝经派诗歌之比较：一个道教文学课题的实例分析，林帅月，宗教与心灵改革研讨会论文集，高雄道德院，1998 年。

全真七子词作的语言风格，张美樱，宗教与心灵改革研讨会论文集，高雄道德院，1998 年。

唐代女仙传叙述形式与内容之分析：以《墉城集仙录》为主，段致成，宗教与心灵改革研讨会论文集，高雄道德院，1998 年。

王重阳词内容析论，陈宏铭，宗教与心灵改革研讨会论文集，高雄道德院，1998 年。

游仙与登龙——李白名山远游的内在世界，萧丽华，彰化师范大学"中国诗学学术研讨会"，1998 年。

从《续仙传》到元杂剧《蓝采和》论其增异，简齐儒，"国立"中兴大学中国文学研究所第一届研究生论文研讨会论文集，"国立"中兴大学中国文学系，1998 年。

佛、道教描写与《金瓶梅》的成书时代新探，潘承玉，中外文学，1998 年，第 10 期。

论魏晋诗歌中的游仙意识，骆水玉，"国立"编译馆馆刊，1998 年，第 1 期。

试探张可久散曲的道教色彩，范长华，中正中文学术年刊，1998 年，第 2 期。

道教与"神魔小说"的"神"与"魔"，苟波，弘道，1998 年，第 5 期。

从明清时期神魔小说的神仙考验情节看修道伦理，绿杨，弘道，1998 年，第 6 期。

浅谈道教与中国古代文化艺术，龙泉，弘道，1998 年，第

6 期。

神魔小说中的"神仙渡世"观，苟波，弘道，1998 年，第 7 期。

原始道教"赤章"考略，姜生，弘道，1998 年，第 7 期。

西游记中的神仙形象，竹林，弘道，1998 年，第 8 期。

神魔小说中的凡人修道成仙观念，苟波，弘道，1998 年，第 8 期。

丘处机诗二首，曾维加，弘道，1998 年，第 8 期。

Lexical Landscapes and Textual Mountains in the High T'ang, Paul W. Kroll, *T'oung Pao* 84, pp. 62—101, 1998.

de Meyer: A Daoist Master's Justification of Reclusion: Wuyun's Poems on Investigating the Past, Jan A. M., *San Jiao Wen xian* 2, pp. 11—40, 1998.

Spirit Writing and Performance in the Work of You Tong 尤侗 (1618—1704), Zeitlin Judith T, *T'oung Pao* 84, 1998.

Encounter as revelation: A Taoist hagiographic theme in medieval China, Verellen Franciscus, *Bulletin de l'Ecole Francaise d'Extreme—Orient* 85, pp. 363—384, 1998.

Shu as a hallowed land: Du Guangting's Record of Marvels, Verellen Franciscus, *Cahiers d'Extrême—Asie* 10, p. 213—254, 1998.

Alchemy and Journey to the West: The Cart—Slow Kingdom Episode, Oldstone—Moore Jennifer, *Journal of Chinese Religions* 26, p. 51—66, 1998.

Reeling in the Demon: An Exploration into the Category of the Demonized Other as portrayed in *The Journey to the West*, Cozad Laurie,

Journal of the American Academy of Religion 66.1, 1998.

Portrait épigraphique d'un culte——Les inscriptions des dynasties Jin—Yuan des temples du Pic de l'Est（碑铭对一种信仰的描写——金元时期东岳庙碑文）, Vincent Goossaert, *Sanjiao wenxian* 2, 1998.

Stèle du Temple du Pic de l'Est（Dongyue miao）de la Grande Capitale par Wu Cheng（1249—1333）, Kristofer Schipper, *Sanjiao wenxian* 2, 1998.

Inscription pour la reconstruction du Temple du Pic de l'Est à Pékin par l'Empereur Zhengtong（1447）, Kristofer Schipper、Pierre Marsone, *Sanjiao wenxian* 2, 1998.

Sages, Ministers, and Rebels: Narratives from Early China Concerning the Initial Creation of the State, Michael Puett, *Harvard Journal of Asiatic Studies* 58.2, 1998.

A Medieval Feminist Critique of the Chinese World Order: The Case of Wu Zhao（r.690—705）, Stephen R. Bokenkamp, *Religion* 28.4, 1998.

Messrs. T'an, Chancellor Sung, and the "Book of Transformation（Hua Shu）": Texts and the Transformations of Traditions. Didier, J. *Asia major*, 99—150, 1998.

Songdai zhiguai chuanqi xulu 宋代志怪傳奇敍錄. Durand—Dastès, V. *Revue Bibliographique de Sinologie*, *Nouvelle série*, Vol. 16, p.365, 1998.

T'ao Ch'ien's "The Seasons Come and Go: Four Poems" —A Meditation. Eoyang, E. *Chinese Literature: Essays, Articles, Reviews*

（CLEAR），20，1—9，1998.

Reeling in the Demon: An Exploration into the Category of the Demonized Other as Portrayed in The Journey to the West. Cozad, L. *Journal of the American Academy of Religion*, 66（1），117—145，1998.

The Cult of Jiang Ziwen in Medieval China. Fu—shih, L. *Cahiers d'Extrême—Asie*, 357—375，1998.

Sentiments of Desire: Thoughts on the Cult of Qing in Ming—Qing Literature. Huang, M. W. *Chinese Literature: Essays, Articles, Reviews (CLEAR)*, 20，153—184，1998.

Readability: Religion and the Reception of Translation. Yu, A. C. *Chinese Literature: Essays, Articles, Reviews (CLEAR)*, 20，89—100，1998.

Mr. Five Dippers of Drunkenville: The representation of enlightenment in Wang Ji's drinking poems. Warner, D. X. , & Ji, W. *Journal of the American Oriental Society*, 347—355，1998.

Ts'ao Chih and the Immortals, Holzman, Donald. *Asia Major*, 3rd series, 1. 1, p. 15—57，1998；曹植与神仙，侯思孟，法国汉学，第 4 辑，1999 年。

Truth, Falsity and Pretense in Sung China: An Approach Through Hong Mai's Stories. Robert Hymes, Paper presented at University Seminar in Neo—Confucian studies, Columbia University, Nov. 1998.

李賀詩の道教的側面，森瀬寿三，唐诗新玫（『日本中国学会报』第 28 辑），关西大学出版社，1998 年。

玄天上帝の変容—数種の経典間の相互関係をめぐって一，二

階堂善弘，東方宗教，1998 年，第 91 号。

《真誥》と《雲笈七籤》，阪内榮夫，六朝道教の研究，吉川忠夫，春秋社，1998 年。

《真誥》における人の行為と資質について，龜田勝見，六朝道教の研究，吉川忠夫，春秋社，1998 年。

李商隱と《真誥》，深澤一幸，六朝道教の研究，吉川忠夫，春秋社，1998 年。

六朝貴族文人の臆病と虚栄，岡村繁，日本中国學會創立五十年記念論文集，汲古書院，1998 年。

六朝時代の上清経と靈寶経，神塚淑子，六朝道教の研究，吉川忠夫，春秋社，1998 年。

《真誥》における日月論とその周辺，加藤千惠，六朝道教の研究，吉川忠夫，春秋社，1998 年。

真誥の詩與と色彩語，釜谷武志，六朝道教の研究，吉川忠夫，春秋社，1998 年。

《真誥》に見える "羅酆都" 鬼界說，松村巧，六朝道教の研究，吉川忠夫，春秋社，1998 年。

中国人と道教——『東遊記』の八仙をあぐつて，大形徹，中国人と道教，汲古書院，1998 年。

靈寶経と初期江南仏教，神塚淑子，東方宗教，1998 年，第 91 号。

道家思想と文学，土屋昌明，月刊しにか，1998 年，第 9 卷第 12 号。

王安石と道教：太一信仰との關わりを中 心に，砂山稔，日本中國學會創立五十年記念論文集，汲古書院，1998 年。

苏符与苏籀：兩苏子孫と道教，砂山稔，東方宗教，1998 年，第 91 期。

1999 年

元代神仙道化戏与剧作家马致远，王宜峨，中国道教，1999 年，第 2 期。

《西游记》在海外，王丽娜，古典文学知识，1999 年，第 4 期。

唐代小说之创作意图——以《杜子春》为中心，富永一登著，卢秀满译，国际汉学论丛，第 1 辑，乐学书局，1999 年。

《太平经》语言特点和标点问题，俞理明，古典文献与文化论丛（第二辑），杭州大学出版社，1999 年。

"朴"：老子美学观点及其在魏晋南北朝的演变，汉克杰，道家文化研究（第十五辑），三联书店，1999 年。

从《列子》的生死观谈起，玛亚，道家文化研究（第十五辑），三联书店，1999 年。

从措词明理艺术的角度来研究《鹖冠子》，戴卡琳，道家文化研究（第十五辑），三联书店，1999 年。

《老子想尔注》之年代和作者考，吴相武，道家文化研究（第十五辑），三联书店，1999 年。

谶纬的不明起源和发展：从方术的传统到汉代正统文化，蒂齐安那·李被耶络，道家文化研究（第十五辑），三联书店，1999 年。

东汉后期不仕之士的生命安顿方式，于迎春，道家文化研究

（第十五辑），三联书店，1999 年。

从《西铭》开显的境界看道家对张载的影响，冯达文，道家文化研究（第十五辑），三联书店，1999 年。

三洞四辅与"道教"的成立，小林正美，道家文化研究（第十六辑），三联书店，1999 年。

道教的"六天"说，王宗昱，道家文化研究（第十六辑），三联书店，1999 年。

诵经——化劫度劫的大梵隐韵，李丰楙，道家文化研究（第十六辑），三联书店，1999 年。

《太平经》与阴阳五行说、道家及谶纬之关系，李养正，道家文化研究（第十六辑），三联书店，1999 年。

试论《太平经》的"皇天"概念，尹璨远，道家文化研究（第十六辑），三联书店，1999 年。

东汉天帝使者类道人与道教起源，王育成，道家文化研究（第十六辑），三联书店，1999 年。

《老子中经》初探，施舟人，道家文化研究（第十六辑），三联书店，1999 年。

张陵与陵井之传说，傅飞岚，道家文化研究（第十六辑），三联书店，1999 年。

天师道婚姻仪式"合气"在上清、灵宝学派的演变，柏夷，道家文化研究（第十六辑），三联书店，1999 年。

《黄庭内景经》的神之像与气——上期派传统中内在超越的体内神，金胜惠，道家文化研究（第十六辑），三联书店，1999 年。

《黄庭内景经》重考，杨立华，道家文化研究（第十六辑），三联书店，1999 年。

评唐高宗时僧道名理论义之辩——《佛道交涉史论要》之一节，李养正，道家文化研究（第十六辑），三联书店，1999 年。

《上张安道养生诀论》作者辨误——兼论《道枢》和《苏沈良方》之成书年代，金正耀，道家文化研究（第十六辑），三联书店，1999 年。

茅山道教和唐宋文人，王罗杰，道家文化研究（第十六辑），三联书店，1999 年。

面向 21 世纪的中国神话研究，高有朋，社会科学辑刊，1999 年，第 3 期。

国之重宝与道教秘宝——谶纬所见道教的渊源，索安著，刘屹译，法国汉学（第四辑），中华书局，1999 年。

太阳崇拜与太阳神话探源：一种原始信仰的世界性透视，高福进，青海社会科学，1999 年，第 5 期。

书评：T. H. Barrett, Taoism under the T'ang, 刘屹，唐研究（第五卷），北京大学出版社，1999 年。

试论道教对元杂剧的影响，贺玉萍，洛阳大学学报，1999 年，第 1 期。

论汉代道家的政治观在汉赋中的表现，郑明璋，聊城师范学院学报，1999 年，第 5 期。

黄帝与西王母的交往，张怀宁，寻根，1999 年，第 5 期。

月神原型为玄冥说，周克庸，吉林大学学报，1999 年，第 4 期。

祖先神、山神传说的融汇——藐姑射神人与汾河文化的关联，李炳海，山西师范大学学报，1999 年，第 3 期。

"咒禁博士"源流考——兼论宗教对隋唐行政法的影响，朱瑛石，唐研究（第五卷），北京大学出版社，1999 年。

龟为上古神话中的智慧神考，关山，广西梧州师范高等专科学校学报，1999 年，第 2 期。

原始宗教与先秦文学，郑杰文，光明日报，1999 年 9 月 16 日。

敦煌本《老子变化经》思想渊源略考，马承玉，宗教学研究，1999 年，第 4 期。

从对神话传说的处理看司马迁的神话思想，赵沛霖，天津社会科学，1999 年，第 2 期。

《西游记》主题是修心证道，李安纲，第二届全国《西游记》文化学术研讨会论文集，1999 年。

论衰蜕期的中国神魔小说，胡胜，社会科学辑刊，1999 年，第 5 期。

道教文化与《西游记》，张锦池，古典文学知识，1999 年，第 4 期。

中国古代神话对"原始"、"终极"的理念和心态，陈启云，中国文哲研究集刊，1999 年，第 15 期。

闻一多对道家思想的研究，马奔腾，闻一多国际学术研讨会论文选，中国闻一多研究会、闻一多基金会、武汉大学，1999 年。

西王母神话沿革阐释，张庆民，中国语言文学资料信息，1999 年。

唐人的道教送别诗、赠题诗的意象和审美趣味，杨建波，理论月刊，1999 年，第 10 期。

论道教早期上清经的"出世"及其与《太平经》的关系，杨立华，北京大学学报，1999 年，第 1 期。

试论阮籍咏怀诗的游仙描写与建安游仙诗模式风格的差异，王利锁，中州学刊，1999 年，第 1 期。

道教道家与《红楼梦》，张松辉，中国文学研究，1999 年，第 3 期。

《太平经》文艺美学思想探要，潘显一，社会科学研究，1999 年，第 1 期。

关于道教音乐内涵的实用性的理解，杨晓勋，星海音乐学院学报，1999 年，第 1 期。

李白诗道教思想二题，朱冠华，宗教学研究，1999 年，第 1 期。

道教神仙形象与易学符号之关系，詹石窗，宗教学研究，1999 年，第 1 期。

《西游记》学发展源流论略，李安纲，运城高等专科学校学报，1999 年，第 4 期。

《西游记》创意初探，孙国中，运城高等专科学校学报，1999 年，第 4 期。

儒道释与唐五代词，刘尊明，文史知识，1999 年，第 12 期。

古代小说与巫教，朱恒夫，明清小说研究，1999 年，第 1 期。

论道诗，刘文刚，四川大学学报，1999 年，第 3 期。

"天人合一"与中国古代小说结构的若干模式，杜贵晨，齐鲁学刊，1999 年，第 1 期。

试论游仙文学之渊源，鲁红平，湛江师范学院学报，1999 年，第 1 期。

汉代游仙文学主旨探论，张振龙，信阳师范学院学报，1999 年，第 1 期。

论陶诗中"松"、"菊"、"桃源"意象的道教神话原型，刘雪梅，理论与创作，1999 年，第 3 期。

论三曹"反神仙"诗的思想实质及历史意义，马宇辉，天津师范大学学报，1999 年，第 1 期。

饮酒与服药：阮籍和嵇康的个性悲剧，王定璋，文史杂志，1999 年，第 3 期。

论西域文化对魏晋南北朝道教的影响，王青，世界宗教研究，1999 年，第 2 期。

论曹植及其游仙诗，贺天舒，山东社会科学，1999 年，第 2 期。

纬书与汉魏六朝文论，黄金鹏，北京大学学报，1999 年，第 4 期。

宏博神异说郭璞，清扬，文史知识，1999 年，第 5 期。

汉赋的政治神话，刘泽华、胡学常，学习与探索，1999 年，第 3 期。

自由与脱俗：阮嵇和嵇康的神仙意识，范子烨，求是学刊，1999 年，第 3 期。

论唐人道蕴诗的审美情感，黄世中，中国韵文学刊，1999 年，第 2 期。

李白诗中的仙道思想，沈美庚，天中学刊，1999 年，第 6 期。

道教上清派与晚唐游仙诗，李乃龙，陕西师范大学学报，1999 年，第 4 期。

新道学文化的八大支柱，胡孚琛，世界宗教研究，1999 年，第 3 期。

唐代的女冠诗人，孙昌武，古典文学知识，1999 年，第 2 期。

论唐代诗人的崇道迷狂，黄世中，唐代文学研究（第 8 辑），广西师范大学出版社，1999 年。

论道教与李贺的诗歌，谢建忠，贵州大学学报，1999 年，第 5 期；唐代文学研究（第 8 辑），广西师范大学出版社，1999 年。

司空图三外说中的佛禅道之内蕴，湛芬，湖北大学学报，1999 年，第 1 期。

"退之服硫黄"五说考辨，卞孝萱，东南大学学报，1999 年，第 4 期。

韩愈家世考：韩湘考，张清华，周口高等师范专科学校学报，1999 年，第 4 期。

杜甫与道家及道教关系再探讨——兼与钟来茵先生商榷，徐希平，杜甫研究学刊，1999 年，第 2 期。

苏洵与释道，吴琳，宗教学研究，1999 年，第 2 期。

论金代全真丹道诗的审美特征，徐翠先，忻州高等师范专科学校学报，1999 年，第 1 期。

全真教始祖、哲学家、诗人——王重阳，陈正奇，西安教育学院学报，1999 年，第 4 期。

金代道教诗人考，李豫，辽金元文学研究，李正民、董国炎主编，文化艺术出版社，1999 年。

试谈《西游记》的道教内涵，苟波，宗教学研究，1999 年，第 4 期。

中国古代内丹养生诗词发微，李平，汕头大学学报，1999 年，第 1 期。

西王母与东王公原型关系考：兼论神农、黄帝诸神格的演变，崔涛，长沙电力学院学报，1999 年，第 1 期。

汉代民间的西王母崇拜，王子今、周苏平，世界宗教研究，1999 年，第 2 期。

中印龙女报恩故事之比较，刘守华，中国比较文学，1999 年，第 3 期。

中国古代遇仙小说的历史演变，孙逊、柳岳梅，文学评论，1999 年，第 2 期。

上古变形神话的成因探索：兼论仙话的变形构想，龚维英，天府新论，1999 年，第 2 期。

仙凡之爱及其磨难：关于题材发展演变及规律的探讨，黄大宏，汉中师范学院学报，1999 年，第 3 期。

论《汉武帝内传》中的人神之恋，钟来茵，东南大学学报，1999 年，第 3 期。

宗教行为与姜太公神话的文化积淀，仝晰纲，辽宁大学学报，1999 年，第 5 期。

论衰变期中的魏晋南北朝小说，张庆民，首都师范大学学报，1999 年，第 4 期。

论六朝道教志怪小说的创作，李希运，泰安高等师范专科学校学报，1999 年，第 4 期。

论魏晋道教神仙世界的拓展及在志怪小说中的反映，李希运，临沂高等师范专科学校学报，1999 年，第 4 期。

论魏晋南北朝道教的发展及对文学创作的影响，李希运，齐鲁学刊，1999 年，第 5 期。

《搜神记》的宗教信仰及其文学价值，朱迪光，衡阳师范学院学报，1999 年，第 4 期。

唐人小说中人神恋模式及其文化意蕴，谢真元，社会科学研究，1999 年，第 4 期。

《西游记》宗教文化的随意性，萧相恺，明清小说研究，1999
年，第 4 期。

宗教文化对《剪灯余话》的影响，赖利明，北京教育学院学
报，1999 年，第 2 期。

论文化心理机制对神魔小说生成的影响，胡胜，海南大学学
报，1999 年，第 3 期。

道家道教与《红楼梦》，张松辉，中国文学研究，1999 年，第
3 期。

《绿野仙踪》版本作者新证，翟建波，甘肃社会科学，1999
年，第 3 期。

道教文学作品《绿野仙踪》浅析，李峻锷，上海师范大学学
报，1999 年，第 2 期。

《镜花缘》：中国第一部长篇博物体小说，陈文新，明清小说
研究，1999 年，第 2 期。

《镜花缘》版本探索，杨东野、孟宪爱，人民政协报，1999 年
8 月 25 日。

八仙小说的渊源暨嬗变，王汉民，明清小说研究，1999 年，
第 3 期。

《西游记》的文化透视：评《苦海与极乐》，丛晓眉，中国图
书评论，1999 年，第 11 期。

简论《西游记》养生思想的哲学基础，杨国学，运城高等专
科学校学报，1999 年，第 5 期。

论孙悟空形象塑造，李安纲，雁北师范学院学报，1999 年，
第 1 期。

《张子房慕道记》的校勘及时代讨论，刘瑞明，文教资料，1999年，第4期。

"三言"、"二拍"中的仙踪道影，苟波，宗教学研究，1999年，第3期。

神圣与邪恶，因果与劫变：浅析八仙小说的思想文化内涵，王汉民，东南大学学报，1999年，第4期。

南宋咏道诗与爱国主义（一），詹石窗，中国道教，1999年，第6期。

《水浒传》谶言初探，邢东田，世界宗教研究，1999年，第3期。

历经试练——小说、历史和现实中的道教信仰考验，葛兆光，清华大学学报，1999年，第1期。

谶谣与明清小说，万润保，明清小说研究，1999年，第4期。

《红楼梦》中绛珠仙草还泪的象征意蕴，王玉英，辽宁高等师范专科学校学报，1999年，第1期。

儒道佛合流背景下的虞博士，谷建军、李汉秋，文史知识，1999年，第5期。

《金瓶梅》与宗教，孔繁华，徐州师范大学学报，1999年，第1期。

看似荒诞亦合理：论《水浒传》中神道设教描写的作用，王振彦、安身春，南都学坛，1999年，第5期。

"琼筵醉客"与"红尘神仙"：试论关汉卿、马致远剧作的思想倾向，李鸿渊，萍乡高等专科学校学报，1999年，第3期。

万花丛中马神仙：马致远的神仙道化剧述评，翟满桂，零陵学院学报，1999年，第4期。

浸乎世风、染乎世情：全真教与元杂剧关系谈，张海新，上海大学学报，1999 年，第 1 期。

论马致远"仙道"剧的主体意识及其与宗教的关系，申士尧，陕西教育学院学报，1999 年，第 1 期。

论《桃花女》杂剧及其蕴含的"桃木辟邪"意象，翁敏华，上海师范大学学报，1999 年，第 3 期。

论元杂剧《萨真人夜断碧桃花》：兼谈小说戏曲中人鬼之恋情节的演变，钟林斌，苏州大学学报，1999 年，第 4 期。

"榜"与中国古代小说结构，孙逊、宋莉华，学术月刊，1999 年，第 11 期。

中国古代神话的历史化轨迹，金荣权，中州学刊，1999 年，第 3 期。

道书分类法之我见，丁培仁，宗教学研究，1999 年，第 3 期。

隐逸道士张三丰析，周勇，西南民族学院学报，1999 年，第 6 期。

妖道与妖术——清华大学葛兆光教授谈小说、历史与现实中的道教批判，鲍涛，中国国情国力，1999 年，第 12 期。

杜光庭著述叙录，张亚平，四川文物，1999 年，第 6 期。

庾信诗中的仙道色彩，吴淑钿，中国诗歌与宗教，邝建行主编，中华书局，1999 年。

唐诗与巫教试论——以李贺为中心，金学主，中国诗歌与宗教，邝建行主编，中华书局，1999 年。

萧衍作品中的宗教风貌——以诗歌为中心，洪顺隆，中国诗歌与宗教，邝建行主编，中华书局，1999 年。

论宗教与词体的兴起，陶尔夫，中国诗歌与宗教，邝建行主编，中华书局，1999 年。

从"无念尔祖"看商周之际至上神观念之转变，陈永明，中国诗歌与宗教，邝建行主编，中华书局，1999 年。

陈陶《朝元引》与《黄庭经》，陈万成、罗婉薇，中国诗歌与宗教，邝建行主编，中华书局，1999 年。

唐诗与道教文化，葛景春，中国诗歌与宗教，邝建行主编，中华书局，1999 年。

悲怆的灵魂——《长生殿》马嵬坡下鬼，刘楚华，中国诗歌与宗教，邝建行主编，中华书局，1999 年。

《蓝采和》年代考及史料价值，威尔特·伊德马、斯蒂芬·H. 韦斯特著，黄登培译，元曲通融（下），上海古籍出版社，1999 年。

张炎隐逸心愿与对神仙世界的寄托，黄永姬，江汉大学学报，1999 年，第 1 期。

从《弘明集》、《广弘明集》看魏晋南北朝道、佛间的訾应，王文泉，康宁学报，1999 年，第 1 期。

明代道教图像学研究：以《玄帝瑞应图》为例，林圣智，美术史研究集刊，1999 年，第 6 期。

从唐代诗歌探讨三元斋醮习俗，辜美绫，复兴学报，1999 年。

白居易之佛道养生探赜，廖美云，台中商专学报，1999 年，第 31 期。

从清初经学《回归原典》运动看黄宗羲与道教之关系，罗永桦，孔孟月刊，1999 年，第 2 期。

试论葛洪的文艺观，曾尧熙，中国文化月刊，1999 年，第 237 期。

六朝道教的末世救劫观，李丰楙，末世与希望，沈清松主编，五南文化事业出版社，1999 年。

六朝道佛二教谶记中之应劫救世说：论李弘与弥勒，萧登福，台中商专学报，1999 年，第 31 期。

敦煌写卷 P. 2354 与唐代道教投龙活动，周西波，敦煌学，1999 年，第 22 辑。

救劫与度劫：道教与明末民间宗教的末世性格，李丰楙，道教与民间宗教研究论集，黎志添主编，学峰文化事业公司，1999 年。

《抱朴子内篇》的历史处境：葛洪神仙思想的宗教社会意义，黎志添，清华学报，1999 年，第 29 卷第 1 期。

试探张可久散曲的道教色彩，范长华，"国立"中正大学中文学术年刊，1999 年，第 2 期。

元杂剧《桃花女》的婚姻仪式探究，郑志明，鹅湖月刊，1999 年，第 288 期。

略论司马承祯的道教思想，许抗生，宗教哲学，1999 年，第 20 期。

百回本《西游记》之唐僧"十世修行"说考论，谢明勋，东华人文学报，1999 年，第 1 期。

The Diverse Interpretations of the *Laozi*, Isabelle Robinet, in *Religious and Philosophical Aspects of the Laozi*, ed. Mark Csikszentmihalyi & Philip J. Ivanhoe, Albany：State University of New York Press, 1999.

Monkeys, Shamans, Emperors, and Poets：The Chuci and Images of Chu during the Han Dynasty, Gopal Sukhu, In *Defining Chu：Images and Reality in Ancient China*, ed. Constance A. Cook and John

S. Major, Honolulu: University of Hawaii Press, 1999.

Le taoïsme ancien à Jiyuan (nord du Henan). Inscriptions et notes de terrain, Vincent Goossaert, *Sanjiao wenxian* 3, 1999.

The Light of Heaven in Medieval Taoist Verse, Paul W. Kroll, *Journal of Chinese Religions* 27, pp. 1—12, 1999.

The Text and Authorship of *Shenxian zhuan*, Penny Benjamin, *Journal of Oriental Studies* 34, 1999.

La grande stèle de l'association de nettoyage (Pékin, Dongyue miao, 1774), Kristofer Schipper、Pierre Marsone, *Sanjiao wenxian* 3, 1999.

Tao Yuanming's Sashes: Or, the Gendering of Immortality. Nelson, S. E. *Ars orientalis*, 1—27, 1999.

Zhuangzi's "dream of the butterfly": A daoist interpretation. Möller, H. —G. *Philosophy East and West*, 439—450, 1999.

Mazu, the patroness of sailors, in Chinese pictorial art. Ruitenbeek, K. *Artibus Asiae*, 58 (3/4), 281—329, 1999.

Demon Hordes and Burning Boats: The Cult of Marshal Wen in Late Imperial Chekiang. To, W. —k. *China Review International*, 6 (1), 157—160, 1999.

The Apocryphal Texts of the Han Dynasty and the Old Text/New Text Controversy. Van Ess, H. *T'oung Pao*, 85 (1), 29—64, 1999.

Looking for the recluse and not finding him in: The rhetoric of silence in early Chinese poetry. Varsano, P. M. *Asia major*, 39—70, 1999.

"Shooting Sand at People's Shadow" Yingshe as a Mode of Representation in Medieval Chinese Literature. 陳廷 Chen, J. *Monumenta Serica*, 47（1）, 169—207, 1999.

Reformer, Saint, and Savior: Visions of the Great Mother in the Novel Xingshi yinyuan zhuan and its Seventeenth—Century Chinese Context, Berg, Daria. *Nan Nü*, 1: 237—67, 1999.

神々の官僚化—宋代祝文にみえる文學発想について—, 石本道明, 國學院雜誌, 1999 年, 第 11 号。

六朝神仙詩の展開, 金秀雄, 関西大學中国文學會紀要, 第 20 号, 1999 年。

元雑劇の祭祀的演目について, 小松謙, 中国文學報, 1999 年, 第 58 号。

孤魂祭祀と演劇, 田仲一成, 比較民俗研究, 1999 年, 第 16 号。

『度人經』一十方の生者と死者の霊魂を救済する霊寶経典—, 森由利亜, しにか, 1999 年, 7 月號。

『道教靈驗記』—中国社會と道教信仰—, 遊佐昇, しにか, 1999 年, 11 月號。

《太平經》における守——と存思, 山田利明, 六朝道教禮儀の研究, 東方書店, 1999 年。

老子の神格化と太上老君, 原田二郎, 道教の神々と経典（講座・道教, 第一巻）——頂點に立つ道教の神々, 雄山閣出版, 1999 年。

元始天尊と霊寶経系経典, 山田後, 道教の神々と経典（講座・道教, 第一巻）——頂點に立つ道教の神々, 雄山閣出版, 1999 年。

玉皇大帝と宋代道教——蘇軾を中心として，砂山稔，道教の神々と経典（講座・道教，第一巻）——頂點に立つ道教の神々，雄山閣出版，1999 年。

「太平経」の世界，神塚淑子，道教の神々と経典（講座・道教，第一巻）——成立期の代表的道教経典，雄山閣出版，1999 年。

「抱樸子」の世界，平木康平，道教の神々と経典（講座・道教，第一巻）——成立期の代表的道教経典，雄山閣出版，1999 年。

「真誥」と神々，石井昌子，道教の神々と経典（講座・道教，第一巻）——成立期の代表的道教経典，雄山閣出版，1999 年。

「易経」の理論と道教，吾妻重二，道教の神々と経典（講座・道教，第一巻）——集積される道教教理と経典，雄山閣出版，1999 年。

黄庭経とその時代，前田繁樹，道教の神々と経典（講座・道教，第一巻）——集積される道教教理と経典，雄山閣出版，1999 年。

唐宋時代の老子信仰と諸注釈——「道徳真経広聖義」を中心として，三田村圭子，道教の神々と経典（講座・道教，第一巻）——集積される道教教理と経典，雄山閣出版，1999 年。

唐末五代の文學と道教，イムウオンビン，中国研究，1999 年，第 23 期。

正統道藏本「雲笈七籤」の藍本吗，尾崎正治，道教の神々と経典（講座・道教，第一巻）——集積される道教教理と経典，雄山閣出版，1999 年。

玉皇大帝と宋代道教：蘇軾を中心にして，砂山稔，道教の
神々と經典，雄山閣，1999 年。

2000 年

从刘禹锡诗看中唐道教的升降变迁，张思齐，宗教学研究，
2000 年，第 1 期。

"谪仙人"之称谓及其意义，松浦友久著，尚永亮译，荆州师
范学院学报，2000 年，第 1 期。

唐人仙道类小说研究，刘惠萍，新国学，第 2 卷，巴蜀书社，
2000 年。

西方学者道教研究现状综述，傅飞岚著，徐克谦译，国际汉
学，第 6 辑，大象出版社，2000 年。

中晚唐诗僧与道教上清派，李乃龙，陕西师范大学学报，2000
年，第 4 期。

中国梦戏与宗教度脱、公案和趣味，中国梦戏研究，廖藤叶，
学思出版社，2000 年。

《真诰》的源流与文本，赵益，文献，2000 年，第 3 期。

六朝时代宗教思想之演变，蜂屋邦夫，世变与创化——汉唐、
唐宋转换期之文艺现象，衣若芬、刘苑如主编，"中央"研究院中
国文哲研究所中国文哲专刊，2000 年。

陇西道情，赵磊，中国音乐，2000 年，第 4 期。

中唐诗学造境说与佛道思想，刘卫林，唐代文学研究（第九
辑）——中国唐代文学学会第十届年会暨国际学术研讨会论文集，

2000 年；中华文史论丛（第七十六辑），上海古籍出版社，
2004 年。

《文子》学术探微，魏启鹏，道家文化研究（第十八辑），三
联书店，2000 年。

论《太一生水》，贺碧来，道家文化研究（第十八辑），三联
书店，2000 年。

《太一生水》初探，戴卡琳，道家文化研究（第十八辑），三
联书店，2000 年。

《太一生水》与古代的太一观，强昱，道家文化研究（第十八
辑），三联书店，2000 年。

郭店楚墓竹简《太一生水》疏证，赵建伟，道家文化研究
（第十八辑），三联书店，2000 年。

《太一生水》与《性自命出》发微，陈鼓应，道家文化研究
（第十八辑），三联书店，2000 年。

从郭店楚简看早期道儒关系，李存山，道家文化研究（第十
八辑），三联书店，2000 年。

郭店儒简与战国黄老思想，白奚，道家文化研究（第十八
辑），三联书店，2000 年。

上巳节的传统节目：祭祀高禖和祓禊——《诗经》春季物候
兴象的民俗文化内涵，王志芳、张才花，滨州学院学报，2000 年，
第 3 期。

唐代道教镜实物研究，王育成，唐研究（第六卷），北京大学
出版社，2000 年。

敦煌残抄本《太上济众经》考释，王卡，唐研究（第六卷），
北京大学出版社，2000 年。

诗骚精神与原始宗教，郑杰文，第四届诗经国际学术研讨会论文集，学苑出版社，2000 年。

敦煌本《老子变化经》研究之一：汉末成书说质疑，马承玉，庆祝吴其昱先生八秩华诞敦煌学特刊，文津出版社，2000 年。

夸父神话和逐日巫术，张春生，上海大学学报，2000 年，第 4 期。

浊秽厕神与窈窕女仙——紫姑神话文化意蕴发微，潘承玉，绍兴文理学院学报，2000 年，第 4 期。

论《周易》卦爻辞的文学色彩，杨天才，社科纵横，2000 年，第 4 期。

《山海经》与战国时期的造神运动，常金仓，中国社会科学，2000 年，第 6 期。

巫风楚舞的文学呈现——《九歌》的戏剧文化学考察，卜键，文学评论，2000 年，第 5 期。

重读《离骚》——谈《离骚》中的关键字"灵"，饶宗颐，浙江师范大学学报，2000 年，第 4 期。

论楚地古道教与《楚辞》浪漫主义，柯伦，湖北师范大学学报，2000 年，第 3 期。

中国的神话、宗教与神，陈忠，社会科学战线，2000 年，第 3 期。

论汉代道家的人生观在汉赋中的表现，郑明璋、李桂荣，阜阳师范学院学报，2000 年，第 5 期。

郭璞《游仙诗》主旨说述评，陈道贵，中国典籍与文化，2000 年，第 4 期。

道家思想与汉末文人五言诗，尚学锋，北京师范大学学报，

2000 年，第 5 期。

从汉赋看两汉的道家思想，魏以远，南京师范大学学报，2000 年，第 3 期。

汉末赋风新变与道家人文精神，尚学锋，中国文学研究，2000 年，第 3 期。

陶渊明与道家思想，巫称喜，南昌师范学院学报，2000 年，第 1 期。

陶渊明诗文中的儒佛道思想，金周淳，赣南师范学院学报，2000 年，第 2 期。

书评：山田俊《唐初道教思想史研究》，刘屹，唐研究（第六卷），北京大学出版社，2000 年。

隋唐五代文学与传统思想研究综述，林继中，天府新论，2000 年，第 2 期。

全真教草创期的信仰对象，蜂屋邦夫著，张泽洪译，宗教学研究，2000 年，第 4 期。

道教符号刍议，詹石窗，厦门大学学报，2000 年，第 2 期。

再论吴承恩不是《西游记》作者，李安纲，唐都学刊，2000 年，第 4 期。

论唐代诗人的崇道狂迷，黄世中，唐代文学研究（第 8 辑），广西师范大学出版社，2000 年。

道诗与《老子》，周高德，中国道教，2000 年，第 3 期。

四首"酒色财气"诗，王培明，语文知识，2000 年，第 1 期。

道教咒语的文学价值，林拓，中国道教，2000 年，第 4 期。

论隐逸文化在中国传统文学艺术发展中的意义，徐清泉，文学评论，2000 年，第 4 期。

佛道杂糅，山水怡情：东晋诗论探析，孙兰，许昌高等师范专科学校学报，2000 年，第 3 期。

论沈约的隐逸诗与游仙诗，常为群，盐城师范学院学报，2000年，第 3 期。

曹操游仙诗的悲剧意蕴，张振龙，周口师范高等专科学校学报，2000 年，第 4 期。

曹植游仙诗的艺术寄托，郭真义，广州大学学报，2000 年，第 6 期。

葛洪的文学接受理论试探，邓新华，贵州社会科学，2000 年，第 5 期。

论曹植游仙诗，鲁红平，青海师范大学学报，2000 年，第 1 期。

论魏晋南北朝游仙诗的崛起，俞灏敏，南都学坛，2000 年，第 1 期。

从刘禹锡诗看中唐道教的升迁变化，张思齐，宗教学研究，2000 年，第 1 期。

从唐女冠诗歌看女冠诗人崇道的内在动因，岳齐琼，社会科学研究，2000 年，第 4 期。

论唐代宫观诗，杨华，江汉论坛，2000 年，第 2 期。

唐代女诗人鱼玄机，刘加夫，文史杂志，2000 年，第 5 期。

唐代女性热衷入道原因初探，邱瑰华，安徽大学学报，2000年，第 5 期。

道教与韩愈的诗歌创作，马奔腾，文史哲，2000 年，第 4 期。

道教与超现实主义诗歌，刘文刚，社会科学研究，2000 年，第 3 期。

"道"与"侠"的合流：关于李白人格型态及评价问题，章继光，求索，2000 年，第 3 期。

从几首游仙诗看李白，冯青芬，青海高等师范专科学校学报，2000 年，第 1 期。

论唐代女冠诗人的社会交往与创作的关系，邱瑰华，淮北煤师院学报，2000 年，第 2 期。

论唐诗人与道士交游的范型及其诗学意义，李乃龙，唐都学刊，2000 年，第 3 期。

道士与唐诗，李乃龙，江苏社会科学，2000 年，第 4 期。

试论李白的游仙诗，文伯伦，绵阳师范高等专科学校学报，2000 年，第 3 期。

柳宗元与儒、佛、道，李春平，运城高等专科学校学报，2000 年，第 5 期。

主体的自由和现实的困惑：晚唐五代词与禅道之关系，成松柳，学术交流，2000 年，第 2 期。

论花间词的道教文化意蕴，杨子江，上海大学学报，2000 年，第 3 期。

唐五代文人词的仙道意蕴，高文利，绥化高等师范专科学校学报，2000 年，第 2 期。

道教与唐五代仙道艳情词，尚丽新，山西大学学报，2000 年，第 1 期。

道教音乐与唐五代词，尚丽新，晋阳学刊，2000 年，第 4 期。

南宋咏道诗与爱国主义（二、三），詹石窗，中国道教，2000 年，第 1、2 期。

诗性智慧的和弦：儒释道与苏轼的艺术人生，张志烈，西南师范大学学报，2000 年，第 3 期；中国作家与宗教，朱耀伟主编，中华书局，2001 年。

苏轼与道，刘文刚，四川大学学报，2000 年，第 1 期。

道教与南宋文人词，苟波，宗教学研究，2000 年，第 3 期。

一尊儒术与三教杂糅：试论苏轼斑驳复杂的世界观，汤岳辉，惠州大学学报，2000 年，第 1 期。

面对佛道二教的耶律楚材，么书仪，文学评论，2000 年，第 2 期。

白玉蟾和《蟾仙解老》，毛庆耆，暨南学报，2000 年，第 1 期。

烟霞供啸咏，泉石渝精神：白玉蟾诗文特色散论，孙燕华，中国道教，2000 年，第 2 期。

丘处机及其咏崂山诗词，王洞真、李瘦卿，中华文化论坛，2000 年，第 1 期。

谈徐渭的道士身份及其与道家道教的关系，张松辉，古籍整理研究学刊，2000 年，第 6 期。

试论袁中郎思想中的道教色彩，郭顺玉，中国道教，2000 年，第 5 期。

古代仙话小说与中草药，周俐，民族艺术，2000 年，第 1 期。

西王母流变史的文化阐释，李永平，西安石油学院学报，2000 年，第 4 期。

董永遇仙故事的产生与演变，纪永贵，民族艺术，2000 年，第 4 期。

中国古典小说中的镜意象，詹颂，中国典籍与文化，2000 年，第 4 期。

略论汉、宋铜镜纹饰中的西王母故事，刘道广，东南大学学报，2000 年，第 1 期。

妙笔生花的神仙世界：读道教小说《十洲记》，宁稼雨，文史知识，2000 年，第 2 期。

从道教文化角度观照唐传奇——评徐翠先《唐传奇与道教文化》，王水照、张璟，晋阳学刊，2000 年。

唐五代仙侠小说中的风格特征，凤录生，河北师范大学学报，2000 年，第 3 期。

论唐人的仙乡小说，陈节，福建师范大学学报，2000 年，第 1 期。

唐五代小说中的释道关系，凤录生，零陵学院学报，2000 年，第 2 期。

试论道教的生存关怀意识及其对唐五代小说的影响，凤飏，陕西教育学院学报，2000 年，第 1 期。

道教忧患意识对唐五代小说的影响，凤录生，淮阴师范学院学报，2000 年，第 2 期。

从《十二真君传》看初唐仙传叙事模式之新变：兼论其与《晋书》、《搜神记》之关联，李鹏飞，齐鲁学刊，2000 年，第 6 期。

道教幻术母题与唐代小说，王立、陈庆纪，山西大学师范学院学报，2000 年，第 3 期。

中国古典小说"人仙妖鬼恋"母题初探，刘耘，北京教育学院学报，2000 年，第 1 期。

评欧阳健著《中国神怪小说通史》，张颖、陈速，晋阳学刊，2000 年，第 2 期。

神魔小说价值论，胡胜，周口高等师范专科学校学报，2000年，第1期。

神魔小说的世俗化倾向与入世情结，皋于厚，学海，2000年，第4期。

道教文化向古代小说渗透的三个指向，刘书成，甘肃高等师范专科学校学报，2000年，第1期。

道教与中国古代通俗小说中的天书，王立，东南大学学报，2000年，第2期。

超越者的光辉：论《西游记》中的仙佛形象及其佛教渊源，宋珂君，北京科技大学学报，2000年，第4期。

明清神魔小说创作思想试论，胡胜，辽宁大学学报，2000年，第5期。

关于《西游记》所包含宗教思想成分的探源，王桂宏，广西大学学报，2000年，增刊。

《西游记》与三教合流观，毛晓阳、金甦，运城高等专科学校学报，2000年，第4期。

三教合一：论《水浒传》的宗教文化意识，王振星，济宁高等师范专科学校学报，2000年，第1期。

《西游记》中的儒释道观，单继刚，明清小说研究，2000年，第1期。

今本《西游记》的"密谛"：佛耶道耶儒耶，朱迪光，衡阳师范学院学报，2000年，第1期。

论房中术对明清小说的影响，万晴川，晋阳学刊，2000年，第1期。

论《封神演义》的道教文化蕴涵，潘百齐、齐亮，明清小说研究，2000 年，第 2 期。

《封神演义》主题的再思考，才让南杰，青海师范大学学报，2000 年，第 2 期。

《西游记》养生思想内儒外佛术道的特点，杨国学，运城高等专科学校学报，2000 年，第 1 期。

古代小说中的神仙及其自由与异化：《薛录事鱼服证仙》主题探微，冯汝常，云南师范大学学报，2000 年，第 3 期。

《镜花缘》的结构，郑荣豪，明清小说研究，2000 年，第 1 期。

八仙形象的形成与发展，王汉民，民族艺术，2000 年，第 3 期。

邓志谟《铁树记》的另一版本与来源，汪小洋，明清小说研究，2000 年，第 4 期。

《西游记》的文化研究应该突围而出，李安纲，运城高等专科学校学报，2000 年，第 5 期。

九十年代《西游记》研究综述，陈金枝，运城高等专科学校学报，2000 年，第 4 期。

关于《西游记》作者的追寻及其文化现象问题，李舜华，运城高等专科学校学报，2000 年，第 4 期。

天命观：神话与谎言：论《封神演义》，魏文哲，明清小说研究，2000 年，第 3 期。

《封神演义》神王合一观考论，赵章超，西北民族学院学报，2000 年，第 4 期。

姜太公考，王雷生，人文杂志，2000 年，第 6 期。

《绿野仙踪》点校后记，翟建波，甘肃社会科学，2000 年，第

6 期。

二十世纪《镜花缘》研究综述，汪龙麟，东北师范大学学报，2000 年，第 4 期。

八仙研究综述，党芳莉，文史知识，2000 年，第 3 期。

韩湘子仙事演变考，党芳莉，人文杂志，2000 年，第 1 期。

吕洞宾黄粱梦传说考论，党芳莉，西北大学学报，2000 年，第 1 期。

西游学小史，李舜华，北京社会科学，2000 年，第 1 期。

浅谈《源氏物语》与《红楼梦》的宗教归宿，袁学敏，西南民族学院学报，2000 年增刊。

石头的天路历程与尘世历劫：《西游记》与《红楼梦》石头原型的文化阐释，崔小敬，红楼梦学刊，2000 年，第 2 期。

谈《桃花扇》中的道家道教思想，张松辉，宗教学研究，2000 年，第 4 期。

以元人之词，写宋儒之理：小议徐灵胎《洄溪道情》，于天池、郑有善，芜湖高等师范专科学校学报，2000 年，第 2 期。

论杨景贤的"仙道"剧《刘行首》，王洪涛、王青山，学术交流，2000 年，第 3 期。

大陆近二十年玄言诗流变研究之检讨，徐国荣，暨南学报，2000 年，第 5 期。

明清小说中的占候，万晴川，宁波大学学报，2000 年，第 3 期。

郑板桥的道家道教思想和他的道情，张松辉，道家道教与湖南，岳麓书社，2000 年。

西王母形象演变详考，张松辉，道教神仙信仰研究，中华道统出版社，2000 年。

中国神话学的基本问题：神话的历史化还是历史的神话化，常金仓，陕西师范大学学报，2000 年，第 3 期。

中国神话研究百年，贺学君，社会科学研究，2000 年，第 5 期。

顾颉刚古史神话研究之检讨——以 1923 年古史大论争为中心，陈泳超，南京师范大学学报，2000 年，第 1 期。

"道美"：妙不可言？论道教美学思想从《河上公章句》到《想尔注》的转变，潘显一，四川大学学报，2000 年，第 4 期。

论道教女仙崇拜的特点：从杜光庭的《墉城集仙录》谈起，孙亦平，中国道教，2000 年，第 1 期。

宋代玄天上帝信仰的流传与祭奉仪式，庄宏谊，四川大学宗教学研究所建所廿周年道教文化国际学术研讨会论文集，2000 年。

唐人仙道类小说研究，刘惠萍，新国学，第 1 卷，2000 年。

道教全真正韵的渊源及演变，任宗权，中国道教，2000 年，第 1 期。

蓬莱仙话传统与历代帝王寻仙活动，孟天运，东方论坛，2000 年，第 2 期。

文原于道，鉴而赏之：对道教神仙文学的刍议，李养正，中国道教，2000 年，第 2 期。

中国道教与乐舞戏曲西渐考，黎蔷，山西师范大学学报，2000 年，第 2 期。

道教音乐研究综述，罗明辉，乐府新声，2000 年，第 3 期。

万花丛中马神仙，百世集中说致远：论道教思想对马致远神仙道化剧的影响，刘雪梅，中国文学研究，2000 年，第 3 期。

道家道教审美观与游境，秦永红，西南民族学院学报，2000年专辑。

墉城中的西王母：以《墉城集仙录》为基础的考察·续，杨莉，宗教学研究，2000年，第4期。

谈《桃花扇》中的道家道教思想，张松辉，宗教学研究，2000年，第4期。

抱朴子的文学观探索：以均世、尚博为主要分析场域，凌性杰，孔孟月刊，第39卷，2000年，第1期。

郭璞游仙诗中之神仙世界析论，陈国香，辅大中研所学刊，2000年。

明初张宇初《岘泉集》的性命观，郑志明，鹅湖，2000年，第295期。

明传奇宗教角色的戏剧功能，赖慧玲，民俗曲艺，2000年，第128期。

赋家与仙境——论汉赋与神仙结合的主要类型及其意涵，许东海，汉学研究，第18卷，2000年，第2期

谈《东渡记》小说中的矛盾——从作者试图融合宗教立意与娱乐效果角度分析，林珊妏，"国家"图书馆馆刊，2000年，第2期。

杜光庭青词作品初探，周西波，道教的历史与文学（第二届海峡两岸道教学术研讨会论文集），郑志明主编，南华大学宗教文化研究中心，2000年。

青词试探——周西波《杜光庭青词作品初探》读后，龙亚珍，中正大学中文学术年刊，2000年。

白居易之愁病与道家道教养生，廖美云，道教的历史与文学

（第二届海峡两岸道教学术研讨会论文集），郑志明主编，南华大学宗教文化研究中心，2000 年。

吕洞宾与永乐宫纯阳殿壁画，景安宁，遗迹崇拜与圣者崇拜，傅飞岚、林富士主编，允晨文化实业股份有限公司，2000 年。

丹道与济度：道教修行的实践之道，李丰楙，宗教哲学，2000 年，第 22 期。

郭璞游仙诗中之神仙世界析论，陈国香，辅大中研所学刊，2000 年，第 10 期。

历经百世香火不衰的仙人唐公房，施舟人，遗迹崇拜与圣者崇拜，傅飞岚、林富士编，允晨文化实业股份有限公司，2000 年。

从佛教与道教的对比中看李白思想转变的必然性，孔妮妮，中国李白研究（2000 年集），黄山书社，2000 年

吕洞宾信仰与全真教的关系——以山西永乐宫为例，康豹，遗迹崇拜与圣者崇拜，林富士、傅飞岚主编，允晨文化实业股份有限公司，2000 年。

道教与神魔小说，苟波，宗教哲学，2000 年，第 4 期。

略论郑板桥《道情十首》，高国藩，弘道，2000 年，第 9 期。

The Poem Laojun bianhua wuji jing: Introduction, Summary, Text and Translation, A. Dudink, in *Linked Faiths: Essays on Chinese Religion and Traditional Culture in Honour of Kristofer Schipper*, ed. Jan A. M. De Meyer and Perter M. Engelfriet, Brill, 2000.

Linked Verse and Linked Faith: An Inquiry into the social circle of an eminent Tang Dynasty Taoist Master, Jan de Meyer, in *Linked faiths: essays on Chinese religions and traditional culture in honor of Kristofer Schipper*, ed. Jan A. M. De Meyer and Peter M. Engelfriet. Leiden,

Brill, 2000.

Poèmes taoïstes des cinq veilles, Goossaert Vincent, *Etudes Chinoises* xix 1—2, 2000.

The Goddess、The Emperor and the Adept: The Queen Mother of the West as Bestower of Legitimacy and Immortality, Suzzane Cahill, in *Goddesses Who Rule*, ed. Elizabeth Bernard and Beverly Moon, Oxford: Oxford University Press, 2000.

Société et religion dans la Chine médiévale: le regard de Du Guangting (850—933) sur son époque, Franciscus Verellen, *Bulletin de l'école française d'Extrême—Orient* 87, 2000.

Les Cuisines du Buddha et de Laozi, Christine Mollier, *Cahiers d'Extrême—Asie* 11, 2000.

Nanbokucho no dokyo to zokei (Daoist sculpture of the Northern—Southern Dynasties period), Stanley Abe, in *Sekai bijutsu daizenshu, Toyo hen* (*New History of World Art: Asia*), Tokyo: Shogakkan, 2000.

Review: The Discourse on Foxes and Ghosts: Ji Yun and Eighteenth—Century Literati Storytelling. Huntington, R. *Harvard Journal of Asiatic Studies*, Vol. 60, No. 2, pp. 607—618, 2000.

"Shi Jing" Songs as Performance Texts: a Case Study of "Chu Ci" (Thorny Caltrop) . Kern, M. *Early China*, 25, 49—111, 2000.

Review: Writing and Authority in Early China. Kern, M. *China Review International*, Vol. 7, No. 2, pp. 336—376, 2000.

Ghost Literature: Exorcistic Ritual Texts or Daily Entertainment? Poo, M. —C. *Asia major*, 43—64, 2000.

Review: In Search of the Supernatural: The Written Record. Verellen, F. *Chinese Literature: Essays, Articles, Reviews (CLEAR)*, Vol. 22, pp. 171—173, 2000.

Société et religion dans la Chine médiévale: Le regard de Du Guangting 杜光庭（850—933）sur son époque. Verellen, F. *Bulletin de l'Ecole française d'Extrême—Orient*, 267—282, 2000.

From credulity to scorn: Confucians confront the spirit mediums in late imperial China. Sutton, D. S. *Late Imperial China*, 21（2）, 1—39, 2000.

Becoming the Empress of Heaven: The Life and Bureaucratic Career of Tianhou/Mazu. Nyitray, Vivian—Lee. in Beverly Moon and Elizabeth Benard（ed.）, *Goddesses who rule*, Oxford University Press: New York, 2000.

Le poète, les grues, les filles de l'onde. Xie Lingyun entre folklore et littérature. Martin, F. *études chinoises.* 漢學研究, 19（1）, 271—310, 2000.

The Goddess, The Emperor, and the Adept: The Queen Mother of the West as Bestower of Legitimacy and Immortality, Suzzane Cahill, in Elizabeth Bernard and Beverly Moon, eds., *Goddesses Who Rule*, Oxford: Oxford University Press, pp. 196—214, 2000.

A Pictorial Hagiography of Lü Dongbin. Jing Anning,（吕洞宾与永乐宫纯阳殿壁画），遗亦崇拜与圣者崇拜，傅飞岚、林富士主编，允晨文化实业股份有限公司，2000 年。

Poèmes taoïstes des cinq veilles, Goossaert Vincent, *Etudes Chinoises* xix 1—2, pp. 249—270, 2000.

仙女謝自然の誕生，深澤一幸，興膳教授退官記念中国文學論集，汲古書院，2000 年。

『法書要錄』所收梁武帝・陶弘景往復書簡の性格，大野修作，東方宗教，2000 年，第 95 号。

明末繁本刊本『西遊記』にみられる内丹術―明末白話小說と内丹術との関係についての一考察―，斉藤知廣，東方宗教，2000 年，第 95 号。

通俗文學と道教，二階堂善弘，道教と中国思想（講座・道教，第四卷）――文學と道教，雄山閣出版，2000 年。

仙伝文學と道教，土屋昌明，道教と中国思想（講座・道教，第四卷）――文學と道教，雄山閣出版，2000 年。

詩と道教，遊佐昇，道教と中国思想（講座・道教，第四卷）――文學と道教，雄山閣出版，2000 年。

演劇・音楽と道教，有澤晶子，道教と中国思想（講座・道教，第四卷）――芸術と道教，雄山閣出版，2000 年。

建築と道教，奈良竹博，道教と中国思想（講座・道教，第四卷）――芸術と道教，雄山閣出版，2000 年。

絵畫と道教，杉原たく哉，道教と中国思想（講座・道教，第四卷）――芸術と道教，雄山閣出版，2000 年。

書と道教，大野修作，道教と中国思想（講座・道教，第四卷）――芸術と道教，雄山閣出版，2000 年。

『登眞隱訣』にみえる天師道，王宗、土屋昌明，東方宗教，2000 年，第 96 号。

施肩吾初探―――道教史におけるその位置，秋岡英行，唐代の宗教，朋友書店，2000 年。

貫休の詩と宗教，釜谷武志，唐代の宗教，朋友書店，2000年。

天書と泰山：《宣和遺事》よりみる《水滸傳》成立の謎，大塚秀高，東洋文化研究所紀要，第140册，2000年。

2001 年

《本朝神仙传》释文简注，王晓平，唐研究，第7辑，2001年。

《焦氏易林》与《诗经》浅谈，杜志国，新国学，第3卷，2001年12月。

《夷坚志》"莆田处子"故事研究，刘黎明，新国学，第3卷，2001年12月。

追加《西游记》作者文——《西游记》作者和主旨再探，张燕、胡义成，大理师专学报，2001年，第1期。

《水浒》绰号和道教诸神，盛巽昌，上海道教，2001年，第3期。

重阳真人师徒词的特色，长虹，中国道教，2001年，第2期。

唐代道教与国家仪礼——以高宗封禅活动为中心，雷闻，中华文史论丛第六十八辑，上海古籍出版社，2001年。

汉赋与中国古典说服——从《鬼谷子》看司马相如、扬雄赋中的神仙论述，许东海，中国文哲研究集刊，2001年，第18期。

东晋玄言诗发展述略——东晋玄言诗研究之一，陈顺智、张俊，武汉大学学报，2001年，第3期。

论孔稚珪的隐逸观念和宗教信仰的关系：兼论《北山移文》

的主旨，吴正岚，南京大学学报，2001 年，第 6 期。

黄庭坚与《黄庭经》，刘嗣传，江西社会科学，2001 年，增刊。

明清小说中的人物形貌描写与相人术，万晴川，西北师范大学学报，2001 年，第 5 期。

易学结构在《西游记》中的应用，李安纲，运城高等专科学校学报，2001 年，第 5 期。

大悲精神：审美和证道的双重境界——试析《西游记》魔难结局模式，谈啸，运城高等专科学校学报，2001 年，第 1 期。

《楚辞》：宗教的沉思与求索，李中华，武汉大学学报，2001 年，第 1 期。

"壶中人"故事的演化，张静二，佛学与文学——佛教文学与艺术学研讨会论文集，法鼓文化，2001 年。

唐传奇中人神之恋题材故事结局的道教阐释，刘万川、金玉霞，绥化学院学报，2001 年，第 2 期。

殷周的宗教信仰变迁与上古神话的走向，朱丁，人文杂志，2001 年，第 5 期。

儒、释、道对初唐诗歌的影响，陈炎、李红春，齐鲁学刊，2001 年，第 6 期。

《周易》的占问与上古文学的问对体，于雪棠，东北师范大学学报，2001 年，第 2 期。

《诗经》中宴饮诗及其宗教、政治意味，马玉梅，人文杂志，2001 年，第 2 期。

《诗经》与先民之"高禖崇祀"，陈桂枝，阴山学刊，2001 年，第 1 期。

道教成立初期老子神话的演变与发展，王青，宗教哲学季刊，2001 年，第 2 期。

敦煌本《老子变化经》研究之二：成书年代考订，马承玉，敦煌研究，2001 年，第 4 期。

唐代诗坛"仙宗十友"考论，张鹏，中华传统文化与新世纪国际学术研讨会论文集，中国唐代文学学会，2001 年。

女神与女巫：女性偶像的雕塑与颠覆——20 世纪家族小说人物论之二，赵德利，贵州大学学报，2001 年，第 2 期。

论 20 世纪中国文学中的传统文化精神，樊星，华中科技大学学报，2001 年，第 1 期。

试论叶燮《原诗》中两种文学批评形态的纠葛与融汇，殷满堂、毛洪文，云梦学刊，2001 年，第 1 期。

浅析道教对中国传统文学的影响，谢路军，北方工业大学学报，2001 年，第 2 期。

沦降暨遐升——论《镜花缘》所望终虚的天路历程，骆水玉，中国文哲研究集刊，2001 年，第 18 期。

20 世纪元曲研究刍议，解玉峰、赵俊伟，南京大学学报，2001 年，第 1 期。

佛道视镜下的"临川四梦"，王凤霞，江苏社会科学，2001 年，第 4 期。

戏曲术语"科"、"介"与北剧、南戏之仪式渊源，康保成，文学遗产，2001 年，第 2 期。

"荷戟独彷徨"：论阮籍作品中的儒道互补意识，叶志衡，社会科学辑刊，2001 年，第 3 期。

道儒存心性，文坛两巨星：李白、杜甫不同诗风根源之探析，唐琦斯，社科与经济信息，2001 年，第 2 期。

儒道互补，自适其性：从李白、苏轼等看封建文士的处世心态，王宝琴，牡丹江大学学报，2001 年，第 2 期。

陆游宦蜀期间佛道倾向的变化及其原因探微，赵万宏，汉中师范学院学报，2001 年，第 2 期。

孙绰的玄言诗及其历史地位，李秀花，复旦学报，2001 年，第 3 期。

西王母传说的人类学重构，萧兵，民族艺术，2001 年，第 2 期。

西王母神话在广东，叶春生，岭南文史，2001 年，第 2 期。

吕洞宾传说的早期形态及其在宋元之际的拓展，党芳莉，上海财经大学学报，2001 年，第 4 期。

游仙诗中的帝王形象问题，李乃龙，西安教育学院学报，2001 年，第 1 期。

道教与志怪传奇小说的渊源关系，凤录生，唐都学刊，2001 年，第 2 期。

重读剑仙聂隐娘：互文性、道教与通俗小说题材母题，王立，商丘师范学院学报，2001 年，第 3 期。

《道藏》中的文学瑰宝——《易林》诗及其艺术，羽离子，中国道教，2001 年，第 4 期。

魏晋南北朝小说中的仙境描写，徐颖瑛，渭南师范学院学报，2001 年，第 1 期。

论阮籍游仙诗的特色，鲁红平，曲靖师范学院学报，2001 年，第 1 期。

唐前游仙诗发展论略，彭瑾，唐都学刊，2001 年，第 1 期。

李贺道诗中的神仙世界，张振国，中国宗教，2001 年，第 3 期。

论敦煌本《涉道诗》的作者问题，荒见泰史，复旦学报，2001 年，第 3 期。

盛唐李白的游仙诗，李永平，西安石油学院学报，2001 年，第 2 期。

柳宗元对道家与道教的态度，张铁夫，零陵师范高等专科学校学报，2001 年，第 1 期。

白居易与道教，罗萍，四川师范学院学报，2001 年，第 1 期。

白居易道教信仰的嬗变历程，李乃龙，东方丛刊，2001 年，第 1 期。

论李商隐的道教无题诗，刘光磊，宁波大学学报，2001 年，第 2 期。

全真教与元散曲讽世精神的淡化，吴国富，江西社会科学，2001 年，第 5 期。

《西游记》"真经"与道教《真经歌》，郭健，社会科学研究，2001 年，第 4 期。

《西游记》与丘长春西游，张松辉，中华文化论坛，2001 年，第 2 期。

《西游记》与全真道文化，李安纲，运城高等专科学校学报，2001 年，第 2 期。

从《绿野仙踪》看作者李百川的心态，董建华，江西社会科学，2001 年，第 5 期。

《红楼梦》所反映的清初道教的世俗化，张耀武，北京教育学院学报，2001 年，第 1 期。

从西王母形象的演变谈起：试论中国古代小说发展中人的主题强化现象，梁晨霞，雁北师范学院学报，2001 年，第 5 期。

新时期魏晋玄言诗研究述略，张廷银，文献，2001 年，第 3 期。

试论姚合的佛道信仰及其对思想创作的影响，谢荣福，江南社会学院学报，2001 年，第 4 期。

唐代女冠诗人界说，邱瑰华，淮北师范大学学报，2001 年，第 6 期。

论郭璞游仙诗的自叙性，顾农，齐鲁学刊，2001 年，第 5 期。

若无新变，不能代雄：浅议魏晋游仙诗的创作嬗变，刘启云，培训与研究，2001 年，第 3 期。

六朝志怪与唐传奇中的人与神仙鬼怪恋爱作品比论，蔡群，湖北师范学院学报，2001 年，第 4 期。

儒、释、道与李、杜、王，陈炎，中国文化研究，2001 年冬之卷。

长生之梦：古人笔下与传说中的"蓬莱"母题，王庆云，民俗研究，2001 年，第 4 期。

仙女原型与恋母心理：对"仙女凡夫"故事的原型批评，漆凌云，新余高等专科学校学报，2001 年，第 4 期。

刘禹锡诗中九仙公主考，陶敏，云梦学刊，2001 年，第 5 期。

求新求变与道教传统：以黄庭坚为例对江西诗派诗趣追求的个案研究，张思齐，西南交通大学学报，2001 年，第 3 期。

《三国演义》与谶纬神学，熊笃，明清小说研究，2001 年，第 4 期。

略论《水浒传》与道教，王濯巾，嘉应大学学报，2001 年，第 5 期。

《西游记》作者：扑朔迷离道士影，胡义成、张燕，阴山学刊，2001 年，第 3 期。

《西游记》中的紧箍儿和紧箍儿咒，楚永桥，光明日报，2001年 10 月 31 日。

《西游记》中三教地位辨析，刘辰莹，华侨大学学报，2001年，第 3 期。

试论《绿野仙踪》的非儒思想，伍大福，福建师范大学学报，2001 年，第 1 期。

儒道互补：从陈希真的形象塑造看《荡寇志》的文化价值取向，梁赋，浙江师范大学学报，2001 年，第 4 期。

选择的自觉与操作的困惑：古代小说宗教文化研究的几个难点和误区，刘书成，西北师范大学学报，2001 年，第 3 期。

道教文学研究，张松辉，中国宗教研究年鉴（1999—2000 年卷），宗教文化出版社，2001 年。

命相判语与古代小说情节建构，万晴川，明清小说研究，2001 年，第 2 期。

再论《红楼梦》中的庙庵与僧道及其社会意义，俞润生，红楼梦学刊，2001 年，第 3 期。

从味到妙悟：中国古典文艺美学中的道家审美思想，刘鹏，暨南学报，2001 年，第 1 期。

浩歌一曲赞南岩：析唐吕洞宾《题太和山》，郭顺玉，郧阳高等师范专科学校学报，2001 年，第 2 期。

朱熹与狐仙怪异传说探索，林振礼，泉州师范学院学报，2001 年，第 3 期。

从陆游诗看养生之道，申家仁，华夏文化，2001 年，第 2 期。

《西游记》作者和主旨再探，张燕、胡义成，甘肃社会科学，2001 年，第 1 期。

《绿野仙踪》求仙主题中的死亡意识，徐润拓，明清小说研究，2001 年，第 3 期。

近代神魔小说试论，胡胜，明清小说研究，2001 年，第 3 期。

探寻晚明文学思潮发展的内在脉络：评《儒释道与晚明文学思潮》，李冬梅，江海学刊，2001 年，第 5 期。

葛长庚佚词五首考述，倪志云，词学，第 13 辑，2001 年。

不断拓展古代小说研究的新视野：孙逊教授访谈，孙逊、潘建国，学术月刊，2001 年，第 3 期。

现实忧患与生命超脱的矛盾纠葛：嵇康游仙诗简论，鲁红平，青海师范大学学报，2001 年，第 1 期。

"蓬莱"一定是"蓬藜"之误吗：郭璞《游仙诗·京华游侠窟》别解，陈道贵，古典文学知识，2001 年，第 5 期。

求仙道旨在求功业：试论曹操游仙诗的思想实质，王丽珍，青海师范大学学报，2001 年，第 1 期。

试论《楚辞·远游》系列的结构模式及其对游仙诗的影响，朱立新，上海师范大学学报，2001 年，第 5 期。

中国古典小说"缀合"结构与传统思维模式，张跃生、阎海峰，社会科学研究，2001 年，第 1 期。

《水浒传》与北宋道教，单长江，水浒争鸣（第 6 辑），张国光、佘大平，光明日报出版社，2001 年。

略论《水浒传》的宗教思想，张筱南，水浒争鸣（第 6 辑），张国光、佘大平，光明日报出版社，2001 年。

女冠现象与唐代文学初探，陈秋茹，西南民族学院学报（文学硕士论坛），2001 年。

明代小说中主题物的象征性与情节性，沈广仁，上海师范大学学报，2001 年，第 6 期。

《水浒传》续书的叙事重构和接受批评，刘海燕，明清小说研究，2001 年，第 4 期。

论道教斋醮焚香的象征意义，张泽洪，中华文化论坛，2001 年，第 1 期。

从宗教祭祀剧"目连戏"看佛教的中国化，廖开顺，东岳论坛，2001 年，第 3 期。

元版《茅山志》的作者究竟是谁，孙王成，中国道教，2001 年，第 1 期。

张伯端和他的《悟真篇》，张振国，世界宗教研究，2001 年，第 2 期。

四川汉代西王母崇拜现象透视，魏崴，四川文物，2001 年，第 3 期。

中国古代通俗小说中的兵器妖化母题，王立，阜阳师范学院学报，2001 年，第 6 期。

道教文化与《长生殿》，钟东，中山大学学报，2001 年，第 4 期。

甘肃省博物馆藏道教《十戒经传授盟文》，杨富学、李永平，宗教学研究，2001 年，第 1 期。

南桔北枳，道能为一——从《太平经》《抱朴子》看早期道教美学思想的变迁，潘显一，社会科学研究，2001 年，第 5 期。

全真科仪中的阳韵与阴韵：析《全真正韵谱辑》的经韵素性，

孙凡，交响，2001 年，第 3 期。

道教与六朝山水画美学的建构，雷小鹏，宗教学研究，2001 年，第 3 期。

白玉蟾生卒及事迹考略，曾召南，宗教学研究，2001 年，第 3 期。

龙虎山天师道音乐的历史文化透视，傅利民，江西师范大学学报，2001 年，第 4 期。

论仙崇拜及其产生的原因，黄云明，河北大学学报，2001 年，第 4 期。

李白终南山诗作的功成身退观，刘嗣传，宗教学研究，2001 年，第 3 期。

元代道教文学的力作——《武当纪胜集》，郭顺玉，江西社会科学，2001 年，第 12 期。

白玉蟾的生卒年月及其有关问题考辨，谢金良，世界宗教研究，2001 年，第 4 期。

曹操与道教，李刚，世界宗教研究，2001 年，第 4 期。

《西游记》中"真经"的内丹学含义，郭健，中国道教，2001 年，第 5 期。

物我两忘：道教审美情趣探源，潘显一，宗教学研究，2001 年，第 4 期。

《道教灵验记》——中国晚唐佛教护法传统的转换，傅飞岚，华学（第 5 期），中山大学出版社，2001 年。

葛洪与隐沦术，刘楚华，中国作家与宗教，中华书局，2001 年。

庄子、重玄与相天——王船山宗教信仰述论，严寿澄，中国作家与宗教，朱耀伟主编，中华书局，2001 年。

台湾地区的道教研究概述（1945～1995），林富士，当代台湾本土宗教研究导论，南天书局，2001 年。

从葛玄神仙形象看中古世纪道教与地方神仙传说，黎志添，中国文化研究所学报，2001 年。

试析《杜子春》和《杜子春三入长安》的叙述话语及意义建构，康韵梅，台大中文学报，2001 年，第 14 期。

疾病与修道：中国早期道士修道因缘考释之一，林富士，汉学研究，2001 年，第 19 卷第 1 期。

试析《杜子春》和《杜子春三入长安》的叙述话语及意义建构，康韵梅，台大中文学报，2001 年 5 月，第 14 期。

女冠刍议：一种宗教、性别与象征的解读，杨莉，汉学研究，2001 年，第 19 卷第 1 期。

谈《三教开迷归正演义》小说中的林兆恩思想，林珊妏，汉学研究，2001 年，第 19 卷第 2 期。

天宝十载道教天尊造像及铭记，李丰楙，宗博季刊，2001 年，第 24 期。

《日本书纪》中的神仙，高津正照，淡江日本论丛，2001 年，第 10 期。

论刘一明的道教生命观，常大群，宗教哲学，2001 年，第 1 期。

从葛玄神仙形象看中古世纪道教与地方神仙传说，黎志添，中国文化研究所学报，2001 年，新第 10 期。

宋元文人词中的道影，晓杰，弘道，2001 年，第 10 期。

"道情" 简说，苟波，弘道，2001 年，第 11 期。

唐代女道传记解读之一，杨莉、戚逍遥，弘道，2001 年，第 11 期。

仙乐缭绕玄妙观，郁永龙，弘道，2001 年，第 11 期。

Ritual, Text and the Formation of the Canon: Historical Transitions of wen in Early China, Martin Kern, *T'oung Pao* 87. 1, pp. 43—91, 2001.

Taoism and the Arts of China, Stanley Abe, *Journal of Chinese Religions* 29, 2001.

Biography of the Daoist Saint, Wang Fengxian by Du Guangting (850—933), Cahill Suzanne E, in *Under Confucian Eyes: Writings on Gender in Chinese History*, Susan Mann and Yu—yin Cheng eds. Berkeley: University of California Press, 2001.

Seeking Signs of Proof: Visions and Other Trance Phenomena in Early Quanzhen Taoism. Eskildsen, S. *Journal of Chinese Religions*, 29 (1), 139—160, 2001.

Chaos and the Gourd in the Dream of the Red Chamber. Zhou, Z. *T'oung Pao*, 87 (4), 251—288, 2001.

Ingesting the Marvelous: The Practitioner's Relationship to Nature According to Ge Hong (283—343 C. E.), Company, Robert. in *Daoism and Ecology: Ways within a Cosmic Landscape*, ed. Norman Girardot, James Miller, and Liu Xiaogan, Harvard University Press, 125—147, 2001.

The Nun Who Wouldn't Be: Representations of Female Desire in Two Performance Genres of "Si Fan", Goldman, Andrea S. *Late Imperial China*, 22: 71—138, 2001.

K. E. Brashier. "The Spirit Lord of Baishi Mountain: Feeding the Deities or Heeding the 'Yinyang,'" in *Early China* 26—27, 159—231, 2001—2002.

郭璞「遊仙詩」の孤立，大平幸代，東方學，2001 年，第 101 号。

杜光庭『道教靈驗記』の應報觀について，荒尾敏雄，東方宗教，2001 年，第 97 号。

『道教輯要』と嘉慶年間の呂洞賓扶乩信仰——編者蔣元庭の信仰を中心に—，森由利亞，東方宗教，2001 年，第 97 号。

元朝における代祀について，森田憲司，東方宗教，2001 年，第 98 号。

『道教輯要』と蔣豫蒲の呂祖扶乩信仰，森由利亞，東方宗教，2001 年，第 98 号。

道教における鏡の意味，井手直人，宗教學・比較思想學論集，2001 年，第 4 集。

唐徐靈府撰「天臺山記」初探，薄井俊二，中国研究集刊，2001 年，第 29 集。

姜詩—出妻の物語とその変容—，大沢顕浩，東洋史研究，2001 年，第 60 – 1 号。

中国近世文學に見る道教・儒教・佛教，落合克吉，しにか，2001 年，第 6 号。

『楚辭』さまざまな天界遊行，釜谷武志，週刊朝日百科『世界の文學』，2001 年，第 101 号。

『真誥』道教と文學，神塚淑子，週刊朝日百科『世界の文學』，2001 年，第 104 号。

　阮籍における「大人」について，簡暁花，文化，2001 年，第 64 号。

　嵆康における「至人」について，簡暁花，集刊東洋學，2001 年，第 85 号。

　『宋書』隠逸伝の陶淵明，稀代麻也子，中国文化，2001 年，第 59 号。

　豫言に託す変革の精神――古代中国の豫言と童謠，串田久治，アジア遊學，2001 年，第 29 号。

　沈約『宋書』隠逸伝考，今場正美，六朝學術學會報，2001 年，第 2 号。

　『穆天子伝』『漢武帝内伝』『十洲記』幻想の皇帝と空想の地理學，佐々木睦，週刊朝日百科『世界の文學』，2001 年，第 101 号。

　漢代墳墓祭祀畫像における天上世界、人間世界、地下世界（1）璧玉像、門闕像、車馬行列，佐竹靖彦，人文學報（東京都立大學人文學部，2001 年，第 315 号。

　大谷大學所蔵「老子八十一図説」について，佐藤義寛，大谷大學研究學報，2001 年，第 53 号。

　魏晉六朝文學における老莊思想流行の原因，清宮剛，山形県立米沢女子短期大學附屬生活文化研究所報告，2001 年，第 28 号。

　六朝「廟神說話」，先坊幸子，中国中世文學研究，2001 年，第 40 号。

　『升仙圖』「あの世」の圖像學，曽布川寛，週刊朝日百科『世界の文學』，2001 年，第 101 号。

仙人・神馬・神獣―馬王堆漢墓出土品から，武田雅哉，週刊朝日百科『世界の文學』，2001 年，第 101 号。

『山海経』いまも息づく怪物幻想，武田雅哉，週刊朝日百科『世界の文學』，2001 年，第 101 号。

『十王経』―十人の裁判官による死後の審判，田中文雅，道教の経典を読む，大修館書店，2001 年。

『神仙伝』―道教経典の紀伝部の原點，土屋昌明，道教の経典を読む，大修館書店，2001 年。

『任昉述異記』考，中島長文，東方學報京都，2001 年，第 73 号。

『任昉述異記』校本，中島長文，東方學報京都，2001 年，第 73 号。

魂のふるさとを求めて―漢詩、老子に親しむ，中野孝次、加島祥造（対談），図書，2001 年，第 629 号。

地藏王菩薩新羅王子說について，二階堂善弘，東北大學東北アジア研究センター叢書，2001 年，第 3 号。

『三教源流搜神大全』―中国の神々の百科全書，二階堂善弘，道教の経典を読む，大修館書店，2001 年。

呪術をめぐる「怪談」―宋代の小説より，松本浩一，しにか，2001 年，第 8 号。

宋代の葬儀：黄録齋と儒教の葬禮，松本浩一，図書館情報大學研究報告，2001 年，第 20 号。

陶淵明と謝霊運―生と死をめぐって―，森博行，大谷女子大學紀要，2001 年，第 35 号。

唐代小説と「漢武帝内伝」―上元夫人を手がかりにして―，

屋敷信晴，中国中世文學研究，2001 年，第 40 号。

唐代小説と『真誥』，屋敷信晴，日本中国學會報，2001 年，第 53 号。

庾信の北周の宗教政策への對應と趙王との関係，矢嶋美都子，お茶の水女子大學中国文學會報，2001 年，第 20 号。

『西昇経』―「老子化胡經」と佛・道二教の交流，山田俊，道教の経典を読む，大修館書店，2001 年。

『道教靈驗記』―道教信仰の諸相を伝える靈驗譚，遊佐昇，道教の経典を読む，大修館書店，2001 年。

四庫全書所收『神仙伝』の資料的價值について，亀田勝見，唐代の宗教，吉川忠夫編，朋友書店，2001 年。

「十王経」をめぐる信仰と儀禮―生七齋から七七齋へ―，小南一郎，唐代の宗教，吉川忠夫編，朋友書店，2001 年。

仙女謝自然的展開，深澤一幸，大阪大學，言語文化研究，2001 年，第 27 巻。

関聖帝君「顕聖」考―清朝と英雄神の関係をめぐって，太田出，人文論集，第 37 期，2001 年。

鎮元子と太上老君 ‐ 斉天大聖はなぜ土地廟に化けたのか，大塚秀高，埼玉大學紀要教養學部，2001 年，第 37 号。

敦煌と道教，遊佐昇，アヅア諸地域と道教（講座・道教，第六巻）――日本と道教，雄山閣出版，2001 年。

敦煌の文學文獻と道教，荒見泰史，アヅア諸地域と道教（講座・道教，第六巻）――敦煌と道教，雄山閣出版，2001 年。

古典文學の中の神仙世界と道教，中前正志，アヅア諸地域と道教（講座・道教，第六巻）――日本と道教，雄山閣出版，

2001 年。

古典芸能と道教，諏訪春雄，アヅア諸地域と道教（講座・道教，第六卷）――日本と道教，雄山閣出版，2001 年。

六朝「廟神説話」，先坊幸子，中国中世文學研究，2001 年，第 40 号。

「三月十五日」の物語 – 『封神演義』と女媧信仰：『封神演義』研究の2，遊佐徹，岡山大學文學部紀要，2001 年，第 35 号。

道教の不可思議な世界：大唐帝国の道教生活，土屋昌明，春秋，2001 年，第 433 号。

敦煌の文學文獻と道教，游佐昇，アジア諸地域と道教，雄山閣，2001 年。

道教と《漢武帝内傳》：上元夫人を手がかりにして，屋敷信晴，中國中世文學研究，2001 年，第 40 号。

2002 年

读《叶净能诗》，罗宁，新国学，第四卷，2002 年 12 月。

《荡寇志》作者的道教思想，杨文胜，荆门职业技术学院学报，2002 年，第 1 期。

道教与崔致远，冯汉镛，文史杂志，2002 年，第 1 期。

李白与《抱朴子·内篇》，李乃龙，中国李白研究——纪念李白诞生 1300 周年国际学术讨论会论文集，中国唐代文学学会，黄山书社，2002 年。

唐代道教女冠诗歌的瑰宝，王卡，中国道教，2002 年，第 4 期。

陕西全真道佳话：丘祖孕成《西游记》——陕西"隐型文化"研究之一，胡义成，安康，高等师范专科学校学报，2002年，第4期。

法曲辩，李石根，西安音乐学院学报，2002年，第2期。

《穆天子传》研究述论，周书灿，高校社科信息，2002年，第5期。

成玄英李荣著述行年考，强昱，道家文化研究（第十九辑），三联书店，2002年。

论宋代重玄学的三大特征——以陈抟、陈景元为中心，李远国，道家文化研究（第十九辑），三联书店，2002年。

陈抟佚文汇编，李远国，道家文化研究（第十九辑），三联书店，2002年。

全真道士闫希言师徒与定稿今本《西游记》，胡义成，宁德高等师范专科学校学报，2002年，第4期。

苏轼的养生，刘文刚，宗教学研究，2002年，第3期。

"天师道"名实论，赵益，古典文献研究（第5辑），江苏古籍出版社，2002年。

《陶弘景文集》版本源流考，王京州，新国学（第4卷），巴蜀书社，2002年。

论《三国演义》的宗教意识，陈彩玲，深圳大学学报，2002年，第5期。

今本《西游记》作者：否定吴承恩，主张闫希言师徒，胡义成，达县高等师范专科学校学报，2002年，第4期。

日本的中国道教史研究印象记，葛兆光，域外中国学十论，复旦大学出版社，2002年。

道教对唐代文学的影响，王永平，道教与唐代社会，首都师范大学出版社，2002年。

原始宗教文化对先秦文学的影响，郑杰文，宗教与文化，山东大学出版社，2002年。

元代前期神仙道化剧的愤世精神，李姣玲，阜阳师范学院学报，2002年，第5期。

书评：Florian C. Reiter，*The Aspirations and Standards of Taoist Priests in the Early T'ang Period*，刘屹，唐研究（第8卷），北京大学出版社，2002年。

书评：王宗昱《〈道教义枢〉研究》，刘屹，唐研究（第8卷），北京大学出版社，2002年。

执著、悲悯、隐忍——从神仙道化剧看元代文人的生存心态，丁春华，浙江工商职业技术学院学报，2002年，第3期。

《隋书·经籍志·道经序》与道教教主元始天尊的确立，王承文，唐研究（第8卷），北京大学出版社，2002年。

浅析元杂剧中神仙道化剧的既定性，张平仁，沈阳教育学院学报，2002年，第2期。

元代道教与神仙道化剧的艺术特色及其形成，杜海军，中国社会科学院研究生院学报，2002年，第1期。

李白道家文化人格的哲学意义——兼论李白生命价值观的对立统一，康震，南京师范大学学报，2002年，第2期。

《左传》神怪现象分析，刘成荣、郭宝军，九江学院学报，2002年，第1期。

论《山海经》中的神灵复活机制，王贵生，西北师范大学学报，2002年，第3期。

《楚辞·大招》与楚巫文化，张兴武，西北师范大学学报，2002 年，第 1 期。

嵇康的养生术和游仙诗，孙昌武，郑州大学学报，2002 年，第 4 期。

简论《左传》占卜叙事的艺术功效，张小龙、周来光，广西社会科学，2002 年，第 5 期。

道家隐逸与唐代山水艺术关系初论，李红霞，宁夏师范学院学报，2002 年，第 5 期。

主体的确认：峡口道士的叙事解读——中国虎故事类型研究之四，孙正国，湖北民族学院学报，2002 年，第 1 期。

山川神侣与中国山水文化的神话溯源——中国神话原生态研究之二，申江，昭通师范高等专科学校学报，2002 年，第 3 期。

《汉武帝内传》与《神仙传》关系略论，赵益，古籍整理研究学刊，2002 年，第 1 期。

文献学与历史学的进路——读吉川忠夫编《六朝道教の研究》，葛兆光，域外中国学十论，复旦大学出版社，2002 年。

阿城：对道学精神的完整体认，陈仲庚，零陵学院学报，2002 年，第 1 期。

论丘处机的道教词，左洪涛，新疆大学学报，2002 年，第 2 期。

丘处机的美学思想试探，申喜萍，宗教学研究，2002 年，第 3 期。

缜密精当 博洽汇通——评孙昌武先生的《道教与唐代文学》，桑宝靖，世界宗教研究，2002 年，第 4 期。

魏晋玄学对中国文学影响的几点理论思考，卢盛江，南开学报，2002 年，第 1 期。

悠游于道心与文心之间——评詹石窗《南宋金元道教文学研究》，李菁，中国道教，2002 年，第 2 期。

早期全真道史料，王宗昱，中国道教，2002 年，第 5 期。

1996—2000 年国内道教研究成果综述，丁培仁，社会科学研究，2002 年，第 1 期。

南宋时期的吕洞宾信仰，洪怡沙，法国汉学第七辑宗教史专号，中华书局，2002 年。

法国道教研究文献目录（1831—2002），吕鹏志，法国汉学第七辑宗教史专号，中华书局，2002 年。

瑶台归去恣逍遥——论金元全真道士词，蔡静平，江淮论坛，2002 年，第 1 期。

试论唐女冠诗人，谭广旭，零陵学院学报，2002 年，第 3 期。

唐代女冠诗人现象略论，安建军、杨敏，天水师范学院学报，2002 年，第 6 期。

论中晚唐文人恋情诗的仙道情韵，黄世中，文学遗产，2002 年，第 5 期。

儒·释·道对中唐诗歌的影响，李红春、陈炎，求是学刊，2002 年，第 5 期。

郭璞《游仙诗》论，卢凤鹏，毕节高等师范专科学校学报，2002 年，第 3 期。

论中国古典诗歌中的“游仙”意象，杨金梅、刘忠，重庆大学学报，2002 年，第 1 期。

通天塔原型——古代游仙诗中的山崇拜，李永平，陕西师范大学继续教育学院学报，2002 年，第 3 期。

汉赋与神仙鬼怪，郑明璋，临沂师范学院学报，2002 年，第 4 期。

中国古代文学中的道剑因缘，郑瑞侠，社会科学辑刊，2002 年，第 6 期。

唐代精怪小说略说，杨国荣，闽西职业大学学报，2002 年，第 4 期。

唐五代小说中的仙道佛影，夏广兴，河南教育学院学报，2002 年，第 2 期。

唐代女诗人李冶身世及作品考论，陈文华，南京大学学报，2002 年，第 5 期。

徐铉及其小说《稽神录》，萧相恺，扬州大学学报，2002 年，第 5 期。

吕洞宾词简论，许兴宝，宁夏大学学报，2002 年，第 4 期。

金丹派南宗二传人诗词考论，詹石窗，古籍整理研究学刊，2002 年，第 6 期。

会万古之精华，敛一山之风月：元《武当总真集》的道教文学价值，郭顺玉，郧阳高等师范专科学校学报，2002 年，第 5 期。

论丘处机道教词的内外双修思想，左洪涛，齐齐哈尔大学学报，2002 年，第 5 期。

高启游仙诗初探，刘民红，盐城师范学院学报，2002 年，第 3 期。

论渐修与顿悟的同异，张松辉，宗教学研究，2002 年，第 3 期。

儒家理念统摄下的神道教化：论《醒世姻缘传》的神道设教，付丽，学习与探索，2002 年，第 5 期。

理性张扬与神道教化：《醒世姻缘传》的神道设教，付丽，哈尔滨工业大学学报，2002 年，第 2 期。

先兆预测：《水浒传》的神秘文化，李维，沈阳师范学院学报，2002 年，第 5 期。

从作者看《西游记》为道教文学奇葩，胡义成，云南民族学院学报，2002 年，第 6 期。

茅山道士闫希言师徒：今本《西游记》定稿者，胡义成，柳州高等师范专科学校学报，2002 年，第 4 期。

论明代江苏茅山龙门派道士闫希言师徒是今本《西游记》定稿人，胡义成，江苏教育学院学报，2002 年，第 4 期。

今本《西游记》是明代全真道士闫蓬头师徒撰定，胡义成，康定民族高等师范专科学校学报，2002 年，第 4 期。

《西游记》著作权学案：丘处机师徒胜出，胡义成，邯郸高等师范专科学校学报，2002 年，第 4 期。

再论丘处机麾下道士作《西游记》祖稿，胡义成，郴州高等师范专科学校学报，2002 年，第 6 期。

仙界道门的荣幸与尴尬：《西游记》道教思想论略，曹炳建，运城高等专科学校学报，2002 年，第 4 期。

《西游记》与"金丹大道"：关于《西游记》主题的几个关键问题辨析，郭健，华中科技大学学报，2002 年，第 6 期。

《萤窗异草》中的人仙恋及其文化心理原型，刘燕萍，汕头大学学报，2002 年，第 6 期。

王船山《游仙诗》浅论，周念先，衡阳师范学院学报，2002 年，第 4 期。

板桥道情综论，尹文，东南大学学报，2002 年，第 6 期。

出处仙凡间的痛苦挣扎，马瑞芳，文史知识，2002 年，第 9 期。

秦汉魏晋游仙诗史研究的新创获：序张宏《秦汉魏晋游仙诗的渊源流变论略》，葛晓音，北京大学学报，2002 年，第 5 期。

一部拓荒之作：《命相·谶应·占卜与中国古代小说研究》，禤展图，肇庆学院学报，2002 年，第 4 期。

新时期魏晋游仙诗研究述评，王今晖，东方论坛，2002 年，第 4 期。

山中方七日，世上已千年："烂柯山"故事论析，林继富，中南民族学院学报，2002 年，第 1 期。

形形色色的道教小说，张振国，世界宗教文化，2002 年，第 3 期。

论《郊祀歌》的神仙思想，曾祥旭，南都学坛，2002 年，第 1 期。

一部仙话式的早期志怪作品：《封禅方说》考辨，陈自力，广西大学学报，2002 年，第 1 期。

长生、超脱、隐逸：魏晋游仙诗主题之变迁，李媛，阜阳师范学院学报，2002 年，第 2 期。

从《世说新语》看服药的士族精神，宁稼雨，南开学报，2002 年，第 1 期。

嵇康的养生术与游仙诗，孙昌武，郑州大学学报，2002 年，第 4 期。

隐士宗教与文学，李生龙，中国文学研究，2002 年，第 4 期。

论道教对元散曲的影响，张松辉，道韵（第 10 辑），2002 年。

论阮籍的《咏怀诗》和敦璞的《游仙诗》，龚玉兰，广西社会科学，2002 年，第 1 期。

曹植游仙诗新论，施建军，郑州大学学报，2002 年，第 1 期。

中晚唐游仙诗与传奇，曾华峰，宁夏大学学报，2002 年，第 2 期。

唐代游仙诗的世俗化及其成因，李永平，唐都学刊，2002 年，第 3 期。

浅论道教文化对李贺诗想象力的影响，昌庆志，语文学刊，2002 年，第 4 期。

儒道思想与卢照邻的文学创作，周来光、钟乃元，江淮论坛，2002 年，第 4 期。

在妖怪和神仙的名义下，陈琳，古典文学知识，2002 年，第 2 期。

谈唐代女诗人薛涛的创作，李凡路，济宁高等师范专科学校学报，2002 年，第 1 期。

李白诗歌与道教哲学刍议，张春义，广西社会科学，2002 年，第 1 期。

李白与元丹丘、玉真公主交游新考，刘友竹，成都大学学报，2002 年，第 2 期。

李白与李贺游仙梦之比较，胡虹娅，北京科技大学学报，2002 年，第 2 期。

杜甫与儒、道、释，孙金荣，齐鲁学刊，2002 年，第 3 期。

谶纬神学与"拥刘反曹"思想倾向，刘向军，中华文化论坛，2002 年，第 1 期。

论道教文化在《水浒传》成书过程中的作用与表现，盛志梅，华东师范大学学报，2002 年，第 3 期。

《西游记》百年研究：回视与超越，梅新林、崔小敬，文艺理论与批评，2002 年，第 2 期。

道乐史上南陆北寇的评价问题，蒲亨强，宗教学研究，2002 年，第 3 期。

《西游记》首要作者是元明两代全真教徒，胡义成，运城高等专科学校学报，2002 年，第 2 期。

从"临川四梦"看汤显祖晚年的心灵历程，张兆勇，戏曲研究，第 58 辑，2002 年。

论《西游证道书》的艺术修补，竺洪波，上海师范大学学报，2002 年，第 2 期。

《萤窗异草》中的人仙恋，刘燕萍，明清小说研究，2002 年，第 1 期。

《红楼梦》佛道思想的双重价值，田中元，阴山学刊，2002 年，第 3 期。

新中国神话研究的回顾与思考，李立，文史哲，2002 年，第 2 期。

《金瓶梅》对小说叙事模式的创新，阎秀萍、许建平，河北学刊，2002 年，第 4 期。

丘处机道教词思想探析，左洪涛，湖南大学学报，2002 年，第 2 期。

道化与张养浩的《云庄乐府》，吴国富，中国道教，2002 年，第 2 期。

论干宝的宗教观，田汉云、沈玲，扬州大学学报，2002 年，第 2 期。

神仙吕洞宾形象的演变过程，欧明俊，中国典籍与文化，2002

年，第 2 期。

女冠才媛鱼玄机：中国道教文化史的光彩一页，桑宝靖，世界宗教研究，2002 年，第 1 期。

燕齐方术"仙人"形象溯源，杨军，烟台师范学院学报，2002 年，第 2 期。

历代道教琴人述略，朱江书，音乐探索，2002 年，第 2 期。

《真诰》词语校释三则，冯利华，中国道教，2002 年，第 3 期。

道教与闽南戏曲，王若君，中国道教，2002 年，第 3 期。

壶中别有日月天：内丹隐语"壶"之源流，刘直，中国道教，2002 年，第 3 期。

"道"的追求：略论中国古代意象说的发展，孙丽君，济宁师范专科学校学报，2002 年，第 2 期。

性别视角：中国戏曲与道家文化，李祥林，成都大学学报，2002 年，第 2 期。

道教音乐美学思想与审美品格探析，傅利民，星海音乐学院学报，2002 年，第 2 期。

陶弘景与梁武帝：陶弘景交游丛考之一，王家葵，宗教学研究，2002 年，第 1 期。

杜光庭两度入蜀考，罗争鸣，宗教学研究，2002 年，第 1 期。

道教与六朝山水绘画美学的建构，雷小鹏，中国道教，2002 年，第 3 期。

寇谦之的家世与生平，刘屹，华林，2002 年，第 2 期。

唐代道教对文艺的影响，邓乔彬，常熟高等专科学校学报，2002 年，第 3 期。

傅飞岚著《杜光庭（850——933）——中古中国末叶的皇家道士》评介，梅尼尔著，吕鹏志、常虹译，宗教学研究，2002 年，第 2 期。

论丘处机的道教词，左洪涛，华东理工大学学报，2002 年，第 1 期。

缜密精当，博洽汇通：评孙昌武先生的《道教与唐代文学》，桑宝靖，世界宗教研究，2002 年，第 4 期。

道教与魏晋南北朝文人的功利欲望，朱堂锦，曲靖师范学院学报，2002 年，第 5 期。

杜光庭笔下的女仙世界：从《墉城集仙录》探析道教女仙崇拜的特点，李莉，中国道教，2002 年，第 5 期。

刘晨阮肇入桃源故事的文化透视，刘仲宇，中国道教，2002 年，第 6 期。

论丘处机道教词的苦修思想，左洪涛，中国道教，2002 年，第 6 期。

却后五百年，骑鹤返故乡：论苏轼的道教神仙审美人格理想，雷晓鹏，中国道教，2002 年，第 6 期。

道教语言传播媒介特点分析，曾维加，宗教学研究，2002 年，第 4 期。

从丘处机道教词看其苦修，左洪涛，天津大学学报，2002 年，第 4 期。

从《牧斋净稿》看朱熹的道教信仰，王利民，宗教学研究，2002 年，第 4 期。

中国民间俗信仰中的道情——以道情起源及说唱为中心，张泽洪，中国俗文化研究国际学术研讨会论文集，四川大学中国俗文化研究所、乐山师范学院，2002 年。

白玉蟾诗词考论，詹石窗，武夷文化研究学术研讨会论文集，2002 年。

啸：中国古典诗歌中的一种音乐意象——关于中国古代音乐与诗歌之关系的一项研究，范子烨，中国诗歌与音乐关系研究——第一届与第二届"中国诗歌与音乐关系"学术研讨会论文集，2002 年。

道情曲目鼻祖《韩仙传》及其传播考论——兼谈学界关于元明两代小说、戏剧的文学史建构，吴光正，中国诗歌与音乐关系研究——第一届与第二届"中国诗歌与音乐关系"学术研讨会论文集，2002 年。

李商隐与道教，梁桂芳，《中国诗学研究》第 2 辑——中国李商隐研究会第六届年会暨国际学术研讨会论文集，中国唐代文学学会，2002 年；延安大学学报，2005 年 5 期。

道教文学与善信生活，王岗，道教教义与现代社会国际研讨会，2002 年。

历代僧道人数考论，白文固，普门学报，2002 年，第 9 期。

西王母神话与西王母图像（1）——西王母图像的品类和分布地域，李锦山，故宫文物月刊，2002 年，第 20 卷第 5 期。

西王母神话与西王母图像（2）——西王母神话产生的时代，李锦山，故宫文物月刊，2002 年，第 20 卷第 6 期。

西王母神话与西王母图像（3）——汉代崇道求仙及祀祭西王母之风李锦山，李锦山，故宫文物月刊，2002 年，第 20 卷第 7 期。

西王母神话与西王母图像（4）——西王母神话的演化，李锦山，故宫文物月刊，2002 年，第 20 卷第 8 期。

西王母神话与西王母图像（5）——关于东王公，李锦山，故宫文物月刊，2002 年，第 20 卷第 9 期。

中国早期道士的医疗活动及其医术考释——以汉魏晋南北朝时期的《传记》资料为主的初步探讨，林富士，"中央"研究院历史语言研究所集刊，2002 年，第 73 本第 1 分。

悟证之间——王重阳诗歌中透显的实修讯息，梁淑芳，宗教哲学，2002 年，第 8 期。

升游与谪凡——道教文学中的永恒主题，李丰楙，当代，2002 年，第 57 卷第 175 期。

台湾地区的道教研究总论（1945—2000），林富士，"中央"研究院历史语言研究所，2002 年。

敦煌卷子中的钟离权、吕洞宾、韩湘子资料——兼谈"伯三八一〇"的抄写年代，王见川，台湾宗教研究通讯，2002 年，第 3 期。

王畿与道教——阳明学者对道教内丹学的融摄，彭国翔，中国文哲研究集刊，2002 年，第 21 期。

论《太平经》的伦理思想，吕锡琛，哲学与文化，2002 年，第 29 卷第 6 期。

张鷟与《游仙窟》（上），杨昌年，历史月刊，2002 年，第 169 期。

张鷟与《游仙窟》（下），杨昌年，历史月刊，2002 年，第 170 期。

"诡异"的场景：元杂剧的鬼神戏，魏淑珠，中外文学，2002 年，第 1 期。

从几副青城山的楹联窥探道教教义的梗概，林淑妙，宜兰技术学报，2002 年，第 9 期。

阮籍与李白的生命情调，李孟君，辅大中研所学刊，2002 年，第 12 期。

成仙与养生——唐代文士的服食分析，廖芮茵，"国立"台中技术学院人文社会学报，2002 年。

"九天玄女"研究初探，何怡儒，问学集，2002 年，第 11 期。

全真教生死观初探：以王重阳诗歌为例，梁淑芳，东方人文学志，2002 年，第 1 卷第 1 期。

唐诗中的皇家女冠，林雪玲，东方人文学志，2002 年，第 1 卷第 2 期。

早期灵宝经的天书观，吕鹏志，弘道，2002 年，第 12 期。

从回目看《西游记》与道教炼丹，萧登福，弘道，2002 年，第 12 期。

郑板桥与道家交谊小考，金实秋，弘道，2002 年，第 12 期。

试论先秦道家著作《鹖冠子》的文学性，于成宝，弘道，2002 年，第 13 期。

泰山岱庙明万历圣旨及《道藏》考，范恩君，弘道，2002 年，第 13 期。

关于《净明忠孝全书》的编纂，郭武，弘道，2002 年，第 13 期。

从西游三圣修炼过程上看《西游记》与炼丹，萧登福，弘道，2002 年，第 13 期。

《红楼梦》中的道士风情录，张振国，弘道，2002 年，第 13 期。

漫谈茅山道教楹联，杨世华，弘道，2002 年，第 13 期。

The Spirit Lord of Baishi Mountain：Feeding the Deities or Heeding the "Yinyang." Brashier，K. E. *Early China* 26—27（2001—2002）：159—231，2002.

Criminalized Abnormality，Moral Etiology，and Redemptive Suffering in the Secondary Strata of the *Taiping jing*，Grégoire Espesset，*Asia Major* 3. 15，2002.

Revelation between Orality and Writing in Early Imperial China：The Epistemology of the *Taiping jing*（早期帝制中国时期在口传和书写之间的神启——《太平经》的认识论），Grégoire Espesset，*Bulletin of the Museum of Far Eastern Antiquities* 74，2002.

Connaissance du dao. Approche de l'épistémologie du *Huainan zi*，Rémi Mathieu，*Asiatische Studien — études asiatiques* LVI—1，2002.

Taoism and the Textual History of the Narrative of the Three Kingdoms，McLaren Anne E、Zhuge Liang，In *A Daoist Florilegium：A Festschrift Dedicated to Professor Liu Ts'un—yan*，ed. Lee Cheuk Yin and Chan Man Sing，Hong Kong：Shangwu，2002.

Prodiges ambigus：Les récits non—canoniques sur le surnaturel entre histoire religieuse、histoire littéraire et anthropologie，Vincent Durand—Dastes，*Revue bibliographique de sinologie*，2002.

Starved of Resources：Clerical Hunger and Enclosures in Nineteenth—Century China，Vincent Goossaert，*Harvard Journal of Asiatic Studies* 62. 1，2002.

Myth and the Structure of the Shyy jih，Boltz William，*Asiatische Studien* 56. 3，2002.

Review: The Stele Inscriptions of Ch'in Shih—huang: Text and Ritual in Early Chinese Imperial Representation. Davidson, S. C. *China Review International*, Vol. 9, No. 2, pp. 465—473, 2002.

What Confucius Wouldn't Talk About: "The Grotesque Body and Literati Identities in Yuan Mei's" Zi buyu. Francis, S. —c. L. *Chinese Literature: Essays, Articles, Reviews (CLEAR)*, 24, 129—160, 2002.

The mythic stone in Honglou meng and an intertext of Ming—Qing fiction criticism. Ge, L. *The Journal of Asian Studies*, 61 (1), 57—82, 2002.

On the meaning of the name Xi wangmu, Spirit—Mother of the West. Goldin, P. R. *Journal of the American Oriental Society*, 83—85, 2002.

Hong Mai's Informants for The ' YiJian Zhi '. Inglis, A. D. *Journal of Song—Yuan studies* (32), 83—125, 2002.

Domains of Moral Discourse: Self, History, and Fantasy in "Fengshen yanyi". Kao, K. S. *Chinese Literature: Essays, Articles, Reviews*, 75—97, 2002.

Reflections on recent anthologies of Chinese literature in translation. Kroll, P. W. *The Journal of Asian Studies*, 61 (3), 985—999, 2002.

Review: Anning Jing. The Water God's Temple of the Guangsheng Monastery: Cosmic Function of Art, Ritual, and Theater. Sinica Leidensia, vol. 53, by Anning Jing. Miller, T. *China Review International*, Vol. 9, No. 2, pp. 449—452, 2002.

Chinese Chronicles of the Strange：the "Nuogao Ji". By Duan Chengshi，translated by Carrie E. Reed. pp. 219. New York，Peter Lang，2001. Shi，L. *Journal of the Royal Asiatic Society*，12（2），189，2002.

Taoism and East Asian Literary Theories：Chuang Tzu's Theory of Selflessness and the Poetics of Self—effacement. Shin，E. —k. *Korean Studies*，251—269，2002.

「八仙過海」故事とその背景について―『八仙東遊記』を中心に―，二階堂善弘，東方宗教，2002 年，第 99 号。

袁了凡の『陰騭録』について，吉田公平，東方宗教，2002 年，第 99 号。

徐靈府撰「天臺山記」の研究（その一）―基礎研究、並びに國會国書館蔵本の翻刻と校勘・訳注―，薄井俊二，埼玉大學紀要（教育學部）人文・社會科學（Ⅰ），2002 年，第 51 卷第 1 期。

徐靈府撰「天臺山記」の研究（その二）―基礎研究、並びに國會国書館蔵本の翻刻と校勘・訳注―，薄井俊二，埼玉大學紀要（教育學部）人文・社會科學，2002 年，第 51 卷第 2 期。

六朝霊寶経に見える本生譚，神塚淑子，中国中世社會と宗教（道気社），2002 年。

『捜神記』の語る歴史―史書五行志との関係―，河野貴美子，二松，2002 年，第 16 号。

『捜神記』所収の再生記事に関する考察―五行志的記事の展開と変容―，河野貴美子，日本中国學會報，2002 年，第 54 号。

陸機から陶淵明へ―＜隠逸の賦＞をめぐって，小嶋明紀子，六朝學術學會報，2002 年，第 3 号。

「十王経」の形成と隋唐の民衆信仰，小南一郎，東方學報（京都），2002 年，第 74 号。

漢代の填墓祭祀畫像における亭門、亭闕と車馬行列，佐竹靖彦，人文學報（東京都立大學人文學部），2002 年，第 3 号。

五行志と志怪書―「異」をめぐる視點の相違，佐野誠子，東方學，2002 年，第 104 号。

雜伝書としての志怪書，佐野誠子，日本中國學會報，2002 年，第 54 号。

玄言詩と道家思想，清宮剛，山形県立米沢女子短期大學紀要，2002 年，第 37 号。

六朝志怪における異界（上），先坊幸子，中国學論集（中国文學研究會），2002 年，第 31 号。

追善と予修―道蔵内『十王経』の再検討，田中文雄，アジア遊學，2002 年，第 38 号。

李白の交遊と道教―元丹丘・胡紫陽・玉真公主を中心に―，土屋昌明，人文科學年報，2002 年，第 32 号。

漢代昇仙楽府と畫像石，道家春代，名古屋女子大學紀要人文・社會編，2002 年，第 48 号。

『軒轅本記』と『翊聖保德真君伝』―北宋真宗時代、讀書人層に於ける道教思想の一側面，中嶋隆蔵，東北大學文學研究科研究年報，2002 年，第 51 号。

李白における「碧雲」と「綠雲」について，西村諭，築波中国文化論叢，2002 年，第 21 号。

嵆康「管蔡論」考，馬場英雄，日本中国學會報，2002 年，第 54 号。

歴史記録と志怪小説―裴松之『三國志』注引の異聞説話をめぐって，林田慎之助，六朝學術學會報，2002 年，第 3 号。

陶弘景の佛教觀，方亞平，法華文化研究，2002 年，第 28 号。

道教役小角・道昭をめぐる伝承と老子化胡説，増尾伸一郎，和漢比較文學，2002 年，第 29 号。

唐代伝奇「杜子春伝」に見える道教的用語再考（上），増子和男，日本文學研究（梅光學院大學日本文學會），2002 年，第 37 号。

楚辭と『山海経』―その神話的記述の考察―，松田稔，國學院雑誌，2002 年，第 103 卷第 11 号。

中国における太陽説話―『山海経』『列子』の「逐日」を中心として―，松田稔，國學院中国學會報，2002 年，第 48 号。

謝靈運と山水，森野繁夫，中国古典研究，2002 年，第 47 号。

唐代狐妖譚と道教，屋敷信晴，中国中世文學研究，2002 年，第 42 号。

『平妖伝』四十回本所見仏教故事小考，堀誠，中国文學研究，2002 年，第 28 号。

陶淵明＜桃花源記＞小考――「洞窟探訪説話」との比較において，門脇廣史，六朝學術學會報，2002 年，第 3 号。

唐詩に見る桃源郷，松本肇，日本中国學會報，2002 年，第 54 号。

仙人と祠−『列仙伝』の事例を中心として，大形徹，人文學論集，2002 年，第 20 号。

通天河はどこに通じていたのか—『西遊記』成立史の一齣，大塚秀高，埼玉大學紀要教養學部，2002 年，第 38 号。

异梦录所反影的作家意识——以邢凤的梦爲中心，姜宗任，中国小说论丛，韩国中国小说学会，2002 年，第 15 号。

2003 年

《山海经》研究综述，孙玉珍，山东理工大学学报，2003 年，第 1 期。

明清艳情小说与道教房中文化，刘书成，甘肃社会科学，2003 年，第 1 期。

试析唐代娼妓诗与女冠诗的差异，刘宁，中国典籍与文化，2003 年，第 4 期。

论全真教对神仙道化剧题材结构的影响及其它，贺玉萍，洛阳工业高等专科学校学报，2003 年，第 3 期。

元杂剧中的八仙，尹蓉，艺术百家，2003 年，第 3 期。

全真教对马致远杂剧思想内容的影响，于元明，南都学坛，2003 年，第 5 期。

论《绿野仙踪》文化内涵的多元性，董健华、王学灵，呼兰师范专科学校学报，2003 年，第 3 期。

杜光庭《道教灵验记》析论，周西波，第六届唐代文化学术研讨会，2003 年。

论李白个性与游仙的关系，李霜琴，中国李白研究（2003—

2004 年集）——2003 年李白国际学术研讨会论文集，中国李白研究会、太原师范学院，2003 年。

佛、道在《西游记》中的地位——试述《西游记》的宗教意识，黄慧敏，安徽电子信息职业技术学院学报，2003 年，第 4 期。

汉魏六朝游仙诗意象解析，朱立新，中国诗学（第 8 辑），人民文学出版社，2003 年。

中国早期道士的"医者"形象：以《神仙传》为主的初步探讨，林富士，世界宗教学刊，2003 年，第 2 期。

论屈原赋的巫术话语，宋涛，重庆师范大学学报，2003 年，第 4 期。

卜筮之辞的艺术特征及其对古代文学的影响——《焦氏易林》新论，陈昌文，学术探索，2003 年，第 11 期。

宗教传播与中国小说观念的变化，王青，世界宗教研究，2003 年，第 2 期。

初唐诗人的宗教信仰及其诗歌艺术，李红春，青海师范大学学报，2003 年，第 6 期。

关于杜光庭生平几个问题的考证，罗争鸣，文学遗产，2003 年，第 5 期。

试论李白的仙道修炼，薛胜男，船山学刊，2003 年，第 4 期。

蒲松龄与道家思想，任增霞，明清小说研究，2003 年，第 3 期。

原始宗教与《诗经》兴象建构，杨述，宝鸡文理学院学报，2003 年，第 3 期。

道家对先秦楚辞的影响，张松辉，船山学刊，2003 年，第 2 期。

论元代神仙道化剧中的"梦"情结，李艳，西南民族大学学报，2003 年，第 11 期。

关于《招魂》研究的几个问题，潘啸龙，文学遗产，2003 年，第 3 期。

《墉城集仙录》采自《列仙传》篇目探析——兼论杜光庭对房中术之态度，罗争鸣，古籍整理研究学刊，2003 年，第 3 期。

《天地阴阳交欢大乐赋》初探，伏俊琏，贵州大学学报，2003 年，第 4 期。

早期道教神仙女青考，黄景春，中国道教，2003 年，第 2 期。

地下神仙张坚固、李定度考述，黄景春，世界宗教研究，2003 年，第 1 期。

由《西游记》小窥中国佛道信仰的兼容性，李智瑛，上海工艺美术，2003 年，第 1 期。

苏轼与道教，贾喜鹏，晋东南师范专科学校学报，2003 年，第 1 期。

俄罗斯的汉学：道教研究，郑天星，国际汉学（第 9 辑），大象出版社，2003 年。

今本《西游记》姓闫说，胡义成，抚州高等师范专科学校学报，2003 年，第 2 期。

论今本《西游记》定稿者即明代道士闫希言师徒，胡义成，南京邮电学院学报，2003 年，第 2 期。

论《西游记》与全真教之缘，陈洪、陈宏，文学遗产，2003 年，第 6 期。

张三丰云游诗浅论，肖杰，中国道教，2003 年，第 1 期。

四川历代关庙碑文研究，文廷海，四川文物，2003 年，第

5 期。

唐王度《古镜记》之铸镜传说辨析——兼论古镜制妖的思考进路，黄东阳，中国文学研究，2003 年，第 17 期。

道家思想与中国现代文学的反异化精神，刘保昌，云南社会科学，2003 年，第 5 期。

庄子对古代文论的开拓性贡献，王德军，天水师范学院学报，2003 年，第 3 期。

尚善贵真：儒、道思想对中国文学的影响，吕琛，白城师范学院学报，2003 年，第 3 期。

道教与越南古代文学，唐桓，解放军外国语学院学报，2003 年，第 4 期。

试论八仙组合的形成，尹蓉，民俗学刊，2003 年，第 4 辑。

论道教思想对《镜花缘》的影响，刘雪梅，明清小说研究，2003 年，第 2 期。

道教文学研究的现状与反思，刘雪梅，中国宗教研究年鉴（2001—2002 年卷），宗教文化出版社，2003 年。

试论李白的仙道修练，薛胜男，船山学刊，2003 年，第 4 期。

超然高蹈的心灵依归：论魏晋游仙诗，皮元珍，船山学刊，2003 年，第 3 期。

武当《步虚词》作者考辨，喻斌，郧阳高等师范专科学校学报，2003 年，第 4 期。

论蒲松龄在中国宗教史上的地位，叶桂桐，蒲松龄研究，2003 年，第 3 期。

变羊惩妒妇故事的佛道文化溯源，王立，华南师范大学学报，2003 年，第 5 期。

西王母考，崔永红，青海民族学院学报，2003 年，第 4 期。

道教与文学互动关系个案分析：张果老故事考论，吴光正，哈尔滨工业大学学报，2003 年，第 3 期。

论古代小说中佛道"劝惩教化"的地位与作用，秦川，安徽大学学报，2003 年，第 6 期。

薛涛及其诗歌解读，傅兴林，咸阳师范学院学报，2003 年，第 5 期。

论道教对中国神话的继承与发展，陈建宪，华中师范大学学报，2003 年，第 6 期。

试论中古游仙文学中的女性形象，朱立新，上海师范大学学报，2003 年，第 6 期。

试论唐传奇中的仙境意象，刘敏，求索，2003 年，第 6 期。

论《李凭箜篌引》的道教文化内涵，昌庆志，锦州师范学院学报，2003 年，第 6 期。

《八仙歌》源于汉代谣谚考，孙微，杜甫研究学刊，2003 年，第 4 期。

从"守闲事服饵"到"且以药饵论"：读柳宗元"种药诗"札记，王祚昌，零陵学院学报，2003 年，第 6 期。

李白学道洛阳嵩山考，赵荣珦，中国道教，2003 年，第 6 期。

诗家仙佛终无缘：论李白性格的双重性，张蓉、胡建琴，西安交通大学学报，2003 年，第 4 期。

古代命相小说的叙事结构，赵章超，学术研究，2003 年，第 12 期。

三教合流与神魔小说，王猛，淮北师范大学学报，2003 年，第 6 期。

开拓西游学新领域，探寻其中的深隐意蕴：评中野美代子《〈西游记〉的秘密（外二种）》，关四平，贵州民族学院学报，2003 年，第 6 期。

从《红楼梦》人物僧道化历程看曹雪芹的"情空观"，阎续瑞，中国矿业大学学报，2003 年，第 4 期。

论"儒道互补"现象对中国文学的几点影响，张梅，西南民族学院学报，2003 年，第 3 期。

古代游仙文学的时空观，李永平，文史知识，2003 年，第 4 期。

儒道两家对相人术的超越及其文学表现，王凤霞，齐鲁学刊，2003 年，第 3 期。

道释思想与诗境创造之差异，陈长义，汉中师范学院学报，2003 年，第 2 期。

谈传统小说审美中的佛道印象，陈阳全，湖南大众传媒职业技术学院学报，2003 年，第 1 期。

中古小说中的谶谣研究，张庆民，济南大学学报，2003 年，第 3 期。

神秘预言与古代小说"铭知发者"母题，王立，上海师范大学学报，2003 年，第 4 期。

汉代神学思潮与汉乐府效庙游仙诗，吴贤哲，西南民族大学学报，2003 年，第 6 期。

仙道踪影，神异山水：试论汉赋中山水形象及其审美特征，贡小妹、武茂彩，中国海洋大学学报，2003 年，第 6 期。

魏晋文人游仙诗创作的悲剧情感，张振龙，陕西师范大学继续教育学院学报，2003 年，第 2 期。

谶纬及道教对玄言诗兴起的影响，张廷银，西北师范大学学报，2003 年，第 4 期。

说阮籍咏怀诗中的"仙心"，顾农，阜阳师范学院学报，2003 年，第 1 期。

《搜神记》中的女仙文化，苑汝杰、张金桐，固原高等师范专科学校学报，2003 年，第 2 期。

论茅山上清派宗师杨羲的道教诗歌，曹林娣、梁骥，苏州大学学报，2003 年，第 3 期。

仙境缥缈，星象言志：曹操《气出唱》其二诗意解析，赵利梅，古典文学知识，2003 年，第 4 期。

超越与回归：从《桃花源记》、《游仙窟》到《仙游记》，戴伟华、柏秀娟，中国文化研究，2003 年夏之卷。

唐诗之路与佛道宗教，胡正武，台州学院学报，2003 年，第 4 期。

儒·释·道对晚唐诗歌的影响，李红春、陈炎，北方论丛，2003 年，第 2 期。

中唐游仙诗的世俗化倾向，多洛肯，新疆师范大学学报，2003 年，第 1 期。

道教对唐代游仙诗的影响，李永平，西安石油学院学报，2003 年，第 2 期。

唐代女冠诗的放情笔调：唐代女冠诗美学风貌系列研究之一，安建军，天水师范学院学报，2003 年，第 1 期。

唐代女冠酬寄诗的酬唱情怀：唐代女冠诗美学风貌系列研究之二，安建军，甘肃高等师范专科学校学报，2003 年，第 3 期。

试析唐传奇中"仙妓合流"现象的历史原因，徐凤霞，锦州师范学院学报，2003 年，第 4 期。

试论仙道对李白的影响，薛胜男，船山学刊，2003 年，第 2 期。

论道教对李白人生和诗歌的影响，刘静，宜宾学院学报，2003 年增刊。

李白游仙诗论，多洛肯，努尔赛依提·马米尔别克，喀什师范学院学报，2003 年，第 1 期。

试论道教对朱敦儒词的影响，顾友泽，内蒙古社会科学，2003 年，第 5 期。

三教对曾几清淡诗风的影响，罗彦民，嘉应大学学报，2003 年，第 2 期。

金代全真诗简论，徐翠先，晋阳学刊，2003 年，第 3 期。

元代回族诗人萨都剌与道教，张泽洪，西北民族研究，2003 年，第 3 期；第十四次全国回族学研讨会论文汇编，2003 年。

明清艳情小说与道教房中文化，刘书成，甘肃社会科学，2003 年，第 1 期。

《醒世姻缘传》神道设教中的思想偏见，付丽，学术交流，2003 年，第 5 期。

《三国演义》神异叙事的范型特征及其文化透视，张树文、吴微，淮北师范大学学报，2003 年，第 2 期。

花落道土家：论今本《西游记》的最后定稿者，胡义成，承德民族高等师范专科学校学报，2003 年，第 1 期。

全真道士闫希言师徒是今本《西游记》定稿人，胡义成，昌吉学院学报，2003 年，第 1 期。

丘处机与《西游记》的关联难以刈断，胡义成，河池高等师范专科学校学报，2003 年，第 1 期。

关于《西游记》研究的几个问题，李安纲，运城学院学报，2003 年，第 1 期。

《西游记》的真谛，李安纲，运城学院学报，2003 年，第 2 期。

清代《西游记》道家评本解读，袁世硕，文史哲，2003 年，第 4 期。

《三言》释道观的文化阐释，徐永斌，烟台大学学报，2003 年，第 2 期。

冯梦龙"三言"中道教神仙故事的主题探析，沈杰，云南社会科学，2003 年，第 4 期。

论钟嵘对游仙诗的态度，王今晖，绥化高等师范专科学校学报，2003 年，第 1 期。

《桃花扇》中的道教思想解读，贺文荣，新乡高等师范专科学校学报，2003 年，第 3 期。

唐代女冠诗人：女性文学中的特殊现象（《唐代女冠诗人研究》代序），李时人，淮北师范大学学报，2003 年，第 4 期。

冥想中的诗意——《真诰》诗歌考察，赵益，庆祝卞孝萱先生八十华诞文史论集，冬青书屋同学会编，江苏古籍出版社，2003 年。

道教传播中的语言媒介，曾维加，北京科技大学学报，2003 年，第 1 期。

论北宋官府对道教书籍的校勘，汝企和，中国道教，2003 年，第 4 期。

论道教文化对元代神仙道化剧的影响，陈洁，青海高等师范专科学校学报，2003 年，第 3 期。

倪云林与道教，陈三弟，中国道教，2003 年，第 4 期。

杜光庭的心境论初探，孙亦平，中国道教，2003 年，第 4 期。

浊世佳公子，蟾宫谪仙人：白玉蟾的求道之旅及归隐之乡，卢国龙，中国道教，2003 年，第 4 期。

近二十年海外道教研究回顾，陈颖飞，中国史研究动态，2003 年，第 1 期。

试论庄子语言观及其对道教内丹学的影响，郭健，中国道教，2003 年，第 3 期。

张宇初对道教教义思想的贡献及其启示，丁常云，江西社会科学，2003 年，第 6 期。

早期道教的文字观和经典观，张崇福，世界宗教文化，2003 年，第 2 期。

道教洞经音乐漫谈，曾维加、蔡钊，世界宗教文化，2003 年，第 2 期。

道教美学笔谈录，潘显一等，世界宗教研究，2003 年，第 2 期。

试析张宇初的道教美学思想，李珉，宗教学研究，2003 年，第 1 期。

《西游记》定稿人与全真教关系考，胡义成，杭州师范学院学报，2003 年，第 2 期。

道教音乐与养生，胡军，中国宗教，2003 年，第 3 期。

宝卷与道教，马西沙，北京联合大学学报，2003 年，第 1 期。

道教文学研究的现况与反思，刘雪梅，中国宗教研究年鉴（2001～2002 年卷），宗教文化出版社，2003 年。

西王母神话与西王母图像（6）——关于仙境昆仑墟，李锦山，故宫文物月刊，2003 年，第 20 卷第 10 期。

西王母神话与西王母图像（7）——西王母图像诸名物考释，李锦山，故宫文物月刊，2003 年，第 20 卷第 11 期。

西王母神话与西王母图像（8）——西王母图像反映的道教思想，李锦山，故宫文物月刊，2003 年，第 20 卷第 12 期。

佛、道修道主题之关系——以李复言《续玄怪录·杜子春》与葛洪《神仙传·壶公》为中心之探讨，邱敏捷，普门学报，2003 年，第 14 期。

郑重推荐最佳道教研究工具书——《道教关系文献总览》，王贤德，中华南台道教学院学报，2003 年，第 1 期。

二十世纪在日本研究明代道教史的轨迹——王朝权力与道教关系之研究史，石田宪司著，王贤德译，中华南台道教学院学报，2003 年，第 1 期。

论仙传与史传重出人物之差异，张美樱，研究与动态，2003 年，第 8 期。

论道教祭祀仪式的青词，张泽洪，汉学研究，2003 年，第 21 卷第 2 期。

情与无情：道教出家制与谪凡叙述的情意识——兼论《红楼梦》的抒情观，李丰楙，欲盖弥彰：中国历史文化中的"私"与"情"——私情篇，汉学研究中心，2003 年。

试论金丹派南宗张伯端之「内丹」思想与「禅宗」的关系，段致成，鹅湖月刊，2003 年，第 333 期。

葛洪《抱朴子·内篇》之形上理论与神仙思想，黄忠慎，国文学志，2003 年，第 7 期。

天师道上章科仪——《赤松子章历》和《元辰章醮立成历》研究，傅飞岚，道教研究与中国宗教文化，黎志添编，中华书局，2003 年。

出身与修行：明代小说谪凡叙述模式的形成及其宗教意识——以《水浒传》、《西游记》为主，李丰楙，国文学志，2003 年，第 7 期。

佛国净土与中国神话：莫高窟 285 窟的窟顶画文化意涵解析，文梦霞，哲学与文化，2003 年，第 7 期。

从试炼到过渡——论清初精怪变化传说中的"雷劫"情节，陈昌远，第四届通俗文学与雅正文学全国学术研讨会论文集，新文丰出版股份有限公司，2003 年。

扶乩与道书创作，刘仲宇，弘道，2003 年，第 14 期。

郭璞、张氳与胡慧超，郭武，弘道，2003 年，第 14 期。

求仙与成仙——从《说文》的仙字看神仙的位格，陈静，弘道，2003 年，第 15 期。

《仙姑宝卷》研究——关于伦理、信仰及女性的自我实现，陈云，弘道，2003 年，第 15 期。

仙道多途：杜光庭对成仙之道的看法，张丰乾，弘道，2003 年，第 16 期。

太平道乐，源远流长，侯杰、秦方，弘道，2003 年，第 16 期。

朱光潜早期美学论著中道家妙语拾掇，宛小平，弘道，2003 年，第 16 期。

《金瓶梅》里的道场，张振国，弘道，2003 年，第 17 期。

朱元璋的咏道诗，高国藩，弘道，2003 年，第 17 期。

忽闻仙乐从空下，恍觉身游玉帝墀——漫话武当山道教音乐，杨泽善，弘道，2003 年，第 17 期。

丽江纳西道乐的形成与发展，任宗权，弘道，2003 年，第 17 期。

Telling the Story of Tanyangzi, Ann Waltner（王安），欲掩弥彰：中国历史文化中的"私"与"情"——私情篇，汉学研究中心，2003 年。

Reading the *Daodejing*: Ethics and Politics of the Rhetoric, Anthony C. Yu, *Chinese Literature: Essays, Articles, Reviews* 25, 2003.

A Preliminary Study of the Traits of the Taoist Gods of the Yao Nationality, Xu Z X, *Journal of Yunnan University for Nationalities*, 2003.

The Daoist Goddess——Queen Mother of the West（Xiwangmu）: from Assembled Transcendents of the Fortifiled Walled City（Yongchengjixian lu）, Cahill Suzanne, in *Images of Women in Chinese Thought and Culture: Writings from the Pre—Qin Preiod Through the Song Dynasty*, ed. Robin Wang, Indianapolis: Hackett, 2003.

The Daoist Saint Xue Xuantong: from Assembled Transcendents of the Fortifiled Walled City（Yongchengjixian lu）, Cahill Suzanne, in *Images of Women in Chinese Thought and Culture: Writings from the Pre—Qin Preiod Through the Song Dynasty*, ed. Robin Wang, Indianapolis: Hackett, 2003.

Resenting the Silk Robes that Hide their Poems: Female Voices in the Poems of Tang Dynasty Daoist Nuns, Cahill Suzanne, in *Tang Song nuxing yu shehui*（*Wonmen and Society During the Tang and Song Dynasties*）volume 2, ed. Zheng Xiaotong、Gao Shilun、and Rong Xinjiang, Shanghai: Zishu publishers, 2003.

The Divine Songs of the Lady of Purple Tenuity, Kroll Paul W, in *Studies in Early Medieval Chinese Literature and Cultural History* (*In Honor of Richard B. Mather and Donald Holzman*), ed. Paul W. Kroll and David R. Knechtges, Provo Utah: T'ang Studies Society, 2003.

The Shaman and the Spirits: The Meaning of the Word "ling" in the Jiuge Poems, Kósa Gáor, *Acta Orientalia Academiae Scientiarum Hungaricae* 56. 2—4, 2003.

The Divine Songs of the Lady of Purple Tenuity, Kroll Paul W, in *Studies in Early Medieval Chinese Literature and Cultural History*: *In Honor of Richard B. Mather Donald Holzman*, ed. Kroll David R. Knechtges, Provo: T'ang Studies Society, 2003.

Nature and Religion in Ancient Chinese Poetry, Charles Kwong, *Journal of Asian History* 37, 2003.

The Genesis of an Icon: The *Taiji* Diagram's Early History, Francois Louis, *Harvard Journal of Asiatic Studies* 63. 1, 2003.

Daoism and Chinese Culture, Robert Ford Campany、Kohn L., *Journal of the American Oriental Society* 123. 2, 2003.

Campany, Robert Ford, on the very idea of religion, *History of Religions*, Vol. 42, No. 4, pp. 287—319, 2003.

On the reconstruction of the Shenxian zhuan. Barrett, T. H. *Bulletin of the School of Oriental and African Studies*, *University of London*, 66 (2), 229—235, 2003.

Revisiting the Yingshe Mode of Representation in "Supplement to Jiang Zong's Biography of a White Ape". Chen, J. *Oriens Extremus*,

44, 155—178, 2003.

The death of Tiaoxi (the 'leaping play'): Ritual theatre in the northwest of China. Holm, D. *Modern Asian Studies*, 37 (4), 863—884, 2003.

The Shaman and the Spirits: The Meaning of the Word 'ling' in the 'Jiuge' poems, Kósa, G. *Acta Orientalia Academiae Scientiarum Hungaricae*, Vol. 56, No. 2/4, pp. 275—294, 2003.

Motivation and Meaning of a "Hodge—podge": Duan Chengshi's "Youyang zazu". Reed, C. E. *Journal of the American Oriental Society*, 123 (1), 121—145, 2003.

From Shanhai Jing to Liaozhai Zhiyi: towards a morphology of classical Chinese supernatural fiction. Zhao, X. *Annexe Thesis Digitisation Project* 2017 *Block* 16, 2003.

The Divine Songs of the Lady of Purple Tenuity. Paul W. Kroll, *Studies in Early Medieval Chinese Literature and Cultural History: In Honor of Richard B. Mather & Donald Holzman*, ed. Kroll & David R. Knechtges, Provo: T'ang Studies Society, pp. 149—211, 2003.

Discipline and Transformation: Body and Practice in the Lives of Daoist Holy Women of Tang China, Suzanne Cahill, in Dorothy Ko, Jahyun Kim Haboush, and Joan R. Piggott, *Women and Confucian Cultures in Premodern China, Korea, and Japan*, Berkeley, University of California, 251—278, 2003.

Resenting the Silk Robes that Hide their Poems: Female Voices in the Poems of Tang Dynasty Daoist Nuns, Suzanne Cahill, in Zheng Xiaotong, Gao Shilun, and Rong Xinjiang, eds. , *Tang Song nuxing yu shehui*（*Women and Society During the Tang and Song Dynasties*），Shanghai，Zishu publishers，volume 2，519—566，2003.

The Hearth and the Temple：Mapping Female Religiosity in Late Imperial China，1550—1900，Zhou Yiqun，*Late Imperial China*，Vol. 24，No. 2，pp. 109—155，2003.

謝霊運における道教的背景，北島大悟，築波中国文化論叢，2003 年，第 23 号。

身體・小風景・宇宙—中国文學に見える道教的なものについて，赤井益久，築波中国文化論叢，2003 年，第 23 号。

唐代の詩人と道教——李白を中心に，土屋昌明，築波中国文化論叢，2003 年，第 23 号。

明清文學における道教・神仙思想に関する覚え書き，大木康，築波中国文化論叢，2003 年，第 23 号。

元代全真教の教図と掌教者—明代道教史研究の視覚，石田憲司，比較文化史研究，2003 年，第 5 号。

「莊老告退，山水方滋」考—淝水の戦の文化史的意義，岡村繁，中国文學論集，2003 年，第 32 号。

シャーマンと他界観—漢族における神・霊・人交流の特徴と役割，何彬，人文學報，2003 年，第 341 号。

『易伝』の文學思想とその影響，郭維森著，中島隆博譯，占いの創造力—現代中国周易論文集，勉誠出版社，2003 年。

陸機の『神仙の賦』をめぐって，小嶋明紀子，二松學舎人文論叢，2003 年，第 71 号。

「盂蘭盆」から「目連變文」へ—講経と語り物文藝とのあいだ（上），小南一郎，東方學報，京都大學人文科學研究所，

2003 年。

魏晉以降の隠逸の思想およびその実態の変遷について（2），近藤泉，名古屋學院大學論集—言語・文化編，2003 年，第14 号。

冥界の道教的神格—「急急如律令」をめぐって，阪出祥伸，東洋史研究，2003 年，第 62 号。

扶鸞—神との「感応」を體感する術，志賀市子，アジア遊學，2003 年，第 58 号。

列子樂園考，澁澤尚，學林，2003 年，第 36、37 号。

鎮墓文の系譜と天師道との關係，鈴木雅隆，史滴，2003 年，第 25 号。

道教『十王経』とその儀禮，田中文雄，東方學の新視點，五曜書房，2003 年。

李商隱と女道士，詹滿江，杏林大學外國語學部紀要，2003年，第 15 号。

『八仙東遊記』における「過海」故事の変容，二階堂善弘，東方學の新視點，五曜書房，2003 年。

道真斷腸詩篇考，堀誠，中国文學研究，2003 年，第 29 号。

唐代伝奇『無雙伝』に関する一考察—假死藥を中心として—（中），増子和男，中国詩文論叢，2003 年，第 22 号。

唐代伝奇『杜子春伝』に見える道教的用語再考（中）「白石三丸考」，増子和男，日本文學研究（梅光學院大學日本文學會），2003 年，第 37 号。

全真坐鉢—元明期の全真教儀禮を中心に，森由利亜，東方學の新視點，五曜書房，2003 年。

杜光庭の思想（下）「虚心」と「無心」，山田俊，熊本県立大學文學部紀要，2003 年，第 9 巻第 2 號。

『封神演義』と「五瘟神」信仰―『封神演義』研究の3，遊佐徹，岡山大學文學部紀要，2003 年，第 39 號。

ふたりの「趙公明」と二本の「黄河」―『封神演義』研究の4，遊佐徹，岡山大學文學部紀要，2003 年，第 40 号。

牛郎織女の故事と七夕伝説，李琳，文明の科學 2（城西國際大學），2003 年。

李白の天臺山・天姥山の詩―自由な魂への飛翔，加藤國安，愛媛大學教育學部紀要・第 II 部人文・社會科學，2003 年，第 36 号。

道教信仰と文學，小南一郎，築波中国文化論叢，2003 年，第 23 号。

霊妙なる長江－郭璞「江賦」の表現と世界認識，大平幸代，日本中国學會報，2003 年，第 55 号。

六統研究前後―『封神演義』と『前漢書平話』をめぐって，大塚秀高，中国古典小説研究，2003 年，第 8 号。

雲南関索戯とその周辺，上田望，金沢大學中国語學中国文學教室紀要，2003 年，第 6 号。

『封神演義』の戯曲化と民間信仰への影響，山下一夫，東方宗教，2003 年，第 101 号。

『海空智蔵経』について，神塚淑子，東洋文化研究所紀要，2003 年，第 142 号。

白玉蟾の内丹説，鈴木健郎，東方宗教，2003 年，第 102 号。

明清文学における道教・神仙思想に関する覚え書き，大木

康，筑波中国文化論叢，2003 年，第 23 期。

道教信仰と文学，小南一郎，『筑波中国文化論叢』，2003 年，23：87—96。

2004 年

六朝"高士"类杂传考论，卞东坡，古典文献研究，2004 年，第 7 辑。

赋颂与赋心——论赋的宗教质性、内容与衍化，许结，古典文献研究，2004 年，第 7 辑。

《列仙传》叙事模式探析：与史传之比较，谭敏，宗教学研究，2004 年，第 1 期。

道教游仙小说的成立及其仙境思想，胡锐、黄勇，西北工业大学学报，2004 年，第 2 期。

亡灵忆往：唐宋传奇的一种历史观照方式（上）（下），李剑国、韩瑞亚，南开学报，2004 年，第 3、4 期。

论敦煌宗教话本《庐山远公话》和《叶静能诗》，萧欣桥，浙江大学学报，2004 年，第 1 期。

中国古代早期白话小说探析：以《叶净能诗》为中心，袁书会，西藏民族学院学报，2004 年，第 5 期。

仙游、楼观及蠡屋的文化环境对《长恨歌》创作的影响，张中宇，重庆教育学院学报，2004 年，第 1 期。

古代小说中骊山老母形象的演进及文化阐释，刘相雨，阜阳师范学院学报，2004 年，第 2 期。

道教文化与唐代女侠传奇，张振国，上海道教，2004 年，第

3 期。

从唐五代词看女冠与音乐娱乐，林雪铃，中国俗文化研究（第 2 辑），巴蜀书社，2004 年。

浅谈李冶诗歌中的道教美学义蕴，田晓膺，宗教学研究，2004 年，第 3 期。

谶谣简论，吕肖奂，中国俗文化研究（第 2 辑），巴蜀书社，2004 年。

敦煌讲唱文学中的道教文化，钟海波，西北工业大学学报，2004 年，第 1 期。

《列仙传》有关神仙和服食的讨论，徐钦细，东方人文学志，2004 年，第 12 期。

从松树精故事系统看道教对文学创作的影响，吴光正，武汉大学学报，2004 年，第 3 期。

道家思想与现代文学的个人主义精神，刘保昌，江苏社会科学，2004 年，第 2 期。

道家思想与中国现代文学的死亡书写，刘保昌，晋阳学刊，2004 年，第 5 期。

敦煌本辰 017（北 84560）《上清高圣玉晨太上大道君列记》诗颂校录，张锡厚，敦煌学，第 25 辑，乐学书局，2004 年。

敦煌本《升玄经》经箓传授仪式研究，刘屹，敦煌学，第 25 辑，乐学书局，2004 年。

唐长安毕原仙馆略考，池田温，敦煌学，第 25 辑，乐学书局，2004 年。

河北民间表演宝卷与仪式语境研究，尹虎彬，民间叙事的多样性——民间文化青年论坛，2004 年。

《搜神记》与道教劾鬼术，杨英，魏晋南北朝史论文集——中国魏晋南北朝史学会第八届年会暨缪钺先生百年诞辰国际学术研讨会论文集，中国魏晋南北朝史学会，2004 年。

邓玉宾和元代道情散曲，黄卉，中国道教，2004 年，第 2 期。

弥漫求仙色彩的词作——白玉蟾道教神仙词析论，林钟勇，世界宗教学刊，2004 年，第 4 期。

姬志真《创建清梦观记》碑文考，霍建瑜，山西大学学报，2004 年，第 2 期。

孙悟空别称之宗教性内涵初探，陈宏，南开学报，2004 年，第 2 期。

书评：小林正美《唐代の道教と天師道》，刘屹，唐研究（第 10 卷），北京大学出版社，2004 年。

攀龙附凤的追认？——从小林正美《唐代の道教と天師道》讨论佛教道教宗派研究的方法，葛兆光，唐研究（第 10 卷），北京大学出版社，2004 年。

马致远神仙道化剧的"出世"之意，李淑宁，古典文学知识，2004 年，第 5 期。

文人弃儒归道的无奈抉择——元杂剧"神仙道化"剧的文化透视，高益荣，中国文学研究，2004 年，第 1 期。

王维亦官亦隐的佛道依据，谭朝炎，宁波大学学报，2004 年，第 1 期。

佛经故事与汉魏六朝仙道小说，何红艳，巢湖学院学报，2004 年，第 2 期。

曹植神仙方术态度辨析，王保国、孙玉芝，龙岩学院学报，2004 年，第 2 期。

巫山神女传说的真相及屈原对怀王的批评，董芬芬，西北师范大学学报，2004 年，第 3 期。

《九歌·山鬼》源于祀襃乐臆说，高华平，江海学刊，2004 年，第 1 期。

楚辞与巫风，孙光、杨玉珍，黑龙江教育学院学报，2004 年，第 4 期。

浅析汉代经学对神仙小说的影响，王琳，青海师范大学学报，2004 年，第 3 期。

《史记》中道家思想占主导，纪晓建，湖南工业大学学报，2004 年，第 3 期。

南楚巫娼习俗与中国美文传统，陈桐生，文艺研究，2004 年，第 4 期。

《左传》"其失也巫"辨析，陈彦辉，学术交流，2004 年，第 11 期。

《诗经》祭祀诗的思想内涵，李白，牡丹江师范学院学报，2004 年，第 5 期。

李白剔骨葬友的宗教原因，李小荣，福建师范大学学报，2004 年，第 5 期。

以蓬莱之仙境 化昆仑之神乡——中国古代两大神话系统的早期融合，李炳海，东岳论丛，2004 年，第 4 期。

西王母原型：生与死的统一，张勤，贵州文史丛刊，2004 年，第 2 期。

染及俗气难为仙——毛女传说的历史演变及其性别文化内蕴，王立、孟丽娟，聊城大学学报，2004 年，第 1 期。

《庄子》神人意象原型初探，林振湘，福建师范大学学报，

2004 年，第 1 期。

神怪内容对于《山海经》评价的影响——从文化背景谈《山海经》学史上的一个问题，陈连山，民族文学研究，2004 年，第 1 期。

《左传》的龟卜与筮占，詹苏杭，乐山师范学院学报，2004 年，第 7 期。

从《诗经》情歌看先民的宗教情结，崔凌云，兰州文理学院学报，2004 年，第 1 期。

《诗经》祭祀诗界定标准辨析，姜楠，北京理工大学学报，2004 年，第 1 期。

浅谈"占卜"与"降神"，陆天鹤、陆天华，云梦学刊，2004 年，第 2 期。

神仙家渊源考，杨英，宗教学研究，2004 年，第 2 期。

元代"神仙道化"剧兴盛原因考，左洪涛，宁波大学学报，2004 年，第 6 期。

唐代文人的"统合"三教思潮，孙昌武，哈尔滨工业大学学报，2004 年，第 6 期。

论《诗经》中神仙萌芽的因素，韩宏韬，山东理工大学学报，2004 年，第 1 期。

赤城别有思仙梦：张雨诗歌的道教文化内涵及其艺术旨趣，詹石窗，中华文化论坛，2004 年，第 1 期。

明清神魔小说研究八十年，冯汝常，闽江学院学报，2004 年，第 1 期。

论明人对《西游记》的认识，王齐洲，社会科学研究，2004 年，第 1 期。

文人的书香情结："神仙考验"母题与"红袖添香"意象别解，王立，浙江学刊，2004 年，第 1 期。

李贺鬼神诗的定量分析，陈友冰，文学评论，2004 年，第 1 期。

方士小说向道士小说的嬗变：以古小说中汉武帝形象的演变为例，黄勇，新疆大学学报，2004 年，第 1 期。

魏晋南北朝游仙诗的渊源与内容分类，庄新霞，西华师范大学学报，2004 年，第 1 期。

唐代女性诗歌中的道教情怀初探，田晓膺，四川大学学报，2004 年，第 2 期。

李贺和他的神怪诗，黄献荣、蒋光祥，零陵学院学报，2004 年，第 1 期。

论金元时期全真道教词兴盛的原因，左洪涛，新疆大学学报，2004 年，第 1 期。

论丘处机山水诗的象喻性，徐翠先，文学遗产，2004 年，第 2 期。

百年《西游记》作者研究的回顾与反思，黄毅、许建平，云南社会科学，2004 年，第 2 期。

二十世纪《西游记》文献研究述略，苗怀明，学术交流，2004 年，第 1 期。

《远游》作者研究状况综述，王媛，徐州师范大学学报，2004 年，第 2 期。

从何仙姑传说看宗教传说与民间传说的互动，吴光正，海南大学学报，2004 年，第 1 期。

游仙诗与步虚词，孙昌武，文史哲，2004 年，第 2 期。

以空间超越求长生久视：先秦两汉诗骚作品的求仙模式，王凤霞，社会科学战线，2004 年，第 2 期。

建国以来《西游记》主题研究述评，郭健，江淮论坛，2004 年，第 2 期。

曹雪芹的"神仙"情结：《红楼梦》是怎样完成"神话"与"仙话"的承递的，夏薇，青海师范大学学报，2004 年，第 2 期。

玉真公主考论——以其与盛唐诗坛的关系为归结，丁放、袁行霈，北京大学学报，2004 年，第 2 期。

道教与文学互动关系个案分析：曹国舅故事系统考论，吴光正，中国道教，2004 年，第 2 期。

从富贵长生到风月繁华：古代扬州小说的历史流变，葛永海，明清小说研究，2004 年，第 1 期。

古代小说中骊山老母形象的演化及其文化阐释，刘相雨，阜阳师范学院学报，2004 年，第 2 期。

近百年薛涛研究述评，刘天文，天府新论，2004 年，第 3 期。

走进仙心：谈李白的个性与游仙的关系，李霜琴，太原师范学院学报，2004 年，第 1 期。

道教徒对高僧的礼赞：李白《僧伽歌》析论，范军，五台山研究，2004 年，第 1 期。

诗仙诗圣寓昙云，刘泰焰，杜甫研究学刊，2004 年，第 1 期。

韩愈服硫磺辩，王鹭鹏，周口师范学院学报，2004 年，第 1 期。

《夷坚志》与"无心法"，刘黎明，西南民族大学学报，2004 年，第 3 期。

三言中道教神仙故事的叙事主题模式，沈杰，河北大学学报，

2004 年，第 2 期。

《聊斋志异》的艺术成就与道教神仙信仰论析，杨桂婵，十堰职业技术学院学报，2004 年，第 1 期。

儒释道思想对湖湘迁谪山水文学的影响，成娟阳，河北大学学报，2004 年，第 3 期。

论古代白话小说中的九天玄女形象，刘相雨，齐鲁学刊，2004 年，第 3 期。

济世体道教笔记小说初探，黄勇，四川大学学报，2004 年，第 3 期。

论道教对魏晋志怪小说的影响，李冬梅，青海社会科学，2004 年，第 3 期。

郭璞的人格构成与诗性的超越，彭建华，阜阳师范学院学报，2004 年，第 3 期。

"三曹"游仙诗比较论，傅正义，求索，2004 年，第 5 期。

论杜甫对道教的态度，李乃龙，广西师范大学学报，2004 年，第 2 期。

论"韩孟"的佛道诗，全华凌，南华大学学报，2004 年，第 2 期。

遗民诗人谢枋得道教慕仙情结研究，李晓婉，兰州大学学报，2004 年，第 3 期。

生命压抑的吟唱：简论马致远的"神仙道化"剧，朱玉红，郑州轻工业学院学报，2004 年，第 2 期。

金代全真教诗人丘处机诗歌创作初探，徐翠先，甘肃社会科学，2004 年，第 3 期。

虞集道教文学作品探微，姬沈育，华北水利水电学院学报，

2004 年，第 2 期。

明代神仙道化剧简论，李艳，云南社会科学，2004 年，第 3 期。

全真教徒苦撰《西游》四百年，胡义成，池洲高等师范专科学校学报，2004 年，第 2 期。

闫希言师徒是今本《西游记》定稿者，胡义成，唐山师范学院学报，2004 年，第 3 期。

论西王母神话的嬗变，赵献春，社科纵横，2004 年，第 3 期。

试论阴阳五行对魏晋游仙诗的影响，王乐国，哈尔滨学院学报，2004 年，第 9 期。

道教与唐代文学的关联分析，张华新，华中农业大学学报，2004 年，第 2 期。

郭璞游仙诗的"俗累"，庄筱玲，东方丛刊，2004 年，第 2 期。

论《绿野仙踪》对道教修行小说的创新和发展，王进驹，明清小说研究，2004 年，第 2 期。

论道教对《聊斋志异》艺术创作的影响，冯华，蒲松龄研究，2004 年，第 2 期。

隐语、韵文经诰及人神感会之章——略论六朝南方神仙道教与诗歌之互动，赵益，南京大学学报，2004 年，第 4 期。

《封神演义》政治宗教寓意，石昌渝，东岳论坛，2004 年，第 3 期。

道教房中文化与西曲歌的情爱命题，刘克，南昌大学学报，2004 年，第 3 期。

唐代社会经济转型与中晚唐遇仙小说新变，陈洪英，铜仁师范高等专科学校学报，2004 年，第 1 期。

中国小说中相对性时空观念的建立，王青，南京师范大学学报，2004 年，第 4 期。

魏晋六朝至唐仙道小说的文化阐释，李春辉，广播电视大学学报，2004 年，第 3 期。

真理的双重指归：从明清小说中的佛道人物看其内蕴与本质，赵臻，东方丛刊，2004 年，第 3 期。

试论《西游补》作者董说的嗜梦卧游癖，赵红娟，南京师范大学学报，2004 年，第 4 期。

《西游记》宗教描写的艺术转换，周小兵，新疆大学学报，2004 年，第 3 期。

汉代养生思潮、经学诗教与汉乐府，赵明正，辽宁大学学报，2004 年，第 5 期。

汉赋祀典与帝国宗教，许结，南京大学学报，2004 年，第 4 期。

唐人的"后院"：从唐诗中的"药"看唐人生活与创作，尚永亮、萧波，华中师范大学学报，2004 年，第 5 期。

唐剑侠传奇的宗教文化渊源考辨，龙延，中国典籍与文化，2004 年，第 3 期。

从道士词向文人词的转变：丘处机词略论，李闻，济宁师范专科学校学报，2004 年，第 4 期。

翁山诗中的"仙气"剀谈，张红波，绥化高等师范专科学校学报，2004 年，第 3 期。

《绿野仙踪》与道侠文化，伍大福，明清小说研究，2004 年，第 2 期。

玄言与郭璞《游仙诗》，姜广辉，湘南学院学报，2004 年，第 6 期。

"建安风骨"与游仙诗：曹操游仙诗探微，黄宁，安阳师范学院学报，2004 年，第 6 期。

描写妈祖和林兆恩"三一教"的两部古代长篇小说，齐学东，福建师范大学福清分校学报，2004 年，第 4 期。

论道家神学化的历程及其对仙道诗的影响，李乃龙，湖南文理学院学报，2004 年，第 6 期。

人生如梦悟道成仙：谈古代文言小说中悟道成仙故事的发展流变，黄洽，社会科学家，2004 年，第 6 期。

唐代女冠诗歌中的哀愁美，田晓膺，河北大学学报，2004 年，第 6 期。

试论《太平广记》中的山洞意象，郭海文，唐都学刊，2004 年，第 6 期。

道情专家徐大椿，李寿冈，中国韵文学刊，2004 年，第 3 期。

《聊斋志异》的道教仙境题材浅释，杨桂婵，枣庄高等师范专科学校学报，2004 年，第 4 期。

反认他乡是故乡：论曹雪芹的文化反思与终极关怀，贺信民，唐都学刊，2004 年，第 6 期。

杜光庭与钟吕内丹道，孙亦平，世界宗教研究，2004 年，第 1 期。

全真教与元代的神仙道化戏，王汉民，世界宗教研究，2004 年，第 1 期。

论张万福的道教服饰美学思想，李斐，四川大学学报，2004 年，第 3 期。

道教和谚语，刘守华，中国道教，2004 年，第 3 期。

从词牌看道教对诗词的影响，左洪涛，中国道教，2004 年，第 3 期。

"尘世磨难故事"与道教的修仙伦理，苟波，四川大学学报，2004 年，第 5 期。

近二十年来葛洪研究综述，刘玲娣，中国道教，2004 年，第 4 期。

丘处机有关三教作品论略——兼与澳大利亚柳存仁先生商榷，左洪涛，西北民族研究，2004 年，第 3 期。

从明代通俗文学中的吕洞宾形象看道教的入世精神，苟波，中国道教，2004 年，第 3 期。

道符的文学意蕴与思想，蒋振华，中国道教，2004 年，第 4 期。

《西游记》中的道教修炼观，崔理明，中国道教，2004 年，第 5 期。

略谈欧阳修对道教的排拒和对老庄思想的吸收，洪本健，湖州师范学院学报，2004 年，第 5 期。

道藏纂修简史，杨琳，世界宗教文化，2004 年，第 3 期。

汉画像石中西王母的至上神形象，汪小洋，寻根，2004 年，第 5 期。

该出手时就出手：道教传说故事的侠义精神解读，侯姝慧，忻州师范学院学报，2004 年，第 4 期。

中国古代的"仙境"观念、"游历仙境"小说和道教伦理，苟波，江西社会科学，2004 年，第 9 期。

徘徊在"台阁"与"山林"之间的孤独者：《运甓漫稿》的

文化心理解读，乔光辉，中国韵文学刊，2004 年，第 3 期。

《水浒传》与方腊明教起义，万晴川，甘肃社会科学，2004 年，第 6 期。

论巫文化对游仙文学艺术结构生成的影响，张树国，广州大学学报，2004 年，第 9 期。

江西旅游文学与佛道文化，陈小芒，江淮论坛，2004 年，第 5 期。

略谈隐逸对创作的促进及题材的影响，吴在庆，华中科技大学学报，2004 年，第 6 期。

释"玄武"，周晓薇，中国典籍与文化，2004 年，第 4 期。

中国螺女型故事与仙妻情结研究，郑土有，民俗研究，2004 年，第 4 期。

吴真人与妈祖传说的比较研究，黄伟民、陈桂炳，泉州师范学院学报，2004 年，第 5 期。

宗教情绪与人伦精神：中西蛇女故事比较研究，朱道卫，西南民族大学学报，2004 年，第 9 期。

论中国古代游仙诗的"空灵"意境，伍晓阳，柳州高等师范专科学校学报，2004 年，第 4 期。

论西王母及其历史嬗变，张启成、梁葆莉，贵州大学学报，2004 年，第 6 期。

巫儿——神女——上仙：道教女仙瑶姬形象的生成与演变，侯文学，哈尔滨工业大学学报，2004 年，第 5 期。

汉魏六朝游仙诗的类型与结构，朱立新，上海师范大学学报，2004 年，第 6 期。

形骸尔何有，生死谁所戚：张衡和他的《骷髅赋》，蒋文燕，名作欣赏，2004 年，第 12 期。

玄学与郭璞《游仙诗》，姜广振，湘南学院学报，2004 年，第 6 期。

陶渊明隐逸身形的背后：兼谈儒道人生观的消涨融合，裴文意，重庆三峡学院学报，2004 年，第 5 期。

唐代诗人接受道教的若干原因，李乃龙，东方丛刊，2004 年，第 4 期。

盛唐游仙诗中的道教文化意蕴，樊林，沈阳师范大学学报，2004 年，第 6 期。

唐代女侠传奇与道教文化，丁美荣，中华文化画报，2004 年，第 10 期。

试论《枕中记》与《九云梦》之异同，崔殷成，北京联合大学学报，2004 年，第 5 期。

论李白和李贺的游仙诗，徐颖瑛，渭南师范学院学报，2004 年，第 6 期。

道教思想在马致远《陈抟高卧》中的体现，黎鲜，广西社会科学，2004 年，第 11 期。

论玉阳山经历对李商隐的影响，韩大强，信阳师范学院学报，2004 年，第 5 期。

《三国志通俗演义》天书、符水母题的佛道文化内蕴，王立、马国星，辽宁师范大学学报，2004 年，第 5 期。

从吕洞宾戏白牡丹传说看宗教圣者传说的建构及其流变，吴光正，文艺研究，2004 年，第 2 期。

从韩湘子故事系统看儒道佛思想的冲突与融会，吴光正，人文论丛，2004 年。

解读人生何其悲：试论汤显祖《邯郸梦记》的思想意蕴，吴秀华，河北师范大学学报，2004 年，第 5 期。

老子和李弘：早期道教救世论中的真君形象，塞德尔著，王宗昱译，国际汉学（第 11 辑），2004 年。

论《聊斋志异》对传统狐仙题材的拓展与超越，张艳君，蒲松龄研究，2004 年，第 5 期。

《红楼梦》中的道士，张振国，世界宗教文化，2004 年，第 3 期。

汉代乐府诗里的神仙信仰，闵丙三，宗教学研究，2004 年，第 1 期。

原始道教经典的文学性与翻译问题，方素真，成大宗教与文化学报，2004 年，第 3 期。

宋代道教正一派——以三十代天师张继先为主之研究，庄宏谊，辅仁学志，2004 年，第 38 期。

《墉城集仙录》版本之考证与辑佚，杨莉，中国文化研究所学报，2004 年，第 13 卷第 44 期。

戏剧与宗教的关系，赖慧玲，传统艺术，2004 年，第 48 期。

钱牧斋之酒缘与仙佛缘，谢正光，中国文哲研究通讯，2004 年，第 14 卷第 2 期。

敦煌本《搜神记》与天鹅处女型故事，王青，汉学研究，2004 年，第 22 卷第 1 期。

出身与修行——明末清初"小说之教"的非常性格，李丰楙，明清文学与思想中之主体意识与社会——文学篇（中国文哲专刊），王瑷玲主编，"中央"研究院中国文哲研究所，2004 年。

蒙元山西戏曲与道教初探，谌湛，光武国文学报，2004 年，第 1 期。

马致远度脱剧的道教面貌与真实内涵，廖藤叶，"国立"台中技术学院人文社会学报，2004 年。

不死成仙的世俗化养生观：明末道教的服食食谱研究，苏恒安，东华人文学报，2004 年，第 6 期。

道教"尘世磨难"故事的原型和象征，苟波，弘道，2004 年，第 18 期。

浅谈道教科仪本的文学性，张振国，弘道，2004 年，第 18 期。

《性命圭旨》成书年代考，张雪松，弘道，2004 年，第 19 期。

琳琅振响古韵幽——北京白云观的道乐，蒲亨强，弘道，2004 年，第 20 期。

从中国古代的"仙境"传说到道教的"神仙境界"学说，苟波，弘道，2004 年，第 21 期。

关于《老子化胡经》，张绪通，弘道，2004 年，第 21 期。

笙箫上云神欲游——西安八仙宫的道乐，蒲亨强，弘道，2004 年，第 21 期。

《西江月》不是《步虚词》，张振国，弘道，2004 年，第 21 期。

Un faisan, des courges et quelques monstres：brèves excursion dans les fables du Tchouang—tseu（雉鸡、笋瓜和禽兽——《庄子》寓言散步），Jean Lévi, in *Institut belge des hautes études chinoises* （1929— 2004），Bruxelles：Institut belge des hautes études chinoises, 2004.

Combats d'animaux. Réflexions sur le bestiaire du *Zhuangzi*, Romain Graziani, *Extrême – Orient Extrême – Occident* 26, 2004.

The Prehistory of Laozi: His prior carrer as a woman in the Lingbao Scriptures, Stephen R. Bokenkamp, *Cahiers d'Extrême—Asie* 14. 1, p. 403—21, 2004.

The Mystery of an "Ancient Mirror": An Interpretation of Gujing ji in the Context of Medieval Chinese Cultural History, Chen Jue, *East Asian History* 27, 2004.

History and Fiction in the Gujing ji (Record of an Ancient Mirror), Chen Jue, *Monumenta Serica* 284, 2004.

à vau—l'eau, à rebours ou l'ambivalence de la logique triadique dans l'idéologie du *Taiping jing*, Grégoire Espesset, *Cahiers d'Extrême Asie* 14, 2004.

Reconstructing China's Religious Past: Textual Criticism and Intellectual History, Kleeman Terry F, *Journal of Chinese Religions* 32, 2004.

Le Chant du squelette (Kulou ge), Picard françois, *Journal Asiatique* 292. 1—2, 2004.

The Heavenly Master Liturgical Agenda According to Chisong zi's Petition Almanac, Franciscus Verellen, *Cahiers d'Extrême—Asie* 14, p. 291—344, 2004.

De quelques effets du bouddhisme sur la problématique taoïste: aspects de la confrontation du taoïsme au bouddhisme, Isabelle Robinet, in *Religion and Chinese Society: The Transformation of a field and its implications for the study of Chinese Culture*, vol. 1, ed. John Lagerwey, Paris: école française d'Extrême—Orient, 2004.

Deux écrits taoïstes anciens, John Lagerwey, *Cahiers d'Extrême—Asie* 14, 2004.

The Book of the Yellow Court: A Lost Song Commentary of the 12th Century, Farzeen Baldrian—Hussein, *Cahiers d'Extrême—Asie* 14, 2004.

Fiction That Leads to Truth: *The Story of the Stone* as Skillful Means, Lene Bech, *Chinese Literature: Essays, Articles, Reviews* 26, pp. 1—21, 2004.

The Exemplar of Filial Piety and the End of the Ape—Men: Dong Yong in Guangxi and Guizhou Ritual Performance. Holm, D. *T'oung Pao*, 90 (1), 32—64, 2004.

Immortals: A Reassessment of the Place of Shamanism in the Origins of Chinese Theater. Liu, X. *Journal of American Oriental Society*, 133 (1), 93—109, 2004.

Sacrifice to the mountain: A ritual performance of the Qiang minority people in China. Yu, S. —l. *TDR/The Drama Review*, 48 (4), 155—166, 2004.

History and Fiction in the Gujing ji (Record of an Ancient Mirror). 陳廷 Chen, J. *Monumenta Serica*, 52 (1), 161—197, 2004.

Female Divinities in Han Dynasty Representation. Lidia, Sheri A. in Katheryn M. Linduff and Yan Sun (ed.), *Gender and Chinese Archaeology*, AltaMira Press: Walnut Creek, CA, 2004.

Ritual and Gender in the "Tale of Li Wa", Tsai, S—C Kevin. *Chinese Literature: Essays, Articles, Reviews*: 99—127, 2004.

The Illumination of Ritual: Lu Xiujing's Reflections on the Retreat，Franciscus Verellen，in *Chūgoku shūkyō bunken kenkyū kokusai shinpojiumu hōkokushu*（Actes du colloque international Recherches sur la littérature religieuse en Chine），Kyōto daigaku Jinbun kagaku kenkyūjo sōritsu 75—shūnen kinen éd.，Jinbun Kagaku Kenkyūjo，Kyoto，pp. 239—257，2004.

Immortals and Patriarchs：The Daoist World of a Manchu Official and His Family in 19th Century China. Xun Liu，*Asia Major*，3rd Series，17. 2，pp. 161—218，2004.

女媧神話と華夏戲曲，李祥林，中国，2004 年，第 21 卷第 20 号。

正倉院寶物にみる神仙世界—天平人の桃源郷—，井口喜晴，正倉院紀要，2004 年，第 26 号。

『列仙伝』の仙人（一）—黃帝・關尹子・涓子—，大形徹，人文學論集（大阪府立大學人文學會），2004 年，第 22 号。

王勃の神仙詩，金秀雄，関西大學中国文學會紀要，2004 年，第 25 号。

後漢時代の鎮墓瓶における發信者について，江優子，佛教大學大學院紀要，2004 年，第 32 号。

「婦葬詩」に関する覚書（2）杜甫の詩を中心として，後藤秋正，北海道教育大學紀要（人文大學・社會科學編），2004 年，第 54 卷第 2 号。

唐代における北帝信仰の新展開—『拔罪妙經』を中心に—，酒井規史，早稲田大學大學院研究科紀要（一分冊），2004 年，第 49 号。

『列仙全伝』研究（三）—圖像比較の見地から—，佐藤義寛，文藝論叢，2004年，第62号。

『列仙全伝』研究（四）—伝記資料所在索引—，佐藤義寛，文藝論叢，2004年，第63号。

仙女と仙媛—沈宋の文學と道教—，砂山稔，—比較文化論集—，青史出版，2004年。

阮籍と山濤，鷹橋明久，中国中世文學研究，2004年，第45、46号。

宮中の道教と妓女と詩人，土屋昌明，アジア遊學，2004年，第60号。

『子不語』の遊戯性について—「隨園戲編」の自署と袁枚の編集意圖を中心に—，伴俊典，二松，2004年，第18号。

『詩経』における境界神祭祀詩に就いて，福本鬱子，二松學舍大學人文論叢，2004年，第72号。

『老子化胡經』の説かれた場所，前田繁樹，—比較文化論集—，青史出版，2004年。

唐代伝奇『無雙伝』に関する一考察—假死藥を中心として—（下），増子和男，中国詩文論叢（中国詩文研究會），2004年，第23号。

白玉蟾とその出版活動——全真教南宗における師授意識の克服，松下道信，東方宗教，2004年，第104号。

曹操「遊仙詩」解釈試論，道家春代，名古屋大學中国語文學論集，2004年，第16号。

西王母信仰について，重信あゆみ，中国思想における身體・自然・信仰，東方書店，2004年。

『龍虎山志』からみたモンゴル命令文の世界—正一教教図研

究序説—，宮紀子，東洋史研究，2004 年，第 62 巻第 2 号。

異聞の文化志—李八百伝の変遷—，山田利明，東洋の歴史と文化，山喜房佛書林，2004 年。

平安朝漢文學における赤松子像—神仙への憧憬—，吉原浩人，早稲田大學大學院文學研究科紀要（第一分冊），2004 年，第 49 号。

敦煌文獻に見られる『目連変文』の新資料—北京八七一九號文書について，荒見泰史，東方宗教，2004 年，第 103 号。

牛肅『紀聞』について，溝部良恵，中唐文學會報，2004 年，第 11 号。

蜂妖考，八木章好，芸文研究，2004 年，第 86 号。

石癖の話—『聊斎志異』「石清虚」賞析，八木章好，芸文研究，2004 年，第 87 号。

荒ぶる仙女 張四姐—河西寶卷『張四姐大鬧東京』を中心に，山本範子，中国學志，2004 年，第 19 号。

《法燭經》——陸修靜對齋的思考，傅飛嵐，中国宗教文獻研究國際シンポジウム報告書，京都大學人文科學研究所，2004 年。

敦煌本「靈寶經」と道蔵本「靈寶經」の差異について，前田繁樹，初期道教經典の形成，汲古書院，2004 年。

書評・新刊紹介：前田繁樹著『初期道教經典の形成』，神塚淑子，東方宗教，2004 年，第 104 号。

元刻本『塋原總録』の書誌的考察，宮崎順子，東方宗教，2004 年，第 104 号。

『性命圭旨』書誌考，白井順，東方宗教，2004 年，第 104 号。

都市空間と道観と別荘，土屋昌明，アジア遊學，2004 年，第 60 号。

禅と道教——柳華陽の場合，（禅研究の現在），横手裕，思想，2004 年，第 960 号。

平田篤胤の幽冥観と道教・神仙思想，土屋昌明，人文科學年報，2004 年，第 34 号。

中国民間演劇の再燃，磯部祐子，『高岡短期大学紀要』，2004 年。

牛肅『紀聞』について－「呉保安」を中心に，溝部良惠，『中唐文学会報』，2004 年，11：56—94。

唐代伝奇『杜子春伝』に見える道教的用語再考（下）「白石三丸考」，増子和男，日本文學研究（梅光學院大學日本文學會），2004 年，第 38 号。

2005 年

《陶弘景集》三考，王京洲，古典文献研究，第八辑，2005 年。

中国古代山岳崇拜与笔记小说中的岳神形象，刘正平，新国学，2005 年 3 月，第五卷。

《全宋诗》误录唐人诗偈举隅，谭伟，新国学，2005 年 3 月，第五卷。

明刊戏曲散出《周庄子叹骷髅》新探，王燮，安徽大学学报，2005 年，第 1 期。

《绿野仙踪》：清代"多向型小说"的特色及其产生背景，章因之，上海师范大学学报，2005 年，第 1 期。

论元代道教史籍及其文献学价值，刘永海，内蒙古大学学报，2005 年，第 5 期。

李贺神鬼诗的哲理思考，侯智芳，黑龙江教育学院学报，2005 年，第 1 期。

论道教修炼对中国古典文艺创作思想的影响，蒋艳萍，暨南学报，2005 年，第 1 期。

宗教·人性·伦理：谈古代文言小说神仙考验型作品的流变，黄洽，齐鲁学刊，2005 年，第 1 期。

作为文学创作的仙传：从《列仙传》到《神仙传》，孙昌武，济南大学学报，2005 年，第 1 期。

道教斋醮史上的青词，张泽洪，世界宗教研究，2005 年，第 2 期。

《封神演义》与宗教，朱越利，宗教学研究，2005 年，第 3 期。

《列仙传》成书时代考，王青，滨州学院学报，2005 年，第 1 期。

原始宗教对先秦文学的影响，廖鸿灵，卫生职业教育，2005 年，第 2 期。

张三丰考论，王道国，郧阳师范高等专科学校学报，2005 年，第 2 期。

白居易"地仙"诗与其"中隐"心态的考察，彭曙蓉，语文学刊，2005 年，第 3 期。

《淮南子》神话演变状态的文化意味，孙纪文，宁夏大学学报，2005 年，第 4 期。

浅谈道教对中国戏曲的影响，杜慧琦，晋中学院学报，2005年，第4期。

女仙杜兰香故事源流考——兼与李剑国等先生商榷，胡蔚，新国学（第5卷），巴蜀书社，2005年。

《南岳夫人内传》、《南岳魏夫人传》考，罗宁、武丽霞，新国学（第5卷），巴蜀书社，2005年。

曹唐《大游仙诗》的叙事特色探析，柏秀叶，重庆工商大学学报，2005年，第4期。

"老鬼"与南北朝时期老子的神话，刘昭瑞，历史研究，2005年，第2期。

王亥故事与星辰传说，尹荣方，华东师范大学学报，2005年，第4期。

走下神坛的女娲大神——以文学的视角看女娲形象的通俗化，杜治伯，运城学院学报，2005年，第4期。

道情曲目鼻祖《韩仙传》及其传播考论——兼谈学界关于元明两代小说、戏剧的文学史建构，吴光正，中国诗歌与音乐关系研究，赵敏俐，学苑出版社，2005年。

楚辞、汉赋之巫技巫法综探，李倩，江汉论坛，2005年，第12期。

万首诗成谁会解——透过王嚞诗歌看全真教的传布及对文学的渗透，张兰花，昆嵛山与全真道——全真道与齐鲁文化国际学术研讨会论文集，山东师范大学齐鲁文化研究中心、烟台师范学院胶东文化研究中心、文登市人民政府，2005年。

从中国戏曲看东方宗教对文人心态的影响，沈敏，戏曲艺术，2005年，第1期。

《越绝书》、《吴越春秋》与道家思想，万晴川，浙江学刊，2005 年，第 5 期。

江淹作品的道家倾向，王大恒，宁波大学学报，2005 年，第 3 期。

以道家思想为视域看曹植的游仙诗，孟稚，绥化学院学报，2005 年，第 3 期。

论葛洪的生卒年及相关问题，刘剑锋，船山学刊，2005 年，第 4 期。

真武信仰研究综述，梅莉，宗教学研究，2005 年，第 3 期。

战国早期的志怪小说，伏俊琏，光明日报，2005 年 8 月 26 日。

从高蹈走向世俗：从隐逸文化的发展看隐逸文学的转化过程，孙丹虹，福州大学学报，2005 年，第 3 期。

《西游记》为何不能是"证道书"，郭健，重庆工学院学报，2005 年，第 2 期。

仙界方七日、人间已千年：古代游仙文学的相对时空观，李永平，唐都学刊，2005 年，第 1 期。

隐士：我国古代士大夫中的一个群体，梅斌，广西社会科学，2005 年，第 8 期。

生命力的穿透——读李长之《道教徒的诗人李白及其痛苦》，詹福瑞，中国李白研究（2005 年集）——中国李白研究会第十一次学术研讨会论文集，2005 年。

解读古代文学作品中的鬼魅托梦，高梓海，河南社会科学，2005 年，第 2 期。

宗教视野与文学本位——张松辉教授"道家道教与古代文学"

研究述评，吴光正，湖南科技学院学报，2005 年，第 9 期。

唐代文学家对庄子的接受，张爱民，潍坊学院学报，2005 年，第 3 期。

宋代文学家与《庄子》，张爱民，德州学院学报，2005 年，第 3 期。

试论道教养生思想对六朝文学思想之娱乐倾向的影响，蒋振华，中国道教，2005 年，第 2 期。

简论我国古代游仙诗的发展及表现主题，王仁元，信阳师范学院学报，2005 年，第 2 期。

小说与民间宗教研究三题，孙逊，光明日报，2005 年 6 月 24 日。

论中国古代小说象征及其现代影响，施军，西南民族大学学报，2005 年，第 1 期。

中国鬼神文化与小说，应锦襄，福建商业高等专科学校，2005 年，第 2 期。

中国古代小说视野中的民众"仙界"观念，苟波，中国道教，2005 年，第 3 期。

"枕中一梦"的嬗变：从《杨林》、《枕中记》到《邯郸记》，吴海燕，邯郸学院学报，2005 年，第 1 期。

章回小说的空间设置与反讽构成，韩晓，明清小说研究，2005 年，第 1 期。

古代通俗小说中军师形象的巫师化倾向，万晴川，广州大学学报，2005 年，第 3 期。

对艳情小说中僧尼、道士"性化"现象的宗教阐释，杨毅，福建师范大学学报，2005 年，第 1 期。

试论中国古典小说中镜的神异性，刘艺，广西大学学报，2005年，第2期。

彭祖考略，汪燕岗，中国社会科学院研究生院学报，2005年，第2期。

神话西王母浅说，张玉声，西域研究，2005年，第2期。

西王母原相初探：兼论"戴胜"之原义，张勤，苏州大学学报，2005年，第1期。

东海神仙传说的文学价值和文化意义，郑杰文，管子学刊，2005年，第3期。

楚辞文学类型的原始宗教背景，孙光，河北大学学报，2005年，第2期。

汉乐府游仙诗的"列仙之趣"，姚圣良，贵州社会科学，2005年，第3期。

《列仙传》成书年代考，王青，滨州学院学报，2005年，第1期。

试论道教养生思想对六朝文学思想之娱乐性倾向的影响，蒋振华，中国道教，2005年，第2期。

玄学、魏晋游仙诗、"陌生化"现象，姜广振，思茅师范专科学校学报，2005年，第2期。

魏晋南北朝志怪小说的"洞穴仙境"意象，洪树华，山东大学学报，2005年，第2期。

魏晋"仙窟"模式小说探源及发展，胡育来，宜春学院学报，2005年，第3期。

魏晋南北朝洞窟小说成因探究，孟稚，平原大学学报，2005年，第3期。

汉魏六朝神仙道教小说艺术谈，魏世民、罗美红，中国道教，2005 年，第 1 期。

葛洪生平经历与其思想关系考述，邹远志，青海师范专科学校学报，2005 年，第 1 期。

《神仙传》校读札记，凌云志，古籍整理研究学刊，2005 年，第 1 期。

葛洪《抱朴子外篇》的说理艺术，王琳、郭勇，中国典籍与文化，2005 年，第 1 期。

正郭与弹祢：《抱朴子外篇》汉末名士评议，章义和，河南科技大学学报，2005 年，第 1 期。

陆云《登霞颂》考释：兼论《陆机集》卷九《孔子赞》、《王子乔传》非陆机作，俞士玲，古籍整理研究学刊，2005 年，第 4 期。

寄意于长寿，托情于游仙：曹操游仙诗的精神内涵探微，李明，聊城大学学报，2005 年，第 3 期。

不信天命显霸气：曹操游仙诗解读，黄昌年，文艺报，2005 年 6 月 2 日。

曹植《骷髅说》之创作时期考辨，林童照，石油大学学报，2005 年，第 3 期。

唐玄宗与盛唐诗坛：以其崇尚道家道教为中心，丁放、袁行霈，中国社会科学，2005 年，第 4 期。

唐宋传奇中的游历仙境主题，李永平，西南民族大学学报，2005 年，第 1 期。

壶：唐传奇小说中的道教审美意象，刘敏，世界宗教文化，2005 年，第 3 期。

从游仙到遇艳：小论曹唐及其大游仙诗，陆文军，玉溪师范学院学报，2005 年，第 4 期。

曹唐诗歌简论，赵洪奎，学术论坛，2005 年，第 4 期。

曹唐《大游仙诗》的叙事特色探析，柏秀叶，重庆工商大学学报，2005 年，第 4 期。

论太白子瞻之"仙"气，龚红林，高等函授学报，2005 年，第 3 期。

道士李白所属道派探析，袁清湘，中国道教，2005 年，第 1 期。

雕弓挂壁无用，照影落清杯：论儒道两种文化心理冲突在辛弃疾词中的表现，田劲松，北方论丛，2005 年，第 1 期。

李白之痛苦：《道教徒的诗人李白及其痛苦》节选，李长之，长城，2005 年，第 3 期。

从杜甫一首游仙诗小话屈骚流韵，曾亚兰，杜甫研究学刊，2005 年，第 2 期。

关于史浩词与道教关系的若干问题，张如安、周芬，宁波大学学报，2005 年，第 3 期。

金代全真词与元代散曲的俳体，吴国富，中国道教，2005 年，第 3 期。

论金元道教词中的"姹女"，左洪涛，宁波大学学报，2005 年，第 3 期。

道家道教对元代文人散曲的影响，邹蓉，湖南科技学院学报，2005 年，第 8 期。

论"苦—乐"、"丑—美"的道教美感转化论在明清文学作品中的体现，李珉，宗教学研究，2005 年，第 1 期。

从照妖镜到玄理之镜：《西游补》意旨浅析，刘艺，新疆大学学报，2005 年，第 3 期。

镇元子和太上老君：齐天大圣为什么变做土地庙，大塚秀高、冷秀锦、董皓，保定高等师范专科学校学报，2005 年，第 3 期。

"以意逆志"：从儒道佛对《西游记》渗透臆测其成书过程，兰拉成，江淮论坛，2005 年，第 3 期。

李安纲"《西游记》文化研究"之学术质疑，蔡铁鹰，晋阳学刊，2005 年，第 4 期。

《西游记》与明代民间宗教的社会意识，赵雨，中国矿业大学学报，2005 年，第 2 期。

从《送张道士叙》看苏东坡的痛苦彷徨心态，邵明珍，中文自学指导，2005 年，第 2 期。

从《续黄粱》与《枕中记》的对比中浅析《聊斋志异》的民间基质，陈长书，蒲松龄研究，2005 年，第 1 期。

佛道争衡与吕洞宾飞剑斩黄龙故事的变迁，吴光正，文学遗产，2005 年，第 4 期。

试论汤显祖的"二梦"，姚晓菲，新疆师范大学学报，2005 年，第 1 期。

九子母·鬼子母·送子观音：从"三言二拍"看中国民间宗教信仰的佛道混合，项裕荣，明清小说研究，2005 年，第 2 期。

从《林兰香》的生死观看儒道思想的冲突与融合，骆锦芳、马晓霞，云南师范大学学报，2005 年，第 1 期。

现实世界的回归：析《聊斋志异》遇仙故事中的凡间男子，姚颖，蒲松龄研究，2005 年，第 2 期。

林黛玉形象与中国民间文学中的"下凡——归仙"母题，杨天舒、唐均，红楼梦学刊，2005 年，第 3 期。

前身定是瑶台种：试论薛宝琴是警幻仙姑的凡体显现，何春鹏，红楼梦学刊，2005 年，第 4 期。

太虚幻境四仙姑隐喻含义新论，胡祖平，红楼梦学刊，2005 年，第 4 期。

《红楼梦》的神幻世界，许山河，红楼梦学刊，2005 年，第 4 期。

《红楼梦》后四十回的鬼神观，王婷婷，红楼梦学刊，2005 年，第 4 期。

方东树的"魂魄"论诗与中国诗学的"象喻"传统，潘殊闲，中南民族大学学报，2005 年，第 3 期。

论刘熙载文学思想的儒道互补，张维昭，甘肃社会科学，2005 年，第 2 期。

力求摆脱依傍的唐传奇研究：评李鹏飞《唐代非写实小说之类型研究》，葛晓音，北京大学学报，2005 年，第 2 期。

荷花意象和佛道关系的融合，俞香顺，内蒙古大学学报，2005 年，第 6 期。

关于"仙境"的神话与中国古代的访仙浪潮，苟华、李明贤，康定民族高等师范专科学校学报，2005 年，第 6 期。

神仙世界：古代文人诗意栖居的家园，程群，江淮论坛，2005 年，第 6 期。

试析烂柯传说及诗歌的文化意蕴，王海男，苏州科技学院学报，2005 年，第 3 期。

挽歌考，杜瑞平，中北大学学报，2005 年，第 4 期。

屈原神仙情结探究，姚圣良，山西师范大学学报，2005 年，第 5 期。

论北魏后期儒释道三教的发展及其对文学的影响，金前文，渝西学院学报，2005 年，第 6 期。

再论郭璞诗为晋"中兴第一"，王乐国，焦作高等师范专科学校学报，2005 年，第 2 期。

《西京杂记》非葛洪伪托考辨，丁宏伟，图书馆杂志，2005 年，第 11 期。

以道家思想为视域看曹植的游仙诗，孟稚，绥化学院学报，2005 年，第 3 期。

南唐诗人的崇道与宗贾之风，钟祥，西南民族大学学报，2005 年，第 4 期。

从唐诗看天台山道教的宗教实践，陈再阳，上海师范大学学报，2005 年，第 6 期。

桃与仙：唐诗文化一题，高林广，汉字文化，2005 年，第 3 期。

唐宋文人对佛道思想的"实用心态"及其对词的影响，张再林，温州师范学院学报，2005 年，第 3 期。

大历十才子与方外隐逸诗人之隐逸诗比较，张声怡，湛江海洋大学学报，2005 年，第 5 期。

李冶、鱼玄机道士生活与诗歌创作比较，乔孝冬，连云港高等师范专科学校学报，2005 年，第 4 期。

论仙乡传说对唐传奇《柳毅传》的影响，赵宗福、袁宏军，长安大学学报，2005 年，第 4 期。

道教、苏轼与宋诗典范的确立，贾喜鹏，长治学院学报，2005 年，第 6 期。

苏轼的仙气，陈德武，中国道教，2005 年，第 6 期。

元代神仙道化剧隐逸思想探微，赫广霖，江西师范大学学报，2005 年，第 2 期。

于湖词与道教文化，盛莉，洛阳大学学报，2005 年，第 3 期。

论王珪的"至宝丹"体诗，谷曙光，文学遗产，2005 年，第 5 期。

丘处机麾下全真道士不是《西游记》的最早作者：与胡义成先生商榷，杨俊，唐山师范学院学报，2005 年，第 6 期。

唐代"三教互补"强化了艺术思维中的感应性，金丹元、江云岷，云南民族大学学报，2005 年，第 6 期。

儒释道文化与中国古典文论中的直觉思维，周玲，山东教育学院学报，2005 年，第 4 期。

骷髅幻戏——中国文学与图像中的生命意识，衣若芬，中国文哲研究集刊，2005 年，第 26 期。

21 世纪道教文献学研究展望，王公山，学术论坛，2005 年，第 2 期。

宋朝道教徒与《庄子》，张爱民，涪陵师范学院学报，2005 年，第 4 期。

试论道教美学的民族特质，王巧玲，江汉论坛，2005 年，第 9 期。

林语堂的道教观，张芸，集宁高等师范专科学校学报，2005 年，第 2 期。

浙江的道教与戏剧，徐宏图，杭州师范学院学报，2005 年，第 6 期。

试论《镜花缘》与道教"谪仙修道"母题的因缘，马济萍，华南农业大学学报，2005 年，第 4 期。

台湾道教的历史、现状及其宗教特征，黄海德，宗教学研究，2005 年，第 2 期。

张三丰的文艺理论思想初探，申喜萍，宗教学研究，2005 年，第 4 期。

略说吕洞宾的仙迹诗，张永芳，中国道教，2005 年，第 3 期。

汉代角抵戏《东海黄公》与"粤祝"，吴国钦，汉魏六朝文学与宗教，葛晓音主编，上海古籍出版社，2005 年。

"道不若神"——阮籍的宇宙生灭循环论，陈伟强，汉魏六朝文学与宗教，葛晓音主编，上海古籍出版社，2005 年。

郭璞《游仙诗》新探，韦金满，汉魏六朝文学与宗教，葛晓音主编，上海古籍出版社，2005 年。

谢灵运山水诗中的宗教矛盾，邝龚子，汉魏六朝文学与宗教，葛晓音主编，上海古籍出版社，2005 年。

三教圆融的临终关怀——谢灵运《临终诗》考释，邓小军，汉魏六朝文学与宗教，葛晓音主编，上海古籍出版社，2005 年。

神话仙化的纪程碑——王嘉《拾遗记》的道教意识，董乃斌，汉魏六朝文学与宗教，葛晓音主编，上海古籍出版社，2005 年。

《搜神记》与民间自发宗教，程蔷，汉魏六朝文学与宗教，葛晓音主编，上海古籍出版社，2005 年。

难题求婚中的人兽婚——论《搜神记》中槃瓠和女化蚕神话，刘燕萍，汉魏六朝文学与宗教，葛晓音主编，上海古籍出版社，2005 年。

中国早期狐怪故事：文化偏见下的胡人形象，王青，汉魏六朝文学与宗教，葛晓音主编，上海古籍出版社，2005 年。

志怪中所见的"天"和"神"，佐野诚子，汉魏六朝文学与宗教，葛晓音主编，上海古籍出版社，2005 年。

汉魏六朝中隐身思想研究，罗因，台大中文学报，2005 年，第 23 期。

宋代道教医疗——以洪迈《夷坚志》为主之研究，庄宏谊，辅仁宗教研究，2005 年，第 12 期。

论道教小说与女性崇拜之关系，黄康绮，宗教与民俗医疗学报，2005 年，第 2 期。

六朝时道教神仙思想系谱之建构与接合，赖皆星，新世纪宗教研究，2005 年，第 4 卷第 1 期。

《南雁圣传仙姑宝卷》跋，车锡伦，书目季刊，2005 年，第 39 卷第 3 期。

《南雁圣传仙姑宝卷》的发现及其概貌，徐宏图，中国文哲研究通讯，2005 年，第 15 卷第 2 期。

唐代剑侠形象的道教意涵——以《太平广记》文本为中心，李宜芳，台北国文学报，2005 年，第 2 期。

试论《伍子胥变文》儒家思想与宗教信仰，罗莞翎，有凤初鸣年刊，2005 年，第 2 期。

人妖之间——从张鷟的《游仙窟》看白先勇的《孽子》，李奭学，中国文哲研究通讯，2005 年，第 15 卷第 4 期。

进入神仙岛，想象乌托邦——论旅生《痴人说梦记》的想象空间，颜健富，台大文史哲学报，2005 年，第 63 期。

明儒高濂《遵生八笺》的养生思想，曾锦坤，中华人文社会学报，2005 年，第 2 期。

《醉八仙》在传统剧种间的文化风貌探讨，林国义，屏东文献，2005 年。

唐玄宗信道缘由及其对政治的影响，李欣颖，北市教大社教学报，2005 年，第 4 期。

论胡适《陶弘景的真诰考》（上），萧登福，弘道，2005 年，第 22 期。

论胡适《陶弘景的真诰考》（下），萧登福，弘道，2005 年，第 23 期。

从中国古代小说看道教"仙境"观念与异域开拓精神，苟波，弘道，2005 年，第 23 期。

从《游仙窟》看《封陟》——小议唐传奇中"菩萨似娇娃"，张雪松，弘道，2005 年，第 23 期。

《西游记》对中国人思想的影响，张绪通，弘道，2005 年，第 24 期。

天师道徒对编修《道藏》的贡献，郭树森，弘道，2005 年，第 24 期。

关于楚简、帛书、今本《老子》的分章，尹振环，弘道，2005 年，第 25 期。

《三国演义》中的道教人物，黄景春，弘道，2005 年，第 25 期。

唐代张天师神话故事探析，谭敏，弘道，2005 年，第 25 期。

陆云《登遐颂》考释：兼论《陆机集》卷九《孔子赞》《王子乔传》非陆机作，俞士玲，古籍整理研究学刊，2005 年，第 4 期。

前言：《红楼梦》与《西游记》，李奭学，中国文哲研究通讯，2005 年，第 15 卷第 4 期。

唐三藏与余国藩——评余国藩英译本《西游记》，康士林著，
谢惠英译，中国文哲研究通讯，2005 年，第 15 卷第 4 期。

Poetry and Religion: The Representation of "Truth" in Early Chinese Historiography, Martin Kern, in *Historical Truth*, *Historical Criticism*, *and Ideology*: *Chinese Historiography and Historical Culture from a New Comparative Perspective*, ed. Schmidt—Glintzer et al., Leiden: Brill, 2005.

Time Manipulation in Early Daoist Ritual: The East Well Chart and the Eight Archivists, Raz Gil, *Asia Major* 18, 2005.

Visual Representations of the Body in Chinese Medical and Daoist Texts from the Song to the Qing Period (tenth to nineteenth Century), Catherine Despeux, *Asian Medicine* 1. 1, 2005.

An Erotic Immortal: The Double Desire in a Ming Novella, Wang Richard G, in *Literature*, *Religion*, *and East/West Comparison*: *Essays in Honor of Anthony C. Yu*, ed. Eric Ziolkowski, Newark: University of Delaware Press, 2005.

Liu Yuan: taoïste et sculpteur dans le Pékin mongol, Vincent Goossaert, *Sanjiao wenxian* 4, 2005.

La première version connue du Daode jing de Lao zi (~ IVe s.): Une origine du "taoïsme", Rémi Mathieu, *l'Infini*, 2005.

Un monstre, deux morts et mille metamorphoses: Une brève fiction philosophique du *Tchouang – tseu* pour en finir avec la mort（一只禽兽、两个死者和上千种变幻：《庄子》中一则解决生死问题的哲学小故事），Romain Graziani, *l'Infini* 90, 2005.

When Princes awake in Kitchens: *Zhuangzi*'s rewriting of a Culinary Myth, Romain Graziani, in *Of Tripod and Palate. Food*, *Religion and Politics in China*, ed. Roel Sterckx, MacMillan – New York: Palgrave, 2005.

The Life and Death of the Image: Ghosts and Portraits in Chinese Literature, in *Body and Face in Chinese Visual Culture*, ed. Wu Hung and Katherine Tsiang, Harvard University Asia Center, 2005.

Patterns of Disengagement: The Practice and Portrayal of Reclusion in Early Medieval China (review), Robert Ford Campany, *China Review International* 12.2, 2005.

Two Religious Thinkers of the Early Eastern Jin: Gan Bao and Ge Hong in Multiple Contexts, Robert Ford Campany, *Asia Major* 18.1, 2005.

The Disappearance of the Simulated Oral Context and the Use of the Supernatural Realm in *Honglou meng*, Ying Wang, *Chinese Literature: Essays, Articles, Reviews* 27, 2005.

The meanings of cuisines of transcendence in late classical and early medieval China. Campany, R. F. *T'oung Pao*, 91 (1), 1—57, 2005.

Review: Patterns of Disengagement: The Practice and Portrayal of Reclusion in Early Medieval China. Campany, R. F. *China Review International*, Vol. 12, No. 2, pp. 364—366, 2005.

Two Religious Thinkers of the Early Eastern Jin: Gan Bao and Ge Hong in Multiple Contexts. Campany, R. F. *Asia major*, 175—224, 2005.

True Matters Concealed: Utopia, Desire, and Enlightenment in Honglou meng. Ferrara, M. S. *Mosaic: A Journal for the Interdisciplinar-*

y Study of Literature, 191—204, 2005.

Collecting the Self: Body and Identity in Strange Tale Collections of Late Imperial China. Huntington, R. *China Review International*, 12 (2), 387—391, 2005.

Ghosts seeking substitutes: female suicide and repetition. Huntington, R. *Late Imperial China*, 26 (1), 1—40, 2005.

Power and Conflict in Medieval Ritual and Plays: The Re—Invention of Drama. Kroll, N. *Studies in Philology*, 102 (4), 452—483, 2005.

Death and the otherworldly journey in early China as seen through tomb texts, travel paraphernalia, and road rituals. Lai, G. *Asia major*, 1—44, 2005.

Exploring weal and woe: The Song elite's mantic beliefs and practices. Liao, H. —H. *T'oung Pao*, 91 (4), 347—395, 2005.

The Center Cannot Hold: Ambiguous Narrative Voices in Wu's The Journey to the West and Conrad's Heart of Darkness. Lin, L. *Comparatist*, 29, 63—81, 2005.

Review: The Teachings and Practices of the Early Quanzhen Taoist Masters. Reiter, F. C. *Bulletin of the School of Oriental and African Studies*, University of London, Vol. 68, No. 2, pp. 326—328, 2005.

Eating Better than Gods and Ancestors, Company, Robert. in *Of Tripod and Palate: Food, Politics, and Religion inTraditional China*, ed. Roel Sterckx, Palgrave Press, 96—122, 2005.

Long—Distance Specialists in Early Medieval China, Company, Robert. in *Literature, Religion, and East—West Comparison: Essays in*

Honor of Anthony C. Yu, ed. Eric Ziolkowski, University of Delaware Press, 109—124, 2005.

The Meanings of Cuisines of Transcendence in Late Classical and Early Medieval China, Company, Robert. *T'oung Pao* 91: 126—182, 2005.

Living off the Books: Fifty Ways to Dodge Ming 命 (Preallotted Lifespan) in Early Medieval China, Company, Robert. in *The Magnitude of Ming*: *Command*, *Allotment*, *and Fate in Chinese Culture*, ed. Christopher Lupke, University of Hawaii Press, 129—150. Reprinted in Vincent Goossaert, ed., *Critical Readings on Religions of China* (Leiden: Brill, 2012), vol. 1, 41—76, 2005.

An Erotic Immortal: The Double Desire in a Ming Novella, Wang Richard G, In *Literature*, *Religion*, *and East/West Comparison*: *Essays in Honor of Anthony C. Yu*, ed. Eric Ziolkowski, Newark: University of Delaware Press, pp. 144—161, 2005.

謝霊運にみる道教的思惟の受容，北島大悟，日本中国學會報，2005 年，第 57 号。

李商隠を茅山に導きし者——従叔李褒，深澤一幸，三教交渉論叢，麥谷邦夫編，京都大學人文科學研究所，2005 年。

内丹劇初探——蘭茂『性天風月通玄記』，秋岡英行，三教交渉論叢，麥谷邦夫編，京都大學人文科學研究所，2005 年。

聖者観の二系統——六朝隋唐仏教史鳥瞰の一試論，船山徹，三教交渉論叢，麥谷邦夫編，京都大學人文科學研究所，2005 年。

霊宝経における経典神聖化の論理——元始旧経の「開劫度人」説をめぐって，神塚淑子，名古屋大学文学部研究論集，2005

年，第 51 号。

『玉枢経』の形成と伝播，三浦國雄，東方宗教，2005 年，第
105 号。

『九幽経』小攷——初唐における道教の代表的地獄経典，砂
山稔，東方宗教，2005 年，第 105 号。

蝉丸仙人説の開花——『本朝列仙伝』贅注，中前正志，東
方宗教，2005 年，第 106 号。

干寶の天観と『捜神記』の編纂，大橋由治，東方宗教，
2005 年，第 106 号。

深澤一幸：《李商隠を茅山に導きし者—従叔李褒》，《三教交
渉論叢》，麥谷邦夫編，京都大学人文科学研究所，2005 年。

中国民間演劇の現状—紹興の蓮花落・鸚哥班・宝卷を中心
に，磯部祐子，『高岡短期大学紀要』，2005 年，20：221—234。

蘇東坡の信仰，宇佐美文理，麥谷邦夫編『三教交渉論叢』，
京都大学人文科学研究所，2005 年。

唐代の文學と道教座談會記録，丸山宏、土屋昌明、赤井益
久等，國學院雑誌，2005 年，第 106 卷第 1 期。

太清・太一と桃源・王母：杜甫と道教に關する俯瞰，砂山
稔，アジア文化の思想と儀禮：福井文雅博士古稀記念論集，春
秋社，2005 年。

楚辭《遠游》と《大人賦》：天界遊行モティーフを中心とし
て，矢田尚子，集刊東洋學，2005 年，第 94 期。

挚虞《思游賦》における四方遊行の描寫をめぐって，小鳩
明紀子，二鬆學舍大學論集，2005 年，第 48 期。

対韓中日有关狐狸故事的比教学考察，金芝鲜，中国语文论

丛，中国语文研究会，2005 年，第 29 辑。

2006 年

从对立到融合：唐五代小说中的佛道关系，王剑，西安电子科技大学学报，2006 年，第 4 期。

三教论衡的历史发展，周勋初，古典文献研究，2006 年，第 9 辑。

唐代《八仙传》考，罗宁，宗教学研究，2006 年，第 3 期。

道教的污秽观念：兼论古典文学 "以污试诚" 母题，魏明扬，西南民族大学学报，2006 年，第 1 期。

唐以前道典所载黄帝修道登仙说之繁衍，张广保，周口师范学院学报，2006 年，第 3 期。

汪淇 "蜩寄" 及其所刻书籍考，文革红，文献，2006 年，第 3 期。

论元代全真道士史志经编创的小说《西游记》初稿，胡义成，东南大学学报，2006 年，第 5 期。

李白之创作与道士及上清经，土屋昌明，四川大学学报，2006 年，第 5 期。

《西游证道书》评点文字探考（上），曹炳建，淮海工学院学报，2006 年，第 1 期。

《西游证道书》评点文字探考（下），曹炳建，淮海工学院学报，2006 年，第 2 期。

《老君音诵诫经》校释，杨联升，中国语文札记，中国人民大学出版社，2006 年。

徐渭诠解《参同契》方法蠡测，周群，淮阴师范学院学报，2006 年，第 4 期。

南岳夫人魏华存新考，周冶，世界宗教研究，2006 年，第 2 期。

传说与事实之间：道教与宋代社会的融和，游彪，清华大学学报，2006 年，第 3 期。

仙人王乔传说考，罗云丹，新国学（第 6 卷），巴蜀书社，2006 年。

仙趣与玄思的交响——论郭璞游仙诗的"变创"意义及其玄言诗史上的定位问题，黄伟伦，国文学报，2006 年，第 5 期。

唐五代道教法术与道教小说，刘正平，新国学（第 6 卷），巴蜀书社，2006 年。

"道情"考，车锡伦，戏曲研究（第 70 辑），文化艺术出版社，2006 年。

王羲之的道教信仰与书法艺术，王荣法，中国宗教，2006 年，第 4 期。

敦煌写卷 BD. 1219 之道教俗讲内容试探，周西波，天问（丙戌卷），江苏人民出版社，2006 年。

明代文学中的吕洞宾形象，康豹，八仙文化与八仙文学的现代阐释——二十世纪国际八仙论丛，吴光正，黑龙江人民出版社，2006 年。

《真诰》版本考述，冯利华，古籍整理研究学刊，2006 年，第 4 期。

道教洞天福地的文化意蕴，宇汝松，世界宗教文化，2006 年，第 2 期。

汤翁梦戏中"八仙"舞的遗存与民俗心理，李坛、周海滨，2006 中国·抚州汤显祖国际学术研讨会论文集，2006 年。

道教隐语刍议，冯利华，中国文化研究，2006 年夏之卷。

麻姑考辨，曹红亮，宗教学研究，2006 年，第 1 期。

《潜夫论》《说苑》中神话的历史化与谶纬化，黄震云，南都学坛，2006 年，第 1 期。

六朝志怪和唐代传奇，潘承书，重庆电子工程职业学院学报，2006 年，第 1 期。

陶渊明转向道家的思想轨迹，任重、陈仪，重庆社会科学，2006 年，第 3 期。

杜甫献《三大礼赋》时间考辨，张忠纲，文史哲，2006 年，第 1 期。

《红楼梦》内在架构中的道家思想意蕴，刘衍青，宁夏社会科学，2006 年，第 4 期。

辞赋作品中"神女"喻象的分化演进，郭建勋，光明日报，文学遗产，2006 年 1 月 13 日。

宋玉赋中巫山神女的文学史地位与影响，熊笃，西南大学学报，2006 年，第 1 期。

神话一定是"神圣的叙事"吗？——对神话界定的反思，杨利慧，民族文学研究，2006 年，第 3 期。

《楚辞》《山海经》神祇之互证——《楚辞》《山海经》神话比较研究之三，纪晓建，江苏社会科学，2006 年，第 5 期。

《楚辞》与《山海经》山水树木神话之互证，纪晓建，理论月刊，2006 年，第 11 期。

文心神思观与神话思维的契合，左尚鸿、向柏松，民族文学研究，2006 年，第 3 期。

《天问》"启棘宾商"新解，吉家林，盐城工学院学报，2006
年，第 3 期。

《招魂》乃屈原自招生魂考辨，孔英民，哈尔滨学院学报，
2006 年，第 2 期。

评《招魂》为"屈原自招"说，潘啸龙，云梦学刊，2006
年，第 5 期。

庄、屈仙游之比较，蔡觉敏，洛阳理工学院学报，2006 年，
第 3 期。

试论楚辞"荃"、"荪"喻君的原始意象，熊良智，四川师范
大学学报，2006 年，第 5 期。

《庄子》神话分类辨证，胡景敏、孙俊华，淮南师范学院学
报，2006 年，第 1 期。

"禹步"考论，李剑国、张玉莲，求是学刊，2006 年，第
5 期。

昆仑神话与文化传承中的神女形象，才让南杰，青海民族大
学学报，2006 年，第 4 期。

《左传》宗教现象初论，刁生虎、陈志霞，平原大学学报，
2006 年，第 5 期。

论唐代女冠诗人的女性意识，赵莉，南阳师范学院学报，2006
年，第 8 期。

"道门领袖"、"山中宰相"和传奇作家杜光庭，赵治中，丽水
学院学报，2006 年，第 1 期。

论童谣中巫术思想的表现与影响，王剑，湖北教育学院学报，
2006 年，第 5 期。

《周易》卦爻辞的兴诗，陈建仁，台州学院学报，2006 年，第
1 期。

从《诗经》看宗教活动的世俗化，武小林，西南交通大学学
报，2006 年，第 1 期。

《诗经》中的神仙意象，韩宏韬，枣庄学院学报，2006 年，第
1 期。

从《太平广记》中的仙女下凡故事看唐代的道教观念，焦杰、
戴综红、雷巧玲，唐史论丛（第 9 辑），三秦出版社，2006 年。

从天罡地煞看《水浒传》的道教色彩，郭尚珍，水浒争鸣
（第 9 辑）——2006 年全国《水浒》与明清小说研讨会论文集，
青海人民出版社，2006 年。

《张三丰全集》版本源流考，郭旭阳，郧阳师范专科学校学
报，2006 年，第 2 期。

葛洪《神仙传》神学位格的现象学分析，余平，世界哲学，
2006 年，第 1 期。

论道教传记的史学价值：以《历世真仙体道通鉴》为例，刘
永海，中国道教，2006 年，第 2 期。

从明清文学作品看道教仙境观念世俗化，苟波，宗教学研究，
2006 年，第 2 期。

周作人的"纯文学"观与中国文化传统，董馨，佛山科学技
术学院学报，2006 年，第 2 期。

日本上代文学中的道教思想，张忠锋，西安外国语学院学报，
2006 年，第 2 期。

试论庄周故事剧的发展流变，李双芹，湖北社会科学，2006
年，第 2 期。

论神仙道化剧作家壶天观念及其表现，贺玉萍，云梦学刊，2006 年，第 1 期。

文言小说人鬼恋故事基本模式的成因探索，严明，文艺研究，2006 年，第 2 期。

古代小说中的"九天玄女"考论，李景梅，明清小说研究，2006 年，第 2 期。

挽歌的审美文化价值，杜瑞平、刘硕，中北大学学报，2006 年，第 2 期。

屈原《远游》模式对曹植游仙诗的影响，金璐璐，商丘高等师范专科学校学报，2006 年，第 3 期。

汉唐诗人的游仙世界，葛晓音，文史知识，2006 年，第 3 期。

试论儒道思想对中国古代悼亡诗的影响，孙宗美，广播电视大学学报，2006 年，第 2 期。

游仙诗中仙境动植物原型追溯，李永平，陕西师范大学继续教育学院学报，2006 年，第 1 期。

另类的"修炼"：六朝狐精故事与魏晋神仙道教，韦凤娟，文学遗产，2006 年，第 1 期。

象征、仪式、传说：魏晋洞窟神仙传说叙事特点与文化功能探讨，刘永红，青海师范大学学报，2006 年，第 2 期。

汉魏小说中东方朔故事的演变轨迹，王莉，济宁高等师范专科学校学报，2006 年，第 2 期。

郭璞的世界，王玫，文史知识，2006 年，第 3 期。

葛洪与辞赋：以其创作中的辞赋化倾向为中心，王琳、郭勇，南京理工大学学报，2006 年，第 2 期。

宋本《陶弘景集》源流考，王京州，古籍整理研究学刊，

2006 年，第 3 期。

悲剧意识的消解：论曹植游仙诗的时间和空间意象，金璐璐，哈尔滨学院学报，2006 年，第 8 期。

"壶天"境界与中晚唐士风的嬗变，尚永亮，东南大学学报，2006 年，第 2 期。

论唐代诗人的边缘心态与"谪仙"称谓之关系，刘雪梅，南开学报，2006 年，第 4 期。

儒道禅思想与唐桃花诗的审美情趣，赵红、张仁汉，浙江学刊，2006 年，第 4 期。

宗教、世俗与艺术的媾和：论唐代女冠诗的审美中和，肖瑞峰、俞世芬，清华大学学报，2006 年，第 1 期。

晚唐曹唐游仙诗中的仙洞原型：兼及历史演进中的乌托邦定势，李永平、高慧，宁夏社会科学，2006 年，第 3 期。

李贺爱情诗艺术特色的道教文化诠释，张振谦，理论界，2006 年，第 3 期。

浅析曹唐游仙诗的内容特色，卢晓晖，昭通高等师范专科学校学报，2006 年，第 1 期。

唐代女冠诗人的婚姻境遇及其人生选择：以李冶、鱼玄机和薛涛为中心，江合友，宝鸡文理学院学报，2006 年，第 1 期。

唐代道教诗人吴筠生平考述，韦春喜、张影，贵州大学学报，2006 年，第 3 期。

道教与李白的政治理想，王镇宝，语文学刊，2006 年，第 7 期。

李白缘道正解，康怀远，重庆教育学院学报，2006 年，第 1 期。

试述杜甫仙道幻想的破灭，郑丽萍，邢台学院学报，2006年，第1期。

也论道教文化对杜甫的影响，张振谦、聂巧平，湖北大学学报，2006年，第3期。

白居易诗歌的道教情怀，张学忠、毛妍君，中国道教，2006年，第2期。

从"学仙"到"佞佛"看李商隐的自我拯救，何光超，延安大学学报，2006年，第1期。

李商隐的佛道情缘，王增斌，贵州社会科学，2006年，第3期。

论道教对李白文学创作的正面影响：以游仙诗为例，姜宗强，甘肃社会科学，2006年，第1期。

"蓬莱仙境"在《长恨歌》中的审美意蕴，付兴林，名作欣赏，2006年，第3期。

虚靖天师张继先诗主题初探，郭彤彤、汪超，柳州高等师范专科学校学报，2006年，第1期。

虞集与元代南方道教的相互影响，姬沈育，文学遗产，2006年，第1期。

所南砺志寄醉乡：论郑思肖诗歌的道教意蕴与艺术境界，詹石窗、释道林，湖南大学学报，2006年，第4期。

再论明代茅山全真道士阎希言师徒是《西游记》定稿人：阎希言传记读后，胡义成，柳州高等师范专科学校学报，2006年，第1期。

"内证"显示元明全真道士是《西游记》创作主体，胡义成，青岛科技大学学报，2006年，第2期。

元代全真教《西游记》形成的文化背景：《西游记》创作史论纲之一，胡义成，西北第二民族学院学报，2006 年，第 3 期。

道教内丹学与《西游记》作者研究，郭健，求索，2006 年，第 6 期。

《西游记》道教评点本再解读，胡淳艳，东方论坛，2006 年，第 3 期。

孙悟空"籍贯""故里"考论：兼说泰山为《西游记》写"三界"的地理背景，杜贵晨，东岳论丛，2006 年，第 3 期。

自小生来神气壮：沙和尚探源，李安纲，运城学院学报，2006 年，第 1 期。

从宗教关怀看三言小说传达出的宗教理念，张丽荣，牡丹江大学学报，2006 年，第 8 期。

浅析"三言"道教题材的故事形态，张丽荣，哈尔滨学院学报，2006 年，第 6 期。

《聊斋志异》中的道士形象与蒲松龄的游仙思想，冯军，广州大学学报，2006 年，第 2 期。

《红楼梦》人物外貌描写的相学浅解，吴象枢，社会科学论坛，2006 年，第 2 期。

论《红楼梦》中的道教思想，贾来生，天水师范学院学报，2006 年，第 3 期。

混俗的仙心：论丘逢甲的入山访道思想，郭真义，商丘职业技术学院学报，2006 年，第 1 期。

葛洪仙学理论影响下的文学创作观和风格论，蒋振华，中国文学研究，2006 年，第 2 期。

道教生命哲学与刘勰的养气说，杨清之，海南师范学院学报，

2006 年，第 1 期。

李白研究中的常青树：谈李长之的《道教徒的诗人李白及其痛苦》，于天池、李书，中国图书评论，2006 年，第 4 期。

游仙文学刍议，凌郁之，兰州学刊，2006 年，第 9 期。

诗文中的"庄周梦蝶"意象，李波，名作欣赏，2006 年，第 9 期。

剑仙形象的世俗意义：试论吕洞宾的仙迹诗，张永芳，沈阳师范大学学报，2006 年，第 6 期。

唐前女仙爱情小说的主题演变及叙事结构略说，晁成林，金陵科技学院学报，2006 年，第 2 期。

人与异类婚恋故事的情节结构分析：兼谈人仙恋与人妖恋情节之异同，黄景春，湖北民族学院学报，2006 年，第 4 期。

中国叙事传统溯源：占卜与商周时代的卜辞卦爻辞，刘宁、张新科，社会科学家，2006 年，第 1 期。

秦汉之际神仙观念的演变，赵民，齐鲁学刊，2006 年，第 6 期。

论中国神话中的"西王母"，李鹏，湖北民族学院学报，2006 年，第 4 期。

论仙话兴起之信仰背景，彭磊，求索，2006 年，第 9 期。

论汉乐府游仙诗的艺术特色，彭建华，黔南民族师范学院学报，2006 年，第 5 期。

司马相如的道家与神仙思想，赵雷，济宁高等师范专科学校学报，2006 年，第 5 期。

《列仙传》的神话与小说家观念，黄震云、潘震鑫，北京科技大学学报，2006 年，第 2 期。

新时期魏晋游仙诗研究述略，储晓军，南京理工大学学报，2006 年，第 3 期。

论汉魏六朝道教小说内容的嬗变，王兴芬，许昌学院学报，2006 年，第 4 期。

论葛洪《神仙传》的叙事艺术及启悟文学意义，刘湘兰、洪伟，南京社会科学，2006 年，第 10 期。

道教的清修观与文人的白日梦：唐五代道书与文人创作中女仙形象之差异及原因，胡蔚，四川大学学报，2006 年，第 5 期。

唐代山水田园诗的道教文化意蕴，卢晓河，贵州社会科学，2006 年，第 6 期。

唐代游仙诗人创作心态论析，徐乐军，华南师范大学学报，2006 年，第 4 期。

唐传奇"仙女"意象管窥，贾名党，河池学院学报，2006 年，第 6 期。

六朝唐代志怪小说中的"铜镜驱邪"的文化解读，许彰明，民族艺术，2006 年，第 4 期。

借神仙鬼魅世界寄托奇情幽思：浅谈李贺和他的鬼诗，石俊霞，漯河职业技术学院学报，2006 年，第 4 期。

婚姻困境与鱼玄机诗的主体意识，江合友、胡宪丽，邯郸学院学报，2006 年，第 4 期。

试论唐代道教诗人吴筠的咏史组诗，韦春喜、张影，南昌大学学报，2006 年，第 6 期。

鲍溶诗歌略论，张传峰，文学遗产，2006 年，第 6 期。

裴铏的道教情怀与《传奇》的宣教倾向，胡中山，扬州大学学报，2006 年，第 6 期。

李白之创作与道士及上清经，土屋昌明，四川大学学报，2006年，第5期。

茅山宗道教方术与李白的幻觉思维，鲁华峰，周口师范学院学报，2006年，第6期。

试论李商隐与道教，张厚知，湖南科技学院学报，2006年，第9期。

近25年来李商隐诗歌研究述评，高淮生、蔡燕，徐州工程学院学报，2006年，第2期。

唐代三李的神道观念论略，韩大强，唐都学刊，2006年，第4期。

论柳永词的道教意蕴，叶青泉，宜宾学院学报，2006年，第2期。

由柳永词看王喆等道士词的传播行为，杨柏岭，民族文学研究，2006年，第4期。

略谈苏轼的《醉道士石》诗，孔凡礼，乐山师范学院学报，2006年，第9期。

元末释道诗人与释道诗初探，彭茵，南京社会科学，2006年，第10期。

从明清文学作品看道教仙境观念世俗化，苟波，宗教学研究，2006年，第2期。

明清时事小说中的巫风流变及其文化启示，许军，重庆三峡学院学报，2006年，第6期。

论明清时期道教神仙故事传奇，李艳，四川师范大学学报，2006年，第6期。

谈儒释道的融合在《西游记》中的体现，陈贺、李灏，衡水学院学报，2006 年，第 4 期。

"九天玄女"与《水浒传》，杜贵晨，济宁高等师范专科学校学报，2006 年，第 5 期。

也论百回本《西游记》定稿人与全真教之关系：兼与胡义成先生商榷之二，杨俊，广西师范学院学报，2006 年，第 4 期。

论元代全真教道士史志经创编的小说《西游记》初稿，胡义成，东南大学学报，2006 年，第 5 期。

《西游记》与道教：世俗性叙事观点，王学钧，学术交流，2006 年，第 11 期。

试论"三言"中冯梦龙对释道的不同态度，严红彦，南宁高等师范专科学校学报，2006 年，第 4 期。

《聊斋志异》涉仙题材与蒲松龄创作心态浅探，黄伟，肇庆学院学报，2006 年，第 4 期。

贾府的道教风俗及其"悲凉之雾"，高梓海，南都学坛，2006 年，第 4 期。

论《红楼梦》的道教信仰风俗，高梓海，陕西师范大学学报，2006 年，第 5 期。

晚清溢美型狭邪小说中的"谪仙"结构及其成因，仇昉，广州大学学报，2006 年，第 12 期。

最长词调始于全真道王嚞考，左洪涛，宗教学研究，2006 年，第 1 期。

降蛇：佛道相争的叙事策略，吴真，民族艺术，2006 年，第 1 期。

道教仙传述略，刘永海，图书与情报，2006 年，第 4 期。

道教戒律书考要，丁培仁，宗教学研究，2006 年，第 2 期。

《云笈七籤》本《墉城集仙录》探赜，罗争鸣，古籍整理研究学刊，2006 年，第 4 期。

论道教的唱道情，张泽洪，世界宗教研究，2006 年，第 3 期。

论崔志远的道教思想，倪文波，东疆学刊，2006 年，第 2 期。

论杜光庭的斋醮词，成娟阳、刘湘兰，中国文化研究，2006 年，第 4 期。

道教史籍刍议：以元代为中心，刘永海，图书馆理论与实践，2006 年，第 3 期。

苏轼的道教审美人格理想，雷晓鹏，安徽大学学报，2006 年，第 2 期。

白族民间文学的道教色彩，刘红，大理学院学报，2006 年，第 7 期。

论沙僧形象的道教文化内涵，刘继波，连云港师范高等专科学校学报，2006 年，第 2 期。

《道教灵验记》之文学、文献学考论，罗争鸣，中国典籍与文化，2006 年，第 2 期。

道教劝善书中的伦理思想及其教育方法，安荣，中国道教，2006 年，第 3 期。

从《录异记》看道教生态思想之特色，孙亦平，中国道教，2006 年，第 5 期。

白族民间文学与民众的道教信仰，刘红，民族艺术研究，2006 年，第 2 期。

唐代道教祥瑞神话故事的政治主题，谭敏，学术论坛（南宁），2006 年，第 11 期。

敦煌道教的世俗化之路：敦煌《发病书》研究，刘永明，敦煌学辑刊，2006 年，第 1 期。

道教研究百年的回顾与展望，卿希泰，四川大学学报，2006
年，第 4 期。

唐代爱情类传奇中出现的仙妓合流现象，崔真娥，唐代文学
研究，2006 年，第 11 辑。

"山石"与"明月"：论贾平凹小说创作的道教选择，孙溧，
柳州高等师范专科学校学报，2006 年，第 3 期。

试论明清道教与民间宗教中的女性问题，张芮菱，宁夏社会
科学，2006 年，第 5 期。

论元代道教典籍的编纂：以仙传和宫观山志为例，刘永海，
西南民族大学学报，2006 年，第 4 期。

从民间叙事文学中的道教信仰看民众的生命意识，高梓梅，
中州学刊，2006 年，第 3 期。

修真求道，否弃凡俗人生：论道教思想对《镜花缘》的影响，
马济萍，涪陵师范学院学报，2006 年，第 1 期。

镜花本空相，悟彻心无疑：《镜花缘》的道教思想再探，马济
萍，哈尔滨学院学报，2006 年，第 5 期。

从《感应篇》、《清静经》等书看道教的修炼法门，萧登福，
运城学院学报，2006 年，第 4 期。

游仙文学刍论，凌郁之，兰州学刊，2006 年，第 9 期。

关于《纯阳帝君神化妙通纪》所表现的全真教特征，森由利
亚，八仙文化与八仙文学的现代阐释——二十世纪国际八仙论丛，
吴光正主编，黑龙江人民出版社，2006 年。

明代文学中的吕洞宾形象，康豹，八仙文化与八仙文学的现
代阐释——二十世纪国际八仙论丛，吴光正主编，黑龙江人民出

版社，2006 年。

源流·版本·史诗与寓言——英译本《西游记》导论，余国藩，《红楼梦》、《西游记》与其他，李奭学编译，三联书店，2006 年。

西王母与七夕文化传承，小南一郎，中国的神话传说与古小说，小南一郎著，孙昌武译，中华书局，2006 年。

北宋何仙姑与曹仙姑，朱越利，宗教哲学，2006 年，第47 期。

芥川作品"杜子春"研究——以其原典的比较为中心，王绣线，明道通识论丛，2006 年。

仙游：全真道的求道、访道与体道，李丰楙，中国文哲研究通讯，2006 年，第16 卷第4 期。

《老子化胡经》的来龙去脉，樊光春，宗教哲学，2006 年，第36 期。

南宋白玉蟾内丹词研究，蔡岚婷，云汉学刊，2006 年，第13 期。

陆西星的丹道与易道，赖锡三，清华学报，2006 年，第36 卷第1 期。

从模糊美学看西王母神话演化历程，陈昭昭，国文学报，2006 年，第4 期。

《天妃显圣录》妈祖事迹考释，蔡相辉，台北文献，2006 年，第155 期。

以《天妃显圣录》为核心的妈祖历朝褒封考，蔡相辉，台湾文献，2006 年，第57 卷第4 期。

唐道士成玄英的重玄思想与道佛融通——以其老子疏为讨论

核心，郑灿山，台北大学中文学报，2006 年，第 1 期。

天师道授箓科仪——敦煌写本 S203 考论，吕鹏志，"中央"研究院历史语言研究所集刊，2006 年，第 77 本第 1 分。

《老子想尔注》诠释老子方法析论，李宗定，台北大学中文学报，2006 年，第 1 期。

台南地区灵宝道坛《无上九幽放赦告下真科》文检的仙曹名称与文体格式考论，谢聪辉，国文学报，2006 年，第 40 期。

《太清金液神丹经》与《马君传》，曾达辉，（台湾）清华学报，2006 年，第 36 卷第 1 期。

从魏晋南北朝志怪小说中的仙药故事看魏晋、南北朝民间信仰的变化，林玲华，东方人文学志，2006 年，第 5 卷第 4 期。

中国古代神仙思想探析，陈昭铭，语文学报，2006 年，第 13 期。

李白游仙诗中的生命反差与人间性格，林淑贞，国文学志，2006 年，第 13 期。

洪弃生游仙诗世变书写之研究，陈光莹，应华学报，2006 年，第 1 期。

形见与冥报：六朝志怪中鬼怪叙述的讽喻 ——一个"导异为常"模式的考察，刘苑如，中国文哲研究集刊，2006 年，第 29 期。

马来西亚的道教拔度仪式与目连戏，余淑娟，民俗曲艺，2006 年，第 151 期。

李白诗歌中的体道思想与审美心灵——以变化为诠释进路，张俐盈，中国文学研究，2006 年，第 23 期。

魏晋南北朝道经目录学略考，宇汝松，弘道，2006 年，第

26 期。

谈谈《金瓶梅》中的道士，黄景春，弘道，2006 年，第 26 期。

《登真隐诀》卷帙考，胡小琴，弘道，2006 年，第 27 期。

从"地仙"到"谪仙"——道教"入世"意识的强化，苟波，弘道，2006 年，第 27 期。

从葛巢甫《洞玄灵玉京山步虚经》看道教步虚词的建立，萧登福，弘道，2006 年，第 28 期。

《水浒传》中的仙道人物，黄景春，弘道，2006 年，第 28 期。

神奇的道家仙果——蟠桃，郑艳，弘道，2006 年，第 28 期。

闾丘方远与《太平经钞》，郭武，弘道，2006 年，第 29 期。

道人道教诗词和文人道教诗词，雷晓鹏，弘道，2006 年，第 29 期。

陶弘景诗文之精神境界、价值追求及影响，刘永霞，弘道，2006 年，第 29 期。

从道教神仙信仰解读《三官大帝出巡图》，张明学，弘道，2006 年，第 29 期。

论法主公与《西游记平话》，徐晓望，历史月刊，2006 年，第 226 期。

《西游原旨》中"妖魔"的内丹意涵，东华汉学，2006 年，第 4 期。

Spirits、Sex and Wealth：Fox Lore and Fox Worship in Late Imperial China，Kang Xiaofei，in *What Are the Animals to Us? Approaches from Science、Religion、Folklore and Art*，ed. David Aftandilian，University of Tennessee Press，2006.

Early Daoist Scriptures, Stephen R. Bokenkamp, *North*, 2006.

Secrecy and Display in the Quest for Transcendence in China, ca. 220 BCE – 350 CE, Robert Ford Campany, *History of Religions* 45. 4, 291—336, 2006.

Music, cosmos, and the development of psychology in early China. Brindley, E. *T'oung Pao*, 92 (1), 1—49, 2006.

The lifelong fascination of poet Biagio Marin (1891—1985) for Chinese poetry and Taoist philosophy. Bujatti, A. *Monumenta Serica*, 54 (1), 343—353, 2006.

The Cult of the Fox: Power, Gender, and Popular Religion in Late Imperial and Modern China. Clart, P. *China Review International*, 13 (1), 157—162, 2006.

A History of Court Lyrics in China during Wei—Chin Times. Goodman, H. L. *Asia major*, 57—109, 2006.

Religion and Chinese Society. Volume 2, Taoism and Local Religion in Modern China. Jochim, C. *China Review International*, 13 (1), 192—196, 2006.

Iconic events illuminating the immortality of Li Bai. Liscomb, K. *Monumenta Serica*, 54 (1), 75—118, 2006.

Criss—Cross: Introducing Chiasmus in Old Chinese Literature. McCraw, D. *Chinese Literature: Essays, Articles, Reviews*, 67—124, 2006.

Review: The Teachings and Practices of the Early Quanzhen Taoist Masters. Wang, R. G. *History of Religions*, Vol. 46, No. 1, pp. 95—98, 2006.

The Supernatural as the Author's Sphere：Jinghua Yuan's Reprise of the Rhetorical Strategies of Honglou Meng. Wang，Y. *T'oung Pao*，92 （1），129—161，2006.

Review：Classical Chinese Supernatural Fiction：A Morphological History. WHN. *Chinese Literature*：*Essays*，*Articles*，*Reviews*（*CLEAR*），Vol. 28，2006.

Daoism：The Case of Cao Tang. Owen，S. In *The Late Tang*，Brill，pp. 315—334，2006.

《汉武帝内传》的形成，小南一郎，中国的神话传说与古小说，小南一郎著，孙昌武译，中华书局，2006 年。

《神仙传》——新神仙思想，小南一郎，中国的神话传说与古小说，小南一郎著，孙昌武译，中华书局，2006 年。

《西京杂记》的传承者，小南一郎，中国的神话传说与古小说，小南一郎著，孙昌武译，中华书局，2006 年。

《西游记》的叙事结构与第九回的问题，余国藩，《红楼梦》《西游记》与其他，余国藩著，李奭学编译，三联书店，2006 年。

宗教与中国文学——论《西游记》的“玄道”，余国藩，《红楼梦》《西游记》与其他，余国藩著，李奭学编译，三联书店，2006 年。

鬼討債説話の成立と展開—我が子が債鬼であることの発見，福田素子，東京大學中國語中國文學研究室紀要，2006 年，第 9 号。

鄧志謨と醫薬文化—『鉄樹記』『飛剣記』『咒棗記』『山水争奇』を中心として，岩田和子，中國文學研究，2006 年，第 32 号。

鄧志謨の道教小説について，小野四平，奥羽大學文學部紀要，2006 年，第 18 号。

西遊記の復路，大塚秀高，中国文史論叢，2006 年，第 2 号。

隋代の道教造像，神塚淑子，名古屋大学文学部研究論集，2006 年，第 52 号。

『大洞真経』の実修における身体──『雲笈七籤』「釋三十九章経」を踏まえて，金志ゲン，東方宗教，2006 年，第 107 号。

『日書』における禹歩と五畫地の再検討，大野裕司，東方宗教，2006 年，第 107 号。

「蟠璃（※璃は虫へん）紋白鏡」の銘文と「楚辞」，石川三佐男，東方宗教，2006 年，第 108 号。

『山海経』五臓山経の天下・国・邑，竹内康浩，東方宗教，2006 年，第 108 号。

志怪中所表現的酒與想像力，金芝鮮，道教文化研究，第 24 輯，2006 年。

資料：封神演義研究論文・研究書目録（初稿）－『封神演義』研究の5，遊佐徹，『中国文史論叢』，2：161—171，2006 年。

2007 年

道情戏中韩湘子故事的发展与传播，山下一夫，中华戏曲，2007 年，第 1 期。

显山露水：文学性生成与先秦儒道墨三家，许劲松、李凯，四川理工学院学报，2007 年，第 1 期。

佛经与《列仙传》之关系辨，李渝刚，康定民族师范高等专科学校学报，2007 年，第 3 期。

黄周星生平史料的新发现，陆勇强，暨南学报，2007 年，第 5 期。

虞集《〈西游记〉序》考证，石钟扬，明清小说研究，2007 年，第 4 期。

《说唐全传》与天地会，万晴川，淮阴师范学院学报，2007 年，第 5 期。

论无名氏《清静经注》对唐宋小说的继承与改造，周西波，世界宗教学刊，2007 年，第 9 期。

饮食、死亡与叙事，田晓菲，尘几录——陶渊明与手抄本文化研究，中华书局，2007 年。

《西游记》的儒释道文化解读，黄卉，名作欣赏，2007 年，第 24 期。

《西游记》对佛道典籍的袭用现象，郭健，求索，2007 年，第 1 期。

《周易》爻辞的押韵特点，徐山，中国韵文学刊，2007 年，第 1 期。

春秋鬼神与鬼神显灵，陈筱芳，中国俗文化研究（第 4 辑），巴蜀书社，2007 年。

庄子的神明思想与韩人的山神信仰，金白铉，中国俗文化研究（第 4 辑），巴蜀书社，2007 年。

论儒道释对关羽的神化，崔文魁，中国俗文化研究（第 4 辑），巴蜀书社，2007 年。

中国民间信仰中的梓潼神，景志明、张泽洪，中国俗文化研究（第 4 辑），巴蜀书社，2007 年。

梓潼文昌帝君感应故事辑考，蒋宗福，中国俗文化研究（第4辑），巴蜀书社，2007年。

任风子杀子与马致远的精神世界，张付明，阅读与写作，2007年，第7期。

先秦两汉史料中的日神神话与东王公信仰探述，萧登福，世界宗教学刊，2007年，第10期。

《真诰》与唐诗，赵益，中华文史论丛第86辑，上海古籍出版社，2007年。

白玉蟾交游论考——丹道南宗传道对象分析，曾金兰，世界宗教学刊，2007年，第10期。

唐人小说所反映之魂魄义，黄东阳，新世纪宗教研究，2007年，第5卷第4期。

民间宗教天书训文初探，林荣泽，新世纪宗教研究，2007年，第5卷第4期。

《神仙传》之作者与版本考，裴凝著，卞东波译，古典文献研究（第10辑），凤凰出版社，2007年。

书评：《道藏通考》，赵益，古典文献研究（第10辑），凤凰出版社，2007年。

司马相如道家思想的来源及表现，赵雷，邯郸学院学报，2007年，第1期。

汉初经学与早期道教生命理念的异同——《韩诗外传》、《神仙传》生死考验故事研究，于淑娟，河南师范大学学报，2007年，第1期。

试析中国古典神话的道教化现象，宁胜克，郑州大学学报，2007年，第2期。

论中国古代仙缘小说的衍变，赫广霖，杭州电子科技大学学报，2007 年，第 2 期。

浅析道教"仙话"《续仙传》的伦理美学思想，李裴，宗教学研究，2007 年，第 2 期。

《玄怪录》中的宗教主题及艺术特色，王光容，西南农业大学学报，2007 年，第 1 期。

论道家美学与传统艺术精神——兼论李白诗风，梁存发，甘肃社会科学，2007 年，第 2 期。

《汉志》著录之小说家《封禅方说》等四家考辨，王齐洲，兰州大学学报，2007 年，第 5 期。

先秦时期南北宗教的差异及其对文学风格的影响——从《诗经》《楚辞》中的祭祀诗来观照，蔡凌，史志学刊，2007 年，第 3 期。

一曲圣物祭祀的歌舞礼辞——《诗经·螽斯》中六个重言词的解析，季康华，阜阳师范学院学报，2007 年，第 3 期。

一面唐代神仙人物镜考，衡云花，华夏考古，2007 年，第 3 期。

葛洪卒年考，丁宏武，宗教学研究，2007 年，第 2 期。

李季兰诗歌的道家审美创作意蕴，张介凡、蔡振雄，广西社会科学，2007 年，第 6 期。

神话隐语与天道模式——"黄帝四面"之谜的再解读，张和平，北京师范大学学报，2007 年，第 4 期。

《楚辞》《山海经》灵巫之互证——《楚辞》《山海经》神话比较研究之四，纪晓建，社科纵横，2007 年，第 5 期。

《楚辞》《山海经》鲧神话差异的文化成因，纪晓建，南通大学学报，2007 年，第 4 期；高等学校文科学术文摘，2007 年，第 5 期。

古代戏曲中的宗教剧及其特点，郑传寅，中国文化研究，2007 年，第 4 期。

论《高唐赋》、《神女赋》中的"高唐神女"形象，胡兴华，边疆经济与文化，2007 年，第 10 期。

论《庄子》道学中的文艺思想，庄大钧，管子学刊，2007 年，第 3 期。

浅谈儒道思想对我国古代诗人的影响，田俊萍，太原理工大学学报，2007 年，第 4 期。

神秘感的强化、宗教感的弱化——论古代神怪小说的历史变迁，朱占青，广东海洋大学学报，2007 年，第 5 期。

楚辞、汉赋中巫之称谓及巫风盛行原因，陈金刚、李倩，江汉论坛，2007 年，第 12 期。

论杜甫的道家、道教思想，鲁克兵，玉溪师范学院学报，2007 年，第 11 期。

从"地府"到"地狱"——论魏晋南北朝鬼话中冥界观念的演变，韦凤娟，文学遗产，2007 年，第 1 期。

从神话女神到道教女仙——论西王母形象的演变，罗燚英，中山大学研究生学刊，2007 年，第 2 期。

论《华阳颂》与《真诰》的关系，李秀花，西南交通大学学报，2007 年，第 1 期。

论鲁迅对道家的拒绝——以《故事新编》的相关小说为中心，高远东，中国现代文学研究丛刊，2007 年，第 1 期。

戴望舒与道家文化，刘保昌，西南大学学报，2007 年，第

6 期。

原始宗教与中国古代农事诗的起源，罗丽，北京理工大学学报，2007 年，第 1 期。

占卜与叙事：中国古代小说叙事文化学研究，孙福轩，广州大学学报，2007 年，第 6 期。

道教与文学：从《墉城集仙录》之女仙形象及女仙崇拜谈起，刘子芳，沧桑，2007 年，第 6 期。

宗教与民间文学的互用，左尚鸿，中南民族大学学报，2007 年，第 1 期。

中国文学中的道教思想对日本文学的影响，刘艳、孙维才，求索，2007 年，第 3 期。

试论庄子对桐城派文学主张形成的影响，姚曼波，江苏教育学院学报，2007 年，第 2 期。

得意忘言：作为民族文学鉴赏的一种方法与境界，周甲辰，唐都学刊，2007 年，第 2 期。

评蒋振华《汉魏六朝道教文学思想研究》，张毅，云梦学刊，2007 年，第 1 期。

悲情体验中的精神守望——揭傒斯道教文学创作倾向散论，罗耀松，郧阳师范高等专科学校学报，2007 年，第 4 期；弘道，2007 年，第 31 期。

神仙说与中国古代小说，于民雄，贵州文史丛刊，2007 年，第 1 期。

从古代神仙体系构建的历程看小说之功，陈敏，沧桑，2007 年，第 1 期。

中国古代战争小说与汉民族宗教意识，陈颖，福建师范大学学报，2007 年，第 3 期。

西王母及其神话流变的深刻内涵，闫红艳，东疆学刊，2007年，第 3 期。

从庄子之"游"到道教"游仙"的审美意蕴，阳淼、田晓膺，海南大学学报，2007 年，第 1 期。

《列仙传》成书时代考，陈洪，文献，2007 年，第 1 期。

汉初经学与早期道教生命理念的异同：《韩诗外传》、《神仙传》生死考验故事研究，于淑娟，河南师范大学学报，2007 年，第 1 期。

魏晋游仙诗艺术论，储晓军，西南交通大学学报，2007 年，第 1 期。

从魏晋游仙诗的发展看"人的觉醒"，胡培培，湖北社会科学，2007 年，第 7 期。

中古挽歌诗的起源及形态简论，崔志伟，太原师范学院学报，2007 年，第 3 期。

郭璞笔下的河东历史风貌，张莉，运城学院学报，2007 年，第 3 期。

葛洪《神仙传》创作理论考源：以《左慈传》为考察中心，何剑平，四川大学学报，2007 年，第 1 期。

庾信《步虚词》的宗教渊源及其文学特点，樊昕，南京师范大学文学院学报，2007 年，第 2 期。

论庾信"道士步虚词十首"的道曲渊源与文人化特点，王志清，山西师范大学学报，2007 年，第 3 期。

曹操游仙诗对秦汉同类诗歌的超越，李玉英，滨州学院学报，2007 年，第 4 期。

论曹植神仙方术观的分期与特征，王保国，阴山学刊，2007年，第2期。

唐前游仙题材的流变与理性意识的成长，赵雷，中国矿业大学学报，2007年，第1期。

蓬莱阙下长相忆：唐代诗人与天台道士的交往，陈再阳，东疆学刊，2007年，第2期。

道教文化与唐代茶诗，温孟孚、关剑平，浙江树人大学学报，2007年，第4期。

试论唐代文人游仙诗仙人意象类型，荣海涛，宁波职业技术学院学报，2007年，第1期

唐五代词中的道教文化情结，晁成林，温州大学学报，2007年，第1期。

唐代佛道二教对侠义小说的影响，尹丽丽，徐州工程学院学报，2007年，第1期。

论唐代小说中的道教食色文化，李春辉，广播电视大学学报，2007年，第2期。

从唐代道教小说看唐代的佛道之争，徐辉，哈尔滨学院学报，2007年，第1期。

吴筠游仙诗中的"逍遥"美，罗明月，语文知识，2007年，第2期。

论吕洞宾诗歌与道教文化，张永芳，文化学刊，2007年，第4期。

跨越时空的艺术碰撞：《枕中记》《南柯太守传》与《九云梦》创作之比较，王红梅，焦作高等师范专科学校学报，2007年，第1期。

李杜思想与创作受道教文化影响之表现及其意义，徐希平，杜甫研究学刊，2007 年，第 2 期。

取象与存思：李白诗歌与上清派关系略探，李小荣、王镇宝，福建师范大学学报，2007 年，第 2 期。

道教清境与李白的飘逸诗风，杨晓霭，宁夏师范学院学报，2007 年，第 1 期。

挥斥幽愤，神游八极：李白入朝前后游仙诗述评，刘和椿，绵阳师范学院学报，2007 年，第 1 期。

郭璞李白游仙诗比较，刘润芳、于晓蛟，中国海洋大学学报，2007 年，第 4 期。

一次道家思想文化支配下的精神历险：《梦游天姥吟留别》的道学渊源与解读，王本志，现代语文，2007 年，第 10 期。

刘辰翁词作的遗民心态与佛道思想，顾宝林，江西社会科学，2007 年，第 1 期。

南宋方外词人白玉蟾略论，王丽燁，乐山师范学院学报，2007 年，第 1 期。

浅谈元散曲中的道情散曲，张代会，太原大学教育学院学报，2007 年，第 1 期。

不对称的双重时间：元代道教度脱剧的时空体形式，黄健，东方丛刊，2007 年，第 2 期。

文化社会学视角下的萨都剌道教诗歌探析，龚世俊，宁夏大学学报，2007 年，第 1 期。

有情无情：佛道渗透中的沉沦与超越，洪涛，内蒙古社会科学，2007 年，第 1 期。

以四大名著为例分析道教在古典小说中的渗透，方亮，山西农业大学学报，2007 年，第 1 期。

道姑耶？尼姑耶？——佛道相混话妙常，杨敬民，名作欣赏，2007 年，第 6 期。

试论《三国志演义》的儒道互补思想，鲁歆恺，常熟理工学院学报，2007 年，第 1 期。

《西游记》的道教养生阐释，谢南斗，中国文学研究，2007 年，第 2 期。

澳籍华裔学者柳存仁先生近年《西游记》研究述评，胡义成，河北师范大学学报，2007 年，第 4 期。

《西游记》的作者肯定不是吴承恩：近年国外关于《西游记》定稿者讨论的述评，胡义成，唐山师范学院学报，2007 年，第 1 期。

《西游记》主旨研究的新视角：元代"丹学"：《西游记》创作史研究系列文章之一，胡义成，华北电力大学学报，2007 年，第 1 期。

从《醒世姻缘传》看明清佛道文化的财色化，朱旭，现代语文，2007 年，第 16 期。

儒念根深、释道并用：清初诗人宋琬思想解析，朱玲玲，滨州学院学报，2007 年，第 1 期。

浅议《聊斋志异》三教合一的天道观，尹祚鹏，蒲松龄研究，2007 年，第 1 期。

陆修静道经分类中的文学观念和文体义界：兼及与《文心雕龙》的关系，蒋振华、段祖青，中国文学研究，2007 年，第 2 期。

道教文化对《红楼梦》的影响，宋悦魁，名作欣赏，2007 年，第 9 期。

老子的神化与神话的老子，谭敏，北京化工大学学报，2007年，第3期。

宗教与文学的玄想契合：论上清道修炼方式对魏晋南北朝文学思想的影响，蒋振华，南开学报，2007年，第5期。

浅析《文选》中的挽歌诗，张筝，海南广播电视大学学报，2007年，第3期。

薤上朝露何易晞，蒿里千载有余哀：从挽歌的角度看《薤露》《蒿里行》的演变，杜瑞平、刘硕，中北大学学报，2007年，第5期。

"仙"与"玄"的二重变奏：郭璞《游仙诗》探析，梅国宏，三明学院学报，2007年，第3期。

王维诗与儒释道，郑德开，楚雄师范学院学报，2007年，第8期。

《儒林外史》的宗教叙事与士风描写，吴光正，黑龙江社会科学，2007年，第5期。

巫术与中国文学的起源，王少良、李守亭，学术论坛，2007年，第10期。

曹植诗歌中的泰山情结，刘宝，九江学院学报，2007年，第5期。

论《楚辞》的神游与游仙，陈洪，文学遗产，2007年，第6期。

从阮籍与嵇康游仙诗的比较看魏晋士人的理想人格建构，王保兴，信阳农业高等专科学校学报，2007年，第4期。

陶渊明与道教之关系，刘敏，四川教育学院学报，2007年，第11期。

晚唐诗人曹唐及其游仙诗研究综述，金丙燕，呼伦贝尔学院学报，2007年，第5期。

论儒、道、释文化对《牡丹亭》艺术境界的建构，杨玉军，呼伦贝尔学院学报，2007年，第5期。

神道设教：明清章回小说叙事的民族传统，吴光正，文艺研究，2007年，第12期。

游仙中的咏怀与咏怀中的游仙：兼论中国古典诗歌的言志抒情性，龚玉兰，求索，2007年，第11期。

游仙诗的盛衰变化与个体生命意识的演进，赵雷，西华大学学报，2007年，第6期。

略论《南柯太守传》中的道家文化，王敏，淮阴工学院学报，2007年，第6期。

论六朝时代"妖怪"概念之变迁：从《搜神记》中之妖怪故事谈起，彭磊，海南大学学报，2007年，第6期。

论李商隐的女冠诗，易明珍、邹婷，南昌大学学报，2007年，第6期。

探寻迷失的古道荒径：金元新道教与《西游记》成书之关系，王增斌，明清小说研究，2007年，第4期。

成长与救赎：《西游记》主题新解，王纪人，江西社会科学，2007年，第12期。

郑板桥与儒释道，郑德开，楚雄师范学院学报，2007年，第12期。

《神仙传》之作者与版本考，裴凝著、卞东波译，古典文献研究，2007年，第10辑。

The Taoist Canon：A Historical Companion to the Daozang

（Daozang tongkao 道藏通考），赵益，古典文献研究，第 10 辑，2007 年。

陶渊明天师道信仰考辨，柏俊才，山西大学学报，2007 年，第 5 期。

从"老子"题材绘画作品诠释道教信仰，张明学，世界宗教文化，2007 年，第 2 期。

敦煌写本中所见道教《十戒经》传授盟文及仪式考略——以 P. 2347 敦煌写本为例，吴羽，敦煌研究，2007 年，第 1 期。

虞集与元代南方道教的密切关系及其原因，姬沈育，郑州大学学报，2007 年，第 6 期。

道教内丹诗词的美学分析，袁合川、雷晓鹏，宗教学研究，2007 年，第 4 期。

句曲洞天：公元四世纪上清道教的度灾之府，赵益，宗教学研究，2007 年，第 3 期。

元代道教史籍体裁论略，刘永海，晋阳学刊，2007 年，第 4 期。

《西游记》与道教文化，隋国庆，中国宗教，2007 年，第 10 期。

道教科仪音乐的宗教功能，傅利民，中国音乐，2007 年，第 1 期。

道教与唐传奇中梦的意象，刘敏，北京化工大学学报，2007 年，第 4 期。

《敦煌道教文献研究·目录》补正，王卡，敦煌学辑刊，2007 年，第 3 期。

道教山水悟道诗的宗教思想探源，田晓膺、阳淼，西南交通大学学报，2007 年，第 1 期。

《西游记》的宗教叙事与孙悟空的三种身份，吴光正，学术交流，2007 年，第 11 期。

叙述·仪式·功能：谪仙结构与晚清溢美型狭邪小说，许建中、仇昉，北方论丛，2007 年，第 5 期。

白玉蟾杂记类散文特色简论，马石丁，泰安教育学院学报岱宗学刊，2007 年，第 3 期。

略谈道教对西王母的崇拜，张金涛、徐才金，中国道教，2007 年，第 1 期。

从文言到白话看"三言"作品中的道教，张丽荣，理论界，2007 年，第 3 期。

论道教文化对李渔戏曲活动的影响，胡中山，艺术百家，2007 年，第 3 期。

弘、正士人与道教：以诗人郑善夫为例，蔡一鹏，浙江社会科学，2007 年，第 5 期。

试论五代西蜀词的道教因素，刘斌，名作欣赏，2007 年，第 8 期。

道教步虚词及其对文人创作的影响，蒋振华，社会科学研究，2007 年，第 4 期。

试析清代的《西游记》道教评点本，胡淳艳，宗教学研究，2007 年，第 1 期。

浅析道教"仙话"《续仙传》的伦理美学思想，李裴，宗教学研究，2007 年，第 2 期。

《抱朴子内篇》的神仙道教理论综述，崔文静，重庆科技学院学报，2007 年，第 6 期。

论道教传播对唐女侠形象建构的影响，乔孝冬、张文德，盐城师范学院学报，2007年，第6期。

从武当山元代碑刻看道教文化的流变，罗耀松，湖北社会科学，2007年，第6期。

论唐代仙道小说中的道教食色文化，李春辉，广播电视大学学报，2007年，第2期。

试析中国古典神话的道教化现象，宁胜克，郑州大学学报，2007年，第2期。

中国文学中的道教思想对日本文学的影响，刘艳、孙维才，求索，2007年，第3期。

基督教赞美诗与道教道诗中的"神"与"人"，余虹，四川师范大学学报，2007年，第1期。

二十世纪"道教与古代文学"研究的历史进程，吴光正，文学评论丛刊，2007年。

点校本《云笈七签》商补续：兼论道教典籍的整理，周作明，图书馆杂志，2007年，第2期。

论元代道教典籍的抄写与刊刻：以仙传和宫观山志为例，刘永海、肖蔚寅，图书馆理论与实践，2007年，第4期。

道教神仙信仰影响下的嫦娥奔月神话之演变，赵红，中南民族大学学报，2007年，第4期。

从《太平经》到《九幽忏》：简论道教忏仪思想及其心理意义，姚冰，四川师范大学学报，2007年，第4期。

从六朝故事看道教与佛教进入地方社会的不同策略，吴真，河南教育学院学报，2007年，第3期。

论中古文学创作论对道教卫生学的融摄，万德凯，宗教学研究，2007 年，第 1 期。

身即腾腾处世间，心即逍遥出天外：唐代道教山水悟道诗的审美之乐，田晓膺，宗教学研究，2007 年，第 1 期。

浅谈江西赣南道教歌舞的审美意蕴与客家文化特征，傅丽、陈宾茂，北京舞蹈学院学报，2007 年，第 1 期。

济物利人，和谐共生：从《王魏公集》看宋代社会的道教文化，杨安邦，中国道教，2007 年，第 2 期。

补充和换位：早期道教神祇发展中的一个环节：论西王母仙化和泰山神灵信仰的兴起，曾祥旭，湖北民族学院学报，2007 年，第 5 期。

牧女与蚕娘，桀溺，载法国汉学家论中国文学——古典诗词，钱林森编，外语教学与研究出版社，2007 年。

相术中的寿相与神仙之相——以《神相全编》一书为主，李家恺，新北大史学，2007 年。

海峡两岸"道教文学"研究资料（1926—2005）概况简析，赖慧玲，成大宗教与文化学报，2007 年，第 8 期。

黄元吉的仙道超越思想：以《乐育堂语录》为主的研究，李丽凉，文与哲，2007 年，第 10 期。

台湾地区的道教研究综论及书目（1945—2000），林富士，古今论衡，2007 年，第 16 期。

《金莲正宗仙源像传》叙述分析，张美樱，研究与动态，2007 年，第 15 期。

道教仙传中的黄帝，郑素春，辅仁宗教研究，2007 年，第 14 期。

光、死亡与重生——王重阳内丹密契经验的内涵特质，萧进铭，清华学报，2007 年，第 37 卷第 1 期。

圣典与传译——六朝道教经典中的《翻译》，谢世维，中国文哲研究集刊，2007 年，第 31 期。

不系之舟：吴镇及其"渔父图卷"题词，衣若芬，思与言，2007 年，第 45 卷第 3 期。

牧女与蚕娘，桀溺，法国汉学家论中国文学——古典诗词，钱林森编，外语教学与研究出版社，2007 年。

仙乡、帝乡、梓乡：崔颢《黄鹤楼》新诠，陈一弘，东华汉学，2007 年，第 6 期。

宗教与非宗教的共构——论神仙文学之创作，林雪铃，应华学报，2007 年，第 2 期。

"游历仙境"在明清家将小说中的运用探析，张清发，台中教育大学学报：人文艺术类，2007 年，第 21 卷第 1 期。

《全唐诗》关于天坛与罗浮山之诗作探析，林明珠，花大中文学报，2007 年，第 2 期。

误入与游历——宋传奇《王榭》仙乡变型例探究，黄东阳，兴大人文学报，2007 年，第 39 期。

暴力叙述与谪凡神话：中国叙事学的结构问题，李丰楙，中国文哲研究通讯，2007 年，第 3 期。

题名、辑佚与复原：《玄中记》的异世界构想，刘苑如，中国文哲研究集刊，2007 年，第 31 期。

唐人小说中的"桃花源"主题研究，廖珮芸，东海中文学报，2007 年，第 19 期。

唐人小说所反映之魂魄义，黄东阳，新世纪宗教研究，2007 年，第 4 期。

仙乡、帝乡、梓乡：崔颢《黄鹤楼》新诠，陈一弘，东华汉学，2007 年，第 6 期。

断欲成仙与因爱毁道——论唐传奇《杜子春》的试炼之旅，赖芳伶，东华汉学，2007 年，第 6 期。

《黄粱梦》中的过渡仪式，王湘雯，台艺戏剧学刊，2007 年，第 3 期。

《西游记》中的神仙道士，黄景春，弘道，2007 年，第 30 期。

试析《聊斋志异》中的道士形象，袁实秋，弘道，2007 年，第 30 期。

《封神演义》中的仙道人物，黄景春，弘道，2007 年，第 31 期。

The Performance of Writing in Western Zhou China, Martin Kern, in *The Poetics of Grammar and the Metaphysics of Sound and Sign*, ed. S. La Porta and D. Shulman, Leiden：Brill, 2007.

Li Bai、Huang Shan and Alchemy, Stephen R. Bokenkamp, *T'ang Studies* 25, 2007.（李白、黄山与炼丹术，柏夷，道教研究论集，中西书局，2015 年）

Des résonances mythiques du Zhuangzi et de leur fonction, Jean Lévi, in *Approches critiques de la mythologie chinoise*, ed. Charles Le Blanc Rémi Mathieu, Montréal：Presses Universitaires de Montréal, 2007.

Le manuscrit Stein 4226 *Taiping* bu juan di er dans l'histoire du taoïsme médiéval, Grégoire Espesset, in *études de Dunhuang et Turfan*, ed. Jean—Pierre Drège Olivier Venture, Geneva：Droz, 2007.

The Old Lord's Scripture for the Chanting of the Commandments, John

Lagerwey, in *Purposes*, *Means and Convictions in Daoism*: *A Berlin Symposium*, ed. *Florian Reiter*, *Wiesbaden*: *Harrassowitz Verlag*, 2007.

James Watson, Orthopraxy revisited, *Modern China*, 33: 154, 2007.

The Moon Stopping in the Void: Daoism and the Literati Ideal in Mirrors of the Tang Dynasty (618—907), Suzzane Cahill, in *Bulletin of the Cleveland Museum of Art*, ed. Claudia Brown, 2007.

Daoism and the Birth of Rebirth in China, Stephen R. Bokenkamp, *Ancestors and Anxiety* 15. 1, 2007.

Daoist Transcendence and Tang Literati Identities in *Records of Mysterious* by Niu Sengru (780—848), Sing—chen Lydia Chiang, *Chinese Literature*: *Essays*, *Articles*, *Reviews* 29, 2007.

Classical Chinese Supernatural Fiction: A Morphological History. Altenburger, Roland. *Asian Folklore Studies* 66: 265—67, 2007.

Review: Text and ritual in early China. Bruya, B. J. *China Review International*, Vol. 14, No. 2, pp. 338—354, 2007.

Daoist Transcendence and Tang Literati Identities in "Records of Mysterious Anomalies" by Niu Sengru (780—848). Chiang, S. —c. L. *Chinese Literature*: *Essays*, *Articles*, *Reviews*, 1—21, 2007.

Review: Daoism explained: from the dream of the butterfly to the fishnet allegory. Defoort, C. *China Review International*, Vol. 14, No. 1, pp. 179—186, 2007.

Burning Incense at Night: A Reading of Wu Yueniang in "Jin Ping Mei". He, J. *Chinese Literature*: *Essays*, *Articles*, *Reviews* (*CLEAR*), 29, 85—103, 2007.

Encountering Evil: Ghosts and Demonic Forces in the Lives of the

Song Elite. Hsien—huei, L. *Journal of Song—Yuan studies*（37），89—134，2007.

Classical Chinese Supernatural Fiction: A Morphological History. Huntington, R. *China Review International*, 14（1），307—312，2007.

Review: Hong Mai's Record of the Listener an Its Song Dynasty Context. Huntington, R. *Chinese Literature: Essays, Articles, Reviews*（*CLEAR*），Vol. 29，pp. 171—178，2007.

Memory, Mourning, and Genre in the Works of Yu Yue. Huntington, R. *Harvard Journal of Asiatic Studies*, 253—293，2007.

A Textual History of Hong Mai's Yijian zhi. Inglis, A. *T'oung Pao*, 93（4），283—368，2007.

The Lecherous Holy Man and the Maiden in the Box. Reed, C. E. *Journal of the American Oriental Society*, 127（1），41—55，2007.

"Hide—and—Seek" —On the Reclusion and Political Activism of the Mid—Tang "Yinshi"（"Hermit"）Fu Zai. Wong, K. —Y. *Oriens Extremus*, 46，147—183，2007.

Making Claims about Standardization and Orthopraxy in Late Imperial China: Rituals and Cults in the Fuzhou Region in Light of Watson's Theories, Michael Szonyi, *Modern China*, 33：1，47—71，2007.

Orthopraxy and Heteropraxy beyond the state: standardizing ritual in Chinese society, Paul R Katz, *Modern China*, 33：72，2007.

安堅「夢遊桃花源図」と「桃花源記」，三浦國雄，國學院中国學會報，2007 年，第 53 号。

仙穴考－『列仙伝』刊子の事例を中心として，大形徹，人文學論集，2007 年，第 25 号。

『封神演義』の簡本について，尾崎勤，汲古，2007 年，第 51 号。

清代における金蓋山龍門派の成立と『金華宗旨』，莫妮卡，中国宗教文獻研究，京都大學人文科學研究所編，臨川書店，2007 年。

儀禮のあかり―陸修靜の齋における影響，傅飛嵐，中国宗教文獻研究，臨川書店，2007 年。

天尊像・元始天尊像の成立と霊宝経，神塚淑子，名古屋大學中国哲學論集，2007 年，第 6 号。

中国の死生観に外国の図像が影響を与えた可能性について――馬王堆帛畫を例として，大形徹，東方宗教，2007 年，第 110 号。

2008 年

道教科仪中的公牍文体略论，成娟阳，中国文化研究，2008 年夏之卷。

作为匹夫的玄圣素王――谶纬文献中的孔子形象与思想，徐兴无，古典文献研究，2008 年，第 11 辑。

宋代鼓子词与道情关系刍论，张泽洪，新国学，2008 年 6 月，第 7 卷。

地下主者・冢讼・酆都六天宫及鬼官――《真诰》冥府建构

的再探讨，赵益，古典文献研究，2008 年，第 11 辑。

《瘗鹤铭》疑似晚唐皮日休作说补苴，陶喻之，古典文献研究，2009 年，第 12 辑。

《夷坚志》佚文补正，赵章超，古典文献研究，2009 年，第 12 辑。

续论"泰山治鬼"说与中国冥府的形成与演变，栾保群，新国学，2008 年 6 月，第 7 卷。

道教仙传编纂之历史分期，刘云伟、刘永海，唐山师范学院学报，2008 年，第 1 期。

传北宋武宗元《朝元仙仗图》主神组合考释：兼论其与唐宋道观殿堂壁画的关联，吴羽，故宫博物院院刊，2008 年，第 1 期。

论儒释道三教在孟浩然思想中的圆融统一，时兰花，柳州高等师范专科学校学报，2008 年，第 1 期。

从孙悟空的经历看《西游记》中佛与道的辩证关系，李棘，沈阳大学学报，2008 年，第 4 期。

汉晋时期青州地区的宗教活动与民间传说，王青，中国俗文化研究（第 5 辑），巴蜀书社，2008 年。

宁都道情概观，曾习华，中国音乐学，2008 年，第 3 期。

古代神魔小说中的宝瓶崇拜及其佛道渊源，刘卫英，东北师范大学学报，2008 年，第 1 期。

试论元明神仙道化剧的宗教意蕴，吴光正，长江学术，2008 年，第 1 期。

中古诗歌中的山水幻境与游仙踪影，朱立新，上海师范大学学报，2008 年，第 1 期。

宋代鼓子词与道情关系刍论，张泽洪，新国学（第 7 卷），巴蜀书社，2008年。

从神仙到圣人——罗念庵的修持经验、文学表达与身份认同，许蔚，新国学（第11卷），巴蜀书社，2008年。

《聊斋志异》的"食秽"故事与道教母题，董恬，新国学（第15卷），巴蜀书社，2008年。

中国戏剧在道教、佛教仪式的基础上产生的途径，田仲一成，人文中国学报（第14期），上海古籍出版社，2008年。

宗教中的女神——基督教圣母与道教西王母的演变崇拜，李彧，美术大观，2008年，第6期。

唐五代道教通俗讲经活动与遗存，郑阿财，敦煌语言文学研究的历史、现状和未来——纪念周绍良先生仙逝三周年学术研讨会，甘肃敦煌学研究会、敦煌研究院，2008年。

论当代小说中的宗教文化现象，唐世贵，中国新时期文学30年国际学术研讨会暨中国当代文学研究会第15届学术年会论文摘要集，中国当代文学研究会、山东师范大学文学院，2008年。

先秦文学生命的起源及其文质观探微，王志军，邢台学院学报，2008年，第1期。

穆天子与汉武帝西行传说的文化意义，陈敏，语文学刊，2008年，第5期。

古代神话的生死观念与中华民族的生命精神，金荣权，中州学刊，2008年，第3期。

"灵宝赤帝炼度五仙安灵镇神三炁天文"略考，田苗苗，中华文化论坛，2008年，第1期。

曹唐大游仙诗的文学价值，辛鑫，现代语文，2008年，第5期。

略论姜夔对道家审美意趣的接受与表现，陈中琴，现代语文，2008 年，第 6 期。

文献所载唐宋时代"朝元图"考略，吴羽，美术研究，2008 年，第 3 期。

河北中山王刘畅墓出土玉座屏及"西王母"图像考，徐琳，中原文物，2008 年，第 1 期。

图画崇拜与画中人母题的佛经渊源及仙话意蕴，王立，南开学报，2008 年，第 3 期。

《山海经》的长生思想略论，涂晓燕、杨淇钧，绵阳师范学院学报，2008 年，第 4 期。

《周易》的艺术精神，郭建平，开封教育学院学报，2008 年，第 2 期。

薛涛与黄真伊比较研究，禹尚烈，中央民族大学学报，2008 年，第 5 期。

浅析《水浒传》与道家思想的内在联系，王福平、魏铃、孙春燕等，内江师范学院学报，2008 年，第 23 卷增刊。

性功修炼与《西游记》的叙事架构，吴光正，北方论丛，2008 年，第 1 期。

《左传》"迷信现象"价值略论，张海涛，绥化学院学报，2008 年，第 5 期。

信仰：《诗经》价值系统的重要维度，张立新，云南民族大学学报，2008 年，第 1 期。

唐代女神、女仙小说及其世俗化倾向研究，胡璟、邸小平，殷都学刊，2008 年，第 2 期。

女娲神话的原型意义，汪聚应、霍志军，甘肃社会科学，2008

年，第 5 期。

变形神话折射的生命观，李玥，长春师范大学学报，2008 年，第 9 期。

中国古代神话死亡读解，闫德亮，郑州大学学报，2008 年，第 6 期。

神秘思维向诗国文化的转化——论兴诗与《周易》之关系，熊建军，石河子大学学报，2008 年，第 4 期。

道家与汉代文学的游心之境，陈斯怀，兰州大学学报，2008 年，第 5 期。

《淮南子》中的神游意象，杜绣琳，北方论丛，2008 年，第 5 期。

《淮南子》融合老庄的思想及其后世影响，徐飞，石河子大学学报，2008 年，第 4 期。

秦罗敷盛装采桑探因，陈如毅，荆楚学刊，2008 年，第 4 期。

魏晋南北朝小说中的洞窟仙境意象，甘忠宝，重庆电子工程职业学院学报，2008 年，第 3 期。

郭璞葛洪散文学合论，罗书华，广西社会科学，2008 年，第 8 期。

唐人慕道与"桃源"意象之仙化，卢晓河，兰州大学学报，2008 年，第 5 期。

论李白的巫山神女诗，张文进，重庆第二师范学院学报，2008 年，第 5 期。

论李贺"神弦"诗对汉魏六朝《神弦歌》的继承与发展，王天觉，乐山师范学院学报，2008 年，第 10 期。

巫术、祭祀与先秦诗歌，朱万东，内蒙古电大学刊，2008 年，第 11 期。

论《左传》中童谣类繇辞的发生机制，舒大清，湖北师范学院学报，2008 年，第 6 期。

十五游神仙，仙游未曾歇——李白的道缘与游仙诗境，李喜燕，中国道教，2008 年，第 5 期。

《搜神记》巫术灵物的文化意蕴，马得禹，甘肃联合大学学报，2008 年，第 6 期。

道教神仙故事中的"食秽"魔考，陈器文，百色学院学报，2008 年，第 6 期。

曹植诗歌中佛道精神的文人化，季艳茹，现代语文，2008 年，第 11 期。

试析宋代文人神仙诗咏的心灵世界，沈杰，广西大学学报，2008 年，第 6 期。

从《黄粱梦》看马致远"神仙道化"剧的文化意义，王鑫，湖南工业职业技术学院学报，2008 年，第 4 期。

人我是非，神仙度人——马致远神仙道化剧浅析，张莹，戏剧之家，2008 年，第 1 期。

明内廷神仙剧研究，郑莉，内蒙古社会科学，2008 年，第 1 期。

元明时期道教道情的传播及其影响——以元明杂剧小说中的唱道情为中心，张泽洪，四川大学学报，2008 年，第 1 期。

试论宋代文人神仙诗咏的心灵世界，沈杰，广西大学学报，2008 年，第 6 期。

关于文学作品中"魂与身"模式故事的文化阐释，张倩，重庆文理学院学报，2008 年，第 5 期。

曹丕的宗教意识与文学观念，刘敏，宗教学研究，2008 年，第 3 期。

人生如梦思想的审美内蕴，刘敏，天府新论，2008 年，第 6 期。

道家文化资源与女性和谐人生——论女性创作的道家思想传承与文化启迪，张岚，浙江社会科学，2008 年，第 11 期。

论中国现代文学中自然人性的基本内涵，周睿、王玉林，邵阳学院学报，2008 年，第 4 期。

论林语堂的宗教文化思想与文学创作，刘勇、杨志，中国现代文学研究丛刊，2008 年，第 4 期。

魏晋南北朝"仙话"的文化解读：关于超越生死大限的话语表述，韦凤娟，文学遗产，2008 年，第 1 期。

《名媛诗归》与中晚唐女冠诗：兼论李冶、鱼玄机的诗歌特色，洪彦龙，太原师范学院学报，2008 年，第 1 期。

韩愈《师说》与道典关系略说，李小荣，广州大学学报，2008 年，第 2 期。

元白情诗与道教之关系，张振谦，语文学刊，2008 年，第 1 期。

"内丹"道派与《西游记》在清代的文本阐释，王冉冉，华东师范大学学报，2008 年，第 1 期。

论道教"存思"与古代文艺创作想象，蒋艳萍，广州大学学报，2008 年，第 2 期。

论中国古代诗歌的宗教性，阎霞，青海社会科学，2008 年，第 1 期。

陶弘景道教文学论略，张兰花，浙江社会科学，2008 年，第

3 期。

烟霞注笔神仙境：论揭傒斯诗歌的道教内涵与艺术旨趣，詹石窗、杨燕，古籍整理研究学刊，2008 年，第 1 期。

论中国古代的水仙文学，高峰，南京师范大学学报，2008 年，第 1 期。

"安期生"考，朱钢，文化遗产，2008 年，第 1 期。

游仙诗发展意脉中的咏怀主题，梁晓菲，太原师范学院学报，2008 年，第 2 期。

浅说"道情"，赵振国，名作欣赏，2008 年，第 5 期。

传统文学思想史研究的新创获：评蒋振华《汉魏六朝道教文学思想研究》，何宗美，中国文学研究，2008 年，第 2 期。

佛道思想与江淹生命意识，张淼、何应敏，青海社会科学，2008 年，第 2 期。

文人游仙的第一声悲鸣：浅谈曹操游仙诗的地位及思想意蕴，张国庆，毕节学院学报，2008 年，第 2 期。

试论《七真天仙宝传》的宗教内涵，罗忆南，黑龙江社会科学，2008 年，第 2 期。

《绿野仙踪》百年研究综述，周晴，南都学坛，2008 年，第 2 期。

《长生殿》与道教文化积淀，胡启文，阜阳师范学院学报，2008 年，第 2 期。

"活神仙"丘处机的三首咏物写景词赏析，左洪涛，名作欣赏，2008 年，第 5 期。

论陶渊明《读山海经》神游仙境的人文精神，梅大圣、吴美卿，韩山师范学院学报，2008 年，第 1 期。

从全真教思想看猪八戒的懒，吴国富，前沿，2008 年，第 6 期。

阴阳文化与儒道诗学，姜玉琴，江西社会科学，2008 年，第 4 期。

论南北朝游仙诗的新变，王英，池州学院学报，2008 年，第 2 期。

试论阮籍对魏晋游仙诗诗境的拓展，刘启云，湖北第二师范学院学报，2008 年，第 1 期。

论唐传奇中的仙女形象及文化意蕴，程丽芳，电影评介，2008 年，第 12 期。

《太平经》《真诰》对李贺李商隐爱情诗语言的影响，张振谦，兰州学刊，2008 年，第 6 期。

《咒枣记》中的王灵官故事初探，雷文翠，枣庄学院学报，2008 年，第 3 期。

试论《西游记》的宗教特质及其理论分野，吴光正，淮海工学院学报，2008 年，第 1 期。

解读汤显祖《邯郸记》中的女性形象，郑艳玲，兰州学刊，2008 年，第 6 期。

《洞冥记》雏形小说的艺术手法，魏延山，北方论丛，2008 年，第 4 期。

道教对唐代三大女冠爱情诗歌的影响，张振谦，贵州大学学报，2008 年，第 3 期。

宋之问的佛道诗歌略论，张海鹏，宗教学研究，2008 年，第 2 期。

萨都剌的涉道诗及其符号意义，龚世俊，学术交流，2008 年，第 7 期。

《邯郸记》的世俗内容与文人体验，郑艳玲，河北科技大学学报，2008 年，第 2 期。

刘熙载诗歌中的儒释道思想，刘彦辉，东南大学学报，2008 年，增刊。

从女神到天仙：略论古代神话中神女形貌的变化，胡继琼，贵州社会科学，2008 年，第 7 期。

屈原作品中神仙思想与道教的关系探微，匡白玲，现代语文，2008 年，第 25 期。

试论唐代伎女诗与女冠诗，阎玲玲、邓小华、周美娇，内江师范学院学报，2008 年，增刊。

儒道释视野下的盛唐山水诗，刘之杰，江西社会科学，2008 年，第 8 期。

论道教音乐对花间词风格的影响，赵丽，北方论丛，2008 年，第 4 期。

李贺、李商隐爱情诗对《太平经》《真诰》道经语言的接受，张振谦、王晓霞，伊犁师范学院学报，2008 年，第 3 期。

牛头西王母形象解说，叶舒宪，民族艺术，2008 年，第 3 期。

从汉代羽人看神仙思想及其相关观念，王立、刘畅，黑龙江社会科学，2008 年，第 5 期。

张衡《髑髅赋》解析，宗明华，烟台大学学报，2008 年，第 4 期。

道教与唐代道蕴诗的审美范式，李伟兵，广州广播电视大学学报，2008 年，第 4 期。

唐传奇仙女意象中的女性审美视角观照，吴益群，南通航运职业技术学院学报，2008 年，第 2 期。

亦仙亦凡：唐传奇小说女性形象审美特征的道教底蕴，刘敏，中华文化论坛，2008 年，第 3 期。

唐代女冠的创作及其对唐代文学的影响，赵莉，南都学坛，2008 年，第 5 期。

试论道教对李商隐诗歌创作的影响，韩大强，河南师范大学学报，2008 年，第 5 期。

药·养生·济世：读陆游《剑南诗稿》札记，蒋凡，中国韵文学刊，2008 年，第 3 期。

中国道教文学研究必须的知识要求，蒋振华，文学评论，2008 年，第 4 期。

玉石之寻：论《穆天子传》的历史文化意义，方艳，中国社会科学院研究生院学报，2008 年，第 6 期。

《魏晋风度及文章与药及酒之关系》的知识性错误，张海英、张松辉，中国文学研究，2008 年，第 3 期。

二十世纪汉魏六朝隐逸诗研究综述，漆娟，重庆文理学院学报，2008 年，第 6 期。

魏晋六朝小说中的人神恋、人鬼恋悲剧模式比论，孙芳芳，现代语文，2008 年，第 31 期。

论道学上清派与温庭筠词境之形成，宁薇，求索，2008 年，第 10 期。

张羽"怀友诗"考论，贾继用，中国社会科学院研究生院学报，2008 年，第 6 期。

《牡丹亭》与宗教智慧，郑传寅，武汉大学学报，2008 年，第 6 期。

清代"同光本"《三丰全集》考略，郭旭阳，郧阳师范高等专科学校学报，2008年，第5期。

中国古代政治童谣与谶纬、谶语、诗谶的对比，舒大清，求索，2008年，第11期。

《淮南子》儒道融合的人性论，刘爱敏，中国典籍与文化，2008年，第4期。

近十年《搜神记》研究综述，沈星怡，盐城师范学院学报，2008年，第5期。

道教房中术对中晚唐艳情诗的影响，张振谦，西华大学学报，2008年，第5期。

唐代道教山水诗中的艺术化人生，李斐，四川大学学报，2008年，第6期。

略论《七剑十三侠》、《仙侠五花剑》中的仙侠形象，张乐林，明清小说研究，2008年，第4期。

试论《杜子春》之文化内涵，潘彦军，宜宾学院学报，2008年，增刊。

花间词人的道教情怀，赵丽、邓福舜，世界宗教文化，2008年，第4期。

试论姜夔的仙道思想，黄华阳，湖南工业职业技术学院学报，2008年，第5期。

汉魏六朝求仙故事的演变及成因探析，肖菲，吉林省社会主义学院学报，2008年，第4期。

形解验默仙，餐霞不偶世：论嵇康的道教信仰，王红，唐山师范学院学报，2008年，第6期。

论《游仙窟》体制所受汉译佛经影响，李秀花，江南大学学报，2008 年，第 6 期。

试论宋元话本中的道教伦理，赵毅，扬州教育学院学报，2008年，第 4 期。

汉人的神仙观念与汉赋的艺术表现，姚圣良，西北民族大学学报，2008 年，第 6 期。

汉魏六朝道教与民间信仰的关系：以志怪小说为中心，曾维加，西南民族大学学报，2008 年，第 10 期。

南朝天师道"七部经书"分类体制考释，王承文，文史，2008 年，第 1 期。

张三丰宝鸡行迹考，姜守诚，东方论坛，2008 年，第 2 期。

论嵇康的道教神仙信仰，郭文，北京化工大学学报，2008 年，第 2 期。

《云笈七签》编纂者张君房事迹考，刘全波，中国道教，2008年，第 4 期。

论道教对士人的影响：以元代道教史籍为中心，刘永海，内蒙古大学学报，2008 年，第 5 期。

《封神演义》与密宗，刘彦彦，宁夏党校学报，2008 年，第 6 期。

大方气象、道家情怀：盛唐道教美学思想刍论，潘显一、李斐、汪志斌，世界宗教研究，2008 年，第 4 期。

元好问与道教，高桥幸吉，民族文学研究，2008 年，第 2 期。

从元代道教戏剧看道教济度主题，廖敏，社会科学研究，2008年，第 5 期。

从杜光庭六篇罗天醮词看早期罗天大醮，吴真，中国道教，2008 年，第 2 期。

当代道教经韵源流考（上），蒲亨强、韩革新，中国音乐，2008 年，第 4 期。

王道珂念咒除妖，罗争鸣，中国道教，2008 年，第 4 期。

论元代道教戏剧对道教乐生思想的图解，廖敏，宗教学研究，2008 年，第 2 期。

浅谈道教讲经文，寇凤凯，中国道教，2008 年，第 6 期。

中国道教研究三十年，刘仲宇，历史教学问题，2008 年，第 6 期。

道教内丹诗歌的美学鉴赏，余虹，中国道教，2008 年，第 1 期。

略论道教与中国影戏的发展，李跃忠，中国道教，2008 年，第 4 期。

武当道教音乐研究之回顾，胡军，黄钟，2008 年，第 4 期。

浅析杜甫信奉道教的原因，高卫国，华北水利水电学院学报，2008 年，第 2 期。

元代道教戏剧的大团圆结局，廖敏，西南民族大学学报，2008 年，第 5 期。

由马钰词看金代道教词与元散曲之关系，于慧，山西煤炭管理干部学院学报，2008 年，第 4 期。

萨都剌的涉道诗及其符号意义，龚世俊，学术交流，2008 年，第 7 期。

《太平经》《真诰》对李贺、李商隐爱情诗语言的影响，张振谦，兰州学刊，2008 年，第 6 期。

《洞天玄记》的隐喻系统与杨慎"游神物外"之宗教意识，曾绍皇，江汉论坛，2008 年，第 4 期。

李白道教思想产生的历史原因初探，刘术云，当代文坛，2008年，第 1 期。

试论《青华秘文》的道教哲学思想，岑孝清，中国道教，2008 年，第 3 期。

道教"贵柔守雌"思想对贾平凹小说的影响，程亮，宗教学研究，2008 年，第 1 期。

道教人物的文学舞台：黄景春《中国古代小说仙道人物研究》评介，游红霞，世界宗教文化，2008 年，第 1 期。

全真道教之文化底蕴初探：王重阳诗魂育全真评析，王树人，中国社会科学院研究生院学报，2008 年，第 4 期。

从"灵魂不死"到"肉体不死"：从思想之嬗变看道教神仙信仰之兴起，彭磊，宗教学研究，2008 年，第 2 期。

试论宗教文化对词语意义及构造的影响：以东晋六朝道教上清经为例，夏先忠、周作明，云南师范大学学报，2008 年，第 6 期。

论中古时期道教"三清"神灵体系的形成：以敦煌本《灵宝真文度人本行妙经》为中心的考察，王承文，中山大学学报，2008 年，第 2 期。

论张镃词中的享乐意识与游仙思想，黄威，名作欣赏，2008年，第 11 期。

女性崇拜对元代神仙道化剧的影响，杨毅，戏剧文学，2008年，第 6 期。

论隋唐道经分类体系的确立及其意义，王承文，敦煌学，第 27 辑，乐学书局，2008 年。

从敦煌本《通门论》看道经文体分类的文化渊源及其影

响——兼论佛经文体和道经文体的关系，李小荣，普门学报，2008年，第43期。

书符与灵验：天师门下的密契经验，张智雄，辅仁宗教研究，2008年，第16期。

魏晋山水诗与道教思想，刘建平，宗教哲学，2008年，第44期。

唐五代道教俗讲管窥，郑阿财，敦煌学，第27辑，乐学书局，2008年。

道教传经神话的建立与转化：以天真皇人为核心，谢世雄，清华学报，2008年，第2期。

仙道、圣政、世变——宋濂《蟠桃核赋》之仙道书写及其明初史学意涵，许东海，汉学研究，2008年，第26卷第2期。

道教劝善书的道德教化思想析探——以《文昌帝君阴骘文》为例，苏哲仪、邱一峰，岭东通识教育研究学刊，2008年，第4期。

葛洪《抱朴子内篇》与魏晋玄学——"神仙是否可学致"与"圣人是否可学致"的受命观，李宗定，台北大学中文学报，2008年，第4期。

以反显正——论邓志谟道教小说中的反面角色，郭黛暎，清华中文学报，2008年，第2期。

安死自靖，贞魂恒存——从《楚辞通释》看王船山的生死观，郑富春，鹅湖月刊，2008年，第392期。

岁月易迁，常恐奄谢——唐五代仙境传说中时间母题之传承与其命题，黄东阳，新世纪宗教研究，2008年，第6卷第4期。

六朝道经在台湾灵宝醮典科仪的运用析论，谢聪辉，国文学报，2008 年，第 43 期。

庄子"由巫入道"的开展，杨儒宾，中正大学中文学术年刊，2008 年，第 11 期。

陶弘景的仙学思想探究，罗凉萍，玄奘人文学报，2008 年，第 8 期。

中国民间宗教教派与神话的关系：略论韩湘子，柯若朴，兴大中文学报，2008 年，第 23 期。

六朝游仙诗之时空美学研究，朱雅琪，中国文化大学中文学报，2008 年，第 16 期。

《桃花源记并诗》的神话、心理学诠释——陶渊明的道家式"乐园"新探，赖锡三，中国文哲研究集刊，2008 年，第 32 期。

垂直与水平：汉代画像石中的神山图像，高莉芬，兴大中文学报，2008 年，第 23 期。

二十八星宿在中国绘画中的形象转变——以元代永乐宫壁画与明代宝宁寺水陆画为例，杨雅琲，议艺份子，2008 年，第 10 期。

宋代紫姑的女仙化及才女化，赵修霈，汉学研究集刊，2008 年，第 7 期。

"大鹏飞兮振八裔，中天摧兮力不济"——由李白饮酒诗、求仙诗观其价值追求与仕隐矛盾，黄郁芸，辅大中研所学刊，2008 年，第 19 期。

青女神话之流传异变与原始面貌探论，林雪铃，兴大人文学报，2008 年，第 40 期。

中国民间宗教中神话与崇拜的关系：略论韩湘子，柯若朴，兴大中文学报第 23 期增刊——文学与神话特刊，2008 年。

南戏《孟姜女》遗存考，徐宏图，戏曲学报，2008 年，第 3 期。

南戏《孟姜女》遗存续考，徐宏图，戏曲学报，2008 年，第 3 期。

马来西亚福州歌谣《钓鱼郎》之内容书写与流传意义初探，黄文车，民间文学年刊，2008 年，第 2 期。

论"张坚固、李定度"的形成、发展与民俗意涵——以买地券、衣物疏为考察对象，郑阿财，民间文学年刊，2008 年，第 2 期增刊。

感动、感应与感通、冥通：经、文创典与圣人、文人的译写，李丰楙，长庚人文社会学报，2008 年，第 2 期。

西北道教经典简述，张应超，弘道，2008 年，第 35 期。

元明两朝的武当道教文学，罗耀松，弘道，2008 年，第 35 期。

《黄帝阴符经》管窥，李和春，弘道，2008 年，第 36 期。

《道藏》的编纂及其版本，许孟青，弘道，2008 年，第 36 期。

张三丰《参禅歌》新注，卢理湘，弘道，2008 年，第 37 期。

韩湘子神仙辨，王东，弘道，2008 年，第 37 期。

有关金童玉女的传说，孙君恒，弘道，2008 年，第 37 期。

唐末五代道教小说中的斋醮灵验故事，谭敏，弘道，2008 年，第 37 期。

曼尼与明清道教的神仙形象，游束束，弘道，2008 年，第 37 期。

论《西游记》中"五圣取经"事件的宗教修炼意义，王志玮，"国立"台北教育大学语文集刊，2008 年，第 14 期。

The Myth That China Has No Creation Myth, Paul R. Goldin, *Monumenta Serica* 56, 2008.

The Quest of Lord of the Great Dao: Textual and Literary Exegeses of a Shangqing "Register" (HY1378), Tim Chan, *T'ang Studies* 26, 2008.

A Tale of Two Worlds: The Late Tang Poetic Presentation of The Romance of the Peach Blossom Font, Tim Chan, *T'oung Pao* 94, 2008.

l'épitaphe pour une grue et son auteur, Schipper Kristofer, in *La religion de la Chine*, Paris: Fayard, 2008.

Guanyin in a Taoist Guise, Christine Mollier, in *Buddhism and Taoism Face to Face: Scripture, Ritual, and Iconographic Exchange in Medieval China*, Honolulu: University of Hawaii Press, 2008.

Ancestor worship during the Eastern Zhou, Constance A. Cook, *Early Chinese Religion: Part One: Shang through Han* (1250 BC—220 AD), J. Lagerwey and M. Kalinowski, Leiden: Brill, 2008.

Benn, J. A. Review: The Teachings and Practices of the Early Quanzhen Taoist Masters. *Journal of the Royal Asiatic Society*, Third Series, Vol. 18, No. 4, pp. 541—543, 2008.

Distant Roaming and Visionary Ascent: Sun Chuo's "You Tiantai shan fu" Reconsidered. Kirkova, Z. *Oriens Extremus*, 47, 192—214, 2008.

Hong Mai's "Record of the Listener" and Its Song Dynasty Context (review). Paul Jakov, S. *China Review International*, 14 (2), 470—476, 2008.

The Phantom Heroine: Ghosts and Gender in Seventeenth—Century Chinese Literature by Judith T. Zeitlin. Swatek, C. *Journal of Chinese Religions*, 36 (1), 205—207, 2008.

Reading the Inner Biography of the Perfected Person of Purple Solarity: Religion and Society in an Early Daoist Hagiography: Winner of the Royal Asiatic Society's Professor Mary Boyce Award. Tsai, J. N. *Journal of the Royal Asiatic Society*, 18 (2), 193—220, 2008.

The Formation of Fiction in the "Journey to the West". Yu, A. C. *Asia major*, 15—44, 2008.

Company, Robert. "Fushi yiwu: Yi Ge Hong wei lie kan xiuxingzhe yu ziran de guanxi 服食异物：以葛洪为例看修行者与自然的关系," in *Daojiao yu shengtai: yuzhou jingguan de neizai zhi dao* 道教与生态：宇宙景观的内在之道 (Jiangsu, China: Jiangsu jiaoyu chubanshe 江苏教育出版社), 109—125 [= Chinese translation of "Ingesting the Marvelous" (2001)], 2008.

"Jade Flower" and the Motif of Mystic Excursion in Early Religious Daoist Poetry, Tim Chan, Alan K. L. Chan and Yuet—Keung Lo, eds, *Interpretation and Literature in Early Medieval China*, New York: State University of New York Press, pp. 165—87, 2008.

The Quest of Lord of the Great Dao: Textual and Literary Exegeses of a Shangqing "Register" (HY1378). Tim Chan, *T'ang Studies* 26, p. 143—73, 2008.

A Tale of Two Worlds: The Late Tang Poetic Presentation of The Romance of the Peach Blossom Font, Tim Chan, *T'oung Pao* 94, p. 209—45, 2008.

Irrepressible Female Piety. Late Imperial Bans on Women Visiting Temples, Vincent Goossaert, *Nan Nü. Men*, *Women and Gender in China*, 10 (2), 2008, pp. 212—241 (Special issue on "Women, Gender and Religion in Premodern China").

Monica Esposito, The Daozang Jiyao Project: Mutations of a Canon. *Daoism*: *Religion*, *History and Society* 1 (2008): 95—153, 2008.

明末における関羽の治河顕霊，朝山明彦，東方宗教，2008年，第 111 号。

六朝・唐代小説中の転生復讐譚・討債鬼故事の出現まで，福田素子，東方學，2008 年，第 115 号。

陶淵明「読山海経」詩の西王母像，興膳宏，中国文學報，2008 年，第 75 号。

司馬承禎と天台山，神塚淑子，名古屋大学文学部研究論集，2008 年，第 54 号。

書評：金秀雄著《中國神仙詩の研究》，土屋昌明，東方宗教，2008 年，第 112 期。

李白と唐代の道教：レトロとモダンの間，砂山稔，岩手大学，言语と文化文学の诸相，2008 年。

追寻八仙踪迹，品味千古风流——读吴光正著《八仙故事系统考论》，罗忆南，学术交流，2008 年，第 10 期。

2009 年

《太平广记》中《女仙传》考，盛莉，洛阳师范学院学报，

2009 年，第 1 期。

黄周星道士身份与《西游证道书》之笺评，赵红娟，文献，2009 年，第 4 期。

黄周星行实系年，王汉民，浙江艺术职业学院学报，2009 年，第 1 期。

黄周星之死及其他，赵兴勤，古典文学知识，2009 年，第 5 期。

虞集《西游记》序言和《西游记》在元代形成的文化背景，胡义成，运城学院学报，2009 年，第 3 期。

《西游记》"心猿"考论，陈洪，南开学报，2009 年，第 1 期。

廼贤尚清诗风及其成因，查洪德、刘嘉伟，民族文学研究，2009 年，第 4 期。

古巫对乐舞及诗歌发展的贡献，周策纵，古巫医与"六诗"考：中国浪漫文学探源，上海古籍出版社，2009 年。

一部全真道藏的发明：《道藏辑要》及清代全真认同，莫尼卡，问道昆嵛山，赵卫东编，齐鲁书社，2009 年。

由玄幻到奇幻：《庄子》、《法华经》幻想思维比较研究，李琳、韩云波，重庆三峡学院学报，2009 年，第 2 期。

《焦氏易林》游仙诗研究，刘银昌，西安电子科技大学学报，2009 年，第 1 期。

《招魂》"掌梦上帝其难从"句意蠡测，陈炜舜，职大学报，2009 年，第 1 期。

《千二百官仪》及其神祇，蔡雾溪，道教研究学报，2009 年，第 1 期。

《道藏辑要》研究计划：一部道藏的变迁，莫尼卡，道教研究学报，2009 年，第 1 期。

《玉皇本行集经》出世的背景与因缘研究，谢聪辉，道教研究学报，2009 年，第 1 期。

《上清骨髓灵文鬼律》与天心正法的斋醮仪式，李志鸿，道教研究学报，2009 年，第 1 期。

吕洞宾、刘海蟾等北宋参同清修内丹家，朱越利，道教研究学报，2009 年，第 1 期。

金丹派南宗诗词论要，詹石窗，道家文化研究（第 24 辑），三联书店，2009 年；老子学刊，2015 年。

论道教诗词的思想意蕴与艺术特色——以唐末五代道士杜光庭为例，孙亦平，道家文化研究（第 24 辑），三联书店，2009 年。

道教典故与唐宋诗词，杨建波、郭尚珍，道家文化研究（第 24 辑），三联书店，2009 年。

清刻本《韩湘子九度文公全本（道情全传）》简论，昝红宇，沧桑，2009 年，第 1 期。

闲游之乐与警世之谈——徐灵胎及其《迴溪道情》，车振华，临沂师范学院学报，2009 年，第 5 期。

江西高安道情初探，汤志红、汤志平，江西教育学院学报，2009 年，第 6 期。

论韩国炼丹诗的审美趣味，安东濬，道家文化研究（第 24 辑），三联书店，2009 年。

诗心道骨——论道教与魏晋山水诗的兴起，刘建平，道家文化研究（第 24 辑），三联书店，2009 年。

唐诗中有关女道士的恋情诗考论，贾晋华，道家文化研究（第 24 辑），三联书店，2009 年。

道家对《韩诗外传》的影响，周晓露，道家文化研究（第 24 辑），三联书店，2009 年

葛洪仙道思想对李白的影响，袁清湘，道家文化研究（第 24 辑），三联书店，2009 年。

道家"复""反"哲学思想与道教文学关系刍议——以宋元时期的道教文学作品为例，申喜萍，道家文化研究（第 24 辑），三联书店，2009 年。

宋玉为道家文人考——兼谈关于宋玉骨气问题的争论，张松辉、周晓露，道家文化研究（第 24 辑），三联书店，2009 年。

文以载道——陶弘景的文学成就及其价值追求，刘永霞，道家文化研究（第 24 辑），三联书店，2009 年。

张天师传说与佛本生故事，刘守华，道家文化研究（第 24 辑），三联书店，2009 年。

古本道教陈靖姑小说《海游记》研究，叶明生，道家文化研究（第 24 辑），三联书店，2009 年。

死亡时空与生命欲望——道教信仰与六朝鬼神志怪小说的时空形式，黄键，道家文化研究（第 24 辑），三联书店，2009 年。

八仙过海传说的演变与传播，党芳莉，道家文化研究（第 24 辑），三联书店，2009 年。

道教笔记小说概说，黄勇，道家文化研究（第 24 辑），三联书店，2009 年。

虬须客故事的形成与版本流传考，罗争鸣，道家文化研究（第 24 辑），三联书店，2009 年。

论《搜神记》的巫术特色，吴成国，道家文化研究（第 24 辑），三联书店，2009 年。

《西游记》故事角色的内丹学寓意——兼驳反"证道书"论，郭健，道家文化研究（第 24 辑），三联书店，2009 年。

谪仙的产生、种类及在小说中的表现——兼谈李白传说对谪仙内涵转变的影响，黄景春，道家文化研究（第 24 辑），三联书店，2009 年。

宋代鼓子词与道教的说唱道情，张泽洪，道家文化研究（第 24 辑），三联书店，2009 年。

道教与南戏《孟姜女》，徐宏图，道家文化研究（第 24 辑），三联书店，2009 年。

从误入到导入：《刘阮天台》杂剧主题的新变，陈伟强，道家文化研究（第 24 辑），三联书店，2009 年。

辅教风化，劝善于戏——道教劝善书与元明清戏曲初探，李艳，道家文化研究（第 24 辑），三联书店，2009 年。

道教与戏剧关系研究综述，张丽娟，道家文化研究（第 24 辑），三联书店，2009 年。

汉赋与游仙诗，姚圣良，山西师范大学学报，2009 年，第 2 期。

宋前杂传体仙传小说与史传重出人物比较研究，钱敏，求索，2009 年，第 3 期。

唐传奇中仙妓合流现象的原因及影响，张英，重庆科技学院学报，2009 年，第 4 期。

论李白仙道诗的清静与超越，张宗福，西华师范大学学报，2009 年，第 2 期。

道家文化对中国古代诗歌"无我之境"的影响，云燕，行政科学论坛，2009 年，第 2 期。

"遇而未合"的仙凡姻缘——唐人小说《封陟传》赏读，崔际银，古典文学知识，2009年，第3期。

乌者凶兆？——浅论先秦两汉文学中"乌"意象的嬗变，李东辉，文学评论丛刊（第11卷第2期），周勋初、杨义，江苏文艺出版社，2009年。

从汉魏六朝志怪小说看仙凡关系的演变，程丽芳，咸阳师范学院学报，2009年，第3期。

论儒、释、道美学思想对唐代诗歌创作的影响，宋文翠，鲁东大学学报，2009年，第3期。

唐代华山神灵异小说探析，邵颖涛，山东大学学报，2009年，第1期。

论儒佛道思想对张孝祥词的影响，黎鲜，经济与社会发展，2009年，第5期。

《太平广记》神仙小说中的"白鹤"意象探析，曾礼军，江西社会科学，2009年，第5期。

祭祀礼仪的象征系统及其文学意义，王秀臣，北方论丛，2009年，第4期。

五帝祭祀歌词考略——兼谈庾信雅乐歌词的创作才能，贾兵，濮阳职业技术学院学报，2009年，第4期。

论曹魏游仙诗的现实指向，黄宁，安阳师范学院学报，2009年，第4期。

论郭璞"游仙诗"在李贺笔下的继承与发展，阙雯雯、宋延屏，内江师范学院学报，2009年，第9期。

《山海经》与原始造神思维，阳清，黑龙江民族丛刊，2009年，第4期。

老子长寿神话的文化学分析，晁天义，史学集刊，2009 年，第 3 期。

论唐代女冠诗歌中的审美意识，李裴，西南民族大学学报，2009 年，第 8 期。

李颀的道家思想与玄理诗探析，隋秀玲，郑州航空工业管理学院学报，2009 年，第 5 期。

道教文化对李白人生道路及其诗风的影响，李丽荣，河北科技师范学院学报，2009 年，第 3 期。

论明代神仙道化剧宗教色彩背后的世俗情结，陈怀利，凯里学院学报，2009 年，第 4 期。

全真教影响与神仙道化剧，闫欢，才智，2009 年，第 7 期。

解析宋代词坛的好"仙"风气与相关品藻，彭曙蓉，九江学院学报，2009 年，第 4 期。

元杂剧中僧道形象世俗化原因探析，杨宁，天中学刊，2009 年，第 4 期。

《女仙外史》的"天命"观及其成因，刘鹏飞，贺州学院学报，2009 年，第 3 期。

《海内十洲记》成书新探，吴从祥，广西社会科学，2009 年，第 10 期。

盘古与西王母释义，杨建军，西北民族研究，2009 年，第 4 期。

道家"虚静"说与文学创作中的"虚静"之关系，陈瑞娟，语文学刊，2009 年，第 21 期。

从神仙之思到忠臣之怨——汉代咏屈赋中的屈原形象，曹建国，文艺研究，2009 年，第 12 期。

《汉武故事》的作者考述，李占锋、黄大宏，襄阳职业技术学院学报，2009 年，第 4 期。

宗教哲学影响下的晚唐诗歌，李红春，中国文化研究，2009 年，第 4 期。

《太平广记》中神仙的考量与分析，曾礼军，浙江师范大学学报，2009 年，第 6 期。

论《绿野仙踪》的单向性和多向性特点，周觅，黄冈师范学院学报，2009 年，第 5 期。

沈约的心灵世界，张斌斌，文学教育（上），2009 年，第 4 期。

绚丽与恬淡并呈——《真诰》诗歌解析，张厚知，衡阳师范学院学报，2009 年，第 5 期。

从六朝上清经看文化对文献用语的影响，夏先忠、周作明，宗教学研究，2009 年，第 1 期。

《真诰校注》商补二则，刘扬，西南民族大学学报，2009 年，第 9 期。

论《西游记》为元代全真教道士所作，陆凌霄，中央民族大学学报，2009 年，第 4 期。

《水浒传》中的道术描写及其作用，陈庆纪，水浒争鸣，2009 年，第 11 辑。

《封神演义》的宗教观念，钟国发，传统中国研究集刊（第 8 辑），2009 年。

论老子的文学观念，王齐洲，江汉论坛，2009 年，第 4 期。

唐宋青词的文体形态和文学性，张海鸥、张振谦，文学遗产，2009 年，第 2 期。

《庄子》对日本古代文学的影响，张爱民，齐鲁学刊，2009年，第 3 期。

论中国传统哲学隐喻化的语言观，张锐、李劲辰，海军工程大学学报，2009 年，第 2 期。

略论佛道思想对冯梦龙"三言"的影响，孙三周，连云港职业技术学院学报，2009 年，第 2 期。

略论元曲家曾瑞的隐逸心态，熊金莲，新余高等专科学校学报，2009 年，第 4 期。

《化书》独特的文学魅力，耿金朵，红河学院学报，2009 年，第 4 期。

民间文学中巫术解读与其民俗文化意义——以"桃花斗周公"传说为例，徐永安，求索，2009 年，第 5 期。

关于中国宗教与中国文学相互影响的研究，孙昌武，武汉大学学报，2009 年，第 3 期。

浅谈当前大众文学中的道教文化内涵，陈奇佳，中国道教，2009 年，第 4 期。

宋代道教文化情趣的演变，沈杰，西南民族大学学报，2009 年，第 2 期。

道曲文学论略，张兰花，社会科学战线，2009 年，第 12 期。

陶弘景《华阳颂》十五首考释，钟国发，传统中国研究集刊，第 6 辑，上海人民出版社，2009 年。

道教与初盛唐文人的隐逸之风，李春辉、王继增，内蒙古电大学刊，2009 年，第 5 期。

再论《西游记》最终定稿人的文本证据，胡义成，东方论坛，2009 年，第 6 期。

陶弘景《华阳颂》考论，李慧芳、张兰花，社会科学战线，2009 年，第 2 期。

鱼玄机与《文选》宋玉三赋，钟其鹏，钦州学院学报，2009 年，第 5 期。

三曹游仙诗论，陆祖吉，沧州师范专科学校学报，2009 年，第 4 期。

曹植后期游仙题材文学特征论略，王保国、孙玉芝，文史博览，2009 年，第 12 期。

中晚唐道教对艳诗创作的影响，刘艳萍，三峡大学学报，2009 年，第 1 期。

元杂剧中僧道形象的类型分析，杨宁，语文学刊，2009 年，第 1 期。

魏晋南北朝时期的蓬莱仙话与佛教志怪，李大伟、薛莹，东岳论丛，2009 年，第 2 期。

论陆游的道教信仰与爱国思想，卢晓辉，河北师范大学学报，2009 年，第 1 期。

道门辅教小说论略，黄勇，宁夏大学学报，2009 年，第 1 期。

中国古代小说时差故事源流探析：兼论古代道教相对时空观，牛景丽，厦门教育学院学报，2009 年，第 1 期。

从神仙迷雾中走出的理性觉醒：浅谈曹操游仙诗的思想价值，刘亚胜，湖南科技学院学报，2009 年，第 2 期。

陶渊明的无弦琴与内丹修炼，吴国富，九江学院学报，2009 年，第 1 期。

论《桃花源记》的游仙叙事与新自然观，李斯斌，四川师范大学学报，2009 年，第 2 期。

《桃花源记》与道教岩穴崇拜，邓福舜，大庆师范学院学报，2009 年，第 2 期。

道教思想对唐代文学的影响，李艳荣，辽宁教育行政学院学报，2009 年，第 2 期。

试论唐代道教山水悟道诗的清虚意趣，田晓膺，语文知识，2009 年，第 1 期。

唐传奇遇仙故事类型研究，白岚玲，湖南文理学院学报，2009 年，第 1 期。

唐代女冠诗人薛涛及其诗歌艺术初探，鲍源远，皖西学院学报，2009 年，第 1 期。

试论《太平广记·女仙》中的女仙诗作问题，宗瑞冰，名作欣赏，2009 年，第 3 期。

欧阳修十年困守期诗歌与其佛老思想，马骥葵，佳木斯大学社会科学报，2009 年，第 1 期。

苏轼与罗浮梅花仙事，程杰，南京师范大学学报，2009 年，第 2 期。

道化剧《黄粱梦》"杀子"情节的佛教渊源，陈开勇，文学评论，2009 年，第 2 期。

《水浒传》中的神秘信奉及其佛道来源，王立、刘莹莹，烟台大学学报，2009 年，第 1 期。

从三言二拍看佛道对世俗社会生活的影响，姜良存，齐鲁学刊，2009 年，第 2 期。

"三言二拍"中僧尼形象分析，刘向群，合肥学院学报，2009 年，第 2 期。

一僧一道一术士：明清小说超情节人物的叙事学意义，刘勇强，文学遗产，2009 年，第 2 期。

道教存思法与《文心雕龙》神思论的生成，吴崇明，江西社会科学，2009 年，第 2 期。

宋前杂传仙传小说与史传重出人物比较研究，钱敏，求索，2009 年，第 3 期。

浅析神仙长生思想在汉代诗歌中的表现，辛小飞，名作欣赏，2009 年，第 5 期。

论道教在《世说新语》中的隐退，盛莉，忻州师范学院学报，2009 年，第 1 期。

道教与唐代女性文学，宋睿、李传友，现代语文，2009 年，第 10 期。

论李白仙道诗的清净与超越，张宗福，西华师范大学学报，2009 年，第 2 期。

《太平广记》中的女仙传考，盛莉，洛阳师范学院学报，2009 年，第 1 期。

《西游记》五行思想评析，张平仁，明清小说研究，2009 年，第 1 期。

浅析《长生殿》中的道教成份及其形成原因，熊小月，忻州师范学院学报，2009 年，第 1 期。

《聊斋志异》与清代地方政府的神灵崇拜考察，屈小玲，明清小说研究，2009 年，第 1 期。

魏晋游仙诗中的文人生命价值观，李书坡，青海师范大学学报，2009 年，第 2 期。

史传体例 寓言笔法：《列仙传》、《神仙传》叙事模式探析，姚圣良，阜阳师范学院学报，2009 年，第 2 期。

谢灵运山水诗道学意蕴解读，姜剑云、张润平，名作欣赏，2009 年，第 4 期。

李商隐文集中与道教有关典故的运用，于平，语文学刊，2009 年，第 9 期。

《水浒传》的道教语境，潘守皎，菏泽学院学报，2009 年，第 3 期。

汉乐府神仙意趣摭谈，阳清，重庆工学院学报，2009 年，第 6 期。

《西游记》为证道书之说再认识，郭健，江汉论坛，2009 年，第 5 期。

论王船山诗歌的生死主题：以悼挽诗和游仙诗为例，全华陵，南华大学学报，2009 年，第 2 期。

浅析唐代女冠诗之艺术特色，田颖，民办教育研究，2009 年，第 4 期。

神圣言说：从汉语文学发生看"神话历史"，叶舒宪，百色学院学报，2009 年，第 3 期。

崔致远《应天节斋词》研究，曹春茹，安徽理工大学学报，2009 年，第 2 期。

元代神仙道化剧的道家情怀及其文化基础（上），曹萌、张次第，衡水学院学报，2009 年，第 2 期。

元代神仙道化剧的道家情怀及其文化基础（下），曹萌、张次第，衡水学院学报，2009 年，第 3 期。

唐前造神运动与人神遇合的文学主题，阳清，社会科学评论，2009 年，第 2 期。

漂流遇仙故事的四种类型，王青，武汉大学学报，2009 年，第 4 期。

中国大陆 20 世纪考古发现与《天问》研究，代生，社会科学评论，2009 年，第 2 期。

汉赋所见两汉之神仙观念，景慧颖、郭婷婷，大庆师范学院学报，2009 年，第 4 期。

鱼玄机诗歌用典艺术初探，李素平，江西科技师范学院学报，2009 年，第 3 期。

以全真教题材看宗教剧中的"度脱"模式，赵玲霞，南昌高等专科学校学报，2009 年，第 3 期。

明清小说视野中的社会思潮与道教伦理，苟波，宗教学研究，2009 年，第 2 期。

从《西游记》中道士形象看崇佛抑道思想，张春玲，长春师范学院学报，2009 年，第 4 期。

《金瓶梅词话》的宗教描写与作者的艺术构思，吴光正，武汉大学学报，2009 年，第 4 期。

儒道释三种基质自然观之比较：以陶潜、王维、杨万里为例，于东新，名作欣赏，2009 年，第 17 期。

南北朝仙道诗比较研究，刘蕊杏，重庆工商大学学报，2009 年，第 4 期。

崔致远三元、黄箓斋词研究，王国彪，湘南学院学报，2009 年，第 4 期。

梦为蝴蝶也寻花：唐代女冠诗人鱼玄机情感世界解读，郭江惠、朱卫东、齐红艳，名作欣赏，2009 年，第 20 期。

论汉唐间的五行志与志怪小说，刘湘兰，中山大学学报，2009 年，第 5 期。

道教神话的历史文化特征，谭敏，西南民族大学学报，2009年，第8期。

关于招魂著作权与魂主问题：近20年《招魂》聚讼焦点问题研究述评之一，钟其鹏，云梦学刊，2009年，第5期。

逍遥自适与魏晋游仙诗，任在喻，遵义师范学院学报，2009年，第4期。

魏晋南北朝游仙小说仙境的艺术价值，谭光月，重庆三峡学院学报，2009年，第5期。

《仙媛纪事》初探，梁诗烨，名作欣赏，2009年，第10期。

求仙——中国士人的超越精神追求，吴增辉，绵阳师范学院学报，2009年，第7期。

无益经典而有助文章：谶语与古代小说结构关系初探，林嵩，明清小说研究，2009年，第3期。

中国古代"人生如梦"思想影响下的黄粱梦故事，孙国江，阴山学刊，2009年，第4期。

从西汉赋家的游仙逸思看其生命价值观，刘向斌，辽东学院学报，2009年，第5期。

略论葛洪的文学思想，刘凤泉，韩山师范学院学报，2009年，第2期。

道教文化对李白诗歌创作的影响分析，毛晓红、甘成英，绵阳师范学院学报，2009年，第7期。

浅谈李商隐的双重仙道观，周庆弄，河池学院学报，2009年，第4期。

神话资源的共享与争夺：先秦、秦汉天门神话研究，邱硕，长江大学学报，2009年，第5期。

论唐代的道教组诗，李正春，苏州科技学院学报，2009 年，第 4 期。

论唐代仙境主题在诗歌和传奇中的异同，严春华，唐都学刊，2009 年，第 5 期。

试论李白《访戴天山道士不遇》中的道教美学思想，焦爱娣，江苏教育学院学报，2009 年，第 5 期。

论施肩吾的艳诗及其诗史意义，贺威丽，泰安教育学院学报岱宗学刊，2009 年，第 3 期。

汉魏六朝宗教传记中的斗法故事——以道徒、僧尼与鬼神的交锋为典型，阳清，敦煌学辑刊，2009 年，第 1 期。

论《西游记》为元代全真教道士所作，陆凌霄，中央民族大学学报，2009 年，第 4 期。

明清小说宝物崇拜的宗教学审视，刘卫英，齐鲁学刊，2009 年，第 4 期。

论王船山诗歌的生死主题——以悼挽诗和游仙诗为例，全华凌，南华大学学报，2009 年，第 2 期。

元代以前的神仙传记与史传重出道士之比较研究，钱敏，福建论坛，2009 年，第 2 期。

元代正一教马臻、陈义高、朱思本诗文集论考，王树林，南通大学学报，2009 年，第 5 期。

碑文与铭文、颂文与诔文的文体关系，李贵银，社会科学辑刊，2009 年，第 6 期。

关于《招魂》体例与所涉礼制问题及其他：近二十年《招魂》聚讼焦点问题研究述评之二，钟其鹏，云梦学刊，2009 年，第 6 期。

鱼玄机诗歌的比喻艺术，李素平，牡丹江教育学院学报，2009年，第2期。

论王重阳道教词对宋代俗词的继承，左洪涛，中国韵文学刊，2009年，第4期。

西王母神话的传播研究，陈丽琴，青海社会科学，2009年，第6期。

韩愈与《鹖冠子》，张清华，周口师范学院学报，2009年，第6期。

论陆游诗中的道教思想，王飞，湖北第二师范学院学报，2009年，第10期。

论汉代西王母信仰的宗教性质转移，汪小洋，浙江社会科学，2009年，第1期。

神话与道教关系论：兼论神话与道家，闫德亮，信阳师范学院学报，2009年，第1期。

明清小说中神仙形象的"社会化"与道教的"世俗化"，苟波，四川大学学报，2009年，第3期。

《韩湘子全传》与道情，王芸，中国道教，2009年，第1期。

白玉蟾道教美学思想简论，查庆、雷晓鹏，宗教学研究，2009年，第3期。

浅析元代道教思想对倪云林艺术之影响，杨德明，宗教学研究，2009年，第3期。

略论道士李荣的审美教育思想，李斐，宗教学研究，2009年，第2期。

李道纯生平事迹与著述考，李大华，中国道教，2009年，第4期。

道教对魏晋南北朝人鬼恋小说的影响，孙芳芳，安徽农业大学学报，2009年，第2期。

南宋金元道教神仙传记的人生境界，詹石窗，学海，2009年，第5期。

《太平广记》神仙小说中"青竹"的宗教文化意蕴探析，曾礼军，宗教学研究，2009年，第3期。

宋代道教青词略论，查庆、雷晓鹏，四川大学学报，2009年，第4期。

《汉武帝内传》中所呈现的服食与养生思想，萧登福，中国道教，2009年，第4期。

川剧与道教文化初探，沙地，四川戏剧，2009年，第4期。

唐代高道罗公远传奇，罗争鸣，中国道教，2009年，第1期。

坚守民族本位，走向宗教诗学，吴光正、何坤翁，武汉大学学报，2009年，第3期。

浅谈道教讲经文，寇凤凯，世界宗教文化，2009年，第1期。

敦煌道教文献避讳研究，窦怀永，敦煌研究，2009年，第3期。

汉代民间刻绘的道教图像和铭文：从出土道教汉画看早期乡野对原始道教的理解与接受，刘克，中国道教，2009年，第6期。

王安石学派的儒学思想与道家、道教，孔令宏，社会科学战线，2009年，第2期。

陈抟诗文中的道教思想，孔又专，天府新论，2009年，第1期。

《庄子》思想对道教的影响，孙功进、肖龙航，长安大学学报，2009年，第3期。

道教神话内涵及其表现形式，谭敏，北京化工大学学报，2009年，第3期。

武当民间故事的道教文化内涵，李松，哈尔滨工业大学学报，2009年，第5期。

道教研究的生态文学视角，蒋朝君，宗教学研究，2009年，第3期。

元代道教戏剧程式化结构解析，廖敏，西南民族大学学报，2009年，第5期。

解读道教"宝诰"的奥秘，李建德，中国道教，2009年，第3期。

《庄子》道论对道教的影响，孙功进，东岳论丛，2009年，第7期。

明代神魔小说题材取向的道教化，董群，黑河学刊，2009年，第3期。

从隐逸和游仙看李白的儒家入世思想，时花兰，河北理工大学学报，2009年，第4期。

《长生殿》艺术构思的道教内涵，黄天骥，文学遗产，2009年，第2期。

聊斋俚曲道教熟语例释，王聿发，语文学刊，2009年，第11期。

近二十年道教语言研究综述（1988—2008），罗业恺，宗教学研究，2009年，第3期。

道教"九皇神"与民间戏神信仰考，陈志勇，宗教学研究，2009年，第3期。

柳宗元对道教"真经"的理解与评价，张勇，管子学刊，

2009 年，第 3 期。

浅谈唐传奇中的道教审美因子，李裴，中国道教，2009 年，第 3 期。

略述山志在武当道教发展中的作用，张华，中国道教，2009 年，第 3 期。

《道教中元金箓斋讲经文（拟）》长生成仙研究，寇凤凯，重庆科技学院学报，2009 年，第 5 期。

清末诗人郑观应的改良主义与道教信仰，潘慎，太原师范学院学报，2009 年，第 4 期。

明清时期道教神仙群体的几个重要来源，苟波，宗教学研究，2009 年，第 4 期。

从早期道经看道教神仙的审美描述，苏宁，宗教学研究，2009 年，第 4 期。

从《玉宸观记》碑看元代北岳恒山道教，庞雪平，文物春秋，2009 年，第 6 期。

故宫黄绫本《玉皇经》在道教经典史上的价值，谢聪辉，故宫学术季刊（台北），2009 年，第 3 期。

河西地区魏晋告地文书中道教思想考释，陈松梅，敦煌学辑刊，2009 年，第 1 期。

中晚唐道教转型时期的心性修仙观，霍明琨，史学集刊，2009 年，第 4 期。

20 世纪道教文学研究的历史性总结：读《想象力的世界：二十世纪"道教与古代文学"论丛》有感，陈文新，武汉大学学报，2009 年，第 1 期。

新时期《绿野仙踪》研究综述，赵维平，古典文学知识，

2009 年，第 1 期。

道家、道教与春梦婆故事，郭茜，古典文学知识，2009 年，第 1 期。

当代道教经韵源流考：东晋南北朝产生的经韵（中），蒲亨强，中国音乐，2009 年，第 1 期。

当代道教经韵源流考：东晋南北朝产生的经韵（下），蒲亨强，中国音乐，2009 年，第 2 期。

道教生命观的哲学阐释：以葛洪《抱朴子·内篇》为中心，曾勇、朱展炎，江西社会科学，2009 年，第 11 期。

两份敦煌镇宅文书之缀合及与道教关系探析，刘永明，兰州大学学报，2009 年，第 6 期。

"嫦娥奔月"神话的仙话化与道教月仙的确立，赵红，宗教学研究，2009 年，第 4 期。

"道"、"俗"之间：略论唐代道教诗歌中的伦理美学追求，李裴，宗教学研究，2009 年，第 4 期。

国内道教美学研究十年回顾（1997—2007），程群，漳州师范学院学报，2009 年，第 1 期。

圣洁中的性色彩：元代神仙道化剧仙女形象新论，杨毅，四川戏剧，2009 年，第 2 期。

试析唐及五代道教山水悟道诗的清虚意趣，田晓膺，中国道教，2009 年，第 2 期。

中国道教理想主义建构：以邓牧《伯牙琴》为代表，周波，天府新论，2009 年，第 5 期。

从《太上洞玄灵宝本行因缘经》看大乘道教的人生观，李刚，四川师范大学学报，2009 年，第 5 期。

近三十年来国内中国佛教史学与道教史学研究概述，林国妮，中国史研究动态，2009 年，第 2 期。

痛苦的生命超越：论马致远神仙道化剧的矛盾结构，王峰，北京工业大学学报，2009 年，第 6 期。

《疑仙传》之史料探究，薛雅文，明道学术论坛，2009 年。

音诵与救度：《太上洞玄灵宝空洞灵章经》之研究，谢世维，清华学报，2009 年，第 39 卷第 1 期。

从天文到圣物——六朝道教仪式中策杖之考察，谢世维，汉学研究，2009 年，第 27 卷第 4 期。

传授与融合——《太极五真人颂》研究，谢世维，中国文哲研究集刊，2009 年，第 34 期。

论道教度孤曲目《叹骷髅》的宗教意涵——由道情《庄子叹骷髅》展开，谢易真，慈济技术学院学报，2009 年，第 13 期。

天师道旨教斋考（上篇），吕鹏志，"中央"研究院历史语言研究所集刊，2009 年，第 80 本第 3 分。

天师道旨教斋考（下篇），吕鹏志，"中央"研究院历史语言研究所集刊，2009 年，第 80 本第 4 分。

忏悔的灵性意义——以道教中元节斋醮仪式为例，李游坤，新世纪宗教研究，2009 年，第 8 卷第 1 期。

洞天福地话云台山——以道教风水学的观点阅读顾恺之《书云台山记》1，林世斌，艺文荟萃，2009 年，第 5 期。

洞天福地话云台山——以道教风水学的观点阅读顾恺之《书云台山记》2，林世斌，艺文荟萃，2009 年，第 6 期。

采药钟山隈，服食改姿容——六朝人士采药服食养生之风，邵曼珣，国文天地，2009 年，第 24 卷第 11 期。

道教国度的仙履奇缘——明代女仙传《新镌仙媛纪事》探析，徐媛婷，故宫文物月刊，2009 年，第 313 期。

评赵益著《六朝南方神仙道教与文学》，刘屹，人文中国学报，2009 年，第 15 期。

医术、方术与骗术——以清代小说《客窗闲话》、《续客窗闲话》医药故事的观察为例，卓美惠，国文天地，2009 年，第 24 卷第 11 期。

洞天与内景：西元二至四世纪江南道教的内向游观，李丰楙，东华汉学，2009 年，第 9 期；体现自然——意象与文化实践（文学与宗教研究丛刊 2），刘苑如，"中央"研究院中国文哲研究所，2012 年。

游观与内景：二至四世纪江南道教的内向超越，李丰楙，游观：作为身体技艺的中古文学与宗教，"中央"研究院中国文哲研究所，2009 年。

假作真时假亦真——一僧、一道眼下的情、欲与理，李丰楙，明清文学与思想中之情、理、欲——文学篇（中国文哲专刊 37），"中央"研究院中国文哲研究所，2009 年。

东晋南朝的三位道教大师：葛洪、陆修静与陶弘景，刘玉菁，朝阳人文社会学刊，2009 年，第 2 期。

论"儒道佛"三教文化教养与人格建构，林安梧，鹅湖月刊，2009 年，第 412 期。

《太平经》的神仙观念，林富士，"中央"研究院历史语言研究所集刊，2009 年，第 80 本第 2 分。

书评：Stephen Little，Shawn Eichman 主编：《道教与中国艺术》，幽兰，哲学与文化，2009 年，第 10 期。

唐代游仙诗中的秦皇与汉武，王瑜桢，问学集，2009 年，第 16 期。

深闺星空——清代女作家记梦诗探论，钟慧玲，汉学研究，2009 年，第 1 期。

郭璞《游仙诗》与《楚辞·远游》之比较，许恺容，东方人文学志，2009 年，第 3 期。

罗天大醮与水浒英雄排座次，吴真，读书杂志，2009 年，第 7 期。

唐代道士吴筠的仙道思想，宏谊庄，辅仁宗教研究，2009 年，第 19 期。

试析《聂隐娘》与《红线》之叙事研究，方韵萍，东华中国文学研究，2009 年，第 7 期。

从"易求无价宝，难得有心郎"诸诗论晚唐才女鱼玄机的多舛情爱，罗惠龄，明道学术坛，2009 年，第 1 期。

有关苏雪林《玉溪诗谜正续合编》之探讨，余金龙，玄奘人文学报，2009 年，第 9 期。

施梅樵游仙诗探析，林翠凤，"国立"台中技术学院通识教育学报，2009 年，第 3 期。

踏遍西天之路——《西游记》女妖研究，王樱芬，高雄师范大学学报，2009 年，第 26 期。

司马承祯《坐忘论》与道家虚静归道思想，包其锐，弘道，2009 年，第 38 期。

引《易》入《老》：《太玄》的创作背景及核心范畴，杨福泉，弘道，2009 年，第 39 期。

《神仙传》对汉武帝求仙失败的宗教学阐释，黄景春，弘道，

2009 年，第 39 期。

李白与庄子，王虹，弘道，2009 年，第 39 期。

《道藏续编》为丁福保所编订考，汪登伟，弘道，2009 年，第 40 期。

碧霞元君"生辰"考，周郢，弘道，2009 年，第 40 期。

东晋上清派经师之传承神系——扶桑大帝东王公与上清派之传经关系，萧登福，弘道，2009 年，第 40 期。

八仙及与之相关的道观，罗伟国，弘道，2009 年，第 41 期。

"虞初"小说的道教意蕴，詹石窗，弘道，2009 年，第 41 期。

《西游记》李评本成书考，黄玲贵，有凤初鸣年刊，2009 年，第 4 期。

搬演神圣：以玄奘取经行故事为中心，刘琼云，戏剧研究，2009 年，第 4 期。

Untangling the Allegory: The Genuine and the Counterfeit in Xiyou zhengdao shu (The book to enlightenment of the journey west). Carl A. Robertson, *Tamkang Review*, Vol. XXXVIII, No. 1, 2009.

Bronze Inscriptions, the *Shijing* and the *Shangshu*: The Evolution of the Ancestral Sacrifice during the Western Zhou, Martin Kern, in *Early Chinese Religion*, ed. John Lagerwey and Marc Kalinowski, Leiden: Brill, 2009—2010.

Les "Directives secrètes du Saint Seigneur du Livre de la Grande paix" et la préservation de l'unité, Grégoire Espesset, *T'oung Pao* 95, 2009.

The Daozang Jiyao Project: Mutation of a Canon, Monica Esposito, *Daoism: Religion, History and Society* 1, 2009.

The phenomenon of Daoism in Chinese civilization, Agnieška Juze-fovič, *Limes Cultural Regionalistics* 2. 2, 2009.

Les wu: fonctions、rites et pouvoirs、de la fin des Zhou au début des Han (env. Ve s. — env. Ier s.) Approche d'un chamanisme chinois, Rémi Mathieu, in *Religion et société en Chine ancienne et médiévale*, e-d. John Lagerwey, Paris: éditions du Cerf, 2009.

Ming Princes and Daoist Ritual, Wang Richard G, *Toung Pao* 95, 2009.

Visions of happiness: Daoist utopias and grotto paradises in early and medieval Chinese tales. Chiang, S. —c. L. *Utopian Studies*, 97— 120, 2009.

Review: The Phantom Heroine: Ghosts and Gender in Seven-teenth—Century Chinese Literature. Epstein, M. *Harvard Journal of Asiatic Studies*, Vol. 69, No. 1, pp. 214—221, 2009.

Patterns of Fate in " Dream of the Red Chamber " . Ferrara, M. S. *Interdisciplinary Literary Studies*, 11 (1), 12—31, 2009.

From yuanqi (primal energy) to wenqi (literary pneuma): A philosophical study of a Chinese aesthetic. Gu, M. D. *Philosophy East and West*, 22—46, 2009.

Heroes, rogues, and religion in a tenth—century Chinese miscellany. Halperin, M. *Journal of the American Oriental Society*, 129 (3), 413—430, 2009.

The Personification of Lust. Hammond, C. E. *Monumenta Serica*, 57 (1), 141—166, 2009.

The Phantom Heroine: Ghost and Gender in Seventeenth—Century

Chinese Literature. Ma, N. *China Review International*, 16 (3), 409—416, 2009.

The Lady of Linshui: A Chinese Female Cult by Brigitte Baptandier. Marshall, A. R. *Journal of Chinese Religions*, 37 (1), 99—101, 2009.

Messages from the Dead in "Nanke Taishou zhuan". Reed, C. *Chinese Literature: Essays, Articles, Reviews*, 121—130, 2009.

Parallel Worlds, Stretched Time, and Illusory Reality: The Tang Tale "Du Zichun". Reed, C. *Harvard Journal of Asiatic Studies*, 309—342, 2009.

A Textual History of Liu Yiqing's "You ming lu". Zhang, Z. *Oriens Extremus*, 48, 87—101, 2009.

Secularization theories and the study of Chinese religions, Michael Szonyi, *Social Compass* 56. 3 (2009), 312—327, 2009.

Luo Ping's Early Ghost Amusement Scroll: Literary and Theatrical Perspectives. Judith T. Zeitlin, In *Eccentric Visions: The Worlds of Luo Ping* (1733—1799), ed. Kim Karlsson et al. Zurich: Museum Rietberg, 52—63, 2009.

舟山の人形芝居－侯家班上演の「李三娘（白兎記）」，馬場英子，中国近世文芸論—農村祭祀から都市芸能へ，田仲一成、小南一郎、斯波義信編，東洋文庫，2009 年。

李賀の詩にあらわれた時間意識について—神女の時間、永遠の現在，遠藤星希，日本中国學會報，2009 年，第 61 号。

湖南省藍山県ヤオ族の還家願儀禮の演劇性，廣田律子，中国近世文芸論—農村祭祀から都市芸能へ，田仲一成、小南一郎、斯波義信編，東洋文庫，2009 年。

白蛇伝と宋代の杭州，小南一郎，中国近世文芸論―農村祭祀から都市芸能へ，田仲一成、小南一郎、斯波義信編，東洋文庫，2009 年。

餘象鬥の日用類書『三台萬用正宗』と小説『北遊記』『南遊記』について? 玄天上帝・五顕霊観（華光）を中心として，林桂如，東方學，2009 年，第 118 号。

農村祭祀を都市芸能に押し上げるメカニズム，田仲一成，中国近世文芸論―農村祭祀から都市芸能へ，田仲一成、小南一郎、斯波義信編，東洋文庫，2009 年。

珠江デルタにおける市場地祭祀演劇の展開，田仲一成，中国近世文芸論―農村祭祀から都市芸能へ，田仲一成、小南一郎、斯波義信編，東洋文庫，2009 年。

南京郊外の儺文化伝承，陶思炎，中国近世文芸論―農村祭祀から都市芸能へ，田仲一成、小南一郎、斯波義信編，東洋文庫，2009 年。

江蘇省如皋県の童子戯の形成と展開―儀禮・説唱・演劇，上田望，中国近世文芸論―農村祭祀から都市芸能へ，田仲一成、小南一郎、斯波義信編，東洋文庫，2009 年。

世徳堂本『西遊記』版本問題の再検討初探－他の世徳堂刊本小説・戯曲との版式の比較を中心に，上原究一，東京大學中国語中国文學研究室紀要，2009 年，第 12 号。

『女青鬼律』に見える鬼神観及び受容と展開，佐々木聡，東方宗教，2009 年，第 113 号。

上清経の構成について――経典分析の試み，垣内智之，東方宗教，2009年，第113号。

桃源・白雲と重玄・本際——王維とモダンな道教，砂山稔，東方宗教，2009年，第113号。

余象斗の日用類書『三台萬用正宗』と小説『北遊記』『南遊記』について・玄天上帝・五顕霊観（華光）を中心として"，林桂如，『東方学』，118：80—97，2009年。

李昌齡《樂善録》について：南宋期の善書に關する一考察，水越知，東方宗教，2009年，第113期。

2010 年

早期欧美汉学家对楚辞的翻译与研究，陈亮，国际汉学研究通讯，2010年，第1期。

文明进程与文化特质——陈致《从礼仪化到世俗化——〈诗经〉的形成》读后，朱渊清，古典文献研究，2010年，第13辑。

《墉城集仙录》版本考论，樊昕，古典文献研究，2010年，第13辑。

何光远的生平和著作：以《宾仙传》为中心，陈尚君，江西师范大学学报，2010年，第5期。

从元代道教史籍看道教的三教圆融思想，刘永海、许伟，淮阴师范学院学报学报，2010年，第2期。

张三丰的三教合一思想论：以《张三丰全集》为基本文献的理论考察，张培高，郧阳师范专科学校学报，2010年，第2期。

学术领域的界定——北美中国早期文学（先秦两汉）研究概况，柯马丁著，何剑叶译，北美中国学——研究概述与文献资源，张海惠主编，中华书局，2010 年。

据格律考订王重阳、马钰、丘处机、王处一诗词异文，杨怀源，宗教学研究，2010 年，第 3 期。

元代大道教史补注——以北京地区三通碑文为中心，刘晓，中华文史论丛（第 100 辑），上海古籍出版社，2010 年。

道教版画研究：大英图书馆藏《玉枢宝经》四注本之年代及插画考，尹翠琪，道教研究学报，2010 年，第 2 期。

古灵宝经"未出一卷"研究，刘屹，中华文史论丛第 100 辑，上海古籍出版社，2010 年。

《上清洞真智慧观身大戒文》产生年代新议，李静，中华文史论丛第 100 辑，上海古籍出版社，2010 年。

东汉之前的道书叙录，孙显斌，道家文化研究（第 25 辑），三联书店，2010 年。

早期全真道与方技的关系及其他，杨讷，中华文史论丛第 100 辑，上海古籍出版社，2010 年。

《山经》神异动物研究——中国古代乡村社会的生态压力与禳解仪式，范长风、刘捷，文艺理论研究，2010 年，第 4 期。

传说与传教——白玉蟾对吕洞宾信仰的推动，曾金兰，世界宗教学刊，2010 年，第 15 期。

书评：吕鹏志《唐前道教仪式史纲》，刘屹，唐研究（第 16 卷），北京大学出版社，2010 年。

《墉城集仙录》版本考论，樊昕，古典文献研究（第 13 辑），凤凰出版社，2010 年。

佛道两教与中国戏曲关系浅探，耿妍，文教资料，2010 年，第 31 期。

元代神仙道化剧的审美特征，陈军，运城学院学报，2010 年，第 2 期。

道教神仙韩真人考述，钱光胜，中国道教，2010 年，第 6 期。

游仙诗：郭璞仕途念想的诗性表达，杜和平，贵州师范学院学报，2010 年，第 7 期。

《搜神记》梦境描述之文化内蕴与文学价值，张辟辟，中国文学研究，2010 年，第 3 期。

论郭璞游仙诗中的悲剧意识，张越，社会科学论坛，2010 年，第 17 期。

唐代宗教对李白与李商隐诗歌创作影响的对比研究，陈洪清，名作欣赏，2010 年，第 23 期。

论李白对庄子的承继与发展，王虹，宿州学院学报，2010 年，第 7 期。

李白与庄子，王虹，湖北第二师范学院学报，2010 年，第 7 期。

船山道注与刘安道注，罗敏中，船山学刊，2010 年，第 3 期。

浅议"粉骷髅"，于硕，河北经贸大学学报，2010 年，第 3 期。

从先秦诗歌看巫风的性恋文化意蕴，洪树华，社会科学辑刊，2010 年，第 5 期。

南国巫教与《老子》和浪漫文学源流——《诗·陈风·宛丘》情字发覆，艾荫范，辽东学院学报，2010 年，第 5 期。

屈辞"悬圃"再探讨，汤洪，成都理工大学学报，2010 年，第 4 期。

《庄子》"道"的诗意象征，赵德鸿，北方论丛，2010 年，第

5 期。

《山海经》中变形神话蕴含的生命观，王燕，电影评介，2010年，第 15 期。

钟山——从原始宗教向道教演变的一个舞台，李炳海，山西大学学报，2010 年，第 4 期。

亦道亦儒：嵇康个性和理想的分裂，安奇贤，绵阳师范学院学报，2010 年，第 9 期。

李白"逍遥游"的成因分析，毛晓红、毛若，绵阳师范学院学报，2010 年，第 7 期。

张籍交往僧人道士考，焦体检，汉语言文学研究，2010 年，第 1 卷第 3 期。

宗教遮蔽下的名教与自然——唐传奇《杜子春》的另一种阐释，李荣，名作欣赏，2010 年，第 29 期。

从《天缘奇遇》看明代士人的求全情结，雷振华，湖南大众传媒职业技术学院学报，2010 年，第 5 期。

《诗经》禋祭与《旧约》燔祭，王政、赵青，船山学刊，2010 年，第 4 期。

《关雎》祭神论——与贵州田野资料的比照研究，董国文，前沿，2010 年，第 20 期。

《诗经》女子参祭与民间俗信中的女性祭祀禁忌，王政，民族文学研究，2010 年，第 4 期。

论曹植游仙诗中的自我价值——兼论曹植游仙诗中的"风骨"与玄学思想，陈琳，信阳农林学院学报，2010 年，第 4 期。

浅谈道家思想对《聊斋志异》的影响，赵怀珍，蒲松龄研究，2010 年，第 3 期。

《尚书》及两汉经学有关巫咸的叙事与角色认定，贾学鸿，北方论丛，2010 年，第 6 期。

从陶渊明《读山海经》组诗谈"刑天舞干戚"句，邓芳，文史知识，2010 年，第 12 期。

《庄子》中的神巫角色考说，贾学鸿，学术论坛，2010 年，第 11 期。

儒核道表：陶渊明思想之二元分析，罗智伟，宜春学院学报，2010 年，第 11 期。

从"生月"到"奔月"——试析常羲从神到仙的演变，陈刚，青海社会科学，2010 年，第 6 期。

关于盘古神话探源若干问题之我见，龙海清，民间文化论坛，2010 年，第 6 期。

以《诗经》隐含之巫术解析洮岷"花儿"中的欲爱事象，王晓云，山西大同大学学报，2010 年，第 6 期。

"三足乌"起源考，田冬梅、张颖夫，唐山师范学院学报，2010 年，第 6 期。

《周易》与神话关系论考，闫德亮，江西社会科学，2010 年，第 12 期。

《庄子》中虚静之心观照下的审美活动，丁媛、吴铁柱，学术交流，2010 年，第 12 期。

论庄子系统哲学的失传，亓琳琳，枣庄学院学报，2010 年，第 6 期。

从时空措置看《枕中记》、《南柯太守传》的道教情怀，陆会琼，大理学院学报，2010 年，第 11 期。

再生信仰与西王母神话——杜丽娘、柳梦梅爱情的神话原型

及《牡丹亭》主题再探，陈劲松，江西社会科学，2010 年，第
12 期。

《左传》多载鬼神卜筮灾异预言的原因，杨华东，遵义师范学
院学报，2010 年，第 6 期。

《游仙窟》：传奇的艺术图式，才志华，语文学刊，2010 年，
第 1 期。

评高华平《凡俗与神圣——佛道文化视野下的汉唐之间的文
学》评介，陈龙、普慧，中国文化研究，2010 年，第 1 期。

佛学、神仙与隐逸：六朝时期的庐山诗，王柳芳、孙伟，南
昌大学学报，2010 年，第 1 期。

论汉代游仙诗的来源、艺术形态及其影响，张树国，淮阴师
范学院学报，2010 年，第 2 期。

唐宋文学中的女仙妓化现象论略——以女仙嫦娥的妓化为例，
赵红，衡阳师范学院学报，2010 年，第 2 期。

仙人亦不能忘情乎——《聊斋志异·巩仙》赏析，孙巍巍，
蒲松龄研究，2010 年，第 1 期。

试论战国秦汉时期儒、道互补文艺观的演变，潘俊杰，浙江
社会科学，2010 年，第 5 期。

人神语境中的意识形态建构——《诗经》祭祀诗探析，刘衍
军，名作欣赏，2010 年，第 14 期。

略析《诗经》"感生神话"之涵义，梁艳敏，乐山师范学院学
报，2010 年，第 3 期。

死而复生观念与"鲧腹生禹"故事的历史根源，孙国江、宁
稼雨，中国文学研究，2010 年，第 1 期。

中国圣人神话原型新考——兼论作为国教的玉宗教，叶舒宪，

武汉大学学报，2010 年，第 3 期。

三曹游仙诗写作特点分析，刘慧子，广东青年职业学院学报，2010 年，第 2 期。

道教胡麻饭考，杨宏，中国文化研究，2010 年，第 2 期。

物占、物占神话与符瑞——符瑞的神话学解读，胡晓明，南京农业大学，2010 年，第 3 期。

论纬书的小说特性及其对汉代小说的影响，吴丛祥，浙江社会科学，2010 年，第 4 期。

清代道藏——江南蒋元庭本《道藏辑要》之研究，莫尼卡，宗教学研究，2010 年，第 3 期。

苏轼与《黄庭经》，张振谦，宗教学研究，2010 年，第 1 期。

宋元士大夫与吕洞宾形象考论，朱越利，华侨大学学报，2010 年，第 4 期。

试论"学诗如学仙，时至骨自换"之内涵，张振谦，内蒙古大学学报，2010 年，第 4 期。

试论北宋崇道对科举考试的影响，张振谦，信阳师范学院学报，2010 年，第 4 期。

北宋宫观官制度流变考述，张振谦，北方论丛，2010 年，第 4 期。

陈师道"换骨"说发微，张振谦，海南大学学报，2010 年，第 5 期。

北宋文人与茅山宗，张振谦，江南大学学报，2010 年，第 5 期。

《真诰》词语补释，雷汉卿、周作明，宗教学研究，2010 年，第 3 期。

"冢讼"考，姜守诚，东方论坛，2010 年，第 5 期。

道士词的创作与传播方式，李静，金词生成史研究，中国社会科学出版社，2010 年。

《淮南子》神话与早期道家思想，神话叙事与集体记忆——《淮南子》文化阐释，黄悦，南方日报出版社，2010 年。

唐代产生的道教经韵，蒲亨强、陈芳，中国音乐，2010 年，第 1 期。

西王母背后的唐代社会与唐代女性，吴真，河南教育学院学报，2010 年，第 1 期。

论汉语写作中虚静观与主体写作心理的关系，吴怀仁，甘肃高等师范专科学校学报，2010 年，第 3 期。

魏晋南朝文学思想中的娱乐养生倾向及其生成，蒋振华，文艺研究，2010 年，第 6 期。

论周邦彦的道教情结及其影响下的文学创作，周燕玲，学术交流，2010 年，第 5 期。

清初戏剧与道教思想，党月异，学术论坛（南宁），2010 年，第 10 期。

道教典籍《太平经》语言的再解读，刘祖国、李翠，唐都学刊，2010 年，第 6 期。

南宋时期的三首道教经韵，蒲亨强、陈芳，艺术百家，2010 年，第 2 期。

论道教美学思想的发展与嬗变，潘显一、殷明，江西社会科学，2010 年，第 4 期。

宗教体验与道教信仰的确立，魏小巍，华东师范大学学报，2010 年，第 6 期。

由元代道教史籍看道教诸神信仰：以真武大帝、文昌帝君、纯阳帝君为例，刘永海、郝秋香，中国道教，2010 年，第 3 期。

道教文学研究的新突破：评左洪涛《金元时期道教文学研究》，杨海明，宁波大学学报，2010 年，第 3 期。

金庸武侠小说中的道教全真派人物，赵国庆，中国宗教，2010 年，第 2 期。

易心莹与《道教三字经》，赵敏，四川大学学报，2010 年，第 1 期。

道教《太上老君开天经》的另类历史叙述，胡小柳，云南社会科学，2010 年，第 4 期。

唐末五代道教小说中的隐仙，谭敏，四川师范大学学报，2010 年，第 5 期。

论道教意象观与文人画的意象造型，张明学，广西师范大学学报，2010 年，第 5 期。

道教文献中的"颂"及其文体学意义，成娟阳，中国文化研究，2010 年，第 2 期。

从传统绘画作品琐议李白道教信仰，张明学，艺术探索（南宁），2010 年，第 2 期。

明代拟话本小说中的道教角色及其意义，赵益，江西师范大学学报，2010 年，第 2 期。

试析道教神仙形象中的武将色彩，于国庆，宗教学研究，2010 年，第 2 期。

明清以来道教唱道情在湖北的传播，张泽洪，武汉大学学报，2010 年，第 5 期。

从《世说新语》看晋宋之际道教的发展，孙翀，宗教学研究，

2010 年，第 1 期。

中国西南少数民族傩文化与道教关系论略，张泽洪，贵州民族研究，2010 年，第 2 期。

道教蔚兴与人仙遇合传说的早期演绎，阳清，船山学刊，2010 年，第 2 期。

民间道教文献与地方仪式传统：闽西正一派道教科仪本《大发表真科》解析，魏德毓，福州大学学报，2010 年，第 1 期。

文化身份与宗教信仰：从碑刻资料看傣族土司崇奉道教史迹，萧霁虹，贵州社会科学，2010 年，第 2 期。

《西游记》与道教生命文化：以《西游记》中的"洞穴"为视角，连振娟，江西社会科学，2010 年，第 12 期。

论南宋产生的两首道教经韵："五厨经""丰都咒"，蒲亨强，中央音乐学院学报，2010 年，第 3 期。

三载耕耘，再结硕果：评蒋振华《唐宋道教文学思想史》，张毅，中国文学研究，2010 年，第 3 期。

道教神仙传记与神仙观念的多元化及演变，苟波，四川大学学报，2010 年，第 5 期。

道教长生思想对魏晋南北朝志怪小说的影响，孙芳芳，咸宁学院学报，2010 年，第 2 期。

清代四川道教革新管窥：基于《张三丰先生全集》的考察，王岁孝，甘肃社会科学，2010 年，第 1 期。

"有我之境"的人生烦恼：解析道教徒诗人李白的痛苦，赵兴燕，名作欣赏，2010 年，第 9 期。

是儒家心学还是道教内丹学：析《李卓吾先生批评〈西游记〉》批语的立足点，郭健，宗教学研究，2010 年，第 2 期。

试析马致远神仙道化剧的思想内容，李妮娜，中国戏剧，2010年，第12期。

论先唐文学的游仙主题，朱立新，上海师范大学学报，2010年，第4期。

诗情与道性，张勇，安徽师范大学学报，2010年，第2期。

悼祭文的文体源流和文体形态，张海鸥、谢玉敏，深圳大学学报，2010年，第2期。

论曹植游仙诗，李月，周口师范学院学报，2010年，第1期。

周邦彦与道家道教，张振谦，西华师范大学学报，2010年，第2期。

东汉镇墓文的文体功能及其文体借鉴，郗倩文，广西师范大学学报，2010年，第5期。

陶渊明与道教灵宝派关系之检讨：以涉酒诗文为中心，李小荣，福建师范大学学报，2010年，第5期。

从游仙到水仙：屈原生命意象的自觉超越与永恒信仰，苏慧霜，三峡论坛，2010年，第5期。

人的自由与仙的优游：嵇康和阮籍的游仙思想与诗歌创作，范子烨，南阳师范学院学报，2010年，第10期。

陶弘景对文学的影响，张厚知，燕山大学学报，2010年，第3期。

论鱼玄机爱情诗歌中的功利主义思想倾向，肖占鹏、王蕊，天津师范大学学报，2010年，第4期。

宗教遮被下的名教与自然：唐传奇《杜子春》的另一种阐释，李荣，名作欣赏，2010年，第10期。

《封神演义》中的语言巫术，陈莉、曾锋，宜宾学院学报，

2010 年，第 9 期。

谶纬叙事论略，曹建国，文艺研究，2010 年，第 11 期。

论中国古代历史小说天命思想，许道军、张永禄，华南农业大学学报，2010 年，第 4 期。

死生相系的司命之神：对于西王母神格的推测，钟宗宪，青海社会科学，2010 年，第 5 期。

论谶纬对《汉书》的影响，吴从祥，绍兴文理学院学报，2010 年，第 5 期。

论曹植游仙诗的自我价值：兼论曹植游仙诗中的"风骨"与玄学思想，陈琳，信阳农业高等专科学校学报，2010 年，第 4 期。

20 世纪《搜神记》研究综述，杨淑鹏，晋中学院学报，2010 年，第 5 期。

论《西游记》中的五行观念，李德强，衡阳师范学院学报，2010 年，第 5 期。

《绿野仙踪》的道教文化蕴涵，宋霞霞，新乡学院学报，2010 年，第 5 期。

回鹘文摩尼教诗歌及其审美特征，杨富学、阿布都外力·克热木，新疆大学学报，2010 年，第 3 期。

汉画像西王母的图文互释研究，朱存明、朱婷，徐州师范大学学报，2010 年，第 6 期。

六十年来《淮南子》研究的回顾与反思，马庆洲，文学遗产，2010 年，第 6 期。

魏晋南北朝道教的文学表现特征论，刘育霞，江汉大学学报，2010 年，第 6 期。

东晋仙道文学中的性别分析，刘淑丽，中华女子学院学报，

2010 年，第 6 期。

论曹操的神仙思想及其游仙诗，刘育霞，山西大同大学学报，2010 年，第 5 期。

论曹植游仙诗，宋玲，许昌学院学报，2010 年，第 6 期。

道教对谢灵运及其诗文的影响，刘育霞、徐传武，北方论丛，2010 年，第 6 期。

论郭璞游仙诗中的忧患意识，赵玉霞、刘海波，延边大学学报，2010 年，第 6 期。

花间词的道教题材及其文化意蕴，林洁，遵义师范学院学报，2010 年，第 5 期。

从唐代小说看巫术对人与异类婚恋遇合的影响，洪树华，江汉论坛，2010 年，第 11 期。

李白诗歌白发意象与道教信仰，郭瑞蕾，名作欣赏，2010 年，第 12 期。

鱼玄机诗歌艺术特点探析，樊终梨，牡丹江师范学院学报，2010 年，第 6 期。

从文本的隐喻暗示再看《西游记》最终定稿人是茅山乾元观阁希言师徒，胡义成，福建师范大学学报福清分校学报，2010 年，第 6 期。

草木、花柳与群钗：神道设教与大观园群钗的神界胎记，吴光正，黑龙江社会科学，2010 年，第 6 期。

《聊斋志异》异类仙化现象研究，王海燕，东方论坛，2010 年，第 5 期。

屈原对昆仑神境的构建，宋小克，云梦学刊，2010 年，第 1 期。

《淮南子》昆仑神话源自《离骚》，宋小克，中南民族大学学报，2010 年，第 1 期。

《太平广记》中的神仙传考，盛莉，文献，2010 年，第 1 期。

湛方生与东晋山水诗，刘梅，名作欣赏，2010 年，第 1 期。

道教对中唐"怪奇"诗风的影响，张振谦，云南社会科学，2010 年，第 1 期。

西王母与舜帝的传说研究，陈泳超，河南教育学院学报，2010 年，第 1 期。

从《世说新语》看魏晋士人神仙观念的嬗变，宁稼雨，南开学报，2010 年，第 1 期。

鸟、蛇图腾与氏族过渡的文化遗迹：《搜神记·羽衣人》的文化解读，张瑞芳，古籍整理研究学刊，2010 年，第 1 期。

论唐宋道教青词演变，杨毅，中国文化研究，2010 年，第 1 期。

道教"存思"思维对唐传奇创作想象力的刺激，徐翠先，甘肃社会科学，2010 年，第 1 期。

论元代神仙道化剧中的长生成仙信仰，王锐红，德州学院学报，2010 年，第 1 期。

《三国演义》中的巫术描写及其表现功能与负面效应，谷文彬，怀化学院学报，2010 年，第 1 期。

关于"《红楼梦》与宗教"研究的几点感想：序李根亮《〈红楼梦〉与宗教》，陈文新，辽东学院学报，2010 年，第 1 期。

晚清民国志怪传奇研究述论，张振国，古典文学知识，2010 年，第 2 期。

从禁地到仙乡——试论昆仑山风貌及其生命内涵的嬗变，宋小克，南阳师范学院学报，2010 年，第 1 期。

仙学、韩李诗风、苏黄诗学，蒋振华，文学评论，2010 年，第 2 期。

神境、道境与仙境：中国早期神话中生命空间的开拓及时间内涵的嬗变，宋小克，郑州大学学报，2010 年，第 2 期。

"神仙窟"的艳遇：唐人小说中另类仙境意象的民俗意义，李春辉，广播电视大学学报，2010 年，第 1 期。

论道教神仙传记的文史价值：以杜光庭《墉城集仙录》为中心，樊昕，苏州大学学报，2010 年，第 1 期。

《水浒传》宗教描写新论，纪德君，广州大学学报，2010 年，第 1 期。

由器而道：论古代小说中照妖镜的演化，王昕，齐鲁学刊，2010 年，第 3 期。

先秦冥界神话考，纪晓建，兰州学刊，2010 年，第 5 期。

秦汉魏晋神仙思想的继承与嬗变：兼谈小南一郎"新神仙思想"说存在的问题，黄景春，武汉大学学报，2010 年，第 3 期。

二十世纪以来秦汉游仙文学研究的回顾与展望，徐华，滁州学院学报，2010 年，第 1 期。

人间与仙境：论汉魏六朝隐逸诗的意象归属，漆娟，社会科学论坛，2010 年，第 3 期。

论汉魏志怪的预设叙事，阳清，广西社会科学，2010 年，第 3 期。

佛经文学与六朝仙道类小说创作，刘惠卿，西南民族大学学报，2010 年，第 4 期。

《搜神后记》神仙故事对唐传奇的影响，何亮，广州番禺职业技术学院学报，2010 年，第 1 期。

《列仙传》的道教意蕴与文学史意义，陈洪，文学评论，2010年，第 3 期。

唐代社会关于道士法术的集体文学想象，吴真，武汉大学学报，2010 年，第 3 期。

唐代文言小说法术情节论，俞晓红、王燕，洛阳师范学院学报，2010 年，第 1 期。

从精怪小说看唐人小说创作的娱乐诉求，赵一霖，学术交流，2010 年，第 4 期。

李白游仙诗的矛盾主题，贾兵，信阳农业高等专科学校学报，2010 年，第 2 期。

道教文化视域下的柳永艳情之作，王定勇，学术交流，2010年，第 5 期。

晚明小说"传道"的伦理价值取向，王颖，北方论丛，2010年，第 3 期。

今本《西游记》定稿前的创作"冲刺"：论明代中末期民间秘密宗教对"西游故事"的利用和再创作，胡义成，社会科学论坛，2010 年，第 4 期。

《平妖传》二十回本是对元末宗教起义的历史反思——兼评四十回本相关改动的不足之处，许军，明清小说研究，2010 年，第 1 期。

旧瓶新酒：浅谈"三言"与戏曲之叙事关系：以《庄子休鼓盆成大道》故事流变为例，李良子，渭南师范学院学报，2010 年，第 3 期。

回眸百年诗经学宗教学研究，曹建国，武汉大学学报，2010

年，第 3 期。

试论北宋文人游仙诗，张振谦，兰州学刊，2010 年，第 6 期。

杨柳崖头是清彻：王重阳的精神超越与《乐章集》，盖建民、刘恒，杭州师范大学学报，2010 年，第 3 期。

道教文学研究的新思维，吴光正，人民政协报，2010 年 3 月 22 日。

荣与堂本《水浒传》的宗教叙事及其悖论，吴光正，武汉大学学报，2010 年，第 3 期。

《西游补》的时空大腾挪及其宗教意蕴，王厚怀，学术交流，2010 年，第 6 期

民间世俗宗教的西行朝圣——《西游记》主题新释，霍省瑞，武汉理工大学学报，2010 年，第 3 期。

昙阳子"升化"与晚明士大夫的宗教想像，徐美洁，青岛大学师范学院学报，2010 年，第 4 期。

宋代文人与道士交往的方式与原因，张振谦，贵族大学学报，2010 年，第 7 期。

《西游记》仙石记试论，杜贵晨，福州大学学报，2010 年，第 3 期。

《封神演义》的外道内儒辨正，孟华，长江师范学院学报，2010 年，第 3 期。

历史维度的缺失——自唐迄今谶纬名义研究之述评，张峰屹，文学与文化，2010 年，第 2 期。

求仙与隐逸：神仙道教文化对山林隐逸之士的影响，卢晓河，宁夏社会科学，2010 年，第 4 期。

诗的源起及其早期发展变化：兼论中国古代巫术与宗教有关

问题，江林昌，中国社会科学，2010 年，第 4 期。

试论"庄子叹骷髅"故事之嬗变，姜克滨，北京化工大学学报，2010 年，第 2 期。

"空无"与"虚化"：论白居易对佛道观照方式的理解及运用，左志南、代永正，成都理工大学学报，2010 年，第 2 期。

论《红楼梦》中悟道成仙的神话母题，邓辉，柳州高等师范专科学校学报，2010 年，第 3 期。

晋人葛洪所记镜异事与唐人镜异小说之关系，王光福，蒲松龄研究，2010 年，第 2 期。

宋代文人与道士交往的方式与原因，张振谦，贵州大学学报，2010 年，第 4 期。

《西游记》中的"定身法"、"大闹天宫"等素材源于《抱朴子内篇》，王四四，内江师范学院学报，2010 年，第 9 期。

论《西游记》中仙、猴、妖的三角关系及其艺术意蕴，侯永军，黄石理工学院学报，2010 年，第 3 期。

元好问与道教关系考，张松辉、罗凤华，宗教学研究，2010 年，第 5 期。

明代话本小说对僧人金钱欲的批判，邵敏，安庆师范学院学报，2010 年，第 5 期。

"以情悟道"：论《红楼梦》前五回的诗性哲思，孙爱玲，济南大学学报，2010 年，第 5 期。

刘基与道家道教关系考论，吴光、张宏敏，世界宗教研究，2010 年，第 5 期。

一部淹贯精审、胜义纷陈的八仙研究力著——《八仙故事系统考论——内丹道宗教神话的建构及其流变》评介，欧阳江琳，武汉大学学报，2010年，第6期。

全真道研究综述，陈明、吕锡琛，世界宗教研究，2010年，第5期。

"鬼神志怪之书"的神仙思想初探，陈杉、赖全，中华文化论坛，2010年，第3期。

以"实"衬"虚"的幻设手法——论宋传奇《希夷先生传》、《华阳仙姻》、《嘉林居士》中的虚设时间，赵修霈，辅仁国文学报，2010年。

从玄女到九天玄女——一位上古女仙的本相与变相，李丰楙，兴大中文学报，2010年，第27期增刊。

庐山仙道话语的传承与转化，刘苑如，朝向生活世界的文学诠释——六朝宗教叙述的身体实践与空间书写，新文丰出版公司，2010年。

圣王、圣徒与凡夫——六朝志怪汉武系列的编、写系谱，刘苑如，朝向生活世界的文学诠释——六朝宗教叙述的身体实践与空间书写，新文丰出版公司，2010年。

欲望尘世、境内蓬莱，刘苑如，朝向生活世界的文学诠释——六朝宗教叙述的身体实践与空间书写，新文丰出版公司，2010年。

嵇康的音乐养生观与道教之关系，李美燕，哲学与文化，2010年，第37卷第6期。

《黄庭经》与唐代道教修道转型，李平，思与言：人文与社会科学杂志，2010年，第48卷第4期。

神圣的屈从——杜光庭道教小说《录异记》之圣俗分判及其世俗化倾向，黄东阳，新世纪宗教研究，2010年，第9卷第2期。

游仙与仙游——论魏晋诗人开拓生命向度的几种尝试，张俐盈，汉学研究集刊，2010 年，第 10 期。

论陆游之游仙词，蔡君逸，东海大学图书馆馆讯，2010 年，第 104 期。

东晋葛洪道教神仙思想探析，黄金榔，嘉南学报，2010 年，第 36 期。

论古上清经中的道与至尊神，李龢书，早期中国史研究，2010 年，第 2 期。

"中央－四方"空间模型：五营信仰的营卫与境域观，李丰楙，中正大学中文学术年刊，2010 年，第 15 期。

葛洪的神仙思想及其名教与自然的调和，叶淑茵，华冈哲学学报，2010 年，第 2 期。

葛洪《神仙传》所建构之神圣空间及其进入之法式，黄东阳，新世纪宗教研究，2010 年，第 9 卷第 1 期。

破暗烛幽：古灵宝经中的燃灯仪式，谢世维，国文学报，2010 年，第 47 期。

道教劝善书的道德思想及其教化方式析探——以《太上感应篇》、《文昌帝君阴骘文》、《关圣帝君觉世真经》为例，苏哲仪、邱一峰，岭东通识教育研究学刊，2010 年，第 3 卷第 3 期。

郝大通《太古集》的天道观——以其《易》图中的宇宙时空图式为主体（上），陈伯适，兴大中文学报，2010 年，第 27 期。

郝大通《太古集》的天道观——以其《易》图中的宇宙时空图式为主体（下），陈伯适，兴大中文学报，2010 年，第 28 期。

论虚靖天师张继先诗词中的道家精神与道教批判，李建德，国文经纬，2010 年，第 6 期。

圣教与戏言——论世本《西游记》中意义的游戏，刘琼云，中国文哲研究集刊，2010 年，第 36 期。

元代邓锜《道德真经三解》的内丹养生，郑志明，鹅湖月刊，2010 年，第 421 期。

众神之宴：从《南游记》斗宝会看晚明出版文化中的宗教信仰，林桂如，中国文哲研究通讯，2010 年，第 3 期。

嵇康的音乐养生观与道教之关系，李美燕，哲学与文化，2010 年，第 6 期。

出山与入山：李白庐山诗的精神底蕴，萧丽华，台大中文学报，2010 年，第 33 期。

神圣的屈从——杜光庭道教小说《录异记》之圣俗分判及其世俗化倾向，黄东阳，新世纪宗教研究，2010 年，第 2 期。

记忆、身体、空间：论丁云鹏《三教图》之文化意涵，邱伟云，新世纪宗教研究，2010 年，第 2 期。

晚唐道教政教关系研究——以周息元入京为线索，李平，新世纪宗教研究，2010 年，第 2 期。

汉画像石"荣成（容成）氏"图像考，武利华，先秦两汉学术，2010 年。

道士、科仪与戏剧——以雷晋坛《太上正一敕水禁坛玄科》为中心，邱坤良，戏剧学刊，2010 年，第 11 期。

从《南柯记》《邯郸记》看汤显祖的佛道思想及情观，黄慎慧，明道通识论丛，2010 年。

《午梦堂集》中的女性亲情：以婚嫁与死亡为线索，李晓萍，新竹教育大学人文社会学报，2010 年，第 2 期。

台湾登鸾降笔赋初探——以《全台赋》及其影像集为范围，

简宗梧，长庚人文社会学报，2010 年，第 2 期。

黄公望的书画交游活动与其雪图风格初探，陈韵如，中正中文学术年刊，2010 年，第 2 期。

《李筌阴符经疏》成书年代考，刘泳斯，弘道，2010 年，第 42 期。

谈谈《红楼梦》中的神仙，黄景春，弘道，2010 年，第 42 期。

司马承祯《坐忘论》的结构、修炼的神学思想，张思齐，弘道，2010 年，第 43 期。

《灵宝无量度人上品妙经》的作者及撰作年代，萧登福，弘道，2010 年，第 43 期。

《龙虎经》考，汪登伟，弘道，2010 年，第 43 期。

道教桃文化撷说，陈金凤，弘道，2010 年，第 43 期。

敦煌本《化胡歌》八首校注，高原乐，弘道，2010 年，第 44 期。

宋元士人、士大夫与吕洞宾形象（上），朱越利，弘道，2010 年，第 44 期。

《道教灵验记》中的法器灵验故事，谭敏，弘道，2010 年，第 44 期。

九华仙子到凡尘，凉夜山头吹玉笛——游九言之《华阳洞词》赏析，刘永霞，弘道，2010 年，第 44 期。

宋元士人、士大夫与吕洞宾形象（下），朱越利，弘道，2010 年，第 45 期。

拘神德清的《水浒》，罗伟国，弘道，2010 年，第 45 期。

圣教与戏言——论世本《西游记》中意义的游戏，刘琼云，中国文哲研究集刊，2010 年，第 36 期。

论《西游记》的《心经》与"无字真经"，谢文华，国文学报，2010 年，第 48 期。

近三十年西游记人物研究概况，李诗茔，问学集，2010 年，第 17 期。

Revelation and Narrative in the Zhoushi Mingtongji, T. C. Russell, *Early Medieval China*, Volume 1. T. C. 拉塞尔:《〈周氏冥通记〉中的神启和故事》，刘雄峰译，麦谷邦夫、吉川忠夫编，《周氏冥通记研究（译注篇）》，齐鲁书社，2010 年。

Narrative in the Self—Presentation of Transcendence—Seekers, Robert Ford Campany, in *terpretation and Literature in Early Medieval China*, ed. Alan K. L. Chan and Yuet—Keung Lo, Albany: State University of New York Press, pp. 133—64, 2010.

"Jade Flower" and the Motif of Mystic Excursion in Early Religious Daoist Poetry, Tim Chan, in *terpretation and Literature in Early Medieval China*, ed. Alan K. L. Chan and Yuet—Keung Lo, Albany: State University of New York Press, 2010.

Taoist Verse and The Quest to the Divine, Paul W. Kroll, in *Early Chinese Religion. Part 2: The Period of Division* (220—589 *AD*), ed. Legerwey, John and Lü Pengzhi, Leiden: Brill, p. 963—996, 2010.

Qing Women's Poetry on Roaming as a Female Transcendent, Wang Yanning, *Nan Nü* 12, 2010.

Zhuangzi et l'enfer du politique, Jean Lévi, *études chinoises* XXIX, 2010.

Research on the Retributive Stories in Yijian Zhi, Cheng Yuyao,

Master's, 2010.

Daoist pantheons, Stephen R. Bokenkamp, in *Early Chinese Religion*: *Part Two*: *The Period of Division* (220—589 *AD*), Brill Academic Publishers, 2010.

Going with the Flow: Embracing the "Tao" of China's " Jiangnan Sizhu". Chow—Morris, K. *Asian Music*, 41 (2), 59—87, 2010.

The People and the Dao: New Studies in Chinese Religions in Honour of Daniel L. Overmyer ed. by Philip Clart, Paul Crowe. DuBois, T. *Journal of Chinese Religions*, 38 (1), 85—88, 2010.

Li Bai drinks with the moon: the cultural afterlife of a poetic conceit and related lore. Liscomb, K. *Artibus Asiae*, 70 (2), 331—386, 2010.

Making Transcendents: Ascetics and Social Memory in Early Medieval China by Robert Ford Campany. Miller, J. *Journal of Chinese Religions*, 38 (1), 81—82, 2010.

Notes about Directing Married to a Heavenly Immortal. Shi, H. *The Opera Quarterly*, 26 (2—3), 435—445, 2010.

Review: Comparative Journeys: Essays on Literature and Religion East and West by Anthony C. Yu. Sugimoto, M. T. *Christianity and Literature*, Vol. 59, No. 3, pp. 569—573, 2010.

Seekers of Transcendence and Their Communities in This World (pre—350 A. D.), in John Lagerwey and Lü Pengzhi, eds. , Company, Robert. *Early Chinese Religion*, *Part Two*: *The Period of Division* (220—589 *AD*), E. J. Brill, vol. 1, 345—394, 2010.

Nathan Sivin, Old and New Daoism, *Religious Studies Review*, pp. 31—50, 2010.

Operatic Ghosts on Screen: The Case of A Test of Love (1958). Judith T. Zeitlin, In *Chinese Opera Film*, edited by Judith T. Zeitlin and Paola Iovene. Special double issue of The Opera Quarterly, vol. 26, 1—34, 2010.

吳筠事跡考, 麥谷邦夫, 東方學報, 2010 年, 第 85 号。

「竹葉舟」考, 陳文輝, 日本中国學會報, 2010 年, 第 62 号。

『海空智藏經』續考——卷十「普記品」を中心に, 神塚淑子, 日本中国学会, 2010 年, 第 62 号。

洞視法と神虎法——南宋期の靈寶齋の儀式書に見える修行法と召魂とについて, 浅野春二, 東方宗教, 2010 年, 第 116 号。

唐の道教をめぐる高句麗・新羅と入唐留学生の諸問題, 土屋昌明, センター東アジア世界史研究センター年報, 2010 年, 第 4 号。

2011 年

今本《列仙传》成书时代问题, 程亚恒, 长江学术, 2011 年, 第 2 期。

问题反省与理论自觉——读吴光正《八仙故事系统考论——内丹道宗教神话的建构及其流变》, 郑传寅、聂心蓉, 长江学术, 2011 年, 第 2 期。

从《游仙窟》"纵欲"到《莺莺传》"忍情": 看才子佳人小说情爱关系的变化, 乔孝冬, 金陵科技学院学报, 2011 年, 第 4 期。

论《经学系传谱》中的"完人"与"仙学"，孙智伟，北方民族大学学报，2011 年，第 6 期。

《西游记》佚本探考，曹炳建，明清小说研究，2011 年，第 2 期。

《西游证道书》及其相关问题，赵红娟，文献，2011 年，第 4 期。

两种不同人生价值取向的抉择：郭璞《游仙诗·京华游侠窟》试解，赵沛霖，北京大学学报，2011 年，第 3 期。

古灵宝经与《大方广佛华严经》等佛经关系考释，王承文，文史，2011 年，第 3 期。

世德堂本《西游记》儒释道心学观异同辨析，杨国学，运城学院学报，2011 年，第 6 期。

《本朝神仙传》释文简注，王晓平，域外汉籍研究集刊（第 7 辑），中华书局，2011 年。

明代江南士绅精英与茅山全真道的兴起，王岗，全真道研究（第 2 辑），齐鲁书社，2011 年；茅山志，刘大彬编，江永年增补，王岗点校，上海古籍出版社，2016 年。

江南全真道门所见之诸真宗派与传承谱系，吴亚魁，全真道研究（第 2 辑），齐鲁书社，2011 年。

宗教思想对杂传与小说叙事之影响，刘湘兰，中古叙事文学研究，北京大学出版社，2011 年。

释道类杂传叙事分析，刘湘兰，中古叙事文学研究，北京大学出版社，2011 年。

《西游记》与《红楼梦》中的寓意，浦安迪，浦安迪自选集，刘倩等译，三联书店，2011 年。

汉代神话仙话化倾向的时代特征——汉代神话流变研究之一，李艳洁，长江大学学报，2011 年，第 8 期。

《楚辞·天问》之"阳离"与楚人太阳崇拜，纪晓建，中国韵文学刊，2011 年，第 2 期。

《封神演义》雷震子形象考原，乔世达、王立，山西师范大学学报，2011 年，第 2 期。

神性的维度——试论《离骚》的"他在"视域，何光顺，南京社会科学，2011 年，第 1 期。

《招魂》"像设君室"与楚简帛之"象"，刘信芳，云梦学刊，2011 年，第 1 期。

《山海经》中人兽合体类神人形象管窥——《山海经》中神人形象研究，梁奇，名作欣赏，2011 年，第 2 期。

《山海经》中形象管窥——以人兽伴生类与异形神人类为例，梁奇，文艺评论，2011 年，第 4 期。

唐代的灵宝五方镇墓石研究——以大唐西市博物馆藏"唐李义珪五方镇墓石"为线索，刘屹，唐研究（第十七卷），北京大学出版社，2011 年。

碑志所见的麻姑山邓氏——一个唐代道教世家的初步考察，雷闻，唐研究（第 17 卷），北京大学出版社，2011 年。

女娲神话的生命密码，闫德亮，河南师范大学学报，2011 年，第 1 期。

神话昆仑：深层记忆中的神圣家园——屈原的精神困境与宗教情怀，李措吉，青海社会科学，2011 年，第 1 期。

《庄子》逍遥的时空维度，高娴，武陵学刊，2011 年，第 1 期。

空间叙事：从《山海经》到《禹贡》，童强，文学研究，2011年，第1期。

道家思想对李清照词的影响，罗煦，重庆广播电视大学学报，2011年，第1期。

王羲之信道原因考，许孟青，宗教学研究，2011年，第2期。

论唐前神女赋的流变，唐英，安康学院学报，2011年，第1期。

高禖祭祀与野合之风——试论《桑中》一诗的主题，金业焱、金军华，名作欣赏，2011年，第11期。

浅论《诗经》中"上帝"意象的心理学意义，张敏、申荷永、刘建新，宗教学研究，2011年，第1期。

《周易》水原型与后世文学中的水意象，沈志权，社会科学战线，2011年，第4期。

觉有八徵，梦有六侯——《列子》意识观探析，卜鲁晓，商洛学院学报，2011年，第1期。

从《庄子》的神话思维看庄子的循环变化思想，吴亚娜，德州学院学报，2011年，第1期。

殷商瞀瞉与卜辞的诗体结构，李振峰，文艺评论，2011年，第2期。

从神仙世界的爱情故事窥华人之两性哲学——以西王母为文本，高致华，漳州师范学院学报，2011年，第1期。

道举的兴衰与唐代士大夫，付莉，文艺评论，2011年，第2期。

六朝至唐志怪小说中符咒元素的思想内蕴与叙事功能，李生龙、张辟辟，湖南大学学报，2011年，第2期西晋游仙诗旨趣及文化背景，罗文卿、徐传武，北方论丛，2011 年，第 2 期。

《西游记》对原始神话生态意象的承续与发展，康琼，湖南城市学院学报，2011 年，第 1 期。

论《女仙外史》的女性观，刘鹏飞，陕西理工大学学报，2011 年，第 1 期。

《尚书》虞舜神话溯源，于文哲，学术交流，2011 年，第 3 期。

从《诗经》看仪式中的巫、尸角色，魏昕，长春师范大学学报，2011 年，第 3 期。

《左传》卜筮的理性解读，张厚知，贵州师范大学学报，2011 年，第 2 期。

魏晋名士道家人格思想渊源管窥，张军强，濮阳职业技术学院学报，2011 年，第 2 期。

从魏晋南北朝志怪看巫术对人与异类超现实婚恋遇合的影响，洪树华，社会科学辑刊，2011 年，第 2 期。

《桃花源记》：魏晋时期最伟大的玄怪小说，杨秋荣，北京教育学院学报，2011 年，第 2 期。

蒲松龄对崂山道乐的贡献，闫水村、周聪，蒲松龄研究，2011 年，第 1 期。

《后土夫人》与《华岳神女》中的人神婚，刘燕萍，山西大学学报，2011 年，第 3 期。

神话与仪式：先秦儒家祭祀礼的原始意蕴，刘书惠，浙江师范大学学报，2011 年，第 3 期。

"禹生于石"神话传说与石的文化意蕴，杨栋，浙江师范大学学报，2011 年，第 3 期。

宗教的诗、哲学的诗、文学的诗——以《诗经》为例，付海平，遵义师范学院学报，2011 年，第 1 期。

《荀子·赋篇》与楚国巫祭仪式关系考论，侯文华，中国文化研究，2011 年，第 2 期。

从赤子到神人——老庄的生命观念及其文学显现，宋小克，学术论坛，2011 年，第 4 期。

《山海经》中人龙组合的神人形象考论，梁奇，语文知识，2011 年，第 1 期。

曹植"游仙诗"刍议，王彦超，甘肃理论学刊，2011 年，第 3 期。

百回本《西游记》作者非元代全真教道士辨，郭健，社会科学战线，2011 年，第 5 期。

女娲补天和玉石为天的神话观，叶舒宪，民族艺术，2011 年，第 1 期。

《诗经》与足迹传感，王政，苏州大学学报，2011 年，第 3 期。

论《诗经》雅颂的天人观，储兆文，西安建筑科技大学学报，2011 年，第 3 期。

《九歌·国殇》历史与神话背景研究述评，刘芳，湖南广播电视大学学报，2011 年，第 2 期。

道家思想与汉赋创作，肖赛璐，赤峰学院学报，2011 年，第 5 期。

《汉武帝内传》非葛洪之作补证——兼论逯钦立辑录五首葛洪佚诗的真伪，丁宏武，文史哲，2011 年，第 4 期。

老庄"道言"观及其对中国古代文论的影响，王媛媛，安庆师范大学学报，2011 年，第 6 期。

论仙话的反抗精神，李奉戬，山西大同大学学报，2011 年，第 4 期。

唐前人神恋小说类型初探，张群，文艺评论，2011 年，第 8 期。

"巫山神女"与"洛水女神"的形象差异及其原因，赵莹莹，辽东学院学报，2011 年，第 4 期。

道教：曹唐的例子，宇文所安著，贾晋华、钱彦译，晚唐：九世纪中叶的中国诗歌，三联书店，2011 年。

王屋山民间传说与道教文化，赵铁信，民间文化论坛，2011 年，第 5 期。

《二十四诗品》与道教，杨园，古代文学理论研究（第 32 辑）——中国文论的古与今，华东师范大学出版社，2011 年。

再论《西游记》中的佛与道，刘铭，安徽文学（下半月），2011 年，第 1 期。

《西游记》陈元之序言揭密——论陈元之即阎希言大弟子舒本住的文本证据及其它，胡义成，成都理工大学学报，2011 年，第 1 期。

《西游记》陈元之序言应为阎希言大弟子舒本住所撰，胡义成，江汉大学学报，2011 年，第 1 期。

谶纬与汉魏六朝的志怪小说，孙蓉蓉，中国文化研究，2011 年，第 2 期。

试论道家思想对司马相如辞赋创作的影响，谈艺超，广西民族师范学院学报，2011 年，第 4 期。

美国的中国道教研究之管窥，卢睿蓉，宗教学研究，2011 年，第 2 期。

乐园神话与魏晋南北朝游历仙境小说，邱健，许昌学院学报，2011 年，第 4 期。

《太平广记》宗教文化研究述评，曾礼军、刘伙根，井冈山大学学报，2011 年，第 4 期。

道佛成悲儒成喜：传统文化的现代形象探析，肖百容，文学评论，2011 年，第 4 期。

宗教文化视野下对《封神演义》的解读，刘彦彦，哈尔滨工业大学学报，2011 年，第 3 期。

论西王母信仰"东方起源"并"秋尝仪式"说之不成立——与刘宗迪博士商榷，陈金文，青海社会科学，2011 年，第 5 期。

人格结构理论视野中的西王母形象变迁分析，汤夺先、邹安，青海社会科学，2011 年，第 5 期。

"女媭"：屈原灵魂的象征符号，郭春阳，安庆师范学院学报，2011 年，第 9 期。

唐传奇中的儒、道、佛思想——从唐传奇文本看叙述者的意图，江守义，安徽农业大学学报，2011 年，第 5 期。

论古代昆仑神话的真实性——古人为什么要探索昆仑的地理位置，陈连山，广西师范学院学报，2011 年，第 4 期。

论金代全真道士词人对柳词的接受，王昊，兰州大学学报，2011 年，第 1 期。

浅析李白、郭璞之游仙诗的写作特色，邓彪、郑燕飞，南昌教育学院学报，2011 年，第 12 期。

玉石神话信仰：文明探源新视野——叶舒宪先生访谈录，叶舒宪、唐启翠，社会科学家，2011 年，第 11 期。

陆西星著《封神演义》之内证，莫其康，明清小说研究，2011 年，第 3 期。

王恽与太一教——兼论太一教之兴衰，宋福利，开封教育学院学报，2011 年，第 4 期。

《贾奉雉》与中国"仙传"文学传统，段宗社，蒲松龄研究，2011 年，第 4 期。

郭璞的生命悲剧意识与《游仙诗》——兼析"非列仙之趣"与"列仙之趣"部分之间的关系，赵沛霖，天津社会科学，2011 年，第 6 期。

论醮联及其宗教文学意义，罗争鸣，宗教学研究，2011 年，第 2 期。

试论现存最早道教类书《无上秘要》，周作明，西南民族大学学报，2011 年，第 10 期。

高道褰拱辰的修炼思想及其对苏轼的影响，吴国富，中国道教，2011 年，第 2 期。

苏颂与道教，蔡林波，中国道教，2011 年，第 2 期。

八仙早期成员徐神翁信仰考述，张振谦，宗教学研究，2011 年，第 3 期。

道教"课诵"仪式音乐源流考，蒲亨强，云南艺术学院学报，2011 年，第 1 期。

朝鲜——韩国古代汉诗中的道教意象，于洁，文艺评论，2011 年，第 6 期。

道教文化与浙西南地方戏曲文化的关系，汪普英、上官新友，电影评介，2011 年，第 17 期。

唐代道教"三宝窟"与《南竺观记》，黄海德，中国道教，2011 年，第 3 期。

隋吴通墓志道教文化内涵考论，王连龙，世界宗教研究，2011 年，第 4 期。

王船山对道教的研究略析，伍成泉，船山学刊，2011 年，第 4 期。

十世纪前道教文学发展简述，苏振宏，江西农业大学学报，2011 年，第 4 期。

浙西南古老剧种"二都戏"中的道教文化色彩，黄丽群、汪普英，乐府新声，2011 年，第 4 期。

杜光庭与蜀地道教：兼论其咏道诗的思想内涵，尤佳、周斌，中国道教，2011 年，第 2 期。

论刘勰思想中的道教因素：从《异苑》两条材料谈起，汪春泓，武汉大学学报，2011 年，第 2 期；文心雕龙研究，第 10 辑，学苑出版社，2011 年。

从道教善书探三教融合：对《关圣帝君觉世真经》的研究，刘金成，中国道教，2011 年，第 1 期。

俨陈醮礼，敬荐斋诚：浅谈崔致远《桂苑笔耕集》中的道教斋词，孙钢，中国道教，2011 年，第 1 期。

修仙的宿命与道教的宗教性：以《抱朴子内篇》为中心，魏小巍，现代哲学，2011 年，第 1 期。

朝鲜半岛《步虚子》的中国起源，王小盾，四川师范大学学报，2011 年，第 4 期。

论金代全真道词的通俗化创作倾向，李艺，语文学刊，2011 年，第 6 期。

《宝藏论》中的道教印迹考：兼说《宝藏论》的成书年代，梁巧英，华东师范大学学报，2011年，第3期。

赤水长吟通妙境：傅金铨诗词的道教艺术旨趣，杨燕、詹石窗，社会科学战线，2011年，第1期。

唐末五代的隐逸现象与道教徒的回应，谭敏，北京化工大学学报，2011年，第3期。

道家道教思想对日本近世知识分子的影响：以三浦梅园为例，张谷，前沿，2011年，第16期。

论元杂剧中神仙道化剧的度脱模式及其宗教意蕴，宋华燕，沈阳师范大学学报，2011年，第2期。

道教"诸天内音自然玉字"的图像意象和思想研究，李俊涛，宗教学研究，2011年，第3期。

由贾村赛社《排神簿》、《祭文簿》看道教、民间信仰的特点，朱文广、段建宏，宗教学研究，2011年，第4期。

地域空间与社会网络：宋明理学与道教的交融——以陆学士人与龙虎山道士的交游为中心，胡荣明、周茶仙，南昌大学学报，2011年，第3期。

《亲鸾梦记》之带妻神话论，张维薇，宗教学研究，2011年，第1期。

阎永和重刊《张三丰全集》考述，郭旭阳，郧阳师范高等专科学校学报，2011年，第1期。

《历世真仙体道通鉴》所见《真诰》校读记，许蔚，宗教学研究，2011年，第1期。

道教咒语的文学性品格，涂敏华、程群，广西师范大学学报，2011年，第1期。

南朝南方士族文人的政治背景和信仰对文学创作的影响——以沈约为例，孙一超，文学界，2011 年，第 1 期。

李商隐无题诗与道教文化臆说，易思平，名作欣赏，2011 年，第 2 期。

亦幻亦真的"南柯一梦"——对唐传奇《南柯太守传》的解读，王攀，名作欣赏，2011 年，第 2 期。

谢灵运"奉道"与"信佛"辨，吴冠文，浙江学刊，2011 年，第 1 期。

道家思想对宋朝山水词的影响初探，李晓燕，社科纵横，2011 年，第 1 期。

汉代毛女传说及其渊源流变论略，姚圣良，河北师范大学学报，2011 年，第 1 期。

追寻更高生命形态的艺术探索——论元明神仙剧的文化意义，陆凌霄，广西民族大学学报，2011 年，第 1 期。

《太平广记》对元人宗教信仰的影响，尹雁、何琦，船山学刊，2011 年，第 1 期。

《聊斋志异》中"耳中人"篇的本事考证，李学良，十堰职业技术学院学报，2011 年，第 1 期。

论"汉武故事"修辞性叙事的宗教意义，刘湘兰，武汉大学学报，2011 年，第 2 期。

马致远神仙道化剧再认识——兼论元代神仙道化剧兴盛的原因，张进德、张韶闻，广西师范学院学报，2011 年，第 1 期。

论《黄庭经》对陆游的影响，张振谦，北京理工大学学报，2011 年，第 1 期。

宋代文人"谪仙"称谓及其内涵论析，张振谦，宁夏社会科学，2011 年，第 1 期。

神圣与世俗交织——《真诰》小说解析，张厚知，衡阳师范学院学报，2011 年，第 1 期。

论各路神仙战蚩尤传说出现的原因及其中的蚩尤形象，颜建真，天府新论，2011 年，第 2 期。

论陶弘景的文学创作，张厚知，聊城大学学报，2011 年，第 1 期。

《西游记》《封神演义》折射出的佛道之争，张一方，盐城师范学院学报，2011 年，第 1 期。

鱼玄机入道原因揭谜，马晓霞，鸡西大学学报，2011 年，第 3 期。

李白与中国诗学自然观的确立，刘勉，长江大学学报，2011 年，第 1 期。

道家、道教对杜甫中晚年时期的影响，周进珍，黄石理工学院学报，2011 年，第 1 期。

隋代道教文学创作倾向的仙圣合一和神仙意象化，蒋振华、邓超，中国文学研究，2011 年，第 2 期。

"谪仙"意象与佛道精神——李商隐女冠诗探解，何小芬、李锐，陕西理工学院学报，2011 年，第 2 期。

明清小说中的仙境描写，林博文，佳木斯教育学院学报，2011 年，第 3 期。

道教对李白诗歌创作的影响，罗崇宏，内蒙古电大学刊，2011 年，第 2 期。

试论葛洪《神仙传》的人物塑造特色，李燕，文学界，2011 年，第 4 期。

李白及其诗歌的崇道倾向，安敏，武汉大学学报，2011 年，第 3 期。

唐朝女冠诗初探，王磊平、付新茗，长春理工大学学报，2011 年，第 2 期。

唐代仙道小说中的道教金丹术，李春辉，广播电视大学学报，2011 年，第 1 期。

中国古代笔记小说中"茅山道士"形象的演变及成因，潘胜强，安康学院学报，2011 年，第 2 期。

论儒释道梦观念对六朝志怪小说的楔入，刘湘兰，安徽大学学报，2011 年，第 2 期。

王船山游仙之作析论，李生龙，中国文化研究，2011 年，第 2 期。

《水浒传》中戴宗神行术渊源探究，王立、刘团妮，中南民族大学学报，2011 年，第 3 期。

陶渊明诗歌中的道教意象论略，刘育霞，河南师范大学学报，2011 年，第 2 期。

论"二拍"道教题材的劝惩指归，白金杰，哈尔滨工业大学学报，2011 年，第 2 期。

道教与元散曲的虚幻意识，贾先奎，辽东学院学报，2011 年，第 3 期。

论唐代诗歌的仙隐情思，李红霞，求索，2011 年，第 5 期。

魏晋人物审美观与神仙形象的关系——以《世说新语》为例，蒲日材、杨宗红，牡丹江大学学报，2011 年，第 8 期。

唐传奇仙境描写的文化学考察，徐翠先，江苏大学学报，2011 年，第 4 期。

汉魏六朝仙道诗比较研究，朱立新，社科纵横，2011 年，第 5 期。

道教对李白山水诗的影响，石英，文学界，2011 年，第 6 期。

奇异的神仙世界——论《十洲三岛》的艺术性，汪小艳，商业文化（下半月），2011 年，第 7 期。

论南朝隐逸诗的道教精神，漆娟，文艺评论，2011 年，第 6 期。

论李白妇女题材诗中的女仙形象，伍宝娟、李天道，文艺评论，2011 年，第 6 期。

王绩对道家道教思想的被迫接受，段永升，文艺评论，2011 年，第 6 期。

李白游仙诗歌的悲剧意识——浅析李白游仙诗的精神内蕴，尤国军，才智，2011 年，第 19 期。

刘伶《酒德颂》及其与道教服饵、饮酒之关系，孙少华，求是学刊，2011 年，第 4 期。

魏晋神仙道教与阮籍，殷凌飞，群文天地，2011 年，第 14 期。

试析东晋游仙诗——以《文选》所收郭璞《游仙》诗七首为例，王薇，群文天地，2011 年，第 14 期。

打开《西游记》研究的一个死角——再论道教文字"秘诀隐文"的特征和关于《西游记》最终定稿人阎希言之隐喻的破解，胡义成，唐都学刊，2011 年，第 4 期。

试论《长生殿》的道教色彩，汪蓉，文学教育（中），2011 年，第 8 期。

金元碑志体散文的文化价值考察——以道教人士碑志为中心，

蒋振华，学术研究，2011 年，第 7 期。

论《金瓶梅》与《红楼梦》宗教书写的效用差异，陈国学、夏永华，云南师范大学学报，2011 年，第 4 期。

论《三国志平话》的宗教文化思想，余兰兰，华中师范大学研究生学报，2011 年，第 2 期。

"欲界仙都"的诗意栖居——陶弘景及其茅山诗文经典审美，李金坤，中国文学研究，2011 年，第 3 期；中国道教，2016 年，第 5 期。

朱熹在武夷山与道士交游事迹略考，冯兵，华北电力大学学报，2011 年，第 4 期。

道与庶道：蒲松龄心目中的道教形象，秦国帅，蒲松龄研究，2011 年，第 2 期。

神仙道化剧对道教思想的世俗化表现，刘群，戏剧文学，2011 年，第 8 期。

李白游仙诗中的道教思想及其与李贺的不同，温成荣，咸宁学院学报，2011 年，第 5 期。

从郭璞的神仙道教信仰看他的《游仙诗》，赵沛霖，中州学刊，2011 年，第 5 期。

吴筠道教诗歌探析，罗明月，名作欣赏，2011 年，第 22 期。

浅论《搜神记》中的神仙观，阳繁华，河南广播电视大学学报，2011 年，第 2 期。

道教文化与皎然茶诗，贾静，中国道教，2011 年，第 4 期。

王船山诗文所昭显的道家、道教心迹，李生龙，北京大学学报，2011 年，第 4 期。

《西游记》最终定稿人居于江苏茅山——第一回关于《黄庭

经》的描写暗示，胡义成，福建师范大学福清分校学报，2011 年，第 4 期。

浅谈《西游记》中的道教理想，田娜，北方文学（下半月），2011 年，第 5 期。

道教房中术对《国色天香》中性场景描写的影响，章友彩，电影评介，2011 年，第 8 期。

论金代王重阳与全真七子的"杂体诗词"创作，解秀玉、于东新，时代文学（下半月），2011 年，第 1 期。

清代宗室词人奕绘与全真教，胥洪泉，西南大学学报，2011 年，第 5 期。

"夺胎换骨"诗法的道教术语渊源，张振谦，云南社会科学，2011 年，第 5 期；古代文学理论研究（第三十二辑）——中国文论的古与今，华东师范大学出版社，2011 年。

元明神仙道化剧研究述要，刘群，黑龙江教育学院学报，2011 年，第 9 期。

明代文人神仙道化剧创作心态管窥，刘群，北方论丛，2011 年，第 5 期。

道教文化对刘秉忠诗词的影响，任红敏，北方论丛，2011 年，第 5 期。

论道教与宋濂及其诗文创作，刘建明，南华大学学报，2011 年，第 4 期。

张三丰诗词的道教本色，詹石窗、曲丰，武汉大学学报，2011 年，第 6 期。

民族精神的把握与宗教诗学的建构——李丰楙教授的道教文学研究述评，吴光正，武汉大学学报，2011 年，第 6 期。

论"金箍棒"原型与道教针灸术等的渊源——兼与孙皓老师商榷，王四四，大连大学学报，2011 年，第 5 期。

《中国古代文学桃花题材与意象研究》评介，王煜，韶关学院学报，2011 年，第 1 期。

论老庄思想对仙道小说创作的影响，黄艳、刘雨过，南昌工程学院学报，2011 年，第 2 期。

《绿野仙踪》"内炼为本、内外兼修"的道教文化思想，丁娟娟，牡丹江大学学报，2011 年，第 10 期。

从宋元神仙吕洞宾的形象看道教的审美要求，柴玉如，剑南文学，2011 年，第 10 期。

"《水浒》与道教"四题，陈洪，文学与文化，2011 年，第 3 期。

论华山神话传说主题的兼容性特征，李险峰，渭南师范学院学报，2011 年，第 11 期。

论宋代吕洞宾传说的流传，卢晓辉，阅江学刊，2011 年，第 6 期。

南宋遗民词中的道教文化阐释，丁楹，文艺评论，2011 年，第 12 期。

李白的诗与道家思想，赵丽梅，学术探索，2011 年，第 6 期。

论白玉蟾诗的审美意象、意境与意趣，万志全，云南财经大学学报，2011 年，第 5 期。

西王母神话：女神文明的中国遗产，叶舒宪，百色学院学报，2011 年，第 5 期。

道家清净自然思想对王维诗歌的影响，余晓莉，剑南文学（经典教苑），2011 年，第 12 期。

从历代封号看屈原对道教文化的影响，梁颂成，湖南第一师范学院学报，2011 年，第 6 期。

《西游记》玉帝形象补论，宋学达，沧州师范专科学校学报，2011 年，第 4 期。

浅议李义山道蕴诗的感伤美，吴秋菊，新作文（教育教学研究），2011 年，第 8 期。

谪仙人神梦之旅——论李白《梦游天姥吟留别》的道教文化特色，杜慧心，现代语文（文学研究），2011 年，第 2 期。

道教与唐豪侠小说关系初探，胡传明、张彬，现代语文（文学研究），2011 年，第 5 期。

杨载道教诗浅析，徐冬香，现代语文（文学研究），2011 年，第 7 期。

宗教禁欲主义的尴尬与龌龊——元代前期度脱杂剧对"色空"观念的揶揄调侃，张大新，戏曲研究，2011 年，第 2 期。

《西游记》与《红楼梦》中寓意，浦安迪，浦安迪自选集，刘倩等译，三联书店，2011 年。

从《梦游天姥吟留别》看李白游仙诗中的道教文化，夏怡，文教资料，2011 年，第 36 期。

全真道士尹志平的宗教实践，郑素春，辅仁宗教研究，2011 年，第 22 期。

试论《玄天上帝启圣录》之撰成年代及其影响，萧登福，辅仁宗教研究，2011 年，第 22 期。

意象飞翔：《上清大洞真经》中所述之存思修炼，陈伟强，中国文化研究所学报，2011 年，第 53 期。

净明道祖师图像研究——以《许太史真君图传》为中心，许蔚，汉学研究，2011 年，第 29 卷第 1 期。

利益算计下的崇奉：由《夷坚志》考述南宋五通信仰之生成及内容，黄东阳，新世纪宗教研究，2011 年，第 9 卷第 4 期。

论《老子想尔注》与五斗米道经系的道与至上神，萧雁菁，东吴中文线上学术论文，2011 年，第 13 期。

书评：《神格与地域：汉唐间道教信仰世界研究》，张超然，中国文哲研究集刊，2011 年，第 39 期。

唐初道士成玄英"重玄"的思维模式——以《老子义疏》为讨论核心，郑灿山，国文学报，2011 年，第 50 期。

东坡诗文中道家道教思想之研究，东坡诗文思想之研究，李慕如，花木兰文化出版社，2011 年。

《真诰》降真诗研究，林慧真，高雄师范大学学报：人文与艺术类，2011 年，第 31 期。

论《绿野仙踪》的崇道贬佛倾向，李伟，淡江人文社会学刊，2011 年，第 45 期。

《搜神记·女化蚕》试析，许凯翔，早期中国史研究，2011 年，第 1 期。

民间善书的形成与教化——以《太上感应篇》为例，郑志明，鹅湖月刊，2011 年，第 430 期。

《红楼梦》的病/罪书写与疗愈，林素玟，华梵人文学报，2011 年，第 6 期。

《老子河上公章句》的成书时代与基本思想初探，卿希泰，辅仁宗教研究，2011 年，第 22 期。

西域道教的音乐，周菁葆，中国边政，2011 年，第 185 期。

梵天、梵书与梵音：道教灵宝经典中的"梵"观念，谢世维，辅仁宗教研究，2011 年，第 22 期。

百年来许逊及净明道研究述评，许蔚，汉学研究通讯，2011 年，第 4 期。

南宋时期之荐亡斋醮文化研究——以洪迈《夷坚志》为探讨中心，卢秀满，东吴中文学报，2011 年，第 22 期。

证验与博闻：万历朝文人王世贞、屠隆与胡应麟的神仙书写与道教文献评论，徐兆安，中国文化研究所学报，2011 年，第 53 期。

生命的检证——从《稽神录》考述五代民间信仰中自我与神明之诠解及份际，黄东阳，东吴中文学报，2011 年，第 22 期。

论嵇康养生工夫，吴宜蓁，东吴中文在线学术论文，2011 年，第 14 期。

唐代小说与华山关系之探讨，丁肇琴，世新人文社会学报，2011 年，第 12 期。

关于《五篇灵文》，郭武，弘道，2011 年，第 46 期。

敦煌本《尹喜哀叹》五首校注，高原乐，弘道，2011 年，第 46 期。

诗与歌的变奏，唐代道教诗歌的新形式，刘康乐，弘道，2011 年，第 46 期。

幻化人生，以苦为乐——论韩国道教化汉文小说，高国藩，弘道，2011 年，第 46 期。

《重阳教化集》藏头诗词试读，尹志华，弘道，2011 年，第 47 期。

《夷坚志》中的仙道故事，张振国，弘道，2011 年，第 47 期。

绵竹九龙活灵官与药王孙思邈的故事，谭铭泉，弘道，2011

年，第 47 期。

《抱朴子》版本研究补正，高原乐，弘道，2011 年，第 48 期。

回首人间不再来——祁志诚的遗世诗，陈耀庭，弘道，2011 年，第 48 期。

淤泥淹不得，发露满池红——李道纯的《咏藕》诗，陈耀庭，弘道，2011 年，第 49 期。

《重阳全真集》藏头诗词试读，尹志华，弘道，2011 年，第 49 期。

人、天、魔——《女仙外史》中的历史缺憾与"她"界想象，刘琼云，中国文哲研究集刊，2011 年，第 38 期。

世德堂本《西游记》回目初探，蔡月娥，世新中文研究集刊，2011 年，第 7 期。

Du Guangting and the Hagiographies of Tang Female Daoists，贾晋华，台湾宗教研究，2011 年，第 1 期。

The evidence for scribal training at Anyang, Adam D. Smith, in *Writing and literacy in early China*, ed. Li Feng and David Branner, Seattle：University of Washington Press，2011.

Picturing Celestial Certificates in Zhengyi Daoism：A Case Study of the Ordination Scroll of Empress Zhang（1493），Luk Yu—ping, Daoism：*Religion*, *History and Society* 3，2011.

Signs, Signs, Everywhere a Sign：An Annotated Translation and Study of the Scripture on the Cycles of Heaven and Earth, Stephen R. Bokenkamp et al.，*Journal of Volcanology & Geothermal Research* 138，2011.

Death and Immortality in Early Medieval Chinese Poetry：Cao Zhi and Ruan Ji, Fusheng Wu, *Chinese Literature: Essays, Articles, Reviews* 33, 2011.

Temples and Clerics in Honglou meng, Yiqun Zhou, *Harvard Journal of Asiatic Studies* 71. 2, pp. 263—309, 2011.

Review: Making Transcendents: Ascetics and Social Memory in Early Medieval China. Clart, P. *China Review International*, Vol. 18, No. 2, pp. 163—165, 2011.

Review: Making Transcendents: Ascetics and Social Memory in Early Medieval China. Kang, X. *Harvard Journal of Asiatic Studies*, 71 (1), 169—176, 2011.

Essays in Medieval Chinese Literature and Cultural History by Paul W. Kroll (review). Kong, X. *China Review International*, 18 (3), 342—346, 2011.

Chinese History and Writing about "Religion (s)": Reflections at a Crossroads, Company, Robert. in *Dynamics in the History of Religions between Asia and Europe: Encounters, Notions, and Comparative Perspectives*, ed. Marion Steinicke and Volkhard Krech, E. J. Brill, 273—294, 2011.

Chapter Seven Court Poetry and Daoist Revelations in the Late Six Dynasties. Kirkova, Z. *The Yields of Transition: Literature, Art and Philosophy in Early Medieval China*, 137, 2011.

Sacred Taoist Mountains and the Poet Li Po. Holub, Ania, and Paul Simpson—Housley. In *Prairie Perspectives, pcag. uwinnipeg. ca*, 2011.

Death and Immortality in Early Medieval Chinese Poetry: Cao Zhi and Ruan Ji, Fusheng Wu, *Chinese Literature: Essays, Articles, Re-*

views（*CLEAR*），Vol. 33，pp. 15—26，2011.

日本古代の漢詩文と道教的醫方書："醫心方" 房内篇以前，増尾伸一郎，日語學習與研究，2011 年，第 2 期。

崔玄亮の道教生活，深澤一幸，三教交渉論叢續編，麥谷邦夫編，京都大學人文科學研究所，2011 年。

冥府の判官像に関する一考察—『夷堅甲志』卷一「孫九鼎」と『冥祥記』「王胡」との比較を中心に，福田知可志，中国學志，2011 年，第 26 号。

『夷堅志』版本・研究目録（2011 年 10 月），福田知可志，中国學志，2011 年，第 26 号。

雑劇『崔府君斷冤家債主』と討債鬼故事，福田素子，東方學，2011 年，第 121 号。

太湖流域漁民と劉猛將信仰—宣卷・賛神歌を事例として，太田出，中国農村の民間藝能—太湖流域社會史口述記録集 2，佐藤仁史等編，汲古書院，2011 年。

『李卓吾先生批評西遊記』の版本について，上原究一，日本中国學會報，2011 年，第 63 号。

招魂と施食—敦煌孟薑女物語における宗教救済，呉真，東洋文化研究所紀要，2011 年，第 160 号。

道教と俗講—北京國家図書館蔵 BD7620 文書を中心に，遊佐昇，東方宗教，2011 年，第 117 号。

清代における三教の寶庫としての《道藏輯要》—在家信徒と聖職の權威の對峙，莫尼卡，三教交渉論叢續編，麥谷邦夫編，京都大學人文科學研究所，2011 年。

道教の齋法儀禮における命魔の觀念，王皓月，東方宗教，

2011 年，第 118 号。

唐代道教の文字観——『雲笈七籤』巻 7 訳注研究，土屋昌明，専修大学人文科学研究所月報，2011 年，第 249 号。

雑劇『崔府君断冤家債主』と討債鬼故事，福田素子，東方学，121：68—84，2011。

紹興の宣巻—「三包宝巻」を中心に，磯部祐子，西王母桃の会編『桃の会論集五集』（京都，朋友書店），57—72，2011 年。

呉江宣巻のテクストについて—朱火生氏の宝巻を中心に，緒方賢一、佐藤仁史等編『中国農村の民間藝能—太湖流域社会史口述記録集 2』，汲古書院，37—52，2011 年。

江南農村における宣巻と民俗・生活—藝人とクライアントの関係に着目して，佐藤仁史等編，『中国農村の民間藝能—太湖流域社会史口述記録集 2』，汲古書院，53—74，2011 年。

2012 年

评赵晓寰《中国古代超自然小说：一份形态考察史》，韩瑞亚撰，温佐廷译，国际汉学研究通讯，2012 年，第 6 期。

《续仙传》小说元素辨析，程群，漳州师范学院学报，2012 年，第 1 期。

《瑶华传》中的女性形象及其文化意义，漆倩，华北水利水电学院学报，2012 年，第 5 期。

化"化"之美：关于葛洪《神仙传》的审美分析，阳淼，宗教学研究，2012 年，第 1 期。

《神仙传》中的女仙研究，沈婷玉、陈洪，南阳师范学院学报，2012 年，第 8 期。

明清之际遗民黄周星生平考略，胡正伟，社会科学论坛，2012
年，第 8 期。

汪象旭与"西湖文人集团"——《西游记》祖本之"大略
堂"古本再探讨，王辉斌，山西师范大学学报，2012 年，第 6 期。

游仙，宇文所安，中国早期古典诗歌的生成，宇文所安著，
胡秋蕾等译，田晓菲校，三联书店，2012 年。

郭璞《游仙诗》中的神仙世界与宗教存想，赵沛霖，文学遗
产，2012 年，第 4 期。

"道教典籍选刊"与道教古籍整理，周作明，中国道教，2012
年，第 5 期。

《赤松子章历》的成书年代，王宗昱，正一道教研究（第 1
辑），刘仲宇、吉宏忠主编，宗教文化出版社，2012 年。

张宇初诗词的大道神韵，詹石窗，正一道教研究（第 1 辑），
刘仲宇、吉宏忠主编，宗教文化出版社，2012 年。

《唐女郎鱼玄机诗》版本源流考，丁延峰，中华文史论丛第
105 辑，上海古籍出版社，2012 年。

以内丹术为功于天地——儒宗王船山与道士闵一得，严寿澄，
中华文史论丛第 107 辑，上海古籍出版社，2012 年。

《全宋诗》道教类诗歌补正①——以《道藏》记传类经典为中
心，李小荣，古籍研究，总第 57—58 卷，2012 年。

道家功夫，仙人气象——读邵雍《击壤集》，道家文化研究
（第 26 辑），三联书店，2012 年。

王安石晚年诗之道家观照，张玮仪，道家文化研究（第 26
辑），三联书店，2012 年。

尘笼、泉石与苍生：从程颢诗中的三个关键词看其儒道之情结，郭晓东，道家文化研究（第26辑），三联书店，2012年。

苏轼迁谪诗与道家安顿精神，张玮仪，道家文化研究（第26辑），三联书店，2012年。

点校本《真诰》述评——兼论魏晋南北朝道经的整理，周作明，古典文献研究（第15辑），凤凰出版社，2012年。

神仙食鹿考源，李佳，福州大学学报，2012年，第4期。

论《西游记》中佛道两教平衡下的失衡，丁文魁，文学界，2012年，第11期。

明代通俗文学的商业化编刊与世俗宗教生活：以邓志谟"神魔小说"为中心的探讨，赵益，安徽大学学报，2012年，第5期。

"金世宗好道术"问题考实，周思成，北方文物，2012年，第1期。

颜真卿道教思想考辨，刘成群，宗教学研究，2012年，第2期。

自然披发：唐代女冠谢自然传奇考索，杨丽容、王颋，贵州大学学报，2012年，第2期。

"颛顼死即复苏"神话考释，丁兰，中南民族大学学报，2012年，第5期。

马致远神仙道化剧创作原因与情感意蕴探析，文迪义，现代语文，2012年，第11期。

仙堂与长生：六朝会稽海岛的信仰意义，魏斌，唐研究（第18卷），北京大学出版社，2012年。

一方流失海外的珍贵道教铭刻——唐代《彭尊师墓志铭》研究，王永平，唐研究（第18卷），北京大学出版社，2012年。

《古镜记》与中晚唐道教的"古镜"再造，范淑英，唐研究（第18卷），北京大学出版社，2012年。

死后成仙：晋唐至宋明道教的"炼度"主题，刘屹，唐研究（第18卷），北京大学出版社，2012年。

略论道教语言对李贺诗歌创作的影响——以《梦天》为例，王建，文教资料，2012年，第33期。

论杭州道教文化对《水浒传》"忠义"思想的影响，刘天振、王辉，水浒争鸣（第13辑），团结出版社，2012年。

韩湘子成仙始末，陈尚君，古典文学知识，2012年，第1期。

《淮南子》"太清"意象刍议，邱宇、刘秀慧，渤海大学学报，2012年，第2期。

从娱神到娱人——南朝乐府之神弦歌，吉凌，扬州大学学报，2012年，第1期。

略论陶渊明"知白守黑"的道家精神，鲁枢元，福建论坛，2012年，第1期。

宗教真实与文学想象——《太平广记》仙传小说的叙事特征，曾礼军，浙江师范大学学报，2012年，第2期。

神怪小说中山岳描写的特点及作用——以《西游记》为中心，贾海建，聊城大学学报，2012年，第1期。

先唐游仙诗仙术意象研究，朱立新，社科纵横，2012年，第3期。

上古至唐代西王母形象的演化——兼及王母信仰，陈炜，福州大学学报，2012年，第2期。

两宋僧道铭文小品论略，许外芳，华南理工大学学报，2012年，第2期。

苏辙《道德真经注》"心性说"探微，杨晴，安阳师范学院学报，2012 年，第 1 期。

《聊斋志异》中仙人小说的喜剧色彩，郑春元，蒲松龄研究，2012 年，第 1 期。

《列仙传》考论，王守亮，滨州学院学报，2012 年，第 2 期。

奇异世界中的飞翔——汉魏六朝仙道诗之意境透视，李柯，西南民族大学学报，2012 年，第 5 期。

唐代祭神文论略，严春华，衡阳师范学院学报，2012 年，第 2 期。

论朱敦儒"神仙风致"对李白"诗仙风骨"的接受与承继，肖林桓、尹楚兵，名作欣赏，2012 年，第 17 期。

明初宗教政策与朱有燉文学创作，朱仰东，西华师范大学学报，2012 年，第 3 期。

革命、佛道思想与虚无——从《健儿语》、《自杀》透视程善之小说创作主体，黄诚，扬州大学学报，2012 年，第 2 期。

仙游与隐逸的契合——也论魏晋游仙诗中的隐逸思想，马福兰，青海师范大学学报，2012 年，第 2 期。

论西王母文学形象在东汉的初步定型及其文化成因，韩维志，江汉论坛，2012 年，第 6 期。

论道家美学对苏轼文艺思想的影响，杨琦，吉首大学学报，2012 年，第 4 期。

《神仙传》中的女仙研究，沈婷玉、陈洪，南阳师范学院学报，2012 年，第 8 期。

周穆王与西王母昆仑之会的新阐释——兼论"历史情结"与自然空间，杨亦军，四川师范大学学报，2012 年，第 5 期。

论明人小说中的造反女巫，许军，民族文学研究，2012 年，第 5 期。

唐诗接受巫山神女考述，杨许波，天中学刊，2012 年，第 5 期。

唐代文言小说仙境情节论，鲍丙琴，重庆交通大学学报，2012 年，第 5 期。

萨都剌与僧道的交游酬唱述论，龚世俊，南京师范大学文学院学报，2012 年，第 3 期。

蓬莱仙话探源，姚圣良，信阳师范学院学报，2012 年，第 6 期。

《汉书》中神话式表述的原因及功能初探，朱珊珊，淮北职业技术学院学报，2012 年，第 6 期。

魏晋南北朝小说中的民间道教，袁武，贵州师范学院学报，2012 年，第 10 期。

明末清初拟话本小说"神道设教"的形式、策略与场域论析，杨宗红，广州大学学报，2012 年，第 11 期。

浅谈苏轼与道家思想的不解之缘，许迅，文艺生活旬刊，2012 年，第 4 期。

张咏的神仙之梦，伍联群，中国道教，2012 年，第 2 期。

道教对仁宗朝士风与文风的影响，赵飞、郭艳华，牡丹江教育学院学报，2012 年，第 5 期。

宋代道教传奇刍议，唐瑛，西南交通大学学报，2012 年，第 2 期。

道教信仰与民间叙事的交融：《道教的传说·前言》，刘守华，文化遗产，2012 年，第 4 期。

论闽台高甲戏与道教，潘荣阳，宗教学研究，2012 年，第 4 期。

"神仙道化剧"与中国新诗的"剧诗"，刘长华，文艺争鸣，2012 年，第 10 期。

论湖北的汉唐道教之乐舞，胡军，黄钟，2012 年，第 2 期。

道教美学之本质及特征刍议，蔡钊、叶姿含，青海社会科学，2012 年，第 5 期。

道教神仙传记的神话思维探讨，苟波，宗教学研究，2012 年，第 4 期。

新见五代道教墓志铭道教名物浅说，鹏宇，宗教学研究，2012 年，第 4 期。

《真诰》的道教史和文学史意义，段祖青、蒋振华、兰亭序，四川民族学院学报，2012 年，第 3 期。

道教文献语言研究的困境与出路，刘祖国，中国道教，2012 年，第 5 期。

隋唐道教咒语的语言特征与权力建构，林静，世界宗教文化，2012 年，第 6 期。

道教中的谪仙观念：以白玉蟾修道思想为例，万钧，中国宗教，2012 年，第 7 期。

近二十年日本道教文学研究综述，吴真，武汉大学学报，2012 年，第 6 期。

六朝道教与江南山水审美关系初探，吴海庆，甘肃社会科学，2012 年，第 5 期。

唱道之情，弘道之义：《道教唱道情与中国民间文化研究》评介，刘仲宇，世界宗教研究，2012 年，第 1 期。

唐代道教的多维度审视：20 世纪末该领域的研究现状（节选），柯锐思、曾维加、刘玄文，中国道教，2012 年，第 2 期。

明代庆赏剧与武当道教文化：以《宝光殿天真祝万寿》为例，邓斯博，宗教学研究，2012 年，第 3 期。

《海东传道录》和《青鹤集》所述韩国道教传道谱系考辨，黄勇，宗教学研究，2012 年，第 3 期。

转坛上演唱的道教戏三种：二人转传统剧目流变考证，苏景春，戏剧文学，2012 年，第 12 期。

神仙境界与中国人的审美理想：神仙道教的美学意义，陈望衡，社会科学战线，2012 年，第 2 期。

信阳民间道教音乐的地域性特征：兼论其与信阳民歌、戏曲的关系，金平，黄钟，2012 年，第 1 期。

"斗极观念"影响下的汉代盘鼓舞与道教"步罡踏斗"渊源考，张素琴，北京舞蹈学院学报，2012 年，第 3 期。

从《墉城集仙录》中女仙的神性品格看道教独有的平等女性观，谭敏，北京化工大学学报，2012 年，第 4 期。

广州五羊传说与五仙观考论：汉晋迄宋岭南道教的微观考察，罗燚英，扬州大学学报，2012 年，第 2 期。

《游仙诗》方术修炼的艺术表现及其对诗歌发展的贡献，赵沛霖，上海师范大学学报，2012 年，第 5 期。

李商隐与道教三题，李珺平，美与时代（下），2012 年，第 11 期。

浅谈曹植游仙诗的艺术底蕴，王燕，群文天地，2012 年，第 24 期。

《太平广记》"感应类"所记唐代故事略论，王岩，三峡大学学报，2012年，第34卷增刊。

浅谈道教对李白诗歌的影响，任娟，剑南文学（经典教苑），2012年，第12期。

论《花间集》中的道教巫山意象，林洁，贵州大学学报，2012年，第6期。

宗教文学史：宗教徒创作的文学的历史，吴光正，武汉大学学报，2012年，第2期。

《真诰》与"启示录"及"启示文学"，赵益，武汉大学学报，2012年，第1期。

《西昆酬唱集》的道教底色，罗争鸣，武汉大学学报，2012年，第1期。

略论唐传奇神仙题材作品的生命主题，徐翠先，郑州大学学报，2012年，第1期。

论《长春真人西游记》在蒙元时期丝绸之路汉语文学中的价值，宋晓云，西域研究，2012年，第1期。

"魏晋风度"与求仙诗，赵玲玲，社会科学辑刊，2012年，第1期。

李白"道论"诗歌中的生态诗格与人格，冯芬，文艺评论，2012年，第2期。

"尚质轻文"："他者"视域下的《南华真经》注疏群体文质观探析，李雄燕、李西建，贵州社会科学，2012年，第2期。

中国"杜子春故事"对朝鲜《南宫先生传》的影响，张丽娜，学术交流，2012年，第2期。

吴筠辞赋略论，段祖青，湖南科技大学学报，2012年，第2期。

中国神话流传模式探究，孙博、李享，沈阳师范大学学报，2012 年，第 1 期。

驾鹤仙去：郭璞之死解读，赵沛霖，北京师范大学学报，2012 年，第 1 期。

论明清道教神仙群体特征——由吕洞宾民间传说看道教神仙形象的演变，王璐，重庆科技学院学报，2012 年，第 4 期。

《太平广记》仙人赐宝小说中的胡人识宝现象，赵纯亚、余露，宜宾学院学报，2012 年，第 1 期。

一个被人遗忘的词体——游仙词研究，闵敏，学术探索，2012 年，第 3 期。

唐宋文人对《黄庭经》的接受，张振谦，暨南学报，2012 年，第 3 期。

唐代道教宗师叶法善郡望、占籍与乡贯考，周伟华、杜若，长江大学学报，2012 年，第 1 期。

从《三国演义》中孙策处斩于吉事看中国早期道教在江东的发展，徐永斌，明清小说研究，2012 年，第 1 期。

《西游记》"全真之缘"新证三则，陈洪，新世纪图书馆，2012 年，第 3 期。

唐代女冠与唐代诗歌研究，于佳丹，文学界，2012 年，第 3 期。

神仙世界·诗人情怀·文化人格——曹唐其诗其人综论，钟乃元，铜仁学院学报，2012 年，第 2 期。

"四皓"故事与道家的关系，王子今，人文杂志，2012 年，第 2 期。

曾慥生平及《类说》考述，薛琪薪、明理，湖北职业技术学院学报，2012 年，第 1 期。

刘一明诗歌的道教内涵及其审美旨趣，詹石窗，商丘师范学院学报，2012 年，第 4 期。

中国古代通俗小说中"白猿传书"模式初探，李英，齐齐哈尔大学学报，2012 年，第 2 期

明代小说道教因素述略，曹群勇，成都理工大学学报，2012 年，第 3 期。

简论"三言二拍"中神仙思想的特点，姜良存，东岳论丛，2012 年，第 3 期。

伏羲与西王母形象考释，余粮才、郝苏民，青海社会科学，2012 年，第 2 期。

陈子昂仙道诗探析，李柯，四川师范大学学报，2012 年，第 3 期。

从八仙之外形象的塑造看《东游记》创作得失，王玮，商丘师范学院学报，2012 年，第 7 期。

白居易的道教信仰与诗歌创作，徐翠先、石东升，山西师范大学学报，2012 年，第 3 期。

韩湘子故事的演变与道教修炼思想，任正君，天中学刊，2012 年，第 3 期。

中国宗教文学史研究（专题讨论），吴光正，哈尔滨工业大学学报，2012 年，第 3 期。

宗教文学·中国宗教文学史·魏晋南北朝道教文学史——关于"中国宗教文学史"的理论思考与实践构想，赵益，哈尔滨工业大学学报，2012 年，第 3 期。

唐代道教文学史刍议，吴真，哈尔滨工业大学学报，2012 年，

第 3 期。

先秦两汉宗教文学论略，刘湘兰，哈尔滨工业大学学报，2012年，第 3 期。

白玉蟾与庐山，胡迎建，九江学院学报，2012 年，第 2 期。

太白金星形象演变及文化意蕴，雷航，九江学院学报，2012年，第 2 期。

宋代道教文学概况及若干思考，罗争鸣，哈尔滨工业大学学报，2012 年，第 3 期。

宋诗中高唐神女意象的转变及其原因分析，解婷婷，学术界，2012 年，第 6 期。

吴祖光神话剧对传统神仙度脱剧的艺术继承，张岩，戏剧文学，2012 年，第 6 期。

类型与变异——论东亚文学视野下的"杜子春故事群"，张丽娜，东岳论丛，2012 年，第 6 期。

《真诰》用韵年代研究，夏先忠、俞理明，湖北民族学院学报，2012 年，第 3 期。

论道教对高似孙山水诗的影响，霍佳梅、洪涛，太原师范学院学报，2012 年，第 3 期。

金代全真道士之杂体诗词刍论，于东新，集宁师范学院学报，2012 年，第 1 期。

论全真音乐机制与全真道士的诗词艺术，于东新，中央民族大学学报，2012 年，第 2 期。

《太平广记》神仙小说的"石"文化意蕴，曾礼军，兰州学刊，2012 年，第 7 期。

从《西游记》紫金红葫芦看佛、道思想的不同，刘琼，湖北职业技术学院学报，2012 年，第 2 期。

民间信仰中王母形象的变化及其文化意蕴，耿聪，装饰，2012年，第 8 期。

《雷峰塔》的儒释道文化阐释，袁韵，中国文学研究，2012年，第 3 期。

中古道教文学思想特质概论，段祖青、蒋振华，井冈山大学学报，2012 年，第 4 期。

《游天台山赋》中宗教思想浅探，张海涛，江西教育学院学报，2012 年，第 3 期。

《阅微草堂笔记》中的城隍故事分析，魏晓虹，山西大学学报，2012 年，第 4 期。

论唐宋游仙词，张振谦，大连理工大学学报，2012 年，第 3 期。

救度与逍遥——昆曲《白牡丹·总》内在结构文化意味解析，宋一雪，北方文学（下半月），2012 年，第 6 期。

试论《水浒传》中的道家与道教文化，华云刚，蚌埠学院学报，2012 年，第 4 期。

论《搜神记》到《搜神后记》神仙故事的演变，杨月萍，赤峰学院学报，2012 年，第 8 期。

《封神演义》之"洞穴"与道家之生命观，刘敏锐，襄樊职业技术学院学报，2012 年，第 4 期。

"旅行"与"变异"——论"杜子春故事"在东亚文学中的传承与演变，张丽娜，东疆学刊，2012 年，第 3 期。

佛、道的对立与统一——简析《红楼梦》的宗教文化，庞莉芹，开封教育学院学报，2012 年，第 2 期。

《封神演义》中通天教主的形象分析，赵康利，焦作大学学报，2012 年，第 3 期。

唐诗中的天台仙境，陈再阳，河南师范大学学报，2012 年，第 4 期。

《西游记》"金丹大道"话头寻源——兼及嘉靖年间民间宗教对取经故事的引用和改造，蔡铁鹰，宗教学研究，2012 年，第 3 期。

杂剧《宋公明排九宫八卦阵》"九宫"来源考，杨秋红，宗教学研究，2012 年，第 3 期。

从道教炼养方式看苏轼的道教信仰——兼及在道教传播史上的地位，贾喜鹏、王建弼，乐山师范学院学报，2012 年，第 9 期。

略论全真教教徒的诗学观，胡传志，江苏大学学报，2012 年，第 5 期。

论《绿野仙踪》的世情底蕴与道教追求——世情小说雅俗系列研究之十四，申明秀，济南大学学报，2012 年，第 5 期。

求仙归隐，心灵寄托——论江淹的道教思想，梁明，兰州教育学院学报，2012 年，第 7 期。

道教对仁宗朝士风与文风的影响，赵飞、郭艳华，牡丹江教育学院学报，2012 年，第 5 期。

《西游记》中的道士形象浅析，娄红岩，牡丹江师范学院学报，2012 年，第 5 期。

道教文化与诗歌意象——以有关天台山道教的唐诗为对象，陈再阳，上海师范大学学报，2012 年，第 5 期。

敦煌西王母神话与成吉思汗问道，高国藩，西夏研究，2012 年，第 3 期。

"魏晋风度"与求仙诗，赵玲玲，社会科学辑刊，2012 年，第 1 期。

《魏法师碑》文献价值初步研究几题，裴伟、吴宗海，镇江高专学报，2012 年，第 1 期。

魏晋复活小说叙事研究——以《搜神记》为中心，罗欣，社会科学家，2012 年，第 8 期。

元代南方道教与江西文人和文学，李超，中国道教，2012 年，第 4 期。

陶渊明信仰道教说辨正，钟国平，北方文学（下半月），2012 年，第 8 期。

鱼山梵呗传说的道教背景，王小盾、金溪，中国文化，2012 年，第 2 期。

试论宗教文化影响下的唐前小说，王平，九江学院学报，2012 年，第 3 期。

道家文化与皎然诗学，甘生统，青海师范大学学报，2012 年，第 4 期。

关于"全真本《西游记》"，北辰，文史杂志，2012 年，第 5 期。

道教的仙歌及其文学价值，孙昌武，文学遗产，2012 年，第 6 期。

敦煌道教话本《叶净能诗》词源流考，樊莹莹，求索，2012 年，第 10 期。

李珣词的道教文化意蕴解读，赵丽，古籍整理研究学刊，2012 年，第 5 期。

道教影响下的《江南上云乐》及其乐舞源流——兼论与《老

胡文康辞》的主题关系，蔡丹君，中国典籍与文化，2012 年，第 3 期。

财神赵公明形象的演变过程及其原因，崔良斌，咸阳师范学院学报，2012 年，第 5 期。

《西游记》姓阎不姓吴，胡义成，福建师范大学福清分校学报，2012 年，第 6 期。

道教对唐志怪变形母题的影响，金官布，青海师范大学民族师范学院学报，2012 年，第 2 期。

论李商隐的道教情怀，张可，社会科学家，2012 年，增刊。

袁桷《室宇赋》道教思想探析，易永姣，湖南城市学院学报，2012 年，第 6 期。

略论李商隐的"神仙"诗，孙圣鉴，哈尔滨师范大学学报，2012 年，第 6 期。

明代宗教思想对《西游记》创作的影响，程志遥，哈尔滨师范大学学报，2012 年，第 5 期。

《桃花源记并诗》韵散行文受道教影响论说，程敏华，语文学刊，2012 年，第 2 期。

试论道教对赵嘏诗歌创作的影响，阎莉颖，语文学刊，2012 年，第 3 期。

体验哲学视角下的神话体系及其仙话化流变——以玉皇大帝形象为例，阚华，语文学刊，2012 年，第 21 期。

一次道教文化下的精神梦幻——浅析李白《梦游天姥吟留别》的道教文化特色，李媛媛，文教资料，2012 年，第 33 期。

周穆王欲肆其心？——《穆天子传》中的巡游书写与其事类隐喻，刘苑如，成大中文学报，2012 年，第 38 期。

采药与服食——从生活实践论嵇康自然和谐之养生活动，陈启仁，体现自然——意象与文化实践（文学与宗教研究丛刊2），刘苑如主编，"中央"研究院中国文哲研究所，2012年。

风景阅读与书写——谢灵运的《易经》运用，Wendy swatrz（田菱）著，李馥名译，体现自然——意象与文化实践（文学与宗教研究丛刊2），刘苑如主编，"中央"研究院中国文哲研究所，2012年。

中国笔记小说所记载之"避煞"习俗及"煞神"形象探讨，卢秀满，师范大学学报：语言与文学类，2012年，第57卷1期。

白居易与钓鱼，下定雅弘著，罗珮瑄译，体现自然——意象与文化实践（文学与宗教研究丛刊2），刘苑如主编，"中央"研究院中国文哲研究所，2012年。

李贺及其诗与道教派系，昌庆志，中国文化大学中文学报，2012年，第25期。

从巫术到道教符咒，郑志明、简一女，哲学与文化，2012年，第39卷第6期。

福永光司中日文化视野下的道教观初探，孙亦平，哲学与文化，2012年，第39卷第5期。

炼形与炼度：六朝道教经典当中的死后修练与亡者救度，谢世维，"中央"研究院历史语言研究所集刊，2012年，第83本第4分。

《三言》中宣传道教教义的故事，黄绚亲，彰化师范大学文学院学报，2012年，第6期。

论道教仪式中的戏剧化法事，吕锤宽，古典文献与民俗艺术集刊，2012年，第1期。

《正统道藏》本《三才定位图》研究——北宋徽宗朝的道教宇宙神谱，尹翠琪，台湾大学美术史研究集刊，2012 年，第 33 期。

宋元时期的"东华派"探讨——系谱、圣传与教法，谢世维，东吴中文学报，2012 年，第 23 期。

全真道士丘处机的生命观与宗教实践，郑素春，辅仁宗教研究，2012 年，第 24 期。

扮仙戏中大醉八仙剧情溯源之研究——以朱有燉的《蟠桃会》及《瑶池会》为探讨对象，陈伯谦，东吴中文线上学术论文，2012 年，第 17 期。

全真道祖师王重阳的真性思想与儒、佛会通，郑素春，辅仁宗教研究，2012 年，第 25 期。

试论天师道和全真道对《老子》章句的解读——以《老子想尔注》、《无为清静长生真人至真语录》、《清和真人北游语录》为讨论文本，王奕然，东吴中文线上学术论文，2012 年，第 18 期。

论《神仙传·壶公》中现实与超现实空间并存的时空美学，杨惠娟、李静惠，东方学报，2012 年，第 33 期。

朱熹的《周易参同契考异》，郭芳如，哲学与文化，2012 年，第 39 卷第 5 期。

从玉教神话观看儒道思想的巫术根源，叶舒宪，哲学与文化，2012 年，第 6 期。

《老子想尔注》生命伦理观探究——以积善成仙为主题，王璟，东吴中文学报，2012 年，第 23 期。

《长春真人西游记》诗词探析，洪静芳，东海大学图书馆馆讯，2012 年，第 128 期。

越界与回归：《纂异记》、《潇湘录》中小说托寓主题的两种态度，赖信宏，台大中文学报，2012 年，第 38 期。

嵇康养生观与其入世情怀之冲突析探，张轩驷，世新中文研究集刊，2012 年，第 8 期。

剑气纵横——论杨维桢行草书之跌宕布局，黄靖轩，议艺份子，2012 年，第 19 期。

宋代"武夷棹歌"中的地景空间与文化意蕴，衣若芬，东华人文学报，2012 年，第 20 期。

多音复调下的蓬莱仙岛——论《裨海纪游》衍异文本的历史空间及其文化意涵，叶淑美，应华学报，2012 年，第 11 期。

论《西游记》及其续书的创作背景及渊源（上），翁小芬，东海大学图书馆馆讯，2012 年，第 131 期。

论《西游记》及其续书的创作背景及渊源（下），翁小芬，东海大学图书馆馆讯，2012 年，第 132 期。

嵇康养生观与其入世情怀之冲突析探，张轩驷，世新中文研究集刊，2012 年，第 8 期。

不惹人间桃李花——白玉蟾的卧云诗，陈耀庭，弘道，2012 年，第 50 期。

崦合桃花水，窗分柳谷烟——顾况的茅山情结，刘永霞，弘道，2012 年，第 50 期。

敦煌西王母神话与西部道教养生文化，高国藩，弘道，2012 年，第 52 期。

宋代后妃入道现象初探——以仁宗郭皇后为例，张悦，弘道，2012 年，第 52 期。

庄子对当代作家王蒙的影响，易中亚，弘道，2012 年，第 53 期。

《长春真人西游记》诗词探析，洪静芳，东海大学图书馆馆讯，2012 年，新 128 期。

Chu Shi and Ru Shi: Robert Frost in Taoist Perspective, Qiping Yin, in *Modernism and the Orient*, University of New Orleans Press, 2012.

The Ming princely patronage of daoist temples, Wang Richard G, *Ming Studies* 65, 2012.

Augustin, B. Modern Views on Old Histories: Zhang Yu's and Huang Gongwang's Encounter with Qian Xuan. *Arts Asiatiques*, 63—76, 2012.

Berezkin, R., & Goossaert, V. The Three Mao Lords in modern Jiangnan Cult and Pilgrimage between Daoism and baojuan recitation. *Bulletin de l'Ecole française d'Extrême—Orient*, 295—326, 2012.

Kroll, P. W. A poetry debate of the Perfected of Highest Clarity. *Journal of American Oriental Society*, 132 (4), 577—586, 2012.

Yang, V. A masterpiece of dissemblance: a new perspective on Xiyou ji. *Monumenta Serica*, 60 (1), 151—194, 2012.

康達維. Tuckahoe and Sesame, Wolfberries and Chrysanthemums, Sweet—peel Orange and Pine Wines, Pork and Pasta: the "Fu" as a Source for chinese Culinary History/伏苓與芝麻，枸杞與菊花，黄柑與松醪，豬肉與麵食：辭賦作為中國烹飪史的資料來源. *Journal of Oriental Studies*, 1—26, 2012.

道教と唐宋王朝，（東アジアの王権と宗教），横手裕，アジア遊学，2012 年，第 151 号。

金仙公主の墓葬からみた玄宗期長安道教の文字観，土屋昌

明，国学院中国学会报，2012 年，第 57 号。

仙人と祠－『列仙傳』の事例を中心として，大形徹，人文学論集，20：51—80，2002 年。

2013 年

《穆天子传》小说性质辨析，阳清，中南大学学报，2013 年，第 4 期。

论两汉的神怪小说和历史小说，潘啸龙、宋贤，晋阳学刊，2013 年，第 3 期。

《焦氏易林》中古小说钩沉：兼论《易林》的作者与时代，张树国，中南民族大学学报，2013 年，第 4 期。

《列仙传》佛教渊源探析，秦蕊、卢云，韶关学院学报，2013 年，第 9 期。

美国学者《西游记》佛道之争之研究，谷煜，中文研究与国际传播（第 2 辑），华东师范大学出版社，2013 年。

从孙悟空的名号看《西游记》成书的"全真化"环节，陈洪，中国高校社会科学，2013 年，第 4 期。

神怪小说中的山魈故事及其演变，贾海建，玉溪师范学院学报，2013 年，第 10 期。

《西游记》作者之争和茅山乾元观"阎希言师徒定稿说"的优势，胡义成，东南大学学报，2013 年，第 1 期。

《石精金光藏景录形神经》与六朝道教的制剑术，孙斋，古典文献研究（第 16 辑），凤凰出版社，2013 年。

云衣五色象元气——唐代宫廷乐舞《上元乐》中的道教元素，

张素琴，中国道教，2013 年，第 6 期。

中国神话中的"天衣情结"探析——以牛郎织女神话之"天衣情结"为例，冯和一，中北大学学报，2013 年，第 6 期。

灵宝三元斋和道教中元节——《太上洞玄灵宝三元品戒经》考论，吕鹏志，文史，2013 年，第 1 期。

《华阳隐居真诰》校读记暨白玉蟾所据为《类说》考，许蔚，中国俗文化研究（第八辑），巴蜀书社，2013 年。

从"地羊鬼"看华夏边缘的昆仑狗国神话，朱和双，中国俗文化研究（第 8 辑），巴蜀书社，2013 年。

圣与俗：巫山神女形象演变研究，贾雯鹤、邓晓燕，中国俗文化研究（第八辑），巴蜀书社，2013 年。

道教中的北斗神考论，朱磊，正一道教研究（第 2 辑），刘仲宇、吉宏忠主编，宗教文化出版社，2013 年。

杜光庭三十六靖庐考，李显光，正一道教研究（第 2 辑），刘仲宇、吉宏忠主编，宗教文化出版社，2013 年。

光绪抄本《正乙天坛玉格》初探，刘仲宇，正一道教研究（第 2 辑），刘仲宇、吉宏忠主编，宗教文化出版社，2013 年。

中国宗教文学研究笔谈，吴光正，学术交流，2013 年，第 2 期。

《西游记》中儒释道三家思想的交融与思维创新，王瑞平，商丘师范学院学报，2013 年，第 11 期。

当代台湾道教文化诠释的典范学者：李丰楙的研究特色及其方法学的相关检讨，张超然，世界宗教文化，2013 年，第 5 期。

鱼山梵呗传说考辨，金溪、王小盾，文史，2013 年，第 1 期。

等待的巫女——《九歌·山鬼》与中国候人诗传统的神话溯

源，吴伊琼，理论界，2013 年，第 1 期。

麻姑为海上神仙考，徐华龙，常州工学院学报，2013 年，第 1 期。

屈原自沉考论，赵雨，求索，2013 年，第 5 期。

理想主义的践行和情感精神的升华——谈赵德发长篇小说《乾道坤道》人物形象的塑造，刘荣林，济南大学学报，2013 年，第 4 期。

物欲时代的玄学之光——读赵德发《乾道坤道》，马兵，出版广角，2013 年，第 9 期。

南北朝隋唐时期的道教类书——以敦煌写本为中心的考察，王卡，唐研究（第 19 卷），北京大学出版社，2013 年。

书评：The Heavenly Court：Daoist Temple Painting in China，1200—1400，谢世维，道教研究学报，2013 年，第 5 期。

道教文化在当代文坛催生的一朵奇葩——评赵德发先生作品《乾道坤道》，闫祯，中共济南市委党校学报，2013 年，第 2 期。

人，在世俗与神圣之间——论赵德发长篇新作《乾道坤道》，丛新强，东岳论丛，2013 年，第 3 期。

马致远神仙道化剧的艺术特色——兼论其宗教基因，刁生虎、王晓萌，南阳师范学院学报，2013 年，第 7 期。

永乐宫重阳殿的地狱经变图与元代神仙道化剧，张方，山西档案，2013 年，第 3 期。

论元代"神仙道化剧"中"人生如棋"的感叹，郭美玲、黄水平，湖南工业职业技术学院学报，2013 年，第 1 期。

试观与保举：东晋南朝道教试炼传统及其发展，张超然，中国文哲研究通讯，2013 年，第 23 卷第 1 期。

《搜神记》中"人鬼婚恋"故事探析，林安任，东华中文学报，2013 年，第 6 期。

论蓬莱仙话对魏晋南北朝文学的影响，付玉峰、李剑锋，鲁东大学学报，2013 年，第 1 期。

浅议《西游记》道书化与"作者"邱处机的关系，陈宏、冯大建，文学与文化，2013 年，第 2 期。

楚辞《招魂》与道教之关联，张思齐，中国楚辞学（第 21 辑），学苑出版社，2013 年；老子学刊，2014 年。

道家文化与乡土文学，刘保亮，河南社会科学，2013 年，第 7 期。

方外十友与盛唐文学，胡旭，厦门大学学报，2013 年，第 1 期。

玉女为我师——论《穆天子传》的神话叙事，方艳，民族文学研究，2013 年，第 1 期。

神女"自荐枕席"类小说初探——以冯梦龙《情史类略》为研究中心，刘城，天中学刊，2013 年，第 2 期。

试析曹操游仙诗的价值定位，苏丽华，佳木斯大学学报，2013 年，第 3 期。

庄子中的"兀者"与后世的"神仙"描写研究，邓小东，新余学院学报，2013 年，第 1 期。

论道教对唐传奇的影响——以《玄怪录·张老》、《玄怪录·裴谌》及《传奇·裴航》篇为例，黄东坚，商丘师范学院学报，2013 年，第 10 期。

作为道家和业余道教徒的李商隐，李珺平，美与时代（下），2013 年，第 4 期。

近年《女仙外史》研究述评，宋华燕，广播电视大学学报，2013 年，第 2 期。

元杂剧《桃花女》的女权意识初探，康保成，文学评论，2013 年，第 4 期。

西王母形象演变与阴阳五行学说之关联，赵德波，兰州学刊，2013 年，第 8 期。

论杜光庭的步虚词，余红平，长江大学学报，2013 年，第 8 期。

论马致远神仙道化剧中的"杀子"情节，王亚伟，喀什师范学院学报，2013 年，第 5 期。

论庄子"三言"文体创作对道家无玄思想的释义，卢玉，南京师范大学学报，2013 年，第 6 期。

另类理论家李商隐的崇道文学观及其他，李珺平，美与时代（下），2013 年，第 12 期。

俊生日月与商人创世神话的宇宙圣数——商人创世神话研究之五，张开焱，中南民族大学学报，2013 年，第 5 期。

《列仙传》神仙思想摭谈，张林，长治学院学报，2013 年，第 4 期。

汉代巫鬼崇拜及其对六朝鬼神文学的影响，普慧，文学遗产，2013 年，第 5 期。

唐志怪小说"人鬼婚恋"故事中的变形母题研究，金官布，青海师范大学学报，2013 年，第 4 期。

同治重刻《白真人集》辨误，刘显，海南大学学报，2013 年，第 5 期。

李贺诗歌中的神话女性形象分析，党青青，宜春学院学报，

2013 年，第 10 期。

苏轼的道家心路历程，杨玉春，太原学院学报，2013 年，第 3 期。

元初道士诗人马臻生平事迹考辨，王树林，江苏大学学报，2013 年，第 6 期。

论神怪小说中山岳空间的叙事功能——以《西游记》为中心的考察，贾海建，文艺评论，2013 年，第 10 期。

道家学派对古文学的影响例评，赵鹏，求索，2013 年，第 9 期。

谪仙历难题材与古典小说审美特征，蒲日材，广西社会科学，2013 年，第 12 期。

《列仙全传》作者考，魏世民，明清小说研究，2013 年，第 3 期。

绘画和舞台中的髑髅和骷髅，伊维德，多重视野下的西方全真教研究，张广保编，宋学立译，齐鲁书社，2013 年。

他山之石，可以攻玉——评《真诰校注》，周作明，理论·视角·方法——海外道教学研究，朱越利，齐鲁书社，2013 年。

《夷坚志》所见宋代江西道教，王翠，兰台世界，2013 年，第 6 期。

道教音乐文化的传承和发展——对话朱润福先生，郭敬宇，中国道教，2013 年，第 4 期。

《游仙窟》作者考源，艾朗诺著，卞东波译，域外汉籍研究集刊（第 9 辑），张伯伟编，中华书局，2013 年。

宋前志怪小说中占梦的艺术功能，张辟辟，河池学院学报，2013 年，第 6 期。

从宗教仪式到艺术：曹植和五言诗，顾彬著，余常译，汉学研究（第15集），阎纯德主编，学苑出版社，2013年。

论元末顾瑛"三教合一"视域中的玉山雅集，吴新雷，人文中国学报（第19期），香港浸会大学《人文中国学报》编辑委员会编，上海古籍出版社，2013年。

暴力修行：道教谪凡神话与《水浒传》的忠义叙述，李丰楙，人文中国学报（第19期），香港浸会大学《人文中国学报》编辑委员会编，上海古籍出版社，2013年。

《夷坚志》中不公正的苍天和软弱的神仙，艾朗诺，人文中国学报（第19期），香港浸会大学《人文中国学报》编辑委员会编，上海古籍出版社，2013年。

道教与古代小说叙事，万晴川，宗教信仰与中国古代小说叙事，浙江大学出版社，2013年。

道教中的符箓文化，赵芃，中国宗教，2013年，第7期。

浅析道教文本中的"皂荚"意象，李裴，宗教学研究，2013年，第4期。

郭璞《游仙诗》的主题及其思想特征，赵沛霖，北京大学学报，2013年，第6期。

道教碑文的修辞与语篇建构，赵静，宗教学研究，2013年，第1期。

道教文化对汉语词汇的影响，焦玉琴，中国道教，2013年，第1期。

《怀风藻》的山水与道教文化，徐臻，日语学习与研究，2013年，第2期。

东汉道教仪式音乐之初步研究，蒲亨强、劲松，中央音乐学院学报，2013 年，第 2 期。

《步虚》声、步虚词与步罡蹑斗：以《太上飞行九晨玉经》为中心的考察，罗争鸣，学术论坛，2013 年，第 5 期。

《汉武》唱和诗述议：兼论《西昆酬唱集》的缘起与特征，罗争鸣，安徽大学学报，2013 年，第 3 期。

论福永光司的道教研究，孙亦平，杭州师范大学学报，2013 年，第 3 期。

唐代文人的步虚词创作，李程，武汉大学学报，2013 年，第 6 期。

元代神仙道化剧对唐传奇的改编，胡静，社会科学家，2013 年，第 8 期。

P. 3562V《道教斋醮度亡祈愿文集》与唐代的敦煌道教（一），刘永明，敦煌学辑刊，2013 年，第 4 期。

论道家思想对神仙道化剧的影响，张超，语文学刊·下半月刊，2013 年，第 4 期。

道教审美视域中的西王母形象流变，田晓膺，中华文化论坛，2013 年，第 7 期。

从神仙传记看早期道教修仙伦理的演变，苟波，四川大学学报，2013 年，第 5 期。

试论道家道教的虚静之美，史冰川，中华文化论坛，2013 年，第 5 期。

生命困局与宗教皈依：论马致远的生存境遇及其神仙道化剧创作，刁生虎、王晓萌，西北民族大学学报，2013 年，第 4 期。

魅与治魅：道教文献中的精魅思想，张悦，云南社会科学，2013 年，第 3 期。

陶弘景与道教文献整理：以《真诰》为例，寇凤凯，宗教学研究，2013 年，第 3 期。

从视觉角度看贵州傩堂戏与道教的关系，沈路，贵州民族研究，2013 年，第 5 期。

道教内丹养生与北宋诗人心态，张振谦，云南社会科学，2013 年，第 3 期。

山林与宫廷之间：中晚唐道教史上的刘玄靖，雷闻，历史研究，2013 年，第 6 期。

魏晋南北朝道教传授仪式中的盟誓，孙瑞雪，世界宗教研究，2013 年，第 3 期。

百年中国道教文献语言研究综述，萧红、袁媛，武汉大学学报，2013 年，第 4 期。

评张泽洪《道教唱道情与中国民间文化研究》，张勇风，文艺研究，2013 年，第 5 期。

浅析中国道教对日本神话传说的影响，赵蕤，中华文化论坛，2013 年，第 5 期。

从神仙传记看早期道教对神仙世界超越性问题的认识，苟波，宗教学研究，2013 年，第 4 期。

吕祖信仰与明清道教老学中的仙注《老子》，王玲、许伟，西南民族大学学报，2013 年，第 5 期。

唐代道教女信徒的宗教活动及其生活：以墓志材料为中心，焦杰，陕西师范大学学报，2013 年，第 2 期。

一篇道教史研究的珍贵文献：唐代《薛赜墓志铭》探析，王永平，文献，2013 年，第 2 期。

道教文献语言研究与训诂学：以《周氏冥通记研究（译注

篇)》为例，刘祖国、丁晓娟，安徽理工大学学报，2013 年，第 1 期。

竹林七贤对于魏晋神仙道教文化的诗性阐释及其贡献，蒋振华、段祖青，中州学刊，2013 年，第 7 期。

明代甘肃永登地区道教真武信仰研究：以万历年间《新建北灵观碑记》为中心，米德昉，宗教学研究，2013 年，第 2 期。

关于撰述当代《台湾道教史》的诠释建构试探：兼论台湾本土世业道坛与道法传承谱系的相关研究突破问题，谢聪辉，世界宗教文化，2013 年，第 4 期。

早期民间道教美学的本体论转向与审美内涵拓展：出土汉代神仙题材画像及铭文的辑录与研究，刘克，吉首大学学报，2013 年，第 5 期。

元大道教史补考：以《创建大明观更上清宫记》等三方碑刻及山西省境为中心，赵建勇，中国史研究，2013 年，第 2 期。

"经文辩读"视野下道教术语英译的宗教学考察：以施舟人和傅飞岚《道藏通考》为例，何立芳，宗教学研究，2013 年，第 3 期。

当代台湾道教文化诠释的典范学者：李丰楙的研究特色及其方法学的相关检讨，张超然，世界宗教文化，2013 年，第 5 期。

命功修炼与《西游记》的关目设计，吴光正、王一帆，文艺评论，2013 年，第 10 期。

目尽青天怀今古：李商隐游仙体诗歌论略，姜朝晖，西北师范大学学报，2013 年，第 1 期。

元末士人的佛道情缘及其文化意蕴，展龙，华夏文化论坛，2013 年，第 1 期。

叙事学视阈下的西王母神话传说，张勤，中国文学研究，2013年，第 1 期。

全真七子的宗教试炼及其文学再现——以道情、戏曲、小说为中心，吴光正、王一帆，燕赵学术，2013 年，第 2 期。

以佛治心，用道治身——藩王朱有燉与佛道文化的因缘，邓斯博，人文论谭（第 5 辑），武汉出版社，2013 年。

再论张三丰传说，刘守华，华中人文论丛，2013 年，第 3 期。

刘克庄诗歌中的释道二教，孙培，渭南师范学院学报，2013年，第 10 期。

道教总仙洞天华山传说"人天博弈"文化史分析，王子超、王克陵，武汉大学学报，2013 年，第 6 期。

黄鹤楼传说的"神仙情结"，刘守华，中南民族大学学报，2013 年，第 5 期。

吴承恩是《西游记》的作者吗，李安纲，国学，2013 年，第 12 期。

论赵崇祚编选动机及《花间集》宗教思想，李珺平，中国文学研究，2013 年，第 4 期。

道教游仙诗初探——以杨羲《九华安妃见降口授诗》为例，王洁，赤子，2013 年，第 11 期。

龙虎山山水古诗词浅析，周林图、郭福生，东华理工大学学报，2013 年，第 3 期。

论杜光庭咏道诗的艺术特色，余红平、秦俭，西南农业大学学报，2013 年，第 12 期。

《汉武内传》情节探究，孟睿，辽宁经济职业技术学院学报，2013 年，第 6 期。

李白游仙诗世界之形态、模式及其审美意义，居忠诚，毕节学院学报，2013 年，第 12 期。

六朝隋唐神仙考验小说道教意蕴，程丽芳，北方论丛，2013 年，第 6 期。

从唐诗中的神仙意象看唐代诗人的精神世界，胡秀春，山西师范大学学报，2013 年，第 6 期。

试论李白与广成子，吴明贤，内江师范学院学报，2013 年，第 11 期。

"积功累行始成仙"——古代小说中的道教济世主题，万晴川，南京师范大学文学院学报，2013 年，第 4 期。

《许真人拔宅飞升》杂剧刍议，杨敬民，戏曲艺术，2013 年，第 4 期。

张紫阳"内丹说"与《西游真诠》图赞，李慧、张祝平，淮海工学院学报，2013 年，第 21 期。

《神仙传》中描绘的道术神通世界，谭敏，北京化工大学学报，2013 年，第 4 期。

《龙门子凝道记》名义考论——兼论元末明初婺州作家外道内儒的文风，于淑娟，文学评论，2013 年，第 1 期。

盛唐诗人江南游历之风与李白独特的地理记忆——李白《送王屋山人魏万还王屋并序》考论，查屏球，文学遗产，2013 年，第 3 期。

白玉蟾生卒年新证，刘亮，文学遗产，2013 年，第 3 期。

《梦游天姥吟留别》中的道教因素，刘芳，文教资料，2013 年，第 35 期。

邓志谟小说"三教合一"思想探析，王强、罗媛，考试周刊，

2013 年，第 99 期。

略论《水浒传》中的道教文化色彩，金明磊、周若凡，安徽文学（下半月），2013 年，第 1 期。

白玉蟾的五首《古别离》乐府诗，徐莹、刘亮，古典文学知识，2013 年，第 1 期。

曹唐《大游仙诗》的艺术创新——以"刘晨阮肇游天台"组诗为例，徐翠先，晋阳学刊，2013 年，第 1 期。

中国现当代道教文学史研究的回顾与省思，李松，学术交流，2013 年，第 2 期。

南宋道教文学思想中的爱国情怀，蒋振华，中国文学研究，2013 年，第 1 期。

乐钧《耳食录》与道教，刘婧芳，晋中学院学报，2013 年，第 1 期。

明清传奇中女尼女道角色特点探微，王化旭，江苏教育学院学报，2013 年，第 1 期。

"不乐飞升"与"神仙思凡"——唐代仙道小说的两个叙事母题，李春辉，重庆理工大学学报，2013 年，第 2 期。

唐代小说中的狐书研究，张玉莲，武汉大学学报，2013 年，第 2 期。

试谈李贺"鬼诗"与道教文化，金乾伟，商丘师范学院学报，2013 年，第 2 期。

明传奇中的道教文化透视——以《六十种曲》为例，李艳，宗教学研究，2013 年，第 1 期。

欧阳修远佛亲道倾向与晚年出儒入道论，吕肖奂，井冈山大学学报，2013 年，第 1 期。

宋太宗《逍遥咏》，赵润金、刘玉芳，南华大学学报，2013年，第1期。

东方朔偷桃故事的演变及其文化阐释，杜文平，天中学刊，2013年，第1期。

女仙杜兰香故事之演变及其文化意蕴，时晨，天中学刊，2013年，第1期。

简论初盛唐帝王的道教诗，任治叶，德州学院学报，2013年，第1期。

《中国宗教文学史》编撰研讨会综述，李松，高校社科动态，2013年，第1期。

论"猿猴抢婚"母题小说中的道教情结——以猿猴盗妇型为例，范香君，广州广播电视大学学报，2013年，第1期。

玉皇信仰的文化解读，王玲，中国宗教，2013年，第4期。

中国古代小说"人狐恋"情节的文化透视，龚玉兰，学术论坛，2013年，第3期。

道家道教思想对《聊斋志异》的影响，常淼，华夏文化，2013年，第1期。

一枕黄粱两场梦——比较分析《聊斋志异·续黄粱》与《枕中记》的宗教世俗化，万雯雯，美与时代（下），2013年，第3期。

巴蜀宗教文化对李白诗歌创作想象力的影响，毛晓红、甘成英，绵阳师范学院学报，2013年，第1期。

朱启钤的鬼故事阅读——宋人笔记《鬼董狐》钩沉，张复，公共图书馆，2013年，第1期。

论《崂山道士》中的"道"，白新辉，广西民族师范学院学报，2013 年，第 2 期。

苏辙所撰青词考，姜游，北方论丛，2013 年，第 3 期。

卜魁戏剧《龙沙剑传奇》的道教文化意蕴，孟庆阳，电影文学，2013 年，第 7 期。

试论道教对王羲之及其文学作品的影响，刘育霞，东南大学学报，2013 年，第 2 期

吴筠道教诗的修道理念，段祖青，保定学院学报，2013 年，第 2 期。

仙传小说与曹植游仙诗，施健，辽东学院学报，2013 年，第 3 期。

《列仙传》赞文考论，施健，绥化学院学报，2013 年，第 3 期。

论唐代科举诗的升仙话语，朱建光，西北大学学报，2013 年，第 3 期。

论《水浒后传》中的道教意识，张夸，盐城师范学院学报，2013 年，第 3 期。

王绩服食与诗歌创作，徐翠先，江苏大学学报，2013 年，第 3 期。

古代戏剧研究的新收获——评《中国古代神仙道化剧研究》，赵宏，吉林省教育学院学报，2013 年，第 4 期。

二十世纪以来王维与道家思想研究述略，刘怀荣、石飞飞，古籍整理研究学刊，2013 年，第 3 期。

宋南渡文人的道教因缘——兼论道教对文人词创作的影响，姚惠兰，中华文化论坛，2013 年，第 6 期。

论明代神魔小说的发展历程，邹壮云，学术探索，2013 年，

第 6 期。

关于《红楼梦》中宝玉结局出家为道士补遗，邓辉，名作欣赏，2013 年，第 21 期。

"吕纯阳飞剑斩黄龙"故事探源，郭健，清小说研究，2013 年，第 2 期。

诗杂仙心：魏晋道教审美趣味与文人游仙诗，张梅、潘显一，江西社会科学，2013 年，第 5 期。

唐代小说中的道士形象浅探，刘婉，学理论，2013 年，第 15 期。

文学理论在西晋的新变——儒道调和——以"旁观者"葛洪为中心，罗佳艺、段祖青，井冈山大学学报，2013 年，第 3 期。

浅析道教对唐传奇侠义小说的影响——以《红线传》为例，庄申，今日中国论坛，2013 年，第 7 期。

民间小戏"神仙道化"剧展演功能刍议——以丝绸之路沿线民间小戏为依据，王萍，石河子大学学报，2013 年，第 2 期。

顾太清咏莲词中的佛、道因素，万春香，濮阳职业技术学院学报，2013 年，第 3 期。

"宗教实践与文学创作"开栏弁言，吴光正，贵州社会科学，2013 年，第 6 期。

宋金元时期道教与诗歌研究的回顾与思考（2005—2012 年），罗争鸣，贵州社会科学，2013 年，第 6 期。

试论《醒世恒言》的道教情怀，刘婧芳，贵阳学院学报，2013 年，第 2 期。

从《聊斋志异》看蒲松龄对道教观念的超越，李晓燕，太原师范学院学报，2013 年，第 3 期。

《西游记》中的佛、道关系解读，陈明吾、吴宏波，湖北科技学院学报，2013 年，第 5 期。

唐代中秋玩月诗与道教信仰，朱红，云南大学学报，2013 年，第 4 期。

明代道教文学研究的几个问题，余来明、黎超，云南大学学报，2013 年，第 4 期。

曲家朱权与道教文化的因缘，邓斯博，湖北理工学院学报，2013 年，第 3 期。

道教劝善书与明清传奇戏曲，李艳，天府新论，2013 年，第 4 期。

道教文化与明清剑侠小说，罗立群，西南大学学报，2013 年，第 4 期。

"积功累行始成仙"——古代小说中的道教济世主题，万晴川，南京师范大学文学院学报，2013 年，第 4 期。

道与审美之举隅，王汀，文学教育（中），2013 年，第 5 期。

《西游记》宗教语词辨正，张晓英，四川文理学院学报，2013 年，第 4 期。

论葛洪的思想、著述及其价值，赵逵夫，复旦学报，2013 年，第 4 期。

道家文化与乡土文学，刘保亮，河南社会科学，2013 年，第 7 期。

民间城隍信仰分析——兼论《阅微草堂笔记》中的城隍故事，李崎，剑南文学（经典教苑），2013 年，第 3 期。

《西游记》中宗教范畴的三个世界，郑巧玉，吉林省教育学院学报，2013 年，第 8 期。

道教与李白诗歌之关系研究综述，裴露琼，湖北函授大学学报，2013 年，第 8 期。

道教思想对李白诗歌创作的影响，雷国位，剑南文学（经典教苑），2013 年，第 5 期。

《八仙得道传》对《东游记》的继承与改造，姜英子，名作欣赏，2013 年，第 29 期。

再议《西游记》的宗教文学性——兼与胡令毅、胡义成先生商榷，符玉兰，齐齐哈尔师范高等专科学校学报，2013 年，第 4 期。

黄鹤楼传说的"神仙情结"，刘守华，中南民族大学学报，2013 年，第 5 期。

唐代小说中的道士形象浅探，刘婉，学理论，2013 年，第 15 期。

破解《西游记》最终定稿者之谜的一个同时期署名破译参照系——《越绝书》以隐语署名和明代杨慎破译其作者的经验教训，胡义成，社会科学论坛，2013 年，第 2 期。

《高坡异纂》版本源流考，陆孔存，黑龙江史志，2013 年，第 19 期。

张谦及其稿本《道家诗纪》再探，罗争鸣，学术论坛，2013 年，第 8 期。

再论《西昆酬唱集》与道教之关系，袁方，乐山师范学院学报，2013 年，第 9 期。

茅山风景独好诗文尽显风流——陶弘景茅山诗文经典赏论，居忠诚、李金坤，名作欣赏，2013 年，第 32 期。

凡人马致远——马致远神仙道化剧浅析，徐桁，剑南文学

（经典教苑），2013 年，第 10 期。

钱起的学道经历与对道教非生命物质诗歌美学的开拓，段莹，河北师范大学学报，2013 年，第 5 期。

春秋卜、筮制度与解说文的生成，韩高年，文学遗产，2013 年，第 6 期。

《搜神记序》初探，张庆民，文学遗产，2013 年，第 6 期。

道教与唐代豪侠小说简论，王姣锋，德州学院学报，2013 年，第 5 期。

论罗浮山山水诗歌的仙家意蕴，邓宇英，广州大学学报，2013 年，第 7 期。

叙事学视阈下的西王母神话传说，张勤，中国文学研究，2013 年，第 1 期。

顾彬：《宗教仪式到艺术——曹植和五言诗》，余常译，载汉学研究，阎纯德主编，2013 年，第 15 辑。

早期灵宝经中的定型忏悔文，伯夷著，张显华译，沉沦、忏悔与救度：中国文化的忏悔书写论集，李丰楙、廖肇亨主编，"中央"研究院中国文哲研究所，2013 年。

教团的创建：十三世纪全真教的集体认同，高万桑，多重视野下的西方全真教研究，张广保编，宋学立译，齐鲁书社，2013 年。

全真教的创立：仙传与历史，马颂仁，多重视野下的西方全真教研究，张广保编，宋学立译，齐鲁书社，2013 年。

撰写历史，创造认同——以《玄风庆会图》为例，康豹，多重视野下的西方全真教研究，张广保编，宋学立译，齐鲁书社，2013 年。

Repaying a Nuo Vow in Western Hunan：A Rite of Trans—Hybridity? 湘西还傩愿仪式及其跨混性，康豹（Paul R. Katz），台湾人类学刊，2013 年，第 11 卷 2 期。

台湾道教宗派运用之"步虚词"及其意涵探析，李建德，国文学志，2013 年，第 27 期。

杜光庭《道教灵验记》的圣俗反思，黄东阳，东吴中文学报，2013 年，第 25 期。

从唐代墓志看道教对女性的影响，蔡馨慧，岭东通识教育研究学刊，2013 年，第 5 卷第 1 期。

东坡词仙乡书写析论，汪希瑜，高应科大人文社会科学学报，2013 年。

《汉武故事》成书时代新探，赖信宏，东华汉学，2013 年，第 1 7 期。

《道德经》的传授、诵读与道教法位阶次，张超然，辅仁宗教研究，2013 年，第 27 期。

《太真玉帝四极明科经》的来源及版本考证，李静，汉学研究，2013 年，第 31 卷第 3 期。

《聊斋志异》的仙凡流转：刘、阮再返之思与情缘道念之辨，陈翠英，台大中文学报，2013 年，第 41 期。

"凡躯与真身"：王喆对传统道教身体观的诠释与转移，陈盈慧，中国学术年刊，2013 年，第 35 期春季号。

苦行与试炼——全真七子的宗教修持与文学创作，吴光正，中国文哲研究通讯，2013 年，第 23 卷第 1 期。

《神仙传·樊夫人》考释，许凯翔，早期中国史研究，2013 年，第 5 卷第 2 期。

炼养与想像——唐前游仙诗之服食书写新探，颜进雄，逢甲人文社会学报，2013 年，第 26 期。

东坡词仙乡书写析论，汪希瑜，高应科大人文社会科学学报，2013 年，第 10 卷第 1 期。

近代中国的天师授箓系统——对《天坛玉格》的初步研究，高万桑，十九世纪以来中国地方道教变迁，黎志添编，三联书店，2013 年。

从王玄览《玄珠录》谈道教"空"的概念，严家建，哲学与文化，2013 年，第 3 期。

道教内丹东派秘籍《法藏总抄》述论，龚鹏程，书目季刊，2013 年，第 2 期。

曾国藩文章行气论及其在散文创作上的启示，蔡美惠，东吴中文学报，2013 年，第 25 期。

金源全真教（含王重阳与全真七子）入声词用韵之研究，耿志坚，彰化师范大学文学院学报，2013 年，第 8 期。

明传奇"典型宗教剧"之叙事模式及故事结局分析，赖慧玲，新世纪宗教研究，2013 年，第 4 期。

清代四种《吕祖全书》与吕祖扶乩道坛的关系，黎志添，中国文哲研究集刊，2013 年，第 42 期。

儒家子，道者师——金元之际全真教团中的入道士人，王锦萍，新史学，2013 年，第 4 期。

问津"桃源"与栖居"桃源"——盛唐隐逸诗人的空间诗学，萧驰，中国文哲研究集刊，2013 年，第 42 期。

遥望的远方——元初《长春真人西游记》初探，谢玉玲，艺见学刊，2013 年，第 6 期。

《灵宝经》溯源，柏夷撰，吴思远译，弘道，2013 年，第 54 期。

悟道四首，钟肇鹏，弘道，2013 年，第 54 期。

浅谈武当山道教音乐在历史演变中的三个时期，杨泽善、谭大江，弘道，2013 年，第 54 期。

中国大陆近年道教与诗歌研究的回顾和思考（2005—2012），罗争鸣，弘道，2013 年，第 55 期。

论平安文人都良香之形塑与唐代文人轶事之关系，李育娟，中国文化研究所学报，2013 年，第 56 期。

炼养与想象——唐前游仙诗之服食书写新探，颜进雄，逢甲人文社会报，2013 年，第 26 期。

清刊本《大梵先天斗母圆明宝卷》析论，李建德，有凤初鸣年刊，2013 年，第 9 期。

想望的远方——元初《长春真人西游记》初探，谢玉玲，艺见学刊，2013 年，第 6 期。

《夷坚志》中不公正的苍天和软弱的神仙，艾朗诺，人文中国学报，2013 年，第 19 期。

暴力修行：道教谪凡神话与水浒的忠义叙述，李丰楙，人文中国学报，2013 年，第 19 期。

爱情迷雾里的《真诰》养生诗，张振国，弘道，2013 年，第 55 期。

对《道德经》王弼本若干字句的校勘及诠释（上），董京泉，弘道，2013 年，第 57 期。

《上清洞真九宫紫房图》辨疑，张鲁君，弘道，2013 年，第 57 期。

庄义佛理相交映——浅谈李光诗歌的庄禅融合色彩，韩焕忠，弘道，2013 年，第 57 期。

清末日治台湾民间鸾赋的叙事声口：以《分曲直赋》（以题为韵）与《西游记》的互文性探讨为中心，梁淑媛，台湾文学研究集刊，2013 年，第 14 期。

绘画和舞台中的髑髅与骷髅，（荷）伊维德，多重视野下的西方全真教研究，张广保编，宋学立译，齐鲁书社，2013 年。

A Poetry Debate of the Perfected of Highest Clarity, Paul W. Kroll, *Journal of the American Oriental Society*, 132, 2013.

A late Qing Blossoming of the Seven Lotus: Hagiographic Novels about the Qizhen, Durand—Dastès Vincent, in *Quanzhen Taoists in Chinese Society and Culture* （1500—2010）, ed. Liu Xun Goossaert Vincent, Berkeley: Institute of East Asian Studies, University of California—Berkeley, *China Research Monographs* 70, p. 78—112, 2013.

The Date、Authorship and Literary Structure of the Great Peace Scripture Digest, Grégoire Espesset, *Journal of the American Oriental Society*, 133, 2013.

The Ming Prince and Daoism: Institutional Patronage of an Elite by Richard G. Wang. Andersen, P. *Journal of Chinese Religions*, 41 (2), 185—187, 2013.

Wang Chongyang （1113—1170） et la foundation du Quanzhen. Ascètes taoïstes et alchimie intérieure by Pierre Marsone. Eskildsen, S. *Journal of Song—Yuan studies*, 42 (1), 463—470, 2013.

Men of the Way and Their Fellow—Travelers: Daoists in Song Miscellanies. Halperin, M. *Journal of Song—Yuan studies*, 42 (1), 95—149, 2013.

Reforming the way: the palace and the village in Daoist paradise. Walker, N. R. *Utopian Studies*, 24 (1), 6—22, 2013.

Historicizing Great Bliss: Erotica in Tang China (618—907). Yao, P. , & Lu, W. *Journal of the History of Sexuality*, 22 (2), 207—229, 2013.

Case Studies in Efficacy: A Reading of the Shenxian ganyu zhuan 神仙感遇傳. Halperin, M. *Journal of Chinese Religions*, 41 (1), 1—24, 2013.

Relations with the Unseen World, Company, Robert. in *Early Medieval China: A Sourcebook*, ed. Wendy Swartz, Robert Ford Campany, Lu Yang, and Jessey Choo, Columbia University Press, 2013.

Tales of Anomalous Events, Company, Robert. in *Early Medieval China: A Sourcebook*, ed. Wendy Swartz, Robert Ford Campany, Lu Yang, and Jessey Choo, Columbia University Press, 2013.

Are writing systems intelligently designed? Adam D. Smith. in *Agency in ancient writing*, ed. , Joshua Englehardt (Boulder: University Press of Colorado, 2013), 77—93, 2013.

Book Reviews: The Ming Prince and Daoism: Institutional Patronge of an Elite, by Richard G. Wang. Mark Meulenbeld. *Daoist: Religion, History and Society* (道教研究学报), No5, 2013.

李商隠の詩歌と道教—存思内観を描いた詩, 加固理一郎, 文京大學國文, 2013 年, 第 42 号。

李賀の詩にみる循環する時間と神仙の死, 遠藤星希, 日本

中国學會報，2013 年，第 65 号。

紹興の小目連『太平寶卷』，松家裕子，桃の會論集六集，西王母桃の會編，朋友書店，2013 年。

国立国会図書館所蔵の敦煌道教写本，神塚淑子，名古屋大学文学部研究論集，2013 年，第 59 号。

道教の新羅東傳と長安の道觀：「皇甫奉諒墓誌」を中心に土屋昌明，東方宗教，2013 年，第 122 号。

長安の太清觀の道士とその道教：史崇玄と張萬福を中心に，土屋昌明，人文科学年報，2013 年，第 43 号。

《周氏冥通记》试论——《道藏》的文学想象力研究，（韩）郑在书，道教文化研究，2013 年。

2014 年

《引导李商隐到茅山的人物——从叔李褒》，深泽一幸，诗海捞月——唐代宗教文学论集，深泽一幸，王兰、蒋寅译，中华书局，2014 年。

《游仙窟》作者考源，艾朗诺著，卞东波译，域外汉籍研究集刊，2014 年，第 9 辑。

从洪迈《夷坚志》看宋代上下层文化的互动，艾郎诺，国际汉学研究通讯，2014 年，第 9 期。

盛唐山水诗文用语考证，柯慕白著，杨杜菲译，童岭校，国际汉学研究通讯，2014 年，第 11 期。

全真语言的嘉年华会——余国藩英译本《西游记》修订版问世小识，李奭學，国际汉学研究通讯，2014 年，第 11 期。

明版全本《茅山志》与明代茅山正一道，王岗，正一道研究，2014 年，第 4 辑。

天师剑传说与叶法善崇拜，吴真，正一道研究，2014 年，第 4 辑。

一方流失海外的珍贵道教铭刻——唐代《彭尊师墓志铭》研究，王永平，唐研究，2014 年，第 18 辑。

《古镜记》与中晚唐道教的"古镜"再造，范淑英，唐研究，2014 年，第 18 辑。

《十二真君传》撰者胡慧超考证，杨敬民，社会科学战线，2014 年，第 9 期。

黄梁梦觉两个故事系统戏曲考述及比较，伏涤修，戏曲艺术，2014 年，第 4 期。

旱魃意象：还珠楼主禳灾叙事的伦理建构，刘卫英、骆玉佩，学术交流，2014 年，第 9 期。

"弼马温"再考辨，陈洪，文学遗产，2014 年，第 5 期。

《西游证道书》评点者辨析，张莹，文艺评论，2014 年，第 12 期。

回归文学传统，建构民族诗学，吴光正，中国社会科学报，2014 年 12 月 29 日。

佛道宗教影响北周文学发展，高人雄，中国社会科学报，2014 年 10 月 13 日。

清代道情、宝卷中韩愈形象的演变及其历史文化价值，卞良君，中州学刊，2014 年，第 2 期。

星空中的华夷秩序——两汉至南北朝时期有关华夷的星占言说，胡鸿，文史，2014 年，第 1 期。

《列仙传》及其叙事学阐释，张玉莲，河南师范大学学报，2014 年，第 1 期。

《列仙传》赞语成文与作者考论，夏冬梅、肖娇娇，文艺评论，2014 年，第 4 期。

道教唱导文的形成，游佐升，中国俗文化研究（第 9 辑），巴蜀书社，2014 年。

道教冥界组织与雷法信仰系统之关系，周西波，中国俗文化研究（第 9 辑），巴蜀书社，2014 年。

论唐传奇中人鬼恋小说的母题演变及发展动因，赵妍、杨雪，通化师范学院学报，2014 年，第 3 期。

苏过的道教情结与诗歌创作，卢晓辉，文教资料，2014 年，第 17 期。

《神仙传》版本考，向群，文史，2014 年，第 4 期。

《董逃行》非《董逃歌》考，柯利刚，名作欣赏，2014 年，第 6 期。

何种仙史？谁为正宗？——读景安宁新著《道教全真派宫观、造像与祖师》，秦国帅，全真道研究（第 3 辑），齐鲁书社，2014 年。

再论《老子想尔注》的若干问题，刘昭瑞，正一道教研究（第 3 辑），刘仲宇、吉宏忠主编，宗教文化出版社，2014 年。

古灵宝经中的张天师，刘屹，正一道教研究（第 3 辑），刘仲宇、吉宏忠主编，宗教文化出版社，2014 年。

明版全本《茅山志》与明代茅山正一道，王岗，正一道教研究（第 4 辑），刘仲宇、吉宏忠主编，宗教文化出版社，2014 年。

张三丰史迹考，吕旭涛、梁宇坤，学术交流，2014 年，第

5 期。

"房中"与升仙：汉代"容成"及其图像考，朱浒，中国典籍与文化，2014 年，第 2 期。

唐长乐公主墓壁画《云中车马图》考，于静芳，南京艺术学院学报，2014 年，第 5 期。

《人物御龙帛画》略考，王建勇，中原文物，2014 年，第 6 期。

阳明洞天考，张炎兴，贵州大学学报，2014 年，第 6 期。

唐玄宗入道考——开元二十六年唐玄宗入道铜简考释，冯其庸，唐研究（第 20 卷），北京大学出版社，2014 年。

《天问》"大鸟何鸣，夫焉丧厥体"再考释：兼论仙人王子乔之迁变，周建忠、常威，中州学刊，2014 年，第 1 期。

元代神仙道化剧的梦世界，臧世英，鄂州大学学报，2014 年，第 7 期。

论罗浮山诗歌中的文人与道士，邓宇英，华夏地理，2014 年，第 7 期。

从《宗教学研究》看二十年来中国的道教文学研究，邹定霞，宗教学研究，2014 年，第 3 期。

《太平广记》符命小说的文学叙事与文化意义，曾礼军，安康学院学报，2014 年，第 2 期。

"神道设教"对《红楼梦》叙事架构的人性掌控与悲情关怀，吴光正、张海翔，江西师范大学学报，2014 年，第 2 期。

丁鹤年宗教诗论析，马志英，民族文学研究，2014 年，第 2 期。

宋前神仙小说仙凡之恋内涵的演变，姜广振，文艺评论，2014

年，第 6 期。

《山海经》中的神与怪探微，赵自环，濮阳职业技术学院学报，2014 年，第 3 期。

明代小说中佛道之争的文化价值，徐薇，学习月刊，2014 年，第 6 期。

《庄子·逍遥游》中的"神人无功"，王景琳、徐匋，文史知识，2014 年，第 7 期。

除魅与遇仙——唐代小说中的书生旅行故事，李萌昀，华南师范大学学报，2014 年，第 3 期。

论清初道士娄近垣的白话诗——兼及与雍正禅学的关系，陈星宇，学术交流，2014 年，第 6 期。

神怪小说中的山神故事与山神信仰，贾海建，民族文学研究，2014 年，第 4 期。

唐太宗入冥故事系列研究，郑红翠，哈尔滨工业大学学报，2014 年，第 4 期。

古代仙草叙事的生命意识及生态伦理意蕴，王立、铁志怡，阅江学刊，2014 年，第 4 期。

仙凡之恋的认知诗学图式及其更新，王霞，名作欣赏，2014 年，第 23 期。

中原日月神话的语言基因变异，吴晓东，民族文学研究，2014 年，第 3 期。

论唐人作品"步虚词"的文化审美意蕴，孙振涛，海南师范大学学报，2014 年，第 5 期。

厉鹗《游仙诗》仙境构建的情理内蕴，吴华峰，中国韵文学刊，2014 年，第 3 期。

葛洪《神仙传》中的幻术研究，张玉莲，中国文化研究，2014 年，第 3 期。

《山海经》与白玉崇拜的起源——黄帝食玉与西王母献白环神话发微，叶舒宪，民族艺术，2014 年，第 6 期。

唐代人神遇合故事情节范式新变，张艳、廖群，社会科学家，2014 年，第 2 期。

李白诗歌中道家思想的译介，唐静，绵阳师范学院学报，2014 年，第 1 期。

全真七子诗词的胶东映像，兰翠，烟台大学学报，2014 年，第 2 期。

曾从神仙日下游 五千里外水分头——论西域之行对尹志平文学创作的影响，宋晓云，西域研究，2014 年，第 1 期。

论"宗教生活"与"通俗文学"之互动，赵益，江西师范大学学报，2014 年，第 2 期。

禹步、禹步法、踽步、邯郸步、跕屣考辨，杨德春，河北北方学院学报，2014 年，第 6 期。

葛洪《神仙传》的创作渊源探析，张玉莲，中国古典文献学丛刊（第 9 卷），中国古文献出版社，2014 年。

中国古代远游文学及其文学史意义，唐景珏、方铭，东南学术，2014 年，第 5 期。

《山海经》与桃花源，宋小克，学术论坛，2014 年，第 7 期。

纳兰词中的儒释道文化现象，孙艳红、李昊，吉林师范大学学报，2014 年，第 5 期。

论中晚唐游仙诗的世俗化，董素贞，贵州师范学院学报，2014 年，第 8 期。

蒲松龄宗教实践寻迹——以《蒲松龄集》为中心，刘敬圻，文学遗产，2014 年，第 5 期。

《女仙外史》版本、成书及其思想内涵，王晓明，唐山学院学报，2014 年，第 5 期。

从文学作品中的宗教到宗教语境下的文学——陈洪宗教文学研究述评，吴真，武汉大学学报，2014 年，第 6 期。

探究屈原的生死观和儒家、道家的异同，江涛，长春工业大学学报，2014 年，第 5 期。

蒲松龄诗笔中的"鬼气"，万昭、陈文新，蒲松龄研究，2014 年，第 3 期。

《招魂》研究综述，王兴芬、李兵，宝鸡文理学院学报，2014 年，第 5 期。

《庄子》与唐代意境理论的浑全之美追求，白宪娟，大连理工大学学报，2014 年，第 4 期。

竹简《文子》"鬼神"发微，韩文涛、曹现娟，牡丹江大学学报，2014 年，第 1 期。

论何逊诗歌的出世精神，朱家英、田沐禾，临沂大学学报，2014 年，第 5 期。

《楚辞·九歌》"东皇太一"神与"祠在楚东"说，成倩，贵州社会科学，2014 年，第 11 期。

论道家自然美学观与刘克庄的"本色"诗论，何忠盛，绵阳师范学院学报，2014 年，第 9 期。

曹操游仙诗之成因及主题，张丽锋，河北大学学报，2014 年，第 5 期。

试论庄子超然处世态度，郑淑婷，名作欣赏，2014 年，第

29 期。

玉教神话与华夏核心价值——从玉器时代大传统到青铜时代小传统，叶舒宪，社会科学家，2014 年，第 12 期。

从邹衍到屈原："大九州"理论对屈辞的影响，汤洪，文学评论，2014 年，第 6 期。

"天门"与《九歌》二司命的生死交融，罗家湘，郑州大学学报，2014 年，第 6 期。

《天问》"虬龙负熊"神话解——四重证据法应用示例，叶舒宪，北方论丛，2014 年，第 6 期。

中晚唐文人游仙诗创作心态论析，董素贞，赣南师范学院学报，2014 年，第 5 期。

白蛇传宗教景观的生产与意义，余红艳，广西师范大学学报，2014 年，第 6 期。

论《楚辞》中"游"之抒情特质——兼及与后世游仙文学的关系，杨海花、魏刚，河南教育学院学报，2014 年，第 6 期。

寒山融汇佛道之"无事"义，尚荣，南通大学学报，2014 年，第 5 期。

《集仙传》同名异书辨析，何春根、付娟，九江学院学报，2014 年，第 4 期。

徘徊儒道之间——西晋作家的思想及文学发展趋向，段春杨，哈尔滨学院学报，2014 年，第 11 期。

论道玄思想影响下的陶渊明，姚素华，忻州师范学院学报，2014 年，第 6 期。

李商隐与《真诰》，深泽一幸，诗海捞月——唐代宗教文学论集，深泽一幸著，王兰、蒋寅译，中华书局，2014 年。

南朝神仙传记《周氏冥通记》浅探，谭敏，北京化工大学学报，2014 年，第 4 期。

儒家和道家对中国古代文论影响简论，曾晓洪，四川职业技术学院学报，2014 年，第 6 期。

屈原《远游》的空间书写与精神指向，王德华，文学遗产，2014 年，第 2 期。

道家、道教的"形""神"观，孔令宏，社会科学战线，2014 年，第 12 期。

简论道教的"山水"美学观，潘显一，中华文化论坛，2014 年，第 6 期。

正一教权象征"天师剑"的兴起与传说，吴真，华南师范大学学报，2014 年，第 3 期。

敦煌本《老子变化经》成书年代、背景考论，刘湘兰，现代哲学，2014 年，第 4 期。

论张咏与道教之关系，伍联群，世界宗教研究，2014 年，第 3 期。

从元末明初神仙道化剧看北杂剧体制之新变：以《升仙梦》、《独步大罗天》、《花月神仙会》为例，刘兴利，四川戏剧，2014 年，第 4 期。

东亚道教：历史价值与文化特征，孙亦平，哲学研究，2014 年，第 7 期。

得意不忘言：道教经典的英译，何勇斌，中国宗教，2014 年，第 11 期。

《源氏物语》文本的道教文化研究，张楠，湘潭大学学报，2014 年，第 6 期。

中古道教"步虚"仪的起源与古灵宝经分类论考：以《洞玄灵宝玉京山步虚经》为中心的考察，王承文，中山大学学报，2014 年，第 4 期。

中国古代道教写经，刘志，世界宗教文化，2014 年，第 5 期。

东晋道教斋乐传承之研究，蒲亨强、贾力娜，音乐研究，2014 年，第 3 期。

P. 3562V《道教斋醮度亡祈愿文集》与唐代的敦煌道教（二），刘永明，敦煌学辑刊，2014 年，第 1 期。

论陆修静与刘宋时期灵宝道教的流行，吴成国、曹林，宗教学研究，2014 年，第 2 期。

刘咸炘与朱熹道教观异同论，杨燕，哲学动态，2014 年，第 10 期。

道教"长生不死"神话的结构与内涵分析，蔡艳菊，中原文化研究，2014 年，第 1 期。

道教神仙传记中的政治隐喻和社会内涵，苟波、张力波，宗教学研究，2014 年，第 3 期。

崔致远《桂苑笔耕集》中的道教情结，樊光春，中国道教，2014 年，第 3 期。

"风雅"精神与"无弦"之境六：明代前期道教雅俗观，谭玉龙，宗教学研究，2014 年，第 4 期。

郭璞《游仙诗》残句的性质与价值，赵沛霖，中州学刊，2014 年，第 12 期。

从《瓦尔登湖》看美国超验主义与道教思想的相似之处，郑佩伟、张景玲，管子学刊，2014 年，第 4 期。

李白游仙诗世界之形态、模式及其审美意义：兼议对《楚辞》

游仙体式的接受，李金坤，顺德职业技术学院学报，2014年，第3期。

汉代神仙思想的发展及游仙诗歌创作，栗春娜，当代教研论丛，2014年，第3期。

亦僧亦道，自成一体——解读《红楼梦》中的一僧一道，乐诗朦，文教资料，2014年，第36期。

《周氏冥通记》的小说原型与文化认识结构，郑在书，武汉大学学报，2014年，第6期。

《历世真仙体道通鉴》与《神仙传》之比较研究，钱敏，人文论谭（第6辑），武汉出版社，2014年。

论白玉蟾的乐府诗创作，刘亮，乐府学，2014年，第1期。

从汉魏小说看汉武求仙，张月，黄冈师范学院学报，2014年，第5期。

中国古代道教题材戏曲繁盛原因探论，伏涤修，江淮论坛，2014年，第6期。

杜光庭道教诗歌的宗教主题和思想意蕴，余红平，长江大学学报，2014年，第12期。

"历尽磨难成仙真"：论《绿野仙踪》中的道教思想，李洁，名作欣赏，2014年，第26期。

仙山日月久，岛洞春秋长——浅鉴《封神演义》的道教仙山岛洞诗词，杜鹏飞，名作欣赏，2014年，第24期。

韩湘子故事的文本演变及其仙话意蕴，任正君，天中学刊，2014年，第6期。

论唐代公主的道教情缘——兼论唐代公主庄园宅第诗的道教自然生态意识，滕云，桂林师范高等专科学校学报，2014年，第

4 期。

四十三代天师张宇初诗歌探析，聂辽亮、邓兰，景德镇高等专科学校学报，2014 年，第 5 期。

简论陇右唐人小说中的道、佛、儒思想，徐芳，兰州大学学报，2014，第 6 期。

《周氏冥通记》与《十二真君传》简析，何建朝，内蒙古民族大学学报，2014 年，第 5 期。

道家思想对陶渊明、苏轼、李白的影响之比较，传红，重庆工贸职业技术学院学报，2014 年，第 3 期。

论道教对苏轼诗歌创作的影响，卢晓辉，滁州学院学报，2014 年，第 6 期。

论江淹作品所体现的道家倾向，王大恒，时代文学（下半月），2014 年，第 12 期。

救赎与救劫——古代小说中的神仙降凡主题，万晴川、王雅静，商丘师范学院学报，2014 年，第 1 期。

苏辙养生修道简论，沈如泉，乐山师范学院学报，2014 年，第 2 期。

论张宇初的文艺辩证思想，姜约，四川文理学院学报，2014 年，第 1 期。

道教与文学："碧落"考，柏夷著，吴思远译，华中师范大学学报，2014 年，第 3 期。

论金元全真诗词的文化心态，郭中华、张震英，文艺评论，2014 年，第 2 期。

汉魏六朝仙歌创作的文学史意义，蒋振华、周龙霞，中国文学研究，2014 年，第 1 期。

论唐诗里的道教情绪，杜骞、赛力克布力，洛阳理工学院学报，2014 年，第 1 期。

白居易《思旧》诗背后的道教情怀，叶锋，江西科技师范大学学报，2014 年，第 2 期。

论全真教与元代神仙道化剧的人物形象，郭中华，商丘师范学院学报，2014 年，第 4 期。

道教宫观与宋诗传播，张振谦，文艺评论，2014 年，第 4 期。

陶弘景温州行踪考，潘猛补，温州大学学报，2014 年，第 3 期。

论韩愈眼中的佛道文学，杨朗，北京大学学报，2014 年，第 2 期。

丘处机及其随侍十八士的西游文学创作，刘建虎，殷都学刊，2014 年，第 2 期。

李渔审美价值取向中的道教观念，秦爽，中华文化论坛，2014 年，第 5 期。

明清道教与传奇戏曲研究，李艳，戏剧（中央戏剧学院学报），2014 年，第 2 期。

麻姑文化与道教文学奇观《麻姑集》，刘晓艳，宗教学研究，2014 年，第 2 期。

唐宋以来广德祠山大帝神话故事考，丁希勤，宗教学研究，2014 年，第 2 期。

民族本位、宗教本位、文体本位与历史本位——《中国道教文学史》导论，吴光正，贵州社会科学，2014 年，第 5 期。

丘处机西游途中文学活动系年考略，金传道，内蒙古大学学报，2014 年，第 3 期。

戏曲中的吕洞宾图像研究，陈杉，四川戏剧，2014 年，第 4 期。

何处何缘成神仙？——《湖海新闻夷坚续志》中的仙话故事分析，魏晓虹、王泽媛，山西大学学报，2014 年，第 4 期。

陶渊明、谢灵运与道教关系之再审视，姚素华，电子科技大学学报，2014 年，第 3 期。

"有气的死人"迎春与《太上感应篇》，李新灿，湖北社会科学，2014 年，第 4 期。

《邯郸梦记》的道教表现与淡化，郑艳玲，北方论丛，2014 年，第 3 期。

从女冠情词考察女冠的人生境遇，骆新泉，常州工学院学报，2014 年，第 2 期。

道教存思与三言二拍的艺术想象，姜良存，滨州学院学报，2014 年，第 2 期。

道教文化视域下对陆游名字的考辨，陈雨舟，运城学院学报，2014 年，第 4 期。

论道教发展对《三国演义》的影响及表现，董继兵，湖北科技学院学报，2014 年，第 4 期。

才学与神仙：三言的另类成仙故事探究，杨宗红，文艺评论，2014 年，第 6 期。

葛洪在唐宋文学中的流衍及其意义，伍联群，文艺评论，2014 年，第 6 期。

近三十年《水浒传》与道教研究述略，李蕊芹、许勇强，东华理工大学学报，2014 年，第 2 期。

西林春词中的"道"影，佘军，淮北职业技术学院学报，

2014 年，第 4 期。

论道教与魏晋文学精神，刘建平，中国文学研究，2014 年，第 3 期。

论道教对《聊斋志异》艺术创作的影响，龙思睿，新西部，2014 年，第 14 期。

道教的承负说与袁枚的《子不语》，王云，明清小说研究，2014 年，第 3 期。

苏轼出川前的道家因缘初探，司聘，经济与社会发展，2014 年，第 2 期。

红线女故事演变与道教文化意蕴，李冬梅，天中学刊，2014 年，第 4 期。

论仙道小说的描写方法，魏世民，甘肃社会科学，2014 年，第 3 期。

中国"牛郎织女"故事与武当道教文化——试论武当山东神道牛河林区亦为《牛郎织女》故事起源地（上），李征康，郧阳师范高等专科学校学报，2014 年，第 4 期。

十堰古代诗歌发展概况——武当山道教发展对元明清时期十堰诗歌繁荣的促进，王学范、王晓，湖北工业职业技术学院学报，2014 年，第 4 期。

唐代传奇文学与道教关于"人欲"的冲突，崔明明，陕西学前师范学院学报，2014 年，第 3 期。

蒲松龄宗教实践寻迹——以《蒲松龄集》为中心，刘敬圻，文学遗产，2014 年，第 5 期。

春秋时代的诅祝仪式与诅辞，董芬芬，文学遗产，2014 年，第 3 期。

屈原《远游》的空间书写与精神指向，王德华，文学遗产，2014 年，第 2 期。

传统、礼仪与文本——秦始皇东巡刻石的文化史意义，程章灿，文学遗产，2014 年，第 2 期。

新见巴黎藏明刊《新刻全像批评西游记》考，潘建国，文学遗产，2014 年，第 1 期。

宗教文学与民间文学的比较研究——从刘守华先生《佛经故事与中国民间故事演变》谈起，李丽丹，西北民族研究，2014 年，第 4 期。

谶纬佚文的文艺观念，张峰屹，文学遗产，2014 年，第 6 期。

《三国演义》的政治神话与创作意图，吴光正，社会科学辑刊，2014 年，第 3 期。

《三国演义》中的政治神话及其美学效应，吴光正，哈尔滨工业大学学报，2014 年，第 2 期。

蛮夷、神仙与祥瑞——古代帝王的西王母梦，张玖青，文史哲，2014 年，第 5 期。

中古道教"步虚"仪的起源与古灵宝经分类论考——以《洞玄灵宝玉京山步虚经》为中心的考察，王承文，中山大学学报，2014 年，第 4 期。

正一教权象征"天师剑"的兴起与传说，吴真，华南师范大学学报，2014 年，第 3 期。

中韩女将小说中"谪降"母题研究，王立、王琪，辽东学院学报，2014 年，第 3 期。

宗教和文学联袂携手，弘法与创作结伴同行——宗教实践与文学创作暨《中国宗教文学史》编撰国际学术研讨会综述，张海翔，哈尔滨工业大学学报，2014年，第3期。

丘处机西游途中文学活动系年考略，金传道，内蒙古大学学报，2014年，第1期。

论金元全真诗词中的山水审美情致，郭中华、张震英，武汉理工大学学报，2014年，第2期。

论韩愈眼中的佛道文学，杨朗，北京大学学报，2014年，第2期。

论金元全真诗词的文化心态，郭中华、张震英，文艺评论，2014年，第2期。

汉魏六朝仙歌创作的文学史意义，蒋振华、周龙霞，中国文学研究，2014年，第1期。

明清传奇戏曲中的道教斋醮科仪，李艳，宗教学研究，2014年，第3期。

白玉蟾福州交游考，安华涛，苏州教育学院学报，2014年，第3期。

陈樵诗歌中的道教意象，吕国喜，湖北职业技术学院学报，2014年，第3期。

马致远神仙道化剧之宗教精神的阐释，王艳梅，现代语文，2014年，第11期。

《封神演义》宝物文化探析，卢雯昕、魏刚，大庆师范学院学报，2014年，第5期。

论仙道小说的史传体例，魏世民，安庆师范学院学报，2014年，第4期。

纬书中的西王母故事辨证——兼论道藏本《墉城集仙录》的真伪问题，曹建国，长江学术，2014年，第3期。

《牧斋净稿》鸟鸣虫鸣意象解读，马宾，朱子学刊，2014 年。

李商隐与《真诰》，深泽一幸，诗海捞月——唐代宗教文学论集，王兰、蒋寅译，中华书局，2014 年。

引导李商隐到茅山的人物——从叔李褒，深泽一幸，诗海捞月——唐代宗教文学论集，王兰、蒋寅译，中华书局，2014 年。

杜甫与道教，深泽一幸，诗海捞月——唐代宗教文学论集，王兰、蒋寅译，中华书局，2014 年。

论《封神演义》呈现的儒道义理与小说之教，李建德，彰化师范大学文学院学报，2014 年，第 9 期。

中古道教史中的三皇文传统研究，谢世维，清华学报，2014 年，第 1 期。

道教"四纵五横"观念考源——从放马滩秦简《日书》"直五横"谈起，姜守诚，宗教哲学，2014 年，第 67 期。

略论两宋时期道教南宗对儒佛思想的吸收与融会——以张伯端和白玉蟾为中心，李玉用，宗教哲学，2014 年，第 68 期。

由道到术——汉代道家相关文献对"道"的理解与诠释，陈丽桂，政大中文学报，2014 年，第 22 期。

秦汉时期神仙学术之形成，王尔敏，中国文哲研究通讯，2014 年，第 24 卷第 2 期。

王船山《鹧鸪天》之道情与丹道，许慧玲，华医学报，2014 年，第 40 期。

学法造反——《侯元传》对于游历仙境小说的承继与创构，李昭鸿，汉学研究集刊，2014 年，第 19 期。

卢照邻病后之自我身心治疗过程，何骐竹，淡江中文学报，2014 年，第 31 期。

当代台湾道教研究回顾，谢世维，当代台湾宗教研究精粹论集：诠释建构者群像，博扬文化，2014 年。

温琼神话与道教道统——从刘玉到黄公瑾的地祇法，高振宏，华人宗教研究，2014 年，第 3 期。

宗教圣像作为文学符号的诠释与意义——以老子、妈祖、哪吒为例，陈惠龄，成大中文学报，2014 年，第 44 期。

宋—明陈靖姑信仰的演变，姚政志，政大史粹，2014 年，第 26 期。

《正一法文天师教戒科经》成书年代考辨，王璟，成大中文学报，2014 年，第 46 期。

礼祝之儒：代巡信仰的神道观，李丰楙，中正汉学研究，2014 年，第 23 期。

生气充盈的山水：李白诗歌中的三类山水世界，萧驰，台大中文学报，2014 年，第 44 期。

论《玄怪录·华山客》故事情节之承衍，谢佳滢，东吴中文在线学术论文，2014 年，第 25 期。

杜文焕会宗三教，吕妙芬，明代研究，2014 年，第 23 期。

道教斗姆对密教摩利支天形象的借用，邓昭，"国立"台湾大学美术史研究集刊，2014 年，第 36 期。

小姑女神的放逐与招魂：从杜丽娘到林黛玉谈家国想象的传承与演变，尤丽雯，清华中文学报，2014 年，第 12 期。

学法与造反——《侯元传》对于游历仙境小说的承继与创构，李昭鸿，汉学研究集刊，2014 年，第 19 期。

身体内的游历——内丹视域下的《西游记》，廖宣惠，汉学研究，2014 年，第 1 期。

唐代渔父词与日本《经国集》十三首《渔歌》之比较，萧丽华，台大东亚文化研究，2014 年，第 2 期。

旧话题与新知见——《丘处机学案》评介，白娴棠，宗教哲学季刊，2014 年，第 68 期。

台湾道教普渡仪式音乐及功能研究：台湾南部灵宝派道士唱曲例式分析，郑雅中，明道学术论坛，2014 年，第 3 期。

嵇康养生思想的综合性，加博，远东通识学报，2014 年，第 2 期。

《列子》书中"诚"、"信"概念的翻译与诠释问题——以葛瑞汉之《列子》英译本所作的考察，陈寅清，翻译学研究集刊，2014 年，第 18 辑。

《邱祖语录》与丘处机关系新考——兼与森由利亚先生商榷，赵卫东，弘道，2014 年，第 58 期。

《真诰校注》补疑，刘祖国，弘道，2014 年，第 58 期。

广西南丹县明代《逸迹》炼丹碑文考析，杨文定，弘道，2014 年，第 59 期。

《洞玄灵宝无量度人经诀音义》简析，何建朝，弘道，2014 年，第 61 期。

《〈周氏冥通记〉研究（译注篇）》文字校勘献疑，刘祖国，弘道，2014 年，第 61 期。

集体记忆：青岛民间的"狐仙"传说与民俗信仰，赵秀丽，弘道，2014 年，第 61 期。

《西游记》古今刊本中唐僧家世的比勘，李洪甫，书目季刊，2014 年，第 3 期。

《西游记》白骨精形象构成与象征意义探析，林婉婷，朝阳人文学刊，2014 年，第 12 卷第 1 期。

The Invention of a Quanzhen Canon：The Wondrous Fate of the *Daozang jiyao*，Esposito，Monica 莫尼卡，in *Quanzhen Daoism in Modern Chinese History and Society*，ed. Xun Liu，Vincent Goossaert，Berkeley：Institute of East Asia Studies，2014.

Of words and Swords：Therapeutic Imagination in Action——A study of Chapter 30 of the Zhuangzi "Shuo jian"，Romain Graziani，*Philosophy East and West* 64，2014.

Love、lust and loss in the Daoist nunnery as presented in Yuan drama，Zhao Xiaohuan，*T'oung Pao* 100. 1—3，2014.

Vulpine vileness and demonic（Daoist）magic：a reconsideration of the textual history of Suppressing the Demons，Yue Issac，*Ming Studies* 69，p. 46—59，2014.

Karma and the Bonds of Kinship in Medieval Daoism：Reconciling the Irreconcilable，Catherine Despeux，in *India in the Chinese Imagination*，*Myth*，*Religion*，*and Thought*，ed. Meir Shahar John Kieschnick，Philadelphia：University of Pennsylvania Press，2014.

Characteristics of "Taoism" and Its Enlightenment on Regimen，Pengying Zou、Yuhui Yang，*Higher Education of Social Science*，7. 3，2014.

The Sword Scripture：Recovering and Interpreting a Lost 4th—Century Daoist Method for Cheating Death，Robert Ford Campany，Daoism：Religion，*History and Society* 6，2014.

Physicians，Quanzhen Daoist，and Folk Cult of the Sage of Medicine in Nanyang，1540s—1950s，Xun Liu，Daoism：Religion，*Histo-*

ry and Society, 6, 2014.

Die Verlegung des Hauptsitzes der Shangqing—Schule in die Tian-tai—Berge, Thomas Jülch, *Jahrbuch der Deutschen Vereinigung für Chinastudien*, 8, 2014.

Chia, L. (2014) . Review: The Ming Prince and Daoism: Institutional Patronage of an Elite. *Harvard Journal of Asiatic Studies*, Vol. 74, No. 1 (JUNE 2014), pp. 101—108.

Chia, L. (2014b) . The Ming Prince and Daoism: Institutional Patronage of an Elite by Richard G. Wang (review) . *Harvard Journal of Asiatic Studies*, 74 (1), 101—108.

The Journey to the West ed. by Anthony C. Yu. Hegel, R. E. *Journal of Chinese Religions*, 42 (1), 134—136, 2014.

The scholar—novelist and Chinese culture: a reappraisal of Ch-ing—hua Yuan. In Hsia, C. *Chinese Narrative* (pp. 266—306): Princeton University Press, 2014.

Alien Kind: Foxes and Late Imperial Chinese Narrative. *China Review International*, Jin, L. Vol. 11, No. 1 (SPRING 2004), pp. 115—121, 2014.

Songs of Her Spirit: Poetic Musings of a Song Daoist Nun. Liu, J. Y. *Journal of Song—Yuan studies*, 44 (1), 175—201, 2014.

Lavieren zwischen Gesinnungs—und Verantwortungsethik – Signa-turen einer obskuren Regierungsführung im Roman Fengshen yanyi. Monschein, Y. *Zeitschrift der Deutschen Morgenländischen Gesellschaft*, 164 (3), 767—787, 2014.

Superior Virtue, Inferior Virtue: A Doctrinal Theme in the Works of the Daoist Master Liu Yiming（1734—1821）. Pregadio, F. *T'oung Pao*, 100（4—5）, 460—498, 2014.

Re—Writing Mythology in Xinjiang：The Case of the Queen Mother of the West, King Mu and the Kunlun. Rippa, A. *The China Journal*（71）, 43—64, 2014.

Rediscovering an Extraordinary Woman：A Reinterpretation of the Late Qing Reforms. Wang, Y. *China Review International*, 21（1）, 11—16, 2014.

Shenxian zhuan, Company, Robert. in *Early Medieval Chinese Texts：A Bibliographic Guide*, ed. Al Dien, Alan Berkowitz, and Cynthia Chennault, China Research Monograph, Institute of East Asian Studies, University of California, Berkeley, 2014.

Roaming as a Female Transcendent. Wang, Yanning. In Wang, *Reverie and Reality：Poetry on Travel by Late Imperial Chinese Women*, 31—65. Lanham：Lexington Books, 2014.

The Land of Confucianism Falls in Love with a Goddess：The Western Queen Mother in the Royal Banquet of Choson Dynasty's Chongjae, 崔眞娥. *American Oriental Society*, 2014.

Modern Daoist Eschatology：Spirit—Writing and Elite Eschatology in Late Inperial China. Vincent Goossaert. *Daoist：Religion, History and Society*（道教研究学报）, No6, 2014.

Research Note：Buddhism in Writing of Tao Hongjing. Stephen. R. Bokenkamp. *Daoist：Religion, History and Society*（道教研究学报）, No6, 2014.

六朝志怪における廟神の前身と誕生, 先坊幸子, 中国中世

文學研究，2014 年，第 63、64 号。

蘇庵主人『帰蓮夢』における「白蓮教」，千賀由佳，日本中国學會報，2014 年，第 66 号。

仏典『温室経』と道典『洗浴経』，神塚淑子，名古屋大学文学部研究論集，2014 年，第 60 号。

王屋山の伏虎降竜説話，山下一夫，洞天福地研究（第 5 号），音羽印刷株式会社，2014 年。

靈宝経十二部"本文"の文献的問題から道教の文字説へ，土屋昌明，洞天福地研究（第 5 号），音羽印刷株式会社，2014 年。

羅浮山の調査報告，鈴木健郎，洞天福地研究（第 5 号），音羽印刷株式会社，2014 年。

若杉家本『北斗本命延生經』について，三浦國雄，東方宗教，2014 年，第 123 号。

「聖女」・「中元」と「錦瑟」・「碧城」——李商隱と茅山派道教，砂山稔，東方宗教，2014 年，第 123 号。

宋代に於ける『陰符經』の受容について，山田俊，東方宗教，2014 年，第 123 号。

葛洪の文學論と「道」への指向，渡邊義浩，東方宗教，2014 年，第 124 号。

李雲翔の南京秦淮における交友と編著活動，岩崎華奈子，『中国文学論集』，43：165—174，2014 年。

对《西游记》插诗的道教特征与文学功能的研究，宋贞和，中国语文论丛，2014 年。

对出现在《道藏》与古小说中的道家想象力的根源与类型的

研究—以《真诰》的空间想象力为中心，金秀燕，韩国古典研究，第 29 辑，韩国古典研究学会，2014 年。

2015 年

南北朝隋唐时期的道家类书——以敦煌写本为中心的考察，王卡，唐研究，2015 年，第 19 辑。

新加坡《振南日报》载《南游记》初探，李奎，域外汉籍研究集刊，2015 年，第 11 辑。

文学、图像、知识世界：读松浦史子《汉魏六朝における〈山海経〉の受容とその展开———神话の时空と文学・図像》，孙英刚，域外汉籍研究集刊，2015 年，第 11 辑。

柏夷《道教研究论集》评介，刘屹，国际汉学研究通讯，2015 年，第 12 期。

从神仙到圣人——罗念菴的修持经验、文学表达与身份认同，许蔚，新国学，第 11 卷，2015 年 6 月。

"鱼服"：从"证仙"到"治病救人"：新编戏曲《梦鲤记》创作谈，张传若，广东艺术，2015 年，第 6 期。

试探《穆天子传》传入日本的时间及途径，刘伏玲、王齐洲，华中师范大学学报，2015 年，第 4 期。

从序跋看道藏仙传编撰动因及意图，李蕊芹、许见军，天中学刊，2015 年，第 6 期。

梦鲤记，取材于（明）冯梦龙《醒世恒言·薛录事鱼服证仙》，张传若，广东艺术，2015 年，第 6 期。

《列仙传》神仙思想刍议，张丽霞，大观，2015 年，第 33 期。

《无双传》与《明珠记》中王仙客人物形象比较研究，丁赟，时代文学，2015 年，第 9B 期。

《老子想尔注》与《列仙传》神仙思想之比较，陈辉，南阳理工学院学报，2015 年，第 5 期。

《西游记》故事本事考，朱泽宝，辽东学院学报，2015 年，第 1 期。

《女聊斋志异》杂论兼及《陈恭人》篇之史料价值，温庆新，明清小说研究，2015 年，第 3 期。

《西游记》与全真教之缘新证，陈洪，文学遗产，2015 年，第 5 期。

道门乐府：汉魏六朝艺术奇葩，刘康乐，中国社会科学报，2015 年 10 月 13 日。

唐成玄英对《庄子》文学的阐释，吕洋、刘生良，唐史论丛（第 20 辑），三秦出版社，2015 年。

羲和与麻姑故事所隐喻之时间观及其文学叙写，林雪铃，中国俗文化研究（第 11 辑），巴蜀书社，2015 年。

西王母信仰的道教化演变，黄勇，中国俗文化研究（第 11 辑），巴蜀书社，2015 年。

道经词语考辨，田启涛，中国俗文化研究（第 11 辑），巴蜀书社，2015 年。

道经中所见之"思无邪"，陈昭吟，诗经研究丛刊（第 27 辑），学苑出版社，2015 年。

余国藩（1938—2015）先生的学术成就与学术理念，世界宗教研究，王岗，2015 年，第 4 期。

清代文人与太常仙蝶故事的演变，朱家英，中国典籍与文化，

2015 年，第 1 期。

《庄子》混沌话语：哲学叙事与政治隐喻，郑开，道家文化研究（第 29 辑），三联书店，2015 年。

混沌与秩序之间——《老子》的原初伦理与他者关怀，赖锡三，道家文化研究（第 29 辑），三联书店，2015 年。

钟吕传说与金代全真教的谱系建构，吴光正、王一帆，全真道研究（第 4 辑），齐鲁书社，2015 年。

明清崂山全真教的神明信仰及宗教身份，秦国帅，全真道研究（第 4 辑），齐鲁书社，2015 年。

唐人小说与游戏女神，熊明，唐人小说与民俗意象研究，上海古籍出版社，2015 年。

唐人小说与龙及龙宫俗信，熊明，唐人小说与民俗意象研究，上海古籍出版社，2015 年。

唐人小说与幽冥世界，熊明，唐人小说与民俗意象研究，上海古籍出版社，2015 年。

南朝长江流域的宫观碑记与道教造像：南朝十三通宫观碑记的梳理与讨论，包艳、汪小洋，湖南大学学报，2015 年，第 6 期。

四川汉画像所见丹鼎图考，庄小霞，四川文物，2015 年，第 6 期。

汉代列仙图考，姜生，文史哲，2015 年，第 2 期。

从传统中寻找应对的智慧与力量——评赵德发的长篇小说《乾道坤道》，雷鸣，山东理工大学学报，2015 年，第 5 期。

神仙道化剧接受学审视，吴海蛟，牡丹江大学学报，2015 年，第 10 期。

马致远神仙道化剧中的庄子思想，郭晓芳，鸡西大学学报，

2015 年，第 8 期。

《西游证道书》插图、图赞源流考，李慧、张祝平，语文学刊，2015 年，第 21 期。

桃花源与洞天，柏夷，道教研究论集，柏夷著，孙齐等译，秦国帅等校，中西书局，2015 年。

《西游记》与全真教之缘新证，陈洪，文学遗产，2015 年，第 5 期。

庾阐《游仙诗》内容研究，姜剑云、孙耀庆，吉林师范大学学报，2015 年，第 2 期。

《西游记》中佛道争胜情节探究，陈媛华，语文学刊，2015 年，第 5 期。

黄帝与嫘祖神话及其相关问题研究，贾雯鹤，求索，2015 年，第 3 期。

从《全唐诗》看唐代古琴的佛道因缘，邓婷，名作欣赏，2015 年，第 8 期。

北儒南道思想对张养浩与张可久人生状态的影响，周立平，名作欣赏，2015 年，第 8 期。

"术士斗法避难"故事演变及其丧葬意蕴，蒋勤俭，民族文学研究，2015 年，第 2 期。

白居易的敬神活动与敬神观，焦尤杰，福建师范大学福清分校学报，2015 年，第 1 期。

《山海经》：巫之类书辨析，高伟，文艺评论，2015 年，第 2 期。

从瑶姬到巫山神女，王丹，青海社会科学，2015 年，第 2 期。

道教神话与中国古典小说，赵越，襄阳职业技术学院学报，

2015 年，第 2 期。

《庄子》神话意象及其文学自觉意义，刁生虎、胡乃文，湖北工程学院学报，2015 年，第 2 期。

《楚辞·远游》与《大人赋》中的"游仙"对比，赵竹，六盘水师范学院学报，2015 年，第 1 期。

唐诗与终南山，李世忠，吉林师范大学学报，2015 年，第 3 期。

游仙诗与音乐关系探析——以乐府游仙诗的生成为考察中心，陶成涛，北京社会科学，2015 年，第 4 期。

从《列仙传》看早期神仙理论构建的初步尝试，陈辉，吕梁学院学报，2015 年，第 2 期。

"古之巫书"与《山海经》的神话叙事，郑晓峰，汉语言文学研究，2015 年，第 1 期。

阴阳学视域下的郭璞游仙诗，高人雄、唐星，南京师范大学文学院学报，2015 年，第 1 期。

巫术文化对古典浪漫主义文学抒情的影响——以《楚辞》为例，徐佳威，湖北职业技术学院学报，2015 年，第 2 期。

从庄学的角度窥测嵇康之死，刘世明，燕山大学学报，2015 年，第 2 期。

李靖神化的初步演变及其原因，沈文凡、孙立娇，西华大学学报，2015 年，第 5 期。

水神巫术神话与中国传统农业社会关键性仪式——神话视域下的中国传统文化再发现，向柏松，中南民族大学学报，2015 年，第 1 期。

先秦楚辞神游叙事的恋祖情结，李炳海，中国文化研究，2015

年，第 1 期。

桃花源记：一部未竟的仙乡淹留小说，李晶，运城学院学报，2015 年，第 1 期。

张大千道家诗歌撷谈，李艳琴，名作欣赏，2015 年，第 9 期。

高唐神女传说的炎帝部族文化属性，李炳海、刘洋，湖北社会科学，2015 年，第 3 期。

"梦笔深藏五色毫"：中国古代梦笔传说及其类型分析，刘爱华，民族文学研究，2015 年，第 2 期。

官出于史，史由巫出：三代官僚体制渗透着巫觋文化的胎记，王洪军，文艺评论，2015 年，第 10 期。

死亡的神异书写及道德救世——兼论话本小说民间信仰书写之由，杨宗红，内蒙古社会科学，2015 年，第 1 期。

试论庄子对文学想象论的贡献，孙敏强、黄敏雪，浙江社会科学，2015 年，第 1 期。

论山鬼原型及其女性形象，唐晓惠，美与时代旬刊，2015 年，第 10 期。

屈骚遗韵与英雄幻梦：曹植游仙诗的思想意蕴，杨柳，重庆师范大学学报，2015 年，第 6 期。

仙性、鬼性与人性——也谈《聊斋》的鬼狐女性，马振方，蒲松龄研究，2015 年，第 2 期。

禅、道的知识学与金圣叹的文章结构论，刘浩，江苏师范大学学报，2015 年，第 4 期。

论《山海经》医药的神话特质及文学意义，王水香，闽南师范大学学报，2015 年，第 2 期。

道家思辨法对《文心雕龙》创作论的建构——以《神思篇》

为例，于真，石家庄铁道大学学报，2015 年，第 3 期。

《文心雕龙》中的道家思辨法举隅——以《神思篇》为例，于真，湖北民族学院学报，2015 年，第 3 期。

论《庄子》隐士文献的经典化，霍建波，苏州大学学报，2015 年，第 4 期。

夸父逐日神话新考，王青，中原文化研究，2015 年，第 5 期。

无欲成仙：列子的审美生活追求，万志全，宜春学院学报，2015 年，第 10 期。

李贺"神鬼诗"论析，江潮，绵阳师范学院学报，2015 年，第 9 期。

玉璜如何"统一"中国：以"夏后氏之璜"神话为中心，唐启翠，上海交通大学学报，2015 年，第 6 期。

假神魔而言情，托鬼怪而寓意——试论吴承恩的神魔小说理论，杨俊，晋阳学刊，2015 年，第 6 期。

从晚唐隐逸诗探视唐末儒释道思想的流变，赵静，广州广播电视大学学报，2015 年，第 5 期。

论庄子对《聊斋志异》的沾溉，王燕，蒲松龄研究，2015 年，第 3 期。

"诗鬼"李贺对庄子的文学接受，姚艾、刘生良，咸阳师范学院学报，2015 年，第 5 期。

明清戏曲小说中的氤氲神，何艳君，明清小说研究，2015 年，第 3 期。

"一僧一道"与"亦僧亦道"——论四大名著中的僧道形象，袁劲，湖北工业职业技术学院学报，2015 年，第 4 期。

明清闽粤赣客家府志"仙释"的客家文学性质，王水香，赣南师范学院学报，2015 年，第 5 期。

宗教实践与近现代中国宗教文学研究笔谈，吴光正，哈尔滨工业大学学报，2015 年，第 5 期。

《高唐赋》正文为巫山神女祭文考，黄权生，荆楚学刊，2015 年，第 4 期。

明清旱魃叙事与魃鬼事象异化的社会机制——从辽东佟世思《耳书》相关载录说起，刘卫英，山西大学学报，2015 年，第 5 期。

论先唐史书与志怪小说的关系——以《搜神记》为中心，郑华萍，南京师范大学文学院学报，2015 年，第 4 期。

沙博理英译《水浒传》道教词汇传译与文化传播，孙建成、崔映辉，唐山师范学院学报，2015 年，第 6 期。

道家思想脉络与中古文人及其文学，陈引驰，文学传统与中古道家佛教，复旦大学出版社，2015 年。

道教蔚兴演绎人仙遇合、佛道争锋彰显叙事策略，阳清，先唐志怪叙事研究，人民出版社，2015 年。

黑水城出土元代道教文书初探，陈广恩，宁夏社会科学，2015 年，第 3 期。

道教古籍整理的回顾与展望，张莹，河南图书馆学刊，2015 年，第 6 期。

道教传经神话的伦理治疗内涵，李铁华、张炜，河北学刊，2015 年，第 6 期。

明清道教解《老》特色略论，许伟，阴山学刊，2015 年，第 6 期。

从"方外之人"到"宇内之民"：明代国家体制中的道士，余来明，学术交流，2015 年，第 9 期。

郭璞《游仙诗》研究的历史教训与启示，赵沛霖，天津社会科学，2015 年，第 2 期。

道教文献中"芝"之涵义考论，芦笛，宗教学研究，2015 年，第 2 期。

简论道教对苏辙的影响，司聃，南昌大学学报，2015 年，第 5 期。

"道门文扶"：道教艺术作用论探究，潘显一，宗教学研究，2015 年，第 4 期。

道教文献中"开通道路"考释，姜守诚，东方论坛，2015 年，第 2 期。

道教与《资治通鉴》：《狂人日记》"吃人"意象再解读，郭战涛，鲁迅研究月刊，2015 年，第 2 期。

论彝族、日本民间文学中的道教思想及二者关系，赵蕤，当代文坛，2015 年，第 4 期。

忧国忧民：晚唐道家与道教学者的悲悯情怀，梁辉成，文艺评论，2015 年，第 4 期。

唐宋时期敦煌道教大众化的特征：以敦煌文献为中心的研究，杨秀清，敦煌研究，2015 年，第 2 期。

道教神仙鬼怪所激发的中国人的想象力和创造力，李刚，世界宗教文化，2015 年，第 2 期。

论清末以来道教对昆剧传承的积极作用：以苏州地区为视角，黄新华，苏州科技学院学报，2015 年，第 4 期。

"镜影图"的道教源头与文人趣味渗透：从赵孟頫自写像说起，施錡，民族艺术，2015 年，第 6 期。

南朝道教仪式音乐初步研究，蒲亨强，音乐艺术，2015 年，第 2 期。

南北朝道教斋乐传承之研究，蒲亨强、陈芳，中国音乐学，2015 年，第 2 期。

宝卷与小说：《金阙化身玄天上帝宝卷》故事源流考论，李文辉，中国古代小说戏剧研究，2015 年。

刘商诗歌中的道教情愫，郝允龙，现代语文，2015 年，第 12 期。。

略论《西游记》中的道教神仙思想，孟潇、黄梦娜，淮海工学院学报，2015 年，第 10 期。

汉魏六朝仙歌界定与溯源，蒋振华、罗佳艺，唐山师范学院学报，2015 年，第 6 期。

太湖中的"神神鬼鬼"——古代知识世界与道教鬼神观，王启元，书城，2015 年，第 12 期。

谈马致远杂剧创作对全真教的接受——以《任风子》的创作为例，林忠达，时代文学（下半月），2015 年，第 11 期。

推崇道教的神魔小说，秦贝臻，小说经典——著名古典小说的魅力，肖东发，现代出版社，2015 年。

道教——宗教的信仰，徐新韵，吕碧城三姊妹文学研究，暨南大学出版社，2015 年。

疏离与认同：略论道教的"山居"模式，李裴，中外文化与文论（第 31 辑），四川大学出版社，2015 年。

《西游记》与道教文献，周岩壁，想不到的《西游记》，北京大学出版社，2015 年。

作为道教信徒的李白，胡可先、陶然，唐诗经典研读，商务印书馆，2015 年。

《游仙窟》的科举主题与道教之关联，张思齐，科举与传播——中国俗文学研究，陈平原主编，北京大学出版社，2015 年。

王重阳诗词中有关白鹿观情况的考述，赵国庆，宗教学研究，2015 年，第 4 期。

道教文化在《红楼梦》中的文学功能，曹维周，郧阳师范高等专科学校学报，2015 年，第 6 期。

宋前茅山宗小说之史传色彩探析，段祖青，湖南工业大学学报，2015 年，第 6 期。

白居易"济源三临泛，王屋一登攀"探因，焦尤杰，济源职业技术学院学报，2015 年，第 4 期。

探析郭璞《山海经注》的神话阐释特色，衣淑艳、王婧，兰台世界，2015 年，第 36 期。

论道教世俗化倾向对《聊斋志异》创作的影响，陈晨，现代语文，2015 年，第 1 期。

神的色彩，人的世界——元道教题材剧人物形象摭谈，丁淑梅、陈思广，身份的印迹——中国文学论片，长江文艺出版社，2015 年。

葛洪与苏轼：养生智慧的彰显，侯敏，惠州学院学报，2015 年，第 1 期。

从中晚唐诗僧涉道诗看当时道教对禅宗的影响，王飞朋，中华文化论坛，2015 年，第 2 期。

"罗公如意夺颜色，三藏袈裟成散丝"——密宗与道教斗法的小说呈现，黄阳兴，咒语·图像·法术，海天出版社，2015 年。

飞行、变化与药术——试论密宗、道教与中晚唐剑侠传奇小说，黄阳兴，咒语·图像·法术，海天出版社，2015 年。

密宗、道教文献与学者之举证，黄阳兴，咒语·图像·法术，海天出版社，2015 年。

道法通天——道教神话，肖东发主编，钱佳欣著，神话魅力：神话传说与文化内涵，现代出版社，2015 年。

从《山海经》到《神异经》《海内十洲记》——博物志怪走向道教仙话的叙事丕变，阳清、李贺，广西社会科学，2015 年，第 1 期。

苏轼晚年诗歌中的道教环境分析，安丽霞，现代语文，2015 年，第 4 期。

韩愈《谢自然诗》的文化史考释，陈凌、陈晔，云梦学刊，2015 年，第 2 期。

传统骈文体式对辽金道教文章创作的多元渗透，蒋振华，学术研究，2015 年，第 3 期。

唐宋之际道教的变化对文人创作的影响——以李白和苏轼为例，刘政，河北工程大学学报，2015 年，第 1 期。

唐代仙道小说中的叙事空间，李春辉，内蒙古电大学刊，2015 年，第 2 期。

唐代咏终南山道观诗探析，荣小措，陕西教育（高教），2015 年，第 3 期。

论道教"仙境"观念世俗化对唐人小说创作的影响，陈晨，太原大学学报，2015 年，第 1 期。

两宋道流内部诗歌酬唱探析，吕肖奂，甘肃社会科学，2015 年，第 2 期。

元代道教剧中的民间道教文化，孙越，宜春学院学报，2015

年，第 4 期。

李商隐玉阳恋诗的特色及道教思想探析，赵淑莲，榆林学院学报，2015 年，第 3 期。

郧阳地区民间故事的文化解读（之三）——以丹江口市官山镇的张三丰传说为主要对象，李娜，郧阳师范高等专科学校学报，2015 年，第 2 期。

从道教文化的视角看李白诗歌的审美特质——以《梦游天姥吟留别》为例，余虹，中华文化论坛，2015 年，第 4 期。

青词文体与宋代文人心态，谷曙光，中州学刊，2015 年，第 5 期。

道教思想对元代寿词创作的影响，彭曙蓉，衡阳师范学院学报，2015 年，第 2 期。

浅析《东游记》中八仙形象的复杂性，黄添，兰州教育学院学报，2015 年，第 4 期。

宋代文人游览洞霄宫诗歌透视，张振谦，兰州学刊，2015 年，第 5 期。

神怪小说中精怪居山现象析论，贾海建，明清小说研究，2015 年，第 2 期。

《太平经》与中国早期道教文学观念，刘湘兰，文学评论，2015 年，第 1 期。

"三言"中的道教超越思想论析，沈媛媛，绥化学院学报，2015 年，第 5 期。

神圣与世俗：明清白话小说对道教的融合与消解，李芬兰，湖北工业职业技术学院学报，2015 年，第 2 期。

《绿野仙踪》主旨新探，周晴，山东工会论坛，2015 年，第

2 期。

发凡起例，别创一格——孙昌武、孙逊、王青的宗教文学研究，左丹丹、吴光正，哈尔滨工业大学学报，2015 年，第 3 期。

元杂剧《桃花女》中儒道关系论析，艾炬，哈尔滨师范大学学报，2015 年，第 2 期。

论唐代女冠诗人的世俗化人生，陈晓超，兰州教育学院学报，2015 年，第 6 期。

从道家曲到仙游词的转变，桑宝靖，兰州学刊，2015 年，第 7 期。

《升仙传》与"丁郎寻父"故事之版本与流传，李丽丹、凌云，西北民族研究，2015 年，第 2 期。

百年道教戏剧研究述评，李艳，莆田学院学报，2015 年，第 3 期。

从文化符号到环境美学：论道教视域下"山"的美学特征，李裴，宗教学研究，2015 年，第 5 期。

从《山海经》到《神异经》《海内十洲记》——博物志怪走向道教仙话的叙事丕变，阳清、李贺，广西社会科学，2015 年，第 1 期。

唐代道教为何独尊及对唐文人和文学的深度浸渍，李珺平，青海社会科学，2015 年，第 3 期。

元杂剧庄子形象研究，汪毓梓，宁夏师范学院学报，2015 年，第 2 期。

古代小说中的"天书"叙事及其道教文化渊源，万思蔚、万晴川，广东技术师范学院学报，2015 年，第 7 期。

"天台山伎"与神仙道化剧，高莹、张子健，石家庄学院学报，2015 年，第 4 期。

韩湘子故事的神化历程及其文化意蕴，任正君、石彦霞，天中学刊，2015 年，第 4 期。

蒲松龄与崂山宗教文化，盛伟，蒲松龄研究，2015 年，第 2 期。

论张宇初的审美境界思想，姜约，四川文理学院学报，2015 年，第 4 期。

论仙道小说与神魔小说的异同，魏世民，甘肃社会科学，2015 年，第 4 期。

《中国宗教文学史》导论，吴光正，学术交流，2015 年，第 9 期。

浅析元好问《鹧鸪天》词中的隐逸与道家情怀，毕宇甜，现代语文，2015 年，第 10 期。

《三国志平话》中的平民意识与佛道色彩，罗勇，郧阳师范高等专科学校学报，2015 年，第 4 期。

浅谈文学名著《红楼梦》建筑中的道教文化内涵，姚梦园、郭晶、周小儒，名作欣赏，2015 年，第 26 期。

古代小说中牛郎织女传说的流变与道教文化的影响，韩艳茹，名作欣赏，2015 年，第 26 期。

论《红楼梦》道教思想中的宇宙境界与超越精神，李佩英，求索，2015 年，第 8 期。

李白与神仙道教关系新论，钱志熙，中国高校社会科学，2015 年，第 5 期。

甘肃东部地区黄帝传说的民间叙事品格及当代文化价值，翟存明、白晓霞，宝鸡文理学院学报，2015 年，第 4 期。

近三十年道教仙传文学研究的回顾与反思，李蕊芹，延安大学学报，2015 年，第 5 期。

论宋徽宗的崇道与北宋后期诗坛的崇陶现象，卢晓辉，南京政治学院学报，2015 年，第 5 期。

清代以降台湾道教宗派之韵文发展探析，李建德，哈尔滨工业大学学报，2015 年，第 5 期。

清代神仙传集之向史性书写与衰落，陈星宇，哈尔滨工业大学学报，2015 年，第 5 期。

常德"刘海砍樵"传说"狐仙"形象探析，龚佑臣，湖南广播电视大学学报，2015 年，第 3 期。

论"庄子叹骷髅"的文学与图像表达，左丹丹，齐齐哈尔大学学报，2015 年，第 9 期。

"红楼"遗梦与道教精神，阮海云、段海宝，中国道教，2015 年，第 5 期。

仇兆鳌《杜诗详注》与《悟真篇集注》之比较，沈时蓉，北京化工大学学报，2015 年，第 3 期。

唐末五代道教小说中的醉仙，谭敏，北京化工大学学报，2015 年，第 3 期。

张谦稿本《道家诗纪》诗学承递性表现及成因，陈星宇，贵州社会科学，2015 年，第 9 期。

汉武帝求仙故事的演变及其文化分析，刘杰，天中学刊，2015 年，第 6 期。

金代文人歌诗与道人歌诗，韩伟，北方论丛，2015 年，第 5 期。

《全金元词》王重阳词整理指瑕——兼释全真词的"藏头拆

字"词体，倪博洋，南阳师范学院学报，2015 年，第 10 期。

从序跋看《道藏》仙传编撰动因及意图，李蕊芹、许见军，天中学刊，2015 年，第 6 期。

21 世纪中国宗教文学研究动向之一——新世纪中国宗教文学史研究综述，王一帆，文艺评论，2015 年，第 10 期。

论纬书《河图》与《山海经》之关系——兼谈《河图》的地学与文学价值，刘湘兰，文艺研究，2015 年，第 2 期。

《聊斋志异》中僧道故事的奇趣与哲理，吴旭莹、卞良君，广州广播电视大学学报，2015 年，第 5 期。

白居易在《长恨歌》中的道教情结，王俊玲，教育教学论坛，2015 年，第 47 期。

河伯神话流变考释，李进宁，四川师范大学学报，2015 年，第 6 期。

《全金元词》王重阳词整理指瑕——兼释全真词的"藏头拆字"词体，倪博洋，南阳师范学院学报，2015 年，第 10 期。

"仙桃"意象之道教文化意蕴考释，孙振涛，前沿，2015 年，第 10 期。

佛教须达拏太子本生故事与其道教版本，柏夷，道教研究论集，孙齐、田禾、谢一峰、林欣仪译，秦国帅、魏美英、纪赟、谢世维校，中西书局，2015 年。

《弘明集》、《广弘明集》所见道教思想之变迁，李酥书，早期中国史研究，2015 年，第 7 卷第 1 期。

海外道教神仙传记研究论述，向群，宗教与美国社会，2015 年，第 2 期。

唐宋道教斋仪中的"礼师存念"及其源流考论——兼论道教

斋坛图像的运用，张超然，清华学报，2015 年，第 3 期。

道教生死观与拔度科仪，熊品华，中华礼仪，2015 年，第 33 期。

汉代画像石中有关神仙世界的题材研究，李佩瑜，衍学集，2015 年，第 7 期。

虚靖天师传说研究——笔记、小说与道经的综合考察，高振宏，政大中文学报，2015 年，第 23 期。

陆羽之成长、性格与学识——兼论与道家的关系，康才媛，淡江史学，2015 年，第 27 期。

《吕祖全书正宗》——清代北京觉源坛的历史及其吕祖天仙派信仰，黎志添，中国文哲研究集刊，2015 年，第 46 期。

唐代道士施肩吾《西山群仙会真记》的养生与修道，郑灿山，鹅湖月刊，2015 年。

文学与政治：嵇康与阮籍诗文中的政治观，林俊宏，台湾政治学刊，2015 年，第 2 期。

《今昔物语集》里的犬故事与中国文学，陈明姿，台大日本语研究，2015 年，第 30 期。

明代文言小说《狐媚丛谈》的编纂与刊刻考略，刘爱丽，止善，2015 年，第 19 期。

从仙道到人情——论明华园《蓬莱大仙》对道教传说的转化，陈昭吟，艺见学刊，2015 年，第 10 期。

仪式中的飨宴：以郝滩东汉墓中的西王母壁画为例，黄诗棻，中极学刊，2015 年，第 9 辑。

《神异经》的神话思维，江晓辉，正修通识教育学报，2015 年，第 10 期。

传统表演艺术在台湾社会中过去与未来的意义——从扮仙戏表演的分析谈起，周弥真，舞蹈教育，2015 年，第 12 期。

新发现的张三丰《无根树》词二十四首石碑，吴受琚，弘道，2015 年，第 62 期。

岭上多白云，不可持赠君——陶弘景《诏问山中何所有，赋诗以答》诗欣赏，陈耀庭，弘道，2015 年，第 63 期。

《游仙窟》的科举主题与道教之关联，张思齐，弘道，2015 年，第 63 期。

《西游记》与《神仙传》关系探微，黄新华，弘道，2015 年，第 64 期。

杨维桢《煮茶梦记》赏析，刘丽君，弘道，2015 年，第 64 期。

《山海经》与谶纬中的远国异民，王守亮，弘道，2015 年，第 65 期。

宋徽宗御制步虚词四首浅注（上），陈敬阳，弘道，2015 年，第 65 期。

悼余国藩老师——阅读修订版英译本《西游记·导论》有感，李志添，中国文哲研究通讯，2015 年，第 25 卷第 3 期。

略论《西游记》与佛经故事的关系及写作笔法，陈妙如，中国文化大学中文学报，2015 年，第 31 期。

从敦煌本《唐太宗入冥记》论《西游记》中"太宗入冥"故事之运用，张家豪，敦煌学，2015 年，第 31 辑。

余国藩老师的学术成就与学术理念，王岗，中国文哲研究通讯，2015 年，第 25 卷 第 3 期

误入桃花源——敬悼先师余国藩教授，李奭学，中国文哲研

究通讯，2015 年，第 25 卷第 3 期。

Of Poems, Gods and Spirit—Writing Altars: The Daoist Beliefs and Practice of Wang Duan（1793—1839）, Xun Liu, *Late Imperial China* 36 no. 2, p. 23—81, 2015.

The Herb Calamus and the Transcendent Han Zhong in Daoist Literature, Stephen R. Bokenkamp, *Studies in Chinese Religions* 1. 4, 2015.

The Legends of Celestial Master Zhang and Jataka Tales, Shouhua Liu、Xiaohui Ding, *Comparative Literature: East West* 2, 2015.

Cao Daochong（1039—1115）: taoïste et poétesse honorée par l'empereur Huizong fut—elle courtisane（曹道冲——受宋徽宗礼遇的女道诗人是上流交际花吗?）, Catherine Despeux, *Journal Asiatique* 303, 2015.

The Invention of Traditions: With a Focus on Innovations in the Scripture of the Great Cavern in Ming—Qing Daoism, Jihyun Kim, Daoism: Religion, *History and Society* 7, 2015.

Liu Yuanran and Daoist Lineages in the Ming, Wang Richard G, *Daoism Religion History & Society* Vol. 7, 2015.

Lechery, Substance Abuse, and··· Han Yu? Davis, T. M. *Journal of American Oriental Society*, 135（1）, 71—92, 2015.

To die or not to die: Zhuangzi's three immortalities. Farrugia, M. L. *Frontiers of Philosophy in China*, 10（3）, 380—414, 2015.

Spirit Writing, Canonization, and the Rise of Divine Saviors: Wenchang, Lüzu, and Guandi, 1700—1858. Goossaert, V. *Late Imperial China*, 36（2）, 82—125, 2015.

Incest Trauma and Survival in Patricia Chaos's "Monkey King"

. Rodi—Risberg, M. *Studies in the Novel*, 47 (1), 80—98, 2015.

Retranslating Ibykos and Li Bai: Experimental, Rhizomatic, Multi—Media Transformations. Rose, A. K. *Intertexts*, 19 (1), 83—98, 2015.

Getting It for Oneself: An Analysis of Chao Jiong's Conception of the Three Teachings and His Method of Self—Cultivation. Skonicki, D. *Asia major*, 77—108, 2015.

Li Bai's "Rhapsody on the Hall of Light": A Singular Vision of Cosmic Order. Williams, N. M. *T'oung Pao*, 101 (1—3), 35—97, 2015.

A Prolific Spirit: Peng Dingqiu's Posthumous Career on the Spirit Altar, 1720—1906, Daniel Burton—Rose, *Daoism: Religion, History and Society* 7: 7—62, 2015.

『先天元始土地寶卷』について，大塚秀高，埼玉大學紀要教養學部，2015 年，第 50 号。

杏雨書屋所蔵敦煌道経小考，神塚淑子，名古屋大學中國哲學論集，2015 年，第 14 号。

清朝道光年間金蓋山呂祖道壇所創造之經典初探：以《玉清贊化九天演政心印集經》、《玉清贊化九天演政心印寶懺》為中心之探討，丸山宏，道教研究學報，2015 年，第 7 期。

明清《玉皇本行集經》中呂祖降誥研究，謝聰輝，道教研究學報，2015 年，第 7 期。

清末民初嶺南地區的呂洞賓信仰之地方化：以聖地與經書為探討中心，志賀市子，道教研究學報，2015 年，第 7 期。

陸修靜による靈寶經典の分類，林佳惠，東方宗教，2015 年，第 125 号。

六朝道教經典の眞僞判別——陶弘景と陸修靜の比較を中心に，廣瀬直記，東方宗教，2015 年，第 126 号。

共工伝説の變遷——『淮南子』における記述を中心に，今井環，東方宗教，2015 年，第 126 号。

玄宗による創業神話の反復と道教の新羅への伝播，土屋昌明，センター古代東ユーラシア研究センター年報，2015 年，第 1 期。

黄泉国と道教の洞天思想，土屋昌明，古事記年報，2015 年，第 58 号。

出现在游仙文学中的动物形象与认识，姜旻炅，东方汉文学，东方汉文学会，2015 年，第 62 辑。

2016 年

唐玄宗入道考——开元二十六年唐玄宗入道铜简考释，冯其庸，唐研究，2016 年，第 20 辑。

借鉴与反思：《聊斋志异》与道藏仙传关系论略，李蕊芹、许勇强，蒲松龄研究，2016 年，第 2 期。

《历代神仙通纪》初探，尹志华，世界宗教研究，2016 年，第 2 期。

从序跋看道藏仙传编撰动因及意图，李蕊芹，商丘师范学院学报，2016 年，第 1 期。

《列仙传》中的道教养生思想，秦文军，上海道教，2016 年，第 2 期。

巫史叙事与《穆天子传》的文献性质，周丽艳、郑晓峰，古籍整理研究学刊，2016 年，第 3 期。

虚以实行，文家妙境：谈《桃花源记》的创作技巧，楚爱华、张明琪，中学语文教学，2016 年，第 1 期。

《西游证道书》考辨二则，张莹，图书馆学研究，2016 年，第 5 期。

《西游记》"证道"说发微，张莹，中国文学研究，2016 年，第 2 期。

论中国神话中月中灵兽形象的产生、兴盛与流变，刘瑶，河南社会科学，2016 年，第 8 期。

从炼金方术到诗歌写作方法——论"缩银法"的来源、内涵与类型，张静、唐元，中国诗学（第 21 辑），人民文学出版社，2016 年。

东晋上清经派仙传叙述内涵与特质析论，谢聪辉，湖南大学学报，2016 年，第 3 期。

汉武帝故事研究现状与展望——以中国叙事文化学为观照背景，刘杰，天中学刊，2016 年，第 6 期。

柳永游仙词与北宋真宗时期道教文化，刘方，宗教学研究，2016 年，第 2 期。

萨守坚形象建构研究，熊威，宗教学研究，2016 年，第 2 期。

陆游的道教思想及其对仙道诗文创作的影响，孙岩，兰台世界，2016 年，第 7 期。

明代藩王与内丹修炼，王岗著，秦国帅译，全真道研究（第 5 辑），齐鲁书社，2016 年。

《西游原旨》内丹思想初探，梁淑芳，全真道研究（第 5 辑），齐鲁书社，2016 年。

医疗与修德：早期女丹文本的两种面向，吕烨，全真道研究（第 5 辑），齐鲁书社，2016 年。

高仁峒年谱简编及相关考证，张雪松，全真道研究（第 5 辑），齐鲁书社，2016 年。

早期全真教以史弘道的教史思想——以《甘水仙源录》《终南山祖庭仙真内传》《七真年谱》为中心，宋学立，全真道研究（第 5 辑），齐鲁书社，2016 年。

神性图符的记事性与先秦仪式文学的承传，张艳芳，中南民族大学学报，2016 年，第 5 期。

论"桑林母题"的多元文化内涵——以三曹拟《陌上桑》为例，郭晨光，文化与诗学，2016 年，第 1 期。

《道藏》中三种存思日月插图道经考论，张鲁君，正一道教研究（第 5 辑），刘仲宇、吉宏忠主编，宗教文化出版社，2016 年。

道教神仙思想与韩国汉文小说的"仙遇"主题，王雅静、孙逊，中华文史论丛，第 122 辑，上海古籍出版社，2016 年。

汉乐府诗中王子乔形象考，张勇会，乐府学，2016 年，第 2 期。

浅析汉魏乐府游仙诗的异同及原因，范长梅，乐府学，2016 年，第 2 期。

李白的求仙访道活动与其游仙诗，王瑶、姚玮，新西部，2016 年，第 24 期。

湘中梅山地区"打三星"考论，李翔，戏曲艺术，2016 年，第 2 期。

人心有"道"自有道——评赵德发长篇小说《乾道坤道》，张丽军、辛晓伟，百家评论，2016 年，第 2 期。

入世与出离：双重困境中的无奈抉择——马致远神仙道化剧主题重议，王亚伟，浙江艺术职业学院学报，2016 年，第 3 期。

元杂剧中的神仙道化剧，路朝栋，戏剧之家，2016 年，第 11 期。

试论元代的宗教观念对剧作家杂剧创作的影响，邓楠，戏剧之家，2016 年，第 6 期。

道体与体道——身体的双重角色，程乐松，宗教研究，2016 年，第 1 期。

《西游记》道学文化新论，刘泽群，长江丛刊，2016 年，第 24 期。

通俗文学的作者属性及其文学意义——以《西游记》与全真教、内丹道的关系为中心，赵益，文学研究，2016 年，第 2 期。

《西游记》"证道"说发微，张莹，中国文学研究，2016 年，第 2 期。

也谈《西游记》中的佛道问题，李天飞，文汇报，2016 年 2 月 26 日。

《西游记》与全真教关系辨说——以"车迟斗圣"为中心，胡胜，社会科学辑刊，2016 年，第 6 期。

《招魂》篇招魂辞叙写方式研究，马晋、祁国宏，名作欣赏，2016 年，第 26 期。

试论郭璞《游仙诗》对汉魏风骨的继承，陈祥伟、陈亮、臧守刚等，海南广播电视大学学报，2016 年，第 2 期。

王嘉的道教与谶纬思想，吕宗力，南都学刊，2016 年，第 3 期。

超越神话学的神话研究——刘宗迪《山海经》和神话研究述评，郭佳，长江大学学报，2016 年，第 7 期。

"人、神之恋"的祭歌——《九歌》，常晓彬，昭通学院学报，2016 年，第 3 期。

巫祝"立言"论，胡大雷，中原文化研究，2016 年，第 5 期。

嗜好柳词的全真祖师王重阳，赵国庆，古典文学知识，2016 年，第 5 期。

曹魏文学中的汉水女神形象浅析，梁中效，湖北文理学院学报，2016 年，第 7 期。

以讹传讹：姜尚别号"飞熊"生成记，齐心苑，古典文学知识，2016 年，第 5 期。

《搜神记》中的龙，陈永平，濮阳职业技术学院学报，2016 年，第 5 期。

《太平广记》中的女性谪仙形象，韩雅慧，濮阳职业技术学院学报，2016 年，第 5 期。

原型的探求：高莉芬的神话研究述评，鹿忆鹿，长江大学学报，2016 年，第 8 期。

论汉代林辞对神话、怪诞传说的吸纳与艺术表现，田胜利，佳木斯大学学报，2016 年，第 5 期。

论嵇康的和谐养生思想，吕辛福，青岛科技大学学报，2016 年，第 3 期。

试论《春秋》的宗教特质——从作者群体、表述方式及时间体例谈起，董芬芬，暨南学报，2016 年，第 10 期。

论《诗经》祭祀活动中女子的地位和作用，彭燕，杜甫研究学刊，2016 年，第 3 期。

《风俗通义》的志怪小说属性——兼论汉代小说的类别特征，姚圣良，郑州大学学报，2016 年，第 4 期。

从民间信仰的"三教合流"看关羽形象演变，王运涛，徐州工程学院学报，2016 年，第 4 期。

豫西北青龙神相关传说与信仰互动研究，唐霞，河南科技大学学报，2016 年，第 3 期。

浅谈《希夷梦》怪兽形象的文化内蕴，刘卫英、刘键，中华文化论坛，2016 年，第 10 期。

游仙题材之汉乐府论略，杜涵，华北水利水电大学学报，2016 年，第 5 期。

庄子"游"思想创生因缘与理路探微，申佳霖，外国问题研究，2016 年，第 3 期。

《周易参同契》丹辞的诗学阐释与后代丹诗流风，田胜利，社会科学论坛，2016 年，第 9 期。

魏晋南北朝志怪小说中"鬼"之论题研究综述，廖霞，阅江学刊，2016 年，第 5 期。

《山海经》所见预言怪兽的分类及其原因探究，张蓓，楚雄师范学院学报，2016 年，第 8 期。

论《史记》神话母题的类型、性质及意义，王宪昭，渤海大学学报，2016 年，第 6 期。

唐诗中的隐逸传统与高士图的流变，戴一菲，学术研究，2016 年，第 6 期。

庄子"蝴蝶梦"故事类型演变及其文化内涵，杨晓丽，天中学刊，2016 年，第 4 期。

试析"静""闲"范畴在先秦和魏晋时期的自然化发展，陈玉，保定学院学报，2016 年，第 5 期。

巫山神女文学形象由来及其与后世两大神话之渊源，张洁宇，太原师范学院学报，2016 年，第 5 期。

唐代女仙吴彩鸾传奇考论，杨丽容，兰台世界，2016 年，第 20 期。

"槐"意象的生成观照与隐喻认知，杨晓斌、杨沐晓，复旦学报，2016 年，第 6 期。

道家思想与《史记》的抒情性，王晴，文艺评论，2016 年，第 10 期。

魏晋南北朝鬼小说时间结构的二元性，张瑞杰，文化学刊，2016 年，第 10 期。

魏晋清谈之风与鬼话，金官布，凯里学院学报，2016 年，第 5 期。

神话如何进入历史：张光直神话研究述略，王倩，中国矿业大学学报，2016 年，第 6 期。

道教神仙学说与西王母形象的建构，张泽洪，华中师范大学学报，2016 年，第 6 期。

苏轼与道教内丹养生，张振谦，哈尔滨工业大学学报，2016 年，第 6 期。

古典新诠：刘惠萍的神话文献与图像研究——兼及对神话文献方法的反思，张多，长江大学学报，2016 年，第 11 期。

论宋代睡隐诗的典故意象，林晓娜，聊城大学学报，2016 年，第 6 期。

心灵与秩序："神话主义"与当代西王母神话研究，吴新锋，云南师范大学学报，2016 年，第 6 期。

六朝道教记传类典籍《道迹灵仙记》浅析，谭敏，北京化工大学学报，2016 年，第 4 期。

道家思想与《史记》的文学表现研究综述，王晴，白城师范学院学报，2016 年，第 10 期。

先秦两汉天道神学观的嬗变——兼谈汉乐府郊庙歌辞的精神转变，严振南、王晶晶，琼州学院学报，2016 年，第 6 期。

明清小说的成仙式隐逸结局，朱玉纯，长治学院学报，2016 年，第 6 期。

对"游历仙境"神话和早期仙传故事的"神话——原型批评"研究，苟波，宗教学研究，2016 年，第 4 期。

隐匿的时空与神话求原——评《〈山海经〉语境重建与神话解读》，毛巧晖，民间文化论坛，2016 年，第 6 期。

魏晋南北朝志怪小说空间叙事的结构与功能，郭艳，中州学刊，2016 年，第 11 期。

神性的儿童：中古时期的文本书写与思维世界——从《天地瑞祥志》中小儿占的言说谈起，刘泰廷，暨南学报，2016 年，第 12 期。

"青鸟"形象流变考述，李亚静，哈尔滨师范大学学报，2016 年，第 4 期。

柳毅故事中"火经"至《道德经》的流变考论，邹文沄，参花，2016 年，第 3 期。

唐人小说中冥官类型分析，程广昌，太原城市职业技术学院学报，2016 年，第 1 期。

灵枢观——张耒诗文圆融儒、道的心学体悟，王树海、林媛媛，黑龙江社会科学，2016 年，第 2 期。

论《中国精神文化大典：神话·宗教卷》之中国神话研究，任立侠，俄罗斯文艺，2016 年，第 1 期。

论《游仙窟》语言结构的诗化及其口语化的影响，刘聪，绵阳师范学院学报，2016 年，第 3 期。

文本语境下的神祇表现特点研究——以明传奇为范本，李涵闻，钦州学院学报，2016 年，第 2 期。

浅析鱼玄机对女冠生活的接受与超越，林雪娇，信阳农林学院学报，2016 年，第 1 期。

道家思想与魏晋风尚之傅粉华服，林瑀，文学教育，2016 年，第 5 期。

论《搜神记》中狐的形象类型及其文化隐喻，龚佑臣，湖南工业职业技术学院学报，2016 年，第 2 期。

岳阳柳毅：从传说到信仰，周静如，广东广播电视大学学报，2016 年，第 2 期。

女嬃为巫新考，高华平、李璇，湖北大学学报，2016 年，第 3 期。

《搜神记》凡人与神鬼婚恋故事的情节模式探析，张群，荆楚理工学院学报，2016 年，第 1 期。

唐前巫觋演变与鬼话，金官布，青海社会科学，2016 年，第 2 期。

从"目连救母变文"文本入手细析儒道释孝观的体现，张秦源，甘肃广播电视大学学报，2016 年，第 2 期。

昆仑神话与中国传说中的"失乐园"故事，邵宁宁，甘肃社会科学，2016 年，第 1 期。

庄子辩证生死观研究，许荣霞，名作欣赏，2016 年，第 5 期。

女妖怪的隐喻——《西游记》经典探秘之四，梁归智，名作欣赏，2016年，第4期。

论神话图像的本体价值，王怀义，民族艺术，2016年，第1期。

试析记史性神话的历史真实与文化真实——以蚩尤神话的真实性为例，王宪昭，民间文化论坛，2016年，第1期。

西王母故事系统中"三青鸟"形象辨释，王琨，西部学刊，2016年，第1期。

重新评估《游仙窟》的思想价值，周承铭，河北北方学院学报，2016年，第1期。

儒佛道的融通——从碑志看唐代之文化精神，谢志勇，宜春学院学报，2016年，第2期。

《水浒传》中的人神遇合及相关文化分析，李娜、国威，社会科学论坛，2016年，第2期。

神佛安排范式下的中国历史演义小说创作探微——以《说岳全传》中岳飞悲剧的必然性为例，熊尧，梧州学院学报，2016年，第1期。

林黛玉：一个道家文化符号，张自华，江汉论坛，2016年，第2期。

视死如生——略论《搜神记》的死后世界观，李文智，德州学院学报，2016年，第1期。

唐五代诗词中的刘阮遇仙，高平，古典文学知识，2016年，第2期。

长白山神话与昆仑山神话比较研究，马东峰，社会科学战线，2016年，第6期。

略谈仙人与游仙诗，顾农，文史知识，2016 年，第 7 期。

原始宗教祭祀与上古神话生成的内在逻辑理路，马玉珍，求索，2016 年，第 4 期。

探寻本土神话研究的路径，李子贤，长江大学学报，2016 年，第 5 期。

李白游仙诗对绘画题材的影响，李斯斌，绵阳师范学院学报，2016 年，第 6 期。

金元全真词中的唱"哩啰"——兼谈"啰哩嗹"起源问题，倪博洋，文化遗产，2016 年，第 4 期。

西王母神话形象演变的隐喻——兼论摇钱树中的西王母图像，俞方洁，西南大学学报，2016 年，第 4 期。

论《大招》与《招魂》的作者及招魂的对象，邹旻，安徽理工大学学报，2016 年，第 1 期。

秦汉以来的鬼神信仰与仙话研究，黄剑华，地方文化研究，2016 年，第 1 期。

鬼神、祭礼与文道观念——以韩愈《潮州祭城隍神文》等祭神文为中心，冯志弘，河北师范大学学报，2016 年，第 4 期。

唐诗中的君山，米嘉瑗，云梦学刊，2016 年，第 5 期。

《西游记》为何被清代道教徒攘夺，竺洪波，文汇报，2016 年 2 月 5 日。

朱弦接遗响 妙笔理奇璞，杜志强，中国社会科学报，2016 年 8 月 4 日。

道教信仰与《红楼梦》的情节预设，赵云芳，民俗学视野中的《红楼梦》，中国社会科学出版社，2016 年。

道教之属，罗欣，汉唐博物杂记类小说研究，中国社会科学出版社，2016 年。

《真诰·阐幽微》的冥界观，程乐松，宗教学研究，2016 年，第 3 期。

《真诰》中的仙人、灵媒与学道者——兼从"灵媒更替事件"论《真诰》文本的真实性，李硕、董铁柱，学术月刊，2016 年，第 3 期。

道教对贵州傩坛戏的影响，徐文静、纳光舜，中国道教，2016 年，第 1 期。

道情戏——道教与民间艺术的完美融合，王佳，中国宗教，2016 年，第 2 期。

陈莲笙的道教文学创作研究，曾小明、雷丽茹，哈尔滨工业大学学报，2016 年，第 2 期。

道教碑文之史料价值初探——以明《道藏》为例，黄海德，西华师范大学学报，2016 年，第 2 期。

论先秦的成仙模式——屈原"游仙"幻想的宗教学分析，朱磊，四川大学学报，2016 年，第 1 期。

北宋吏、隐与老庄之学，张记忠，中国文学研究，2016 年，第 4 期。

道教与道家思想对苏轼的影响研究，陆雪卉，乐山师范学院学报，2016 年，第 11 期。

笙簧里的变容——西王母神话中侍女形象的流变，赵惠俊，杭州师范大学学报，2016 年，第 6 期。

君王看戴角冠时——试探唐诗中的"宫人入道诗"，段珺珺，兰州教育学院学报，2016 年，第 12 期。

汉唐佛、道经典的文体比较——兼论宗教文化视野中的比较文体学，李小荣，中国社会科学，2016 年，第 11 期。

《聊斋志异》中《瞳人语》篇的方术文化背景刍议，李学良、李锋，蒲松龄研究，2016 年，第 4 期。

魏晋六朝小说中仙境书写的南方地理特征及其道教文化渊源，万晴川、万思蔚，关东学刊，2016 年，第 6 期。

中国古代道教语录体散文的文学史意义，蒋振华，文学评论，2016 年，第 3 期。

试论张志和的道家美学思想特征，陈琼，岭南师范学院学报，2016 年，第 5 期。

汉至唐五代哀悼诗与道教，温瑜，江西科技师范大学学报，2016 年，第 5 期。

齐文化与《列仙传》研究，何亮，区域文化与文学研究集刊，中国社会科学出版社，2016 年。

王重阳"爱看柳词"本事考论，罗争鸣，古籍研究，2016 年，第 2 期。

关于早期全真道诗词研究的若干问题，罗争鸣，宗教学研究，2016 年，第 1 期。

陈莲笙的道教文学创作研究，曾小明、雷丽茹，哈尔滨工业大学学报，2016 年，第 2 期。

陆游的道教思想及其对仙道诗文创作的影响，孙岩，兰台世界，2016 年，第 7 期。

《封神演义》的神性思维与散文艺术，张思齐，明清小说研究，2016 年，第 1 期。

道家学派对古文学的影响，张文莉，散文百家（新语文活页），2016 年，第 9 期。

《西游记》解读的民俗视角与作者视角——以仙鬼怪佛形象为中心，陈文新，华中学术，2016 年，第 4 期。

贾仲明《金童玉女》杂剧所唱《青天歌》漫议，朱仰东、孙吉阳，中国古代小说戏剧研究（第 17 辑），2016 年。

韩仙形迹考，冯广宏，蜀学，2016 年，第 1 期。

忽必烈藩府文人与元代宗教政策及其对文学的影响，任红敏，中国文学研究，2016 年，第 1 期。

忽必烈藩府文人与元代宗教政策及对文学的影响，任红敏，世界宗教文化，2016 年，第 4 期。

南宗道教祖师白玉蟾行踪与文化贡献考论，詹石窗，老子学刊，2016 年，第 2 期。

古琴与修行——以宋代白玉蟾的诗文为例，陈进国，老子学刊，2016 年，第 2 期；文化遗产，2016 年，第 2 期。

"俗情断处法缘生"——道教小说中的考验叙事，万晴川、万思蔚，商丘师范学院学报，2016 年，第 2 期。

沈亚之小说的道教蕴涵及其思想矛盾与意义，李腾飞，忻州师范学院学报，2016 年，第 1 期。

从"死而复生"到"起死回生"——论巫术与道教影响下的死而复生故事，王晶波，中国典籍与文化，2016 年，第 1 期。

袁凯《题葛洪移家图》探析，万德敬，新疆大学学报，2016 年，第 2 期。

吴筠道教文学思想浅析，罗明月，语文知识，2016 年，第 5 期。

旷世幽独——陈子昂与"方外十友"的交游，刘子鹤，开封教育学院学报，2016 年，第 2 期。

论明人对元杂剧"神仙道化剧"的改写，孔杰斌，名作欣赏，2016 年，第 9 期。

论道教文化在唐传奇中的文学体现，李娜，陕西学前师范学院学报，2016 年，第 3 期。

论神魔小说中的"识破"观念，张天羽，常州工学院学报，2016 年，第 1 期。

文学文献学视域下的葛洪及其著述研究——评丁宏武《葛洪论稿——以文学文献学考察为中心》，陈丹奇，宁夏师范学院学报，2016 年，第 1 期。

宋代文人对《抱朴子内篇》的接受，张振谦，兰州学刊，2016 年，第 3 期。

郑州大学图书馆藏刻本《三茅宝卷》叙录，韩洪波、叶飞，中北大学学报，2016 年，第 2 期。

《孔雀东南飞》中的道教因素，余康，史林，2016 年，第 2 期。

佛道审美观照下的唐代山水诗审美意境，何丽丽、李维，边疆经济与文化，2016 年，第 5 期。

水道空寂——论倪瓒的曲与画，赵震，中国美术，2016 年，第 3 期。

南朝道经分类的文学、宗教与品鉴的三元合一——以陆修静为中心，蒋振华、戴文霞，湖南师范大学学报，2016 年，第 3 期。

嵇康的道教观与游仙诗创作，梁保建，兰台世界，2016 年，第 9 期。

《水浒传》中的儒释道思想探究，时丽琼、魏刚，山西广播电视大学学报，2016 年，第 3 期。

试论《水浒传》的道教思想，陈琳，西昌学院学报，2016 年，第 2 期。

《三遂平妖传》"焚画产永儿"本源探究，拾晓峰、张世维，文化学刊，2016 年，第 6 期。

道教女性崇拜与李商隐诗歌的女性化特色，易思平，社科纵横，2016 年，第 6 期。

理想与现实——道教徒诗人李白的矛盾人生，翟贵蜜、王芳芳，大众文艺，2016 年，第 11 期。

从神话到宗教——论先秦两汉嫦娥奔月故事的长生主题演化，张根云，宝鸡文理学院学报，2016 年，第 3 期。

上清珠：佛道文化汇流的文学趣例——兼论与玉龙子故事之异同，李小荣，浙江大学学报，2016 年，第 4 期。

《红楼梦》中"神仙"系列宗教文化词美俄译介的对比处理，刘名扬、贺斯琴，红楼梦学刊，2016 年，第 4 期。

唐传奇《柳毅传》修炼成仙母题探析，钟鑫，美与时代（下），2016 年，第 6 期。

玉真公主、李白与盛唐道教关系考论，丁放，复旦学报，2016 年，第 4 期。

《长生殿》蕴含的道教文化，李赛萍、谢春梅，广西职业技术学院学报，2016 年，第 3 期。

《三国演义》之道教思想倾向管窥，易思平，安徽文学（下半月），2016 年，第 7 期。

《聊斋志异》中男性离魂现象的文化观照，吴恒，蒲松龄研究，2016 年，第 2 期。

试论张伯端词作的道禅合流倾向，杨金玲，名作欣赏，2016

年，第 23 期。

论唐代女冠诗歌的豪情美，易思平，美与时代（下），2016
年，第 7 期。

"桃花源"：现实中的洞天仙界，王兴芬，宁夏师范学院学报，
2016 年，第 4 期。

《西游记》主旨再探——读《詹石窗正说西游》有感，张丽
娟，中华文化论坛，2016 年，第 8 期。

唐宋道教传奇之差异及原因，刘明哥、路燕霞，甘肃广播电
视大学学报，2016 年，第 4 期。

唐前仙道小说中的变化法术与动物意象，张瑞芳，南京师范
大学文学院学报，2016 年，第 3 期。

元好问的僧道碑铭文略论，赵彩娟、吴扬，辽宁高等师范专
科学校学报，2016 年，第 3 期。

论道教上清派存思术对宋前小说创作的影响，万晴川，文艺
理论研究，2016 年，第 3 期。

明代中后期《穆天子传》的传播与接受——以王世贞为中心，
刘伏玲、王齐洲，齐鲁学刊，2016 年，第 4 期。

《聊斋志异》还魂故事研究，王龄仪，四川职业技术学院学
报，2016 年，第 4 期。

西王母形象演变过程原因新论，戴梦军，四川职业技术学院
学报，2016 年，第 4 期。

嵇康、白居易养生的不同及其成因探析，焦尤杰，楚雄师范
学院学报，2016 年，第 8 期。

王韬"小说三书"中的蜀地想象，干宁宁，明清小说研究，
2016 年，第 3 期。

道教女性观与《三国演义》之女性形象研究，易思平，兰州教育学院学报，2016 年，第 10 期。

道光佛影：《黑暗传》中佛道同存现象及其形成原因，高爱华、彭安湘，荆楚理工学院学报，2016 年，第 3 期。

《红楼梦》中的道教文化内涵，张丽荣，哈尔滨师范大学学报，2016 年，第 3 期。

《聊斋志异》的崂山道教形象书写，梁思媛，成都理工大学学报，2016 年，第 6 期。

再论道家和道教在杜诗中的不同作用——以《老子》及其相关典故为例，黄学义，杜甫研究学刊，2016 年，第 3 期。

西汉甘泉祭祀仪式的文学影响——从"采诗夜诵"到甘泉诸赋，蔡丹君，文学评论，2016 年，第 2 期。

道教语言视角下李商隐诗歌的朦胧美解析，易思平，现代语文，2016 年，第 11 期。

《历世真仙体道通鉴》中的仙歌类型，李蕊芹，盐城师范学院学报，2016 年，第 6 期。

清幽雅韵——道教与盛唐山水诗，荣小措，中国宗教，2016 年，第 10 期。

《西游记》"讲道说"的发展及其理论系统，曹炳建，江苏第二师范学院学报，2016 年，第 8 期。

论司空图文论的道家道教意味儿——从"五外说"到《诗品》，李珺平，美与时代（下），2016 年，第 10 期。

黄鹤楼传说的神仙信仰，姜小娜，美与时代（下），2016 年，第 10 期。

试论道教诗词的生态伦理意蕴，谭清华，经济与社会发展，

2016 年，第 3 期。

用事：王重阳词对柳永俗词的融摄，左洪涛，求索，2016 年，第 10 期。

论赵佶词与道教文化之关系，刘晓梅，绥化学院学报，2016 年，第 11 期。

沙和尚与炼丹术，河西，读书，2016 年，第 11 期。

《西游记》命名的来源——兼谈《西游记》杂剧的作者，李小龙，北京师范大学学报，2016 年，第 6 期。

论土家族"宗教音乐文学"的文本分类，陈宇京，民族文学研究，2016 年，第 6 期。

《周易参同契》丹辞的诗学阐释与后代丹诗流风，田胜利，社会科学论坛，2016 年，第 9 期。

汉唐佛、道经典的文体比较——兼论宗教文化视野中的比较文体学，李小荣，中国社会科学，2016 年，第 11 期。

东晋上清经派仙传叙述内涵与特质析论，谢聪辉，湖南大学学报，2016 年，第 3 期。

梁武帝"舍道事佛"的时间、原因及其他，柏俊才，文学遗产，2016 年，第 4 期。

《穆天子传》的创作意图与文本性质，方艳，文学遗产，2016 年，第 1 期。

唐五代诗词中的刘阮遇仙，高平，古典文学知识，2016 年，第 2 期。

王母：诗外的神话人物管窥，戴梦军，考试周刊，2016 年，第 91 期。

道教隐喻研究的内涵与价值，赵静，宗教学研究，2016 年，第 1 期。

从《世说新语》一则浅谈南朝的道教，马丽，文教资料，2016 年，第 23 期。

李商隐接受道教思想的特点，段永升，渭南师范学院学报，2016 年，第 11 期。

李季兰道教思想的文学表达，朱莉华，西昌学院学报，2016 年，第 4 期。

《夷坚志》所见宋代僧道的另一面（下），刘树友，渭南师范学院学报，2016 年，第 11 期。

论王羲之的道教信仰与活动，陈昭坤，国文学志，2016 年，第 33 期。

游仙、服食之文学溯源与探微——以屈原为核心的考察，颜进雄，辅仁国文学报，2016 年，第 42 期。

上元夫人：从升仙导师到多情仙姝——道教对中国小说文体发展的贡献，孙昌武，人文中国学报，2016 年，第 2 期；道教修炼与科仪的文学体验，陈伟强主编，凤凰出版社，2018 年。

嵇康《养生论》研究，卓玉芳，鹅湖月刊，2016 年，第 490 期。

识见、修炼与降乩——从南宋到清中叶吕洞宾显化度人的事迹分析吕祖信仰的变化，黎志添，（台湾）清华学报，2016 年，第 46 卷第 1 期。

真形、神图与灵符：道教三皇文可视化初探，谢世维，兴大人文学报，2016 年，第 56 期。

论《搜神后记》的乐土世界，谢淑容，鹅湖月刊，2016 年，第 495 期。

《叶净能诗》研究，蔡翊鑫，艺见学刊，2016 年，第 11 期。

真幻之间——黄周星的宗教书写与遗民意识，林小涵，汉学研究，2016 年，第 2 期。

中国"仙话"脞谭——从神仙信仰说起，王小蓉，台北海洋技术学院学报，2016 年，第 2 期。

清代白蛇传故事小曲《合钵》互文性探析，刘淑娟，嘉大中文学报，2016 年。

仙乡淹留故事的时空转化——以《搜神后记》为探讨对象，黄诗晴，有凤初鸣年刊，2016 年。

元代佛道辩诤探微：以《大元至元辩伪录》为主之讨论，刘韦廷，辅仁宗教研究，2016 年，第 33 期。

调诱、印可与全真教主王重阳、马丹阳的诗词唱和，吴光正，文学新钥，2016 年，第 23 期。

神圣与亵渎：《西游记》谐谑书写下的宗教观，王雪卿，台北大学中文学报，2016 年，第 19 期。

地母信仰及其经卷在云南的传承探析，萧霁虹，宗教哲学，2016 年，第 75 期。

敦煌本西王母与黄帝崆峒山问道旅游俗文化考述，高国藩，华人文化研究，2016 年，第 2 期。

八仙的变身：狩野山雪《群仙图祆》的相关问题，林圣智，艺术学研究，2016 年，第 18 期。

王琰《冥祥记》生命见解中的"博识"论述，黄东阳，东吴中文学报，2016 年，第 31 期。

虽然兴废俱天数，祸自奸臣误国来——王镃《古杭感事》诗欣赏，陈耀庭，弘道，2016 年，第 66 期。

宋徽宗御制步虚词四首浅注（下），陈敬阳，弘道，2016 年，第 66 期。

论《生绮剪》中的情与义之冲突，陈伯谦，崇仁学报，2016 年，第 9 期。

李丰楙教授宗教文学著作出版目录，刘怡君、吴依凡，中国文哲研究通讯，2016 年，第 2 期。

正续《道藏》收录的鸾书及其引述《诗经》述论，杨晋龙，当代儒学研究，2016 年，第 21 期。

仙游与抒情：《远游》中虚实相生现象之探究，许恺容，人文研究期刊，2016 年，第 13 期。

朱子与濂溪诗《读英真君丹诀》，方旭东，朱子学刊，2016 年，第 1 期。

故纵之嫌：《西游记》的召唤土地与鬼律叙述，李丰楙，人文中国学报，2016 年，第 23 期。

解冤释结：《于少保萃忠全传》的宗教解读 ——兼论中国宗教与文学中的解冤传统，刘苑如，人文中国学报，2016 年，第 23 期。

道教镇魂仪式视野下的《封神演义》的一侧面，田仲一成，人文中国学报，2016 年，第 23 期。

由历劫到修行——《西游记》中孙悟空"遇仙"情节分析，幸家仪，世新中文研究集刊，2016 年，第 12 期。

《西游记》的"金丹"与《本草纲目》的"一粒金丹"，张光雄，明通医药，2016 年，第 3 期。

《西游记》与元蒙之关系试论：以"车迟国"与"朱紫国"为中心考察，谢明勋，东华汉学，2016 年，第 23 期。

Prenatal Infancy Regained: *Great Peace* (*Taiping*) Views on Procreation and Life Cycles, Grégoire Espesset, in *Transforming the Void*: *Embryological Discourse and Reproductive Imagery in East Asian Religions*, ed. A. Andreeva and D. Steavu, Leiden: Brill, 2016.

Narrative daoqing, the legend of Han Xiangzi and the good life in the Han Xiangzi jiudu Wengong daoqing quanben, Wilt L. Idema, *Daoism*: *Religion*, *History and Society* No. 8, 2016.

Sisters of the Blood: The Lives behind the Xie Ziran Biography, Stephen R. Bokenkamp, Daoism: Religion, *History and Society* 8, 2016.

Daoist Modes of Perception: "Registering" the Living Manifestations of Sire Thunder, and Why Zhuang Zi is Relevant, Mark Meulenbeld, Daoism: Religion, *History and Society* 8, 2016.

Writing as a Threshold between the Worlds: Glyphomancy in China, Brigitte Baptandier, Daoism: Religion, *History and Society* 8, 2016.

An Intoning Immortal at the West Lake: Chen Wenshu and His Daoist Pursuits in Late Qing Jiangnan, Xun Liu, *Cahiers d'Extrême—Asie* 25, 77—112, 2016.

Targeting the Readership for a Ming Publication: "Comprehensiveness" in the Construction of the "Compendium for the Expert Physiognomist". CHUN, M. *Asia major*, 73—100, 2016.

Debating what Lü Dongbin Practiced: Why did the Yuan Daoist Miao Shanshi Denounce the Zhong—Lü Texts? Eskildsen, S. *T'oung Pao*, 102 (4—5), 407—447, 2016.

Collating the Chinese Texts for a Bilingual Edition of David Hawkes's Translation of "The Story of the Stone". Fan, S. *Chinese Lit-*

erature：*Essays*，*Articles*，*Reviews*（*CLEAR*），38，151—176，2016.

Precious Bodies：Money Transformation Stories from Medieval to Late Imperial China. Fox，A. *Harvard Journal of Asiatic Studies*，76 (1)，43—85，2016.

Demonic Warfare：Daoism，Territorial Networks，and the History of a Ming Novel by Mark RE Meulenbeld. Goossaert，V. *Journal of Chinese Religions*，44 (1)，94—95，2016.

The Four Lives of Zhang Yuchu 張宇初（1361—1410），43rd Heavenly Master. Goossaert，V. *Cahiers d'Extrême—Asie*，25，1—30，2016.

Zhong Kui at Work：A Complete Translation of The Immortal Officials Of Happiness，Wealth，and Longevity Gather in Celebration，by Zhu Youdun（1379—1439）. Idema，W. L.，& West，S. H. *Journal of Chinese Religions*，44 (1)，1—34，2016.

Religious and Other Experiences of Daoist Priestesses in Tang China. Jia，J. *T'oung Pao*，102 (4—5)，321—357，2016.

Review：Demonic Warfare：Daoism，Territorial Networks，and the History of a Ming Novel. Wang，Y. *Journal of the American Oriental Society*，Vol. 136，No. 1（January – March 2016），pp. 151—154，2016.

Record of the Listener：Selected Stories from Hong Mai's Yijian Zhi by Cong Ellen Zhang. Wang，Y. *China Review International*，23 (4)，394—398，2016.

A Garden of Marvels：Tales of Wonder from Early Medieval China. Zhang，Z. In：*Taylor & Francis*，2016.

Robert Ford Campany, A Garden of Marvels: Tales of Wonder from Early Medieval China. Honolulu: UniversityofHawai'i Press, 2015. Zhang, Zhenjun. *Journal of Chinese Religions*, 44（2）, 174—176, 2016.

Sisters of the Blood: The Lives behind the Xie Ziran Biography. Stephen R. Bokenkamp. *Daoist*: *Religion*, *History and Society*（道教研究学报）, No8, 2016.

Book Reviews: Demonic Warfare: Daoism, Territorial Networks, and the History of a Ming Novel by Mark RE Meulenbeld. A. Benn. *Daoist*: *Religion*, *History and Society*（道教研究学报）, No8, 2016.

謝霊運の文学と『真誥』—「有待」「無待」の語を中心に, 堂薗淑子, 日本中国学会報, 2016 年, 第 68 号。

六朝道教と『荘子』:『真誥』・霊宝経・陸修静, 神塚淑子, 名古屋大学文学部研究論集, 2016 年, 第 62 号。

『封神演義』に見える宿命と情義の衝突, 岩崎華奈子, 日本中国學會報, 2016 年, 第 68 号。

『梧桐雨』雑劇における楊貴妃と嫦娥, 櫻木陽子, 日本中国學會報, 2016 年, 第 68 号。

「長恨歌」における道教と佛教, 石井公成, 東方宗教, 2016 年, 第 127 号。

五宮から三垣へ——星座分類の變遷の考察, 髙橋（前原）あやの, 東方宗教, 2016 年, 第 128 号。

『太上洞眞智慧上品大誡』の「六通智慧」について, 池平紀子, 東方宗教, 2016 年, 第 128 号。

洞天思想と自然環境の問題, 土屋昌明,「エコ？フィロソフィ」研究，2016 年，第 10 册。

李白と唐代の道教，砂山稔，赤壁の碧城——唐宋の文人と道教，汲古書院，2016 年 11 月。

『惜穀宝巻』について—咸豊期一宝巻における文学と宗教，松家裕子，西王母桃の会編『桃の会論集七集』，朋友書店，59—104，2016 年。

对《西游记》中人参果故事形成过程的宗教、文化之探讨，宋贞和，中国语文论丛，2016 年 2 月。

复魅的世界——对电影《捉妖记》神话特点的分析，宋贞和，中国小说论丛，2016 年 8 月。

2017 年

近二十年来欧美"道教与文学"研究综述，贺晏然，古典文献研究，2017 年，第 19 辑下卷。

嵇康仙缘考——以《道藏》文献为中心，郑伟，古典文献研究，2017 年，第 19 辑下卷。

源流、史诗、版本与宗教语言——余国藩英译本《西游记》修订版导论，余国藩撰，李奭学、林珊如译，国际汉学研究通讯，2017 年，第 13—14 期。

《聊斋志异》早期与晚期小说的比较研究，白亚仁撰，周健强译，国际汉学研究通讯，第 2017 年，第 13—14 期。

从《神女》《朱雀》看薛爱华对中国古典诗歌的翻译，仇聪聪、陈亮，国际汉学研究通讯，第 2017 年，第 13—14 期。

道藏仙传的文体生成和文体特征，李蕊芹、许勇强，江苏科技大学学报，2017 年，第 2 期。

北宋高道陈景元著作考辨，王一麟，中国道教，2017 年，第
1 期。

文化形态论视域下的唐代道教曲牌音乐解析，朱婧雯，四川
戏剧，2017 年，第 2 期。

宋代玉隆万寿宫的"提举"官，吴启琳，中国道教，2017 年，
第 5 期。

道教青词——传统诗词文化中的遗珠，游楠，中国民族报，
2017 年 3 月 28 日。

唐诗与中国文化精神研究及其他：唐诗与道教，葛景春，葛
景春学术文集，大象出版社，2017 年。

《纯阳帝君神化妙通纪》之丹道、易学内涵——以钟离权、吕
洞宾丹道授受问答为例，章伟文，全真道研究（第 6 辑），齐鲁书
社，2017 年。

论马钰在关中的修道与传教生活，梁淑芳，全真道研究（第 6
辑），齐鲁书社，2017 年。

明清民国时期七真度化故事的流传及版本研究，秦国帅，全
真道研究（第 6 辑），齐鲁书社，2017 年。

西南地区"跳端公"的历史演变及人类学意义，李世武，世
界宗教文化，2018 年，第 1 期。

西王母神话的转型与西王母信仰的兴起，黄勇，中国俗文化
研究（第 14 辑），巴蜀书社，2017 年。

丘处机西游诗对《庄子》理念的开发，贾学鸿，第二届庄子
国际学术研讨会，2017 年。

自杀求仙：道教尸解与六朝社会，韩吉绍，文史，2017 年，

第 1 期。

转折与建构：书目中的道教史——以明代以前官私书目为中心的考察，谢一峰，文史，2017 年，第 2 期。

魏晋志怪小说中的"人神恋"故事解读——以《搜神记》《搜神后记》中人神恋故事为分析对象，现代语文，丁睿，2017 年，第 7 期。

神物：汉末三国之石刻志异，程章灿，南京大学学报，2017 年，第 2 期。

《真诰》对唐诗发生影响之时间再议，李静，中华文史论丛，第 127 辑，上海古籍出版社，2017 年。

古道·西风·瘦马——浅析马致远的神仙道化剧，安雪辉、刘一澍，戏剧文学，2017 年，第 11 期。

嵇康仙缘考——以《道藏》文献为中心，郑伟，古典文献研究（第 19 辑），凤凰出版社，2017 年。

点校本《无上秘要》与道教文献整理，刘祖国，古典文献研究，第 20 辑，凤凰出版社，2017 年。

神仙题材与元杂剧创作——以马致远神仙道化剧为例，王亚伟，社会科学论坛，2017 年，第 5 期。

世情与因果：十六至十八世纪通俗小说中的商业伦理和社会伦理建设，赵益，安徽大学学报，2017 年，第 4 期。

明代通俗文学与社会宗教生活中的道教神系构建——以《西游记》和《封神演义》为中心，赵益，人文中国学报，第二十四期，上海古籍出版社，2017 年；道教修炼与科仪的文学体验，陈伟强主编，凤凰出版社，2018 年。

"天文"与"人文"的交合——道教"天书——真文"观念

的神学内涵及其文学意义，赵益，学术交流，2017 年，第 11 期。

汉代文学与图像关系叙论，许结，社会科学，2017 年，第 2 期。

《太平广记》及明清神魔小说中的葫芦与道教文化，张蓓，濮阳职业技术学院学报，2017 年，第 5 期。

元代庐山道士黄石翁生平考述，王亚伟，宗教学研究，2017 年，第 3 期。

元代道士张雨研究述论——兼谈对元代道教研究的一些启示，王亚伟，徐州工程学院学报，2017 年，第 5 期。

出土文献与"小传统"中的秦代文学，徐林云、黄金明，闽南师范大学学报，2017 年，第 2 期。

山陕后稷神话的多元化民间叙事，段友文、刘彦，中原文化研究，2017 年，第 2 期。

论华夏神话天文学与中国多民族国家的比较文学研究，代云红，文艺理论研究，2017 年，第 2 期。

"蒲松龄及冠之年便作起志怪小说"说再辩证，袁世硕，蒲松龄研究，2017 年，第 4 期。

《列仙传》的游历主题及"游"之精神，陈斯怀，中国文化论衡，2017 年，第 1 期。

宋代"箕仙"诗考论，何蕾，宗教学研究，2017 年，第 2 期。

从西王母形象的演变看古代社会生活的变迁，王秋萍，南昌师范学院学报，2017 年，第 3 期。

欲望幻想——略论《聊斋志异》中的人仙恋故事，张梦杰，九江学院学报，2017 年，第 2 期。

高山、大海与天空——汉代乐府诗仙境观念析论，王允亮，乐府学，2017 年，第 1 期。

司空图《二十四诗品》韵致、道心与仙人形象略论，袁俊伟，文教资料，2017 年，第 11 期。

曹唐《大游仙诗》考，陈尚君，文史知识，2017 年，第 4 期。

浅析《西游记》神魔框架下的世俗世界，平燕，黑河学院学报，2017 年，第 3 期。

也谈神仙人物传记的文体归属——以《金莲正宗记》与《金莲正宗仙源像传》为中心，罗春红，散文百家（新语文活页），2017 年，第 3 期。

西方学者眼中唐传奇小说《任氏传》中的狐仙形象，张莉莉，兰州教育学院学报，2017 年，第 12 期。

壮族《七仙妹》与《搜神记》中之《毛衣女》故事的比较——兼谈壮族《七仙妹》故事的学术价值，陈金文，河池学院学报，2017 年，第 6 期。

孙绰与李白的游仙文学比较——以《游天台山赋》与《梦游天姥吟留别》为例，梁雅阁，河北北方学院学报，2017 年，第 6 期。

不朽观念与仙话的兴起：论先秦仙话的发生，宋文婕，西南大学学报，2017 年，第 6 期。

《东武吟行》游仙主题及成因，张华伟，重庆电子工程职业学院学报，2017 年，第 5 期。

唐前仙传小说与尸解理论——以《列仙传》《神仙传》《洞仙传》为例，徐胜男，南都学坛，2017 年，第 5 期。

"桃花源"典故的合典、仙化与俗化现象，刘江涛，文学教育（上），2017 年，第 8 期。

岳阳三醉故事流变与分析，石玉，文化学刊，2017 年，第 10 期。

《尧典》与《逍遥游》对炎帝部落文化的关联性叙事，贾学鸿，山西大学学报，2017 年，第 1 期。

《道德经》对唐玄宗法律思想的影响，王谋寅，中西法律传统，2017 年，第 1 期。

元代的道教斋仪音乐，曾桢、蒲亨强，黄钟（武汉音乐学院学报），2017 年，第 3 期。

神仙起源考论，熊铁基，学术界，2017 年，第 7 期。

汉晋隐士的三种类型，张荣明，管子学刊，2017 年，第 2 期。

道教典籍语言隐喻认知特征解析与翻译，何立芳、李丝贝，外语学刊，2017 年，第 4 期。

《真灵位业图》及王母娘娘与玉皇大帝，宋道旺，文史杂志，2017 年，第 4 期。

道教与中国传统音乐，刘欢，中国宗教，2017 年，第 6 期。

道教《修真图》版本系统及流传情况，郑洪，宗教学研究，2017 年，第 2 期。

七真仙传与全真历史：以台湾大学图书馆藏《七真仙传》为中心的考察，秦国帅，世界宗教研究，2017 年，第 3 期。

道教舞蹈中仙踪神迹之钩沉，程群，内蒙古大学艺术学院学报，2017 年，第 2 期。

论步虚与唐诗，韩文涛、丁放，文章、文本与文心——古代文学理论研究（第 44 辑），2017 年。

元至清时期海南岛的泰华仙妃崇拜，张子俊，福建工程学院学报，2017 年，第 2 期。

亦仙亦道演传奇：黄鹤楼与中国的道教传说，李艳，中国道教，2017年，第2期。

元代道士画家方从义考略，申喜萍，宗教学研究，2017年，第1期。

花、药与酒：买地券所记宋代信众的曼妙死亡方式，陈瑞青、池素辉，宁夏社会科学，2017年，第2期。

国内宗教美学研究综述，赵鹏程，绵阳师范学院学报，2017年，第3期。

道教的图像与形式：对中国美术史研究方法的思考，于奇赫，吉林艺术学院学报，2017年，第1期。

百余年来的《周易参同契》研究及其方法论检讨，屈燕飞，周易研究，2017年，第3期。

从"游遁大儒"到"谪降仙人"——成公兴在寇谦之神化叙事中的形象塑造，姜守诚，中国矿业大学学报，2017年，第3期。

衰落与复兴：黄大仙信仰历程——以金华黄大仙信仰演变为例，陈华文，民俗研究，2017年，第3期。

南岳正一道教神戏音乐研究——以神戏《大盘洞》为例，李刚、罗雨薇，戏剧之家，2017年，第9期。

神在早期文明中的不同类型和不同演进，张法，江汉论坛，2017年，第1期。

探析三言中"鬼神托梦"的成因及社会意义，罗尚荣、刘洁，新余学院学报，2017年，第1期。

神性书写与迟子建小说的散文化倾向，刘艳，华中科技大学学报，2017年，第2期。

关于中国早期文明国家的形成与轩辕黄帝神话传说问题，高秋宇，焦作大学学报，2017 年，第 1 期。

"神话——原型批评"视域中的《列仙传》人物类型解读，苟波，四川大学学报，2017 年，第 1 期。

程珌词的神仙风致，李京，黄山学院学报，2017 年，第 2 期。

刘勰的"道家三品"说，苏荟敏，职大学报，2017 年，第 2 期。

温庭筠儒释道思想探析，陈丽荣，名作欣赏，2017 年，第 2 期。

《阅微草堂笔记》所载"五雷"等道教法术蕴意，张伟丽，蒲松龄研究，2017 年，第 4 期。

宗教思想观念观照下的独特"自我"——从聊斋词看蒲松龄的自我意识（之四），尚继武，蒲松龄研究，2017 年，第 4 期。

魏晋南北朝西王母信仰的三个系统，储晓军，淮海工学院学报，2017 年，第 12 期。

《道教灵验记》校读札记，刘祖国、张学瑾，古籍研究，2017 年，第 2 期。

新世纪以来道教文献词汇研究述评，刘祖国，汉语史研究集刊，2017 年，第 2 期。

唐代道教诗人吴筠生年及其生平若干问题考辨，孙子颖，忻州师范学院学报，2017 年，第 6 期。

元杂剧中的女道姑：迷失在道庵中的爱情和肉欲，赵晓寰著，王倩译，贵州大学学报，2017 年，第 6 期。

"逍遥"与"无待"：从道家到道教的审美时空，李裴，宗教学研究，2017 年，第 4 期。

清朝宗室与道教，尹志华，宗教学研究，2017 年，第 4 期。

道教符箓书写形式探析，邢飞，宗教学研究，2017 年，第 4 期。

20 世纪海外道教学术观的演变——以马伯乐道教学术遗稿的版本分析为中心，胡锐，宗教学研究，2017 年，第 4 期。

论西南少数民族傩文化中的"玉皇"，廖玲、周永健，宗教学研究，2017 年，第 4 期。

东方主义视域下汤亭亭《女勇士》中的道文化探析，殷丽莎，广西科技师范学院学报，2017 年，第 6 期。

道教禹步与《周易》论析，张泽洪，世界宗教研究，2017 年，第 6 期。

武当山丧歌对道教文化的演绎，康平，中国道教，2017 年，第 6 期。

论《源氏物语》中的道家文化源流，张楠，南京理工大学学报，2017 年，第 6 期。

《西游记》中的宗教文化和宗教思想探析，张舒杰，戏剧之家，2017 年，第 23 期。

王蒙与《葛稚川移居图》，朱万章，文史知识，2017 年，第 12 期。

论周敦颐对道家道教思想的吸收——以《通书》为例，吕锡琛，船山学刊，2017 年，第 6 期。

唐宋时期的海南道教——兼论白玉蟾成长初期的信仰环境，汪桂平，老子学刊，2017 年，第 2 期。

佛道《受生经》的比较研究（下），姜守诚，老子学刊，2017 年，第 2 期。

道经中的心、神、性关系初探，朱展炎，老子学刊，2017 年，第 2 期。

道教上清派传经神话的降授传统与女仙崇拜，李铁华，老子学刊，2017 年，第 2 期。

苏轼与"离铅坎汞"说，胡金旺，江西师范大学学报，2017 年，第 6 期。

《道德经》文辞歧变发覆——基于出土东汉道门题材汉画的考察，刘克，广西社会科学，2017 年，第 10 期。

宋人记录中的神灵故事论析——以《睽车志》为例，虞尧、徐红，江苏第二师范学院学报，2017 年，第 10 期。

两汉时期西王母形象的仙化，王秀妍，湖北工程学院学报，2017 年，第 5 期。

道教徒诗人李白论剑及其剑术，冯渝杰，绵阳师范学院学报，2017 年，第 10 期。

越南母道教"上童"仪式的音乐、性别与认同，凌晨，中国音乐，2017 年，第 4 期。

顾太清诗词中的"白色"意象，花宏艳、刘甜甜，韶关学院学报，2017 年，第 10 期。

散议巫鸿笔下的道教美术——早期道教的仪式场域与宗教符像，李湮、范绿涵，艺海，2017 年，第 9 期。

论魏鲁男《抱朴子内篇》英译的宗教阐释与文化观，何立芳、李丝贝，宗教学研究，2017 年，第 3 期。

《搜神记》"赵公明参佐"故事中的早期道教，孙国江，宗教学研究，2017 年，第 3 期。

苏仙故事的流变与苏仙信仰的发展，袁霞，安徽史学，2017 年，第 5 期。

出处：道教还是佛教——浅析《南柯太守传》与《南柯记》结局之异同，杭蕾、丁海华，文教资料，2017 年，第 26 期。

从"致太平"到"求成仙"——《神仙传》的神仙道教主题，谭敏，西南民族大学学报，2017 年，第 9 期。

论道教的重生思想——基于元代道教史籍的考察，刘永海，河南师范大学学报，2017 年，第 5 期。

历久而弥新——略论宋代《抱朴子内篇》接受中的背离性倾向，袁朗，诸子学刊，2017 年，第 1 期。

《西游记》与传统道教中神仙形象的异同研究，张晓茹，梧州学院学报，2017 年，第 4 期。

佛教道教对唐代文学的影响，张欲晓，中国宗教，2017 年，第 11 期。

形神兼修：论吴筠的道教心性思想，梁辉成，陕西理工大学学报，2017 年，第 4 期。

元代道士诗人张雨研究综述，白艳波，齐齐哈尔大学学报，2017 年，第 11 期。

论唐人小说中的"剑"，王雅凤，河北民族师范学院学报，2017 年，第 4 期。

试论《西游记》的反宗教倾向，杜媛，农家参谋，2017 年，第 21 期。

浅谈《醒世恒言》与道教文化，万鹏，农家参谋，2017 年，第 21 期。

旅游经济与晋北道教音乐田野调查研究，张磊，经济师，2017 年，第 11 期。

试论温庭筠诗歌的思想及其对"儒释道"三教合一的建构作

用，张林，名作欣赏，2017 年，第 17 期。

性别伦理视域下"仙女救夫"的女性审美，冯娟，长春师范大学学报，2017 年，第 3 期。

论丘处机诗词中的"尚闲"情结，郭中华、向有强，洛阳师范学院学报，2017 年，第 1 期。

忧国与脱俗：屈原与庄子思想的比较研究，游大海，人文天下，2017 年，第 6 期。

王照圆《列仙传校正》述略，于少飞，重庆第二师范学院学报，2017 年，第 2 期。

明代道教散文的崇儒倾向及其生成，蒋振华，学术研究，2017 年，第 3 期。

寻找仙人山——柳宗元诗所载仙人山地址考辨，雷冠中、雷日朗、谭茂同等，广西民族大学学报，2017 年，第 1 期。

榕树书写与儒道精神，陈灿彬，阅江学刊，2017 年，第 1 期。

睡虎地秦简《诘》篇与六朝志怪小说渊源关系，齐鲁学刊，2017 年，第 1 期。

《西游记》中宗教因素的再审视，岳玫、张新科，社科纵横，2017 年，第 3 期。

"九尾狐"与"禹娶涂山女"传说蕴意考，尹荣方，文化遗产，2017 年，第 1 期。

六朝私撰地志中的鬼神描写——兼与戏曲中同类作品的比较，江永红，成都大学学报，2017 年，第 2 期。

《搜神记》的主要版本流传及研究概览，张薇薇，阜阳师范学院学报，2017 年，第 2 期。

神仙观念在汉代辞赋家书写中的价值体现，李安飞，三门峡职业技术学院学报，2017 年，第 1 期。

《山海经》中西王母的神话形象新探，朱佳艺，徐州工程学院学报，2017 年，第 3 期。

神话与魏晋诗歌，叶庆兵，琼州学院学报，2017 年，第 1 期。

道文化与明代文学家宋懋澄的精神世界，寇凤凯，周口师范学院学报，2017 年，第 3 期。

苏轼与道士的交游，韩鑫、金身佳，江苏第二师范学院学报，2017 年，第 5 期。

论宋前道教小说中的仙境叙事与图像的互文关系，万晴川、万思蔚，重庆三峡学院学报，2017 年，第 2 期。

从畅玄到畅神：道教对魏晋审美精神自觉的推动作用，刘敏，四川师范大学学报，2017 年，第 5 期。

论《金瓶梅》的道教情结及创作追求，杨天奇，东岳论丛，2017 年，第 5 期。

浅析丘处机诗词中的俗与美，徐荟，大众文艺，2017 年，第 5 期。

从陆游词看他的道教思想，袁海宝，四川职业技术学院学报，2017 年，第 2 期。

论魏晋南北朝地理博物小说的多元文化形态，徐胜男，唐山学院学报，2017 年，第 2 期。

马致远神仙道化剧浓郁的全真教烙印，石钊如，戏剧之家，2017 年，第 7 期。

杜诗中的道教法术与杜甫的宗教观，张思齐，大连大学学报，2017 年，第 1 期。

从死亡的归回：解读段成式《酉阳杂俎》故事中的话语——

由顾非熊形象看由阴返阳故事的叙事传统与艺术创造，赖春桃，理论界，2017 年，第 2 期。

苏轼的神仙信仰及其《水调歌头》中秋词的长生贵命思想，易思平，乐山师范学院学报，2017 年，第 5 期。

论李贺诗歌中的鬼神书写，贾丹，广西科技师范学院学报，2017 年，第 3 期。

金元时期说唱道情的世俗化，王定勇，扬州大学学报，2017 年，第 3 期。

中古志怪小说"人妖恋"故事道教内蕴发微，吕华亮，淮北师范大学学报，2017 年，第 3 期。

《崆峒山志》所录宋佚诗，吕冠南，中国道教，2017 年，第 1 期。

女人生死恋不及一顽石——论唐人小说《李章武传》思想价值，周承铭，江南大学学报，2017 年，第 4 期。

武当叙事散文及特征，罗耀松，汉江师范学院学报，2017 年，第 4 期。

《列仙传》女仙研究，申美琳，艺术评鉴，2017 年，第 15 期。

《神仙传》神仙形象的人化特色，谭敏，中华文化论坛，2017 年，第 8 期。

论李商隐女冠诗的用典及其文化内涵，赵秀楠，商丘师范学院学报，2017 年，第 10 期。

马致远及其神仙道化剧创作，石钊如，戏剧之家，2017 年，第 16 期。

论李白的道教情结，马瑞梅，绵阳师范学院学报，2017 年，第 9 期。

唐传奇仙境营造的道教情怀，卢柯青，陇东学院学报，2017年，第4期。

论道家思想对汤显祖戏曲创作的影响，尹圣洁，现代语文，2017年，第9期。

论老子文学形象的演变，万晴川，嘉兴学院学报，2017年，第5期。

神仙道化剧和八仙的形成，郭延龄，榆林学院学报，2017年，第1期。

陶渊明道教信仰及其相关诗文思想内涵考论，詹石窗、程敏华，湖北大学学报，2017年，第1期。

浩浩落落，独往独来——小议李白的游仙诗，金谷园，文史杂志，2017年，第1期。

唐宋步虚韵的词学观照，陶然、周密，浙江大学学报，2017年，第2期。

李白隐逸意趣探析，廖惊，西南科技大学学报，2017年，第1期。

养怡之福，可得永年：从古代辞赋考察中华文化的养生思想，朱勇，济南大学学报，2017年，第2期。

宋诗中的花椒与道教修炼，牛彩云，名作欣赏，2017年，第5期。

道教与魏晋六朝鬼故事，金官布，成都理工大学学报，2017年，第2期。

仙道文化的革新与升华——论金元诗词的内丹心性学说，郭中华、张震英，中华文化论坛，2017年，第4期。

论《金瓶梅词话》中的佛教、道教文化，方保营，河南理工大学学报，2017 年，第 2 期。

《聂隐娘》中聂隐娘"下嫁"磨镜少年缘由探究，彭婉，甘肃广播电视大学学报，2017 年，第 2 期。

论鱼玄机在儒、道思想撕扯下的畸变，吴尤，六盘水师范学院学报，2017 年，第 1 期。

浅谈西汉时期以八公山为题材的文学作品，闫勇，安徽文学（下半月），2017 年，第 4 期。

评《唐代诗人接受道家道教思想史论》，韩鹏飞，绥化学院学报，2017 年，第 3 期。

从《佳人》诗看杜甫对屈赋女神形象的拓展，张思齐，吉林师范大学学报，2017 年，第 2 期。

1900 — 1949 年中国古代小说与宗教研究，华云松、赵旭，天中学刊，2017 年，第 1 期。

接受美学视角下的唐诗研究——段永升《唐代诗人接受道家道教思想史论》新论，孟凡珍，赤峰学院学报，2017 年，第 2 期。

道眼观世界——王重阳诗词的审美思维，吴光正，学术研究，2017 年，第 2 期。

武当山民间口头文学中的张三丰，刘守华、李征康，汉江师范学院学报，2017 年，第 2 期。

神祇赵公明演变史与《封神演义》关系，陈宏，明清小说研究，2017 年，第 2 期。

试论金元全真高道辞世颂的史学价值和文学价值，吴光正，武汉大学学报，2017 年，第 3 期。

上元夫人：道教女仙还是文学形象？（上），孙昌武，古典文学知识，2017 年，第 3 期。

上元夫人：道教女仙还是文学形象？（下），孙昌武，古典文学知识，2017 年，第 4 期。

月林散清影，周裕锴，古典文学知识，2017 年，第 3 期。

《道藏》仙传的文体生成和文体特征，李蕊芹、许勇强，江苏科技大学学报，2017 年，第 2 期。

论青词与唐诗，丁放、韩文涛，江淮论坛，2017 年，第 2 期。

新颖的研究视角、宏阔的研究视野——段永升新著《唐代诗人接受道家道教思想史论》评介，王长顺，文教资料，2017 年，第 2 期。

浅谈道教文化对李白诗歌创作的影响，邵恺芯，中国民族博览，2017 年，第 1 期。

《道教徒的诗人李白及其痛苦》中的多维对照及思想分析，史秀洋，贵州师范学院学报，2017 年，第 5 期。

白居易诗歌中道教思想对《源氏物语》的影响——以《长恨歌》为例，梁桂熟、杨乔君，牡丹江大学学报，2017 年，第 2 期。

论道教对刘禹锡诗歌的影响，孙敏敏，北方文学旬刊，2017 年，第 1 期。

再探《老子中经》的成书年代，吴双，甘肃广播电视大学学报，2017 年，第 6 期。

镜何以卫道——从《西游记》照妖镜浅谈镜道关系，王巍，北方文学，2017 年，第 9 期。

《崆峒山志》所录宋佚诗，吕冠南，中国道教，2017 年，第 1 期。

《周易参同契》的文本形态与隐喻手法，刘湘兰，文学遗产，2017 年，第 6 期。

丘逢甲南洋诗歌"南道院"考，宋燕鹏，韩山师范学院学报，2017 年，第 4 期。

陶弘景与谶纬，吕宗力，南京晓庄学院学报，2017 年，第 3 期。

明清以来道情在江苏的传播，王定勇，江苏社会科学，2017 年，第 6 期。

诗与传：李贺形象神话侧面的建构轨迹，高恒、张丹，曲靖师范学院学报，2017 年，第 4 期。

试论汉代西王母形象的演变与发展，李冀，老子学刊，2017 年，第 1 期。

论宋词中的"玉妃"意象及其文化意蕴，袁晓聪，南京师范大学文学院学报，2017 年，第 3 期。

清代文人与南京隐仙庵，尹志华，全真道研究，第八辑，齐鲁书社，2017 年。

论道经中的文学作品及体裁，贺剑英，长江丛刊，2017 年，第 3 期。

《楚辞·大招》：汉高祖丧礼中的招魂文本，张树国，文学评论，2017 年，第 2 期。

吴筠与李白交往新探，刘晓春，北方文学旬刊，2017 年，第 9 期。

天根月窟诗的发展，载三浦国雄著，王标译：不老不死的欲求，四川人民出版社，2017 年。

论《悟真篇》的禅宗歌颂——身与性，载三浦国雄著，王标译：不老不死的欲求，四川人民出版社，2017 年。

安坚《梦游桃源图》与陶渊明《桃花源记》，载三浦国雄著，王标译：不老不死的欲求，四川人民出版社，2017 年。

陆羽的生活文化——以湖州友人之交游为探讨，康才媛，淡江史学，2017 年。

由陈垣《道家金石略》解析宋真宗崇道的面向，杨雅筑，淡江中文学报，2017 年，第 37 期。

《太上说天妃救苦灵验经》与永乐期的海外出使——日本天理大学所藏永乐十二年版与永乐十八年版之考察，藤田明良，成大历史学报，2017 年，第 53 期。

自度度人，何莫非道？《西游证道书》评点研究，林小涵，清华中文学报，2017 年，第 18 期。

层层牵引，拔度救苦——道教中的"牵水（车藏）"科仪，黄丞萱，宗博季刊，2017 年，第 103 期。

台湾大学藏海内孤本《七真仙传》考述，吴光正，（台湾）中国文哲研究通讯，2017 年，27 卷第 3 期。

论朱熹《斋居感兴二十首》与丹道之学的关系，史甄陶，清华中文学报，2017 年，第 17 期。

存思的内景：切近神圣的身体，程乐松，辅仁宗教研究，2017 年，第 34 期。

朝封、道封与民封——从三个例子谈敕封对神祇信仰的形塑与影响，高振宏，华人宗教研究，2017 年，第 9 期。

唐代霍山的神话与祭祀——兼论霍山中镇地位的确立，蔡宗宪，政治大学历史学报，2017 年，第 47 期。

虚神静思——从文人山水画探讨道教文化的传播，张泽珣，华人文化研究，2017 年，第 1 期。

从释厄到证道——论《西游证道书》的评点与情节更动，陈海茵，玄奘佛学研究，2017 年，第 27 期。

从《庐山莲宗宝鉴》论元代白莲道人对佛道思想之曲解，李圣俊，人文社会科学研究，2017 年，第 4 期

明代通俗文学与社会宗教生活中道教神系的构建 ——以《西游记》和《封神演义》为中心，赵益，人文中国学报，2017 年，第 24 期。

《大唐三藏取经诗话》三事考辨，谢明勋，玄奘佛学研究，2017 年，第 27 期。

寓意的评量架构：以《西游记》五圣解读为中心，李贵生，淡江中文学报，2017 年，第 37 期。

明吴承恩《西游记》对元杨景贤《西游记》杂剧五圣形象的改编翻转，林怡安，问学集，2017 年，第 21 期。

明清道教吕祖降乩信仰的发展及相关文人乩坛研究，黎志添，中国文化研究所学报，2017 年，第 65 期。

早期耶稣会士与《道德经》翻译：马若瑟、聂若望与韩国英对"夷"、"希"、"微"与"三一"的讨论，潘凤娟 、江日新，中国文化研究所学报，2017 年，第 65 期。

《红楼梦》"正邪两赋"说的历史渊源与思想内涵——以气论为中心的先天禀赋观，欧丽娟，新亚学报，2017 年，第 34 期。

《游仙窟》之"承"与"变"——在"巫山神 女传统"脉络下之浅析，张宇荃，东吴中文研究集刊，2017 年，第 23 期。

萼绿华小考，张海澜，弘道，2017 年，第 70 期。

马丹阳《渐悟集》中的"叠字"诗——兼谈马丹阳的"诗教"，陈坚，弘道，2017 年，第 70 期。

全真道祖师藏头拆字、攒三拆字诗词试解，汪登伟，弘道，

2017 年，第 70 期。

杜光庭记传类作品文献研究综述，张学瑾、刘祖国，弘道，2017 年，第 71 期。

《射雕英雄传》中的丘处机形象分析，李小龙，弘道，2017 年，第 71 期。

浅析道教影响昆曲产生何以可能，黄新华，弘道，2017 年，第 71 期。

The Synthesis of Daoist Sacred Geography：A Textual Study of Du Guangting's Dongtian fudi yuedu mingshan ji（901），Lennert Gesterkamp，Daoism：Religion，*History and Society* 9，2017.

Bodhidharma Outside Chan Literature：Immortal，Inner Alchemist，and Emissary from the Eternal Realm. Eskildsen，S. *Journal of Chinese Religions*，45（2），119—150，2017.

Shanghai Sacred：The Religious Landscape of a Global City by Beno？t Vermander，Liz Hingley，and Liang Zhang（review）. Hu，A. *China Review International*，24（1），54—57，2017.

Gendering the Planchette：Female Writer Qian Xi's（1872—1930）Spiritual World. Wang，Y. *Journal of Chinese Literature and Culture*，4（1），160—179，2017.

A Family of Filial Exemplars：The Baos of Luzhou in the Northern Song. Zhang，C. E. *Journal of Chinese Literature and Culture*，4（2），360—382，2017.

Gendering the Planchette：Female Writer Qian Xi's（1872—1930）Spiritual World. Wang，Yanning. *Journal of Chinese Literature and Culture* 4. 1（2017）：160—179，2017.

The Synthesis of Daoist Sacred Geography：A Textual Study of Du Guangting' Dongtian fudi yuedu mingshan ji（901）. Lennert Gesterkamp. *Daoist：Religion，History and Society*（道教研究学报），No9，2017.

《高道传》辑考，李静，*Daoist：Religion，History and Society*（道教研究学报），No9，2017.

京都国立博物館所蔵敦煌道経：『太上洞玄霊宝妙経衆篇序章』を中心に，神塚淑子，名古屋大学文学部研究論集，2017 年，第 63 号。

『上清大洞眞経』の構成について，垣内智之，東方宗教，2017 年，第 129 号。

道教の傳経儀禮における臨壇三師について，金志炫，東方宗教，2017 年，第 130 号。

『新鐫仙媛紀事』の成立と明代女仙信仰，賴思妤，東方宗教，2017 年，第 130 号。

神仙说话的读法——以"自然"元语言（Meta）读法为中心，郑宣景，中国语文学论集，中国语文学研究会，2017 年，第 104 辑。

2018 年

论巴南接龙傩戏的生存与发展，向轼，中国俗文化研究，2018 年，第 15 辑。

烟花易冷——周唐鼎革中的太清观主史崇玄，白照杰，中国俗文化研究，2018 年，第 15 辑。

评 Demonic Warfare：Daoism，Territorial Networks，and the History of a Ming Novel，许蔚，古典文献研究，2018 年，第 21 辑上卷。

灵宝经"步虚章"研究，柏夷、罗争鸣，古典文献研究，2018 年，第 21 辑上卷。

《水浒传》中登州派八位英雄与"八仙"传说人物的联系探析，于兴梅、刘子全、栾芳，潍坊高等职业教育，2018 年，第 2 期。

葛洪《神仙传》"仙方"小议，杨枝青、王春艳，中医文献杂志，2018 年，第 5 期。

明清神魔小说中"帝王师"形象的文化解读，孙惠欣、张淼，中华文化论坛，2018 年，第 7 期。

《八仙出处东游记传》中八仙广泛流传成因探析，姜金明，文学教育（上），2018 年，第 2 期。

《苏武慢》与词史中的理学体，张仲谋，江苏师范大学学报，2018 年，第 1 期。

明末清初杭州文人汪淇刻书新考，张舰戈，东吴学术，2018 年，第 2 期。

清代小说家汪淇《西游证道书》研究综述，张舰戈，商丘师范学院学报，2018 年，第 8 期。

全真道与马致远神仙道化剧的情节建构，王亚伟，中南大学学报，2018 年，第 1 期。

水陆仪起源的理论思考，李翎，东方论坛，2018 年，第 1 期。

论《韩湘子全传》的成书背景，程诚，牡丹江大学学报，2018 年，第 6 期。

楚辞的文体视阈与礼乐仪式，熊良智，文学评论，2018 年，第 4 期。

以宗教为切入点的新世纪中国古代文学研究——基于问题、现象与方法的思考，蒋振华，文学评论，2018 年，第 1 期。

《早期道教的混沌神话及其象征意义》评介，蔡觉敏，东方论坛，2018 年，第 1 期。

伍家沟村、耿村道教故事所透射的民众文化心理，郑春元，汉江师范学院学报，2018 年，第 1 期。

从"谪仙"解读看松浦友久之李白风格研究，徐子昭、李梓贤、胡李安，文学教育（上），2018 年，第 1 期

上清经的表演性质，康若柏，道教修炼与科仪的文学体验，陈伟强主编，凤凰出版社，2018 年。

佛道基因与高允诗赋的文学定位，赵逵夫、王峥，河北学刊，2018 年，第 3 期。

唐都长安的道观与诗人的诗歌创作，李芳民，古典文学知识，2018 年，第 5 期。

道教经典里"试"的故事（上），孙昌武，古典文学知识，2018 年，第 5 期。

道教经典里"试"的故事（下），孙昌武，古典文学知识，2018 年，第 6 期。

浅析《搜神记》人鬼恋故事，靳文静，辽东学院学报，2018 年，第 2 期。

论《金瓶梅》中僧道在民间丧葬俗仪中的介入，张巧，河南理工大学学报，2018 年，第 3 期。

《玄怪录》中精怪故事的娱乐性研究，张伟，广东第二师范学院学报，2018 年，第 4 期。

汉镜中的"求仙路"——以汉乐府为参照，时嘉艺，南都学坛，2018 年，第 5 期。

丘处机诗词艺术成就的原因解析，郭中华，洛阳师范学院学报，2018 年，第 7 期。

中国古代神话民俗化浅析，闫德亮，郑州大学学报，2018 年，第 4 期。

论金元全真诗词和合文化的思想内涵，郭中华，中华文化论坛，2018 年，第 9 期。

《红楼梦》中的巫卜文化探析，张劲松、雷庭来，湖北工程学院学报，2018 年，第 4 期。

从巫道佛儒的文化递嬗看孙悟空"改邪归正"之演变——世代累积型人物形象演变研究，项裕荣，九江学院学报，2018 年，第 3 期。

儒道两种视角的"在宥"阐释——兼及文本问题，于雪棠，社会科学辑刊，2018 年，第 5 期。

文同的佛道因缘及诗文创作探微，武玉秀、宫臻祥，陕西理工大学学报，2018 年，第 5 期。

张志和《渔歌》的流风馀韵，陈尚君，文史知识，2018 年，第 6 期。

《列仙传》中神仙原型的文化考察——以巫者为例，张玉莲，中华文化论坛，2018 年，第 11 期。

汉学家高罗佩的道教文化观——以《大唐狄公案》道教书写为中心，王凡，北京社会科学，2018 年，第 11 期。

汉魏六朝人神恋小说中女神主导局面形成的原因，董舒心，民俗研究，2018 年，第 6 期。

《全金元词》马钰《神光灿》词辨正，伏蒙蒙，古籍整理研究学刊，2018 年，第 4 期。

论元代玄教道士朱思本诗文创作中的儒士情怀，吴光正、陈厚，江汉论坛，2018 年，第 11 期。

楚辞神巫隐喻心理的形成，赵晓波，九江学院学报，2018 年，第 1 期。

郭璞《游仙诗》现存篇目考论——兼与赵沛霖先生商榷，孙倩，职大学报，2018 年，第 3 期。

《幽明录》中精怪故事浅探，李天琪，九江学院学报，2018 年，第 4 期。

《庄子》杂篇庄老学派时空诗学研究——无为、卫生之经与至人，许端容，诸子学刊，2018 年，第 2 期。

《山海经》神话札记，杨建军，西北民族研究，2018 年，第 4 期。

道家文化与纳兰词的生命无为意识，安奇贤，甘肃高师学报，2018 年，第 3 期。

仙话小说《吕祖全传》中黄粱梦故事演变考，张舰戈，宁波大学学报，2018 年，第 5 期。

感光生子神话内涵重探，高梓梅，湖北第二师范学院学报，2018 年，第 11 期。

道教咒语的情感内容及其对诗歌的影响，成娟阳、蒋振华，湖南师范大学社会科学学报，2018 年，第 5 期。

始祖神话与中华民族共有精神家园的起源，向柏松、袁咏心，中南民族大学学报，2018 年，第 4 期。

从鸟神崇拜到道教审美视域下飞鸟形象的演变，孙鑫蓉，四川文理学院学报，2018 年，第 6 期。

《山海经》中的不死神话与死亡认知，徐美琪，绥化学院学报，2018 年，第 12 期。

狐仙传说与"民间想象"——蒲松龄故乡"李半仙故事"考，孙其香、李学良，山东理工大学学报，2018 年，第 5 期。

李白学道求仙，盖阙如，文史杂志，2018 年，第 6 期。

从道教视野试解薛涛谜语诗《咏八十一颗》，卢婕，文史杂志，2018 年，第 6 期。

试论宋代游仙诗对现实世界的体认与阐释，曾萍，黑河学刊，2018 年，第 6 期。

唐代安岳玄妙观道教碑文与造像研究，陈云，宗教学研究，2018 年，第 4 期。

唐代铜镜中的道教文化探析，徐楠，美术大观，2018 年，第 12 期。

唐代铜镜中的道教文化，徐楠，中国道教，2018 年，第 5 期。

庄子又名"南华"考，辜天平，中国道教，2018 年，第 6 期

曹操的神仙思想，潘司颖，名作欣赏，2018 年，第 35 期。

论白玉蟾"谪仙"主题诗词的创作体验，范靖宜、詹石窗，海南大学学报，2018 年，第 6 期。

论《牡丹亭》中的道教文化，杨艳丽，文学教育，2018 年，第 11 期。

仙道贵生：道教文学中的人文精神，陈志伦、梁晓彤，中国宗教，2018 年，第 10 期。

赵孟頫道教写经的规格、功用与意义，刘志，世界宗教文化，2018 年，第 5 期。

《七真天仙宝传》的版本、使用及内容初探，秦国帅，全真道研究（第 7 辑），齐鲁书社，2018 年。

超验与经验：道教美学思想的两个维度，苏振宏，江西社会科学，2018 年，第 9 期。

补不见于《全元文》之道教佚文七篇，赵逵夫、赵玉龙，内蒙古民族大学学报，2018 年，第 4 期。

2017 年国内宗教美学研究概览，邱月，绵阳师范学院学报，2018 年，第 7 期。

刘大彬《茅山志》研究，马秀娟，宋史研究论丛，2018 年，第 1 期。

论郭璞的《游仙诗》，张闽敏，开封教育学院学报，2018 年，第 9 期。

《西游记》中的道教哲学思想探析，孙源鸿，通化师范学院学报，2018 年，第 9 期。

道教思想与文学意趣，蒋振华，中国社会科学报，2018 年 9 月 17 日。

对于早期神仙传记中"升仙故事"的"神话—原型批评"研究，苟波，宗教学研究，2018 年，第 3 期。

唐传奇中的仙话主题——以《崔炜》、《薛昭》和《颜濬》为例，陈燕，柳州职业技术学院学报，2018 年，第 4 期。

《太平广记会校》神仙部校读札记，曾文斌，忻州师范学院学报，2018 年，第 4 期。

道教《亢仓子》文献整理研究——全道篇、用道篇，孙爱峰，汉字文化，2018 年，第 16 期。

太白诗的仙风道骨，尧育飞，中国社会科学报，2018 年 8 月

23 日。

张三丰道教文学创作特质论略，蒋振华，唐山师范学院学报，2018 年，第 4 期。

挣扎、曲解和屈从：《真诰》诗歌的英译，柏夷，道教修炼与科仪的文学体验，陈伟强主编，凤凰出版社，2018 年。

吴筠的生平、思想及文学，麦谷邦夫，道教修炼与科仪的文学体验，陈伟强主编，凤凰出版社，2018 年。

鬼律与故纵：《西游记》中的召唤土地，李丰楙，道教修炼与科仪的文学体验，陈伟强主编，凤凰出版社，2018 年。

道教镇魂仪式视野下的《封神演义》的一个侧面，田仲一成，道教修炼与科仪的文学体验，陈伟强主编，凤凰出版社，2018 年。

《周易参同契》文体杂糅的文本形态及隐喻手法，刘湘兰，道教修炼与科仪的文学体验，陈伟强主编，凤凰出版社，2018 年。

历史与神话——淮南王故事的不同叙述，陈静，道教修炼与科仪的文学体验，陈伟强主编，凤凰出版社，2018 年。

步虚词释义及其源头与早期形态分析，罗争鸣，道教修炼与科仪的文学体验，陈伟强主编，凤凰出版社，2018 年。

六朝道教步虚词的原型及其拟作：信仰与文学之对比，郑璨山，道教修炼与科仪的文学体验，陈伟强主编，凤凰出版社，2018 年。

发炉与治箓——正一发炉与灵宝发炉的比较，.广濑直记，道教修炼与科仪的文学体验，陈伟强主编，凤凰出版社，2018 年。

王屋山孙思邈传说的形成与发展——兼谈魏华存信仰的转变，山下一夫，道教修炼与科仪的文学体验，陈伟强主编，凤凰出版社，2018 年。

仙游·贵游·梦游——李白供奉翰林的谪仙身影及其遇合困境，许东海，道教修炼与科仪的文学体验，陈伟强主编，凤凰出版社，2018 年。

李白与司马承祯之洞天思想，土屋昌明，道教修炼与科仪的文学体验，陈伟强主编，凤凰出版社，2018 年。

白居易外丹烧炼及其道教信仰，刘林魁，道教修炼与科仪的文学体验，陈伟强主编，凤凰出版社，2018 年。

关于唐五代道教斋文的几个问题，郜同麟，道教修炼与科仪的文学体验，陈伟强主编，凤凰出版社，2018 年。

林希逸《庄子口义》与五山文学——试论其接受史与曲折之构造，横手裕，道教修炼与科仪的文学体验，陈伟强主编，凤凰出版社，2018 年。

王重阳师徒词作中的心灵书写，张美樱，道教修炼与科仪的文学体验，陈伟强主编，凤凰出版社，2018 年。

脱胎换骨——王重阳诗词中的宗教经验，吴光正，道教修炼与科仪的文学体验，陈伟强主编，凤凰出版社，2018 年。

全真教对老庄言意思想的继承与发挥，张景、张松辉，道教修炼与科仪的文学体验，陈伟强主编，凤凰出版社，2018 年。

作为仪式的文学——净明道科仪文献中的许逊传记，许蔚，道教修炼与科仪的文学体验，陈伟强主编，凤凰出版社，2018 年

《于少保萃忠全传》的宗教解读——兼论中国宗教与文学中的解冤释结传统，刘苑如，道教修炼与科仪的文学体验，陈伟强主编，凤凰出版社，2018 年。

从《锲五代萨真人得道咒枣记》论邓志谟与建阳余氏出版，林桂如，道教修炼与科仪的文学体验，陈伟强主编，凤凰出版社，

2018 年。

《水浒全传》与华光大帝信仰，二阶堂善弘，道教修炼与科仪的文学体验，陈伟强主编，凤凰出版社，2018 年。

《男女丹工异同辨》之丹法观念论析，赖慧玲，道教修炼与科仪的文学体验，陈伟强主编，凤凰出版社，2018 年。

韩国朝鲜时期古典文化中所反映的"西王母"形象，崔真娥，道教修炼与科仪的文学体验，陈伟强主编，凤凰出版社，2018 年。

吕洞宾在朝鲜神仙图的变容，金道荣，道教修炼与科仪的文学体验，陈伟强主编，凤凰出版社，2018 年。

上清经的表演性质，康若柏，道教修炼与科仪的文学体验，陈伟强主编，凤凰出版社，2018 年。

论韩国汉文小说《玉仙梦》的才学小说性质，肖大平，华人文化研究，2018 年。

朝鲜文人眼中的李白形象——以"从璘"事与《嘲鲁儒》为中心，董达，韩国学报，2018 年。

《桃花源记并诗》桃源母题的形成及其在唐传奇之发展，谢仲盈，世新中文研究集刊，2018 年。

文史合鸣：论董嗣杲《西湖百咏》中"集体记忆"与"自我抒情"之书写，陈思宇，东吴中文线上学术论文，2018 年。

韩愈李贺诗歌怪奇意象比较，李淑娴，明日风尚，2018 年，第 3 期。

论唐传奇《杜子春》对佛道思想的接受，吴成田，牡丹，2018 年，第 3 期。

历代武当道教文献典籍考述，兰玉萍、冷小平，汉江师范学院学报，2018 年，第 1 期。

郭子章《豫章诗话》中的佛道意识，邱美琼、刘雨婷，贵州文史丛刊，2018 年，第 1 期。

信阳民间道教音乐风格传承研究，童玉娇，戏剧之家，2018 年，第 4 期。

晚唐前蜀王建的吉凶时间与道教介入——以杜光庭《广成集》为中心，吴羽，社会科学战线，2018 年，第 2 期。

蒲城石羊道情：声声吟唱飘古韵，土沃根深自芳华，杨晓妍，渭南日报，2018 年 1 月 12 日。

虚构的传记——仙传（上），孙昌武，古典文学知识，2018 年，第 1 期。

论金元全真诗词的宗教伦理思想，郭中华，河南科技大学学报，2018 年，第 4 期。

陆修静道经词语辑释与《汉语大词典》条目补订，成妍，语文学刊，2018 年，第 4 期。

论民间动植物传说中"变形"的思想根源，周彬，蚌埠学院学报，2018 年，第 4 期。

从道教文化看妈祖信仰的形成与发展，黄惠萍，东方收藏，2018 年，第 8 期。

道教对冲绳文化的多重影响——从《中山世谱》看，孙亦平，西南民族大学学报，2018 年，第 9 期。

《云笈七签》的结构和资料来源，劳格文、吕鹏志，西南民族大学学报，2018 年，第 9 期。

汉晋神仙小说的"变化"情节析论，邓国均，西北民族大学学报，2018 年，第 4 期。

《西游记》中的道教哲学思想探析，王婧怡，长春师范大学学报，2018 年，第 7 期。

道教上清派与晚唐咏物诗创作，王见楠，苏州科技大学学报，2018 年，第 4 期。

儒释道三教的杂糅——重解《西游记》，张婧，白城师范学院学报，2018 年，第 7 期。

浅谈道教对魏晋南北朝文学的影响，张广艳，才智，2018 年，第 19 期。

从劝善书看道教道德伦理——以《太上感应篇》为例，张慧中，中国校外教育，2018 年，第 18 期。

道教视阈下的王维研究，高萍、仰宗尧，唐都学刊，2018 年，第 3 期。

失落的主题：中国传统旅行之"仙游"考，张颖，徐州工程学院学报，2018 年，第 3 期。

六朝时期的"山水"、地图与道教，陈铮，民族艺术，2018 年，第 3 期。

颜真卿与麻姑文化，刘晓艳，世界宗教文化，2018 年，第 2 期。

白玉蟾多重性考论，于洪涛，世界宗教研究，2018 年，第 2 期。

东岳观道教音乐，倪晓月，浙江档案，2018 年，第 3 期。

矢志传承千年道观的天籁之音，吴立勋、倪晓月，浙江档案，2018 年，第 3 期。

论南岭走廊瑶传道教经籍英译——以《赦书本》为例，麦新转、范振辉，贺州学院学报，2018 年，第 1 期。

《酉阳杂俎》中游仙故事的传承与变异，赖春桃，新闻传播，

2018 年，第 6 期。

道教信仰视野中的黄帝，张泽洪，四川大学学报，2018 年，第 2 期。

"壶天"与"洞天"道教对中国园林的影响，周努鲁，中国宗教，2018 年，第 3 期。

曹植杂曲游仙乐府与汉魏相和游仙乐府的区别性特征及成因，张勇会，江南大学学报，2018 年，第 2 期。

神仙想象的变异——中唐前期古诗的一种奇思，葛晓音，北京大学学报，2018 年，第 2 期。

中国古代神仙小说中的儒家思想体现，程丽芳，北方论丛，2018 年，第 2 期。

唐代茶诗中道家思想出现的原因探析，南雪芹，茶叶，2018 年，第 1 期。

宋元时期通俗文学对徐神翁信仰的推动与重塑，解亚珠，宗教学研究，2018 年，第 1 期。

一件伪作何以改变历史——从《蓬莱仙奕图》看明代中后期江南文人的道教信仰，谈晟广，中国国家博物馆馆刊，2018 年，第 3 期。

汉画像中的升仙图式探析，陈二峰，宗教学研究，2018 年，第 1 期。

《抱朴子内篇》美学思想阐幽，姜约，宗教学研究，2018 年，第 1 期。

浅议葛洪的《神仙传》，谭敏，北京化工大学学报，2018 年，第 1 期。

《列仙传》成书时代考，杨晓丽，文学与文化，2018 年，第

1 期。

通向和合天台的"唐诗之路"，庞亚君，浙江经济，2018 年，第 10 期。

孟浩然道教信仰探微——从孟浩然坚持"举荐出仕"说起，朱佩弦，浙江师范大学学报，2018 年，第 3 期。

论李贺诗歌的鬼神意象，张慧如，语文学刊，2018 年，第 4 期。

论六朝隋唐神仙小说的叙事时空，程丽芳，河南师范大学学报，2018 年，第 5 期。

杀生放生、洞天福地母题与佛道地理之关系，杨宗红，临沂大学学报，2018 年，第 3 期。

李白的神仙信仰，贺兰山，文史杂志，2018 年，第 3 期。

关于死亡—复活信仰的中国古代神话和早期神仙传记故事解读，苟波，中国比较文学，2018 年，第 2 期。

三国叙事之怪力乱神，李庆西，书城，2018 年，第 4 期。

"八仙"故事的民间化重构——基于宝卷的研究视角，张灵，上海师范大学学报，2018 年，第 2 期。

《七真天仙宝传》的版本、使用及内容探析，秦国帅，全真道研究，第 8 辑，齐鲁书社，2018 年。

全真教史家与全真教史德建构，张广保，全真道研究，第 8 辑，齐鲁书社，2018 年。

明刊百回本《西游记》序言、批语、卷名及题辞探微，郭健，文学遗产，2018 年，第 4 期。

论《福地》人物形象的文学史意义，耿宝强，郑州师范教育，2018 年，第 2 期。

屈原形象神仙化历程及文化意义，李舒婷、林彬晖，名作欣赏，2018 年，第 8 期。

李白的神仙诗，王白石，文史杂志，2018 年，第 2 期。

晋北沿边堡寨的宗教信仰及神庙戏台，王鹏龙，文艺研究，2018 年，第 2 期。

汉魏六朝"汉武故事"新解，张晓明，东方论坛，2018 年，第 1 期。

虚构的传记——《仙传》（下），孙昌武，古典文学知识，2018 年，第 2 期。

元代道士画家马臻研究四则，申喜萍，宗教学研究，2018 年，第 1 期。

关公夫人神格初考，林翠凤，东海大学图书馆馆刊，2018 年，第 26 期。

身体、隐喻与对话：从《庄子》到《老子中经》的道家灵修与论述，沈清松，哲学与文化，2018 年，第 45 卷第 1 期。

神异与多貌——以宗教神话观点论哪吒太子形象，刘韦廷，辅仁宗教研究，2018 年，第 37 期。

塑造文昌帝君——文昌信仰源起与发展新探，李朝凯，东吴历史学报，2018 年，第 38 期。

道教的黄帝信仰初探，张泽洪，哲学与文化，2018 年，第 3 期。

汉学家高罗佩的道教文化观——以《大唐狄公案》道教书写为中心，王凡，北京社会科学，2018 年，第 11 期。

基于叙事学的佛经与道教《灵宝经》的对比研究——以叙述者为中心，王皓月，世界宗教文化，2018 年，第 6 期。

堪舆术与韩国汉文小说，王雅静、李超杰，中北大学学报，2018 年，第 6 期。

道经词汇研究的词典学意义，忻丽丽，井冈山大学学报，2018 年，第 6 期。

道教经典里"试"的故事（下），孙昌武，古典文学知识，2018 年，第 6 期。

王世贞道教思想及其历史文化意义，崔颖，人民论坛·学术前沿，2018 年，第 24 期。

道教文学形象散论，张振国，弘道，2018 年，第 72 期。

佛道教"叹骷髅"文本渊源新探，吴真，道教学刊，2018 年，第 2 期。

试论内外景来源及两部《黄庭经》的撰成年代，萧登福，弘道，2018 年，第 73 期。

明代神魔小说中的四海龙王释略，赖玉树，万能学报，2018 年，第 40 期。

从《爱莲说》和《读英真君丹诀》论周敦颐儒释道说，费艳萍，问学，2018 年，第 22 期。

皮日休、陆龟蒙与道家——晚唐儒家复兴的一个侧面，李长远，台大文史哲学报，2018 年，第 89 期。

王船山内丹思想研究——以《远游》注为核心的考察，康自强，中国学术年刊，2018 年，第 40 期。

赵宜真传记书写中的舍弃资料，许蔚，辅仁宗教研究，2018 年，第 37 期。

论《玉簪记》对明话本、杂剧及其女冠文化之衍义——兼论改编昆剧小全本结构之得失，李惠绵，中国文学学报，2018 年，第9期。

宋濂的内丹养生法——兼论其儒道汇通思维，邝明威，鹅湖月刊，2018年，第9期。

《金瓶梅》中的相命预言，曾俐玮，东吴中文在线学术论文，2018年，第42期。

《西游记》英译史概述（1854—1949），吴晓芳，中国文哲研究通讯，2018年，第28卷第3期。

"潜在的悲剧"——从异端系谱回看《西游记》，娄文衡，辅大中研所学刊，2018年，第38期。

灵宝经"步虚章"研究，柏夷著，罗争鸣译，古典文献研究，2018年11月，第21辑上卷。

"Roaming the Infinite"：Liu Xiang as Chuci Scholar and Would be Transcendent，魏宁，（台湾）清华中文学报，2018年，第20期。

The Minor Rite Invocations of the Tainan Ritual Master Tradition：An Overview of their Literary Form and Historical Background，冯思明，人文研究学报，2018年，第2期。

Practice and Body of the Scripture of Yellow Court，郑宇镇、萧登福，哲学与文化，2018年，第45卷第2期。

Defying Death：Stigmas and Rewards of Immortality in Taoist and Gothic Literary Traditions，Fontaine Lien，*Pacific Coast Philology*，Vol. 53，No. 1，2018.

Pre—Qin Daoist Reflections on the Xianneng，Cao Feng、Caterina Weber，*Journal of Chinese Humanities* 4，2018.

Sanskrit and Pseudo—Sanskrit Incantations in Daoist Ritual Texts，Joshua Capitanio，*History of Religions* 57，2018.

Lexical Landscapes and Textual Mountains in the High T'ang. Kroll, P. W. In *Critical Readings on Tang China*, pp. 1021—1059, Brill, 2018.

Li Po's Letters in Pursuit of Political Patronage. In Mair, V. H. *Critical Readings on Tang China*, pp. 731—761, Brill, 2018.

Immortals and Alchemists：Spirit—Writing and Self—Cultivation in Ming Daoism. Mozias, I. *Journal of Daoist Studies*, 11（11）, 83—107, 2018.

Combating Illness—Causing Demons in the Home：Fabing Treatises and Their Circulation from the Late Ming Through the Early Republican Period. Zhang, Y. *Late Imperial China*, 39（2）, 59—108, 2018.

The Dream of the 'Talented Man'：Dream Allusions in Qing Poet Li E's（1692—1752）Youxian Poetry. Wang, Yanning. *Extrême—Orient, Extrême—Occident* 42（2018）：129—152, 2018.

Pringting the Dao：Master Zhou Xxuanzhen, The Editorial History of the Jade Slips of Great Clarity and Ming Quanzhen Identify. Bony Schachter. *Daoist：Religion, History and Society*（道教研究学报）, No10, 2018.

嵩山受璧 长安开籍——刘裕英雄试炼与创业神话叙述, 刘苑如, *Daoist：Religion, History and Society*（道教研究学报）, No10, 2018.

2019 年

入道弟子——《周氏冥通记》的宗教日常叙述, 汉学研究,

2019 年，第 37 卷第 4 期。

道教诗歌与求仙，柯睿著，左丹丹译，古典文献研究，2019 年，第 22 辑下卷。

江南无为教宝卷的刊刻与地域流布，张经洪，中国俗文化研究，2019 年，第 16 辑。

论葛洪《神仙传》的小说特点，邢培顺，蒲松龄研究，2019 年，第 4 期。

新见日本内阁文库所藏中国明清文言小说叙录，吴肖丹，明清小说研究，2019 年，第 3 期。

上海市图书馆藏《重阳七真演义传》编纂及刊刻初考，秦国帅，宗教学研究，2019 年，第 2 期。

多民族文化交流中的"仙妻"形象研究——以新疆"凡夫寻仙妻"故事为例，王丹，民族文学研究，2019 年，第 6 期。

"神话—原型批评"视域中的《列仙传》服食信仰研究，常磊，宗教学研究，2019 年，第 4 期。

金代全真教掌教马丹阳的诗词创作及其文学史意义，吴光正，世界宗教研究，2019 年，第 1 期。

日藏孤本黄周星《圃庵诗集》考述，张静、唐元，文献，2019 年，第 3 期。

葛藤语与荆棘岭——小议全真教观念对《西游记》文本的影响，陈宏、韦静怡，文学与文化，2019 年，第 4 期。

陶弘景文学主旨浅论，贺梦玲、蒋振华，湘南学院学报，2019 年，第 4 期。

"道藏"集部文献编纂、整理的文学思考，蒋振华，湖南师范大学社会科学学报，2019 年，第 1 期。

招魂礼俗与《招魂》主题、体式的生成，熊良智，文艺研究，2019 年，第 11 期。

金代山水诗的道教意象及其文学生成，孙兰，东方论坛，2019 年，第 6 期。

古代堪舆术与明清文学批评，龚宗杰，文学遗产，2019 年，第 6 期。

"首届中国道教文学文化学术研讨会"召开，胡海义，文学遗产，2019 年，第 6 期。

《金元全真诗词研究》序，张震英，中华优秀传统文化研究，2019 年卷。

明代张宇初道教文学思想及其历史意义，蒋振华，西北师范大学学报，2019 年，第 5 期。

首届中国道教文学文化学术研讨会暨国家社科基金重大项目"历代道经集部集成、编纂与研究"推进会召开，中国文学研究，2019 年，第 3 期。

道教宫观山志的文学研究价值——以杭州为中心的考察，胡海义，中国文学研究，2019 年，第 3 期。

佛经翻译影响下的魏晋南北朝文学，闫艳，北方论丛，2019 年，第 4 期。

道教的仙歌（上），孙昌武，古典文学知识，2019 年，第 3 期。

道教的仙歌（下），孙昌武，古典文学知识，2019 年，第 4 期。

"麻姑献寿"传说的形成和在文学文本中的传播，王昭宇、涂育珍，东华理工大学学报，2019 年，第 1 期。

宋代江西诗僧饶节诗歌中的养生思想，于文静、吴昌林，东华理工大学学报，2019 年，第 4 期。

林邑、女仙、良药与警兆：中古时期的"琥珀"形象——以道教仙话《南滇夫人传》为中心，周能俊，形象史学，2019 年，第 2 期。

陈撄宁《孙不二女功内丹次第诗注》简评，梁淑芳，全真道研究，2019 年。

《通报》与西方汉学研究的发展（1890—2016），寿酓，全真道研究，2019 年。

《封神演义》阐教、截教论考，李亦辉，明清文学与文献，2019 年。

严一萍辑校《仙传拾遗》校勘札记，黄利，现代语文，2019 年，第 12 期。

"金蝉脱壳"有玄机——说百回本《西游记》中金蝉子的名实之变，罗兵、胡胜，陕西理工大学学报，2019 年，第 6 期。

《玄洲上卿苏君传》解题，贺碧来、吕鹏志，世界宗教文化，2019 年，第 6 期。

道教修炼视阈下的《吴全节十四像并赞卷》，申喜萍，世界宗教研究，2019 年，第 6 期。

白玉蟾琴诗的艺术价值，段淼，中国道教，2019 年，第 6 期。

林屋山人蔡羽，方慧勤，苏州杂志，2019 年，第 6 期。

修仙遭劫再封神——《封神演义》的情节逻辑，梁归智，名作欣赏，2019 年，第 34 期。

明代的寿星崇拜及相关民俗——用文物解读《西游记》系列，邢鹏，收藏家，2019 年，第 12 期。

汉末早期道教典籍的文章观和隐语含蕴，蒋振华，文学遗产，2019 年，第 1 期。

天台山桐柏宫道乐与唐代法曲之渊源略考，邱国明，当代音乐，2019 年，第 12 期。

唐代女仙谢自然史实及传说阐幽，白照杰，史林，2019 年，第 6 期。

明初道士张宇初诗歌所见的情与怨，余来明、姚纯，人文论丛，2019 年下卷。

宋元时期陈抟历史形象的书写与塑造，刘缙，中原文化研究，2019 年，第 6 期。

浅析唐传奇中的道士形象，闫然，文学教育（上），2019 年，第 12 期。

汉晋之间：中国美学从宗经向尚艺的转进，刘成纪，中国社会科学，2019 年，第 11 期。

道教文化与湖南影戏，付琴，中国宗教，2019 年，第 11 期。

从"宜子"神变到七夕演戏——兼及从"般涉"大曲到"般涉调"套曲的演进，陈文革，音乐研究，2019 年，第 6 期。

浅析《中卫道情戏》的音乐特点，王晓芹，北方音乐，2019 年，第 21 期。

刘智《五更月》所引佛道教术语考述，马文，回族研究，2019 年，第 4 期。

扶乩与清代士人的救劫观，高万桑著，曹新宇译，新史学，2019 年，第 1 期。

元代道教诗人马臻其人其诗刍论，王亚伟，中国文学研究，2019 年，第 4 期。

浅谈道教对唐朝文学——"唐传奇"的影响，任博麟，青年文学家，2019 年，第 29 期。

试论唐代道教民间讲经活动的特点兼及对今天玄门讲经的启示，杨君，中国道教，2019 年，第 5 期。

国图藏《周易悟真篇图注》考论，詹石窗、何欣，世界宗教研究，2019 年，第 5 期。

道教对"梦"意象的理论建构与另类应用，李霄，老子学刊，2019 年，第 1 期。

陈靖姑传说、文化遗存及教育意义，黄须友，海峡教育研究，2019 年，第 3 期。

明代园林绘画中的洞天与桃花源——从张宏《止园图》册说起，姜永帅，美术学报，2019 年，第 5 期。

庸流抑或高道：敦煌《叶净能诗》拾遗之一，邵小龙，西华师范大学学报，2019 年，第 3 期。

中华书局本《道教灵验记》失校商补，张学瑾，国学学刊，2019 年，第 3 期。

六朝名士与幽明世界，袁济喜，学术研究，2019 年，第 9 期。

葛洪与谶纬，吕宗力，南京晓庄学院学报，2019 年，第 5 期。

从杜甫诗中的神话典故看其道教思想，倪宇航，品位经典，2019 年，第 9 期。

李白与道教及《周易》，康怀远，太原师范学院学报，2019 年，第 5 期。

明代出版文化语境下神仙集传的刊刻与新变，程瑜瑶，中山大学学报，2019 年，第 5 期。

五路财神宝卷的文本系统及财富观念，沈梅丽、黄景春，民俗研究，2019 年，第 5 期。

论唐代道教存思与梦，李璐、陈文龙，齐齐哈尔大学学报，2019 年，第 9 期。

唐前志怪小说仙境故事的时空特点及其文化意蕴，徐胜男，广西社会科学，2019 年，第 9 期。

明清神魔小说中转世、谪世的情节单元模式探析，陈妍，北方文学，2019 年，第 26 期。

以"清静"守"自然"，以"无为"颂"有为"——沾化渔鼓戏道家思想研究，唐婷婷，戏剧之家，2019 年，第 27 期。

论清初黄周星《人天乐》戏剧中描述的理想世界，张静、唐元，上饶师范学院学报，2019 年，第 4 期。

道教影响下的薛涛诗歌研究，卢婕，成都大学学报，2019 年，第 4 期。

现存唐代江西道教诗歌考论，罗智伟、涂序勇，宜春学院学报，2019 年，第 8 期。

王重阳"和柳词"的道教内涵与审美意蕴，姚逸超、陶然，中国道教，2019 年，第 4 期。

唐长安城道观的生态空间及文学书写，张华，中国道教，2019 年，第 4 期。

北宋道教美学思想内蕴的三种思潮，苏振宏，中国道教，2019 年，第 4 期。

戏神田公元帅信仰的道教渊源与仪式特色，黄建兴，世界宗教研究，2019 年，第 4 期。

佛道关系背景下曹植"鱼山梵呗"传说的再审视，张振龙，世界宗教研究，2019 年，第 4 期。

东汉《老子》注对《老子》思想宗教化的文学策略——以《老子河上公章句》《老子想尔注》为中心，刘湘兰，江西师范大学学报，2019 年，第 1 期。

葛洪的文艺思想与养生观关系研究，许劲松，临沂大学学报，2019 年，第 1 期。

"麻姑献寿"传说的形成和在文学文本中的传播，王昭宇、涂育珍，东华理工大学学报，2019 年，第 1 期。

陶弘景作品中的佛教，柏夷著，孙齐译，西南民族大学学报，2019 年，第 8 期。

湖南渔鼓研究综述，谢维，艺术科技，2019 年，第 10 期。

南朝道教斋醮仪式的文艺象征与戏剧表演意蕴探赜，蒋振华，中国文学研究，2019 年，第 3 期。

《花间集》道教书写论微，李博昊，中华文化论坛，2019 年，第 4 期。

日本中世禅僧对中华道教文化的认同与传播，吴春燕，郑州大学学报，2019 年，第 4 期。

红尘与世外：江南宗族在道教发展中的影响力，赖全，宜春学院学报，2019 年，第 7 期。

谪仙叙事溯源及发展——以《西游记》《镜花缘》为中心，熊恺妮、洪宇宸，湖北理工学院学报，2019 年，第 4 期。

元代北游士人的先声与宿命——玄教高道陈义高的诗歌创作及其文学史意义，吴光正，学术研究，2019 年，第 7 期。

晋北民间道乐的历史传承与民俗实践，刘彦，中北大学学报，2019 年，第 5 期。

元代南方道士马臻的宗教实践与诗歌创作，吴光正、曹磊，江汉论坛，2019 年，第 7 期。

刘阮入天台故事的文化内涵及其在后世的嬗变，沈金浩，浙江学刊，2019 年，第 4 期。

元结的道家道教人生与文学创作，蒋振华，湖湘论坛，2019 年，第 4 期。

《续玄怪录》中的末世情怀，王钰，现代交际，2019 年，第 12 期。

论敦煌文书中的道教写经，张泽洪，世界宗教研究，2019 年，第 3 期。

杨羲写经考——兼论东晋士族与道教写经，刘志，世界宗教研究，2019 年，第 3 期。

庾信《道士步虚词十首》中的六朝道教古灵宝经思想，陈文婷，中国道教，2019 年，第 3 期。

蒙元前期丘处机的西域游历与行旅诗创作，黄二宁，中北大学学报，2019 年，第 4 期。

浅谈《霓裳羽衣曲》结构特征与艺术特点，时佳，戏剧之家，2019 年，第 18 期。

神灵变迁与谱系重构——西王母收女记之瑶姬篇，陈刚、刘丽丽，青海社会科学，2019 年，第 3 期。

《金瓶梅》所引《警世》诗真伪考，孙越，内江师范学院学报，2019 年，第 5 期。

山西芮城永乐宫龙虎殿"戏台"非建于元代考，王潞伟，文化遗产，2019 年，第 3 期。

东汉仙人碑"征实追虚"的文体特质及与仙传之关系——以《仙人王子乔碑》《肥致碑》《仙人唐公房碑》为中心，刘湘兰、夏朋飞，中山大学学报，2019 年，第 3 期。

刘南宅与《聊斋志异》——由蒲松龄刘南宅坐馆传说谈起，张运春、路遥，齐鲁学刊，2019 年，第 3 期。

历代题咏龙虎山诗歌谫论，聂辽亮、宋国兵，齐齐哈尔大学学报，2019 年，第 5 期。

李荣与李翱的性情论比较研究，李璐、赵雪波，齐齐哈尔大学学报，2019 年，第 5 期。

《仙传拾遗》词语考释几则，黄利，汉字文化，2019 年，第 9 期。

道教的仙歌（上），孙昌武，古典文学知识，2019 年，第 3 期。

杜光庭道教神仙小说释词几则，黄利，大众文艺，2019 年，第 8 期。

白玉蟾"止止"之法与茶诗茶事，宋霞，农业考古，2019 年，第 2 期。

论元明戏曲的海洋书写，陈威俊，艺苑，2019 年，第 2 期。

闽南戏神崇拜传播新论——以田公元帅为中心，骆婧，艺苑，2019 年，第 2 期。

何道全与《西游记》——浅析孙悟空形象的心性学渊源，陈宏，明清小说研究，2019 年，第 2 期。

《日本灵异记》与《搜神记》中的成仙故事，伊蒙蒙，广东石油化工学院学报，2019 年，第 2 期。

《云南道教碑刻辑录》断句标点指瑕，黄知学，汉江师范学院学报，2019 年，第 2 期。

盛唐集贤学士的应制诗研究，李芸华，绍兴文理学院学报，

2019 年，第 2 期。

中古道教仙传中的"食桃修仙"母题研究，张玉莲，河北科技大学学报，2019 年，第 1 期。

《逍遥游》与道教丹道，刘振宇，华夏文化，2019 年，第 1 期。

《太上感应篇》成书略考，俞文祥，华夏文化，2019 年，第 1 期。

道教文化影响下的色目诗人马祖常，刘建建，连云港师范高等专科学校学报，2019 年，第 1 期。

《太平广记》仙传故事中的色彩研究——"尚青""尚紫"的审美体验，李旋翠，开封教育学院学报，2019 年，第 3 期。

贵妃之师：新出《景龙观威仪田偾墓志》所见盛唐道教，雷闻，中华文史论丛，2019 年，第 1 期。

晚明万历时期文人的仙传编集，程瑜瑶，宗教学研究，2019 年，第 1 期。

近十年道教音乐研究综述（2008—2018），徐铭睿，北方音乐，2019 年，第 5 期。

《〈周氏冥通记〉研究（译注篇）》虚词翻译商补，牛丽亚，边疆经济与文化，2019 年，第 3 期。

《蜀山剑侠传》中的道教文化因素探析，陈康哲，文学教育（下），019 年，第 3 期。

从近出高道田偾墓志看唐玄宗的崇道活动，牛敬飞，文献，2019 年，第 2 期。

神话典故黄粱梦流传考——以汪象旭小说《吕祖全传》为中心，张舰戈，学术交流，2019 年，第 3 期。

唐传奇中侠女遁世归宿的文化意蕴，张羽佳，新乡学院学报，2019 年，第 2 期。

《梁四公记》对"商山四皓"之典的重构，金晓琳，商洛学院学报，2019 年，第 1 期。

略论《太平广记》女仙类小说，齐丽丽，辽宁师范专科学校学报，2019 年，第 1 期。

"三言"中成仙故事探析，张淳，泉州师范学院学报，2019 年，第 1 期。

五花爨弄与宋杂剧演出体制的形成，马小涵、徐博一，安阳师范学院学报，2019 年，第 1 期。

求仙曲，汪登伟、陈景展，中国道教，2019 年，第 1 期。

晚明"庄子叹骷髅"主题文学流变考，吴真，文学遗产，2019 年，第 2 期。

"度脱剧"度脱模式中的道教意蕴，苏玮玮，中国道教，2019 年，第 1 期。

元代真大道教天成观碑考释，杨程斌，中国道教，2019 年，第 1 期。

新见清康熙《大岳太和武当山志》述略，张全晓，中国道教，2019 年，第 1 期。

家族、地域与信仰：《唐润州仁静观魏法师碑》所见唐初江南社会，周鼎，史林，2019 年，第 1 期。

论《三国演义》中的道教文化与叙事功能，王莹雪，湖北工程学院学报，2019 年，第 1 期。

李白游崂山考，包洪鹏，青岛职业技术学院学报，2019 年，第 1 期。

张掖民间传说与道教神仙——以《老子骑青牛入流沙》为中心的考察，周建强，寻根，2019 年，第 1 期。

佛教经典里"试"的故事（上），孙昌武，古典文学知识，2019 年，第 1 期。

台湾大学图书馆藏《七真仙传》初考，秦国帅，全真道研究，第 8 辑，齐鲁书社，2019 年。

大新县壮族道公经书与禳灾习俗，黄丽珍，民博论丛，2019 年。

开启南北朝至唐代游仙诗道教化的转关——上清经派道人杨羲的道教游仙诗，张宏，岭南学报，2019 年，第 1 期。

苦难的诗意化——苏轼居儋的书写与接受，郑柏彦，淡江中文学报，2019 年，第 41 期。

"夜气虚明""至乐无乐"与"至诗无言"：王龙溪诗歌美学思想相关议题探讨，张美娟，淡江中文学报，2019 年，第 41 期。

重构圣传：论邓志谟《飞剑记》的编写策略与宗教关怀，秦大冈，中国文学研究，2019 年，第 47 期。

裴铏《传奇》中的信仰趋向与生命安顿，卢亮廷，中国文学研究，2019 年，第 48 期。

从《中国历代笔记故事类型索引》看明代笔记类型故事的传承与新意，林彦如，中国文化大学中文学报，2019 年，第 37 期。

Baojuan（Precious Scrolls）and Festivals in the Temples of Local Gods in Changshu, Jiangsu, Rostislav Berezkin，民俗曲艺，2019 年，第 206 期。

论郑观应《续剑侠传》的编纂意涵，李昭鸿，真理大学人文学报，2019 年，第 22 期。

《桃花女》元杂剧俗歌仔戏的比较研究，黄静惠，台语文学，2019 年。

扁鹊故事考述及其形象嬗变，刘义生，问学，2019 年，第 22 期。

从《爱莲说》和《读英真君丹诀》论周敦颐与儒释道说，费艳萍，问学，2019 年，第 22 期。

Journey of A Goddess：Chen Jinggu Subdues the Snake Demon transed. by Fan Pen Li Chen. Foley, K. *Asian Theatre Journal*, 36（2），502—505，2019.

Huan Nuoyuan：Exorcism and Transformation in Miao Ritual Drama. Riccio, T. *TDR/The Drama Review*, 63（2），78—101，2019.

Nuo Altar Theatre on a Liminal/Liminoid Continuum：Reflections on the Shamanic Origins of Chinese Theatre. Zhao, X. *TDR/The Drama Review*, 63（2），57—77，2019.

2020 年

杨慎《洞天玄记》袭自《太平仙记》考，黄仕忠，戏曲与俗文学，2020 年卷。

老子前史——在灵宝经中的女性前身，柏夷著，陈星宇译，中国俗文化研究，2020 年，第 17 辑。

新辑《神仙传·葛玄》考释，康儒博、吕鹏志、张晨坤，古典文献研究，2020 年，第 23 辑上卷。

域外中国道教说唱、道教戏剧研究述评，吴光正，古典文献研究，2020 年，第 23 辑上卷。

《列仙传》中黄帝的"巫君"原型考，张玉莲，宗教学研究，2020 年，第 2 期。

韩国汉文小说中的"仙凡情缘"，王雅静、李超杰，中国道教，2020 年，第 2 期。

黄裳集序跋中的地理书写，金雷磊，三明学院学报，2020 年，第 1 期。

从说唱词话到白话小说的演进——以冯梦龙改编《云门传》为例，吴真，文学评论，2020 年，第 2 期。

《云门传》：词话到鼓词的过渡形态，吴真，文艺研究，2020 年，第 6 期。

本科古代文学教学对道教文学应有的观照，郭中华，牡丹江大学学报，2020 年，第 5 期。

接受美学指导下《百炼成神》的文化负载词翻译，刘喆，青年文学家，2020 年，第 35 期。

颜延之《庭诰》与汉魏道教文学思想——以"心性论"为核心，徐东哲、蒋振华，铜仁学院学报，2020 年，第 5 期。

新中国成立以来先唐道教文学及其文献研究的得与失，蒋振华，中国道教，2020 年，第 4 期。

《吕祖全书》与《文帝全书》编纂者刘樵小考，胡劼辰，道教学刊，2020 年，第 1 期。

《白石山志》所录宋佚道教诗文辑考，姜复宁，宋代文化研究，2020 年，第 1 期。

杜光庭佚诗考，王瑛，蜀学，2020 年，第 1 期。

司马承祯交游考——以"仙宗十友""方外十友"为中心，严胜英，文化产业，2020 年，第 36 期。

丘处机师徒西行途中在张家口地区文学活动考论，刘宏英、范亮春、朱虹，河北北方学院学报，2020 年，第 6 期。

汉晋仙传的博物想象与仙家修辞，陈斯怀，古代文学理论研究，2020 年，第 2 期。

三教论衡与传统文化——刘林魁《三教论衡与唐代文学》读后，黄夏年，宝鸡文理学院学报，2020 年，第 6 期。

李德裕与中晚唐茅山道教，孙亦平，宗教学研究，2020 年，第 4 期。

汉晋镇墓文与早期道教研究：现状、问题与反思，何江涛，宗教学研究，2020 年，第 4 期。

吕洞宾度沈东老传说考论，张振谦，宗教学研究，2020 年，第 4 期。

陶弘景《授陆敬游十赍文》研究，何安平，宗教学研究，2020 年，第 4 期。

信仰、仪式和戏剧——甘肃陇南高山戏的"原型"探讨，杨立，宗教学研究，2020 年，第 4 期。

傅飞岚《命途多舛——中国中古道教解脱之寻求》评介，吴杨，宗教学研究，2020 年，第 4 期。

《广成仪制》中的道教仪式音乐，肖珺、蒲亨强，黄钟，2020 年，第 4 期。

道教对民间社会的影响——以渔鼓道情为中心，张泽洪、李雯婷，西南民族大学学报，2020 年，第 12 期。

黄河与道情戏之关系研究——以山东省为中心的探讨，周爱华，山东师范大学学报，2020 年，第 6 期。

论道乐传承的基本特征——以《太上洞玄灵宝授度仪》为例，

陈文安，西华师范大学学报，2020 年，第 6 期。

唐高宗宫廷佛道论衡程式考论，刘林魁、刘璐，五台山研究，2020 年，第 4 期。

成都二仙庵刻本《老君历世应化图说》考述，胡春涛，周口师范学院学报，2020 年，第 6 期。

宋玉《九辩》中的道意，张思齐，长江大学学报，2020 年，第 6 期。

六朝道教骈文的文学史意义，蒋振华，斯文，2020 年，第 2 期。

论唐代真子飞霜镜与唐诗的长生寓意，胡可先、林洁，浙江大学学报，2020 年，第 6 期。

《三国演义》与《金瓶梅》中的道教灯仪研究，邢飞，中华文化论坛，2020 年，第 6 期。

《杜子春》如何解读，林保淳，太原学院学报，2020 年，第 5 期。

随方设教 与时偕行：道教经韵的地域特色，曹晓芳，中国宗教，2020 年，第 10 期。

宋太宗与释家诗歌，赵润金，南华大学学报，2020 年，第 5 期。

嵇康锻铁与成仙之关系，李中塬，河南科技大学学报，2020 年，第 5 期。

李白与江油道教之关系——对《访戴天山道士不遇》的一点研究，马睿，巴蜀史志，2020 年，第 5 期。

《三国演义》之诸葛亮神化写法及原因刍议，刘红枚，名作欣赏，2020 年，第 29 期。

元代崂山《云岩子作》与《上丹宵》诗词刻石研究，包洪鹏、贾锦涛，宁夏大学学报，2020年，第5期。

论虞集的宗教实践与文学创作，吴光正，安徽师范大学学报，2020年，第5期。

天师背后的女人——新获《故四十二代清虚冲素妙善玄君包氏墓志铭》考释，姜守诚，中华文史论丛，2020年，第3期。

信香符、琼书与家书：元明时期道教清微派的通师文书，孙瑞雪，宗教学研究，2020年，第3期。

崆峒山诗歌中的鹤意象，李秀红，边疆经济与文化，2020年，第9期。

王羲之《兰亭诗》儒释道玄内容研究，王云飞，书法，2020年，第9期。

《道家诗纪》所辑清诗，罗争鸣，古典文学知识，2020年，第5期。

李白的上清派信仰及对其诗歌的影响，夏培贤，哈尔滨学院学报，2020年，第9期。

世传袁炜"洛水岐山"青词续考，卜永坚，明清论丛，2018年，第2期。

论《行香子》的词调渊源与创作流变，张灵慧，上饶师范学院学报，2020年，第4期。

宋代买地券道教词语考释，文静、姜同绚，中北大学学，2020年，第5期。

论《金瓶梅》中的丧葬活动及其文学功能，刘相雨，陕西理工大学学报，2020年，第4期。

从道教仙真谱系看《汉武帝内传》的成书时间，刘杰，天中学刊，2020 年，第 4 期。

"中道"精神与宋代士大夫宗教信仰，张培锋，文学与文化，2020 年，第 3 期。

全真史家李道谦年谱长编，宋学立，隋唐辽宋金元史论丛，2020 年。

朱有燉杂剧道教音乐考，张召鹏，北方音乐，2020 年，第 14 期。

上梁文"六诗"文体刍议，王志钢，绍兴文理学院学报，2020 年，第 4 期。

论唐宋诗词中的罗浮山书写，张振谦、陈清灵，惠州学院学报，2020 年，第 4 期。

《哪吒之魔童降世》的道教思想探微，袁方明，绵阳师范学院学报，2020 年，第 7 期。

《西游记》的"车迟国"情节与丹道，詹妮弗·欧德斯通－莫尔著，孙文歌译，长江学术，2020 年，第 3 期。

唐道孙昙崂山题刻与青岛道教文化探析，孙立涛，青岛职业技术学院学报，2020 年，第 4 期。

试论四川东汉画像《秋胡戏妻》叙事功能的转换，兰凌，美术文献，2020 年，第 7 期。

王羲之与道教，佐藤利行、荣喜朝，浙江大学学报，2020 年，第 4 期。

神异、世俗与儒学化："三言二拍"中庄子形象及成因试析，黄芳，山东农业大学学报，2020 年，第 2 期。

中古俗文学宗教外衣下的世俗面相，郜同麟，南京师范大学文学院学报，2020 年，第 2 期。

清代南京隐仙庵道教活动考，贺晏然，老子学刊，2020 年，第 1 期。

清代道诗视野下的黄宽及《自然堂遗诗》研究，钟志辉，人文论丛，2020 年，第 1 期。

修仙者的爱——《蜀山剑侠传》里的"情孽"，徐斯年，苏州教育学院学报，2020 年，第 3 期。

神仙·求仕·隐逸——李白与中古道教文化关系再考察，田明，江苏第二师范学院学报，2020 年，第 3 期。

何处是洞庭：《洞庭灵姻传》的小说史语境及道教洞天观念，李小龙，中华文史论丛，2020 年，第 2 期。

宋仁宗为赤脚大仙转世神话考论，田志光，河南大学学报，2020 年，第 4 期。

从上清、丹鼎二派看李白对道教的认同，倪宇航，绵阳师范学院学报，2020 年，第 6 期。

论白居易的三教融合思想，刘林魁 、刘亚旭，杜甫研究学刊，2020 年，第 2 期。

裴铏《传奇》中仙人形象分析，杨荣煊，品位经典，2020 年，第 6 期。

宋代道教咒语的话语分析与历史转向，林静，世界宗教研究，2020 年，第 3 期。

骷髅符号与全真话语：《红楼梦》风月宝鉴新释，罗雁泽，曹雪芹研究，2020 年，第 2 期。

战国时期道家与方仙家的交集 以《庄子》为例，汪登伟，中国道教，2020 年，第 3 期。

敦煌本《老子变化经》研究综述，伏俊琏、龚心怡，宁夏师范学院学报，2020 年，第 6 期。

道书中所见古代道教音乐形式，甘绍成，宗教学研究，2020 年，第 2 期。

唐传奇女妖形象特征的道教文化观照，冼雨彤，文教资料，2020 年，第 17 期。

楹联弘道 独步云霄——清代道教宗师刘一明楹联赏读，张梓林，对联，2020 年，第 6 期。

诗文证史：试述清代诗文集对道教研究的重要价值，尹志华，中国本土宗教研究，2020 年。

钟鼓乐之 琴瑟和之 海南斋醮科仪音乐的特色，桑雅玲，中国宗教，2020 年，第 5 期。

从仙修途径书写看中国古代涉道小说对古代朝鲜汉文小说的影响，王雅静，商丘师范学院学报，2020 年，第 5 期。

明清甘肃民间道教崇祀戏场考察，王萍，戏曲艺术，2020 年，第 2 期。

晚明山人的道教修养——以周履靖为例的研究，贺晏然，周口师范学院学报，2020 年，第 3 期。

民族文化仪式中的美学问题研究——以道教斋醮科仪为例，刚祥云，湖北民族大学学报，2020 年，第 3 期。

域外中国道教神话、道教传记、道教小说研究及其启示，吴光正，社会科学研究，2020 年，第 3 期。

《封神演义》中的瘟疫叙事研究，吴锦佩，今古文创，2020 年，第 17 期。

《括异志》中的仙道人物形象研究，慎泽明，河北广播电视大学学报，2020 年，第 2 期。

论清初遗民诗人黄周星的歌行体名作《楚州酒人歌》，张静、李静波，语文学刊，2020 年，第 2 期。

三教合一道为尊——《封神演义》里的儒佛道（一），梁归智，名作欣赏，2020 年，第 10 期。

评《明代藩王与道教》，Tyler Feezell 、黎大伟，中华读书报，2020 年 4 月 1 日。

晋北道情音乐特点及其发展变化研究，曲怡，北方音乐，2020 年，第 6 期。

白居易中晚年涉道诗之"矛盾"新解——兼论白居易的宗教信仰与佛道二教之关系，郭健，中山大学学报，2020 年，第 2 期。

康儒博英译道教典籍《神仙传》的互文解读模式，何立芳、李丝贝，国际汉学，2020 年，第 1 期。

论异域得宝故事所蕴含的文化观及其叙事艺术，张阳，开封文化艺术职业学院学报，2020 年，第 3 期。

心向至道：从梦遇女仙到灵接仙真——《红楼梦》宝玉梦境描写中的道教上清派思想因素，耿晓辉，曹雪芹研究，2020 年，第 1 期。

论《红楼梦》道教元素的叙事意义，王攸欣，曹雪芹研究，2020 年，第 1 期。

两个太上老君——对《西游记》《封神演义》太上老君形象的解读，衣抚生，文史杂志，2020 年，第 2 期。

《太古集自序》所见郝大通易学思想概述，王旭阳，今古文创，2020 年，第 9 期。

华语电影中道士形象的建构、嬗变与文化考量，陈丹，电影评介，2020 年，第 4 期。

从《列仙传》到《神仙传》的叙事丕变，李蕊芹、许勇强，重庆师范大学学报，2020 年，第 1 期。

道家道教思想对李白创作的影响——以《古风》五十九首为例，胡文雯，衡阳师范学院学报，2020 年，第 1 期。

屠隆的道教活动与晚明江南文人道教环境，贺晏然，宝鸡文理学院学报，2020 年，第 1 期。

道教仙传的考验叙事，李蕊芹、许勇强，贵阳学院学报，2020 年，第 1 期。

储光羲《游茅山五首》发微，韩茂修、李童，文教资料，2020 年，第 5 期。

从乐园到仙境：汉唐道教融创昆仑神话析论，罗燚英，广东第二师范学院学报，2020 年，第 1 期。

石室、灵域与谢灵运的道教观念——谢灵运《石室山》新解，李静，古典文献研究，2020 年上卷。

道经词汇研究的典范性成果——评《魏晋南北朝道教文献词汇研究》，周作明，长安学术，2020 年，第 1 期。

新出《大唐故田尊师墓志铭》献疑，白照杰，古典文献研究，2020 年下卷。

宋代节序词中的道教文化，韩丽霞，中国宗教，2020 年，第 1 期。

晚唐五代小说中的"仙境"：文士与道士构建之比较，葛焕礼，四川大学学报，2020 年，第 1 期。

从民间信仰与通俗文学的互动看五通神形象的演变，罗兵、苗怀明，文化遗产，2020 年，第 1 期。

《搜神记》中"死而复生"故事的文学价值论析，谭旭东、张杏莲，关东学刊，2020 年，第 1 期。

贩夫走卒与神异高士：明清时期磨镜人诸形象研究，吴琼，民俗研究，2020 年，第 1 期。

论图谶与古代小说，万晴川，清华大学学报，2020 年，第 1 期。

论元代全真教传记的文体功能，吴光正，文学评论，2020 年，第 1 期。

汉晋道士杂记中的中外交流史料考，周运中，中国港口，2020 年，第 S1 期。

蒲松龄《聊斋志异》中的狐仙形象论析，苏嬗，北方文学，2020 年，第 2 期。

从王阳明诗歌看其生命抉择，王利民、江梅玲，北方论丛，2020 年，第 1 期。

《神仙传》中天人感应故事的原型研究，刘维邦，宗教学研究，2020 年，第 1 期。

道教视野下的薛涛《柳絮咏》新解，卢婕，文史杂志，2020 年，第 1 期。

《穆天子传》在宋代的传播与接受，刘伏玲，东北师范大学学报，2020 年，第 1 期。

《玄怪录》与《续玄怪录》中的游仙与游冥故事，林宪亮，古典文学知识，2020 年，第 1 期。

《凝阳董真人遇仙记》浅析——董守志、登真洞、全真道，山田俊，师范大学学报，2020 年。

壁画、文本与政治：司马承祯《真图赞》与唐代净土经变画，陈晶晶，中国文化研究所学报，2020 年，第 70 期。

道教斋醮科仪中的美学问题研究，刚祥云，鹅湖月刊，2020年，第6期。

《全金元词》中的全真道士咏物词，陈微誼，有凤初鸣年刊，2020年，第16期。

张圣君传说之形成及衍变——以宋代笔记、明清地方志为考察范围，张诒，政静宜中文学报，2020年，第18期。

晚清丹家吴天秩与汪东亭的《西游记》内丹学——以其"孙悟空"及"如意金箍棒"说为核心的探讨，萧进铭，师范大学学报，2020年，第65卷第2期。

脚踏实地，认得家乡：李卓吾《西游记》评本的本路、云路与晚明禅净双修思潮，张闻熙，（台湾）清华中文学报，2020年，第24期。

Journeys to the West: Travelogues and Discursive Power in the Making of the Mongol Empire. Ming Tak Ted Hui. *Journal of Chinese Literature and Culture*, Volume 7, Issue 1. 2020.

A Study on Painting Aesthetics of the Correlation between Ni Zan（倪瓒）'s Secluded（隐逸）Life and Taoism. *Journal of The Studies of Taoism and Culture*, PP. 161—189, 2020.

The Hidden Glimmering: Solitude, Wilderness, and the Divine in Early Medieval Irish Poetry and the Poetry of Li Bai. Harpur, J. *New Hibernia Review*, 24（2）, 120—131, 2020.

Knowledge, Emotion, and Imagination: Negotiating Cultural Boundaries in The Eunuch Sanbao's Voyage to the Western Ocean. Liu, C. —y. E. *Journal of Chinese Literature and Culture*, 7（1）, 115—148, 2020.

中国道教文学研究学位论文索引

1956 年

The Problem of Date and Authorship of *Ch'u Tz'u*, David Hawkes, Ph. D. diss, University of Oxford, 1956.

1971 年

六朝志怪小说研究，周次吉，"国立政治大学"中文所硕士学位论文，1971 年。

1972 年

Ch'u Tz'u and Shamanism in Ancient China, Ping—leung Chan, Ph. D. diss, The Ohio State University, 1972.

1977 年

唐人小说中之佛道思想，王义良，高雄师范学院"国文"所硕士学位论文，1977 年。

《文心雕龙》与儒道思想的关系，韩玉彝，私立辅仁大学中文所硕士学位论文，1977 年。

元代度脱剧研究，赵幼民，私立辅仁大学中国文学研究所硕士学位论文，1977 年。

1978 年

八仙在元朝杂剧和台湾扮仙戏中的状况，陈玲玲，中国文化学院艺术研究所硕士学位论文，1978 年。

魏晋南北朝文士与道教之关系，李丰楙，"国立政治大学"博士学位论文，1978 年。

魏晋南北朝志怪小说研究，全寅初，台北师范大学国研所博士学位论文，1978 年。

现存元人度脱剧之研究，萧宪忠，"国立"高雄师范学院"国文学"系硕士学位论文，1978 年。

Buddhism、Taoism and Confucianism in the Thought of Li Ao，Barrett Timothy H，Ph. D. diss，Yale University，1978.

1979 年

论明传奇中梦的运用，陈贞吟，私立辅仁大学中国文学研究所硕士学位论文，1979 年。

葛洪学术思想研究，叶论启，师范大学"国文"所硕士学位论文，1979 年。

《封神演义》研究，沈淑芳，私立东吴大学中国文学研究所硕士学位论文，1979 年。

元杂剧神化情节之研究，陈美雪，私立辅仁大学中国文学研究所硕士学位论文，1979 年。

1980 年

南宋文学中之民间信仰——吕洞宾传说及其他，王年双，"政大"中文所硕士学位论文，1980 年。

《汉武故事》《汉武内传》《汉武洞冥记》研究，陈兆祯，辅大中文所硕士学位论文，1980 年。

1981 年

汉镜所反映的神话传说与神仙思想，张金仪，"国立"台湾大学硕士学位论文，1980 年；台北故宫博物院，1981 年。

元建安虞氏新刊五种平话儒释道思想之研究，赵振华，"政治大学"中研所硕士学位论文，1981 年。

The Pacing of the Void Stanzas of the Ling—pao Scriptures, Stephen R. Bokenkamp, M. A. thesis, University of California, Berkeley, 1981.

1982 年

The Image of the Goddess Hsi Wang Mu in Medieval Chinese Literature, Cahill Suzanne E, Ph. D. diss, University of Canifomia, Berkeley, 1982.

1983 年

元杂剧中道教故事类型与神明研究，谌湛，"国立"台湾师范大学"国文"研究所硕士学位论文，1983 年。

六朝诗发展述论，刘汉初，"国立"台湾大学中文研究所硕士学位论文，1983。

1984 年

何仙姑故事研究，陈宇硕，东海大学中文所硕士学位论文，1984 年。

白居易诗与释道之关系，韩庭银，"国立政治大学"中文研究所硕士学位论文，1984 年。

Oracle of the True Ones: Scroll One, Hyland Elizabeth W, Ph. D. diss, Univeisity of California, Berkeley, 1984.

1985 年

从《山海经》、《楚辞》看草木与文学的关系，陈妙华，中国文化大学硕士学位论文，1985 年。

中国古代神话中人神关系之研究，林景苏，"国立"高雄师范大学硕士学位论文，1985 年。

全真教与元代帝室之关系，郑素春，"国立政治大学"硕士学位论文，1985 年。

《广异记》研究，吴秀凤，私立辅仁大学硕士学位论文，1985 年。

魏晋隐逸诗研究，沈禹英，"国立政治大学"中文所硕士学位论文，1985 年。

魏晋志怪小说中的世界——以《搜神记》为中心的研究，金克斌，东海大学历史所硕士学位论文，1985 年。

The mithology of Stone：A study of the Intertextuality of Ancient China Stonelore and classic novels，Wong Jing Amherst，University of Massachusetts，1985.

Songs of the Immortals：The Poetry of the Chen—kao，Russell Terrence C，Ph. D. diss，Australian National University，1985.

1986 年

魏晋志怪小说与古代神话关系之研究，吕清泉，台湾大学中国文学研究所硕士学位论文，1986 年。

元杂剧中的道教剧研究，渡边雪羽，"国立"台湾大学中国文学研究所硕士学位论文，1986 年。

唐诗中的仙境传说研究，吴淑玲，东海大学中文研究所硕士学位论文，1986 年。

Homiletical dialogue between *the Journey to the West* and *the han-nine logos*，Yun—Han Gwo，Louisville：Southern Baptist Theological Seminary，1986.

The Nine Songs：A Reexamination of Shamanism in Ancient China，David Tze—yun Chen，，Ph. D. diss，University of Southern California，1986.

1987 年

陆西星的道教思想，郭启传，"国立"台湾大学硕士学位论文，1987 年。

六朝小说变形观之探究，康韵梅，台湾大学中国文学研究所硕士学位论文，1987 年。

六朝游仙诗研究，张钧莉，台湾大学中国文学研究所硕士学位论文，1987 年。

台湾北部天师正乙派道教斋醮科仪唱曲之研究，许瑞坤，"国立"台湾师范大学音乐研究所硕士学位论文，1987 年。

Das Ritual der Himmelsmeister im Spiegel früher Quellen，Cedzich Ursula Angelika，Ph. D. diss，University of Würzburg，1987.

1988 年

巫及其与先秦文化之关系，李添瑞，"国立政治大学"硕士学位论文，1988 年；古代历史文化研究辑刊（初编），王明荪主编，花木兰文化出版社，2012 年。

六朝志怪小说变化题材研究，谢明勋，私立中国文化大学中文所硕士学位论文，1988 年。

韩湘子研究，陈丽宇，"国立"台湾师范大学中国文学研究所硕士学位论文，1988 年。

Wenchang and the Viper：The Creation of a Chinese National God，Kleeman Terry F，Ph. D. diss，University of California，1988.

1989 年

宗教与中国古代小说，李根亮，武汉大学中文系硕士学位论文，1989 年。

六朝志怪小说中的死后世界，赖雅静，"国立政治大学"硕士学位论文，1989 年。

《搜神记》暨《搜神后记》研究——从观念世界与叙事结构考察，刘苑如，"国立政治大学"硕士学位论文，1989 年。

碧霞元君信仰、传说之研究，吴龙安，私立中国文化大学中文所硕士学位论文，1989 年。

II Libro dei Nove Elisir e le suo tradizione——Studio dello Huang—ti chiu—ting shen—tan ching—chüeh, Pregadio Fabrizio, Ph. D. diss, Istituto Univeisitario Orientale，1989.

1990 年

天师道经系仙道教团戒律类经典研究——公元二至六世纪天师道经系仙道教团宗教伦理的考察，王天麟，私立辅仁大学硕士学位论文，1990 年。

丘处机《磻溪集》研究，朱丽娟，私立淡江大学中国文学研究所硕士学位论文，1990 年。

唐中叶以后史传人物与神仙传说，黄炳秀，"国立政治大学"中国文学研究所硕士学位论文，1990 年。

《太平广记》中神异故事之时间观，陈淑敏，台湾大学中国文学研究所硕士学位论文，1990 年。

1991 年

道教长生成仙说的形成与发展浅探，郭武，四川大学硕士学位论文，1991 年。

桃花女斗周公故事研究，刘惠萍，私立中国文化大学硕士学位论文，1991 年。

葛洪《抱朴子·内篇》道教思想研究，金相哲，"国立政治大学"中国文学研究所硕士学位论文，1991年。

古上清经派经典中诗歌之研究：以《真诰》为主的考察，林帅月，私立东吴大学中国文学研究所硕士学位论文，1991年。

李白诗中神话运用之研究——以仙道神话为主体，杨文雀，台北辅仁大学中文研究所硕士学位论文，1991年；私立辅大中研所学刊，1991年，第1期。

1992 年

《古事记》《日本书纪》《万叶集》及《风土记》中的中国神仙思想，高津正照，淡江大学硕士学位论文，1992年。

《宣和画谱》研究：宋徽宗御藏画目的史学精神、道教背景与绘画美学，萧百芳，"国立"成功大学历史研究所硕士学位论文，1992年。

道教神话研究，王青，南京师范大学博士学位论文，1992年。

1993 年

庄学文艺观研究，陈引驰，复旦大学，博士学位论文，1993年。

汉魏六朝道教的罪罚观及其解罪方式，蔡荣凯，私立辅仁大学硕士学位论文，1993年。

唐代文学与三元习俗之研究，辜美绫，"国立政治大学"硕士学位论文，1993年。

《老子河上公注》之研究，王清祥，私立辅仁大学宗教学研究所硕士学位论文，1993 年。

八仙故事渊源考述，张俐雯，"国立"中正大学中国文学研究所硕士学位论文，1993 年。

La Porte du Dragon—l'école Longmen du Mont Jin'gai et ses pratiques alchimiques d'après le Daozang xubian（Suite au canon taoïste），Monica Esposito，Ph. D. diss，Université Paris VII，1993.

Le culte de Lü Dongbin des origines au début du XIVe siècle. Isabelle Ang，Ph. D. diss. ，Université Paris VII，1993.

1994 年

纬书政治神话，冷德熙，北京大学博士论文，1994 年。

楚辞与上古历史文化研究，江林昌，杭州大学博士论文，1994 年。

三苏与道家道教，吴琳，四川大学博士学位论文，1994 年。

中唐以前道教楼观派史研究，张炜玲，"国立"成功大学硕士学位论文，1994 年。

汉末六朝仙传集之叙述形式与主题分析，张美樱，私立逢甲大学中国文学研究所硕士学位论文，1994 年。

道教朝元图之图像及其宗教意涵，谢世维，私立中国文化大学艺术研究所硕士学位论文，1994 年。

唐代游历仙境小说研究，许雪玲，台湾东海大学硕士学位论文，1994 年。

道教文献中孝道文学研究，周西波，私立中国文化大学中国文学研究所硕士学位论文，1994 年。

西王母信仰研究，魏光霞，私立淡江大学中国文学研究所硕士学位论文，1994 年。

戏曲中的吕洞宾研究，郑乔方，私立辅仁大学中国文学研究所硕士学位论文，1994 年。

《神异经》试论及译注，金芝鲜，韩国梨花女子大学校中语中文学科硕士学位论文，1994 年。

《穆天子传》试析及译注，宋贞和，韩国梨花女子大学校中语中文学科硕士学位论文，1994 年。

《拾遗记》试论及译注，金盈志，韩国梨花女子大学校中语中文学科硕士学位论文，1994 年。

Chinese Shamans and Shamanism in the Chiang—nan Area During the Six Dynasties Period（3rd—6th Century A. D. ），Lin Fu—shih，Ph. D. dissertation，Princeton University，1994.

1995 年

楚辞与原始宗教，过常宝，北京师范大学博士论文，1995 年。

道家思想与汉魏文学，尚学锋，北京师范大学博士论文，1995 年。

汉魏六朝道教与文学，张松辉，四川大学博士论文，1995 年。

"笠诗社"诗作集团性之研究，戴宝珠，"国立政治大学"硕士学位论文，1995 年。

唐代游仙诗研究，颜进雄，私立中国文化大学中国文学研究所博士学位论文，1995 年；文津出版社，1996 年。

《列仙传》试论及译注，郑宣景，韩国梨花女子大学校中语中文学科硕士学位论文，1995 年。

1996 年

道教与神魔小说，苟波，四川大学博士论文，1996 年。

道教洞天福地说形成之研究，郑以馨，"国立"成功大学硕士学位论文，1996 年。

蒲松龄《聊斋志异》精怪变化故事研究——一个"常与非常"的结构性思考，陈昌远，东海大学硕士学位论文，1996 年。

唐人小说中变化故事之研究，李素娟，私立中国文化大学硕士学位论文，1996 年。

《北游记》叙事结构与主题意涵之研究，白以文，"国立"台湾师范大学中国文学研究所硕士学位论文，1996 年。

《封神演义》的多重至上神研究，林朝全，私立淡江大学中国文学研究所硕士学位论文，1996 年。

裴铏《传奇》试论及译注，崔真娥，韩国梨花女子大学校中语中文学科硕士学位论文，1996 年。

元杂剧八仙戏研究，金道荣，韩国高丽大学校中语中文学科硕士学位论文，1996 年。

《博物志》试论及译注，卢敏铃，韩国梨花女子大学校中语中文学科硕士学位论文，1996 年。

1997 年

秦汉魏晋游仙诗的渊源流变论略，张宏，北京大学博士论文，1997 年。

郭璞研究，连镇标，苏州大学博士论文，1997 年。

《封神演义》神仙谱系研究，朱秋凤，"国立"师范大学硕士学位论文，1997 年。

唐人小说"报意识"研究，蔡明真，私立辅仁大学硕士学位论文，1997 年。

褚伯秀《南华真经义海纂微》研究，周丰富，"国立中央"大学中国语文研究所硕士学位论文，1997 年。

东方画像石与早期道教发展之关系，俞美霞，私立中国文化大学中国文学研究所博士学位论文，1997 年。

焦竑《老子翼》研究，洪芬馨，私立东吴大学中国文学研究所硕士学位论文，1997 年。

唐代传奇中道教思想之研究，陈正宜，"国立"台湾师范大学历史研究所硕士学位论文，1997 年。

金元全真道士词研究，陈宏铭，"国立"高雄师范大学中国文学研究所博士学位论文，1997 年；古典诗歌研究汇刊，第 2 辑，第 14、15 册，陈宏铭，花木兰文化出版社，2007 年。

元道士张雨研究，徐建勋，"国立"成功大学历史研究所硕士学位论文，1997 年。

La création du taoïsme moderne：l'ordre Quanzhen，Vincent Goossaert，Ph. D. diss，école Pratique des Hautes études，1997.

1998 年

神魔小说研究，胡胜，北京师范大学博士论文，1998 年。

敦煌道教古灵宝经研究，王承文，中山大学博士学位论文，

1998 年。

唐代女仙传记之研究：以《墉城集仙录》为主的考察，吴碧贞，"国立政治大学"中国文学研究所硕士学位论文，1998 年。

《无上秘要》之编纂及道经分类考，李丽凉，"国立政治大学"中国文学研究所硕士学位论文，1998 年。

成玄英《道德经义疏》研究，林佳蓉，"国立"成功大学中国文学研究所硕士学位论文，1998 年。

唐五代仙道传奇研究，段莉芬，私立东海大学中国文学研究所博士学位论文，1998 年；古典文献研究辑刊（第 5 编），潘美月、杜洁祥主编，花木兰文化出版社，2007 年。

明传奇中宗教角色研究，赖慧玲，私立东海大学中国文学研究所博士学位论文，1998 年。

唐代女冠之研究，谢丽卿，"国立"中兴大学历史研究所硕士学位论文，1998 年。

唐代异类婚恋小说之研究，林岱莹，"国立"中兴大学中国文学系硕士学位论文，1998 年。

《太平广记》禽鸟类故事研究，卢倒文，"国立政治大学"中国文学研究所硕士学位论文，1998 年。

四部具有乌托邦视境的清代小说——《水浒后传》《希夷梦》《红楼梦》《镜花缘》研究，骆水玉，"国立"台湾大学中国文学研究所博士学位论文，1998 年。

中国中古道教传记之研究：以神仙思想为中心，李宜芬，"国立"台湾大学历史研究所硕士学位论文，1998 年。

宝卷故事之研究，曾友志，私立中国文化大学中国文学研究所硕士学位论文，1998 年。

《汉武内传》试论及译注，金京娥，韩国梨花女子大学校中语中文学科硕士学位论文，1998 年。

《玄怪录》试论及译注，郑瞖暻，韩国梨花女子大学校中语中文学科硕士学位论文，1998 年。

1999 年

巫与中国古代小说，赵振祥，上海师范大学博士论文，1999 年。

中国古代仙道小说的历史发展，柳岳梅，上海师范大学博士论文，1999 年。

八仙与中国文化，王汉民，南京大学博士论文，1999 年。

六朝道教与文学，赵益，南京大学博士学位论文，1999 年。

迈向圣典之路——东晋唐初道教道德经学，郑灿山，"国立"台湾师范大学博士学位论文，1999 年。

《真文赤书》研究——以《赤书玉篇》与《赤书玉诀》为主的考察，黄坤农，辅仁大学硕士学位论文，1999 年。

六朝灵宝经天书观念之研究，郑琪玉，私立辅仁大学硕士学位论文，1999 年。

现存元人宗教剧研究，林智莉，"国立"台湾大学中国文学研究所硕士学位论文，1999 年。

李商隐诗中神话运用之研究：以仙道神话为主体，徐玉舒，私立东吴大学中国文学研究所硕士学位论文，1999 年。

全真七子证道词之意涵析论，张美樱，私立辅仁大学中国文学研究所博士学位论文，1999 年；中国学术思想研究辑刊，16 编第 24 册，花木兰文化出版社，2013 年。

唐代佛道思想小说研究，陈嘉丽，私立中国文化大学艺术研究所硕士学位论文，1999 年。

六朝志怪小说梦象之研究，黄文成，私立中国文化大学中国文学研究所硕士学位论文，1999 年。

修真与降真：六朝道教上清经派仙传研究，谢聪辉，"国立"台湾师范大学国文研究所博士学位论文，1999 年。

传统中国佯狂故事之研究，罗钦贤，私立静宜大学中国文学研究所硕士学位论文，1999 年。

2000 年

晋宋之际佛道并兴及陶渊明、谢灵运诗境之研究，马晓坤，复旦大学，博士学位论文，2000 年。

宗教民俗文献与古代小说若干母题的文化考察，王立，上海师范大学博士论文，2000 年。

孙悟空形象文化论，李安纲，陕西师范大学博士学位论文，2000 年。

唐代女冠诗人研究，邱瑰华，上海师范大学硕士学位论文，2000 年。

道教与唐诗，李乃龙，陕西师范大学博士学位论文，2000 年。

中国戏剧之发生——以宗教为视角，王廷信，中国艺术研究院博士学位论文，2000 年。

敬天与崇道——中古道教形成的思想史背景之一，刘屹，首都师范大学博士学位论文，2000 年。

道教女仙传记《墉城集仙录》研究，杨莉，香港中文大学博士学位论文，2000 年。

陶弘景编撰上清经中"神""仙""真"诸字研究，罗凉萍，辅仁大学硕士学位论文，2000 年。

中国古代小说与方术文化，万润保，上海师范大学博士学位论文，2000 年。

《黄帝阴符经》的道教诠释研究——对道的信仰所建构圣典诠释策略的省察，奚成祺，玄奘人文社会学院硕士学位论文，2000 年。

魏晋南北朝道教经典中诗歌史料析论——以上清经派与灵宝经派为中心的考察，林帅月，东吴大学博士学位论文，2000 年。

李白五古诗中的仙道语言析论，陈怡秀，"国立"彰化师范大学国文学系硕士学位论文，2000 年。

杜光庭道教仪范之研究，周西波，"国立"中正大学中国文学研究所博士学位论文，2000 年。

元代张雨书法艺术与道教关系之研究，孙静如，"国立"台湾大学艺术史研究所硕士学位论文，2000 年。

唐诗中的女冠，林雪铃，"国立"中正大学中国文学研究所硕士学位论文，2000 年；文津出版社，2002 年。

王重阳诗歌研究——以探索其诗歌中的义理世界为主，梁淑芳，私立玄奘人文社会学院宗教学研究所硕士学位论文，2000 年。

六朝道教道德经学研究，郑璨山，台湾师范大学博士学位论文，2000 年。

《太平经》思想研究，段致戎，淡江大学博士学位论文，2000 年。

汉魏六朝辞赋中的游仙题材研究，张嘉纯，"国立"政治大学中国文学研究所硕士学位论文，2000 年。

六朝志怪乐园意识研究，林恭亿，"国立"高雄师范大学国文学系硕士学位论文，2000 年。

八仙仙事演变及相关文学研究，党芳莉，复旦大学博士学位论文，2000 年。

《绿野仙踪》一书中所呈现的末世观研究，林慧青，"国立政治大学"中国文学研究所硕士学位论文，2000 年。

道教与唐五代小说，凤录生，上海师范大学博士学位论文，2000 年。

2001 年

颂诗的起源与演变——三代诗歌的实证与逻辑推演，韩高年，西北大学博士学位论文，2001 年。

曹操与道教及其仙游诗研究，香港大学博士学位论文，2001 年。

乐舞与仪式，张树国，北京大学博士论文，2001 年。

虚幻与现实之间——元杂剧"神佛道化戏"论稿，毛小雨，中国艺术研究院博士学位论文，2001 年。

唐代文人游仙诗研究，陈燕翔，安徽大学硕士学位论文，2001 年。

《西游记》与神仙文化，赵国庆，西北大学硕士学位论文，2001 年。

论道教文化对李贺诗歌的影响，昌庆志，暨南大学硕士学位论文，2001 年。

论道教思想对嵇康的影响，蒋艳萍，湖南师范大学硕士学位论文，2001 年。

《西游记》叙事研究，吕素端，"国立"台湾大学中国文学研究所博士学位论文，2001 年。

论《封神演义》中的民间童话质素，潘桂美，"国立"台南师范学院教师在职进修国语文硕士学位班硕士学位论文，2001 年。

《镜花缘》中百花仙子谪凡历程之结构析论，赖宛敏，私立辅仁大学宗教学研究所硕士学位论文，2001 年。

《吕祖全传》研究，杨明，"国立政治大学"硕士学位论文，2001 年。

唐代道士司马承祯《服气精义论》之研究，温佩如，私立辅仁大学硕士学位论文，2001 年。

西王母神话仙话演变之研究，黄才容，"国立"台湾大学中国文学研究所硕士学位论文，2001 年。

陈靖姑信仰与传说研究，张育甄，"国立"中兴大学中国文学研究所硕士学位论文，2001 年。

明代宗教杂剧之研究，柯香君，私立淡江大学中国文学研究所硕士学位论文，2001 年。

魏晋南北朝志怪之叙事性研究，金芝鲜，高丽大学校中语中文学科博士学位论文，2001 年。

2002 年

唐代爱情类传奇研究，崔眞娥，延世大学校中语中文学科博士学位论文，2002 年。

镜与中国传统文化，刘艺，四川大学博士学位论文，2002 年。

洪弃生诗歌研究，陈光莹，"国立"高雄师范大学国文学系博士学位论文，2002 年。

《庄子》阐释之研究，孙红，中国社会科学院研究生院博士学位论文，2002 年。

唐前游仙诗发展论略，彭瑾，陕西师范大学硕士学位论文，2002 年。

向道而游——《淮南子》邀游神话研究，杜磊，东北师范大学硕士学位论文，2002 年。

斋醮科仪 天师神韵 ——龙虎山天师道科仪音乐研究，傅利民，中央音乐学院博士学位论文，2002 年。

唐代女冠与唐代诗歌研究，陈秋箈，四川大学硕士学位论文，2002 年。

唐代隐逸风尚与诗歌研究，李红霞，陕西师范大学博士学位论文，2002 年。

唐代女冠诗人及其诗歌研究，赵莉，陕西师范大学硕士学位论文，2002 年。

走出盛唐的诗人——安史之乱与盛唐诗人研究，吕蔚，陕西师范大学硕士学位论文，2002 年。

唐代游仙诗论略，鲁华峰，安徽师范大学硕士学位论文，2002 年。

八仙故事系统考论——内丹道宗教神话的建构及其流变，吴光正，哈尔滨师范大学博士学位论文，2002 年。

仙歌考论，桑宝靖，南开大学博士学位论文，2002 年。

《净明忠孝全书》研究，郭武，香港中文大学博士学位论文，2002 年。

《西游记》中的精怪与神仙研究，胡玉珍，南华大学硕士学位论文，2002 年。

唐诗鹤意象研究，黄乔玲，"国立政治大学"中国文学研究所硕士学位论文，2002 年。

吴筠道教诗研究，林海永，私立南华大学文学研究所硕士学位论文，2002 年。

三言之越界研究，吴玉杏，"国立政治大学"中国文学研究所硕士学位论文，2002 年。

晚清狭邪小说中的谪仙、谪凡结构——以《青楼梦》《绘芳录》《花月痕》《海上尘天影》为主，傅瀞，"国立政治大学"中国文学研究所硕士学位论文，2002 年。

全真七子传记及其小说化研究，温睿滢，"国立政治大学"中国文学研究所硕士学位论文，2002 年。

元杂剧中的生死观探讨，黄惠君，"国立"台湾师范大学国文系在职进修硕士学位班硕士学位论文，2002 年。

Cosmologie et trifonctionnalité dans l'idéologie du Livre de la Grande paix（*Taiping jing*），Grégoire Espesset，Ph. D. diss，Université Paris Diderot，2002.

2003 年

明清时期的道教美学思想研究，李珉，四川大学博士论文，2003 年。

世俗与神圣的对话——民间灶神信仰与传说研究，廖海波，华东师范大学博士论文，2003 年。

论苏轼的艺术哲学，许外芳，复旦大学博士学位论文，2003 年。

隋唐五代道教美学思想研究，李裴，四川大学博士学位论文，2003 年。

道教内丹学与《西游记》，郭健，四川大学博士学位论文，2003 年。

玄言诗研究，杨合林，上海师范大学博士学位论文，2003 年。

"三言"道教文化意蕴，张丽荣，黑龙江大学硕士学位论文，2003 年。

《聊斋志异》与道教神仙信仰论析，杨桂婵，山东师范大学硕士学位论文，2003 年。

金代全真教道士词研究，李闻，山东师范大学硕士学位论文，2003 年。

唐代女诗人的道教情怀与审美意向，田晓膺，四川大学硕士学位论文，2003 年。

《陶弘景集》校注，王京州，四川大学硕士学位论文，2003 年。

玄言诗研究，杨合林，上海师范大学硕士学位论文，2003 年。

唐五代道教小说研究——以杜光庭为中心，罗争鸣，复旦大学博士学位论文，2003 年。

北魏关中道教造像记研究：地域的宗教文化与仪式活动——附造像碑文录校点，张泽珣，香港中文大学博士学位论文，2003 年。

巫与早期道教，江丽贞，佛光人文社会学院硕士学位论文，2003 年。

嵇康神仙思想之研究，张泽文，私立中国文化大学硕士学位论文，2003 年。

南宋金元时期的道教美学思想，申喜萍，四川大学博士学位论文，2003 年

马致远神仙道化剧及其接受史研究，黄月银，"国立"台湾师范大学硕士学位论文，2003 年。

敦煌早期壁画中的神仙图像研究，黄廷维，台南艺术学院硕士学位论文，2003 年。

唐诗中女仙、道家女子之研究，关曼君，"国立"东华大学中国语文学系硕士学位论文，2003 年。

李义山诗神话题材研究，陈淑媛，"国立"台湾师范大学国文系在职进修硕士学位班硕士学位论文，2003 年。

中国古代仙境奇遇故事研究，黄玲慧，私立中国文化大学中国文学研究所硕士学位论文，2003 年。

2004 年

中国神魔小说文体研究，冯汝常，福建师范大学博士学位论文，2004 年。

道教仪式与戏剧表演形态研究，倪彩霞，中山大学博士学位论文，2004 年。

明代志怪传奇小说研究，陈国军，南开大学博士学位论文，2004 年。

宋代游仙诗研究，卢晓辉，南京师范大学硕士学位论文，2004 年。

论闻一多的庄子学研究，闵丽丹，华东师范大学硕士学位论文，2004 年。

清虚与奇幻的交汇——论道教修炼对中国古典文艺创作思想的影响，蒋艳萍，暨南大学博士学位论文，2004 年。

元杂剧的文化精神阐释，高益荣，陕西师范大学博士学位论文，2004 年。

敦煌道经词汇研究，叶贵良，浙江大学博士学位论文，2004 年。

中古道书语言研究，冯利华，浙江大学博士学位论文，2004 年。

宋代《庄子》的阐释与接受，张爱民，山东师范大学硕士学位论文，2004 年。

唐代文人游仙诗仙人意象论稿，荣海涛，吉林大学硕士学位论文，2004 年。

明清道教与戏剧研究，李艳，四川大学博士学位论文，2004 年；巴蜀书社，2006 年。

论元曲神仙道化剧与隐居乐道剧中隐逸思想的同异，武兴芳，山西大学硕士学位论文，2004 年。

道教丹道易学研究——以《周易参同契》与《悟真篇》为核心的开展，段致成，"国立"台湾师范大学博士学位论文，2004 年。

道教符咒的探讨，杨荣贵，玄奘大学硕士学位论文，2004 年。

论李白游仙诗的文化心理与主题内容，洪启智，"国立中央"

大学中国文化研究所在职专班硕士学位论文，2006 年。

明初道教正一派天师张宇初研究，陈文田，"国立"成功大学硕士学位论文，2004 年。

道教打城仪式之音乐研究，黄佳琪，"国立"台湾师范大学硕士学位论文，2004 年。

唐代文人神仙书写研究，林雪铃，"国立"中正大学博士学位论文，2004 年。

台湾慈惠堂的鸾书研究，陈立斌，私立辅仁大学宗教学研究所硕士学位论文，2004 年。

魏晋名士养生思想研究——以养生成仙思想为中心，郭璟莹，台湾大学中国文学研究所硕士学位论文，2004 年。

六朝志怪的想象力与叙事研究，李娟熙，中国社会科学院博士学位论文，2004 年。

2005 年

魏晋南北朝志怪小说词汇研究，周俊勋，四川大学博士学位论文，2005 年。

汉魏六朝道教文学思想研究，蒋振华，南开大学博士学位论文，2005 年。

魏晋游仙诗研究，储晓军，安徽师范大学，硕士学位论文，2005 年。

六朝史传、杂传与小说叙事比较研究，刘湘兰，南京大学博士学位论文，2005 年。

隐逸诗研究（先秦至隋唐），霍建波，陕西师范大学博士学位论文，2005 年。

四百年《西游记》学术史，竺洪波，华东师范大学博士学位论文，2005 年。

道教与古典小说中的"灵真下试"主题，张慎玉，南京大学硕士学位论文，2005 年。

试论唐代仙道小说中的道教文化色彩，李春辉，内蒙古师范大学硕士学位论文，2005 年。

《聊斋志异》与宗教文化，黄洽，山东大学博士学位论文，2005 年；齐鲁书社，2005 年。

悲怆的美丽，周晔，内蒙古大学硕士学位论文，2005 年。

《楚辞》《山海经》神话比较研究，纪晓建，南京师范大学硕士学位论文，2005 年。

北宋士大夫与道家道教，鲍新山，暨南大学博士学位论文，2005 年。

明代"神仙剧"研究，沈敏，武汉大学博士学位论文，2005 年。

禅宗与全真道宗教美学思想比较研究，余虹，四川大学博士学位论文，2005 年。

走向世俗 ——宋代文言小说的转型，凌郁之，复旦大学博士学位论文，2005 年。

巫山神女传说研究，祝晓春，华中师范大学硕士学位论文，2005 年。

张天师传说初探，万黄婷，南昌大学硕士学位论文，2005 年。

宗教文化与唐五代笔记小说，刘正平，复旦大学博士学位论文，2005 年。

唐五代说部道教女仙考，胡蔚，四川大学硕士学位论文，2005 年。

宗教与戏剧的文化交融——元杂剧宗教精神的全面解读，杨毅，福建师范大学博士学位论文，2005 年。

道教笔记小说宗教思想研究，黄勇，四川大学博士学位论文，2005 年。

曹植的神仙艺术世界研究，王保国，宁夏大学硕士学位论文，2005 年。

论佛道对儒家的狡黠：以《西游记》为个案，葛琛辉，华中科技大学硕士学位论文，2005 年。

陈垣之宗教研究，刘贤，香港中文大学博士学位论文，2005 年。

江南全真道教：以六府一州道观为重心的考察（1271—1911），吴亚魁，香港中文大学博士学位论文，2005 年。

上古至中古神仙形象的转变，黄怡真，"国立"政治大学硕士学位论文，2005 年。

葛洪《抱朴子·内篇》中的神仙思想研究，李宗翰，华梵大学硕士学位论文，2005 年。

汉代具神仙意涵的百戏及其相关建筑研究，陈姿伶，逢甲大学硕士学位论文，2005 年。

晚明仙传小说之研究，白以文，"国立"政治大学博士学位论文，2005 年。

道教仪式中的神圣文书：文检的使用与意义，蒋馥蓁，台湾大学人类学研究所硕士学位论文，2005 年。

《山海经》中生命安顿及乐土向往之探讨，谢智琴，玄奘大学硕士学位论文，2005 年。

2006 年

中国古代土地信仰研究，杜正乾，四川大学博士学位论文，2006 年。

陶弘景研究，刘永霞，四川大学博士学位论文，2006 年。

汉晋神仙信仰的现象学诠释——对几部早期重要道经的纵深解读，余平，四川大学博士学位论文，2006 年。

唐朝女冠诗研究，代晓冬，华中师范大学硕士学位论文，2006 年。

两宋道教审美文化，雷晓鹏，四川大学博士学位论文，2006 年。

先秦两汉神仙思想与文学，姚圣良，山东大学博士学位论文，2006 年；齐鲁书社，2009 年。

《列子》考辨三题，李彬源，福建师范大学硕士学位论文，2006 年。

《聊斋志异》与释道文化，齐春春，河北大学硕士学位论文，2006 年。

葛洪及《抱朴子外篇》考论，丁宏武，西北师范大学博士学位论文，2006 年。

三教合一下的精神突围，冯霞，东北师范大学硕士学位论文，2006 年。

中晚唐爱情诗的道教文化观照，张振谦，暨南大学硕士学位论文，2006 年。

张雨研究，张秋红，南京大学硕士学位论文，2006 年。

宋代文言小说异类姻缘研究，唐瑛，四川大学博士学位论文，2006 年。

邓志谟及其道教小说研究，赵琨，暨南大学硕士学位论文，2006 年。

干宝与《搜神记》研究，杨淑鹏，西北师范大学硕士学位论文，2006 年。

《太平广记》仙类小说类目及其编纂研究，盛莉，华中师范大学博士学位论文，2006 年。

元刻《新编连相搜神广记》诸神故事来源考，孔丽娜，陕西师范大学硕士学位论文，2006 年。

试论东坡词的仙道用典，姜鹏飞，吉林大学硕士学位论文，2006 年。

晚唐五代仙道艳情词研究，林洁，贵州大学硕士学位论文，2006 年。

中唐诗人道教诗歌研究，王金一，上海师范大学硕士学位论文，2006 年。

隋唐五代道教诗歌的审美管窥，田晓膺，四川大学博士学位论文，2006 年；巴蜀书社，2008 年。

道教与中国古代通俗小说研究，刘敏，四川大学博士学位论文，2006 年。

北宋神霄道士林灵素与神霄运动，李丽凉，香港中文大学博士学位论文，2006 年。

唐宋时期道士叶法善崇拜发展研究——内道场道士、法师、地方神祇，吴真，香港中文大学博士学位论文，2006 年。

陶弘景及其"真人之诰"注释的研究，程乐松，香港中文大学博士学位论文，2006 年。

南宋道教的"洞天福地"研究，萧百芳，"国立"成功大学博士学位论文，2006 年。

道教养生思想与老庄之关系——以葛洪《抱朴子·内篇》为例，李翠芳，"国立"台南大学硕士学位论文，2006 年。

论江淹作品风格与南朝道教思潮的关系，方峻，佛光大学硕士学位论文，2006 年。

2007 年

先秦隐逸思想及先秦两汉隐逸文学研究，肖玉峰，四川大学博士学位论文，2007 年。

明清小说中的"梦""异"现象研究，冯阳，陕西师范大学博士论文，2007 年。

明代神仙道化剧研究，刘群，哈尔滨师范大学博士学位论文，2007 年。

道家与汉代士人思想、心态及文学，陈斯怀，山东大学博士学位论文，2007 年。

马致远"神仙道化"剧研究，邓光泉，兰州大学硕士学位论文，2007 年。

论元代"神仙道化剧"的长生思想，陈晓丽，曲阜师范大学硕士学位论文，2007 年。

宗教的精神和世俗的观照，王芹，华中师范大学硕士学位论文，2007 年。

元代杂剧艺术对元代道教雕塑造型之影响，唐珂，景德镇陶瓷学院硕士学位论文，2007 年。

论唐代的游仙诗，李颖利，山西大学硕士学位论文，2007 年。

中野美代子《西游记》研究评析，吴笛怡，华东师范大学硕士学位论文，2007 年。

白玉蟾与武夷山道教，夏涛，厦门大学硕士学位论文，2007 年。

汉魏六朝仙道诗研究，李柯，西北师范大学硕士学位论文，2007 年。

古代笔记小说中的民间土地神及其演变，司瑞江，陕西师范大学硕士学位论文，2007 年。

金代全真教文人马钰词研究，于慧，暨南大学硕士学位论文，2007 年。

元代神仙道化剧研究，陈超，四川大学硕士学位论文，2007 年。

苏轼文艺美学的道教情怀，向阿媚，四川大学硕士学位论文，2007 年。

《青琐高议》之研究，吴艳丽，四川大学硕士学位论文，2007 年。

道教生死观研究，程群，四川大学博士学位论文，2007 年。

杜光庭《墉城集仙录》研究，樊昕，南京师范大学硕士学位论文，2007 年。

西游故事与内丹功法的转换——以《西游原旨》为例，王婉甄，淡江大学博士学位论文，2007 年；古典文学研究辑刊（三编），曾永义主编，花木兰文化出版社，2012 年。

《三言》中儒释道思想与庶民文化试探，许雪珠，中兴大学硕士学位论文，2007 年。

《历代赋汇》中的神话典故引用研究——以天象、祯祥、仙释类为范围，游淑如，中兴大学硕士学位论文，2007 年。

从谶应论明代神魔小说，徐祥益，中兴大学硕士学位论文，2007 年。

异类婚恋故事类型与性别文化研究，蔡其蓉，台湾大学硕士学位论文，2007 年。

系谱、教法及其整合：东晋南朝道教上清经派的基础研究，张超然，"国立"政治大学博士学位论文，2007 年。

Civilized Demons: Ming Thunder Gods from Ritual to Literature. Meulenbeld, Mark. PhD diss., Princeton University, 2007.

《水经注》试论——以神话资料为中心，全胄贤，梨花女子大学校中语中文学科硕士学位论文，2007 年。

2008 年

《封神演义》研究，刘彦彦，南开大学博士学位论文，2008 年。

先唐文学人神遇合主题研究，阳清，四川大学博士学位论文，2008 年。

神话叙事与集体记忆——《淮南子》的文化阐释，黄悦，中国社会科学院博士学位论文，2008 年。

元杂剧宗教人物形象研究，唐昱，武汉大学博士学位论文，2008 年。

明代中后期宗教题材剧研究，郭迎晖，浙江大学博士学位论文，2008 年。

曹唐及其诗歌研究，金丙燕，南京师范大学硕士学位论文，2008 年。

全真教的七真崇拜与相关宗教神话研究，罗忆南，黑龙江大学硕士学位论文，2008 年。

西汉神仙观念研究，刘思绮，河北师范大学硕士学位论文，2008 年。

《聊斋志异》、《阅微草堂笔记》狐仙形象比较研究，李小兰，武汉大学硕士学位论文，2008 年。

从欧阳修诗文看北宋神仙信仰，邓义文，华中科技大学硕士学位论文，2008 年。

道经图像研究，许宜兰，四川大学博士学位论文，2008 年；巴蜀书社，2009 年。

彝族史诗《查姆》与阴阳五行观念，项红，中南民族大学硕士学位论文，2008 年。

道家思想与魏晋文学——以隐逸、游仙、玄言文学为中心的研究，于春媚，首都师范大学博士学位论文，2008 年。

姜夔其人其词对道家精神的接受与表现，周亭松，山东大学硕士学位论文，2008 年。

论李白的诗歌创作与道教，展永福，青岛大学硕士学位论文，2008 年。

神仙与鬼神，陶伟，兰州大学硕士学位论文，2008 年。

元杂剧与宗教信仰，管弦，兰州大学硕士学位论文，2008 年。

《冤魂志》鬼魂复仇故事研究，喻忠杰，兰州大学硕士学位论文，2008 年。

南北朝仙道诗比较研究，刘蕊杏，贵州大学硕士学位论文，2008 年。

唐诗中的镜子意象研究，李海燕，暨南大学"硕士学位论文，2008 年。

魏晋南北朝志怪小说研究，李苗苗，陕西师范大学硕士学位论文，2008 年。

谈《绿野仙踪》的儒道思想，李洁，陕西师范大学硕士学位论文，2008 年。

明清神魔小说中的冥府意象，杨晓娜，河南大学硕士学位论文，2008 年。

《文选》李善注所引神话研究，杨易婷，东北师范大学硕士学位论文，2008 年。

陶弘景道教文艺思想及创作研究，段祖青，湖南师范大学硕士学位论文，2008 年。

《金瓶梅词话》中的民间宗教研究，罗海波，四川师范大学硕士学位论文，2008 年。

道家道教对宋濂及其文学创作的影响，罗凤华，湖南大学硕士学位论文，2008 年。

已别歌舞贵，长随鸾鹤飞，徐修妹，山东大学硕士学位论文，2008 年。

《庄子》内篇研究，史国良，西北师范大学博士学位论文，2008 年。

《抱朴子·内篇》的思想体系与文学特色，王文姮，山东师范大学硕士学位论文，2008 年。

《抱朴子·外篇》社会与文学思想研究，张福德，河北师范大学硕士学位论文，2008 年。

唐传奇中的佛、道观，武彬，陕西师范大学博士学位论文，2008 年。

《太平广记》研究 ——以宗教文化为视角，曾礼军，上海师范大学博士学位论文，2008 年。

屠隆净明道信仰及其性灵诗论，徐美洁，上海师范大学硕士学位论文，2008 年。

唐代女冠研究，罗盱兰，福建师范大学硕士学位论文，2008 年。

许逊信仰与文学传述，许蔚，华东师范大学硕士学位论文，2008 年。

《西游记记》研究，楼顺忠，华东师范大学硕士学位论文，2008 年。

南宋遗民道教诗歌研究，沈雅文，"国立中央"大学硕士学位论文，2008 年。

《仙媛纪事》研究——从溯源到成书，赖思妤，"国立"暨南国际大学硕士学位论文，2008 年。

葛洪《神仙传》研究，侯雅增，"国立"云林科技大学硕士学位论文，2008 年。

英雄与神仙：十六世纪中国士人的经世功业、文辞习气与道教经验，徐兆安，台湾清华大学历史研究所硕士学位论文，2008 年。

Scriptures and bodies：Jest and Meaning in the Religious Journeys in *Xiyou Ji*, Liu Chiung—yun Evelyn, Massachusetts：Harvard University，2008.

Writing at Anyang：The Role of the Divination Record in the Emergence of Chinese Literacy，Adam D. Smith，Ph. D. diss，University of California，Los Angeles，2008.

2009 年

魏晋南北朝民间信仰研究，储晓军，西北大学博士学位论文，2009 年。

"三教合一"与宋代士人心态及文学呈现，张玉璞，曲阜师范大学博士学位论文，2009 年。

古上清经史若干问题的考辨，李静，复旦大学博士学位论文，2009 年。

元代神仙道化剧论，李宁，江西师范大学硕士学位论文，2009 年。

阮籍诗文儒道文化取向论略，杨万欢，湖南师范大学硕士学位论文，2009 年。

"二拍"道教叙事与劝惩旨归，白金杰，黑龙江大学硕士学位论文，2009 年。

论丘处机的思想与其诗词的关系，郭文睿，山西大学硕士学位论文，2009 年。

明清小说中的花精形象研究，衣利巍，哈尔滨师范大学硕士学位论文，2009 年。

鱼玄机诗歌研究，李尊爱，新疆师范大学硕士学位论文，2009 年。

娱鬼的吟唱——唐宋文学中的中元节，杨柳青，西北大学硕士学位论文，2009 年。

道教与北宋诗歌，张振谦，中山大学博士学位论文，2009 年。

白玉蟾文学研究，尤玉兵，厦门大学硕士学位论文，2009 年。

曹唐游仙诗缘起及成就，张英夫，首都师范大学硕士学位论文，2009 年。

仙道赋初探，兰洪美，首都师范大学硕士学位论文，2009 年。

唐长安文人与城南地区关系研究，李文娟，陕西师范大学硕士学位论文，2009 年。

三教文化与莫言小说创作，刘同涛，西北师范大学硕士学位论文，2009 年。

唐代诗人对道家道教思想的接受，段永升，陕西师范大学硕士学位论文，2009 年。

陶弘景及其文集研究，潘海霞，江西师范大学硕士学位论文，2009 年。

邓志谟道教小说研究，龙文康，湖南师范大学硕士学位论文，2009 年。

宋代文言道教小说蠡探，吕佳，华东师范大学硕士学位论文，2009 年。

明代社会生活画卷的一页——《金瓶梅》对道教的描写，王志琴，华东师范大学硕士学位论文，2009 年。

从哲学观照和审美体验看唐代佛道二教对山水诗的影响，成希，湖南大学硕士学位论文，2009 年。

从明代小说中的僧道形象解读佛道世俗化，彭勃，西南大学硕士学位论文，2009 年。

《阅微草堂笔记》之宗教文化研究，张伟丽，南开大学博士学位论文，2009 年。

《红楼梦》的宗教书写分析与探源，陈国学，南开大学博士学位论文，2009 年。

两汉远游文学研究，唐景珏，北京语言大学博士学位论文，2009 年。

《绿野仙踪》的跨类型现象研究，史梅，华中师范大学硕士学位论文，2009 年。

《西游原旨》研究，王欢，华东师范大学硕士学位论文，2009 年。

唐人游仙诗及其文化意义，林海，内蒙古师范大学硕士学位论文，2009 年。

明代《庄子》接受研究，白宪娟，山东大学博士学位论文，2009 年。

中古游仙诗研究，李书坡，青海师范大学硕士学位论文，2009 年。

汪端：从名媛才女到宗教导师的生命转向，廖卉婷，暨南大学硕士学位论文，2009 年。

元明戏剧中吕洞宾形象研究，茚军辉，河北师范大学硕士学位，2009 年。

《上清大洞真经》存思神仙理论，林惟翔，华梵大学硕士学位论文，2009 年。

元代神仙道化思想与全真教关系之研究——以全真七子为中心，徐育敏，"国立"花莲教育大学硕士学位论文，2009 年。

杜宇神话与唐诗中杜宇意象之研究，许秀美，政治大学博士学位论文，2009 年。

魏晋南北朝道教语言思维探究，龚韵蘅，"国立"清华大学博士学位论文，2009 年。

台湾道教清微派仪式与音乐研究，梁恩诚，"国立"台北艺术大学硕士学位论文，2009 年。

论早期道教中的道与至尊神，李穌书，台湾大学硕士学位论文，2009 年。

现存元代度脱剧研究，董怡均，台湾大学硕士学位论文，2009 年。

2010 年

《阅微草堂笔记》研究，魏晓虹，东北师范大学博士论文，2010 年。

多民族文化背景下的金代词人群体研究，于东新，河北大学博士论文，2010 年。

《北游记》文本性研究，徐萍，武汉大学硕士学位论文，2010 年。

元杂剧神仙道化剧研究，王琰，新疆师范大学硕士学位论文，2010 年。

五四文学中宗教精神探析，代步云，东北师范大学硕士学位论文，2010 年。

浅论干宝的神道思想，马国玲，内蒙古大学硕士学位论文，2010 年。

《醒世姻缘传》中的民间信仰，侯旭，长春师范学院硕士学位论文，2010 年。

康乾神仙剧研究，韩娟，复旦大学硕士学位论文，2010 年。

《搜神记》复仇主题研究，侯洁云，山东大学硕士学位论文，2010 年。

冥界与唐代叙事文学研究，邵颖涛，南开大学博士学位论文，2010 年

汉武帝故事及其文化阐释，刘杰，南开大学博士学位论文，2010 年。

《绿野仙踪》考论，周晴，山东师范大学博士学位论文，2010 年。

唐传奇与道教，刘俊林，西北师范大学硕士学位论文，2010 年。

道情戏从悦神到悦人的发展衍变，张志娟，西北民族大学硕士学位论文，2010 年。

唐代志怪传奇小说中妖怪形象研究，王元胜，河南大学硕士学位论文，2010 年。

民俗、民间信仰与《神弦歌》研究，邢欣，青岛大学硕士学位论文，2010 年。

王嘉及《拾遗记》研究，孙勇，兰州大学硕士学位论文，2010 年。

宋前"桃源体"小说研究，张艳，西南大学硕士学位论文，2010 年。

《青琐高议》与其影响研究，戴立哲，西南大学硕士学位论文，2010 年。

王重阳及其诗词研究，张媛媛，河北师范大学硕士学位论文，

2010 年。

叙事学视野下的《搜神记》研究，孙宁，青海师范大学硕士学位论文，2010 年。

《神仙传》研究，殷爽，广西师范大学博士学位论文，2010 年。

陈治安《南华真经本义》研究，袁朗，华东师范大学硕士学位论文，2010 年。

道教与中国古代白话小说中的三怪系列，付洁，中国海洋大学硕士学位论文，2010 年。

元明清白话小说中军师术士化现象研究，陶哲诚，上海师范大学硕士学位论文，2010 年。

《搜神记》变形故事研究，金珍河，复旦大学硕士学位论文，2010 年。

李商隐女冠诗及其文化精神研究，何小芬，陕西理工学院硕士学位论文，2010 年。

《封神演义》之道教元素研究，张书绮，"国立"高雄师范大学硕士学位论文，2010 年。

道教正一派凤凰天师坛之仪式与音乐研究，陈姿秀，"国立"台湾师范大学硕士学位论文，2010 年。

六朝道教成仙服食观研究：以志怪及仙传为中心，傅苡嬿，"国立"中正大学硕士学位论文，2010 年。

唐代女冠诗人与道教文化——以李冶、薛涛、鱼玄机为核心，陈昕昕，"国立"彰化师范大学硕士学位论文，2010 年。

《太玄真一本际妙经》与佛典关系之研究，许汶香，辅仁大学硕士学位论文，2010 年。

望之若仙：孙隆《二十四开写生册》研究，林宛儒，台湾大学硕士学位论文，2010 年。

修行与人欲——吕洞宾三戏白牡丹研究，林怡慧，台湾清华大学硕士学位论文，2010 年。

2011 年

汉魏文学思想的变迁与士人生命意识觉醒思潮，杨园，云南大学博士学位论文，2011 年。

《平妖传》研究，李贤珠，复旦大学博士学位论文，2011 年。

汉代画像石的审美研究——以陕北、晋西北地区为中心，王娟，西北大学博士学位论文，2011 年。

道观与唐代文学，刘新万，南开大学博士学位论文，2011 年。

巫山神女神话研究，任新玉，辽宁师范大学硕士学位论文，2011 年。

《西游记》诸神形象研究，蔡婉星，河南大学硕士学位论文，2011 年。

道教与明代神魔小说，夏丹，辽宁师范大学硕士学位论文，2011 年。

《搜神记》中的祈雨习俗研究，李艳芬，云南大学硕士学位论文，2011 年。

《宋元笔记小说大观》中宋人的鬼神观解读，王会珍，安徽大学硕士学位论文，2011 年。

《山海经》与原始宗教信仰初探，敬婉茜，四川师范大学硕士学位论文，2011 年。

论中国古代文人的远游，李东，南京师范大学硕士学位论文，2011 年。

老子八十一化图研究，胡春涛，西安美术学院博士学位论文，2011 年。

断裂与建构：净明道的历史与文学，许蔚，复旦大学博士学位论文，2011 年。

《搜神记》中的民众信仰与巫术思维，孔祥玉，中国海洋大学硕士学位论文，2011 年。

唐代佛道类梦小说研究，李效霞，苏州大学硕士学位论文，2011 年。

《太平广记》鬼类文献研究，尚施彤，东北师范大学硕士学位论文，2011 年。

谶纬叙事研究，张泽兵，江西师范大学博士学位论文，2011 年；社会科学文献出版社，2013 年。

唐前游仙文学研究，罗文卿，山东大学博士学位论文，2011 年。

魏晋六朝仙传时空艺术探析，张晶璐，华侨大学硕士学位论文，2011 年。

《封神演义》诠释史论，冯军，山东大学博士学位论文，2011 年。

生的极限与超越 ——先秦至宋代临终诗研究，黄莹，南京师范大学博士学位论文，2011 年。

明代武当山志研究，张全晓，华中师范大学博士学位论文，2011 年。

神怪小说与山岳信仰关系研究，贾海建，中央民族大学博士学位论文，2011 年。

齐鲁奇士东方朔研究，胡莉莉，山东师范大学硕士学位论文，
2011 年。

汉魏六朝道教仙传故事类型研究，陈俊荣，西南大学硕士学
位论文，2011 年。

多重视野下魏晋小说中的神仙世界，张洁，西南大学硕士学
位论文，2011 年。

汉魏六朝至唐五代悟道求仙小说研究，刘巍，西南大学硕士
学位论文，2011 年。

唐诗中青鸟意象的内涵及其成因探析，单秀芹，曲阜师范大
学硕士学位论文，2011 年。

《西游记》诠释史论，臧慧远，山东大学博士学位论文，
2011 年。

金代全真道教主马钰词探析，关海龙，宁波大学硕士学位论
文，2011 年。

《列仙传》、《列异传》神仙、鬼怪、方术研究，林昀佑，"国
立"中山大学硕士学位论文，2011 年。

女英雄的旅程：《女仙外史》、《归莲梦》主角形象研究，吴旻
怡，清华大学硕士学位论文，2011 年。

吕洞宾的戏曲研究——以全明传奇和台湾戏曲为主，彭沛翎，
成功大学硕士学位论文，2011 年。

唐人小说之奇幻特质研究，徐雨青，台东大学硕士学位论文，
2011 年。

2012 年

实态与想象：唐代女冠研究，谢一峰，浙江大学硕士学位论文，2012 年。

宗教视野下明代曲家及其剧作研究，邓斯博，武汉大学博士学位论文，2012 年。

唐宋女冠与唐宋诗词，张治秀，浙江工业大学硕士学位论文，2012 年。

艺术——审美视阈中的北宋道教与文学，苏振宏，中央民族大学博士学位论文，2012 年。

白玉蟾道教诗词研究，赵娟，浙江大学硕士学位论文，2012 年。

《灵宝领教济度金书》的文学研究，杜言，中南大学硕士学位论文，2012 年。

魏晋南北朝道教与文学，刘育霞，山东大学博士学位论文，2012 年。

曹操、曹植游仙诗与朝鲜李春英游仙诗比较研究，袁野，延边大学硕士学位论文，2012 年。

隋唐五代巴蜀仙道文学研究，李柯，四川师范大学博士学位论文，2012 年。

三言二拍与佛道关系之研究，姜良存，曲阜师范大学博士学位论文，2012 年。

象数易学与《西游记》创作之研究，江凌，山东大学博士学位论文，2012 年。

宋代游仙词研究，秦永红，湖北大学硕士学位论文，2012 年。

宋代青词研究，韩丹，华东师范大学硕士学位论文，2012 年。

《长春真人西游记》研究，许靖，青海师范大学硕士学位论文，2012 年。

郭璞游仙诗研究，冀明霞，山西师范大学硕士学位论文，2012 年。

《抱朴子·内篇》仙道文学研究，马维明，广西师范大学硕士学位论文，2012 年。

中古神仙传记研究，李敬，广西师范大学硕士学位论文，2012 年。

魏晋南北朝志怪小说中的方士类型研究，郑培娟，暨南大学硕士学位论文，2012 年。

《道藏》中的宋代小说研究，潘燕，安徽大学硕士学位论文，2012 年。

《道藏》中的元代小说研究，周芹，安徽大学硕士学位论文，2012 年。

《全唐诗》神仙辑考，于向宇，安徽大学硕士学位论文，2012 年。

《道藏》中的唐代小说研究，汪小艳，安徽大学硕士学位论文，2012 年。

王重阳诗词研究，陶秀真，鲁东大学硕士学位论文，2012 年。

中晚唐游仙诗研究，罗佳妮，黑龙江大学硕士学位论文，2012 年。

唐前游仙诗研究，郭俊芳，河南师范大学硕士学位论文，2012 年。

唐前小说"死后升仙"情节模式研究，毛婷婷，西南大学硕士学位论文，2012 年。

郭璞《游仙诗》研究，曹珺，青岛大学硕士学位论文，2012 年。

高唐神女形象研究，金翠，沈阳师范大学硕士学位论文，2012 年。

元明时期"神仙道化"剧研究，黄卉，湖南师范大学硕士学位论文，2012 年。

二郎神剧及其二郎神信仰流变研究，殷军领，上海师范大学硕士学位论文，2012 年。

八仙宝物描写的功能性研究，张翔，浙江师范大学硕士学位论文，2012 年。

张雨诗歌研究，陈玉平，广西大学硕士学位论文，2012 年。

郭璞《游仙诗》中美学思想研究，陈泓伶，四川师范大学硕士学位论文，2012 年。

多元文化影响与蓬莱仙境信仰的形成，张瑞娴，中南民族大学硕士学位论文，2012 年。

汉魏神仙诗歌探微：汉魏政治和社会因素对其诗人诗歌创作的影响，安娜，重庆大学硕士学位论文，2012 年。

汉唐小说中的飞升母题研究，陈菡思，北京大学硕士学位论文，2012 年。

唐人离魂小说研究，宋艳伟，辽宁大学硕士学位论文，2012 年。

唐代小说中的神女形象研究，高飞，辽宁大学硕士学位论文，2012 年。

乐府《巫山高》系列诗歌的意象研究，孙婷婷，南京师范大学硕士学位论文，2012 年。

六朝江东民间神祇与文学，郭成波，南京师范大学硕士学位论文，2012 年。

《醒世姻缘传》中的狐意象研究，马月敏，济南大学硕士学位论文，2012 年。

《绿野仙踪》道教文化解读，宋霞霞，陕西理工学院硕士学位论文，2012 年。

六朝隋唐冥审小说研究，杨金川，南京大学硕士学位论文，2012 年。

《吕祖全书》研究：从刘体恕《吕祖全书》的编集和影响探讨清代吕祖道坛的信仰特色，李家骏，香港中文大学博士学位论文，2012 年。

周易六十四卦卦名述考——道教思想源流考，朱正清，玄奘大学硕士学位论文，2012 年。

道教五雷符之文化意涵，赖衍璋，华梵大学硕士学位论文，2012 年。

魏晋南北朝道教斋戒思想之研究——以《无上秘要》为中心，张景贤，南华大学硕士学位论文，2012 年。

四川东汉画像石"人、神、仙"图像研究，黄玉梅，静宜大学硕士学位论文，2012 年。

吕祖签诗研究——以木栅指南宫为例，张秀珠，台湾师范大学硕士学位论文，2012 年。

《搜神记》中"解围人物"与救难故事之意涵研究，廖妙婉，中兴大学硕士学位论文，2012 年。

书生的终极之梦——《绿野仙踪》的人格书写，吴敏慈，中兴大学硕士学位论文，2012 年。

魏晋南北朝志怪小说非常女故事之研究，苏美如，中兴大学硕士学位论文，2012 年。

对中国大众文化（1979 年—2008 年）中的古典叙事受容研究：以电影及电视剧文本异类恋爱谈为中心，文炫善，梨花女子大学校中语中文学科博士学位论文，2012 年。

2013 年

厉鹗及其诗歌研究，吴华峰，南京大学博士学位论文，2013 年。

明清游历小说研究，董定一，南开大学博士学位论文，2013 年。

传奇叙事与生命体验——还珠楼主"蜀山"系列仙侠小说研究，吉旭，苏州大学博士学位论文，2013 年。

《搜神记》中的巫术及其文学意义，董高凌，云南大学硕士学位论文，2013 年。

唐人小说"仙境"研究，邵永会，辽宁大学硕士学位论文，2013 年。

《太平广记》谶言文化新探，周敏，辽宁大学硕士学位论文，2013 年。

太宰治的《竹青》与蒲松龄的《竹青》的比较研究，赵松娟，吉林大学硕士学位论文，2013 年。

唐五代及宋女冠词研究，潘治创，辽宁大学硕士学位论文，

2013 年。

韩国的三神山与徐福传说研究，李云桥，南京师范大学硕士学位论文，2013 年。

明清神魔小说情节模式研究，陈妍，河南大学硕士学位论文，2013 年。

明清神魔小说中的道士形象研究，娄红岩，河南大学硕士学位论文，2013 年。

西王母叙事的历史演变及其文化意义，栾红军，哈尔滨师范大学硕士学位论文，2013 年。

罗勉道《南华真经循本》研究，李蓉，广西大学硕士学位论文，2013 年。

《封神演义》与明清民间信仰，田浩然，陕西师范大学硕士学位论文，2013 年。

魏晋时期玄学、道教的交融对文学的影响，陈溶，湘潭大学硕士学位论文，2013 年。

论《绿野仙踪》里的儒道互补文化理想，周媛媛，辽宁师范大学硕士学位论文，2013 年。

谢灵运的佛道思想与其诗文，裴健伟，中南民族大学硕士学位论文，2013 年。

秦观文学作品中的儒释道思想，苏晶晶，新疆师范大学硕士学位论文，2013 年。

鬼谷子形象的流变及其文学影响，夏丹妮，四川师范大学硕士学位论文，2013 年。

道教上清派与汉魏六朝小说研究，王雅静，浙江工业大学硕士学位论文，2013 年。

马致远神仙道化剧特性探析，傅涓，复旦大学硕士学位论文，2013年。

宋前茅山宗文学研究，段祖青，湖南师范大学博士学位论文，2013年。

明代文言"鬼小说"研究，苏羽，浙江大学博士学位论文，2013年。

杜光庭道教文学研究，余红平，赣南师范学院硕士学位论文，2013年。

郑板桥诗画中的道家思想研究，刘婉，华侨大学硕士学位论文，2013年。

吴均文学思想研究，王玮，华侨大学硕士学位论文，2013年。

唐五代宋初冥界观念及其信仰研究，钱光胜，兰州大学博士学位论文，2013年。

敦煌民间词与金代道教词比较研究，霍佳梅，宁波大学硕士学位论文，2013年。

玉真公主的道观诗情，王晓晓，天津师范大学硕士学位论文，2013年。

"方外十友"研究，孔周园，天津师范大学硕士学位论文，2013年。

王维与道家思想研究，石飞飞，青岛大学硕士学位论文，2013年。

李颀与盛唐精神研究，明立艳，青岛大学硕士学位论文，2013年。

先唐仙传研究，刘三婷，湖南师范大学硕士学位论文，2013年。

汉魏六朝神仙题材小说研究，孔图雅，内蒙古师范大学硕士学位论文，2013 年。

中国月老故事研究，臧卢璐，华中师范大学硕士学位论文，2013 年。

明清神魔小说中的"宝物"与社会文化，闫迎峰，福建师范大学硕士学位论文，2013 年。

明万历仙传类文献研究，侯婧，南京大学硕士学位论文，2013 年。

金代全真道士词用典探论，时培富，吉林大学硕士学位论文，2013 年。

王喆及其词作研究，虞晨，山西师范大学硕士学位论文，2013 年。

道教与隐士心态，杜星霖，山东大学硕士学位论文，2013 年。

《老子》的文学形式，董广远，山东大学硕士学位论文，2013 年。

《藏外道书》中的明代小说研究，王冬梅，安徽大学硕士学位论文，2013 年。

《藏外道书》中的清代小说研究，杜兆菡，安徽大学硕士学位论文，2013 年。

上海三官神话与信仰研究，雷伟平，华东师范大学博士学位论文，2013 年。

古代小说中的许真君形象，李冉，浙江工业大学硕士学位论文，2013 年。

成玄英《道德经义疏》探析——以修道成圣为主轴，陈金墙，中兴大学硕士学位论文，2013 年。

宋代女性入道考述，林宛璇，中兴大学硕士学位论文，2013 年。

宋元时期道教炼度文献研究，祝逸雯，香港中文大学博士学位论文，2013 年。

明末世变中的神魔叙事——"平妖"故事之承衍与流播，谢佳滢，"国立"政治大学硕士学位论文，2013 年。

六朝仙道身体观与修行理论探讨，张亿平，台湾大学博士学位论文，2013 年。

两汉占星学与汉代政治神学建构，黄世仪，"国立"政治大学硕士学位论文，2013 年。

道教灵宝派黄篆斋：仪式及音乐研究——以高雄混真坛为对象，张淑云，"国立"台湾师范大学硕士学位论文，2013 年。

彰化地区道教正一派之仪式与音乐研究：以埤脚镇兴坛为对象，廖婉茹，"国立"台湾师范大学硕士学位论文，2013 年。

宋、元、明道教酆岳法研究，高振宏，"国立"政治大学博士学位论文，2013 年。

土城地区道教庙宇签诗探究——以大墓公庙与震安宫为主，陈玟瑾，玄奘大学硕士学位论文，2013 年。

正一派古今斋法中的拔度科仪研究——以唐末杜光庭与当代台湾高雄蔡家为例，庄居福，南华大学硕士学位论文，2013 年。

宋元话本小说中的异类故事研究，刘玮婷，成功大学硕士学位论文，2013 年。

宋、元、明时期吕洞宾叙事与图像研究，张贤珠，北京师范大学博士学位论文，2013 年。

2014 年

骊山老母信仰研究，杨柳，西北大学博士学位论文，2014 年。

民间宝卷与中国古代小说，张灵，上海师范大学博士学位论文，2014 年。

西游故事跨文本研究，赵毓龙，上海师范大学博士学位论文，2014 年。

郭璞与巫文化研究，宋文静，重庆大学硕士学位论文，2014 年。

唐诗神仙书写研究，朱晨冉，聊城大学硕士学位论文，2014 年。

汉唐间老子显灵故事研究，黄国维，兰州大学硕士学位论文，2014 年。

《西游原旨》道教思想研究，胡建辉，华东师范大学硕士学位论文，2014 年。

道家道教视域下的《西昆酬唱集》与西昆体，袁方，华东师范大学硕士学位论文，2014 年。

李白诗歌道教语言文化研究，贺志伟，四川师范大学硕士学位论文，2014 年。

道教神仙观念与唐前神仙小说研究，申玲玲，河南师范大学硕士学位论文，2014 年。

明代四大奇书与宗教，徐薇，武汉大学博士学位论文，2014 年。

敦煌曲子辞写本整理与研究，张长彬，扬州大学博士学位论文，2014 年。

钟馗故事的文本演变及其文化内涵，姜乃菡，南开大学博士学位论文，2014 年。

张良故事文本演变及其文化内涵，李悠罗，南开大学博士学位论文，2014 年。

《历世真仙体道通鉴》研究，钱敏，华中师范大学博士学位论文，2014 年。

唐代步虚词研究，董慧芳，辽宁大学硕士学位论文，2014 年。

薛用弱《集异记》神鬼故事研究，贾月青，辽宁大学硕士学位论文，2014 年。

唐人小说中的蓬莱仙境研究，刘晓清，辽宁大学硕士学位论文，2014 年。

宋元神怪类小说话本研究，张一，广西大学硕士学位论文，2014 年。

《神仙传》与洞天福地的建构，洪玲芳，上海大学硕士学位论文，2014 年。

唐代女冠诗人创作心理研究，苏竹梅，云南师范大学硕士学位论文，2014 年。

《太平广记》中的"人神恋"故事研究，李露，湖北大学硕士学位论文，2014 年。

魏晋南北朝志怪小说中的幻化类型研究，靳谦，西北师范大学硕士学位论文，2014 年。

南宋中期僧道故事新变研究，吴浩菊，沈阳师范大学硕士学位论文，2014 年。

唐代文学与谶纬文化关系研究，赵豫云，陕西理工学院硕士学位论文，2014 年。

元代江南的道士与文士，王方，华中师范大学硕士学位论文，2014 年。

《太平经》文学研究，马皎，西北大学硕士学位论文，2014 年。

《夷坚志》道教故事文化内涵研究，王雯，北京外国语大学硕士学位论文，2014 年。

汉魏至唐五代小说仙人下凡母题研究，刘敏锐，西南大学硕士学位论文，2014 年。

重复书写与唐代凡人游历仙境故事类型的形成，岳之渊，西南大学硕士学位论文，2014 年。

李白诗歌与神话，龙腾，内蒙古大学硕士学位论文，2014 年。

《真诰》与六朝志怪中的鬼神世界观之比较，崔光红，山东大学硕士学位论文，2014 年。

中国三大神话母题研究，张艳，山东大学博士学位论文，2014 年。

形象·意义·审美—中国现代文学"宗教人物形象"研究，任传印，浙江大学博士学位论文，2014 年。

张雨文集与交游考论，韩奕雪，山西大学硕士学位论文，2014 年。

唐代地理岳渎诗研究，全葳，吉林大学博士学位论文，2014 年。

西王母故事的文本演变及文化内涵，杜文平，南开大学博士学位论文，2014 年。

中国古代狐精故事研究，任志强，山东大学博士学位论文，

2014 年。

从《夷坚志》看儒道佛世俗化，赵珺，华中科技大学硕士学位论文，2014 年。

葛洪《神仙传》之文学叙事研究，李韶芸，"国立"中兴大学硕士学位论文，2014 年。

明代之前小说中儒道佛海洋观研究，林庆扬，中山大学博士学位论文，2014 年。

道曲之音乐文学性研究——以台湾灵宝派金箓科仪为对象，叶伊雯，"国立"政治大学硕士学位论文，2014 年。

扩展道教醮仪的概念：以晚清帝国湖北与江西的灵官醮科为例，费昭，"国立"政治大学硕士学位论文，2014 年。

2015 年

葛洪《抱朴子》接受研究，袁朗，华东师范大学博士学位论文，2015 年。

相术文化与中国古代小说研究，金业焱，南京师范大学博士学位论文，2015 年。

商山四皓本事及接受研究，魏敏，西北大学博士学位论文，2015 年。

金元时期全真掌教的文学创作研究，张海翔，武汉大学硕士学位论文，2015 年。

《搜神记》中的妖怪文化，刘婉竹，辽宁师范大学硕士学位论文，2015 年。

郭璞思想综论，赵梦，辽宁师范大学硕士学位论文，2015 年。

葛洪《神仙传》研究——以文本流变为中心的考察，向群，山东大学博士学位论文，2015 年。

《太平经》的宗教文艺思想和文献价值研究，苏芍，湖南师范大学硕士学位论文，2015 年。

全真教传记体小说研究，王毅，浙江工业大学硕士学位论文，2015 年。

李白游仙诗论稿，孙千淇，吉林大学硕士学位论文，2015 年。

谭处端及其创作研究，张悦，山西师范大学硕士学位论文，2015 年。

谶纬对《搜神记》的影响，苏楠楠，沈阳师范大学硕士学位论文，2015 年。

《水浒传》中道教人物研究，李骞，重庆师范大学硕士学位论文，2015 年。

唐代的道观与道观诗，尚苗苗，西北大学硕士学位论文，2015 年。

情与生：《牡丹亭》的道教文化内蕴，王芳，华东师范大学硕士学位论文，2015 年。

全真教歌辞文本《鸣鹤余音》研究，王云，华东师范大学硕士学位论文，2015 年。

论海外学者《西游记》佛、道相融之研究，谷煜，华东师范大学硕士学位论文，2015 年。

《西游记》中的诗词研究，王泽颖，安徽大学硕士学位论文，2015 年。

明代神魔小说中韵文的道教意蕴，戴海燕，华东师范大学硕士学位论文，2015 年。

前蜀方外作家研究，于玥，辽宁大学硕士学位论文，2015 年。

唐五代笔记小说佛道内容研究，王鑫，兰州大学硕士学位论文，2015 年。

唐传奇人神之恋故事研究，唐慧宇，东北师范大学硕士学位论文，2015 年。

《列仙传》研究，韦珮珮，山东大学硕士学位论文，2015 年。

全真七子诗歌美学研究，杜玉荣，四川师范大学硕士学位论文，2015 年。

吴筠诗歌研究，林思鸿，闽南师范大学硕士学位论文，2015 年。

明清通俗小说中的神女形象研究，毕天华，宁夏大学硕士学位论文，2015 年。

汤显祖道家、道教思想与诗歌创作研究，杜西凤，南昌大学硕士学位论文，2015 年。

唐代长安寺观与诗歌创作，姜卓，陕西师范大学硕士学位论文，2015 年。

先唐女仙形象研究，张月，北华大学硕士学位论文，2015 年。

《湖海新闻夷坚续志》中仙话故事的民间叙事艺术研究，王泽媛，山西大学硕士学位论文，2015 年。

"河伯"发展演变探究，王郡，曲阜师范大学硕士学位论文，2015 年。

"三言""二拍"僧道形象研究，吕冰洁，陕西理工学院硕士学位论文，2015 年。

神仙道化剧和神头鬼面剧关目研究，冷冰冰，湖南师范大学硕士学位论文，2015 年。

消解与重建：《金瓶梅》与《红楼梦》道教描写比较研究，曾菁菁，海南师范大学硕士学位论文，2015 年。

葛洪《神仙传》研究 ——以文本流变为中心的考察，向群，山东大学博士学位论文，2015 年。

魏晋南北朝志怪小说中的游地府故事研究，刘丽，西北师范大学硕士学位论文，2015 年。

葛洪文艺思想研究，薛婷儒，青岛大学硕士学位论文，2015 年。

道教青词与嘉靖政治研究，王玉霞，青岛大学硕士学位论文，2015 年。

论王喆道士词对柳永词的接受，沈月，中南民族大学硕士学位论文，2015 年。

《列仙传》研究，施祎涵，清华大学硕士学位论文，2015 年。

南宋黄箓斋仪的发展与变革——以蒋叔舆《无上黄箓大斋立成仪》研究为例，梁斯韵，香港中文大学博士学位论文，2015 年。

台湾道教吕祖信仰研究——以木栅指南宫为主，赖佩容，辅仁大学硕士学位论文，2015 年。

清代以前的八仙图像及其变幻意涵研究，杨庭颐，台北艺术大学硕士学位论文，2015 年。

天庆观、道书与道服：宋代士人生活中的道教世界，陈柏勋，"国立"清华大学硕士学位论文，2015 年。

宋代入道女性形象与社会关系：以《历世真仙体道通鉴后集》仙传为例，蔡传宜，成功大学硕士学位论文，2015 年。

郭璞学术与晋代学风之关系，曲华曼，台湾大学硕士学位论文，2015 年。

Contemporary Monastic Taoism：Process of Revival of the Leigutai Lineage，Karine Martin，Ph. D. diss，The Chinese University of Hong Kong，2015.

2016 年

元代神仙道化剧研究，刘友，湖南师范大学硕士学位论文，2016 年。

先秦两汉神仙形象研究，周龙霞，湖南师范大学硕士学位论文，2016 年。

清乾嘉时期文言小说遇仙故事研究，汪垠涛，四川师范大学硕士学位论文，2016 年。

《真诰》诗歌审美探究，周莹娅，四川师范大学硕士学位论文，2016 年。

宋前仙传小说中的神仙坐骑研究，韦咪，辽宁大学硕士学位论文，2016 年。

沈汾《续仙传》研究，姬兴宽，辽宁大学硕士学位论文，2016 年。

明代藩王研究，梁曼容，东北师范大学博士学位论文，2016 年。

郭璞年谱，张恕，上海师范大学硕士学位论文，2016 年。

《异苑》中的民间信仰研究，王慧君，曲阜师范大学硕士学位论文，2016 年。

《太平经》神仙方技研究，梁远东，山东大学硕士学位论文，2016 年。

《西游记》"八十一难"考述，刘婷婷，曲阜师范大学硕士学位论文，2016 年。

跨文化理论视角下《水浒传》中道教词汇的英译研究，崔映辉，天津财经大学硕士学位论文，2016 年。

汉魏六朝小说中神仙形象的原型研究，刘春怡，山东师范大学硕士学位论文，2016 年。

唐代笔记小说中的道教文化研究，徐婷，广西大学硕士学位论文，2016 年。

论《西游记》"八十一难"的叙事模式与宗教意味，王雅宁，青海师范大学硕士学位论文，2016 年。

宋人《老子》序跋研究，李亚欢，上海大学硕士学位论文，2016 年。

崂山志怪研究，盛学民，青岛大学硕士学位论文，2016 年。

北朝道教仪式文学研究，周梦梦，西北民族大学硕士学位论文，2016 年。

《韩湘子全传》研究，程诚，南京师范大学硕士学位论文，2016 年。

唐诗中的女冠形象研究，赵丽，烟台大学硕士学位论文，2016 年。

魏晋南北朝志怪小说中的宗教世俗化倾向，刘伟，聊城大学硕士学位论文，2016 年。

汉魏六朝方士小说研究，李佳佳，河南师范大学硕士学位论文，2016 年。

唐人小说游历异境故事研究，刘慧平，西北大学硕士学位论文，2016 年。

《封神演义》诗词评注，武海敬，辽宁师范大学硕士学位论文，2016 年。

唐长安道观与道观文学，田语，西北大学硕士学位论文，2016 年。

《灵棋经》卦诗研究，张江珍，陕西师范大学硕士学位论文，2016 年。

北宋道士诗研究 ——以陈抟、张伯端、黄希旦、张继先等四人为中心，姜游，华中师范大学博士学位论文，2016 年。

魏晋南北朝志怪小说中的复生故事研究，娄文文，西北师范大学硕士学位论文，2016 年。

唐前鬼文化与志怪小说研究，金官布，陕西师范大学硕士学位论文，2016 年。

唐代文人《庄子》文学接受研究，姚艾，陕西师范大学硕士学位论文，2016 年。

白居易与佛道交往诗研究，孙小青，安徽大学硕士学位论文，2016 年。

"庄子戏"研究，李洁，华东师范大学硕士学位论文，2016 年。

"三言"中的涉道作品研究，沈媛媛，重庆师范大学硕士学位论文，2016 年。

《庄子》身体观及其道教化流衍，陈盈慧，"国立"台湾师范大学博士学位论文，2016 年。

宋元时期道教"太极炼度"考探，叶聪霈，辅仁大学硕士学位论文，2016 年。

明清神魔讲史小说研究，谢乙德，淡江大学博士学位论文，

2016 年。

张天师与动态绘本故事创作——以五斗米教与归安鱼怪为例，刘鹏瑀，岭东科技大学硕士学位论文，2016 年。

《西游记》宗教元素的拼贴与戏仿，陈品元，"国立"台湾大学文学院中国文学系硕士学位论文，2016 年。

世德堂本《西游记》与晚明宗教折衷运动，廖晏颢，"国立"台湾大学文学院历史学系硕士学位论文，2016 年。

2017 年

宋代传奇与儒释道思想，严孟春，广西师范大学博士学位论文，2017 年。

杨家埠木版年画《登州海市图》的图像学研究，宋方昊，山东大学博士学位论文，2017 年。

元代全真道士姬志真《云山集》研究，左丹丹，武汉大学硕士学位论文，2017 年。

《太平广记》中灵魂观念下的小说故事类型研究，王献峰，河北大学硕士学位论文，2017 年。

论美国汉学家薛爱华的神女研究，王家宏，华东师范大学硕士学位论文，2017 年。

散点透视中国古代诗歌与玉文化，袁晓聪，南京师范大学博士学位论文，2017 年。

《西游记》中的道教思想研究，杨哲，湘潭大学硕士学位论文，2017 年。

宋词中的蓬莱意象群研究，王敏，鲁东大学硕士学位论文，

2017 年。

二郎神形象在文学作品中的演变探析，栗凯凯，河北大学硕士学位论文，2017 年。

元中期龙虎山道士诗人群体研究，谢玥，山西大学硕士学位论文，2017 年。

王屋山道教碑刻资料整理与研究，冯军，郑州大学博士学位论文，2017 年。

赵宜真的丹道思想研究，杨贺淞，华东师范大学硕士学位论文，2017 年。

五道神信仰研究，尹鑫，山西师范大学硕士学位论文，2017 年。

早期道教经韵授度体系研究，陈文安，西南大学博士学位论文，2017 年。

接受理论视角下的中国道教经籍英译，冯丽平，西南交通大学硕士学位论文，2017 年。

清代道教仙传文献研究，邱晓伟，华东师范大学硕士学位论文，2017 年。

道教"洞天福地"研究，刘金龙，南京大学硕士学位论文，2017 年。

"五更体"研究，孙晓婷，山西师范大学硕士学位论文，2017 年。

《拾遗记》中的神仙信仰研究，王婷薇，兰州大学硕士学位论文，2017 年。

王处一生平思想研究，魏淼，山东师范大学硕士学位论文，2017 年。

《洞霄图志》的整理与研究，李欣玫，西南交通大学硕士学位论文，2017 年。

宋代佛教灵验类故事及其世俗化，张欢，西南交通大学硕士学位论文，2017 年。

《太平广记》女仙类小说研究，赵燕慧，河南师范大学硕士学位论文，2017 年。

唐代道教文学中的养生思想与实践，张若雨，华中师范大学硕士学位论文，2017 年。

《海内十洲记》研究，彭凤琴，华中师范大学硕士学位论文，2017 年。

从"天赐祥瑞"到"道降真符"，李心荷，华中师范大学硕士学位论文，2017 年。

道教词语的术语化与非术语化研究，胡玲，西南交通大学硕士学位论文，2017 年。

海外汉学中的《西游记》宗教文化研究，景荟新，华东师范大学硕士学位论文，2017 年。

苏南道家笛曲曲牌集，顾雨晴，上海音乐学院硕士学位论文，2017 年。

许浑诗歌创作与佛道二教，刘欣然，四川师范大学硕士学位论文，2017 年。

清代神魔小说《绣云阁》研究，周娟，四川师范大学硕士学位论文，2017 年。

王重阳诗歌校注，宣融融，广西大学硕士学位论文，2017 年。

司马承祯交游与文学考论，师伟红，湖南师范大学硕士学位论文，2017 年。

仍怜故乡水，万里送行舟，王雪凝，西藏大学硕士学位论文，2017 年。

南宋诗文与道家道教，戴文霞，湖南师范大学博士学位论文，2017 年。

黄河流域道情戏研究，杨志敏，福建师范大学博士学位论文，2017 年。

敦煌傩文化研究，任伟，兰州大学博士学位论文，2017 年。

《文帝全书》研究：清代文昌帝君信仰的文献史，胡劼辰，香港中文大学博士学位论文，2017 年。

北宋道士陈景元身心修炼思想研究，方诺，"国立"政治大学博士学位论文，2017 年。

汉画中阙形图像及其文化意涵研究，邹旻桦，"国立"政治大学硕士学位论文，2017 年。

台南地区道教灵宝派后场伴奏与乐师之音声传习，林晏如，"国立"台南艺术大学硕士学位论文，2017 年。

郑观应宗教信仰与经世思想之研究，林妙玲，淡江大学博士学位论文，2017 年。

Daoism and Society in Late Imperial Zhejiang：the History of the Tongbai Palace of Tiantai as the Result of Imperial Sponsorship、Local Elite Influence and the Activity of Regional Daoist Networks，Jacopo Scarin，Ph. D. diss，The Chinese University of Hong Kong，2017.

2018 年

汉魏六朝婚恋小说研究，董舒心，山东大学博士学位论文，

2018 年。

道教与唐前志怪小说专题研究，徐胜男，南京师范大学博士学位论文，2018 年。

元代茅山道士张雨诗歌用典与文化情结研究，白艳波，武汉大学硕士学位论文，2018 年。

道教六十甲子神符图像研究及其创新设计实践，王熙杰，四川师范大学硕士学位论文，2018 年。

道教二十八星宿图像研究与创新设计实践，张昊成，四川师范大学硕士学位论文，2018 年。

寇谦之道教思想述评，翟慧颖，郑州大学硕士学位论文，2018 年。

南朝游仙乐府诗研究，张华伟，沈阳师范大学硕士学位论文，2018 年。

道教科仪与宋代文学，周密，浙江大学博士学位论文，2018 年。

《西游记》韵文叙事功能研究，蔡莹，辽宁师范大学硕士学位论文，2018 年。

赵道一《历世真仙体道通鉴》研究，王倩，苏州大学硕士学位论文，2018 年。

明代神魔小说空间艺术研究，刘雨过，湖北大学博士学位论文，2018 年

战乱与唐代仙道小说创作——以安史之乱为线索，谭俊娥，西北大学硕士学位论文，2018 年。

唐至清代聂隐娘故事流变及文化意蕴研究，郭可可，扬州大学硕士学位论文，2018 年。

明代志怪传奇小说中的道士书写研究，彭婉，云南师范大学硕士学位论文，2018 年。

唐代泰山文学及其文化内涵研究，郭敏，华中科技大学硕士学位论文，2018 年。

明清长篇通俗小说中的道术描写，陶名唱，南京师范大学硕士学位论文，2018 年。

汉画像乘龙升仙图像研究，李昱盛，郑州轻工业学院硕士学位论文，2018 年。

苏轼养生诗研究，万泰然，湖北师范大学硕士学位论文，2018 年。

碧霞元君形象的审美研究，张阳，曲阜师范大学硕士学位论文，2018 年。

魏晋南北朝志怪小说中修道成仙故事研究，邢馨元，西北师范大学硕士学位论文，2018 年。

变怪故事与唐五代社会，王俊桥，兰州大学硕士学位论文，2018 年。

《太清》英译汉翻译实践报告，王新纳，电子科技大学硕士学位论文，2018 年。

宗教文化专有项的翻译策略研究——以《西游记》德译本为例，魏宇晗，北京第二外国语学院硕士学位论文，2018 年。

《关尹子》研究，许海华，山东师范大学硕士学位论文，2018 年。

《登真隐诀》词汇研究，丁灵敏，浙江财经大学硕士学位论文，2018 年。

《真诰》词汇研究，于凯，浙江财经大学硕士学位论文，

2018 年。

晋唐道教天界观研究，路旻，兰州大学博士学位论文，2018 年。

《道教灵验记》词汇研究，张学瑾，山东大学硕士学位论文，2018 年。

张继先道教思想研究，王关龙，南京大学硕士学位论文，2018 年。

《真灵位业图》与道教神仙体系，王治国，华东师范大学硕士学位论文，2018 年。

早期道教天门信仰及观念研究，张军龙，华东师范大学硕士学位论文，2018 年。

《汉天师世家》研究，张韶华，华东师范大学硕士学位论文，2018 年。

魏晋南北朝志怪小说集成书研究，张传东，山东大学博士学位论文，2018 年。

人神关系的表演——台州八仙戏研究，曾璐雅，上海师范大学硕士学位论文，2018 年。

《太平广记》之唐代女性音乐生活研究，薛琦琦，西安音乐学院硕士学位论文，2018 年。

《盂兰盆经》与中元斋醮的融合与实践研究，张伶芬，中兴大学硕士学位论文，2018 年。

道法与宗法：杜光庭《墉城集仙录》女性伦理观之考察，方韵慈，台湾大学博士学位论文，2018 年。

明代道教类书：《天皇至道太清玉册》的基础研究，苏汝忱，辅仁大学硕士学位论文，2018 年。

庄子与葛洪生死观之比较研究，卢依筠，"国立"政治大学硕士学位论文，2018 年。

《庄子》与明代戏曲，毛蕊，陕西师范大学兰州大学博士学位论文，2018 年。

2019 年

浙江近世道教方志研究，王文章，福建师范大学博士学位论文，2019 年。

唐前道教颂赞研究，夏培贤，湖南师范大学硕士学位论文，2019 年。

南朝道教散文研究，戴曦鹏，湖南师范大学硕士学位论文，2019 年。

宋代女冠诗词与道教关系研究，罗张悦，云南民族大学硕士学位论文，2019 年。

《西游记》英译史研究，王文强，上海外国语大学博士学位论文，2019 年。

清代修仙小说研究，王丹楠，华东师范大学硕士学位论文，2019 年。

陆游诗歌道教意象研究，赫博文，福建师范大学硕士学位论文，2019 年。

真武信仰的渊源与流变研究，左攀，兰州大学博士学位论文，2019 年。

2020 年

全真祖师的宗教叙事研究，韩占刚，华东师范大学博士学位论文，2020 年。

薛爱华的汉学研究，田语，西北大学博士学位论文，2020 年。

"主题学"视野下的游仙山水画研究，孙国良，中国艺术研究院博士学位论文，2020 年。

《脉望馆钞校本古今杂剧》中无名氏神仙杂剧研究，胡琴韵，天津外国语大学硕士学位论文，2020 年。

道教影响下的元代书家研究 ——以张雨、杨维桢、倪瓒为中心，韩棪乔，南京艺术学院硕士学位论文，2020 年。

唐代祈雨文研究，曹馨月，四川师范大学硕士学位论文，2020 年。

从《道家诗纪》选评看张谦美学思想，邱月，四川师范大学硕士学位论文，2020 年。

救亡背景下道教报刊的舆论引导 ——以《扬善半月刊》为中心的考察，姚潇，华中师范大学硕士学位论文，2020 年。

昆阳子和晚明道教信仰研究，周欣，华中师范大学硕士学位论文，2020 年。

中国仙境淹留型传说的空间建构研究，陈嘉玥，华中师范大学硕士学位论文，2020 年。

张雨书画题跋研究，王晓亚，河北大学硕士学位论文，2020 年。

《金瓶梅》儒释道形象研究，尹佳琪，渤海大学硕士学位论文，2020 年。

17—19 世纪中韩世情小说"谪世"母题共性研究，孙铭婧，延边大学硕士学位论文，2020 年。

《脉望馆钞校本古今杂剧》明代度脱剧研究，张政，湖南师范大学硕士学位论文，2020 年。

论魏晋南北朝志怪小说的幻化叙事，陈姬辰，湖南师范大学硕士学位论文，2020 年。

清代"七真题材"小说研究，王永旭，湖南师范大学硕士学位论文，2020 年。

《洞霄诗集》研究，刘雨，湖南师范大学硕士学位论文，2020 年。

山东道情戏审美特征研究，唐婷婷，山东艺术学院硕士学位论文，2020 年。

吕洞宾故事跨文本研究，侯军利，陕西理工大学硕士学位论文，2020 年。

《金瓶梅词话》宗教活动书写研究，张欣，陕西理工大学硕士学位论文，2020 年。

司马承祯《素琴传》音乐美学思想研究，任晓艺，西安音乐学院硕士学位论文，2020 年。

翻译规范视角下《长春真人西游记》英译本比较研究，张会，内蒙古大学硕士学位论文，2020 年。

宋代诗词中的罗浮山书写，陈清灵，暨南大学硕士学位论文，2020 年。

宋前道教神仙形象建构研究，左嘉，湖南师范大学硕士学位论文，2020 年。

白玉蟾道教文学叙事研究，段淼，湖南师范大学硕士学位论文，2020 年。

九—十世纪敦煌社会宗教生活研究——以斋会文本为中心的考察，段鹏，兰州大学博士学位论文，2020 年。

金元时期山西社会的四个面向 ——以碑刻史料为中心（1127—1368），王洋，山西大学博士学位论文，2020 年。

中国基督教文学研究专著索引

1867 年

Memorials of protestant Missionaries to the Chinese：*Giving A List of Their Publications*，*and Obituary Notices of the Deceased*，*with Copious Indexes*，Alexander Wylie，Shanghai：American Presbyterian Mission Press，1867.

1878 年

Records of the General Conference of the Protestant Missionaries of China，*Held at Shanghai*，*May* 10—24，1877，Shanghai：Presbyterian Mission Press，1878.

1890 年

Records of the General Conference of the Protestant Missionaries of China，*Held at Shanghai. May* 7—20，1890，Shanghai：American Presbyterian Mission Press，1890.

1912 年

Catalogue des livres Chinois，Coreens，Japonais，etc.，Paris：

Ernest Leroux，1912.

1918 年

基督圣教出版各书书目汇纂，雷振华（George A. Clayton），圣
教书局，1918 年。

1921 年

The Chinaese Language and How to Learn It，Trubner Trench，
London：Kegan Paul，1921.

1922 年

圣教楹联类选，张智良编纂，上海土山湾印书馆，1922 年。

1929 年

A History of Christian Missions in China，Kenneth Scott Latourette，
London：Society for Promoting Christian Knowledge，1929.

1934 年

Chinese Versions of the Bible（汉文圣经译本小史），Alphonse Jo-
seph Garnier（贾立言）编著，上海广学会，1934 年。

1936 年

浸会在华布道百年史略，吴文乐，香港浸信会出版社，

1936 年。

基督教与中国文化，吴雷川，上海青年协会书局，1936 年。

1944 年

公教文学讨论集（第一辑），刘逎仁、朱星元合编，天津工商学院公教学志社，1944 年。

1946 年

Karl Gutzlaff als Missionar in China：*With a Summary in English*，Herman Schlyter，Lund：C W K. Gleerup，1946.

1948 年

基督教与文学，朱维之，青年协会书局，1948 年。

1949 年

明清间耶稣会士译著提要，徐宗泽，台湾中华书局，1949 年。

1962 年

A biographical Sketch—Book of Early HongKong，G B Endacott，Singapore：Donald Moore，1962.

1965 年

天主教东传文献，吴相湘编，台湾学生书局，1965 年。

圣经汉译论文集，贾保罗主编，香港辅侨，1965 年。

Chinese Bible Translation，R. P. Kramers，Hong Kong：Chinese Christian Literature Council，1965.

1966 年

天主教东传文献续编（3 册），吴相湘编，台湾学生书局，1966 年。

唐元二代之景教，罗香林，（香港）中国学社，1966 年。

1967 年

中国天主教史人物传（3 册），方豪，（台北）光启出版社，1967 年。

1968 年

回头看记略（《万国公报》第 38 期），（台北）华文书局，1968 年。

1969 年

方豪六十自定稿（2 册），方豪，（台北）作者自印，1969 年。

1970 年

中国天主教人物稿（第二册），方豪，先启出版社，1970 年。

1971 年

吴渔山（历）研究论集，周康燮编，（香港）崇文书店，1971 年。

1973 年

Le Pere Matthieu Ricci et la Societe Chinoise de son timps（1552—1610），2*vols.* , Cf. Henri Bernard, Tientsin：Hautes etudes, 1973.

中文圣经的基础研究，志贺正年，株式会社天理寺报社印刷，1973 年。

1976 年

基督教早期文献选集，谢扶雅、章文新编，（香港）东南亚神学教育基金会，（香港）基督教文艺出版社，1976 年。

1978 年

基督教文学论丛，许牧世，（香港）基督教文艺出版社，1978 年。

W. A. P Martin：Pioneer of Progress in China，Ralph R. Covell. Washington：Christian University Press，1978.

1979 年

Waiting For China：The Anglo—Chinese College at Malac-

ca. 1818—1843, *and Early Nineteenth—Century Missions*, Brian Harrison, Hong Kong：Hong Kong University Press，1979.

China and Christianity Historical and Future Encounters, James D. Whitehead，yu—ming Shaw，and N. J. Girardot eds.，Indiana：the Center for Pastoral and Social Ministry，1979.

1980 年

许地山研究集，周俟松编，南京大学出版社，1980 年。

1981 年

Chinese Essays on Religion and Faith，Douglas Lancashire eds.，San Francisco：Chinese Materials Center，1981.

古活字版伊曾保物語，中川芳雄解題，東京勉誠社，1981 年。

基督教与文学，朱维之，（香港）基督教文艺出版社，1981 年。

1982 年

晚清儿童文学钩沉，胡从经，少年儿童出版社，1982 年。

老舍生活与创作自述，老舍，人民文学出版社，1982 年。

中国现代作家译著书目，北京图书馆书目编辑组编，书目文献出版社，1982 年。

利玛窦传，罗光，辅仁大学出版社，1982 年。

China and the Christian Impact：A conflict of Cultures，Jacques Gemet，New York：Cambridge Press，1982.

1983 年

Bible and Bible Translating，Moses Hsu，Hong Kong：Chinese Christian Literature Council，1983.

1984 年

中国翻译简史，马祖毅，中国对外翻译出版公司，1984 年。

巴金写作生涯：作家生活与创作自述，百花文艺出版社，1984 年。

天主教东传文献三编（6 册），吴相湘编，台湾学生书局，1984 年。

1985 年

从马礼逊到司徒雷登——来华传教士评传，顾长生，上海人民出版社，1985 年。

民元以来天主教史论集，陈垣等编，（新庄）辅仁大学重印，1985 年。

基督教早期在华传教史，李志刚，台湾商务印书馆，1985 年。

The Memory Palace of Matteo Ricci，Jonathan D. Spence，London：Faber and Faber，1985.

China and the Christian Impact，Jacques Gernet，trans. Janet Lloyd，Cambridge：Cambridge University Press，1985.

1986 年

中国现代作家译著书目续编，北京图书馆书目编辑组编，书目文献出版社，1986 年。

利玛窦全集，刘俊余等译，辅仁大学与光启出版社，1986 年。

徐光启集，王重民编，（台北）明文书局，1986 年。

1987 年

王韬日记，王韬，中华书局，1987 年。

明清间在华的天主教耶稣会士，江文汉，知识出版社，1987 年。

祭坛佳里，梁锡华，香江出版社，1987 年。

比较文学与中国现代文学，乐黛云，北京大学出版社，1987 年。

文学与宗教——第一届国际文学与宗教会议论文集，辅仁大学外语学院编，时报文化出版公司，1987 年。

Principle of Chinese Bible Translation as Expressed in Five Selected Versions of the New Testament and Exemplified by Mt. 5：1—12 *and Col.* 1，Thor Strandenaes，Stockholm Almgvist ＆Wiksell International，1987.

1989 年

中国文化与基督教的冲撞，谢和耐著，于硕等译，辽宁人民出版社，1989 年。

孔子精神与基督精神，高旭东等，河北人民出版社，1989 年。

生命之树与知识之树，高旭东等，河北人民出版社，1989 年。

圣经文学十二讲，朱维之，人民文学出版社，1989 年。

中国比较文学研究资料，北京大学比较文学研究所编，北京大学出版社，1989 年。

Christianity and Chinese Religions，Julia Ching and Hans Kung，New York：Doubleday，1989.

1990 年

基督教与美学，孙津，重庆出版社，1990 年。

基督教文化评论（第一辑），刘小枫主编，贵州人民出版社，1990 年。

基督教文化评论（第二辑），刘小枫主编，贵州人民出版社，1990 年。

1991 年

传教士与近代中国，顾长声，上海人民出版社，1991 年。

中西宗教与文学，马焯荣，岳麓书社，1991 年。

Bibliography of the Jesuit Mission in China（*ca.* 1580—*ca.* 1680），Erik Zurcher，et. al.，eds.，Leiden：Center of Non—Western Studies，Leiden University，1991.

Kund Lundb? k，*Joseph de Prémare*（1666—1736），*S. J.*：*Chinese Philology and Figurism*（Aarhus：Aarhus University Press，1991）.

1992 年

基督教与文学，朱维之，上海书店，1992 年。

两刃之剑：基督教与二十世纪中国小说，路易斯·罗宾逊著，傅光明、梁刚译，（台北）业强出版社，1991 年。

中国译学理论史稿，陈福康，上海外语教育出版社，1992 年。

中外文学姻缘——戈宝权比较文学论文集，戈宝权，北京出版社，1992 年。

基督教文化评论（第三辑），刘小枫主编，贵州人民出版社，1992 年。

明末天主教与儒学的交流和冲突，孙尚扬，（台北）文津出版社，1992 年。

1993 年

施洗的河，北村，花城出版社，1993 年。

译经溯源——现代五大中文圣经翻译史，赵维本，（香港）中国神学研究院，1993 年。

赞美诗（新编）史话，王神荫编著，中国基督教协会，1993 年。

Singing of the Source：Nature and God in the Poetry of the Chinese painter Wu Li Jonathan Chaves，Honolulu：University of Hawaii Press，1993.

1994 年

基督教文化评论（第四辑），刘小枫主编，贵州人民出版社，1994 年。

五四时期的翻译文学，张中良，大陆学者丛书 7，宋如珊主编，（台湾）秀威资讯科技股份有限公司，1994 年。

曲高和寡——赵紫宸的生平及神学，林荣洪，（香港）中国神学研究院，1994 年。

1995 年

在华耶稣会士列传及书目，冯承钧译，中华书局，1995 年。

道与言——华夏文化与基督教文化相遇，刘小枫主编，上海三联书店，1995 年。

十字架下的徘徊——基督宗教文化和中国现代文学，马佳，学林出版社，1995 年。

走向十字架上的真：20 世纪基督教神学引论，刘小枫，上海三联书店，1995 年。

1996 年

困惑与求索——论曹禺早期的话剧创作，宋剑华，（台北）文津出版社，1996 年。

利玛窦与中国，林金水，中国社会科学出版社，1996 年。

穆旦诗全集，穆旦，中国文学出版社，1996 年。

许地山小说全集，许地山，中国文联出版公司，1996 年。

鲁迅与宗教文化，郑欣淼，陕西人民教育出版社，1996 年。

汉语景教文典诠释，翁绍军，三联书店，1996 年。

亚洲处境与圣经诠释，李炽昌，（香港）基督教文艺出版社，1996 年。

徐家汇藏书楼明清天主教文献（5 册），钟鸣旦等，（台北）方济出版社，1996 年。

先驱与过客——再说基督教新文化运动，林慈信，加拿大福音证主协会出版发行，1996 年

卫匡国：一位在十七世纪中国的人文学家和科学家，德马尔基、施礼嘉编，特兰托（意大利）特兰托大学，1996 年。

Christianity in China：from the eighteenth century to the present，eds. Daniel H. Bays，Standford，California：Sandford University Press，1996.

这一代人的怕和爱，刘小枫，北京三联书店，1996 年。

1997 年

东西洋考每月统记传，黄时鉴整理，中华书局，1997 年。

庞迪我与中国，张铠，北京图书馆出版社，1997 年。

基督教文化评论（第五辑），刘小枫、何光沪主编，贵州人民出版社，1997 年。

基督教文化评论（第六辑），刘小枫、何光沪主编，贵州人民出版社，1997 年。

个体信仰与文化理论，刘小枫，四川人民出版社，1997 年。

中国现代文学名著·许地山卷，傅光明编，太白文艺出版社，

1997 年。

1998 年

中国翻译简史："五四"以前部分（增订版），马祖毅，中国对外翻译出版公司，1998 年。

悖立与整合——东方儒道诗学与西方诗学的本体论、语言论比较，杨乃乔，文化艺术出版社，1998 年。

旷野的呼声——中国现代作家与基督教文化，杨剑龙，上海教育出版社，1998 年。

赵紫宸的神学思想，古爱华，（香港）基督教文艺出版社，998 年。

基督教与中国现代文学，王列耀，暨南大学出版社，1998 年。

中国现代作家的宗教文化情结，刘勇，北京师范大学出版社，1998 年。

基督教文化评论（第七辑），刘小枫主编，贵州人民出版社，1998 年。

基督教文化评论（第八辑），刘小枫主编，贵州人民出版社，1998 年。

万国公报文选，李天纲编校，三联书店（香港）有限公司，1998 年。

明清士大夫与澳门，汤开健，澳门基金会，1998 年。

可亲的天主：清初基督教徒论"帝"谈"天"，钟鸣旦著，何丽霞译，（台北）光启出版社，1998 年。

拯救与逍遥：中西方诗人对世界的不同态度，刘小枫，上海人民出版社，1988 年。

1999 年

重释"信达雅"：20 世界中国翻译研究，王宏志，东方出版中心，1999 年。

中国翻译史，马祖毅，湖北教育出版社，1999 年。

沉重的肉身——现代性伦理的叙事纬语，刘小枫，上海人民出版社，1999 年。

基督教文化评论（第九辑），刘小枫主编，贵州人民出版社，1999 年。

The Bible in China：*The History of the Union Version or The Culmination of Protestant Missionary Bible Translation in China*，Jost Oliver Zetzsche，Sankt Augustin：Momument Serica Institute，1999.

2000 年

清初士人与西学，徐海松，东方出版社，2000 年。

在宗教与世俗之间——基督教新教传教士在华南沿海的早期活动研究，吴义雄，广东教育出版社，2000 年。

张晓风自选集，张晓风，生活·读书·新知三联书店，2000 年。

基督精神与曹禺戏剧，宋剑华，湖南师范大学出版社，2000 年。

二十世纪中国文学与基督教文化，王本朝，安徽教育出版社，2000 年。

基督教圣经中文译本权威现象研究，庄柔玉，香港国际圣经协会，2000 年。

千禧版圣经，思高圣经学会译释，（台北）思高圣经学会出版社，2000 年。

道在神州——圣经在中国的翻译与流传，海恩波，国际圣经协会，2000 年。

2001 年

明清传教士与欧洲汉学，张国刚，中国社会科学出版社，2001 年。

基督教文学，梁工，宗教文化出版社，2001 年。

利玛窦中文著译集，朱维铮编，复旦大学出版社，2001 年。

明末清初天主教史文献丛编，5 册，周骙方编校，北京图书馆出版社，2001 年。

拯救与逍遥：中西方诗人对世界的不同态度，刘小枫，上海三联书店，2001 年。

利玛窦中国札记，利玛窦、金尼阁著，何高济、王遵仲、李申译，广西师范大学出版社，2001 年。

2002 年

百年文学与宗教，谭桂林，湖南教育出版社，2002 年。

马礼逊——在华传教士的先驱，汤森著，王振华译，大象出版社，2002 年。

清廷《圣谕广训》之颁行及民间之宣讲拾遗，王尔敏，百花洲文艺出版社，2002 年。

西来孔子艾儒略——更新变化的宗教会遇，潘凤娟，（新店）基督教橄榄文化事业基金会/圣经资源中心，2002 年。

基督教的底色与文化延伸，杨慧林，黑龙江人民出版社，2002 年。

耶稣会罗马档案馆明清天主教文献，钟鸣旦、杜鼎克编，（台北）利氏学社，2002 年。

利玛窦入华及其他，张错，香港城市大学出版社，2002 年。

罪与文学，刘再复、林岗，牛津大学出版社，2002 年。

和合本与中文圣经翻译，尤思德著，蔡锦图译，国际圣经协会，2002 年。

基督教圣诗概览，陈罗以，道声出版社，2002 年。

圣诗学（启导本），何守成，（香港）基督教文艺出版社，2002 年。

2003 年

诗神远游，赵毅衡，上海译文出版社，2003 年。

口述历史的分析——中国近代史上的美国传教士，齐小新，北京大学出版社，2003 年。

五四文学思想主流与基督教文化，喻天舒，昆仑出版社，2003 年。

中国现代文学与基督教，许正林，上海大学出版社，2003 年。

明末清初耶稣会思想及文献汇编（5 卷），郑安德编，北京大学宗教研究所，2003 年。

基督教文化与中国现代戏剧的悲剧意识，王列耀，上海三联书店，2003 年。

在华耶稣会士列传及书目（2 册），费赖之著，冯承钧译，中华书局，2003 年。

普天颂赞，普天颂赞编辑委员会，（香港）基督教文艺出版社，2003 年。

圣经与近代中国，蔡景图编译，香港汉语圣经协会，2003 年。

寻索基督徒的独特性——赵紫宸神学论文集，邢福增，香港建道神学院，2003 年。

殉道文艺及其它，许牧世，（香港）道声出版社，2003 年。

赵紫宸文集（第一卷），赵紫宸著，燕京研究院编，商务印书馆，2003 年。

圣灵降临的叙事，刘小枫，三联书店，2003 年。

2004 年

赵紫宸文集（第二卷），赵紫宸，燕京研究院编，商务印书馆，2004 年。

抉择与扬弃——郭沫若与中外文化，吴定宇，中山大学出版社，2004 年。

花甲记忆——一位美国传教士眼中的晚清帝国，丁韪良著，沈弘、恽文捷、郝天虎译，广西师范大学出版社，2004 年。

近代来粤传教士评传，雷田雨主编，百家出版社，2004 年。

卫三畏生平及书信，卫斐列著，顾钧、江莉译，广西师范大学出版社，2004 年。

基督教在华出版事业（1912—1949），何凯立著，陈建明、王再兴译，四川大学出版社，2004 年。

奋进的历程——中国基督教的本色化，段琦，商务印书馆，2004 年。

灵魂与灵魂的对话——中国当代作家面面观，林建法、徐连源主编，浙江文艺出版社，2004 年。

基督教文化与中国现代知识分子：对"五四"时期一个角度的回溯与思考，杨剑龙，香港中文大学崇基学院与中国社会研究中心，2004 年。

中西文学与哲学宗教，高旭东，北京大学出版社，2004 年。

利玛窦世界地图研究，黄时鉴、龚缨晏，上海古籍出版社，2004 年。

圣诗歌——台湾第一本教会圣诗的历史溯源，江玉玲，（台北）台湾基督教文艺出版社，2004 年。

看不见的签名——现代汉语诗学与基督教，唐小林，中国社会科学出版社、华龄出版社，2004 年。

明泾阳王徵先生年谱，宋伯胤编著，陕西师范大学出版社，2004 年。

Strange Name of God：*The Missionary Translation of the Divine Name and the Chinese Response to Matteo Ricci's Shangti in Late Ming China*，1583—1644，Skeum Kim，New York：Peter Lang，2004.

马礼逊回忆录，马礼逊夫人编，顾长声译，广西师范大学出版社，2004 年。

2005 年

亲历晚清四十五年——李提摩太在华回忆录，李提摩太著，李宪堂、侯林莉译，天津人民出版社，2005 年。

基督教与民国知识分子，杨天宏，人民出版社，2005 年。

边缘的历史——基督教与近代中国，陶飞亚，上海古籍出版社，2005 年。

离异与融会——中国基督徒与本色教会的兴起，刘家峰，上海人民出版社，2005 年。

宗教情结与华人文学，王列耀，文化艺术出版社，2005 年。

耶稣会士中国书简集，大象出版社，2005 年。

诠释的圆环——明末清初传教士对儒家经典的解释及其本土回应，刘耘华，北京大学出版社，2005 年。

重写翻译史，孔慧怡，香港中文大学翻译研究中心，2005 年。

唐朝汉语景教文献研究，曾阳晴，（永和）花木兰文化工作坊，2005 年。

经史子集：翻译、文学与文化劄记，李奭学，（台北）联合文学出版公司，2005 年。

中国晚明与欧洲文学：明末耶稣会古典型证道故事考诠，李奭学，"中央"研究院及联经出版公司联合出版，2005 年。

中国，开门！马礼逊及相关人物研究，苏精，（香港）基督教中国宗教文化研究社，2005 年。

赵紫宸先生纪念文集，王晓朝编，宗教文化出版社，2005 年。

两头蛇：明末清初的第一代天主教徒，黄一农，（台湾）清华大学出版社，2005 年。

台湾宗教文选，康来新、林淑媛主编，二鱼文化事业有限公司，2005 年。

诗学与时间——神学诗学导论，刘光耀主编，上海三联书店，2005 年。

《东传福音》（二十五册），中国宗教历史文献集成编纂委员会编纂，王秀美、任延黎主编，黄山书社，2005 年。

经史子集：翻译、文学与文化札记，李奭学，联合文学出版社，2005 年。

张秀亚全集，张秀亚，台湾文学馆，2005 年。

2006 年

梵蒂冈图书馆所藏汉籍目录，高田时雄著，郭可译，中华书局，2006 年。

《中国评论》与晚清中英文学交流，段怀清、周俐玲编，广东人民出版社，2006 年。

中国基督教文学的历史存在，刘丽霞，社会科学文献出版社，2006 年。

圣谕广训——集解与研究，周振鹤编纂，上海书店，2006 年。

赵紫宸神学思想研究，唐晓峰，宗教文化出版社，2006 年。

当代中国文学与宗教文化，谭桂林、龚敏律，岳麓书社，2006 年。

明清间耶稣会士译著提要，徐宗泽，上海书店出版社，2006 年。

欧美汉学研究的历史与现状，张西平编，大象出版社，2006 年。

神学美学（第 1 辑），刘光耀、杨慧林主编，上海三联书店，2006 年。

张秀亚的神修历程，宋稚青，闻道出版社，2006 年。

2007 年

圣经视阈中的东西方文学，梁工，中华书局，2007 年。

圣经文学研究（第一辑），梁工主编，人民文学出版社，2007 年。

赵紫宸文集（第三卷），赵紫宸著，燕京研究院编，商务印书馆，2007 年。

基督教文化与中国小说叙事新质，陈伟华，中国社会科学出版社，2007 年。

西方传教士与晚清西史东渐，邹振环，上海古籍出版社，2007 年。

1949 年以来基督宗教研究索引，金以枫，社会科学文献出版社，2007 年。

汉学菁华，丁韪良著，沈虹等译，中华书局香港有限公司，2007 年。

救赎与超越：中国现当代作家直面苦难精神解读，卢军，齐鲁书社，2007 年。

得意忘言：翻译、文学与文化评论，李奭学，三联书店，2007 年。

吴渔山集笺注，吴历著，章文钦笺注，中华书局，2007 年。

Journey to the East：*The Jesuit Mission to China*，1579—1724，
Liam Matthew Brochey，Cambridge：Belknap Press of Harvard Univer-
sity Press，2007.

Il mappamondo con la Cina al centro：*Fonti antiche e mediazione
culturale nell'opera di Matteo Ricci S. J.*，Margherita Redaelli，Pisa：
Edizioni ETS，2007.

从俗世中来，到灵魂里去，谢有顺，郑州大学出版社，
2007 年。

语言运动与中国现代文学，刘进才，中华书局，2007 年。

中国天主教史人物传，方豪，宗教文化出版社，2007 年。

圣经汉译文化研究，任东升，湖北教育出版社，2007 年。

2008 年

圣经文学研究（第二辑），梁工主编，人民文学出版社，
2008 年。

马礼逊文集·附录：马礼逊研究文献索引，张西平，大象出
版社，2008 年。

历代中外行纪，陈佳荣等编，上海辞书出版社，2008 年。

越界与想象：晚清新教传教士译介史论，何绍斌，上海三联
书店，2008 年。

欧洲所藏雍正乾隆朝天主教文献汇编，吴旻、韩琦编校，上
海人民出版社，2008 年。

马礼逊回忆录，艾莉莎·马礼逊，大象出版社，2008 年。

丁韪良与中国，王文兵，外语教学与研究出版社，2008 年。

美国传教士与晚清中国现代化，王立新，天津人民出版社，2008 年。

文学·苦难·精神资源——百年中国文学与基督教生存观，齐宏伟，江西人民出版社，2008 年。

神学美学（第 2 辑），刘光耀、杨慧林主编，上海三联书店，2008 年。

五色韵母：从两本书开始的神奇旅行，张隆溪，（台北）网络与书，2008 年。

Opening China：*Karl FA. Gutzlaff and Sino—Western Relations* 1827—1852，Lutz，Jessie G. Grand Rapids，Mich.：William B. Eerdmans Publishing Company，2008.

基督教与中国文化，吴雷川，上海古籍出版社，2008 年。

2009 年

陈垣全集，陈垣著，陈智超主编，安徽大学出版社，2009 年。

翻译研究的文化转向，王宁，清华大学出版社，2009 年。

中西文化交流：回顾与展望——纪念马礼逊来华两百周年国际学术研讨会论文集，李灵、尤西林、谢文郁主编，上海人民出版社，2009 年。

基督教文化与当代中国文学，丛新强，山东文艺出版社，2009 年。

《圣经》汉译的文化资本解读，傅敬民，复旦大学出版社，2009 年。

神学美学（第3辑），刘光耀、杨慧林主编，上海三联书店，2009年。

赵紫宸英文著作集：赵紫宸文集（第5卷）（英文版），王晓朝，宗教文化出版社，2009年。

Handbook of Christianity in China Volume 2. 1800 *to the Present*, Tiedmann, R. G, eds. , Leiden：Brill. 2009.

灵魂拯救与灵性文学，杨剑龙主编，新加坡青年书局，2009年。

法国国家图书馆藏明清天主教文献，台北利氏学社，2009年。

侧写苏雪林，曾虚白、尉素秋等，台南财团法人苏雪林教授学术文化基金会，2009年。

2010 年

圣经文学研究（第三辑），梁工主编，人民文学出版社，2010年。

圣经文学研究（第四辑），梁工主编，人民文学出版社，2010年。

中国译学史，陈富康，上海人民出版社，2010年。

赵紫宸文集（第4卷），赵紫宸著，燕京研究院编，商务印书馆，2010年。

传教士汉文小说研究，宋莉华，上海古籍出版社，2010年。

自上帝说汉语以来——《和合本》圣经九十年，谢品然、曾庆豹主编，研道社有限公司，2010年。

被围观的十字架：基督教文化与中国当代大众文学，陈奇佳、宋晖，中国社会科学出版社，2010 年。

中国晚明与欧洲文学：明末耶稣会古典型证道故事考诠（修订本），李奭学，三联书店，2010 年。

早期汉语《圣经》对勘研究，王硕丰，社会科学文献出版社，2010 年。

野地里的百合花：论新时期以来的中国基督教文学，季玢，中国社会科学出版社，2010 年。

大英圣书公会与官话《和合本》圣经翻译，麦金华，基督教中国宗教文化研究社有限公司，2010 年。

从密室到旷野：中国当代文学的精神转型，谢有顺，海峡文艺出版社，2010 年。

圣坛前的创作：20 年代基督教文学研究，李宜涯，秀威资讯科技有限公司，2010 年。

中国基督教圣诗史，盛宣恩，浸信会出版社，2010 年。

明清间耶稣会士译著提要，徐宗泽，上海书店，2010 年。

2011 年

圣经文学研究（第五辑），梁工主编，人民文学出版社，2011 年。

国王的新装——利玛窦在中国（1582—1610），宋黎明，南京大学出版社，2011 年。

传教士中文报刊史，赵小兰、吴潮，复旦大学出版社，2011 年。

中国文学名家与基督教，区应毓、董元静、权陈、蒋有亮，九州出版社，2011 年。

中国现代作家的宗教文化情结，刘勇，北京师范大学出版社，2011 年。

神学美学（第 4 辑），刘光耀、杨慧林主编，上海三联书店，2011 年。

王徵全集，林乐昌编校，三秦出版社，2011 年。

Portuguese Books and Their Readers in the Jesuit Mission of China (*17th—18th Centuries*)，Noel Golvers，Lisbon：Centro Cientifico e Cutural de Macau，I. P.，2011.

清代伊索寓言汉译三种，颜瑞芳，五南图书出版股份有限公司，2011 年。

明末利玛窦《交友论》研究，任祖泰，古典文献研究辑刊 13 编 1 册，花木兰文化出版社，2011 年。

2012 年

圣经文学研究（第六辑），梁工主编，人民文学出版社，2012 年。

晚清基督教叙事文学选粹，黎子鹏编注，（新北）橄榄出版公司，2012 年。

译述：明末耶稣会翻译文学论，李奭学，香港中文大学出版社，2012 年。

经典的转生：晚清《天路历程》汉译研究，黎子鹏，（香港）基督教中国宗教文化研究社有限公司，2012 年。

神学诗学十四诗人谈，刘光耀，九州出版社，2012 年。

2013 年

圣经文学研究（第七辑），梁工、程小娟主编，人民文学出版社，2013 年。

明清之际西学文本（全四册），黄兴涛、王国荣编，中华书局，2013 年。

卫三畏文集：卫三畏生平与书信，卫斐列著，张西平、吴志良、陶德民编，大象出版社，2013 年。

神学美学（第 5 辑），刘光耀、杨慧林主编，上海三联书店，2013 年。

赵紫宸圣乐专集，燕京研究院编，商务印书馆，2013 年。

赎罪之道传：郭实猎基督教小说集，郭实猎著，黎子鹏编注，橄榄出版有限公司，2013 年。

天道溯原：丁韪良基督教作品选粹，丁韪良著，傅德元、王晓青编注，橄榄出版有限公司，2013 年。

美国哈佛大学哈佛燕京图书馆藏晚清民国间新教传教士中文译著目录提要，张美兰编，广西师范大学出版社，2013 年。

God 的汉译史——争论、接受与启示，程小娟，社会科学文献出版社，2013 年。

徐家汇藏书楼明清天主教文献续编，台北利氏学社，2013 年。

明清之际西方传教士汉籍丛刊（全六册），周振鹤主编，凤凰出版社，2013 年。

2014 年

圣经文学研究（第八辑），梁工、程小娟主编，人民文学出版社，2014 年。

圣经文学研究（第九辑），梁工、程小娟主编，人民文学出版社，2014 年。

梵蒂冈图书馆藏明清中西文化交流史文献丛刊，张西平等主编，大象出版社，2014 年。

移动的边界——基督教文学学刊（第 31 辑），杨慧琳主编，宗教文化出版社，2014 年。

古新圣经残稿，李奭学、郑海娟，中华书局，2014 年。

误入桃花源：书话东西文学，李奭学，浙江大学出版社，2014 年。

依天立义——清代前中期江南文人应对天主教文化研究，刘耘华，上海古籍出版社，2014 年。

两头蛇——明末清初第一代天主教徒，黄一农，"国立"清华大学出版社，2014 年。

晚明天主教翻译文学笺注，李奭学、林熙强主编，"中央"研究院中国文哲研究所，2014 年。

2015 年

圣经文学研究（第十辑），梁工、程小娟主编，人民文学出版社，2015 年。

圣经文学研究（第十一辑），梁工、程小娟主编，人民文学出版社，2015 年。

近代来华传教士与儿童文学的译介，宋莉华，上海古籍出版社，2015 年。

文贝：比较文学与比较文化，刘耘华、李奭学，复旦大学出版社，2015 年。

基督教传播与大众媒介，许正林，上海世纪出版集团，2015 年。

中外文学关系论稿，李奭学，联经出版事业股份有限公司，2015 年。

高一志明末西学东传研究，金文兵，厦门大学出版社，2015 年。

2016 年

圣经文学研究（第十二辑），梁工、程小娟主编，人民文学出版社，2016 年。

圣经文学研究（第十三辑），梁工、程小娟主编，人民文学出版社 2016 年。

中国当代基督教文学与新世纪文化建设，季玢，上海三联书店，2016 年。

空间叙事与终末意识：古典时代晚期基督教文学研究，褚潇白，中国社会科学出版社，2016 年。

明清西学六论，李奭学，浙江大学出版社，2016 年。

面向灵魂本身：现代汉语宗教诗学，唐小林，中国社会科学出版社，2016 年。

中国当代基督教文学的自然书写，季玢，三联书店，2016 年。

清代传教士汉文报刊文学研究（1815—1838），李佩师，花木兰文化出版社，古典文学研究辑刊 14 编 21 册，2016 年。

谁的天？——明清之际传教士与士大夫对于"天"的不同认识，龚钰琏，中国学术思想研究辑刊24编第10册，花木兰文化出版社，2016年。

2017 年

新世纪初的文化语境与文学现象，杨剑龙，中国书籍出版社，2017年。

神学美学（第6辑），刘光耀、杨慧林主编，上海三联书店，2017年。

圣经文学研究（第十四辑），梁工主编，人民文学出版社，2017年。

圣经文学研究（第十五辑），梁工主编，人民文学出版社，2017年。

宗教与文艺：伦理的视域，林季杉，人民出版社，2017年。

近现代来华传教士与中国文学研究，刘丽霞，中国社会科学出版社，2017年。

福音演义：晚清汉语基督教小说的书写，黎子鹏，台大出版中心，2017年。

Jesuit Chreia in Late Ming China: Two Studies with an Annotated Translation of Alfonso Vagnone's "Illustrations of the Grand Dao，李奭学 梅謙立（Thierry Meynard），Peter Lang，2017.

2018 年

现代的先声：晚清汉语基督教文学，姚达兑著，中山大学出版社，2018 年。

近代文化交涉与比较文学，姚达兑，中国社会科学出版社，2018 年。

当代中国文学的宗教维度，丛新强，中国社会科学出版社，2018 年。

圣经文学研究（第十六辑），梁工主编，人民文学出版社，2018 年。

翻译与影响：《圣经》与中国现代文学，（斯洛伐克）马利安·高利克（Marian Galik）著，刘燕译，社会科学文献出版社，2018 年。

2019 年

经典的重构：宗教视阈中的翻译文学研究，宋莉华主编，上海古籍出版社，2019 年。

首译之功：明末耶稣会翻译文学论，李奭学，浙江大学出版社，2019 年。

域外资源与晚清语言运动：以《圣经》中译本为中心，赵晓阳，北京师范大学出版社，2019 年。

张秀亚信仰文集（共 6 册），张秀亚著，于德兰编选，闻道出版社，2019 年。

晚明天主教翻译文学笺注（卷一至卷四、别册：索引），李奭学、林熙强主编，徐东风、陈硕文、蔡祝青副主编，"中央"研究院中国文哲研究所，2019 年。

2020 年

God 的汉译史——争论、接受与启示，程小娟，社会科学文献出版社，2020 年。

清初耶稣会士白晋《易经》残稿选注，黎子鹏编注，台大出版中心，2020 年。

徐光启全集·增补徐光启年谱，朱维铮、李天纲主编，梁家勉原编，李天纲增补，上海古籍出版社，2020 年。

徐光启全集·徐光启诗文集，朱维铮、李天纲主编，徐光启撰，上海古籍出版社，2020 年。

徐光启全集·毛诗六帖讲意，朱维铮、李天纲主编，徐光启撰，上海古籍出版社，2020 年。

中国基督教文学研究论文索引

1914 年

真道剧谈，徐毓黄，圣教杂志，1914 年，第 4 期。

1940 年

中国文学底宗教背景——一个鸟瞰，朱维之，《金陵神学志》，1940 年 12 月 10 日。

1947 年

《轻世金书》原本考，郭慕天，上智编译馆刊，1947 年 1/2 月，第 2 卷第 1 期。

1950 年

漫谈四十年来基督教文学在中国，朱维之，金陵神学志，1950 年，第 1、2 期合刊。

中国教会的诗歌和绘画，黄素贞教授授意，邵逸民编，金陵神学志，1950 年，第 1、2 期合刊。

1964 年

论冰心的创作，范伯群、曾华鹏，文学评论，1964 年，第
1 期。

1966 年

论中西的风景观，徐訏，徐訏全集（第 10 卷），（台湾）中正
书局，1966 年。

1969 年

利玛窦《交友论》新研，方豪，方豪六十自定稿，第 2 册，
作者自印，1969 年。

1973 年

天国不是我们的——评张晓风的"武陵人"，唐文标，中外文
学，1973 年，第 8 期。

1974 年

戊戌变法前的梁启超与李提摩太，邓永康，香港崇基学报，
1974 年，第 1、2 期。

1978 年

基督徒和文艺创作，苏恩佩、许牧世等，基督教文学论丛，

（香港）基督教文艺出版社，1978 年。

基督教文学的语言应用，张晓风、许牧世，基督教文学论丛，（香港）基督教文艺出版社，1978 年。

1981 年

利玛窦及其译者，谢方，学林漫录，1981 年，第 3 期。

老舍早期译文：《基督教的大同主义》，曾广灿，文史哲，1981 年，第 4 期。

1982 年

西洋音乐传入中国考，王柔，音乐研究，1982 年，第 2 期。

特选撮要每月纪传介绍，马光任，新闻大学，1982 年，第 5 期。

明译伊索寓言，周作人，自己的园地，（台北）里仁书局，1982 年。

1983 年

清末修律与译书，孙虹，法学杂志，1983 年，第 1 期。

许地山和他的作品，周俟松、向云休，中国现代作家选集：许地山，人民文学出版社，1983 年。

许地山年表，周俟松，中国现代作家选集：许地山，人民文学出版社，1983 年。

冰心的宗教信仰，梁锡华，且道阴晴圆缺集，（台北）远景出版社，1983 年。

1984 年

中国翻译的历史，戈宝权，文史知识，1984 年，第 5 期。

关于"接受文学遗产"，郭沫若，郭沫若文艺论文集，香港艺文出版社，1984 年。。

1985 年

远西奇器图说录最，王徵，远西奇器图说，邓玉函口授，王徵译绘，中华书局，1985 年。

儿童的书，周作人，周作人与儿童文学，王全根编，浙江少年儿童出版社，1985 年。

近代来华基督教传教士译著中的代笔问题，丁醒民，社会科学研究，1985 年，第 4 期。

伊索寓言的明代译义抄本——况义，杨扬，文献，1985 年，第 24 期。

灵的文学与佛教，老舍，老舍研究资料，北京十月文艺出版社，1985 年。

绿漪论，方英，当代中国女作家论，黄人影编，上海书店，1985 年。

我的生活和创作道路，曹禺，北京作家谈创作，北京十月文艺出版社，1985 年。

丁韪良和京师同文馆，王维俭，中美关系史论丛，汪熙主编，复旦大学出版社，1985 年。

泾阳王徵传，陈垣，民元以来天主教史论集，陈垣等著，辅仁大学出版社，1985 年。

吴渔山晋铎二百五十年纪念，陈垣，民元以来天主教史论集，陈垣等著，辅仁大学出版社，1985 年。

清代学者象传之吴渔山，陈垣，民元以来天主教史论集，陈垣等著，辅仁大学出版社，1985 年。

墨井道人传校释，陈垣，民元以来天主教史论集，陈垣等著，辅仁大学出版社，1985 年。

吴渔山入京之酬酢，陈垣，民元以来天主教史论集，陈垣等著，辅仁大学出版社，1985 年。

墨井书画集录文订误，陈垣，民元以来天主教史论集，陈垣等著，辅仁大学出版社，1985 年。

墨井集源流考，陈垣，民元以来天主教史论集，陈垣等著，辅仁大学出版社，1985 年。

吴渔山与王石谷书跋，陈垣，民元以来天主教史论集，陈垣等著，辅仁大学出版社，1985 年。

Christian Tracts: The Two Friends, Daniel H. Bays, in *Christianity in China: Early Protestant Missionary Writings*, Suzanne Wilson Barnett and John King Fairbank, eds. , Cambridge and London: Harvard University Press, 1985.

Karl F. A. Gutzlaff: Missionary Entrepreneur, Lutz, Jessie G, in *Christianity in China: Early Protestant Missionary Writings*, Suzanne Wilson Barnett and John King Fairbank, eds. , Cambridge and London: Harvard University Press, 1985.

支那文化と西方文化との交流，石田干之助，载：石田干之助著作集，神田信夫编，（东京）六星出版，1985 年。

1986 年

诗与小说精神之革新，刘半农，刘半农文选，人民文学出版社，1986 年。

老舍在重庆、武汉，萧伯青，新文学史料，1986 年，第 2 期。

寻找那一只鸽子，程乃珊，天风，1986 年，第 4 期。

中国新文学发展中的忏悔认识——关于人对自身认识的一个侧面，陈思和，上海文学，1986 年，第 3 期。

近世译书对中国现代化的影响，钱存训著，戴文伯译，文献，1986 年，第 2 期。

景教三威蒙度赞研究，吴其昱，"中央"研究院历史语言研究所集刊，1986 年，第 57 本第 3 分。

中国基督教文学的困境，殷颖，台湾基督教论坛报，1986 年 5 月 4 日。

1987 年

视线所窥，永是东方，丁建弘，中外文化交流史，周一良主编，河南人民出版社，1987 年。

老舍和基督教，舒波，南京史志，1987 年，第 3 期。

基督教圣经的翻译出版，吉少甫，出版史料，1987 年，第 4 期。

从价值系统看中国文化的现代意义，余英时，文化：中国与世界（第 1 辑），三联书店，1987 年。

文学的历史动向，闻一多，闻一多选集，四川文艺出版社，

1987 年。

略论中国宗教（一）（二），钱穆，现代中国学术论衡，岳麓书社，1987 年。

丁韪良的"孔子加耶稣"，赵毅，美国研究，1987 年，第 2 期。

1897 年以前中国的译书概况，程磊，情报资料工作，1987 年，第 1 期。

近代译书及其影响，萧东发，图书馆研究与工作，1987 年，第 1 期。

丁韪良在宁波十年宗教活动评述，王维俭，浙江学刊，1987 年，第 3 期。

长夜后的黎明——试论《奥勒斯提亚》的一则主题故事，李奭学，中外文学，1987 年，第 2 期。

1988 年

从《物感》一书看伊索寓言对中国寓言的影响，祝善文，文献，1988 年，第 36 期。

曹禺早期话剧中的基督教伦理意义，宋剑华，江汉论坛，1988 年，第 11 期。

试论《雷雨》的基督教色彩，宋剑华，中国现代文学研究丛刊，1988 年，第 1 期。

基督教、象征主义、表现主义的"三位一体"——《原野》创作论，黄健，徐州师范学院学报，1988 年，第 3 期。

老舍——一个叛逆的基督教徒，朝戈金，内蒙古大学学报，

1988 年，第 1 期。

庚子年间的丁韪良，王维俭，中美关系史论文集（第二辑），中美关系史丛书编辑委员会主编，重庆出版社，1988 年。

神学家诗人赵紫宸，王神荫，金陵神学志，1988 年，第 8 期。

1989 年

圣书与中国文学，周作人，艺术与生活，岳麓书社，1989 年。

早期鲁迅的宗教观，伊藤虎丸，鲁迅研究月刊，1989 年，第 11 期。

许地山与基督教，路易斯·罗宾逊，中国现代文学研究丛刊，1989 年，第 4 期。

近代译书的变迁及其影响，吴孟雪，江西社会科学，1989 年，第 5 期。

老舍与基督教，张静民，杭州大学学报，1989 年，第 1 期。

试论老舍的宗教观，艾华，中国现代文学研究丛刊，1989 年，第 1 期。

浅论宗教与中国文学，江宽，当代宗教研究，1989 年，第 2 期。

摇曳的上帝的面影：基督教文化和"五四"文学，马佳，中国现代文学研究丛刊，1989 年，第 4 期。

1990 年

寻找与困惑——早期老舍与基督教，锱铢，金陵神学志，1990 年，第 12 期。

伊索寓言与明末天主教东传，李奭学，中外文学，1990 年，第 1 期。

冰心"爱的哲学"与基督教，王学富，金陵神学志，1990 年，第 2 期。

基督教的爱国赞美诗，杨周怀，金陵神学志，1990 年，第 2 期。

神格的获得与终极价值，北村，文学自由谈，1990 年，第 2 期。

我们为什么走不进天堂？——《神曲·地狱篇》的东拉西扯，马翰如，读书，1990 年，第 3 期。

略论佛教、基督教对哈尼族文学的影响，杨万智，山茶，1990 年，第 4 期。

论宗教文学在中国文化史上的作用和地位，赵建新，兰州大学学报，1990 年，第 2 期。

中国近代文学大系·翻译文学集导言，施蛰存，中国近代文学大系·翻译文学集，上海书店，1990 年。

艾青与《圣经》，张志春，延安大学学报，1990 年，第 1 期。

鲁迅与《圣经》，吕漠野，温州师范大学学报，1990 年，第 3 期。

论冰心前期创作的浪漫主义倾向，刘岸汀，扬州师范学院学报，1990 年，第 3 期。

1991 年

基督教文化与中国现代文学，王本朝，天津社会科学，1991

年，第 5 期。

萧乾：一位反基督教的作家，罗宾逊、傅光明、梁刚，中国现代文学研究丛刊，1991 年，第 2 期。

王韬和他的翻译事业，李景元，中国翻译，1991 年，第 3 期。

鲁迅与基督教文化，许正林，社会科学动态，1991 年，第 2 期。

关于英文本基督教圣经的翻译，巴里·霍布曼，世界宗教资料，1987 年，第 4 期。

在十字架的阴影下，萧乾，新文学史料，1991 年，第 1 期。

父亲视角与宗教化的态度——孙犁创作女性意象的原型分析之我见，梁东方，河北学刊，1991 年，第 4 期。

希伯来、基督教经典汉译史略，朱维之，历史教学，1991 年，第 5 期。

论巴金的赎罪意识，魏建、李书生，山东师范大学学报，1991 年，第 6 期。

再论"基督教文学"的概念，库舍尔，二十世纪西方宗教哲学文选，上海三联书店，1991 年。

希腊寓言与明末天主教东传，李奭学，中西文学因缘，（台北）联经出版公司，1991 年。

1992 年

周作人"五四"时期文学观的基督教影响，胡绍华，华中师范大学学报，1992 年，第 6 期。

中国近代译书事业之宏观研究，王立清，北京高校图书馆，

1992 年，第 2 期。

论基督教文化观念对中国现代文学的影响，王本朝，学术研究，1992 年，第 1 期。

中西文化的又一交叉点，萧乾，读书，1992 年，第 7 期。

旧约与恋爱诗，周作人，周作人散文，中国广播影视出版社，1992 年。

论"五四"小说中的基督教精神，杨剑龙，文学评论，1992 年，第 3 期。

论林语堂的基督教思想与中国传统文化的联系，陈旋波，华侨大学学报，1992 年。

《天路历程》的寓喻探索，姜台芬，中外文学，1992 年，第 8 期。

Matteo Ricci and the Ascent to Peking, Jonathan D. spence, in *Chinese Round—about*：*Essays in History and Culture*, New York：Norton, 1992.

1993 年

明末清初的人谱与省过会，王汎森，"中央"研究院历史语言研究所集刊，1993 年，第 63 本第 3 分。

"友谊"（friendship）观念的中西差异，杨适，北京大学学报，1993 年，第 1 期。

鲁迅与基督教文化，王家平，中国现代文学研究丛刊，1993 年，第 4 期。

文化整合：中国的过去、现在和未来，吴定宇，上海文化，

1993 年，第 1 期。

曹禺与基督教，龙泉明，荆州师范专科学校学报，1993 年，第 1 期。

郭沫若与基督教文化，王本朝，郭沫若学刊，1993 年，第 2 期。

曹禺早期剧作的基督教意识，曾广灿，文史哲，1993 年，第 1 期。

爱能遮掩许多的罪，北村，钟山，1993 年，第 6 期。

试论巴金的宗教人道主义，许正林，新文学研究，1993 年，第 1 期。

深入探索宗教与文学间的隐秘关联——评《幻想的太阳》，杨剑龙，学术月刊，1993 年，第 10 期。

林语堂的"信仰之旅"，楼世波，金陵神学志，1993 年，第 1 期。

Michele Ruggieri, S. J. （1543—1607） and His Chinese Poems, Albert Chan, S. J. , *Monumenta Serica* 41, 1993.

1994 年

金尼阁与中西文化交流，计翔翔，杭州大学学报，1994 年，第 3 期。

论沈从文两大文学主题中的基督教因素，王学富，金陵神学志，1994 年，第 2 期。

具有百年历史的圣教书局，周光亚、舒兴文，武汉文史资料，1994 年 6 月 30 日。

清末民初美国女传教士在华的传教活动及影响，段琦，世界宗教研究，1994 年，第 3 期。

死亡光环中的严峻思考——鲁迅死亡意识浅探，毕绪龙，鲁迅研究月刊，1994 年，第 7 期。

西学东渐与明清之际的经世实学，俞力涛，中国实学思想史，葛荣晋编，首都师范大学出版社，1994 年。

周作人与《圣经》文学研究，南樵，金陵神学志，1994 年，第 1 期。

巴金：宗教性的人道主义，王学富，宗教，1994 年，第 1 期。

受难与献祭：艾青诗的宗教精神，汪亚明，浙江师范大学学报，1994 年，第 5 期。

中国近代译书之宏观研究，王立清，津图学刊，1994 年，第 2 期。

简述李之藻的治学观及其西学图籍，王力军，浙江社会科学，1994 年，第 3 期。

冰心与基督教——析冰心"爱的哲学"的建立，王学富，中国现代文学研究丛刊，1994 年，第 3 期。

救赎时代——北村与先锋小说，谢有顺，文艺评论，1994 年，第 2 期。

《读书》与读书人的变迁——写在《读书》刊行十五年之际，刘小枫，读书，1994 年，第 12 期。

救赎与复仇——《复仇（二）》与鲁迅对宗教终极价值的消解，鲁迅研究月刊，1994 年，第 10 期。

基督教与郭沫若文学创作的文化阐释，王本朝，河北学刊，1994 年，第 3 期。

基督教文化与 20 世纪中国文学，基督教与近代文学，上海人民出版社，1994 年。

基督教文化与现代中国浪漫文学的精神，杨洪承，学习与探索，1994 年，第 2 期。

论基督教文化观念对周作人的影响，高秀芹，齐鲁学刊，1994 年，第 4 期。

金陵与神学——读《金陵神学文选》断想，刘小枫，读书，1994 年，第 6 期。

翦拂集·谈文化侵略，林语堂，林语堂名著全集（第 13 卷），东北师范大学出版社，1994 年。

再论基督教文学的概念，库舍尔，20 世纪西方宗教哲学文选，刘小枫主编，上海三联书店，1994 年。

1995 年

艾青与基督教文化精神，张林杰，烟台师范学院学报，1995 年，第 3 期。

基督教与鲁迅文化心态阐释，王本朝，贵州社会科学，1995 年，第 3 期。

基督教与冰心"五四"时期的创作，杨剑龙，江海学刊，1995 年，第 6 期。

论周作人思想中的基督教文化因素，王学富，宗教，1995 年，第 3、4 期。

明清之际的西书中译及其文化意义，邹振环，宋明思想和中华文明，学林出版社，1995 年。

静听教堂回声，李辉，收获，1995 年，第 3 期。

张承志的文学和宗教，陈国恩，文学评论，1995 年，第 5 期。

丁韪良的中国宗教观，王美秀，北京大学学报，1995 年，第 2 期。

救世主的变迁：评小说《飞跃杜鹃巢》的基督教背景，项伟谊，外国文学研究，1995 年，第 3 期。

我与文学的冲突，北村，当代作家评论，1995 年，第 4 期。

神圣启示与良知的写作，北村，钟山，1995 年，第 4 期。

先锋的皈依——论北村的小说，南帆，当代作家评论，1995 年，第 4 期。

活着与写作，北村，大家，1995 年，第 1 期。

上帝就是上帝，刘小枫，走向十字架上的真——20 世纪基督教神学引论，上海三联书店，1995 年。

中国的母爱文学与母爱神学，汪维藩，金陵神学志，1995 年，第 Z1 期。

和合本圣经与新文学运动，（美）魏贞恺著，吴恩扬译，《金陵神学志》，（复）1995 年，第 22—23 期。

1996 年

论张资平的小说，曾华鹏、范伯群，文学评论，1996 年，第 5 期。

萧乾：现代宗教性小说的反殖民话语，王本朝，延安大学学报，1996 年，第 3 期。

交响东西方传统，走向世界文学——废名综论，饶隅，福建文坛，1996 年，第 1 期。

中国现代新诗的"芽儿"——冰心诗论，王富仁，北京师范大学学报，1996 年，第 5 期。

反省与自期，王晓明，天涯，1996 年，第 2 期。

论鲁迅与基督教文化——为纪念鲁迅逝世 60 周年作，杨剑龙，上海师范大学学报，1996 年，第 3 期。

田野上的教堂，张行健，作品与争鸣，1996 年，第 4 期。

死亡与再生：艾青诗的宗教底蕴，汪亚明，诗探索，1996 年，第 3 期。

另一扇开启的门，萧钢、陈染，花城，1996 年，第 2 期。

沈从文与基督教文化，王学富，中国现代文学研究丛刊，1996 年，第 1 期。

不朽——我的宗教，胡适，胡适学术文化随笔，欧阳哲生编，中国青年出版社，1996 年。

萧乾与基督教文化，王学富，江苏社会科学，1996 年，第 2 期。

周作人与基督教文化，王本朝，中国现代文学研究丛刊，1996 年，第 1 期。

基督教的爱国赞美诗，杨周怀，中国宗教，1996 年，第 4 期。

信仰问答，北村，天涯，1996 年，第 3 期。

真理与谬误的较量：评 40 年代巴金同赖贻恩神父的论战，杨益群，社会科学家，1996 年，第 2 期。

冰心与基督教：析冰心"爱的哲学"的建立，王学富，宗教，1996 年，第 3、4 期。

鲁迅对基督教的反思及遗存的圣经诸书，姚锡佩，鲁迅研究月刊，1996 年，第 3 期。

论鲁迅与基督教文化：为纪念鲁迅逝世 60 周年作，杨剑龙，上海师范大学学报，1996 年，第 3 期。

从基督教精神研究曹禺的新开拓——读宋剑华的《困惑与求索》，刘锋杰，社会科学战线，1996 年，第 6 期。

从基督教说曹禺：《困惑与求索：论曹禺早期的话剧创作》，刘锋杰，读书，1996 年，第 12 期。

重复的诗学，余华，当代作家评论，1996 年，第 4 期。

苦难的书写与意义的探询，林舟，花城，1996 年，第 6 期。

卫匡国的《逑友篇》及其它，白佐良，卫匡国：一位在十七世纪中国的人文学家和科学家，德马尔基及施礼嘉编，意大利特兰托大学出版社，1996 年。

论中国现代作家的忏悔情结，马佳，南京大学学报，1996 年，第 2 期。

Two Chinese Poems Written by Hsu Wei 徐渭（1521—1593）on Michele Ruggieri, S. J. （1543—1607）, Albert Chan, S. J. , *Monumenta Serica* 44, 1996.

Karl Gutzlaff's Approach to Indigenization：The Chinese Union, Lutz, Jessie G. and R. Ray Lutz, In *Christianity in China：From the Eighteenth Century to the Present*, Daniel H. Bays eds. , Stanford：Stanford University Press, 1996.

1997 年

文学与风格的多种实验——四十年代小说研读札记，钱理群，新华文摘，1997 年，第 8 期。

毒蛇圈译者识语，周桂笙，20 世纪中国小说理论资料，陈平原、夏晓虹，北京大学出版社，1997 年。

老舍的创作与基督教，杨剑龙，江西师范大学学报，1997 年，第 4 期。

冰心早期创作的基督教影响，胡绍华，江汉论坛，1997 年，第 6 期。

论周作人与基督教文化，杨剑龙，鲁迅研究月刊，1997 年，第 6 期。

论郭沫若的创作与基督教文化，杨剑龙，郭沫若学刊，1997 年，第 4 期。

中国基督教异端的汉语言文化背景，徐乾，金陵神学志，1997 年，第 3 期。

"上帝赐与了她悲观的分子"——论基督教与庐隐的小说创作，杨剑龙，华东师范大学学报，1997 年，第 4 期。

宿命与反抗，史铁生，作品与研究，1997 年，第 2 期。

1998 年

李提摩太与近代中译外国文学，刘树森，译林书评，1998 年，第 7 期。

1912—1919：终结与开端，刘纳，中国现代文学研究丛刊，1998 年，第 1 期。

难以应答的神性呼唤——创造社对基督教的误读，李风，山东师范大学学报，1998 年，第 2 期。

林语堂与基督教，王玉芝，宗教，1998 年，第 3、4 期。

周作人与基督教文化，许正林，宗教，1998 年，第 1、2 期。

论曹禺《雷雨》的基督教色彩，杨剑龙，戏剧艺术，1998 年，第 1 期。

基督教与中国现代文学，许正林，北京图书馆馆刊，1998 年，第 3 期。

基督教文化与香港文学，王列耀，世界华文文学论坛，1998 年，第 4 期。

论萧乾的创作与基督教，杨剑龙，中国人民大学学报，1998 年，第 3 期。

基督教文化与中国现代文学，杨剑龙，东方文化，1998 年，第 3 期。

女性、母性与神性——一九八六年在南京金陵协和神学院的神学演讲，丁光训，丁光训文集，译林出版社，1998 年。

"一个是'中国'，一个是'基督教'"——论张晓风的创作与基督教文化（上），杨剑龙，世界华文文学论坛，1998 年，第 1 期。

"一个是'中国'，一个是'基督教'"——论张晓风的创作和基督教文化（下），杨剑龙，世界华文文学论坛，1998 年，第 2 期。

基督教文化的皈依，儒家文化的回归——评台湾作家苏雪林的小说《棘心》，杨剑龙，嘉应大学学报，1998 年，第 2 期。

中国文学的歧路——从一个诗人看中国文学的现在和未来，刘光耀，维真学刊，1998 年，第 1 期。

论基督教对闻一多的影响，张洁宇，临沂师专学报，1998 年，第 5 期。

为人类社会而背负的十字架——从郁达夫、巴金等人的创作看中国现代文学的忏悔意识，刘勇，文艺理论与批评，1998 年，第 2 期。

论张资平的小说创作与基督教文化，杨剑龙，齐鲁学刊，1998 年，第 6 期。

写一个宗教者的生与死，杨剑龙，巴金研究，1998 年，第 2 期。

白晋的《易经》研究和康熙时代的"西学中源说"，韩琦，汉学研究，1998 年，第 16 卷第 1 期。

基督精神与人文主义：一个明显的研究误区，田惠刚，北方论丛，1998 年，第 5 期。

丁韪演说北京使馆被围事略，林乐知、任廷旭译，万国公报文选，李天纲编校，三联书店（香港）有限公司，1998 年。

1999 年

天人契约：试论高一志《圣母行实》中的圣母奥迹故事，李奭学，唐研究，第五辑，1999 年。

简论明末清初耶稣会著作在中国的流传，钟鸣旦、杜鼎克著，尚扬译，史林，1999 年，第 2 期。

论巴金的宗教观与他的《田惠世》，杨剑龙，山西大学学报，1999 年，第 4 期。

评杨剑龙的《旷野的呼声》，刘克敌，博览群书，1999 年，第 9 期。

论徐訏创作中的宗教情结，杨剑龙，河南师范大学学报，1999年，第 4 期。

一部发人深思的新作——评周发祥先生的《西方文论与中国文学》，蒋春红，中国社会科学院研究生院学报，1999 年，第 2 期。

基督教文化与二十世纪中国文学——中国现代文学研究的一种视角与方法，杨剑龙，江苏社会科学，1999 年，第 1 期。

李提摩太与《回头看记略》——中译美国小说的起源，刘树森，美国研究，1999 年，第 1 期。

基督教文化对中国话剧的影响，王列耀，吉林大学社会科学学报，1999 年，第 5 期。

中国现代文学与基督教文化，许正林，文学评论，1999 年，第 2 期。

基督教究竟给了中国现代文学什么：评杨剑龙著《旷野的呼声——中国现代作家与基督教文化》，德明，中国现代文学研究丛刊，1999 年，第 4 期。

诗学：一份提纲，海子，不死的海子，中国文联出版社，1999 年。

中国圣经文学研究 20 年（1979—1999），梁工，荆州师范学院学报，1999 年，第 6 期。

蓝色的精神丝线——读《旷野的呼声：中国现代作家与基督教文化》，李岭，鲁迅研究月刊，1999 年，第 7 期。

台湾的宗教与台湾的作家，王列耀，华文文学，1999 年，第 1 期。

《红楼梦》中的基督教思想与活动——教士涉足大观园，黄龙，东南文化，1999 年，第 4 期。

杨荫浏先生在中国基督教赞美诗的翻译、编曲、作曲及作词方面所作的贡献，杨周怀，中国音乐学，1999 年，第 4 期。

基督教文化与二十世纪中国文学：中国现代文学研究的一种视角与方法，杨剑龙，江苏社会科学，1999 年，第 1 期。

挥之不去的宗教情结——论香港作家梁锡华的长篇小说，王列耀，暨南学报，1999 年，第 2 期。

葡籍耶稣会士阳玛诺在华事迹考述，陈占山，文化杂志，1999 年，第 38 期。

伊索寓言的第三个汉译本《海国妙喻》，鲍欣，湖南教育学院学报，1999 年，第 4 期。

略论儿童文学中的浪漫主义创作方法，顾健美，南京师范大学学报，1999 年，第 3 期。

论欧洲文艺复兴的文化起源，刘建军，东北师范大学学报，1999 年，第 3 期。

历史·虚构·文本性——明末耶稣会"世说"修辞学初探，李奭学，中国文哲研究集刊，1999 年，第 15 期。

The Bible in Early Seventeenth—Century China, Nicholas Standaert, in *Bible in Modern China：the Literary and Intellectual Impact*, Irene Eber, eds., Sankt Augustin：Institut Monumenta Serica, 1999.

2000 年

论 19 世纪中外文化交往中的汉语教学，张卫东，北京大学学报，2000 年，第 4 期。

西洋望远镜与阮元《望月歌》，王川，学术研究，2000 年，第 4 期。

巴金与基督教，高旭东、贾蕾，中国比较文学，2000 年，第 3 期。

早期基督教文学概说，杨慧林，外国文学评论，2000 年，第 3 期。

附会以教化——伊索寓言中译始末，张错，当代，2000 年，总第 149 期。

试论老舍与基督教文化的情缘，张桂兴，北京联合大学学报，2000 年，第 4 期。

老舍与基督教的不解之缘，张桂兴、邝金丽，河南师范大学学报，2000 年，第 2 期。

穆旦的诗歌想象与基督教话语，吴允淑，中国现代文学研究丛刊，2000 年，第 1 期。

论北村的创作与基督教文化，杨剑龙，宁夏大学学报，2000 年，第 2 期。

旷野的呼声：中国现代作家与基督教文化，杨剑龙，中国比较文学，2000 年，第 4 期。

苦难之花，馥郁芳香：基督教圣乐漫谈，薛彦莉，世界宗教文化，2000 年，第 3 期。

文化侵略的工具，文化交流的媒介——论近代在华基督教传教士报刊的文化意义，程丽红，社会科学战线，2000 年，第 6 期。

"体现着曹禺研究的新高度"——评宋剑华的新著《基督精神与曹禺戏剧》，杨剑龙，中国文学研究，2000 年，第 4 期。

东亚儿童文学百年回眸，蒋风，学术研究，2000 年，第 3 期。

圣经"二马译本"关系辨析，谭树林，世界宗教研究，2000年，第1期。

现代社会与处境化神学，卓新平，基督宗教论，社会科学文献出版社，2000年。

旅行者的眼光与现代性体验——从近代游记文学看现代性体验的形成，周宪，社会科学战线，2000年，第6期。

故事新诠——论明末耶稣会士所译介的伊索式证道故事，李奭学，中外文学，2000年，第29卷第5期。

The Missionary Novels of Nineteenth—Century China, Patrick Hanan, *Harvard Journal of Asiatic Studies* 60, no. 2, 2000.

2001 年

中西合璧的小说新体——清初耶稣会士马若瑟著《梦美土记》初探，李奭学，唐研究，第七辑，2001年。

小说征文与晚清小说观念的演进，潘建国，文学评论，2001年，第6期。

读宋剑华《基督精神与曹禺戏剧》，何锡章，文学评论，2001年，第3期。

晚清拼音化运动与白话文运动催发的国语思潮，王风，现代中国，2001年，第1期。

冰心与基督教，王玉芝，中国宗教，2001年，第2期。

中国现代浪漫主义文学与宗教，陈国恩，江汉论坛，2001年，第3期。

中国现代文学中的基督教文化因素，李平，山东社会科学，

2001 年，第 4 期。

郑振铎与基督教，黄新宪，福建宗教，2001 年，第 4 期。

神性的证明：面对史铁生，赵毅衡，当代作家评论，2001 年，第 7 期。

沈从文与基督教文化，王本朝，赣南师范学院学报，2001 年，第 2 期。

北村与基督教文化，王本朝，涪陵师范专科学校学报，2001 年，第 2 期。

试论鲁迅何以疏离基督教，姜波，学术研究，2001 年，第 5 期。

特定视域中的文学史景观：评王本朝《20 世纪中国文学与基督教文化》，张德明，广东社会科学，2001 年，第 4 期。

中国文学与基督教关系研究的新收获——评王本朝《20 世纪中国文学与基督教文化》，巫小黎，涪陵师范学院学报，2001 年，第 4 期。

基督教文化与中国新时期文学，牛云清、丛新强，文史哲，2001 年，第 6 期。

基督教文化与北村的小说创作，丛新强，济宁师范专科学校学报，2001 年，第 2 期。

林语堂与中国闽南基督教，冯羽，世界华文文学论坛，2001 年，第 4 期。

接受忏悔，我们准备好了吗，黄波，文学自由谈，2001 年，第 5 期。

鲁迅生存语境与基督教文化语境比较观，刘青汉，西北师范大学学报，2001 年，第 6 期。

穆旦与《圣经》——兼论穆旦的三部诗剧，鲍昌宝，思想战线，2001 年，第 4 期。

《红楼梦》与基督教文化，向彪，明清小说研究，2001 年，第 4 期。

基督教与中国现代文学的文化和文体资源，王本朝，湖北大学学报，2001 年，第 2 期。

基督教文化对中国现代戏剧悲剧意识建立过程的影响，王列耀，中国比较文学，2001 年，第 1 期。

关于利玛窦戴儒冠穿儒服的考析，计翔翔，东西交流论谭（第 2 集），黄时鉴编，上海文艺出版社，2001 年。

基督教精神与欧洲古典传统的合流——利玛窦西琴曲意八章初探，李奭学，诗与声音——二〇〇一年台北国际诗歌节诗学研讨会论文集，初安民编，台北市政府文化局，2001 年。

《圣经》与中国现代文学的文体建构，王本朝，贵州社会科学，2001 年，第 1 期。

基督教文化对中国现代戏剧悲剧意识创建过程的影响，中国比较文学，2001 年，第 1 期。

基督精神对曹禺早期剧作的影响，刘慧珍，内蒙古民族大学学报，2001 年，第 4 期。

如来佛的手掌心——试论明末耶稣会证道故事里的佛教色彩，李奭学，中国文哲研究集刊，2001 年，第 19 期。

2002 年

翻译文学：西方文学对中国现代文学影响关系中的中介性，

高玉，中国现代文学研究丛刊，2002 年，第 4 期。

母语的陷落，郜元宝，书屋，2002 年，第 4 期。

历史文献出版日期的著录——以清末民初的书籍和报刊为例，陈希亮，图书馆建设，2002 年，第 5 期。

文学的人性与先锋以后，唐小林，百花洲，2002 年，第 5 期。

现代性的幽灵，詹姆逊，文汇报，2002 年 8 月 10 日。

传承与影响——明清时期天主教文明的入华策略，张错，利玛窦入华及其它，香港城市大学出版社，2002 年。

《日出》与基督教精神，姜贞爱，苏州大学学报，2002 年，第 1 期。

鲁迅：国民性批判源于传教士？王明科，甘肃社会科学，2002 年，第 6 期。

曹禺与基督教文化，王本朝，河北师范大学学报，2002 年，第 5 期。

中国基督教圣诗发展概况，陈伟，金陵神学志，2002 年，第 1 期。

耶稣·撒旦·鲁迅：鲁迅与基督教关系发微，管恩森，鲁迅研究月刊，2002 年，第 2 期。

评基督教文化与中国现代文学的研究，杨剑龙，郑州大学学报，2002 年，第 5 期。

近百年间上海基督教文字出版及其影响，邹振环，复旦学报，2002 年，第 3 期。

赛珍珠传记作品与西方在华基督教传教运动，刘海平、沈艳枝，南京大学学报，2002 年，第 1 期。

早期来华基督教传教士与近代中外文期刊，谭树林，世界宗教研究，2002 年，第 2 期。

基督教的寓意与人生苦难的写照：老水手之歌的主题评析，张礼龙，厦门大学学报，2002 年，第 4 期。

近代来华基督教传教士所创中外文期刊之影响——以《印支搜闻》为中心，谭树林，齐鲁学刊，2002 年，第 5 期。

《天学初函》所折射出的文化灵光及其历史命运，吕明涛、宋凤娣，中国典籍与文化，2002 年，第 4 期。

谈第一部汉译小说，韩南，晚明与晚清：历史传承与文化创新，陈平原、王德威、商伟编，湖北教育出版社，2002 年。

"世界伦理"构想的宗教背景，杨慧林，基督教的底色与文化延伸，黑龙江人民出版社，2002 年。

论张晓风散文的神性情怀，王本朝，河北学刊，2002 年，第 6 期。

罪恶与人性：曹禺戏剧的"原罪"原型构成，刘澍声，汉中师范学院学报，2002 年，第 4 期。

自救与自然：论林语堂小说中的人性观，施萍，中州学刊，2002 年，第 4 期。

佛其骨，道其心：许地山小说的宗教色彩剖析，哈迎飞，贵州社会科学，2002 年，第 1 期。

郁达夫小说中的"忏悔情绪"，于宁志，连云港师范高等专科学校学报，2002 年，第 3 期。

早期来华基督教传教士与近代中外文期刊，谭树林，世界宗教研究，2002 年，第 2 期。

试析张晓风小说中之社会现象，黄于册，问学集，2002 年，第 11 期。

2003 年

曹禺前期戏剧的三种思想资源，王晓华，深圳大学学报，2003年，第 2 期。

神性之维：林语堂文化人格解析，施萍，贵州社会科学，2003年，第 1 期。

耶稣会罗马档案馆明清天主教文献书评，李天纲，台大历史学报，2003 年，第 32 期。

明清之际在华耶稣会士之《易》说，杨宏声，周易研究，2003 年，第 6 期。

晚清教会读物的图像叙事，陈平原，学术研究，2003 年，第 11 期。

西方传教士与晚清小说，刘永文，明清小说研究，2003 年，第 1 期。

老舍与基督教"本色化"运动，吴永平，盐城师范学院学报，2003 年，第 3 期。

中国基督教圣诗发展概况，陈伟，中央音乐学院学报，2003年，第 3 期。

中国现代小说的叙事模式与《圣经》文本，杨剑龙，厦门大学学报，2003 年，第 2 期。

中国现代文学的《圣经》资源——以语言文体为例，王本朝，江海学刊，2003 年，第 5 期。

历史性与审美性：现代中国文学的圣经传释，王本朝，圣经与文学阐释，人民文学出版社，2003 年。

从《文艺月旦》（甲集）看天主教传教士的中国现代文学观，刘丽霞，广西社会科学，2003年，第2期。

《圣经》对"文化大革命"后几位朦胧诗人的影响，叶蓉、贝雅娜，基督教文化学刊，2003年秋，第10辑。

论新时期小说中的基督教的世俗化色彩，杨剑龙，基督宗教研究，2003年。

《比较文学与二十世纪中国文学》，江平，外国文学，2003年，第5期。

文学话语的突围：王本朝的学术研究，吴高余、贺艳，涪陵师范学院学报，2003年，第3期。

二十世纪中国文学中的基督教文化意义——评《二十世纪中国文学与基督教文化》，张桃洲，涪陵师范学院学报，2003年，第3期。

宗教精神、文学想像与学术品格——评王本朝著《20世纪中国文学与基督教文化》，唐小林，重庆交通学院学报，2003年，第1期。

从延河到施洗的河——50、90年代：想象知识分子灵魂得救的不同方式，唐小林，人文杂志，2003年，第3期。

论铁凝小说中忏悔意识形成的文化语境，苏晓芳，荆州师范学院学报，2003年，第3期。

关于赛珍珠研究的几个有待深入的问题，汪应果，江苏大学学报，2003年，第1期。

"世俗化处境中的基督宗教"学术研讨会述要，高嫒，国外社会科学，2003年，第2期。

从中国背景理解基督教文学，王忠欣，开放时代，2003年，第 5 期。

救赎之路，杨戈，信仰网刊，2003 年，第 3 期。

"有了一种精神应对苦难时，你就复活了"，史铁生、王尧，当代作家评论，2003 年，第 1 期。

你是我的诗歌，鲁西西，信仰月刊，2003 年，第 6 期。

忙、盲、茫——评析小说《流泪谷》人物石谦，海平，信仰网刊，2003 年，第 10 期。

基督教精神与中国现代文学，刘勇，广播电视大学学报，2003 年，第 3 期。

基督教文化与中国文学的价值建构，丛新强，河北师范大学学报，2003 年，第 1 期。

因为追问所以信仰——《务虚笔记》中的基督教思想，陈朗，当代作家评论，2003 年，第 1 期。

论《诺桑觉寺》中的基督教道德观，周青，苏州大学学报，2003 年，第 3 期。

论基督教文化与五四女作家研究的视角与走向，王珊，邵阳学院学报，2003 年，第 3 期。

"本地化"还是"处境化"：汉语语境中的基督教诠释，杨慧林，世界宗教研究，2003 年，第 1 期。

文化碰撞与精神遇合——论五四女作家接受基督教文化的历史语境，王珊，宁夏大学学报，2003 年，第 2 期。

亦耶亦孔，半东半西——谈林语堂"一捆矛盾"的基督教情结，雷阿勇，闽西职业大学学报，2003 年，第 2 期。

基督教文化与中国现代文学之关系研究中的两点不足，刘丽霞，中国现代文学研究丛刊，2003 年，第 2 期。

明代官话及其基础方言问题，鲁国尧，鲁国尧语言学论文集，江苏教育出版社，2003 年。

放逐之余，施玮，信仰网刊，2003 年，第 3 期。

圣经"和合本"的诠释学意义，杨慧林，圣经与文学阐释，梁工、卢龙光编选，人民文学出版社，2003 年。

Chinese Christian Literature：The Writing Process，Patrick Hanan，in *Treasures of the Yenching*：*75th Anniversary of the Harvard—Yenching Library Exhibition Catalogue*，Combridge：Harvard—Yenching Library of the Harvard College Library，2003.

The Bible as Chinese Literature：Medhurst，Wang Tao，and the Delegates'Version （pp. 197—239），Patrick Hanan，*Harvard Journal of Asiatic Studies* 63. 1，2003.

论徐志摩诗歌的基督情结，蒋利春，河南科技大学学报，2003 年，第 4 期。

孤云漂泊复可依——基督精神与张爱玲，王巧凤，晋东南师范专科学校学报，2003 年，第 6 期。

试论天主教对联文化的艺术效果，赵若瑟，中国天主教，2003 年，第 6 期。

2004 年

由世俗到宗教——以《东西洋考每月统记传》为中心，陈虹，图书馆杂志，2004 年，第 11 期。

传统与近代化，何兆武，文化漫谈——思想的近代化及其他，中国人民大学出版社，2004 年。

论阮元的西学思想，关汉华、颜广文，中西文化交流与岭南社会变迁，赵春晨等编，中国社会科学出版社，2004 年。

她的心灵史，北村，归去来兮，大众文艺出版社，2004 年。

"忏悔"释义，黄瑞成，宗教学研究，2004 年，第 1 期。

重要的指正，北村，厦门文学，2004 年，第 4、5 期。

冰心和宗教文化，盛英，江苏社会科学，2004 年，第 4 期。

更高意义的表达，杜商，信仰网刊，2004 年，第 18 期。

基督徒君子，范学德，信仰网刊，2004 年，第 1 期。

中国最早的基督教文本特点探析，郎晓玲，山东省农业管理干部学院学报，2004 年，第 1 期。

趋奔神圣和信仰的动姿：基督宗教文化与当代中国文学，马佳、刘贤汉，昭乌达蒙族师专学报，2004 年，第 3 期。

《圣经》与文学的关系摭谈，尚显成，经济与社会发展，2004 年，第 4 期。

宗教因素在 20 世纪中国文学中的三种表现形态——以许地山、无名氏和张承志作品为中心，张桃洲，社会科学研究，2004 年，第 3 期。

神圣的姿态与虚无的内核——关于张承志、北村、史铁生、圣·伊曼纽和堂·吉诃德，涂险峰，文学评论，2004 年，第 1 期。

论基督教文化对巴金的影响，贾蕾，理论学刊，2004 年，第 3 期。

"五四"女性文学与基督教文化，卢军，广西社会科学，2004 年，第 5 期。

基督教文化与冰心早期文学创作，李渺波，外国文学研究，2004 年，第 2 期。

论基督教作家笔下的犹太人形象，李军，临沂师范学院学报，2004 年，第 2 期。

论《暴风雨》中的基督教隐喻系统，郭华敏，河南教育学院学报，2004 年，第 5 期。

论基督教精神对陈映真创作的规约，王向阳，喀什师范学院学报，2004 年，第 4 期。

从基督教看林语堂的文化认同与文化选择，李立平，哈尔滨学院学报，2004 年，第 7 期。

基督教对中美现代文学观的影响及比较分析，董晓烨，齐齐哈尔大学学报，2004 年，第 1 期。

李商隐诗歌的阴柔美与基督教亲吻神学的精神联系（上），张思齐，阴山学刊，2004 年，第 6 期。

试论基督教对青少年时期的冰心及其创作的影响，林俐达，福建论坛，2004 年，第 12 期。

人的救世与基督的救世——基督教文化语境与汉语文化语境比较中鲁迅人文形象认知之一，刘青汉，鲁迅研究月刊，2004 年，第 4 期。

以格林童话为代表的德国浪漫主义时期民间通话论略，刘文杰，北京理工大学学报，2004 年，第 6 卷增刊。

《圣经》译介对中国现代文学的影响，任东升，温秀颖，四川外语学院学报，2004 年，第 1 期。

翻译的政治——龙华民译《圣若撒法始末》析论，李奭学，文学研究的新进路——传播与接受，东华大学中文系，洪叶文化公司，2004 年。

冰心和宗教文化，盛英，江苏社会科学，2004 年，第 4 期。

趋奔神圣和信仰的动姿基督宗教文化与当代中国文学，马佳、刘贤汉，昭乌达蒙族师范专科学校学报，2004 年，第 3 期。

中国 19 世纪的传教士小说，韩南，中国近代小说的兴起，徐侠译，上海教育出版社，2004 年。

"The Missionary Novels of Nineteenth—Century China," in*Chinese Fiction of the Nineteenth and Early Twentieth Centuries*, Patrick Hanan. (New York：Columbia University Press，2004)，pp. 58—84.

2005 年

晚清大变局中的英国传教士李提摩太，梦明，中华读书报，2005 年 8 月 3 日。

早期基督新教传教士夫人在澳门的活动，吴宁，广西民族学院学报，2005 年，第 3 期。

新发现的莎剧《威尼斯商人》中译本：《剜肉记》，朱静，中国翻译，2005 年，第 4 期。

徐訏与基督教精神，赵智，船山学刊，2005 年，第 3 期。

基督教伦理与王安忆小说，柴平，徐州师范大学学报，2005 年，第 3 期。

第一部传教士中文小说的流传与影响：米怜《张远两友相论》论略，宋莉华，文学遗产，2005 年，第 2 期。

《官话和合本圣经》的成功翻译及其对中国新文学的影响，刘丽霞，南京师范大学文学院学报，2005 年，第 3 期。

论"五四"知识分子与基督教文化，杨剑龙，江西师范大学学报，2005 年，第 3 期。

论新时期小说与基督宗教——从小说观基督教在中国的命运，杨剑龙，江苏社会科学，2005 年，第 2 期。

十九世纪传教士小说的文化解读，宋莉华，文学评论，2005 年，第 1 期。

舒婷诗歌中的基督教文化精神，张高杰，华北水利水电学院学报，2005 年，第 2 期。

在提问和确信之间，阿长，归去来兮·附录，大众文艺出版社，2005 年。

传统文化与基督教的相遇与交战：林语堂与基督教关系的文化阐释，王本朝，重庆工学院学报，2005 年，第 2 期。

赛珍珠和狄更斯创作中的基督教精神，张春蕾，苏州大学学报，2005 年，第 5 期。

论基督教文化对五四女性文学的影响，卢军，商丘师范学院学报，2005 年，第 6 期。

文心与模型——基督教文化与中国小说叙事，陈伟华，中山大学学报，2005 年，第 6 期。

基督教释经学与中国训诂学的几点比较，李岗，宗教学研究，2005 年，第 3 期。

基督教文化与中国现当代文学的价值建构，孙翀，中共济南市委党校学报，2005 年，第 1 期。

基督教话语下的个体言说——史铁生与刘小枫之比较，陈志平，涪陵师范学院学报，2005 年，第 2 期。

本色化与现代化：再论林语堂的基督教思想，施萍，宗教学研究，2005 年，第 1 期。

近二十年基督教文化关联中的鲁迅研究综观，刘青汉，文艺研究，2005 年，第 12 期。

论李提摩太在《万国公报》上的基督教宣传，李海红，乐山师范学院学报，2005 年，第 7 期。

以生命见证信仰的神圣：论林语堂的基督教思想，施萍，华文文学，2005 年，第 2 期。

云南少数民族基督教赞美诗的文字记谱法研究，杨民康，音乐研究，2005 年，第 3 期。

"只有爱能使人睁开眼"：论徐志摩与基督教文化，王木青，佛山科学技术学院学报，2005 年，第 6 期。

李商隐诗歌的阴柔美与基督教亲吻神学的精神联系（下），张思齐，阴山学刊，2005 年，第 1 期。

基督教与中国文化的对话——以林语堂《信仰之旅》为中心，冯羽，南京晓庄学院学报，2005 年，第 4 期。

最民间的，恰恰是最宗教的：于坚民间诗学的基督教文化背景，唐小林，海南师范学院学报，2005 年，第 4 期。

清末传教士丁韪良早期对中国传统文化的理解——读《天道溯原》札记，曹刚华、张美华，历史教学问题，2005 年，第 6 期。

徐訏小说的宗教意蕴解析，沈铁，沈阳师范大学学报，2005 年，第 5 期。

曹禺早期剧作与基督精神，王德福，重庆教育学院学报，2005 年，第 5 期。

三毛文学创作与宗教关系探微，胡芳，广西教育学院学报，2005 年，第 4 期。

至纯至善颂童真——论冰心作品的"童心美"，赵丽霞，伊犁教育学院学报，2005 年，第 2 期。

从旧约到新约：北村的皈依之路，万孝献，湖南科技学院学报，2005 年，第 9 期。

曹禺戏剧中的宗教文化，张耀杰、晓曦，艺术百家，2005 年，第 4 期。

福州基督徒聚会处的诗歌初探，王秀缎，萍乡高等专科学校学报，2005 年，第 3 期。

天主教传教士眼中的巴金——兼谈《文艺月旦》（甲集）的中国现代文学观，刘丽霞，巴金研究，2005 年，第 1 期。

价值冲突中的《圣经》翻译：明末清初耶稣会传教士的翻译策略和关键译名选择，夏元，中国翻译，2005 年，第 1 期。

晚明士大夫党派分野与其对耶稣会士交往态度无关论，苏新红，东北师大学报，2005 年，第 1 期。

耶稣会士与新教传教士对《京报》的节译，尹文涓，世界宗教研究，2005 年，第 2 期。

明清传教士对《山海经》的解读，吴莉苇，中国历史地理论丛，2005 年，第 3 期。

圣书与中文新诗，刘皓明，读书，2005 年，第 4 期。

19 世纪传教士小说的文化解读，宋莉华，文学评论，2005 年，第 1 期。

第一部传教士中文小说的流传与影响：米怜《张远两友相论》论略，宋莉华，文学遗产，2005 年，第 2 期。

2006 年

关于七千部西书募集若干问题的考察，毛瑞方，历史档案，

2006 年，第 3 期。

东亚争奇文学初探，金文京，域外汉籍研究集刊（第 2 辑），张伯伟主编，中华书局，2006 年。

十九世纪传教士中文小说在韩国的传播与翻译，吴淳邦，东华人文学报，2006 年，第 9 期。

基督教在近代中韩传播不同境遇的原因与启示，裔昭印、石建国，上海师范大学学报，2006 年，第 2 期。

赛珍珠传记杰作中的清教思想，刘丽霞，济南大学学报，2006 年，第 3 期。

宗教信仰与当代伦理社会——重读《田野上的教堂》，杨剑龙，湖南城市学院学报，2006 年，第 2 期。

论北村的基督教宗教诗学，唐小林，社会科学研究，2006 年，第 3 期。

现代乌托邦精神——试论梁启超翻译与创作的政治小说，史修永，太原理工大学学报，2006 年，第 2 期。

传教士与中国现代文学，刘丽霞，内蒙古社会科学，2006 年，第 3 期。

"五四"白话之前的多元准备，吴福辉，中国现代文学研究丛刊，2006 年，第 1 期。

郭实猎《万国地理全集》的发现及其意义，庄欣永，近代中国基督教史研究集刊，2006/2007 年，第 7 期。

基督教文化：新时期小说的叙述与想象，杨慧林，神学美学（第一辑），刘光耀主编，上海三联书店，2006 年。

默默无闻的牛津大学馆藏——十九世纪西教士的中文著作及译著，黎子鹏，近代中国基督教史研究集刊，2006/2007 年，第

7 期。

日编汉语读本《官话指南》的取材和编排，王澧华，上海师范大学学报，2006 年，第 3 期。

19 世纪西人小说中的白话实验，宋莉华，学术月刊，2006 年，第 4 期。

19 世纪西人汉语读本中的小说，宋莉华，明清小说研究，2006 年，第 1 期。

中国基督教文学中的圣歌，刘丽霞，平原大学学报，2006 年，第 2 期。

基督教与乡土中国——试论《金翼》中的基督教因素，刘章才，青海民族研究，2006 年，第 4 期。

冰心、庐隐的创作与基督教文化，毛静，华北水利水电学院学报，2006 年，第 3 期。

基督教文化对王安忆小说创作的影响，刘清生，牡丹江师范学院学报，2006 年，第 6 期。

基督教对中国文化语言的影响，王永聘，三峡大学学报，2006 年，第 1 期。

试论闻一多诗的基督教意蕴，柏钰，襄樊学院学报，2006 年，第 3 期。

萧乾小说的诗性与基督教文化，柏钰，湖北大学学报，2006 年，第 1 期。

基督教文化与中国现代诗歌新维度，蔡莉莉，中山大学学报，2006 年，第 2 期。

基督教在中国的传播与汉语研究的科学化：明清之际基督教文化对中国文化的影响，陈义海，盐城师范学院学报，2006 年，第 6 期。

从基督教信仰之旅看林语堂的文化身份变迁，郭威，福建师大福清分校学报，2006 年，第 3 期。

"爱的福音"与"暴力的迷信"——周作人与基督教文化关系论之一，哈迎飞，福建师范大学学报，2006 年，第 5 期。

云南少数民族基督教赞美诗的五线谱和简谱记谱法研究，杨民康，中国音乐，2006 年，第 1 期。

试析李提摩太的基督教思想——以其在《万国公报》上的言论为例，李海红，安徽史学，2006 年，第 6 期。

基督教与闽籍作家的审美价值取向比较分析——以冰心、林语堂、许地山为例，林俐达，福建师范大学学报，2006 年，第 5 期。

难以挥去的死亡阴影：基督教罪感意识影响下的张资平恋爱小说，赵艳花，延安大学学报，2006 年，第 1 期。

冰心：现代文学史上充满爱的圣女形象——探询基督教与冰心的散文创作，林俐达，福州大学学报，2006 年，第 2 期。

近代山西传统文人对基督教的排拒与皈依——以刘大鹏、席胜魔为例，王守恩、刘安荣，宗教学研究，2006 年，第 2 期。

龙华民及其论中国宗教的几个问题，李文满，汉语基督教学术评论，2006 年，第 1 期。

索隐派与中西文化认同，卓新平，沟通中西文化，王晓明、杨熙楠编，广西师范大学出版社，2006 年。

莎翁是怎样走向中国的，郝岚，世界文化，2006 年，第 12 期。

格林童话的版本演变及其近代中译，伍红玉，德国研究，2006

年，第 4 期。

曹禺奥尼尔宗教意识形成动因探究，王玉华，邢台学院学报，2006 年，第 4 期。

使徒意识与老舍的小说，宋剑华、杨姿，社会科学辑刊，2006 年，第 2 期。

试论徐訏小说中的西方文化价值观，车永强，牡丹江师范学院学报，2006 年，第 6 期。

耶稣会士宗教文学书籍的刊行和对传道的作用——以艾儒略为例，（新）高源，海交史研究，2006 年，第 2 期。

中西文化的一次对话：清初传教士与《易经》研究，张西平，历史研究，2006 年，第 3 期。

朝鲜燕行使臣与西方传教士交往考述，杨雨蕾，世界历史，2006 年，第 5 期。

会通以求超胜——明末清初耶稣会士的文化观和翻译观，周远梅，广东药学院学报，2006 年，第 4 期。

互识与沟通：耶稣会士与中西文化交流：写在《耶稣会士中国书简集》中文译本出版之际，王毅、李景鑫，邯郸学院学报，2006 年，第 4 期。

从杜嘉德 1868 年《养心诗调》中的汉文乐谱唱流传百年的《养心神诗》，江玉玲，台湾音乐研究，2006 年，第 3 期。

书评：李奭学《经史子集：翻译、文学与文化札记》，李延辉，国际文化研究，2006 年，第 2 卷第 2 期。

评论：《中国晚明与欧洲文学》，刘耘华，汉语基督教学术论评，2006 年，创刊号。

2007 年

西秦饮渭水，东洛荐河图——我所知道的"龙"字欧译始末，李奭学，汉学研究通讯，2007 年，第 26 卷第 2 期。

重新审视欧化白话文的起源——试论近代西方传教士对中国文学的影响，袁进，文学评论，2007 年，第 1 期。

马若瑟为什么翻译了《赵氏孤儿》，鲁进，中华读书报，2007 年 9 月 12 日。

郭沫若与基督教文化精神，税海模，郭沫若学刊，2007 年，第 2 期。

也评许地山作品与基督教的关系，桑晓林，辽宁行政学院学报，2007 年，第 4 期。

《女铎月刊》与中国基督教纯文学，刘丽霞，船山学刊，2007 年，第 1 期。

基督教为何能够进入中国现代文学，王本朝，社会科学研究，2007 年，第 5 期。

传教士《论语》译本与基督教意识形态，王辉，深圳大学学报，2007 年，第 6 期。

基督教文化对周作人文学观的影响，哈迎飞，武汉理工大学学报，2007 年，第 1 期。

论基督教对志贺直哉文学创作的影响，崔颖，东岳论丛，2007 年，第 2 期。

遇到异乡的神祇：论基督教与中国现代文学，陈奇佳，江苏社会科学，2007 年，第 3 期。

中国书信体小说的兴盛与基督教文化，陈伟华，学术研究，2007年，第10期。

中国基督教传媒领袖张雪岩与《田家半月报》，陈建明、刘路，四川师范大学学报，2007年，第6期。

中国"公教文学"的历史存在，刘丽霞，内蒙古社会科学（汉文版），2007年，第1期。

现代汉语诗学的建构与基督教，唐小林，《圣经》文学与文化，南开大学出版社，2007年。

"那一点神明的火焰"——基督教对徐志摩诗歌的影响，杨丽娜，乌鲁木齐成人教育学院学报，2007年，第3期。

《圣经》的文学性及其对中西文学的影响评述，袁秀萍，西南民族大学学报，2007年，第8期。

略论20世纪中国文学"原罪—救赎"母题的嬗变——试以《雷雨》、《骆驼祥子》、《施洗的河》为例，陈佳冀，湖北经济学院学报，2007年，第5期。

论中国文化与文学的世俗性特征，高旭东，江苏行政学院学报，2007年，第3期。

基督教在现当代中国文学中的形象及其变迁，刘光耀，襄樊学院学报，2007年，第1期。

基督教赞美诗与道教道诗中的"神"与"人"，余虹，四川师范大学学报，2007年，第1期。

建构与消解——对许地山文学作品中基督教文化的观照，孙玉生，名作欣赏，2007年，第16期。

基督教赞美诗在滇北苗族地区的传播、演变与文化意义，华慧娟，交响（西安音乐学院学报），2007年，第3期。

"著书多格言"：论高一志譬学与中西修辞学传统的关系，李奭学，人文中国学报，2007 年，第 13 期。

《天路历程》中典故翻译比较，吴文南，滁州学院学报，2007 年，第 4 期。

莎剧故事在中国的早期传播，元尚，中华读书报，2007 年 10 月 2 日。

隐喻性思维与中西文化认知，李晓红，江苏社会科学，2007 年，第 1 期。

西人所编汉语教材与中国古代小说——以英人禧在明《中文学习指南》为例，林彬晖、孙逊，文学遗产，2007 年，第 4 期。

以《圣经》为源泉的中国现代诗歌：从周作人到海子，马立安、高克立著，胡宗锋、艾福旗译，中国现当代文学论丛，第 1 卷，上海人民出版社，2007 年。

论明末清初传华的欧洲寓言，颜瑞芳，长河一脉：不禁奔流华夏情——2007 年海峡两岸华语文学术研讨会论文集，万能科技大学创意艺术中心，2007 年。

基督教与中国文化，赵紫宸，赵紫宸文集（第三卷），商务印书馆，2007 年。

论沈从文的宗教情怀，袁启君，辽宁行政学院学报，2007 年，第 11 期。

匿名的基督徒：史铁生及其作品解读，刘剑格、裴志伟，辽宁行政学院学报，2007 年，第 3 期。

欲望驱使下的世俗化宗教图景：以张资平的小说与传记为案例，巫小黎，佛山科学技术学院学报，2007 年，第 5 期。

徐訏小说的宗教意识，马娟娟，华侨大学学报，2007 年，第

1 期。

论曹禺早期剧作中的忏悔意识，苏树杰，重庆科技学院学报，2007 年，第 6 期。

利玛窦的《畸人十篇》与道家思想，陈可培，东方论坛，2007 年，第 6 期。

近代福州基督教圣乐事工概况及影响，皓月康桥，金陵神学志，2007 年，第 2 期。

论明末清初传华的欧洲寓言，颜瑞芳，长河一脉：不尽奔流华夏情——2007 海峡两岸华语文学术研讨会论文集，林明煌，万能科技大学创意艺术中心，2007 年。

东西交流史上汉文小说所表现的文化冲突，王三庆，成功大学中文学报，2007 年，第 17 期。

清末民初外国文学翻译中的女译者研究，朱静，国外文学，2007 年，第 3 期。

中译第一首"英"诗 ——艾儒略《圣梦歌》初探，李奭学，中国文哲研究集刊，2007 年，第 30 期。

让蒙尘的心灵闪烁人性的光芒——论曹禺剧作结尾的死亡，胡薇，香港戏剧学刊，2007 年，第 7 期。

评论：forgive us sins，潘凤娟，汉语基督教学术论评，2007 年，第 4 期。

经传众说——马若瑟的中国经学史，祝平一，"中央"研究院历史语言研究所集刊，2007 年，第 78 本第 3 分。

2008 年

关于李之藻生平事迹的新史料，龚缨晏、马琼，浙江大学学报，2008 年，第 3 期。

政治与文学的角力：论晚清《鲁宾逊漂流记》中译本，崔文东，翻译学报，2008 年，第 11 卷第 2 期。

明清时期天主教的发展与兴衰，汤开建，澳门史新编 4 册，吴志良等编，澳门基金会出版，2008 年。

汉文文学与汉文化整体研究，刘倩，中国社会科学院院报，2008 年 1 月 29 日。

读丁韪良的《汉学菁华》，沈弘，中华读书报，2008 年 3 月 5 日。

中国古典小说的早期翻译和传播——以《好逑传》英译本为中心，宋丽娟、孙逊，文学评论，2008 年，第 4 期。

交织在历史中的中西异质文化碰撞——自唐至明清之际基督教精神对中国文学的影响，孙翀，中共济南市委党校学报，2008 年，第 4 期。

艾略特的"宗教诗歌"观念与当代中国诗歌，林季杉、荣光启，中国文学研究，2008 年，第 3 期。

从《教务杂志》看新教传教士对新文学的评介，刘丽霞，云南大学学报，2008 年，第 3 期。

"万岁爷意思说"——试论十九世纪来华新教传教士对《圣谕广训》的出版与认识，廖振旺，汉学研究，2008 年，第 26 卷第 3 期。

丁韪良《万国公法》翻译蓝本及意图新探，傅德元，安徽史学，2008 年，第 1 期。

丁韪良主持翻译《公法会通》新探，傅德元，河北学刊，2008 年，第 28 卷第 2 期。

丁韪良研究述评（1919—2008 年），傅德元，江汉论坛，2008年，第 3 期。

西方传教士汉学的分支：传教士汉文小说研究现状，宋莉华，国外社会科学，2008 年，第 5 期。

论林语堂与基督教的关系，徐志啸，苏州科技学院学报，2008年，第 2 期。

基督教文学的路径描述——兼论中国基督教文学的生存困境，季玢，苏州科技学院学报，2008 年，第 3 期。

论西方传教士对中文小说发展所作的贡献，袁进，社会科学，2008 年，第 2 期。

基督教文化对现代中国浪漫文学的影响，孟沛，山西高等学校社会科学学报，2008 年，第 20 卷第 5 期。

中国小说叙事的现代转型与基督教文化，陈伟华，求索，2008年，第 8 期。

论中国当代基督教文学的创作与批评，王文胜，当代作家评论，2008 年，第 6 期。

基督教与中国文学的现代性体验，王本朝，甘肃社会科学，2008 年，第 4 期。

论萧乾对基督教思想人性化的追求，刘文尧、刘勇，中国文学研究，2008 年，第 1 期。

中国小说叙事意象的现代转型与基督教文化，陈伟华，鲁迅研究月刊，2008 年，第 3 期。

中国小说叙事符号层的现代转型与基督教文化，陈伟华，中国文学研究，2008 年，第 4 期。

基督教信仰与乡村教育理念的融合——《田家半月报》评析，

陈建明，世界宗教研究，2008 年，第 4 期。

论基督教文化与中国现代文学的人道精神，杨剑龙，世界宗教研究，2008 年，第 2 期。

政治话语：基督教文化在新中国文学 30 年中的基本质态，唐小林，社会科学研究，2008 年，第 5 期。

刘子如的基督教信仰：重庆历史名人《刘子如自述》文本读解与思考，赵心宪，西南民族大学学报，2008 年，第 12 期。

伦理话语：基督教文化在中国现代文学三十年中的基本质态，唐小林，甘肃社会科学，2008 年，第 4 期。

许地山：十字架前柔软的心肠——论许地山作品对基督教思想的阐释，江露露，江苏教育学院学报，2008 年，第 1 期。

圣洁的母爱与杂糅的泛爱：论冰心"爱的哲学"对基督教文化的接受与超越，周超飞，湘潭大学学报，2008 年，第 3 期。

重识杨荫浏的基督教音乐实践观——对《圣歌与圣乐》中杨荫浏 16 篇文论的择评，林苗，艺术探索，2008 年，第 22 卷第 6 期。

清末民初云南回族社会对基督教传播的认知与回应——马联元《辨理明证语录》及其影响，马景、王建斌，西北第二民族学院学报，2008 年，第 1 期。

《伊索寓言》的中国化——论其汉译本《意拾喻言》，王辉，外语研究，2008 年，第 3 期。

白日昇《四史收编耶稣基利斯督福音之合编》之编辑原则研究，曾阳晴，成大宗教与文化学报，2008 年，第 11 期。

Translating the Ancestors: S. I. J. Schereschewsky's 1875 Chinese Version of Genesis, Irene Eber, in *Chinese and Jews*: *Encounters Be-*

tween Cultures, London：Mitchell Vallentine & Company，2008.

原罪意识与张爱玲的小说创作，张佐邦、布小继，云南大学学报，2008 年，第 2 期。

艰难的工作——冯至早期诗歌中的基督信仰初探，罗绂文，江汉论坛，2008 年，第 4 期。

论郁达夫小说的宗教意味，杨剑龙，江西社会科学，2008 年，第 10 期。

老舍作品中的西方文学影响和中国文化底蕴浅析，林婧，辽宁行政学院学报，2008 年，第 12 期。

民国时期天主教戏剧钩沉：一出天主教戏剧的解析，陆辛，延边大学学报，2008 年，第 5 期。

17 至 18 世纪意大利人对中国的印象和想象，史华罗、王红霞，复旦学报，2008 年，第 3 期。

中国女性在十九世纪法国文学中的形象，Détrie，M.，法国研究，2008 年，第 4 期。

《孔夫子》：最初西文翻译的儒家经典，梅谦立，中山大学学报，2008 年，第 2 期。

《况义》的翻译与中西寓言的早期接触，梅晓娟，南京理工大学学报，2008 年，第 5 期。

19 世纪中译本《公祷书》版本研究，司马懿著，张靖译，审美的神学—基督教文化学刊（2008 年秋），宗教文化出版社，2008 年。

吴历与清初中国天主教教会——以《续〈口铎日抄〉》为中心，肖清和，新世纪宗教研究，2008 年，第 6 卷第 4 期。

Rock of Ages 与《万世磐》——甘为霖译词与诗歌创作探讨，

江玉玲，关渡音乐学刊，2008 年，第 8 期。

2009 年

述而不译？艾儒略《天主降生言行记略》的跨语言叙事初探，潘凤娟，中国文哲研究集刊，2009 年，第 34 期。

丁韪良其人其著，沈弘，中华读书报，2009 年 1 月 21 日。

《野草》与基督教，齐宏伟，南京理工大学学报，2009 年，第 4 期。

十九世纪上半叶基督新教传教士在汉语词汇史上之地位——以郭实猎中文译著中之《旧语新词》为例，庄钦永、周清海，或问，2009 年，第 17 号。

浅谈艾青诗歌的基督教文化，司真真，名作欣赏，2009 年，第 23 期。

论施玮《斜阳下河流》的基督教立场，王文胜，南京师范大学文学院学报，2009 年，第 3 期。

论当代婚外情小说与基督教文化，陈伟华，求索，2009 年，第 5 期。

论"后鲁迅风"作家的基督教精神资源诉求，古大勇，东方论坛，2009 年，第 5 期。

论中国现代文学中的基督教因子，贾蕾，理论学刊，2009 年，第 11 期。

从仇虎的复仇看《原野》中的基督教意识，杨晓冬，名作欣赏，2009 年，第 20 期。

论基督教文化与冰心、许地山小说的叙事模式，杨剑龙，中国比较文学，2009年，第3期。

行走在路上的"神"——浅析史铁生作品中的基督教意识，郭玉香，语文学刊，2009年，第2期。

圣教书会与基督教在华翻译事业，黎子鹏，《自西徂东：基督教来华二百年论集》，（香港）基督教文艺出版社，2009年。

基督教文化对五四时期文学的影响，董静，现代商贸工业，2009年，第1期。

论中国小说叙事场的现代转型与基督教文化，陈伟华，宁夏大学学报，2009年，第3期。

论穆旦诗歌与基督教之关系——以《隐现》为中心，黄玲，西安文理学院学报，2009年，第4期。

基督教新教传教士文字事业在中国的最后命运，赵晓阳，宗教学研究，2009年，第3期。

论冰心创作中的母爱意识与基督教文化的影响，康泳，昆明理工大学学报，2009年，第12期。

基督教文化和古希腊悲剧对《雷雨》的神秘命运色彩影响探微，陈国华，名作欣赏，2009年，第12期。

中国现代文学视野中的基督教文化：以老舍为中心，石兴泽，聊城大学学报，2009年，第6期。

从两首草原圣歌看内蒙古环阴山基督教圣诗音乐本色化进程，张晓武，星海音乐学院学报，2009年，第3期。

基督精神的彰显与国民性书写的融合：论老舍与基督教的复杂关系，王娟，江苏教育学院学报，2009年，第2期。

从文学角度看道家审美文化的生态价值：兼论其与基督教生态神学的对话空间，宋旭红，湖北民族学院学报，2009年，第

6 期。

从幼童启蒙课本到宣教工具——1823 至 1880 年间基督教《三字经》的出版，郭红，史学集刊，2009 年，第 6 期。

选择与梳理：论大众文学中的基督教批判问题，陈奇佳，基督教文化学刊，2009 年春。

"东方主义的幽灵来到了彩云之南"——读杨民康著《本土化与现代性：云南少数民族基督教仪式音乐研究》，赵书峰，交响（西安音乐学院学报），2009 年，第 1 期。

宾为霖与《天路历程》的汉译，宋莉华，上海师范大学学报，2009 年，第 5 期。

从晚清到"五四"：传教士与中国现代儿童文学的萌蘖，宋莉华，文学遗产，2009 年，第 6 期。

晚清语境中汉译鲁滨孙的文化改写与抵抗——鲁滨孙汉译系列研究之一，李今，外国文学研究，2009 年，第 2 期。

新教传教士创制汉语新词的贡献，庄钦永、周清海，《自西徂东——基督教来华二百年论集》，李金强、吴梓明、邢福增主编，（香港）基督教文艺出版社，2009 年。

晚明文人邓志谟的创作活动：兼论其争奇文学的来源与传播，金文京，经典转化与明清叙事文学，王瑷玲、胡晓真编，（台北）联经出版公司，2009 年。

The Bible Stories by Karl Gutzlaff: What Do They Teach Their Chinese Readers? Gad C. Isay, in *At Home in Many Worlds. Reading. Writing and Translating from Chinese and Jewish Cultures. Essays in Honour of Irene Eber*, Raoul David Findeisen et al. eds., Wiesbaden: Harrassowitz Verlag, 2009.

论史铁生的文学创作与心理疗伤，王文胜，南京师范大学学报，2009 年，第 3 期。

苏雪林早期散文的"西化"色彩，丁增武，安庆师范学院学报，2009 年，第 8 期。

我注《圣经》——试论北村转型后的小说创作，陈岚，中国文学研究，2009 年，第 4 期。

十字架阴影下的深思：论萧乾小说反宗教压迫的思想倾向，郭孟奇，语文学刊，2009 年，第 5 期。

中西方文化对李力扬诗歌主题与艺术手法的影响，屈荣英、李丙奎、王阿芳，大连海事大学学报，2009 年，第 6 期。

冰心的上帝观，程小娟，兰州学刊，2009 年，第 10 期。

索隐式翻译研究，岳峰、程丽英，中国翻译，2009 年，第 1 期。

"亚洲的福音书"：晚清新教传教士汉语佛教经典英译研究，李新德，世界宗教研究，2009 年，第 4 期。

清代来华传教士马若瑟研究，张西平，清史研究，2009 年，第 2 期。

当代灵性诗歌对汉语写作的贡献及存在的问题，包兆会，载杨剑龙主编，灵魂拯救与灵性文学，新加坡青年书局，2009 年。

三面玛利亚——论高一志《圣母行实》里的圣母奇迹故事的跨国流变及其意义，李奭学，中国文哲研究集刊，2009 年，第 34 期。

国家主义下的缪思——《真理周刊》文艺作品研究，李宜涯，汕头大学学报，2009 年，第 4 期。

张秀亚婚姻小说之研究，蒋兴立，嘉大中文学报，2009 年，第 2 期。

张秀亚新诗的四季书写，林于弘、林容萱，当代诗学，2009年，第 5 期。

述而不译？艾儒略《天主降生言行纪略》的跨语言叙事初探，潘凤娟，中国文哲研究集刊，2009 年，第 34 期。

2010 年

穆旦与基督教文化，蒋永影，名作欣赏，2010 年，第 2 期。

中国基督教文学的婚恋书写，季玢，求索，2010 年，第10 期。

近代来华传教士译介成长小说述略，宋莉华，中国现代文学研究丛刊，2010 年，第 6 期。

《汉语入门》的小说改编及其白话语体研究，宋莉华，社会科学，2010 年，第 11 期。

基督教神学与中国现代主义诗学，王洪岳，贵州社会科学，2010 年，第 1 期。

中国当代文学中的基督教文化影响，陈奇佳，江苏社会科学，2010 年，第 3 期。

基督教方言赞美诗集出版（1818—1911）述评，龙伟，广州社会主义学院学报，2010 年，第 4 期。

中文《圣经》语言与现代中国的"国语"目标，荣光启，江西师范大学学报，2010 年，第 2 期。

中国小说叙事时间的现代转型与基督教文化，陈伟华，鲁迅研究月刊，2010 年，第 2 期。

探求、融会与构建：试探基督教精神与文学的维度，孙翀，中共济南市委党校学报，2010 年，第 2 期。

独立风雪中之清教徒：潘乃光与晚清"诗界革命"，杨经华，广西民族大学学报，2010 年，第 1 期。

论新时期以来中国基督教文学的人学内质，季小兵，渤海大学学报，2010 年，第 3 期。

"解放神学"的诗学图景——论基督教文化影响下的陈映真创作，高兴，甘肃社会科学，2010 年，第 1 期。

基于基督教文化的精神救赎——浅谈北村小说的"神性书写"模式，李敬巍、李晓黎，语文学刊，2010 年，第 22 期。

文本与理解："汉语语境中的基督教经典与诠释"国际研讨会述评，田海华，世界宗教研究，2010 年，第 1 期。

以水与影子的意象记录和启示：基督教文化视角解读《押沙龙，押沙龙！》，钱中丽，电影评介，2010 年，第 11 期。

启蒙语境下的多重向度：张资平小说与"五四"知识分子的基督教观，刘畅，甘肃社会科学，2010 年，第 1 期。

十字架下的背离与重归：论林语堂以基督教为视角的文化选择，徐勇，语文学刊，2010 年，第 23 期。

老舍的基督教信仰与救世观及其他：从最近发现的三篇老舍佚文谈起，刘涛，中国现代文学研究丛刊，2010 年，第 2 期。

1877—1888 年《万国公报》的"圣号之争"，赵稀方，现代中文学刊，2010 年，第 6 期。

伦理话语与社会变迁——论《小红帽》童话故事的改写，李玉平，外国文学研究，2010 年，第 3 期。

文学作品中的近代来华美国女传教士——以《异邦客》、《战斗的天使》、《相片》及《河畔淳颐园》为例，刘丽霞，云南大学学报，2010 年，第 5 期。

论庐隐文学创作中的宗教意识，赵晓芳，语文学刊，2010 年，第 4 期。

文学领域中的宗教宽容与和谐：许地山的非一神论上帝观及其启示，程小娟，吉林师范大学学报，2010 年，第 5 期。

周作人与《圣经》文学，顾钧，苏州科技学院学报，2010 年，第 2 期。

失落与救赎——论石评梅小说基督教思想的驳杂性，邱诗越，太原理工大学学报，2010 年，第 2 期。

多重主体策略下的自我命名：论五四女作家笔下的女性基督，郭晓霞，外国文学研究，2010 年，第 4 期。

中西文化关照下的林语堂的小说创作，张睿，语文学刊·上半月刊，2010 年，第 2 期。

晚明入华耶稣会士艾儒略对福音书的译介，马衡，北京化工大学学报，2010 年，第 3 期。

明清之际耶稣会士翻译活动、翻译观与翻译策略刍议，王银泉，南京农业大学学报，2010 年，第 3 期。

十七世纪来华耶稣会士的三部传教译作，林珊妏，辅仁国文学报，2010 年，第 30 期。

书评：Journey to the East：The Jesuit Mission to China，1579—1724，李奭学，中国文哲研究集刊，2010 年，第 36 期。

张秀亚忆父散文评析——兼论与朱自清《背影》之比较，朱心怡，实践博雅学报，2010 年，第 14 期。

2011 年

文化与宗教的协商：以传教士汉译的《救灵先路》为例，黎子鹏，汉语基督教学术论评，2011 年，第 10 期。

家与国的抉择：晚清 Robinson Crusoe 诸译本中的伦理困境，崔文东，翻译史研究，2011 年，第 1 辑。

中西合璧的小说新体——清初耶稣会士马若瑟著《梦美士记》初探，李奭学，汉学研究，2011 年，第 29 卷第 2 期。

传教士汉文小说与中国文学的近代变革，宋莉华，文学评论，2011 年，第 1 期。

试论王韬的基督教信仰，段怀清，清史研究，2011 年，第 2 期。

来华新教传教士眼中的中国小说：以《教务杂志》刊载的评论为中心，孙轶旻、孙逊，学术研究，2011 年，第 10 期。

论《天路历程》三个汉译本的译诗策略与风格，黎子鹏，编译论从，2011 年，第 1 期。

晚清基督教文学：《正道启蒙》的中国小说叙事特征，黎子鹏，道风：基督教文化评论，2011 年，第 35 期。

郭沫若基督教文化观流变，贾玉婷，太原师范学院学报，2011 年，第 6 期。

基督教文化对郭沫若诗歌的影响，薛沛文，长春师范学院学报，2011 年，第 1 期。

西方基督教背景下的《老子》诠释，刘固盛、吴雪萌，江汉论坛，2011 年，第 4 期。

晚清基督教小说《引家当道》的圣经底蕴与中国处境意义，黎子鹏，圣经文学研究，2011 年，第 5 辑。

论《雷雨》的基督教结构模式，王永剑，安庆师范学院学报，2011 年，第 8 期。

浅论许地山及其作品中的基督教思想，倪娟娟，江苏教育学院学报，2011 年，第 5 期。

东亚基督教文学比较研究的可能性，张龙妹，日语学习与研究，2011 年，第 2 期。

基督教的罪观与中国现代文学，林季杉，哈尔滨工业大学学报，2011 年，第 6 期。

《绿房子》：基督教文化和世俗文化的对立与融合，马林贤，当代文坛，2011 年，第 6 期。

论新时期以来中国基督教文学的死亡书写，季小兵，江苏大学学报，2011 年，第 4 期。

理雅各《诗经》翻译初探——基督教视域中的儒家经典，姜燕，东岳论丛，2011 年，第 9 期。

论中国基督教文学的生存困境与积极应答，季玢，中国文学研究，2011 年，第 4 期。

夹缝中的叙事：论萧乾小说与基督教文化的关系，盛琥君，名作欣赏，2011 年，第 11 期。

基督教历史经典文本的三个层面：以福音书为例，查常平，宗教学研究，2011 年，第 4 期。

尘世的炊烟与人性的光辉：从基督教文化视角解读安徒生童话，钱中丽，名作欣赏，2011 年，第 3 期。

近代基督教在西南少数民族地区的文字布道及其影响，陈建明，世界宗教研究，2011 年，第 6 期。

美国哈佛—燕京图书馆中文基督教新教赞美诗集缩微胶卷资料初探，宫宏宇，黄钟（武汉音乐学院学报），2011 年，第 4 期。

高一志译著考略，金文兵，江南大学学报，2011 年，第 2 期。

从"冒险"鲁滨孙到"中庸"鲁滨孙——林纾译介《鲁滨孙漂流记》的文化改写与通融，李今，中国现代文学研究丛刊，2011 年，第 1 期。

晚清基督教汉文小说《五更钟》初探，林惠彬，澳门文献信息学刊，2011 年，第 4 期。

"文学与宗教：清末民国时期汉语语境中的基督宗教"学术讲座与学术研讨会综述，龚敏律，中国文学研究，2011 年，第 3 期。

近代来华耶稣会士对中国文学的研究及影响，刘丽霞，河北学刊，2011 年，第 4 期。

近代来华圣母圣心会士对中国现代文学的评介，刘丽霞，中国现代文学研究丛刊，2011 年，第 2 期。

郭沫若文学创作的忏悔情结，刘海洲，广西师范大学学报，2011 年，第 5 期。

浅论许地山及其作品中的基督教思想，倪娟娟，江苏教育学院学报，2011 年，第 5 期。

融东西文化于一身的许地山：《缀网劳蛛》的文本细读，王琳琳，名作欣赏，2011 年，第 26 期。

钱德明的《圣乐经谱》：本地化策略下的明清天主教圣乐，洪力行，"中央大学"人文学报，2011 年，第 45 期。

被钉十字架的"他"：试析鲁迅《复仇（其二）》对耶稣形象的重塑，杨柳，汉语基督教学术论评，2011 年，第 11 期。

郊社之礼，所以事上帝也：理雅各与比较宗教脉络中的《孝经》翻译，潘凤娟，汉语基督教学术论评，2011年，第12期。

给"标准青年"看的小说——《青年进步》初期小说之分析，李宜涯，中国现代文学，2011年，第20期。

游走于传教士与汉学家之间——清华大学图书馆藏十九、二十世纪之交新教传教士汉学著作综述，吴莉苇，清华中文学报，2011年，第6期。

由西方早期传教士的传教策略来看《程氏墨苑》四幅教理图："天国/新天新地"概念之传递，黄渼婷，辅仁外语学报，2011，第8期。

晚明翻译与清末文学新知的建构——关于《译述：明末天主教翻译文学论》的一些补充，李奭学，中国文哲研究通讯，2011年，第21卷第1期。

2012 年

意识形态与翻译：以马礼逊《大英国人事略说》中译本为例，李秀琴，中国文哲研究通讯，2012年，第2期。

沈从文眼中的基督教文化，龚敏律，中国现代文学研究丛刊，2012年，第9期。

从晚清小说的发展状况看传教士与汉语的通俗化进程，柳迎春，汉字文化，2012年，第1期。

晚清基督教中文小说研究：一个宗教与文学的角度，黎子鹏，华人学术处境中的宗教研究：本土方法的探索，（香港）三联书店，2012年。

中西基督教文学之比较，刘丽霞，云南大学学报，2012 年，第 5 期。

基督教与当代中国诗坛，荣光启，哈尔滨工业大学学报，2012 年，第 4 期。

现当代汉语基督教文学史漫谈，荣光启，武汉大学学报，2012 年，第 2 期。

19 世纪传教士汉语方言小说述略，宋莉华，文学遗产，2012 年，第 4 期。

《辜苏历程》：《鲁滨孙飘流记》的早期粤语译本研究，宋莉华，文学评论，2012 年，第 4 期。

基督教汉文文学的发展轨迹，宋莉华，武汉大学学报，2012 年，第 2 期。

美以美会传教士亮乐月的小说创作与翻译，宋莉华，上海师范大学学报，2012 年，第 3 期。

聊斋喻言：卫三畏如何以编译重写中国文学史，张雅媚，编译论丛，2012 年，第 5 卷第 1 期。

汉语基督教文献：写作的过程，韩南、姚达兑，中国文学研究，2012 年，第 1 期。

冯至与基督教浪漫主义，李枫，世界宗教研究，2012 年，第 3 期。

基督教精神："人的文学"之思想源泉，李锋伟，信阳师范学院学报，2012 年，第 4 期。

中国家谱文献中的基督教历史遗迹，宗亦耘，图书馆杂志，2012 年，第 4 期。

基督教在华教士报刊的世俗化之争，王海、王筱桐，国际新闻界，2012 年，第 4 期。

论基督教文化与程育真的文学创作，曹晓华，安庆师范学院学报，2012 年，第 2 期。

新时期以来基督教与 20 世纪中国文学研究述评，季玢，徐州师范大学学报，2012 年，第 1 期。

基督教在传承傈僳语言艺术中所起的作用：以傈僳族对偶艺术为例，金杰，思想战线，2012 年，第 3 期。

晚清基督教传教士与中国上古神话研究——以《教务杂志》（The Chinese Recorder）为中心，彭淑庆、崔华杰，民俗研究，2012 年，第 3 期。

儒家文化与基督教文化交融的女性个体书写——论严歌苓小说中几位女性形象的思想文化内涵，刘云，暨南学报，2012 年，第 6 期。

儿童文学：重新发现的难度和限度，赵霞，南方文坛，2012 年，第 3 期。

从"事件的历史"到"述说的历史"——关于重新发现中国儿童文学的一点思考，方卫平，南方文坛，2012 年，第 3 期。

"镀金鸟笼"里的呐喊：郭实猎政治小说《是非略论》析论，庄钦永，《西学东渐与东亚近代知识的形成与交流》，北京外国语大学中国海外汉学研究中心、中国近现代新闻出版博物馆编，上海人民出版社，2012 年。

近代来华传教士对中国古典文学的译介，刘丽霞，东岳论丛，2012 年，第 10 期。

近代来华法国耶稣会士对中国文学中他界书写的译介——以戴遂良、禄是道等为例，刘丽霞，齐鲁学刊，2012 年，第 5 期。

现代激进主义文化思潮中的家庭重建——以《女铎》小说中的婚姻家庭观为视角，刘丽霞，云南民族大学学报，2012 年，第 3 期。

来华耶稣会士明兴礼与中国现代文学研究，刘丽霞，云南师范大学学报，2012 年，第 1 期。

从韦君宜看儒教与革命作家的"准宗教心态"，哈迎飞，中国现代文学研究丛刊，2012 年，第 2 期。

冰心的美国体验与爱的哲学的深化，尹玉珊，名作欣赏，2012 年，第 17 期。

穆旦现代主义诗学的宗教思想及其启蒙意味，王洪岳，聊城大学学报，2012 年，第 1 期。

新时期以来基督教与 20 世纪中国文学研究述评，季玢，徐州师范大学学报，2012 年，第 1 期。

明末地方教化"引耶入儒"的现实考量：耶稣会士高一志晚年译著（1630—1640）背景初探，金文兵，世界宗教研究，2012 年，第 3 期。

福音书在晚明的译介历程，马衡，河北联合大学学报，2012 年，第 5 期。

清代新教赞美诗集的编译（1818—1911），赵庆文，宗教学研究，2012 年，第 4 期。

倪柝声的基督宗教诗歌及其诗学原则，孙宵，不死就不生：2011 近现代中国基督教神学思想学术研讨会论文集，周复初等，圣经资源中心，2012 年。

重构他界想象：晚清汉译基督教小说《安乐家》（1882）初探，黎子鹏，编译论丛，2012 年，第 1 期。

圣经翻译与教学对中国白话文运动的独特贡献，曹坚，汉语基督教学术论评，2012 年，第 14 期。

中国翻译史专辑前言，李奭学，中国文哲研究通讯，2012 年，第 22 卷第 1 期。

首部汉译德文基督教小说：论《金屋型仪》中女性形象的本土化，黎子鹏，中国文哲研究通讯，2012 年，第 22 卷第 1 期。

译者的消失与僭越——晚明耶稣会传教士与二十世纪华人作家的非母语书写，何致和，中国文哲研究通讯，2012 年，第 22 卷第 2 期。

2013 年

张爱玲与基督教，金晓慧，合肥师范学院学报，2013 年，第 4 期。

闻一多与基督教，谢荣谦，中国宗教，2013 年，第 12 期。

新文学形态的小说雏形——试论晚清西方传教士翻译的《天路历程》白话译本的现代意义，袁进，社会科学，2013 年，第 10 期。

《圣经》的中国演义：理雅各史传小说《约瑟纪略》（1852）研究，黎子鹏，汉学研究，2013 年，第 1 期。

新世纪华人移民文学与基督教文化，丰云，齐鲁学刊，2013 年，第 5 期。

《新小儿语》：吉卜林童话的早期方言译本研究，宋莉华，南京师范大学文学院学报，2013 年，第 4 期。

论朱西宁小说中的基督教文化印记，王云芳，沈阳师范大学学报，2013 年，第 3 期。

论新时期以来中国基督教文学的自然书写，季玢，苏州科技学院学报，2013 年，第 3 期。

明末天主教文献所见汉语基督教词汇考述，王铭宇，汉语学报，2013 年，第 4 期。

近代韩国西方音乐传入与基督教赞美诗的相关研究，陈乃良、谢丹，音乐研究，2013 年，第 5 期。

从《玉官》看许地山的基督教和中西文化观，杨世海，聊城大学学报，2013 年，第 1 期。

基督教视域中的儒家宗教性：理雅各对《诗》《书》宗教意义的认识，姜燕，山东大学学报，2013 年，第 1 期。

插图的翻译和基督教的本色化：以杨格非《红侏儒传》为中心，姚达兑，东方翻译，2013 年，第 4 期。

从《胜旅景程》的小说评点看传教士"耶儒会通"的策略，黎子鹏，基督教文化学刊，2013 年，第 2 期。

清末时新小说《驱魔传》中鬼魔的宗教原型及社会意涵，黎子鹏，中国现代文学研究丛刊，2013 年，第 11 期。

西化的孔子：《孔子的道德》英译本八十条箴言评析，王希茜、李新德，盐城工学院学报，2013 年，第 1 期。

抵华初期耶稣会士形象嬗变原因探析，曾大伟，前沿，2013 年，第 12 期。

从《利玛传》到《畸人传》：明清时期耶稣会士利玛窦传记探略，叶农，北京行政学院学报，2013 年，第 1 期。

东方的"哲学之父"：论最早的西文孔子传记的撰写过程，梅谦立，北京行政学院学报，2013 年，第 5 期。

近代白话文·宗教启蒙·耶稣会传统——试窥贺清泰及其所译《古新圣经》的语言问题，李奭学，中国文哲研究集刊，2013年，第42期。

"现代性"视野中的倪柝声——一个思想史的解读，林峻炜，史原，2013年复刊第4期。

析论晚明首见文学翻译的第一本书，潘凤娟，中国文化研究所学报，2013年，第57期。

张秀亚诗歌的创作观与风格，王国安，通识论丛，2013年，第15期。

张晓风《人环》叙事话语研究，林慧羚，中国文化大学中文学报，2013年，第27期。

十七、十八世纪中国天主教圣乐相关文献初探，洪力行，哲学与文化，2013年，第40卷第1期。

介于小说与非小说之间：明清白话小说的全球性以及新发现的清初话本小说早期的西译，尤德，中正大学中文学术年刊，2013年，第2期（总第22期）。

2014 年

基督教儿童小说《安乐家》研究，宋莉华，上海师范大学学报，2014年，第1期。

张秀亚散文创作与基督教，林烨，常州工学院学报，2014年，第2期。

论老舍早期创作中的基督教文化底蕴，刘海霞，兰州学刊，2014年，第2期。

基督教文化与当代台湾文学精神的内在超越，丛新强，山东大学学报，2014 年，第 3 期。

晚清新教传教士与中国小说批评，狄霞晨，华文文学，2014 年，第 6 期。

基督教文化对冰心早期"问题小说"创作的影响，饶眺，湖北科技学院学报，2014 年，第 2 期。

"五四"时期冰心文学思想与基督教文化之关系，薛昭曦，安庆师范学院学报，2014 年，第 2 期。

北村小说基督教文化书写——论北村的后期创新，姚丹妮，名作欣赏，2014 年，第 5 期。

基督教文化与中国文学的研究和史料问题，杨剑龙，文艺研究，2014 年，第 7 期。

近代来华传教士"中国化"策略下的基督教艺术，成璨，宗教学研究，2014 年，第 3 期。

重塑"他者"：来华美国传教士子女浦爱德中国题材小说研究，刘丽华，当代文坛，2014 年，第 1 期。

重负与神恩：论谭恩美小说中的基督教色彩及其文学价值，王文胜，江苏社会科学，2014 年，第 2 期。

基督教的佛教文化批戴——试析艾香德创建的传教中心的文字，王鹰，世界宗教文化，2014 年，第 6 期。

试论近代西方传教士创作的中文新小说，袁进，明清小说研究，2014 年，第 1 期。

近代来华传教士对《三国演义》的译介——以《中国丛报》为例，刘丽霞、刘同赛，济南大学学报，2014 年，第 3 期。

近代圣经汉译之缘起，刘念业，东方翻译，2014 年，第 6 期。

从语法到修辞：马若瑟《汉语札记》评析，姚小平，当代修辞学，2014 年，第 4 期。

戴遂良《现代中国民间故事》一书的耶稣会色彩，尹永达，天津外国语大学学报，2014 年，第 6 期。

艾儒略与《闽中诸公赠诗》研究，林金水，清华学报，2014 年，第 1 期。

文本之网：《古新圣经》与前后代《圣经》汉译本之关系，郑海娟，清华中文学报，2014 年，第 11 期。

明代来华意大利耶稣会士罗明坚的诗词，汤开建，载罗明坚《中国地图集》学术研讨会，姚京明、郝雨凡主编，澳门行政区政府文化局，2014 年。

索隐翻译：清初耶稣会士马若瑟的译想世界，杜欣欣，翻译学研究集刊，2014 年，第 17 辑。

激流中的砥石——五四时期《青年进步》小说分析，李宜涯，淡江中文学报，2014 年，第 30 期。

2015 年

从《罗慕拉》到《乱世女豪》——传教士译本的基督教化研究，宋莉华，文学评论，2015 年，第 1 期。

论余华小说的救赎书写，霍巧莲，小说评论，2015 年，第 6 期。

《马赛勒斯》：《织工马南》早期传教士译本研究，宋莉华，中国比较文学，2015 年，第 2 期。

鲁迅与基督教关系研究评述，王悦，名作欣赏，2015 年，第

23 期。

《汤姆叔叔的小屋》基督教文化译介研究，吕小莉，重庆科技学院学报，2015 年，第 1 期。

《汤姆叔叔的小屋》中基督教文化译介比较，吕小莉，淮北师范大学学报，2015 年，第 1 期。

铁凝小说中基督教文化的存在形态，景莹，南通大学学报，2015 年，第 5 期。

从反叛到屈从：北村基督教小说创作论，张志庆、潘源源，河南大学学报，2015 年，第 1 期。

冰心与基督教及其中西文化观再议，杨世海，贵州大学学报，2015 年，第 1 期。

放逐与怀乡、归回与失丧：试论穆旦诗歌中的基督教因素，魏巍，海南师范大学学报，2015 年，第 7 期。

汉语基督教文学的研究视角——评黎子鹏《经典的转生——晚清〈天路历程〉汉译研究》，姚达兑，文艺研究，2015 年，第 1 期。

翻译佛教——李提摩太对《西游记》的基督教诠释，黎子鹏、顾静琴，基督教文化学刊，2015 年，第 1 期。

与巨人同行者——西班牙籍耶稣会士庞迪我及其中文著作，叶农、罗诗雅，世界宗教研究，2015 年，第 6 期。

"本意"与"土语"之间：清代耶稣会士贺清泰的《圣经》汉译及诠释，宋刚，国际汉学，2015 年，第 4 期。

当中国遇上耶稣——1949 年之前民国基督教知识分子的耶稣形象研究述评，王志希，新史学，2015 年，第 4 期。

文白变迁：从《圣经直解》到《古新圣经》，郑海娟，华文文学，2015年，第4期。

18世纪法国传教士汉学家对《诗经》的译介与研究：以马若瑟、白晋、韩国英为例，钱林森，华文文学，2015年，第5期。

西方文学还是西学？——王韬的经验及其评价，段怀清，文艺理论研究，2015年，第4期。

明清时期意大利人对中国古代文学经典的译介，谷倩兮，吉林省教育学院学报（上旬），2015年，第1期。

索隐派传教士对中国经典的诠译研究，张涌、张德让，中国外语，2015年，第5期。

最初汉语及满洲语《圣经》译者：耶稣会士贺清泰，（韩）金东昭、（韩）林惠彬，国际汉学，2015年，第2期。

耶稣会士庞迪我和科尔特斯的中国行纪，（西）蒙科、孟庆波，世界民族，2015年，第4期。

中华基督教青年会"全人关怀"之研究——以1917至1920年《青年进步》为探讨核心，李宜涯，淡江中文学报，2015年，第32期。

论张晓风科幻小说《潘渡娜》的人文省思，黄慧凤，嘉大中文学报，2015年，第10期。

移民经历和遗民情怀的托寓——战后台湾外省族群作家作品中的"桃花源记"，庄宜文，成大中文学报，2015年，第50期。

中国寓言的新枝——谈晚明汉译寓言在华的发展与影响，陈秋良，东吴中文学报，2015年，第29期。

借鉴与转化：论三部清代入华传教士汉文报刊的中国文学书写特征，李佩师，东吴中文学报，2015年，第29期。

"义国孤儿"——论Metastasio"中国英雄"的跨文化改编，

陈奕廷，辅仁外语学报，2015 年，第 12 期。

从撒旦到霸王——马礼逊、郭实猎笔下的拿破仑形象及其影响，崔文东，清华学报，2015 年，新 45 卷第 4 期。

2016 年

《圣经》新译与汉语基督教话语更新，任东升、高玉霞，外语研究，2016 年，第 1 期。

云南少数民族基督教仪式音乐的本土化与现代化研究，杨民康，中国音乐学，2016 年，第 1 期。

当文化成为信仰以后：《张马丁的第八天》的基督教叙事，王本朝，南方文坛，2016 年，第 5 期。

忏悔意识演变与中国当代忏悔文学的兴起，王达敏，扬子江评论，2016 年，第 6 期。

中国现代文学批评与创作（1921—1996）中的《旧约》，马立安·高利克、刘燕，汉语言文学研究，2016 年，第 4 期。

基督教文学的近代建构、传播与流变，狄霞晨，基督宗教研究，2016 年，第 1 期。

包贵思与燕京大学现代作家群，刘丽霞，济南大学学报，2016 年，第 4 期。

近 20 年"基督教与中国现代文学"研究的趋势与问题——基于学术专著的考察，韦华，当代作家评论，2016 年，第 4 期。

基督教大学里的新文学："五四"时期圣约翰大学的国文教育改革初探，凤媛，文学评论，2016 年，第 3 期。

传教士汉文小说的发展及其作为宗教文学的启示意义，宋莉华，武汉大学学报，2016 年，第 4 期。

耶稣会士笔下的乾隆皇帝——以《耶稣会士中国书简集》为中心，苏新红，贵州社会科学，2016 年，第 3 期。

论利玛窦《交友论》的历史地位，罗易，佛山科学技术学院学报，2016 年，第 1 期。

艾儒略中文天主教著作版本综考，谢辉，北京行政学院学报，2016 年，第 4 期。

苏雪林与鲁迅：宗教文化与政治文化相遇，林耀堂、梁洁芬，哲学与文化，2016 年，第 43 卷第 12 期。

晚清社会现象的思考——论曹子渔寓言的价值，王睿含，东吴中文研究集刊，2016 年，第 22 期。

不可译之道、不可道之名：雷慕沙与《道德经》翻译，潘凤娟，中央大学人文学报，2016 年，第 61 期。

创伤时代的超越时间——乙未之际基督教在台湾的叙事诗学，杨雅惠，台阳文史研究，2016 年，创刊号。

西班牙籍耶稣会士庞迪我及其著作，叶农，季风亚洲研究，2016 年，第 3 期。

八方风雨会"文学"，李奭学，东亚观念史集刊，2016 年，第 10 期。

2017 年

是的，从今往后——路也近年诗歌中的基督教文化质素评析，刘丽霞，诗探索，2017 年，第 7 期。

"新伤痕时代"及其文化应对，杨庆祥，南方文坛，2017 年，第 6 期。

理雅各的章回小说写作及其文体学意义，宋莉华，文学评论，2017 年，第 2 期。

十字架上的叩问与告白——读王桂林《我的耶路撒冷》，刘燕，百家评论，2017 年，第 6 期。

融合之美：中国化的基督教赞美诗，刘筱，中国宗教，2017 年，第 11 期。

民国时期教会大学校园期刊文学考察——以天津工商学院《北辰杂志》等为中心，刘丽霞，齐鲁学刊，2017 年，第 6 期。

论《时与光》中的佛耶思想，李亦岚，文教资料，2017 年，第 32 期。

穆旦诗歌：宗教意识与民主意识，王东东，江汉学术，2017 年，第 6 期。

基督教对北村创作转型的影响，黄志玲，名作欣赏，2017 年，第 33 期。

论许地山早期作品中的宗教思想，张雪姣，兰州教育学院学报，2017 年，第 9 期。

《易经》与《圣经》对话：论清初耶稣会士白晋对《蒙卦》的诠释，黎子鹏，孔学堂，2017 年，第 3 期。

20 世纪 20—40 年代中国天主教"统一经文"事件考察，刘丽霞，圣经文学研究，2017 年，第 2 期。

传统与西化间的反思与彷徨——细读夏济安小说《传宗接代》与《耶稣会教士的故事》，张德强，开封教育学院学报，2017 年，第 8 期。

早期老舍与宝广林之关系考论——以宝广林二十世纪二十年

代的宗教思想为切入点，凤媛，北京社会科学，2017 年，第 8 期。

《丰乳肥臀》中马洛亚牧师创作原型探源，李晓燕，当代作家评论，2017 年，第 4 期。

"灵的文学"唤醒——抗战时期老舍的宗教情怀浅探，李东芳、冯喜梅，山西大同大学学报，2017 年，第 3 期。

论基督教视域下的林语堂小说，孙梦佳，河南科技大学学报，2017 年，第 4 期。

跨界的拯救——评《中国当代基督教文学与新世纪文化建设》，刘智跃，常熟理工学院学报，2017 年，第 3 期。

民国广州基督徒知识分子与基督教中国化的努力——以钟荣光、张亦镜为例，李兰芬、张清江，开放时代，2017 年，第 3 期。

基督教文化与中国当代文学关系研究现状与思考，杨剑龙，圣经文学研究，2017 年，第 1 期。

寓教于乐：天主教圣经戏剧《古圣若瑟白话演义》研究，黎子鹏，圣经文学研究，2017 年，第 1 期。

上帝视角下的战时人生——奥登对穆旦诗歌创作主题的影响，龙晓滢，中北大学学报，2017 年，第 2 期。

刘小枫学术转向批判，姚新勇、翟崇光，扬子江评论，2017 年，第 2 期。

论艾青诗歌中的《圣经》元素，田娇，戏剧之家，2017 年，第 6 期。

略论许地山与基督教，王连英、唐章蔚、卞秋华，科教文汇，2017 年，第 3 期。

影响、回应与再创造——1992 年以来的"基督教与中国现当代文学"研究，荣光启，武汉大学学报，2017 年，第 1 期。

《1618 年耶稣会中国年信》译注并序（上），董少新、刘耿，国际汉学，2017 年，第 4 期。

书评：《福音演义：晚清汉语基督教小说的书写》，杨雅惠，中国文哲研究集刊，2017 年，第 51 期。

明末至民初天主教文献中的《旧约》故事改写：以《衫松行实》、《圣教古史小说鼓词》为中心，郑海娟，季风亚洲研究，2017 年，第 4 期。

嗜奇爱博，名物训诂——《山海经广注》的图与文，鹿忆鹿，淡江中文学报，2017 年，第 37 期。

玛利亚与妇女——传教士著述、教会文献以及女教友书写中玛利亚形象的典范移转、接受与实践，黄渼婷，哲学与文化，2017 年，第 44 卷第 11 期。

晚清基督教中文报刊《小孩月报》所建构的儿童形象及意涵，李佩师，逢甲人文社会学报，2017 年，第 35 期。

2018 年

宗教文化对文学创作的影响——基于对基督教与萨满教的比较，邢楠，贵州民族研究，2018 年，第 12 期。

多维视野中的传教士汉学研究——评刘丽霞《近现代来华传教士与中国文学研究》，李春艳，绵阳师范学院学报，2018 年，第 12 期。

冰心文学译创中"爱的哲学"基督化研究，张丽红、郎勇，湖南第一师范学院学报，2018 年，第 5 期。

晚明天主教文学中的中西融合——以《天主审判明证》为核

心的考察，陈雅娟，史林，2018 年，第 5 期。

朝闻基督夜礼佛：史铁生散文中的宗教意识，韩莹，大众文艺，2018 年，第 18 期。

跨语际文学接受的典型样本——早期来华传教士《三国演义》评介研究，陈淑梅，中山大学学报，2018 年，第 4 期。

北村"神性写作"的文化意义——以《安慰书》《施洗的河》为中心的解读，翟崇光，福建师范大学学报，2018 年，第 4 期。

论作为语言事件的"中国基督教跨文化现象"，褚潇白，学术月刊，2018 年，第 6 期。

北村后期作品中的基督教文化意蕴阐释，任玉玲，青海师范大学学报，2018 年，第 4 期。

老舍小说中的牧师形象分析，王涛，名作欣赏，2018 年，第 20 期。

民国时期天主教圣经剧研究——以时空错置的情节为切入点，黎子鹏，国际比较文学，2018 年，第 1 期。

抗战时期自由派基督徒知识分子对于耶稣形象的民族主义诠释，李韦，世界宗教研究，2018 年，第 3 期。

中国现代戏剧的基督教文化意味分析，宾恩海，南方文坛，2018 年，第 3 期。

一个汉学概念的跨国因缘——"关联思维"的思想来源及生成语境初探，刘耘华，社会科学，2018 年，第 5 期。

《四书》中《孩子的天》与《圣经》的互文性解读，王宇晴、华静，戏剧之家，2018 年，第 11 期。

传教、易俗与文学利用：来华传教士对明清通俗小说的批评与接受，沈梅丽，明清小说研究，2018 年，第 2 期。

梁启超与传教士:"小说风"的接纳和推广,侯敏,衡阳师范学院学报,2018 年,第 1 期。

延安时期萧军对基督教的认知与改变——以《萧军日记》为考察,杜蕊蕊,宜宾学院学报,2018 年,第 2 期。

"五四"时期知识分子对待基督教的文化心态——以周作人为例,阮丹丹、傅宗洪,浙江海洋大学学报,2018 年,第 1 期。

对中国三本《圣经》与中国现代文学研究论著的评论,马立安·高利克、尹捷,宗教与历史,2018 年,第 1 期。

从传教士到汉学家:西方镜像下的孔子形象衍变,许雷,文艺争鸣,2018 年,第 12 期。

《1618 年耶稣会中国年信》译注并序(下),董少新、刘耿,国际汉学,2018 年,第 2 期。

乾隆年间俄罗斯东正教士笔下在北京的耶稣会士:评斯莫尔哲夫斯基《在华耶稣会士记述》,周乃淩,国际汉学,2018 年,第 4 期。

《天主降生出像经解》早期天主教中国化的艺术呈现,张瑜,中国宗教,2018 年,第 12 期。

明清来华耶稣会士笔下的黄河形象,王毅,国际汉学,2018 年,第 1 期。

雷慕沙、鲍狄埃和儒莲《道德经》法语译本及其译文特色比较,姚达兑、陈晓君,国际汉学,2018 年,第 2 期。

让文学还归文学:耶稣会士顾赛芬《诗经》法译研究,蒋向艳,燕山大学学报,2018 年,第 6 期。

我与明清间耶稣会翻译文学的研究,李奭学,International Comparative Literature(Shanghai),2018 年,第 1 期。

在法国入侵下的儒家思想：透过潘清简诗文探索其所见证的现实与预感，黎光长，华人文化研究，2018 年，第 6 卷第 1 期。

在地化·家台湾：张晓风散文中的屏东书写，林秀蓉，越南文化专辑，2018 年，第 22 期。

返抵天乡——论王征的一首和陶辞，蔡淑闵，汉学研究集刊，2018 年，第 26 期。

辩证善念——胡德迈《胜旅景程正编》第二十一回的善内容分析，林珊妏，辅仁"国文"学报，2018 年，第 47 期。

马若瑟与中国传统戏曲——从马译《赵氏孤儿》谈起，李奭学，中国文哲研究通讯，2018 年，第 28 卷第 4 期。

《耶稣圣体祷文》的译介，杨虹帆，国际汉学研究通讯，2018 年，第 18 期。

2019 年

论伪满时期作家小松的基督教意识，许可，华文文学，2019 年，第 1 期。

作为"新文学"试水者的近代来华新教传教士，狄霞晨，国际汉学，2019 年，第 3 期。

论当代中国的基督教诗歌，荣光启，江汉论坛，2019 年，第 7 期。

上帝借着驴子说话——论北村《愤怒》《安慰书》中的基督教思想，左凡，金华职业技术学院学报，2019 年，第 4 期。

华语文学"灵性空间"的新开拓——美籍华人作家施玮小说研究述论，熊文韵，社会科学动态，2019 年，第 4 期。

明清之际圣人传记的译述，贾海燕，国际汉学，2019 年，第 1 期。

《和合本》翻译对今日中国教会基督教中国化的一些启示，冯谦，天风，2019 年，第 3 期。

"从形象中求解救"：论 70 后小说的救赎母题，邓芳宁，南方文坛，2019 年，第 1 期。

译名中的话语运作与文化互渗：新教传教士对《论语》书名及"孔子"称谓的翻译与解释，姜哲，湖南大学学报，2019 年，第 1 期。

浅谈圣经抄本和译本，吴圣理，天风，2019 年，第 6 期。

活水的泉源：《圣经》与中国现代文学，（以）伊爱莲·尹捷，国际汉学，2019 年，第 2 期。

阶级与性别话语改写下的教堂空间——1940 年前后延安文学中的教堂书写，危明星，文艺理论与批评，2019 年，第 6 期。

欧洲对中国当代文学创作的影响——以阎连科为例，（西）达西安娜·菲萨克、周春霞，南方文坛，2019 年，第 6 期。

《圣乐经谱》早期传入欧洲的中国化天主教音乐，李歆，中国宗教，2019 年，第 1 期。

诗社、宗族与忭珰——耶稣会士艾儒略与明末莆田诗人的结交，李莎、林金水，晋阳学刊，2019 年，第 5 期。

书籍重刊与权威之争——以 19 世纪 40 年代新耶稣会士重返江南为中心，陈拓，史林，2019 年，第 5 期。

史料、史实与史证——重估"传教士所撰中国文献"的价值，张志刚，世界宗教文化，2019 年，第 5 期。

明中后期来华耶稣会士笔下的回回人，撒海涛，中国文化研究，2019 年，第 2 期。

论张晓风《严子与妻》对基督教文化的创造性转换，田昊，慈济大学人文社会科学学刊，2019 年，第 24 期。

风格及人格——张秀亚《三色堇》花草依附情感关系探究，林雅曼，2019 年，第 24 期。

清代西洋钟表之传入与文学书写探析，颜进雄，逢甲人文社会学报，2019 年，第 39 期。

2020 年

法国知识空间中的《西游记》：从耶稣会士到泰奥多尔·帕威，邬晗来，国际比较文学，2020 年，第 3 期。

文化认知而非宗教信仰：胡适与基督教的关系再认识——以胡适留美时期的"皈依基督教事件"为中心，王森林，安庆师范大学学报，2020 年，第 6 期。

深文言圣经译本的过渡与探索：麦都思译本和郭士立译本，赵晓阳，兰州学刊，2020 年，第 12 期。

道何以成为肉身——圣经汉译中的文化相遇，耿卫忠，天风，2020 年，第 12 期。

吴经熊与圣经翻译（四），严锡禹，天风，2020 年，第 12 期。

东南亚华人族群的宗教议题——以新加坡、马来西亚与印尼华文女作家小说为参照，马峰，佛山科学技术学院学报，2020 年，第 6 期。

西方汉学界《品花宝鉴》研究的性别视角，薛英杰，文学与文化，2020 年，第 4 期。

19 世纪传教士汉文小说中的"上帝"书写，门赐双，名作欣赏，2020 年，第 33 期。

《和合本》圣经与基督教中国化，沈学彬，天风，2020 年，第 11 期。

新文学如何成为一种知识？——对 1920—1930 年代燕京大学英文系文学教育考察的另一种视角，凤媛，现代中文学刊，2020 年，第 5 期。

从民族审美重构到现代文化变革——论叶芝诗歌的审美现代性，李应雪，外语与外语教学，2020 年，第 3 期。

神与魔：穆旦诗歌基督教意象的隐喻性分析，叶琼琼，湖北大学学报，2020 年，第 4 期。

述异与传教：吴板桥英译《白蛇之谜：雷峰塔传奇》（1896）研究，姚达兑，国际比较文学（中英文），2020 年，第 1 期。

明末"天主"的源流及其比较文化学考察，纪建勋，北京行政学院学报，2020 年，第 4 期。

新时期文学的价值嬗变：人的发现、失落与寻找，翟崇光，汕头大学学报，2020 年，第 6 期。

图像中的郭实猎，李骛哲，清史研究，2020 年，第 3 期。

老舍中短篇小说爱欲三篇的罪感反思，杨晓河，海南师范大学学报，2020 年，第 4 期。

论郭沫若"身边小说"中的忏悔书写，聂齐齐，文学教育（上），2020 年，第 1 期。

明末天主教圣像及其传播与接受，曲艺，文艺研究，2020 年，第 4 期。

欧洲第一个《中庸》译本初探，张西平，中国文化研究，

2020 年，第 3 期。

郭实猎《康熙皇帝传》简论，钱律之，文化学刊，2020 年，第 9 期。

"文学"观念的现代化进程：以晚清报刊的运用实例为中心，蔡祝青，（台湾）清华中文学报，2020 年，第 24 期。

马礼逊《字典》中的俗文学、经典与诗，张雅媚，汉学研究集刊，2020 年，第 30 期。

导言：天主教文学——经典、诠释与译介专题，黄渼婷，哲学与文化，2020 年，第 47 卷第 10 期。

书评：于德兰编选《张秀亚信仰文集》，哲学与文化，2020 年，第 47 卷第 10 期。

数位人文视野下的天主教文学与翻译：张秀亚译作的文本探勘分析，廖诗文，哲学与文化，2020 年，第 47 卷第 12 期。

中国基督教文学研究学位论文索引

1987 年

丁韪良之研究（一八二七——一九一六）：传教士与近代中国，吴素敏，东海大学历史研究所硕士学位论文，1987 年。

1999 年

Towards a Missionary Poetics in Late Ming China：The Jesuit Appropriation of "Greco—Roman" Lore Through the Medieval Tradition of European Exempla，Sher – shiueh Li，Ph. D. diss，University of Chicago，1999.

2000 年

中国现代作家与基督教文化，杨剑龙，华东师范大学博士学位论文，2000 年。

2001 年

中国现代文学与基督教，许正林，华中师范大学博士学位论文，2001 年。

伊索寓言在中国，孙红梅，北京大学硕士论文，2001 年。

2003 年

成长的秘密，赵霞，浙江师范大学硕士学位论文，2003 年。

宗教皈依与张承志小说艺术的新变，贾国宝，安徽大学硕士学位论文，2003 年。

2004 年

现代汉语诗学与基督教，唐小林，四川大学博士学位论文，2004 年。

小红帽后设计书写研究，黄百合，台东大学硕士学位论文，2004 年。

自觉和背离：现代文学中的基督教文化，吴霞，广西师范大学硕士学位论文，2004 年。

晚明士大夫对耶稣会士交往态度分析，苏新红，东北师范大学硕士学位论文，2004 年。

明末清初文人士大夫对基督教的认识，郝志洁，华东师范大学硕士学位论文，2004 年。

2005 年

肩负起民族和人类的十字架——论中国现代文学中的耶稣形象，洪玲，上海师范大学硕士学位论文，2005 年。

老舍的基督教观念及对其小说的影响，王涛，曲阜师范大学硕士学位论文，2005 年。

论二三十年代文学创作中的基督教文化，李爱兰，南京师范大学硕士学位论文，2005 年。

老舍的文学创作与基督教，徐爱红，青岛大学硕士学位论文，2005 年。

中国镜像的明与暗 ——葡萄牙十六至十九世纪文学中的中国形象，姚京明，复旦大学博士学位论文，2005 年。

2006 年

近代基督教在华西地区文字事工研究，陈建明，四川大学博士学位论文，2006 年。

野地里的百合花——论新时期以来的中国基督教文学，季小兵，苏州大学博士学位论文，2006 年。

越界与想象——晚清新教传教士译介活动研究，何绍斌，复旦大学博士学位论文，2006 年。

美以美会传教士武林吉研究，游莲，福建师范大学硕士学位论文，2006 年。

北村与基督教之间的文化阻隔，陈欢，陕西师范大学硕士学位论文，2006 年。

从"吃教"到"信教"的蜕变——论许地山小说《玉官》及其晚年基督教意识的变迁，杨虹，吉林大学硕士学位论文，2006 年。

萧乾小说的诗性与基督教文化，柏钰，西南大学硕士学位论文，2006 年。

李白《上云乐》中基督教成分试探，何谊萍，上海师范大学硕士学位论文，2006 年。

交融与呈现——冰心"爱的哲学"与基督教关系的比较解读，颜琪，首都师范大学硕士学位论文，2006 年。

福州基督教会音乐与诗歌研究——以基督徒聚会处诗歌为个案，王秀缎，福建师范大学硕士学位论文，2006 年。

"上帝"言说的诠释困境——明清之际"三位一体"之汉语表述的文化分析，彭慧，首都师范大学硕士学位论文，2006 年。

从独白到对话——目的论观照下的《圣经》中译研究，苏蕊，西北大学硕士学位论文，2006 年

文学家、思想家金声研究，高原，安徽大学硕士学位论文，2006 年。

辩护中的尴尬——以严谟为个案试探清初中国知识分子天主教徒的身份认同危机，沈轶伦，上海师范大学硕士学位论文，2006 年。

阅读中国：《中国丛报》与新教传教士关于中国的理解与书写，张志惠，"国立"台湾大学历史研究所硕士学位论文，2006 年。

2007 年

近代中国教会大学图书馆研究（1868—1952），孟雪梅，福建师范大学博士学位论文，2007 年。

《益世报》副刊与中国现代文学，杨爱芹，山东师范大学博士学位论文，2007 年。

圣经汉译中"God"的翻译讨论及接受，程小娟，河南大学博

士学位论文，2007 年。

轻世金书研究——效法基督的首次汉译、译文及影响，徐允婧，北京外国语大学硕士学位论文，2007 年。

《天路历程》的韩译比较研究，洪艺花，延边大学硕士学位论文，2007 年。

明末遗民李世熊及西学之关联研究，孙琪，首都师范大学硕士学位论文，2007 年。

论北村小说的基督教情结，夏云姣，兰州大学硕士学位论文，2007 年。

东方乌托邦的镜像——明清基督教来华传教士笔下的中国形象探讨，吴春香，苏州大学硕士学位论文，2007 年。

耶稣会士文化适应政策对明末清初士人的影响，田志坚，四川大学硕士学位论文，2007 年。

论老舍小说中的基督教平民意识，羿娅忻，暨南大学硕士学位论文，2007 年。

老舍的基督教情结，倪昕，东北师范大学硕士学位论文，2007 年。

曹禺早期戏剧与基督教文化，李珊珊，青岛大学硕士学位论文，2007 年。

宗教的精神和世俗的观照——论许地山小说中的双重世界，王芹，华中师范大学硕士学位论文，2007 年。

论李提摩太对《西游记》的诠译，于怀瑾，首都师范大学硕士学位论文，2007 年。

论朱宗元对原罪的解释——兼其生平著述考，胡金平，首都师范大学硕士学位论文，2007 年。

2008 年

英国传教士宾为霖与《天路历程》之研究，吴文南，福建师范大学博士学位论文，2008 年。

丁韪良与近代中西文化交流，傅德元，北京师范大学博士学位论文，2008 年。

仙女下凡——论兰格童话中的仙女，许幸萱，台东大学硕士学位论文，2008 年。

抗战前天津《益世报》文艺副刊研究（1915—1937），崔丽敏，天津师范大学硕士学位论文，2008 年。

论北村小说创作与基督教，程莹，华中师范大学硕士学位论文，2008 年。

徐訏小说与基督教观念，陈俊，浙江大学硕士学位论文，2008 年。

基督教文化精神在中国新诗中的诗性言说，李红云，首都师范大学硕士学位论文，2008 年。

从沉沦到救赎：北村作品中的宗教信仰，张家娟，吉林大学硕士学位论文，2008 年。

《玛纳斯》中的多种宗教信仰痕迹研究，古丽多来提，新疆师范大学硕士学位论文，2008 年。

史铁生文学创作与基督教文化，孟晓艳，暨南大学硕士学位论文，2008 年。

二十世纪四十年代中国小说中的基督徒形象——以巴金、路翎和张爱玲为中心，倪佳，复旦大学硕士学位论文，2008 年。

论文学研究会与基督教文化的关系，李华，南京师范大学硕士学位论文，2008 年。

论老舍创作思想中的基督情怀，徐薇薇，东北师范大学硕士学位论文，2008 年。

明末清初基督教生死观在中国的传播与接受，李业业，上海师范大学硕士学位论文，2008 年。

思维之异与会通之法——简析明末清初中文宣教文献中"上帝存在的证明"，蒋淼，上海师范大学硕士学位论文，2008 年。

瞿式耜诗文研究，魏建毅，江西师范大学硕士学位论文，2008 年。

试论《圣梦歌》在中国的接受困境，朱燕，上海师范大学硕士学位论文，2008 年。

2009 年

性别、族群、宗教与文学——妇女主义圣经批评视野下的五四女性文学研究，郭晓霞，河南大学博士学位论文，2009 年。

"无声的说法者"：利玛窦的著书过程与读者理解，吴欣芳，"国立"台湾大学硕士学位论文，2009 年。

台湾当代女性散文中的基督教文化情结，杜贵斌，华侨大学硕士学位论文，2009 年。

清初天主教文人许缵曾研究，延经苹，上海师范大学硕士学位论文，2009 年。

曾卓诗歌与基督教文化精神之暗合，余辉，西南大学硕士学位论文，2009 年。

新时期文学三十年作家身份与基督教文化，项婕，四川师范大学硕士学位论文，2009 年。

新时期文学三十年文学文本与基督教文化，孙北平，四川师范大学硕士学位论文，2009 年。

新时期文学三十年文学思潮与基督教文化，李界峰，四川师范大学硕士学位论文，2009 年。

论新时期基督教文学之审美超越性，李芳芳，西北大学硕士学位论文，2009 年。

教会文献《碑记赠言合刻》研究，纪建勋，上海师范大学硕士学位论文，2009 年。

《天路历程》互文翻译研究，焦良欣，中国海洋大学硕士学位论文，2009 年。

晚明入华耶稣会士笔下的耶稣故事，马衡，河南大学硕士学位论文，2009 年。

打雷下雨是否为上帝之手？——曹禺《雷雨》的听与看，连恩德，中原大学宗教研究所硕士学位论文，2009 年。

2010 年

译者的操纵：从 Cuore 到馨儿就学记，陈宏淑，"国立"台湾师范大学博士学位论文，2010 年。

赛珍珠与何巴特的中美跨国写作——论来华新教女传教士的"边疆意识"，朱骅，复旦大学博士学位论文，2010 年。

清末民初入华新教传教士圣经汉译之翻译语言和书写系统研究，邵筱芳，香港大学硕士学位论文，2010 年。

民国时期教会大学的文学教育与新文学之间的关系——对沪江大学校刊《天籁》（1912—1936）的一种考察，李江，华东师范大学硕士学位论文，2010 年。

论宗教精神对史铁生创作的影响，杨雪梅，山东师范大学硕士学位论文，2010 年。

周作人的宗教观——以萨满教、儒教、基督教为主，朴彗廷，复旦大学硕士学位论文，2010 年。

杨绛的宗教情怀及其文学阐释，张惠，西北师范大学硕士学位论文，2010 年。

新时期大陆作家的宗教文化情结，张海燕，西北大学硕士学位论文，2010 年。

北村基督教文化小说主题研究，付萍，延边大学硕士学位论文，2010 年。

五四文学中宗教精神探析，代步云，东北师范大学硕士学位论文，2010 年。

明清士大夫与耶稣会士译著，阎铭，福建师范大学硕士学位论文，2010 年。

理雅各《诗经》英译，姜燕，山东大学博士学位论文，2010 年。

性理由来与道亲，拟向真原细问津 ——论吴渔山对明末清初天主教思想的传承，马月冰，华东师范大学硕士学位论文，2010 年。

西文参考资料对理雅各英译《诗经》之影响研究，陈伟缙，"国立"清华大学中国文学系硕士学位论文，2010 年。

2011 年

禧在明《华英文义津逮》研究，周磊，上海师范大学硕士学位论文，2011 年。

中国新时期诗歌与基督教文化，陈鲁芳，上海师范大学硕士学位论文，2011 年。

基督教文化对中国当代文学批评的影响，张少青，南京师范大学硕士学位论文，2011 年。

钱锺书与基督教文化，李昂，苏州大学硕士学位论文，2011 年。

麦都思与《圣经》中译，赵路卫，湖南大学硕士学位论文，2011 年。

老舍与基督教，张文淼，陕西师范大学硕士学位论文，2011 年。

《圣经》文本对徐訏小说创作的启迪和影响，谭玺，湖南师范大学硕士学位论文，2011 年。

从英文报刊看新教传教士对中国近代语言文学的认识，狄霞晨，复旦大学硕士学位论文，2011 年。

宗教视域中的审美世界——论苏曼殊、许地山的宗教题材小说，陈毅清，陕西师范大学硕士学位论文，2011 年。

灵性文学视阈下的施玮小说创作论，朱叶熔，上海师范大学硕士学位论文，2011 年。

新时期以来的小说与基督教文化——以史铁生、北村和张悦然的小说作品为例，赵磊，上海师范大学硕士学位论文，2011 年。

《圣经》汉译思想之变迁，刘杰，西南石油大学硕士学位论文，2011 年。

明末清初儒家基督徒会通儒耶的人文精神 ——以徐光启为个案，李聚刚，陕西师范大学硕士学位论文，2011 年。

《伊索寓言》首部汉译本《况义》研究，苏郁茜，"国立"成功大学中文研究所硕士学位论文，2011 年。

2012 年

丁韪良作品中的中国形象，邓甲文，广西民族大学硕士学位论文，2012 年。

"大宗教"的叙事：论徐訏作品中佛道耶思想的渗透与糅合，王海燕，浙江师范大学硕士学位论文，2012 年。

论许地山的文学创作与宗教文化精神，张慧佳，湖南师范大学硕士学位论文，2012 年。

徐小斌小说与《圣经》，罗韵，湖南师范大学硕士学位论文，2012 年。

郭沫若前期文学创作与基督教文化，贾玉婷，广西民族大学硕士学位论文，2012 年。

论林语堂的基督教思想及其文学阐释，戴阿峰，西北师范大学硕士学位论文，2012 年。

范稳"藏地三部曲"与基督教文化，周少梅，湖北大学硕士学位论文，2012 年。

《文学书官话》（Mandarin Grammar）研究，王瑶，南京师范大学硕士学位论文，2012 年。

贺清泰《古新圣经》研究，郑海娟，北京大学博士学位论文，2012 年。

韩霖《铎书》思想研究，王丽婧，重庆师范大学硕士学位论文，2012 年。

赵紫宸的《耶稣传》之研究，潘国华，中原大学宗教研究所硕士学位论文，2012 年。

朱维之论耶稣形象，林锦芳，中原大学宗教研究所硕士学位论文，2012 年。

傅兰雅的世界：以上海时期为主，赵映婷，"国立"清华大学中国文学系硕士学位论文，2012 年。

2013 年

近代中国江南基督宗教文人研究——以天主教文人和新教文人为中心（1868—1919），边茜，复旦大学博士学位论文，2013 年。

撒种在荆棘——中国现代文学与基督教文化关系研究，杨世海，湖南师范大学博士学位论文，2013 年。

贺清泰《古新圣经》研究，王硕丰，北京外国语大学博士学位论文，2013 年。

从英译《论语》到汉译《圣经》——马士曼与早期中西对话初探，康太一，北京外国语大学博士学位论文，2013 年。

新时期以来小说中的基督徒形象研究，胡冬冬，南京师范大学硕士学位论文，2013 年。

明末清初天主教与江南遗民诗歌之关系——以吴历、瞿式耜为例，许亦峤，苏州大学硕士学位论文，2013 年。

北村以基督信仰为支点的小说创作，王晶，海南师范大学硕士学位论文，2013 年。

视域融合视野下曹禺剧作的基督教元素，王先，东北师范大学硕士学位论文，2013 年。

中国现代小说中的基督徒形象研究，林高航，陕西师范大学硕士学位论文，2013 年。

周作人的文学观与基督教文化，程和莎，上海外国语大学硕士学位论文，2013 年。

皈而有所舍依而有所取——论基督教对苏雪林的影响及其接受的独特性，李彩素，西南大学硕士学位论文，2013 年。

从霸主到圣人——晚明在华耶稣会士中文著译对亚历山大大帝的天主教化，赵菡，上海师范大学硕士学位论文，2013 年。

两种"不得已"之辩——清初中西文化的相遇，杨虹帆，上海师范大学硕士学位论文，2013 年。

传统与宗教间的"五四人"——苏雪林，郭浏，苏州大学硕士学位论文，2013 年。

利玛窦世界地图中的明人序跋文研究，李佳妮，东北师范大学硕士学位论文，2013 年。

在意识形态与乌托邦的两极之间 ——高罗佩《大唐狄公案》的形象学解读，王文娟，复旦大学硕士学位论文，2013 年。

明清天主教《圣经》故事版画图像叙事研究，陈焕强，暨南大学硕士学位论文，2013 年。

《七克真训》研究 ——《七克真训》与《七克》的比较，李翠萍，华东师范大学硕士学位论文，2013 年。

国内晚清在华新教传教士翻译活动研究综述 ——基于 CNKI 相关论文的计量分析，栗晖，兰州交通大学硕士学位论文，2013 年。

2014 年

后殖民主义视角下的赛珍珠小说再研究，王艳玲，吉林大学博士学位论文，2014 年。

汉译新约《圣经》"白徐译本"研究，朱菁，北京外国语大学博士学位论文，2014 年。

传教士的儿童文学译介与近代城市儿童教育——以《女英雄》为中心，张逸芝，上海师范大学硕士学位论文，2014 年。

有爱就有一切——论冰心作品中的基督教文化因子，王菲菲，辽宁师范大学硕士学位论文，2014 年。

论中国现当代小说中的西方传教士形象，蔡军，安徽大学硕士学位论文，2014 年。

宗教浸润下的"浪漫"与"现实"——许地山小说创作论，严建梅，南昌大学硕士学位论文，2014 年。

沈从文新宗教观论，黄艳萍，湖南师范大学硕士学位论文，2014 年。

基督教视域下的《清末时新小说集》研究，赵珏，上海师范大学硕士学位论文，2014 年。

以互文性理论探析《圣经》对施玮小说创作的影响，刘敏，内蒙古大学硕士学位论文，2014 年。

老舍的基督教生存观研究（1922—1937），王振强，西北大学硕士学位论文，2014 年。

近代来华传教士对中国古典文学的译介研究——以《中国丛报》为中心，刘同赛，济南大学硕士学位论文，2014 年。

艾儒略《天主降生出像经解》之研究，邹筱芸，福建师范大学硕士学位论文，2014 年。

19 世纪中国文化典籍英译研究，赵长江，南开大学博士学位论文，2014 年。

苦难与光 ——论苏雪林的天主教信仰与文学创作，张兴华，福建师范大学硕士学位论文，2014 年。

晚明耶稣会士译著序跋研究，吕英杰，东北师范大学硕士学位论文，2014 年。

晚清西方人眼中的蒙古 ——以西文地图与游记为中心，李晓标，内蒙古大学博士学位论文，2014 年。

米如星基督教文艺创作研究，刘俊启，中原大学宗教研究所硕士学位论文，2014 年。

台湾现代女性抒情散文研究——以张秀亚、张晓风、简媜为中心，林念慈，淡江大学中国文学系硕士学位论文，2014 年。

2015 年

十九世纪下半叶来华西方人的汉语研究——以《中国评论》为中心，江莉，北京外国语大学博士学位论文，2015 年。

宗教视野中的文学变革（1915—1919）——以《新青年》为中心，陈志华，山东师范大学博士学位论文，2015 年。

试析近代基督教传教士动物小说，刘明雪，上海师范大学硕士学位论文，2015 年。

论基督教文化精神对陈梦家诗歌的影响，戴彬，广西师范大学硕士学位论文，2015 年。

《和声鸣盛》的译介解读，岳玉洁，上海师范大学硕士学位论文，2015 年。

《万国公报》文学作品研究，陈昱昊，云南民族大学硕士学位论文，2015 年。

当代中国基督教文学研究——以北村为例，李雄（LEE WOONG），山东大学硕士学位论文，2015 年。

明清汉语圣母传记中的圣母形象——以《圣母行实》和《圣母传》为中心，刘磊，上海师范大学硕士学位论文，2015 年。

施玮的文学创作与《圣经》，陈洁，湖南师范大学硕士学位论文，2015 年。

也里可温与元代文学，秦琰，山西大学博士学位论文，2015 年。

叶向高文学研究，赵莹莹，福建师范大学博士学位论文，2015 年。

《辅仁文苑》中的翻译文学研究，赵婉莉，济南大学硕士学位论文，2015 年。

赵紫宸的《圣保罗传》之研究，王佳音，中原大学宗教研究所硕士学位论文，2015 年。

2016 年

同源演进与异质叛逆——《中国孤儿》文学现象研究，綦天柱，吉林大学博士学位论文，2016 年。

1915—1935 年天津《益世报》中公教文学研究，闫硕璇子，天津师范大学硕士学位论文，2016 年。

晚清基督教传教士证道寓言 Parable 研究，李佳林，上海师范大学硕士学位论文，2016 年。

基督教神学思想在莫言作品中的体现，林慧娟，福建师范大学硕士学位论文，2016 年。

林语堂宗教思想影响下的文学创作研究，王颖茹，南京师范大学硕士学位论文，2016 年。

十九世纪新教传教士汉文小说空间叙事研究，张瑞梅，西华师范大学硕士学位论文，2016 年。

哈佛—燕京图书馆藏汉语基督教赞美诗集研究，倪斯文，上海师范大学硕士学位论文，2016 年。

苏雪林的创作与基督教文化的关系研究，周爱湘，湖南师范大学硕士学位论文，2016 年。

许地山笔下的宗教原型，敬妍霖，湖南师范大学硕士学位论文，2016 年。

舒婷诗歌与基督教文化，何文群，湖南师范大学硕士学位论文，2016 年。

论张爱玲小说与基督教文化的关系，常洪欢，华中师范大学硕士学位论文，2016 年。

20 世纪中国文学中的"圣母"形象初探，常凤云，上海师范大学硕士学位论文，2016 年。

论基督教文化对苏雪林与冰心文学创作的影响，汪文华，湖南大学硕士学位论文，2016 年。

论新时期以来的汉语基督徒写作——以北村、施玮、范稳为代表，杨念泽，山东大学硕士学位论文，2016 年。

天津工商学院校园期刊中的文学研究 ——以《北辰杂志》《公教学生》及《工商生活》为中心，范津，济南大学硕士学位论文，2016 年。

20 世纪中国文学中的"圣母"形象初探，常凤云，上海师范大学硕士学位论文，2016 年。

《圣经》在晚明的译介研究，高胜兵，上海师范大学博士学位论文，2016 年。

晚清天主教汉语写作书目研究，张翠翠，上海大学硕士学位论文，2016 年。

何处是家园——浦爱德、赛珍珠、弗利兹的中国童年及其身份书写，朱春发，浙江大学博士学位论文，2016 年。

2017 年

在理想与现实中徘徊——赛珍珠的文化价值观研究，庞援婷，东北师范大学博士学位论文，2017 年。

论郁达夫与宗教文化，吴全燕，浙江大学博士学位论文，2017 年。

《圣经》视野下的中国现代文学三家论，王鹏飞，长沙理工大学硕士学位论文，2017 年。

"他者"形象的想象与"自我"身份的构建——美国传教士丁韪良汉诗英译中的东方主义倾向，曹红，四川外国语大学硕士学位论文，2017 年。

城市中的孤儿：近代传教士汉译小说的社会学研究，赵东旭，上海师范大学硕士学位论文，2017 年。

《中国丛报》中的中国古典小说译介研究，许方怡，上海师范大学硕士学位论文，2017 年。

无名氏小说创作中的宗教意识，王莉莎，吉林大学硕士学位论文，2017 年。

论庐隐的创作对基督教原罪的误读，邱水鱼，陕西师范大学硕士学位论文，2017 年。

媒体立场与晚清文学多样性研究，刘雪扬，上海师范大学硕士学位论文，2017 年。

薄复礼视阈中的中国形象研究，乔丽丽，贵州大学硕士学位论文，2017 年。

艾约瑟在华活动及其思想研究，薛慧娟，福建师范大学硕士学位论文，2017 年。

赵紫宸《耶稣传》的宗教与传统文化思想研究，范时佳，浙江大学硕士学位论文，2017 年。

论王文兴小说的宗教性抒写，马芳芳，华侨大学硕士学位论文，2017 年。

2018 年

中国近代知识分子的"国民性"批判与西方在中传教士话语关系研究，李勋祥，苏州大学硕士学位论文，2018 年。

论利玛窦在华形象流变，韩旭，上海师范大学硕士学位论文，2018 年。

近代来华传教士公祷书翻译研究，朱艳华，上海师范大学硕士学位论文，2018 年。

梅辉立《中国经典书目提要》（Bibliographical Notes on Chinese Books）研究，顾琳琳，上海师范大学硕士学位论文，2018 年。

《伊索寓言》汉译本研究，徐丽爽，山东理工大学硕士学位论文，2018 年。

翟理斯编《剑桥大学图书馆藏威妥玛满汉书目》研究，邹诗洁，上海师范大学硕士学位论文，2018 年。

天儒夹缝中的南明重臣瞿式耜研究，朱琳，上海师范大学硕士学位论文，2018 年。

张秀亚及其散文研究，王秀筠，淡江大学中国文学系硕士学位论文，2018 年。

2019 年

《文学周报》的黑暗书写研究，朱天一，广西大学硕士学位论文，2019 年。

许地山文化身份研究，李榕，陕西理工大学硕士学位论文，2019 年。

许地山的宗教情怀与文学写作，黄慧，闽南师范大学硕士学位论文，2019 年。

晚明文学新质素 ——传教士的汉文写作及其影响，蒋文浩，山东大学硕士学位论文，2019 年。

众川归一：近代汉译《圣经》事工的变迁，王丹，上海大学硕士学位论文，2019 年。

北村小说创作转型研究，雷玉新，郑州大学硕士学位论文，2019 年。

19 世纪下半叶英国汉学家的《诗经》阐释 ——以《中国评论》为中心，娄宇，深圳大学硕士学位论文，2019 年。

《天主圣教实录》之"天使观"初探，钱怡婷，北京外国语大学硕士学位论文，2019 年。

中西之间：晚清江南地区中国耶稣会士群体研究（1842—1912），李强，上海大学博士学位论文，2019 年。

2020 年

明清"天学诗"初探，陈妍君（Elliot Chen），上海师范大学硕士学位论文，2020 年。

汉学史视野中的西方《尚书》英译研究，沈思芹，扬州大学博士学位论文，2020 年。

晚明士人思想的时代特质 ——以张岱为个案，李家城，上海师范大学硕士学位论文，2020 年。

论老舍"灵的文学"观念及其创作，刘松，青岛大学硕士学位论文，2020 年。

明清之际耶稣会士《易经》与《圣经》会通研究，李丹，山东大学博士学位论文，2020 年。

刘廷芳文学活动研究 ——以燕京大学时期为中心，张爱迪，济南大学硕士学位论文，2020 年。

论《春桃》，王书琴，闽南师范大学硕士学位论文，2020 年。

后　记

　　1999 年确定以《八仙故事考论》作为博士学位论文选题后，我便对此前的中国宗教文学研究进行了全面梳理，除了编写研究索引外，还利用一切可能的机会购买、复制相关论著。博士毕业后，这个习惯一直维持至今，每年都会根据人大报刊复印资料索引和《全国新书目》制作年度索引，并利用出差、访学的机会，在大陆、港台和美国的图书馆、书店进行资料收集工作，特别是2012—2013 年访学"中央"研究院中国文哲研究所、2014—2015 年在南华大学做客座教授以及 2019—2020 年访学亚利桑那州立大学，收集到了大量港台和海外文献。自 2007 年开始策划 12 卷 25 册本《中国宗教文学史》以来，还有意加强海外学术信息的收集工作，2016 年举办第三届宗教实践与文学创作暨《中国宗教文学史》编撰研讨会时便邀请一批海外学者撰写相关专题综述，编成《国际视野中的中国宗教文学研究》一书。在收集资料的同时，为了建构《中国宗教文学史》的编撰理念，我还和友人陆续编译了一系列论著：《八仙文化与八仙文学的现代阐释》（黑龙江人民出版社，2006 年）、《想象力的世界——二十世纪"道教与古代文学"论丛》（黑龙江人民出版社，2006 年）、《异质文化的碰撞——二十世纪"佛教与古代文学"论丛》（黑龙江人民出版社，2009 年）、《多面相的神仙——永乐宫的吕洞宾信仰》（齐鲁书社，2010 年）、《百年中国佛道文学研究史论》（中国社会科学出版社，2021 年）、《中国佛教文学学术档案》（2015 年交稿）、《中国道教文学学术档案》（2015 年交稿）、《域外中国道教文学研究论文选》（2015 年交稿）。此外，还设计了一套海外中国宗教文学译丛：《欧美学者论中国道教文学》《欧美学者论中国佛教文学》《日本学者论中国道教文学》《日本学者论中国佛教文学》《疯僧济癫研究》《重游"庐山"——苏轼生命与写作中的佛学》《终末的反思：中国中古存亡诗学》……这些书，有的已经出版，有的在专题报批中，有的不得不放弃。这次将《中国道教文学、中国基督教文学研究索引》加以整理，是作为 12 卷 25 册本《中国宗教文学史》的参考文献出版的。在资料的收集过程中，得到学界师友的大力支持，我的学生孙文歌、陈厚、侯丽萌对本书的文献做了规范化处理，在此一并致谢。由于本索引的资料收集工作前后跨越 20 余年，收集方法和学术理念前后存在差异，所收论著包括中国大陆、港台和日韩、欧美的相关研究，肯定会存在不少错误，挂一漏万在所难免，有些名称前后也不统一，如"学生书局"和"台湾学生书局"等，大家在使用时请注意这个问题。早期是根据纸本文献逐一抄录，后期使用数字检索工具，后者给学术研究带来了方便，但也带来了麻烦，因为不少相关信息，是无法通过检索获得的。近期的专著，除了利用网络外，就是从硕果仅存的实体书店和图书馆抄录。就在对本书进行最后校订时，我发现最近 10 来年的论著有不少遗漏，于是将学校图书馆的中文藏书和自己家中的图书逐一进行了排查，搜寻了不少专题目录和研究综述，重新辑录了不少文献。但我相信，还是有不少文献遗漏了。疲倦至极，目前只能做到这个程度了，以后有机会再行增补吧。

本书的责编林宏海、王学刚等人在编审过程中付出了辛勤的劳动，在此一并致谢。

2021 年 7 月 1 日